U0933519

珍藏本
纪念版

汉译世界学术名著丛书

政治经济学概论

财富的生产、分配和消费

〔法〕萨伊 著

陈福生 陈振骅 译

2017年·北京

Jean-Baptiste Say

A TREATISE ON POLITICAL ECONOMY

THE PRODUCTION, DISTRIBUTION AND CONSUMPTION OF WEALTH

本书根据美国比德尔所编的普林瑟英译本(1827 年费城版)译出

汉译世界学术名著丛书
（120 年纪念版·珍藏本）
出 版 说 明

2017 年 2 月 11 日，商务印书馆迎来 120 岁的生日。120 年前，商务印书馆前贤怀揣文化救国的理想，抱持“昌明教育，开启民智”的使命，立足本土，放眼寰宇，以出版为津梁，沟通中西，为中国、为世界提供最富智慧的思想文化成果。无论世事白云苍狗，潮流左右激荡，甚至战火硝烟弥漫，始终践行学术报国之志，无改初心。

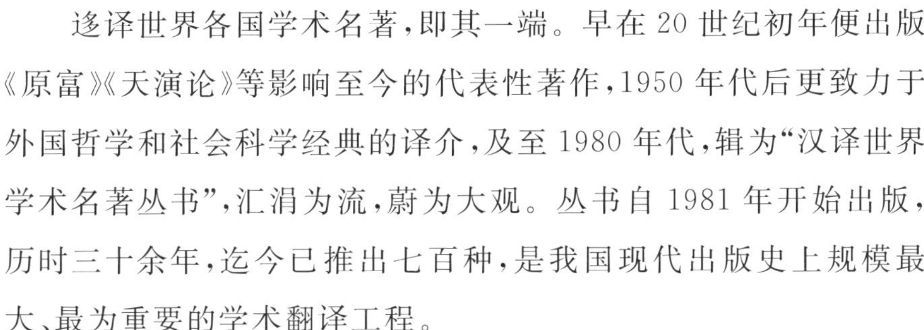

迻译世界各国学术名著，即其一端。早在 20 世纪初年便出版《原富》《天演论》等影响至今的代表性著作，1950 年代后更致力于外国哲学和社会科学经典的译介，及至 1980 年代，辑为“汉译世界学术名著丛书”，汇涓为流，蔚为大观。丛书自 1981 年开始出版，历时三十余年，迄今已推出七百种，是我国现代出版史上规模最大、最为重要的学术翻译工程。

丛书所选之书，立场观点不囿于一派，学科领域不限于一门，皆为文明开启以来，各时代、各国家、各民族的思想与文化精粹，代表着人类已经到达过的精神境界。丛书系统译介世界学术经典，引领时代思想，为本土原创学术的发展提供丰富的文化滋养，为推动中国现代学术和现代化进程做出了突出的贡献。

为纪念商务印书馆成立120周年，我们整体推出“汉译世界学术名著丛书”120年纪念版的珍藏本，寄望既利于文化积累，又便于研读查考，同时向长期支持丛书出版的译者、编者和读者致以敬意。

两甲子后的今天，商务印书馆又站在了一个新的历史时间节点上。我们不仅要铭记先辈的身影和足迹，更须让我们的步伐充满新的时代精神。这是商务人代代相传的事业，更是与国家和民族的命运始终紧密相连的事业。我们责无旁贷，必须做好我们这代人的传承与创造，让我们的努力和成果不仅凝聚成民族文化的记忆，还能成为后来人可以接续的事业。唯此，才能不负前贤，无愧来者。

商务印书馆编辑部

2017年10月

中译本序言

马克思在《资本论》第一卷第二版跋中曾经指出：1830 年是资产阶级古典政治经济学崩溃和庸俗政治经济学兴起的“分水岭”。这是指它们在资产阶级经济学界所占支配地位的更替而说的。其实，资产阶级庸俗政治经济学在十九世纪初叶早已在英法两国产生了。

十八世纪末法国资产阶级的大革命推翻了封建统治，并为资本主义的发展创造了有利条件。但是，由于革命发展过程中阶级斗争的日益尖锐化，尤其是在雅各宾党掌握政权时期所采取的一些激进措施，资产阶级的反动本性很快暴露出来，它从反对封建贵族的革命者变成为反对劳动人民和小资产阶级左翼的反革命阶级了。在这种历史条件下，法国的资产阶级向代表它自己利益的经济学家们提出创立适于替资本主义制度辩护的庸俗政治经济学的任务。如马克思所教导的，这种庸俗政治经济学的特点是：“……只在外观上的联系上面打转转，为了想要给最常见的现象以表面上也说得过去的说明，并且为了资产阶级日常的需要，像反刍一样，不绝咀嚼科学经济学许久以前已经供给的材料，……又只把资产阶级生产当事人关于他们自己的最善世界所抱的平凡而自大的见解组织一下，墨守着，并称其为永远的真理。”①

① 《资本论》第 1 卷，人民出版社 1953 年版，第 65 页脚注。

萨伊(1767—1832 年)是完成这个任务的最适当的人。因为他的出身、所受的教育及其大部分实际活动都同“资产阶级生产当事人”有着密切联系。

萨伊出生于里昂一个大商人的家庭,很早就从事商业活动。不久去了英国,他的教育是在英国时期完成的。他在那里既亲自看到了英国产业革命发展的情况,也可能读到亚当·斯密的《国民财富的性质和原因的研究》。

1789 年发生的法国大革命开始时很吸引他,尤其是当大资产阶级执政时,他更为兴高采烈,积极拥护。但是当雅各宾党上台以后,他就离开革命而且成为它的反对者了。

在 1794—1799 年间,萨伊主编《哲学、文艺和政治旬刊》,并且在该杂志上发表过很多有关经济问题的论文。1803 年出版了他的代表作《政治经济学概论》。这部著作,由于反对拿破仑的经济政策,曾被禁止重印。直至拿破仑失败、法国王朝复辟,才于 1814 年再版。在萨伊生前,共出过五版(以后三版,分别于 1817、1819 和 1826 年印行),几乎每重版一次都有修改。我们将要讨论的这部中文译本是按法文第四版翻译的英文本转译的。

从 1805 年起,萨伊从事工商业活动——开办新型纺纱厂。到 1813 年才恢复研究工作。在拿破仑失败以后不久,他即开始讲授政治经济学,并于 1817 年发表《政治经济学精义》——这是上述《政治经济学概论》一书的缩本。在 1828—1830 年间,萨伊又把他的讲稿编成了六卷本的《政治经济学教科书》。这部巨著所论及的范围虽然很广泛,但是它的基本经济观点则是同《政治经济学概论》一致的。

一

萨伊的《政治经济学概论》由《绪论》和第一篇《财富的生产》、第二篇《财富的分配》、第三篇《财富的消费》共四部分构成。这种结构就是这本书的副题所以标为《财富的生产、分配和消费》的原因。

萨伊自己是极重视《绪论》的。他在《绪论》中首先规定了政治经济学的对象和研究时应当采用的方法。接着以比较多的篇幅概述从色诺芬起一直到与他同时代的经济学家止的关于政治经济学发展的略史。在这里,他特别推崇亚当·斯密。这是很自然的,因为他自己是以亚当·斯密理论的解释者和通俗而又系统化的作家自居的。同时他又指出亚当·斯密著作的一些错误或缺点。特别值得我们注意的是:他认为亚当·斯密的劳动价值论是错误的,并说斯密的著作"缺乏条理"。在这部分里,他还批评了李嘉图的抽象法。最后,他说明了政治经济学的重要性,认为从国王大臣们一直到普通公民都应熟悉政治经济学。因为当统治者同被压迫、被剥削的人民"对他们的各自利益知道得比从前更清楚时,他们就会发见这些利益并没有矛盾"[①]。不然,则"……人民铤而走险,……听信恶言,建立更坏的制度"(第 52 页),那就不好了。从这里可以看出,他对雅各宾党执政时期的激进措施,尚心有余悸,也可以看出他写这本书的目的究竟是为了什么了。

第一篇虽然标题为《财富的生产》,但从内容上看,萨伊在这一

① 见本书第 49 页。以后凡引自本书的语句,均只注明页次,不再指出来源。

篇中所论述的范围是极为广泛的。除生产领域的各种问题外，举凡有关商品流通、经济政策、对外贸易以及货币等问题的讨论，都包含在内。

照萨伊自己的说法，这一篇可分为两大部分。

第一部分从第一章到第十三章止，着重说明为进行生产所必不可缺少的各种生产要素。他从财富的定义以及财富同价值的关系开始，并说明了生产的意义，接着分别讨论他所谓的生产的三个要素——劳动、资本和自然力尤其是土地。然后进一步指出：一切劳动的分类；生产三要素的作用——所谓生产性的服务；分工的利弊；资本的变形以及资本的形成和增加。最后论述所谓无形产品。

第二部分包括从第十四章起以下的九章。照萨伊自己所说，这一部分是“探讨对生产起作用的各种外来和偶然原因以及阻碍或助长生产要素的作用的外来和偶然原因”（第 146 页）的。他首先肯定了，只在私有财产不受侵犯的条件下，生产三要素才能发挥其最大生产力。其次，发表了不可能发生普遍生产过剩危机的谬论。他在这一部分中讨论对生产发生作用的各种外来原因时，着重反对了政府的干预经济活动和拿破仑的经济政策，论证“干涉本身就是坏事”（第 215 页）和“利己主义是最好的教师”（第 212 页）这种资产阶级生产当事人的平凡而自大的“真理”。最后，以两章的篇幅阐明货币流通和信用问题，也不过“咀嚼科学经济学许久以前已经供给的材料”而已。

第二篇《财富的分配》。萨伊认为分配的对象是价值，因而他首先说明价值、收入的来源和价格的变动，然后指出分配怎样进行，并分别阐释同生产三要素相对应的三种收入，最后提到产品数量对人口的影响。

第三篇《财富的消费》。萨伊首先说明消费的种类和结果，然后提到个人消费的动机和结果。他在这一篇中所着重探讨的是所谓公共消费。但实际上他所说的是关于国家开支的各种费用、课税和国债等财政问题。

二

资产阶级经济学说史家把萨伊在经济学说史中的地位捧得很高，认为他是亚当·斯密学说的继承者和在西欧大陆的传播者，并把他当作古典经济学家之一。他们所根据的就是萨伊的这部《政治经济学概论》。

亚当·斯密在《国民财富的性质和原因的研究》中固然是以财富即物，以及物与物之间的关系为其研究对象，但他所着重研究的是在资产阶级社会中的财富，也没有故意避而不谈人与人之间的关系。他在这方面的缺陷是把人与人的关系和物与物的关系混同起来，而不知道，人们之间的关系是通过物的关系表现出来的。萨伊在这本书的《绪论》中一开始讲到研究对象时，就特别强调政治经济学应当和“研究社会秩序所根据的原则的政治学”（第 11 页）分离开来。就是说他主张经济同政治分开，使经济活动免受政治的干预而得以自由地进行。他所以会抱这种主张，诚然是借此来反对拿破仑的尤其是雅各宾党执政时期的政治，而更重要的原因则在于，抽去社会和阶级的具体内容而抽象地空谈一般经济问题，以便掩盖资本主义的内在矛盾和资本家对无产阶级的剥削关系，从而庸俗化了亚当·斯密的理论而奠定了资产阶级庸俗政治经济学的基础。

大家知道,亚当·斯密的著作是充满着矛盾的,在他的著作中既有科学的成分也有庸俗的因素。萨伊所继承的只是其中庸俗的因素,而对其中的科学成分则或者弃置不谈,或者加以反对。

亚当·斯密的著作虽然是有许多缺点、错误和矛盾的,但它有自己的逻辑体系,而且研究的对象和总的自由主义的精神是始终贯彻全书的。可是,萨伊并不懂得《国民财富的性质和原因的研究》这部书的逻辑结构。他在评论这部杰出的著作时指出:它“……只不过是一大堆杂乱地放在一起的……不齐整的奇妙的创造性理论”(第16页),“许多地方都欠明晰,整部著作都缺乏条理。要想透彻了解他,就必须把他的见解加以整理,细细体会”(第40页)。

看来“整理”是必要的了。萨伊是从这门科学的研究对象开始“整理”的。他说政治经济学是“阐明财富确是怎样生产、分配和消费”(第42—43页)的科学。根据这个定义,把政治经济学划分为彼此相互独立的三个部分,“而在谈论生产的‘部分’中,不是运用历史上一定的社会经济形式的范畴,而是运用属于一般劳动过程的范畴,用这种空洞的废话来抹杀历史的和社会的条件”①。萨伊正是抽去资本主义的生产关系、阶级剥削关系而空洞地谈论生产的。这样,他就把研究生产关系的政治经济学变成为像物理学一样按照所谓自然规律建立起来的技术科学了。用这种办法来为资

① 列宁:《评经济浪漫主义》,《列宁全集》第2卷,人民出版社1959年版,第166页。

本主义制度辩护当然是很方便的。无怪乎资产阶级的庸俗经济学家要把萨伊捧上天，认为他是政治经济学的"严格的科学方法"的创建者。他的这种分部法，在资产阶级庸俗政治经济学的教科书中，稍加变更地（有的略去消费而添上流通，有的则划分为生产、流通、分配和消费四部分）沿用很久，这并不是偶然的。

大家知道，消费和分配是同生产有着密切联系的；在生产、分配和消费的相互关系中，生产起着主导作用。事实上，分配和消费绝不能离开生产而彼此分离，各自独立。所以，萨伊的这种分部法，只不过标志着亚当·斯密理论的庸俗化而已，在科学上是毫无意义的。

可见，萨伊固然是亚当·斯密理论的继承者，但他所继承的不是斯密著作中的科学成分，因而绝不能把他算作资产阶级古典经济学家之一；他是继承而且还"发展"了斯密著作中的庸俗成分，因而只能把他看作资产阶级庸俗政治经济学的倡始者之一。

三

萨伊既然抽去了社会经济形态和人与人之间的关系，就只好从人与物的关系方面来谈论生产问题。他认为除任何人都可以无限制地享用的像阳光、空气等天然存在的物品以外，凡是能够用来满足人们各种需要的物品都是在生产过程中创造出来的。他认为生产的意义在于，通过各种因素协同活动使自然界本来就有的各种物质适宜于用来满足人们的需要。因此，"所谓生产，不是创造物质，而是创造效用"，"人力所创造的不是物质而是效用"（第 60 页）。

他认为由于生产出来的物品具有效用，因此人们就给这种物品以价值。照萨伊的说法，物品价值的唯一基础是它的效用。很明显，他把价值和使用价值（即萨伊所说的效用）混为一谈了。这种观点当然是极错误的，因为使用价值只不过是价值存在的物质条件，但绝不是价值的基础。如果再考虑到亚当·斯密已经区别了使用价值和交换价值，则萨伊这种见解的错误和庸俗就更清楚了。但这一点对萨伊来说是很重要的。因为萨伊的这种观点不仅仅是庸俗化了亚当·斯密的理论，而且是他用来反对斯密的劳动价值论的工具和引出他自己的生产三要素论的根据。

谁都知道，使用价值绝不是人的劳动所能单独创造的，萨伊既然把它和价值混同起来，就一定会反对亚当·斯密的劳动价值论。根据亚当·斯密的理论，一切财富都是由劳动生产的，劳动又是价值的尺度。萨伊认为，斯密的这种观点是错误的。在他看来，“所生产出来的价值，都是归因于劳动、资本和自然力这三者的作用和协力”（第 78 页），不能仅归因于劳动。

这样，萨伊从他的效用是价值基础的“理论”引申出生产三要素论。他所理解的这三个生产要素都没有历史的和社会阶级的具体内容，而只是指一般劳动、生产资料和自然力尤其是土地。在他看来，无论在什么时候，无论在什么地方，人们只要进行生产就不能缺少这三个要素。资本主义生产的特征被抹杀了，它的种种矛盾和阶级的剥削关系当然也就都被掩盖起来。以这样的“理论”来替资本主义制度作辩护当然是很方便的。

其实，李嘉图在当时就早已指出：自然力只是同产品的使用价值有关，它与价值是毫无关系的；生产资料也不能创造新价值；能够创造新价值的唯有人们的劳动。所以，萨伊这种“理论”的错误，很早就已被指出来了。[①] 但是由于它很适合于辩护的目的，才为以后的庸俗经济学家所推崇和应用。

总之，依照萨伊的观点，生产有三个要素，这三个要素共同协力生产出物品的效用，这种效用就成为该物品的价值的基础。萨伊就是这样把他自己的效用论同亚当·斯密的劳动价值论对立起来的。

但是价值还有一个量的问题，因而成为价值基础的效用也不能没有量和尺度单位问题。我们要问：效用的量的大小如何决定？究竟用什么尺度来测定它的大小？萨伊不但没有说明这个问题，而且也没有提出这个问题。他只是说到需要强度、效用强度等一些废话。不错，他倒是提到过效用的尺度。他说：“物品的价值又是测量物品的效用的尺度。”（第 60 页）萨伊是坚持效用是价值的基础的，那么他如果在逻辑上能够贯彻这种主张，本来应当告诉我们：由效用来测定价值并作为价值尺度。但是，他并没有告诉我们这一点，因为他以及他以后的所有资产阶级庸俗经济学家，无论怎样探索都不能找到可以测定效用大小的客观标准尺度，因为这种尺度单位是根本不存在的。因此，他只能因果颠倒地说什么：倒是价值成为效用的尺度了。

但是，问题依然没有解决。我们仍然要问：价值本身的大小究竟如何决定呢？他说：“价格是测量物品的价值的尺度。”（第 60

① 例如李嘉图对萨伊的这种“理论”所指出的错误。参看李嘉图：《政治经济学及赋税原理》，商务印书馆 1962 年版，第 243 页。

页)价格是用来购买一定量某种商品所付出的货币。这一点萨伊也是同意的。既然如此,价格理应由货币和商品的价值来决定了。价格虽然可以表现出商品价值的大小,但必须以商品价值和货币价值为基础。萨伊在这里把价值的大小如何决定的问题同价值大小如何表现的问题混同起来,并以后者去替换前者了。

即使如此,问题还是得不到解决。我们还是要问:那么一种商品的价格又由什么并如何决定呢?他认为任何商品的价格都是由供求关系决定的。他说:"在一定时间和地点,一种货物的价格,随着需求的增加与供给的减少而成比例地上升;反过来也是一样。换句话说,物价的上升和需求成正比例,但和供给成反比例。"(第356页)

这样,当他的效用论不能说明问题时,他就不能不借助于庸俗的供求论了。我们都知道,供求关系的变化只会引起价格背离价值而上升或下落,这种关系绝不是决定价格的真正原因。马克思在《资本论》中对这种庸俗的"理论"曾不止一次地予以严厉的批评。他曾这样写道:"如果需要与供给互相均衡,它们就不再能说明任何事物,就不会影响市场价值,让我们更加无从了解,为什么市场价值恰好表示为这个货币额,而不表示为别的数额。"[1]

萨伊在这本《政治经济学》中不仅在许多地方谈到供求论,同样,他还在不少地方谈到庸俗的生产费用论。他认为生产费用是价格的基础,是价格的最低限度。他曾说:"如果一个生产事业的产品不多于它的生产费用,那便没有新价值的产生,因此也没有新

① 《资本论》第3卷,人民出版社1953年版,第218页。

财富的创造。"(第 236 页)他所说的生产费用是由工资、利息和地租构成的。依照萨伊的意见,构成生产费用的这三个因素分别是使用生产三要素所支付的代价,这样,为了说明生产费用又不能不考虑生产三要素的价值如何决定的问题了。

萨伊有时又把生产三要素叫做"生产手段"或"生产来源"。

当萨伊断言效用是价值的基础时,他是从物与人之间的关系来考察的。就是说,他认为商品能够直接用来满足人们的需要,可以供人享受,有效用因而也有价值。但是有些生产来源例如一块地或一件工具是不能直接供人享受以满足其需要的。那么,它们的价值又是以什么为基础的呢?这个问题倒是为萨伊所注意到而且予以了解释。他说:"它们(指生产来源——引者)的价值基于它们所能创造的产品的价值,而这个价值(指产品价值——引者)本身则起源于那个产品的效用……"(第 361 页)①

本来,生产费用论是一种没有出路的循环论。如果我们可以把庸俗的生产费用论叫做小迷宫的话,那么,萨伊的价值论就可以说是大迷宫了。当他不能依靠效用论解决问题的时候,就求助于供求论;供求论失去作用的时候,他又陷入生产费用论;在要彻底说明生产费用即要说明所谓"生产来源"的价值的时候,他已回到效用论了。转来转去,始终找不到出路!

虽然如此,萨伊的"服务"也还是有所"贡献"的,那就是他把早已有人发表过的各种庸俗的价值论收集起来,左右逢源地灵活运

---

① 顺便指出:萨伊的这种由产品价值决定生产资料价值的观点,同他自己的庸俗生产费用论恰好是矛盾的。

用，借以反对古典政治经济学的劳动价值论，掩盖资本主义的剥削关系。

四

萨伊的分配论是以他的生产三要素论为基础的。根据他的理论，生产有三个要素，它们在生产过程中共同协力，各自发挥其作用而表现生产的性能。这就是人的劳力、“自然的劳力或自然的生产性服务”和“资本的劳力或资本的生产性服务”。（第 77 页）

这三个要素所有者由于它们的服务而取得相应的报酬——工资、利息和地租。劳动的服务产生工资，资本的服务产生利息，土地的服务产生地租。这就是马克思在《资本论》第三卷中曾经予以全面分析批判的“三位一体”的公式：

劳动——工资；

资本——利息；

土地——地租。

照萨伊的说法，无论什么时代，无论什么地方，进行生产就必须具备这三个要素，而它们的服务也必然会使其所有者取得相应的收入。这样，他就把资本主义社会的收入形式的历史性和社会性消除，而使它们变成为绝对的和永恒的收入形式了。

亚当·斯密曾经明白地指出，利润和地租都是劳动所生产的产品或其价值的扣除部分，因而他“已经把剩余价值的真正起源认识了”[①]。而萨伊的“三位一体”的公式则表明资产阶级社会的这

① 马克思：《剩余价值学说史》第 1 卷，三联书店 1957 年版，第 141 页。

三种收入是由不同的来源产生的，剩余价值就完全被抹杀了。这样，萨伊完全拒绝了亚当·斯密理论中的科学成分，而为资产阶级庸俗经济学的“利益调和”论打下了基础。

我们知道，亚当·斯密在分配问题上有科学的因素也有庸俗的成分。萨伊这个资产阶级庸俗经济学家，完全抛弃了斯密的科学观点，而利用其庸俗的见解。这首先在工资问题上表现出来。

亚当·斯密一方面认为工资是劳动生产物或其价值的一部分，这样就有可能揭露出资本主义的剥削关系，另一方面他又不加批判地使用“劳动价格”这个术语，认为工资就是劳动价格，从而又掩盖了那种剥削关系。萨伊既然断言工资是劳动服务的报酬，那么劳动者已得到他所应得的全部代价了，因此，他们并没有受任何人的剥削。不仅如此，他还硬说，低工资对于全社会都是有利的。他在反对西斯蒙第关于改善工人生活状况的建议时曾说：“所谓低的工资率只对雇主有利的见解是不正确的。工资率的降低和跟着而来的竞争的不断作用，必定使产品价格下降，因此从工资下降得到利益的乃是消费阶级，或换句话说，整个社会。”（第 419 页）这种论调的错误是极其明显的。这里只指出一点就够了，即它同萨伊自己的效用论也是矛盾的。因为商品价值的基础既然是效用，而工资的降低绝不会使商品的效用发生变化，因此也就不可能影响商品的价值。这种“理论”虽然是极其错误的，但由于它是替资本主义剥削制度强辩的一种工具，所以一直到今天还为资产阶级经济学家所采取。在资本帝国主义国家的垄断资本家，还利用它作为向工人阶级生活水平进攻的武器。例如，所谓冻结工资政策和以反对通货膨胀为借口而限制工资的措施，都是以这个“理论”

为武器的。

萨伊不但否认工人被剥削，而且还把工人和资本主义的企业家等同起来，认为他们都是劳动者。他把人的劳动分为三类：1. 哲学家或科学家的劳动，其任务在于阐明理论；2. 农场主、工厂主或商人的劳动，其任务在于应用；3. 工人的劳动，他们“在前两(种)人的指挥监督下提供执行的力量”(第 83 页)。照萨伊的这种说法，工人和企业家并没有什么本质上的不同，他们都是劳动者，不过前者的任务在于“执行”，而后者则以“应用”为其任务。由于“应用”比“执行”更复杂更困难，因而企业家所得到的工资比较工人的高些罢了。这样，他又把亚当·斯密的利润论庸俗化了。

亚当·斯密曾经指明：利润是归资本家所占有的、从工人所生产的产品或其价值中扣除的部分，利息是从利润派生的。萨伊把利润划分为“资本的利润跟使用资本的劳动的利润”(第 438 页)两部分。前者是“对于资本的效用或使用所付的租金”(第 431 页)，即资本生产性服务的报酬，这其实就是利息。后者则是企业家即萨伊所说的冒险家经营管理等劳动的报酬，这就是企业家的收入。尽管他在本书中说了一大堆利润，例如什么“一般劳动利润”、“资本利润”和“地产利润”等等，实际上，他已把这个经济范畴取消了。因此，依照他的观点来说，“三位一体”公式中所包括的一个公式，不是资本——利润，而是资本——利息。

萨伊一方面漫无边际地使用“利润”这个概念，另一方面又于实质上取消了它。这种自相矛盾的观点，都在追求同一个目的，即便于为资本主义剥削制度辩护，并且为“利益调和论”奠定基础。

萨伊扩大“利润”这个概念是同他扩大“资本”这个范畴有着密

切联系的。在他看来，不但像工具、原料等生产资料，连同工人所消费的生活资料和货币都是“属于生产资本的范畴”（第 72 页）的，而且认为工人的生产技能连同“做公务员的本领，也是一种积累的资本”（第 139 页）。这样，就必然会得出“就是普通工人，通常也自己预付一部分资本”的结论。照这种见解来说：既然工人也有“资本”，他的劳动也有“利润”，那么，他同资本家还会有什么区别呢？在他们之间哪里还会有被剥削和剥削的关系呢？

另一方面，萨伊把利润分解为利息和企业家的收入，这两种收入是由不同的来源产生的。这样，他以为可以达到“一箭双雕”的目的了：既然企业家的收入是由于他们的管理和经营企业的劳动，那么，其性质就同工资是由于普通工人的劳动是一样的。他们之间当然就没有本质上的差别，更说不上有什么剥削关系了。同时，利息和企业家的收入既然由不同的来源产生，当然，在货币资本家和职能资本家之间也没有什么利益冲突了。这样，他又把这两类资本家在瓜分剩余价值问题上所暴露出来的矛盾掩盖起来。

这个庸俗经济学家如此“巧妙地”掩饰资本主义剥削制度的“脓疮”，把它说成多么和谐！无怪资产阶级及其代言人——庸俗经济学家们都要拍手欢呼他的著作，把他捧上天了。

可是，美妙的梦总是做不长的。萨伊的这种“妙论”不但在理论上毫无根据，而且也早为资本主义的现实所粉碎。我们在这里，只指出两点就够了。第一，无论萨伊如何说普通工人也有资本，甚至一个人本身也是“由每年用以教养他的款项累积形成”（第 411 页）的资本，但工人始终是受雇者和被剥削者；2. 在萨伊时代的法国已经有股份公司形式的资本主义企业，尽管资本家并没有参加企业的经营管理工作，却依然获得利润——而且在通常情况下，这种利润总是高于利息的。这种事实无情地击破萨伊的关于工人和资本家没有利害冲突的“美梦”。

萨伊在地租问题上不但庸俗化了亚当·斯密的地租论，而且还发表了前后矛盾的见解。一方面，他认为地租是土地的生产性服务的报酬，亚当·斯密的关于地租是从劳动生产物或其价值中扣除的一部分的论点，即地租是剩余价值的一种表现形态的论点，完全被抛弃了。另一方面，他又认为地租是地主节约和发挥智慧的结果。他说：“一个土地所有者，由于注意，由于实行节约和发挥智慧，年收入比方说增加五千法郎。”(第588页)地主如果不亲自经营农业，他如何能在农业经营上实行节约和发挥智慧呢？如果他自己经营，那么他就已经不是以地主而是以农场主的资格来“发挥智慧”和“实行节约”了。很明显，正如李嘉图所正确地指出的，萨伊在这里把地主和农场主混为一谈了。[①]

如果说萨伊的效用论是用来反对劳动价值论的，那么同样可以说，他的分配论是反对古典政治经济学尤其是李嘉图的剩余价值论的，并为后来由法国庸俗经济学家巴斯夏建成完整体系的“阶级利益调和”论奠定了基础。

五

萨伊的生产三要素服务论和分配论，如上面所说，是他用来掩盖资本主义的剥削关系并“证明”无产阶级同资产阶级“利益调和”

① 参看李嘉图：《政治经济学及赋税原理》，商务印书馆1962年版，第158页。

的工具。同样地，他的销售论则是他借以"证明"产业资本家彼此之间的"利益调和"和反对政府干预，主张经济活动自由的理论武器。

萨伊断言：货币只是一种交换媒介，产品最后总是要用产品来购买的。"在以产品换钱、钱换产品的两道交换过程中，货币只一瞬间起作用。当交易最后结束时，我们将发觉交易总是以一种货物交换另一种货物。"(第 154 页)既然一种产品总是用另一种产品购买的，而作为购买手段的这另一种产品又是在生产领域中产生出来，因此，他说："生产给产品创造需求"(第 152 页)；"单单一种产品的生产，就给其他产品开辟了销路"(155 页)。

既然产品是以产品购买的，当然就不可能发生所有产品同时过剩的现象，而只会发生某种或某些产品的过剩。或如他自己所说："某一种货物所以过剩，……因为别的产品生产过少"；"正由于某些货物生产过少，别的货物才形成过剩"。(第 155 页)

他又认为：某种产品过剩，其价格必下降从而减少利润，另一种产品过少，其价格必上涨从而增加利润。这样一来，如果不是"政府当局愚昧无知或贪婪无厌"而横加干预，则由于资本主义的自由竞争的机器会自动发生作用，各种产品的需求和供给会迅速趋于平衡，从而消除某些产品过剩的现象。所以他说："如果对生产不加干涉，一种生产很少会超过其他生产。"(第 156 页)

萨伊从此得出"利益调和"和经济活动应当自由的四个结论：

第一，"在一切社会，生产者越众多，产品越多样化，产品便销得越快、越多和越广泛，而生产者所得的利润也越大，因为价格总是跟着需求增长”（第157页）。这就是说，所有经营生产事业的资本家之间是“利益调和”的。

第二，“城市居民从乡村居民得到利益的真正来源，同时也是后者从前者得到利益的真正来源；他们两者自己所生产的东西越多，就有能力向对方购买越多的东西”（第158页）。很明显，这是掩盖资本主义社会的城乡矛盾和“论证”它们之间“利益和谐”的。

第三，“购买和输入外国货物绝不致损害国内或本国产业和生产”（第160页）。这是用来反对拿破仑的经济政策而论证对外贸易自由之必要的。

第四，“仅仅鼓励消费并无益于商业，因为困难不在于刺激消费的愿望，而在于供给消费的手段……所以，激励生产是英明的政策，鼓励消费是拙劣的政策”（第160页）。这是用来说明资本主义自身具有无限而顺利地进行再生产的生命力，用不着外来的帮助，从而反对马尔萨斯的关于地主、僧侣等不出卖而只购买的人的消费能克服生产过剩的那种见解的。

尽管萨伊自己极重视这种销售论，自吹为这是颠扑不破的真理，尽管资产阶级庸俗经济学家把这种“理论”吹捧为萨伊在政治经济学上的巨大贡献，甚至像李嘉图那样的古典经济学家也极推崇萨伊的这种“理论”，但它终究在理论上经不起批判，而且为资本主义周期性危机的事实所粉碎。

萨伊在他的销售论中，不但混同了资本流通（货币—商品—货币）和简单商品流通（商品—货币—商品），而且又把简单商品流通归结为物物交换(商品—商品),才得出一切商品不能同时出现过剩的结论。这样,不仅仅由于货币参加流通使卖和买在空间和时间上都可以分离从而发生的危机可能性被掩盖起来,而且还歪曲了和抹杀了资本主义生产的特征——价值尤其是剩余价值的生产。使危机可能性转化为现实性的原因,即资本主义的基本矛盾(生产的社会性和资本主义的私人占有之间的矛盾)当然也就无从发现了。只要指出物物交换和商品流通的区别以及资本主义生产的特点,萨伊这种"理论"的错误和毫无根据,就很明显了。

尽管萨伊的这种"理论"在资产阶级庸俗经济学界一直流行到资本主义总危机初期(在1929—1933年资本主义世界经济大危机以前),但它早已屡次为事实所驳斥过。马克思说得好:"危机之规则的反复,已经在事实上把萨伊之流的饶舌,指为空谈。那只在繁荣时期被使用;在危机时期,是要被放弃的。"①

六

马克思曾经说过:"庸俗经济学家自己是不生产什么的。"②这种评语对萨伊说来是非常确切的。他的这部《政治经济学概论》只是继承和阐述亚当·斯密著作中的庸俗成分,使它具有通俗易读和表面上系统化的形式而已。我们还可以指出:他的效用论的见解在加里安尼甚至杜阁的著作中早已有了,供求论在洛克的著

① 《剩余价值学说史》第2卷,三联书店1957年版,第604页。

② 《剩余价值学说史》第3卷,三联书店1957年版,第566页。

作中已有比较完整的说明，生产费用论在斯图亚特的著作中早有所阐述；工资降低对全社会有利的谬论只是生产费用论更进一步庸俗论的论调；把利润归结为企业主的劳动收入的见解，曾经为亚当·斯密所批判过，这不过是资产阶级生产当事人的最平凡的观点；甚至连资产阶级庸俗经济学家们吹捧为萨伊之最大贡献的销售论，其出发点“产品同产品交换”也是从重农学派的著作中剽窃来的。[①]

从科学的意义上来说，萨伊虽然没有生产什么，但他的这部著作，由于很适宜于替资本主义剥削制度作辩护，不但在十九世纪上半期已有欧洲各种文字的译本，而且在十九世纪下半期及以后，他的各种“理论”也为资产阶级庸俗经济学各流派所发展。例如，他的效用决定价值和生产资料（即萨伊所说的生产来源）的价值由借助这种资料所生产出来的产品价值来决定的论调，都为庞巴维克所继承和发展，而形成为一套完整的主观价值论——边际效用论；他的由生产三要素的服务决定社会各阶级之间的分配的“理论”后来由奥国学派发展成为归算论，并以之为其分配论的理论根据；他的资本的生产性服务论为英国马歇尔和美国克拉克等发展成为一套较完整的资本生产力论；至于他的降低工资对于全社会都有益的论调一直到今天依然成为资本家向工人的生活水平进攻的武器，这在上面已经提到过了。

考虑到这些情况，这部著作原文第一次出版虽然距今已整整一百六十年，把它译成中文出版，还是有一定的现实意义的。因为

① 参阅《资本论》第1卷，第171页脚注㉚。

通过对这部著作的分析和批判，必将会提高有关经济学说史一课的教学和研究的质量。

季 陶 达

1963 年 5 月

目　　录

原编者的话

自从亚当·斯密的《国民财富的性质和原因的研究》这一部深奥的独创性著作出版之后，在欧洲出版的政治经济学论著，得到人们普遍的注意和受到有能力批评家显著的称赞的，没有一本比得上萨伊的《政治经济学概论》。这部书第一版是 1803 年在巴黎出版的，以后重版过四次，每一次作者都曾加以修改。本书并曾译成德文、西班牙文、意大利文和其他文字。现在欧洲设有这一高等普通教育新的重要学科的大学，一律采用它为课本。我们自己最负声望的学校，也有几个采用从前在美国出版的本译本的两个版本为课本。

没有疑问，到目前为止，在所有已经问世的关于政治经济学原理的著作中，这一本是条理最分明、包罗最丰富和经过最精细的熟虑的了。它包含关于这门广博和困难科学的一切可靠与重要学说的明了和有系统的观察，按照这些学说的正当次序与关系加以说明。作者所使用以辩护他的原理的推论，除少许例外外，都合乎逻辑和正确。他用清晰而明了的语句陈述这些推论，并引用了最全面和最满意的实例作为佐证。在进行各部分的研究时，他全是严格遵循归纳推理方法。通过这种方法，他完成了许多复杂财富现象的将近全面的分析，从而能够有充分证据地创立和制定关于财富的生产、分配和消费所依存的简单与一般规律。他在研究过程中所犯的一些微细错误，编者认为并不足损及本书的一般正确性和一贯性，虽然无疑总是白圭之玷。这些错误很少。如果我们回想书中所制定的主要基本原理，我们便不难看出这些错误所含蓄的不正确结论，并加以驳斥。这些结论显然和上述基本原理凿枘不相入。

大名鼎鼎的《国民财富的性质和原因的研究》的作者，已经给政治经济学这门科学奠定了基础。他还指出和举例证明研究这门科学可得良好结果的唯一方法。撰写同一问题的许多有名作家，有的在斯密之前有的在斯密之后，也对它的理论有所发展和阐明。尽管前者具有科学天才和卓越的智慧，而许多后者兼有华美的才能和坚毅的劳动精神，对于作为这个重要学科的基础的那些最疑难和最深奥的问题，他们都没有足够的能力作出完全和正确的解答。但萨伊先生在他们的宝贵劳动和他们所收集与整理的材料的帮助下，依照他们所奉行的路线进行研究。他以和这门科学的重要性相称的精密程度，检查它的原理所提示的各个特殊现象的一切方面。通过摒除一切偶然现象，他终于探讨出上述特殊现象的根本规律或原理。

于是，我们的作者采用归纳研究方法，非常严密地和合理地陈述价值的真正性质，推定价值的根源，又明了又正确地提出价值学说的解释。因此，他对财富所下的定义，比任何以前研究同一问题的人所下的定义，更加精密，更加正确。亚当·斯密博士所不十分适当地称为劳动的人类勤劳的作用、自然力的作用、资本的机能这三种因素的相对贡献以及它们如何协力从事生产的方法，所有这些都由我们的作者首次明白地而全面地指出并举例说明了。这样，他就成功地说明了生产如何进行以及如何把价值授予农业、工业和商业产品。他区别生产性消费和非生产性消费，从而揭示资本的正确性质和它在生产上的作用，由此证明为什么节约是国民财富的泉源。这些就是这位作者所做的特殊的和独出心裁的理论，而这些理论又是他对于所观察现象的深思熟虑的结果。他把从这些理论演绎出来的原理以及其他以前业经确定的原理，结合成为一个和谐的、一致的和美妙的学理。

可是，这些可靠和很确定的论旨的一部分，却受到与我们的作者同时代的两位杰出的有名经济学家即李嘉图和马尔萨斯先生的非议与反对，认为不得要领和难以承认。他们提出别的关于价值性质和来源的学说，这些学说似乎很有理，以致现时一些最精明的理论家也未留心，不加反对。这两位作家对他们的学说所加的数学色彩，吸引和迷惑了他们的最有理智和最聪明的读者，使他们把那些经过研究和分析就可看出只是似是而非的臆说，奉为科学真理。这样，一个完全没有根据的价值学说，竟受到大不列颠一家重要杂志的赞扬，说“它的逻辑性和明确性不下于它的深奥性和重要性”。因此，我们的作者感觉有必要检查那些用以支持他的反对者的意见的论点，借以探究它们的正确性。他还感觉有必要进一步检查他自己所提出的原理，使得可确信他从这些原理演绎出的结论，在任何情况下不至归于无效。

读者可从萨伊先生为李嘉图《政治经济学及赋税原理》法文译本所作的注释中，看到萨伊对李嘉图错误理论的驳斥。据编者的意见，这驳斥极其巧妙，无可争论。编者认为萨伊对该书第二十章《价值与财富和它们的特性》所提出的诘难，决定了一切，没有可以反驳的余地。编者相信,李嘉图先生的价值学说所包含的错误,是由于他深望把亚当·斯密博士所提出的不严密和不正确主张即交换价值完全来自人类劳动的论点弥缝得首尾一贯。萨伊先生在上述注释里完全揭穿了这些错误,证明李嘉图先生一连串的推论都是建立在不正确假设的基础上面。我们必须承认,李嘉图是一个无畏的、决不妥协的理论家。他总是极其直接地和大胆地从他自己的前提出发以至做出结论。但由于他缺乏精细的分析力以配合他的强大推论力,因此在做出前提时他往往看不出言辞的含糊,在推论过程中往往不自觉所用的名词的意义的变更,而他的结论所以出毛病,就在于此。由此可见,李嘉图所陷入的基本错误,与其说由于他的推论还欠精密,毋宁说由于他所用词语不大适当和过于概括。在写给马尔萨斯先生的信中(这些信已经由里克特先生译成英文),萨伊先生极其明白地、公平地和令人满意地讨论这两位杰出的政治经济学家的争点。凡是公平的、无偏见的批评家,一定会认为这些信结束了他们之间的争辩。

编者不打算继续讨论我们的作者的争论性写作的优点,因为这样做跟这里的目的不合。据编者的意见,凡公平的研究者,如果肯费点心力仔细检查他们的论争的全部根据,一定会发觉这些写作成功地证实了他的伶俐的反对者所攻击的原理是完全正确的。当政治经济学的研究更加普遍地成为初期教育的基本学科时,这个论争所牵涉的那些把政治经济学作家分成门户的大多数艰深问题,一定会得到结论。它所引起的有益知识的增加,将比任何争论性的直接辩驳更有效地消除引起这些争执和误解的偏见。

对这一门科学的发展有浓厚兴趣的英国喜好思考的读者,现在深知并非常重视萨伊先生的《政治经济学概论》的巨大优点。这门科学，有如斯图亚特所说，“是以改善社会为目的，但不是使用叙述新制定的制度的方法来实现这目的，而是使用开导实际立法者，使他们知道什么是正确政策的方法来实现这目的”。因此，正确理解它的原理，和人类的繁荣与幸福息息相关。

在提到萨伊先生这部书时，李嘉图先生说，“萨伊先生不但是正确理解和应用斯密的原理的第一个欧洲大陆作家或第一批这种作家中的一个；和所有其他大陆作家比起来，他尽了更大的力量把这个进步的和有益的学说的原理介绍给欧洲国家，而且成功地把政治经济学这门科学组织得更合逻辑、更能增益人的智慧。此外还以种种议论丰富了它，这些议论又新颖又正确又深奥。”

英国读者业经在相当长久时间内拥有本书的普林瑟先生的优良译本。英译本的第一版，1821 年春在伦敦出版。译笔既生动优美，又忠实于原文。从一切角度看来，它和原文比起来毫无逊色。我们现在不加任何增减地把它介绍给美国读者。

在译者认为原文应加的注释中，译者枉费心机地试图推翻原作者所制定的一些基本原理。其实，正如构成它们的根据的事实是固定不变那样，这些原理是固定不变的。如果普林瑟先生更透彻地研究萨伊先生对于价值问题的理论观点，如果他熟习萨伊先生在附在李嘉图的著作的注解以及上述写给马尔萨斯的信所提出的对这些原理的有力和成功的辩护，他就会发见这些原理是由事实演绎出来的基本通则，按照推究哲理的最正确规则，萨伊先生可以把它们定为一般规律或原理。普林瑟先生似乎没有这样做过。无论如何，普林瑟先生在没有进行这种研究之前，不应该贸然对政治经济学的这些基本原理肆行攻击。

因此，我们把英译者这部分的注释，即和这门科学的十分确定原理相抵触，而且只以李嘉图先生和马尔萨斯先生的假设为根据的部分，完全略去。编者认为他没有义务帮助错误想法的流布，这些错误想法会扰乱和分散读者研究一个非常深奥或困难的科学的心思。至于译者的其他注释，也就是那些根据从大不列颠和它的殖民地的实际情况说明本书的其他原理的有趣味和有价值的注释，则保留在本版中，这些注释是正当和有益的。译者对于限制政策和禁止政策的有害性质和倾向的评论，特别值得重视，这些评论极其充分地证实作者对这问题所做的一切重要结论。企图利用非常的鼓励方法把超过某些生产部门自自然然所使用的数量的资本和劳动吸引到这些部门来，或企图使用非常的限制方法从其他生产部门强行抽去一部分本来要投入这些生产部门的资本和劳动，这两种办法的笨拙，现在已开始更为人们所了解了。

限制制度，或企图通过法令条例把国内的资本和劳动引到某一特殊方面的制度，完全是建立在现今已经公认为毫无理由或毫无根据的假设上面。这些假设是：就贸易说，一个国家无论得到什么利益，这利益总是另一个国家的损失；财富只由贵重金属组成，因此，销售货物，应当以换回金银为主要目的。欧洲各学派的政治经济学家早已放弃这种错误主张，但他们之间对这门科学的若干比较深奥的根本原理，依然意见不同，有所争执。也许在政治经济学整个领域，没有一个论旨能比下述的进步主义更加确定和更普遍地得到各国有识见的研究这门科学者的认可。这个主义是在和财产安全不矛盾的条件下，如果给人完全的自由以支配和应用自己资本和劳动，那么，劳动和资本就可得到最活跃、最普遍和最有利的使用。这门科学的开山祖师亚当·斯密博士首先有系统地发展、说明和传授政治经济学的这个基本论旨以及基于这个而作为系论的其他原理，但在斯密之前或和斯密大约相同的时候，若干这些真理中，已经隐约地浮现在世界其他地方的少数著名人士的心目中。斯密博士说："使一个民族达到富强的最有效计划，莫过于维持自然所提示的事物的秩序，允许每一个人在遵守公平规则的条件下，按照自己意思追求自己利益和使用自己劳动力与资本，跟同国人进行最自由的竞争。"继承斯密衣钵最有学问的研究者，被促进人类进步和人类幸福的同一愿望所鼓舞，也遵奉斯密的进步的和仁慈的观点，认为这是扩大国民财富的唯一可靠办法，并雄辩地拥护与坚持这观点。采纳和传授贸易自由和劳动自由的主义的人士，英国有斯图亚特、李嘉图、马尔萨斯、多伦斯、霍诺尔、哈斯基逊、劳德戴尔、边沁、穆勒父子、克雷格、劳埃、图克、麦卡洛克等最负盛名的政治经济学家；欧洲大陆有萨伊、西斯蒙第、斯托奇、加尼埃、德斯塔-特雷西、甘尼、约维拉诺斯、萨托里阿斯、揆波、莱德、斯洛泽、克劳斯、韦伯尔、缪勒等知名作家。

李嘉图说："在完全的自由贸易制度下，各国势必各把自己的资本和劳动力使用在对自己最有益的方面。这种各自追求自己利益的办法，和全体的普遍利益有密切关系。由于这种办法使劳动得到鼓励、才能得到报酬和自然所赐予的力量得到最有效的利用，因此能够最有效地、最经济地分配劳动力。此外，由于它扩大一般生产，因此能够使一般利益蔓延散布，并把文明世界的全体国家通过共同利益关系和交通关系团结起来。就是这个原理决定法国和葡萄牙应该从事酒的生产,美国和波兰应该从事麦的生产,英国应该从事金属器具和其他物品的制造。”

我们大名鼎鼎的富兰克林,在他所写的《商业原理》这篇论文中,非常机敏地和有力地(这是他的智力的一贯特征)主张和举例证明他在文中所反复称为“伟大的自由原则”。即在《国民财富的性质和原因的研究》出版之前,他已几乎纯凭直觉地料想到政治经济学这门科学的某些最深奥的结论。至于其他研究者,他们只在耐心地和吃力地分析了它的现象后才得到这些结论。这个新颖而宽大的贸易政策所以到处流行并得到人们的支持,其得力于这位天才的美国哲学家的简洁有力文笔的地方,不下于它的早期说明者中任何一个的议论和例证。非常渊博的斯图亚特说:“以寥寥数语说尽贤明政治的两个最重要原则的给我们自由、别多干涉这两句话所以能够广泛流传,主要是归功于富兰克林的简短明晰的评论,他的评论在新世界和旧世界都对舆论有重大的左右力量。”可是,很奇怪,由于曲解或误会他偶然发表的一些意见,在我们中间竟有人引用这位第一流的实事求是的政治家的姓名和利用他的权威来支持限制贸易制度或禁止贸易制度。实际上富兰克林的政治性和经济性文章,正是以反驳和非难这种制度为主旨,认为它既违背健全的原则,又危害国家的繁荣。到了我们的政治家和立法者对自由贸易主义的正确和明智具有和富兰克林一样的明确和坚定认识的时候,我们一定可以希望我们联邦法律和各州法律将不再带有那么多经验色彩的干涉性规则。干涉性规则只会阻碍和延缓国民财富的增长,而绝不能刺激和加速国民财富的增长。在写给

编者的一封信里，萨伊先生说："什么地方能比使用极其显著的事例来说明和证实自由主义的价值的国家更欢迎健全的主义呢？欧洲的古老国家，已经由于偏见和恶习而一天一天烂下去了。使它们将来觉悟如果政府遵从理智的劝告便可不付太大的代价而得到最大的繁荣的，必定是美国。"

本书原作者萨伊的绪论，已由编者译成英文，放在这一版本中的原有位置上。编者必须指明，英译者把构成本书的那样重要部分的绪论略去，是令人费解的。这篇绪论本身就是具有不平凡价值的成就，和正文所叙述的一般概念有直接关系，并可大大帮助说明这些概念。它极其明晰地和有才能地讨论并指出这门科学的性质与目的，研究这门科学收效良好的唯一可靠的方法，以及这门科学迄今发展得这样缓慢的原因。在绪论里，作者还提到这门科学在上世纪和本世纪的发展的有趣味和可以增益智慧的简略史实，其中并穿插着许多对于前人著作和意见的有见识和精明的批评。此外，这绪论的各部分都具有高度哲理，给读者进入他即将开始从事的研究作好准备。因此，编者相信，使美国读者得有原书的这样重要部分，他尽了一种可以说是满意的贡献。①

编者在这里附加一些注释，其目的在于指出作者不留心地所

① 以下是从萨伊先生写给编者的一封信抄来的一段。把它附在这里也许没有什么不妥当，因为它是关于作者对绪论的价值的意见。

"据我的意见，你把绪论译出并恢复它的原来地位，大大增加了你的版本的价值。普林瑟先生的译本没包含这部分，我想这只能由于英国发行人的短见。这绪论的目的在于说明这门科学的真正目的，介绍它的简略历史，指出研究它可以得到好结果的唯一可靠方法，该不该把它看作无用呢？剑桥大学政治经济学教授乔治·普赖姆先生曾把这绪论作为他的演讲的头几讲的主要讲题。"

犯的少数不重要的错误和矛盾，以及补充一些别的作家对本书中似乎需要进一步加以解释或需要加以改正的段节的意见。

比 德 尔

1827 年 4 月 10 日于费城

绪　论

只在我们明白确定研究计划和研究对象时，科学才确实地进展。否则，我们只东鳞西爪地掌握着少数真理，而看不出它们的联系，看到有许多错误，而看不出谬误所在。

严格地局限于研究社会秩序所根据的原则的政治学，在长久时间内，和阐明财富是怎样生产、分配与消费的政治经济学混为一谈。然而，财富本来不依存于政治组织。一个国家不管政体怎样，只要国家事务处理得完善，就能够达到繁荣。许多由专制君主统治的国家富裕起来，而许多由平民委员会议治理的国家却弄得山穷水尽。如果政治自由更有利于财富的增长，那么这种有利的作用也是间接的，正如政治自由只间接地更有利于公共教育一样。

有些著作家把良好政治的根本原则和国家财富与私人财富的增长所依存的根本原则混在一起研究，这就难怪他们不但不能把上述问题弄得明白，而且使它们含糊不清了。斯图亚特把他的书的第一章叫做《人类的政治》，他这样做应该受到谴责。前世纪"经济学派"[①]的所有著作，以及卢梭给《百科全书》写的《论政治经济学》一篇论文，也应该受到同样的谴责。

---

① 指法国十八世纪后半期的重农学派。——译者

自亚当·斯密以来，著作家似乎都把这两个很不相同的研究截然分开。现在，一般都以**政治经济学**[①]来称阐述财富的科学，而以**政治学**来称阐述政府和人民的关系以及各国相互关系的科学。

在研究政治经济学时涉及纯政治学的广泛范围，乃是由于当时认为这样做可提供一个强有力的理由把农业、商业和技艺包括在这研究内——农业、商业和技艺是财富的真正源泉，但对于这些，法律只有偶然的影响或间接的影响。这样一来，就发生了许许多多无止境的离开本题的讨论。例如，商业如果成为政治经济学的分部，那么，所有各种商业都占有一部分，因而连海洋商业、航海、地理等等也占有一部分——什么是我们不应该包括进去的呢？人类知识的各个部门都是相关联的，因此我们必须确定它们的接触点，就是说必须确定联系的关节。这样，我们对于它们特有之点和共通之点才有明确的认识。

政治经济学考虑到农业和工业，但它所考虑的只是各该业中和财富的增加与减少有关系的方面，而不是所使用的方法。政治经济学说明，在什么情况下商业确是有利，在什么情况下一个人得到利益而另一个人遭受损失，以及在什么情况下商业对一切的人都有利。政治经济学也教导我们怎样鉴识商业的各个方法，但所说的只限于这些方法的结果，不再说下去。至于商人，除上述知识

---

① 经济(economy)一语起源于希腊语 *οιχος*(家庭)和 *γομος*(法)，就是管理家庭的法规。按照希腊语，家庭一语含有家庭所保有的一切货物，而政治一语的应用则扩展到一般社会或国家。

把本书所讨论的科学叫做政治经济学，那是我们所能够使用的最好词语。这门科学并不是研究**天然财富**或大自然无代价地和无限制地供给我们的财富，而是专门研究**社会财富**。社会财富的基础是交换与财产权受到承认，而这二者产生自社会制度。

外，还必须懂得经营他的行业的技巧。他必须知道他所经营的货物，这些货物的优点与缺点，生产这些货物的国家，这些货物的运输方法，交换这些货物所要给付的价值，以及记账方法。

上面的话，对于农场主、工厂主和实业家，也可适用。原因是，为要获得对各个现象的因果的透彻知识，他们都必须研究政治经济学，而要成为各个行业的老手，除政治经济学知识外，他们还须具有关于经营各个行业方法的知识。斯密博士没把这些不同的研究问题混在一起，但他和在他之后的作家都没提防另一个混乱来源。这是个重要之点，我们应该注意，因为这混乱所引起的发展，对于一般知识的进展或对于我们特殊研究的进行，并不是完全没有帮助。

政治经济学，正如物理学和一切其他科学一样，都曾使用这样的研究方法，即在事实还没确定以前，就来建立学说，以大胆的假设替代事实。直到晚近，在前半个世纪内有助于一切其他科学发展的以哲理推究的良好方法，才用来进行我们这一方面的研究。可是，有没有在还没真正懂得这个方法的优点在于什么之前，因而在还没知道这方法所带来的一切利益之前，就来应用这个方法呢？我们可以十分正确地说，这个方法的优点在于，只承认经过仔细观察的事实，以及根据这些事实所作的精确推论，从而有效地排斥在文学上和科学上往往阻碍人们获得真理的偏见与先入之见。但是，对于常常使用的事实这一词语的全部含义，我们是不是都了解的呢？

在我看来，这个词语不但应该了解为存在着的物体，还应该了解为发生着的事件，即应该了解为同时存在的两个不同种类的事实。例如，这样的物体存在着，是一个事实，这样的事件这样发生着，又是一个事实。存在着的物体，如果要成为一定推论的基础，就必须从各个观点来观察它们的实际情况，同时也要观察它们的性质。否则，当我们自己认为是对同一事物作推论的时候，我们可能在同一名称下说到两个不同的事物。

第二种类的事实，即发生着的事件，是事物在我们观察它们怎样发生时所呈现出来的现象。例如，金属在遭受一定热度时变为液体，这是一个事实。

事物怎样存在或怎样发生，构成所谓事物本质，而对于事物本质的仔细观察，则构成一切真理的唯一根据。

科学因此分为以下两大类：第一，可称为叙述科学，它告诉我们关于一些物体及其性质的正确知识，例如植物学或博物学；第二，可称为实验科学，它阐明事件是怎样发生，例如化学、物理学和天文学。这两者都是以事实为根据，而且构成知识的同样可靠和有用的部分。政治经济学属于后者。由于政治经济学说明有关财富的事件是怎样发生，所以它成为实验科学的一个部分。[①]

但是，发生着的事实，可从两个观点，即从一般的或不变的观点和从特殊的或可变的观点来考虑。一般事实是事物在一切相似情况下由它们的本质所产生的结果，特殊事实虽也是由事物的本质所产生，但它是几个动作在特殊情况下互相制约的结果。前者与后者尽管从表面看来互相矛盾，但都是无可争辩的事实。在物

① 为要证明事件为什么是这样或那样发生，即对一定结果指出一定原因，实验科学在一定程度上必须作叙述性说明。为要说明日食，天文学必须论证月是不透明体。同样地，为要说明货币是生产财富的手段，而不是目的，政治经济学必须揭示货币的真实性质。

理学，重的物体向下降落，这是个一般事实，但喷泉的水却向上喷射。泉水向上喷射这一特殊事实，是均衡规律和地心吸力规律相结合的结果，而不是前者破坏后者的结果。

就我们现今的研究说，关于上述两类事实即关于存在着的物体和发生着的事件的知识，涉及政治经济学和统计学两种不同的科学。

政治经济学根据那些总是经过仔细观察的事实，告诉我们财富的本质。它根据关于财富本质的知识，推断创造财富的方法，阐明分配财富的制度与跟着财富消灭而出现的现象。换句话说，它说明所观察的和这一方面有关的一般事实。就财富说，它所传授的是关于结果及其原因的知识。它说明那些事实不断相结合，以至一个事实总是另一个事实的结果，以及为什么是这样。但它不用假设来作进一步的说明，而要从事物的本质去明白理解事物的联系。政治经济学必须引导人们从一个环节到另一个环节，使得有理解的人都能理会这个链条是怎样联系起来。现代用哲理推究的方法的优点就在于此。

统计学说明一个国家在一个特定时期的生产与消费，它的人口、军队、财富以及其他可以估计价值的东西。统计学乃是详尽的叙述。

政治经济学与统计学之间的差别，和政治学与历史学之间的差别相同。

统计学的研究能够满足我们的好奇心，但如果它不指出它所搜集的事实的来源与后果，就不能对我们有所裨益；可是，如果它指出事实的来源与后果，它立即变为政治经济学。这无疑地是这两个不同科学迄今还被混淆起来的原因。亚当·斯密博士的著作，只不过是一大堆杂乱地放在一起的、附有启发性例证的最正确政治经济学原理和附有有益的意见的统计学天才研究。它不是政治经济学或统计学的完整论著，而是一大堆不齐整的奇妙的创造性理论和已知与已被证明的真理。

就政治经济学说，我们能够得到完全的知识，因为一切构成这一门科学的一般事实都可发见出来。而就统计学说，情况绝不是这样，因为统计学，如同历史学一样，只是多少不确定，因而必定不完全的事实的记述。关于从前时期和遥远国家，我们只能得到孤立的很不完全的记载。至于现代，很少人具备这样的条件，即具备良好观察者的资格，同时还占据一个有利于作正确观察的地位。研究者虽费尽心机搜集正确详尽的材料，但他们往往遇到不可克服的困难，例如不得不使用不正确的记载，又如个别政府甚至个别人士对他们不断地猜忌、恶意与冷淡。此外，即使掌握了正确详尽的材料，这些材料也只在短暂时间和事实相符。所以，斯密说，他不相信政治算术，在他看来，这只不过是许多统计材料的分类而已。

相反地，如果构成政治经济学基础的原则是从无可否认的一般事实正确地推断出来，那么政治经济学就建立在不可动摇的基础上。无疑地，一般事实是以个别事实的观察为根据，但必须根据那些从最仔细观察、最确定并由我们自己目击的个别事实中选择出来的个别事实。当这些事实的结果都相同，它们所以相同的原因已经令人满意地指出来，而证明其他原则的它们的例外也很好确定之后，我们就可把它们看作最后的一般事实，满怀信心地把它们提给所有有资格的研究者去研究，而他们也许要再把它们实验一下。如果一个新的个别事实是孤立的，而它和它前后的事实的关系没通过推论加以确定，那么，这个事实就不足以动摇我们对一般事实的信心，因为谁能够说，上述事实的各个结果所呈现的差异，不是由某一未知情况所产生的呢？一根轻羽毛在空中上升，有的时候长久停留在空中，然后才回落地上。但如果我们下结论说，这根羽毛不受万有引力规律的影响，我们这个结论难道是正确的吗？在政治经济学，这是个一般事实：货币利息的增加和出借人所冒的借款人不偿还的风险程度成比例。当我们看到，货币在风险程度很大的场合以低的利息率出借时，我们能够以此为根据下结论说，上述原则是不正确的吗？出借人可能不知道风险，他对借款人的感激或害怕，也可能使他要作一些牺牲。上述一般规律，受到个别情况的干扰，但当干扰因素停止作用以后，这个规律的全部力量就会恢复过来。最后，完全确定的个别事实，是那么的少，而各个方面都观察的个别事实也是那么的少。况且，在我们认为已经很满意确定、很仔细观察和很充分说明的个别事实中，不知道有多少不能证明什么东西，甚或证明和它们所要证明的恰恰相反的东西啊！

因此，没有一个荒谬理论或狂妄言论，未曾援引事实来作证明。[①] 使政府当局往往受到迷惑的，也正是事实。但是，只知道事实，而不知道事实的相互关系，即不能指出为什么这个是原因那个

① 在 1813 年，法国内政部部长在叙述那年情况时夸口说，无可怀疑的统计数字证明，法国处在比过去任何时期更加繁荣的状态。其实，1813 年是法国的最悲惨时期，在这个时期，法国对外贸易陷于停顿，而国内各项物资急剧减少。

是结果，这样的认识，实际上和政府或机关办事员的浅薄知识并无二致。在这些办事员中，连最有才能的人，也很少掌握一个方面以外的知识，他们只能从一个观点研究一个问题。

把理论和实践对立起来的做法是再无意义不过的。如果理论不是联系结果和原因，或者联系事实和事实之间的规律的知识，理论究竟是什么呢？谁能比从各方面观察事实，而且理解事实的相互关系的理论家，更懂得事实呢？没有理论的实践[①]，如果不是只使用方法而不知道方法怎样发生作用或为什么发生作用，究竟是什么呢？在任何研究，把不同情况作为相同情况看待，只是一种带有危险性的经验主义，导致意想不到的结果。

由于这样，一般人在看到文艺复兴以后整个欧洲普遍采用的排他性或限制性商业制度，即基于一个国家只能从另一个国家蒙受损失得到利益这一意见的商业制度时，在看到捐税不断增加而且在一些国家增加到很大程度时，在看到这些国家变得比它们在实行无限制商业和人民几乎完全没有负担的时期更为富庶、更为强大时，他们就下结论说，国家的富强可归因于加在企业上的限制和对个人收入所课征的捐税。有浅薄思想的人，甚至自以为是地说，这个意见有事实根据，而和这相反的各种意见都是胡思乱想。

但是，很明显，相反意见的支持者，所掌握的事实的范围更为广泛，而且对于这些事实，他们比他们的反对者了解得更清楚。他

① 这里所使用的“实践”一语，并不意味着技工或办事员能够更迅速地和更准确地处理日常工作所凭借的成为他们个别才能的熟练手法，而意味着监督和处理公私事务所使用的方法。

们知道，使世界上最机敏民族变得更加富裕的真正原因是：中世纪对意大利各个自由邦企业和对北欧汉萨市镇企业所作的非常的刺激，这些地方在受到刺激以后所呈现的富裕情况；十字军所引起的不同意见的勃发；文学的进步；航海技术的改善和跟着发生的通往印度航线与美洲的发现，以及其他许多不这么重要的事件。此外，他们知道，这些民族的能动性曾接连地受到阻抑，但他们同时也知道，这个能动性已从比这些阻抑有更大窒息作用的阻碍中解放出来。由于封建领主权力旁落的结果，各省和各邦之间的交通不再会被遮断；道路改善的结果，行旅变得更安全，法律也没有像从前那样武断；享有自治权的市镇，变得直接倚靠国王，它们发见国王很关心它们的进步；这个自治权，由于事物自然演进和文化进展的缘故，推广到整个国家，使各个生产者都能保有他们的劳动果实。在欧洲的各个部分，个人自由几乎普遍受到尊重。如果不是政治社会组织改善的结果，至少是受舆论的影响。一些偏见，例如把一切有息借款都叫做高利贷，把闲散看作贵族的特征等等，开始减少了。不仅如此，所有开明人士不但注意上述这些事实的影响，而且也注意许多类似事实的影响。他们发见，偏见的减少，对于科学的进展，或对于更准确地认识不变的自然规律，都是有利的；他们也发见，科学研究这样的改善，就它本身说，有利于企业的进展，而企业的进展，有利于国富的增进。由于这样归纳事实，他们能够做出比没有思想的一般人所做的正确得多的结论，就是说，虽然许多现代国家在捐税和限制中富强起来，但它们的富强，不是因为有这些对人类事务的自然发展的阻碍，而是因为这些强有力的阻碍因素不能抑止富强的进展。如果它们施行更自由和更开明的政策，那

么它们一定更加繁荣。[①]

为要获得真正的知识，并不需要熟悉很多事实。重要的，是掌握基本的和有直接影响的事实；更重要的，是从各个方面研究这些事实，使我们能够从这些事实推出正确的结论，并使我们所认为由这些事实产生的结果确是来自这些原因而不是其他原因。所有其他事实，正像历书上的许多事实，只是搜集的事实，并不产生什么结果。应当指出，这恰是那些有清晰记忆力但不能明察的人所特有的知识。这些人攻击最确定的学说，而这些学说，却是最广大经验和最深刻推论的结果。当这些学说和他们的日常工作有距离时，他们就攻击这些学说，说它们是臆说。其实，最受臆说的影响的正是他们，而且他们执迷不悟地给臆说辩护。他们害怕被说服，并不想获得确实的知识。

例如，如果你根据生产的一切现象，以及范围广大的贸易经验，证明国与国之间的自由贸易对双方都有利，而个人与外人经商的最有利方式，也是国与国经商的最有利方式时，有狭隘观点而且自以为是的人，就攻击你，说你的话是臆说。要是你问他们这是为了什么，他们就会和你谈起贸易差额问题，并告诉你说，很明显，一个国家用货币交换货物，必定弄得山穷水尽——其实，这句话本身就是臆说。有的人说，流通使国家变得富裕，一笔款项经过二十个

---

① 因此，人民很少从经验的教训得到利益。要使一般社会从经验的教训得到利益，就必须使一般人能够掌握因果关系，而这就得先假定他们具有很高度的理解力或非常好的熟虑能力。当人类能够直接从经验获益的时候，他们就不再需要经验的教训，到那个时候，具备平常的正确判断力就够了。这乃是我们必须不断受管束的一个原因。人民所要求的，只是制定和施行有助于增进社会一般利益的法律，这是各个政治组织能够不完全地解决的一个问题。

不同的手，就使它的价值增加二十倍；有的人说，奢侈对企业有利，而节约则招致商业各部门的毁灭——这两句话也是臆说。这些人都求助于事实来证明他们的意见，正像牧羊人那样。牧羊人相信自己的眼睛，当他看到太阳早出暮落时，他就说太阳在一天内走过了整个天空，并把行星界的规律看作无聊的梦话。

此外，在其他学科很有造诣但不懂得这门科学原则的人，也很容易认为，绝对真理只限于数学和自然科学上经过仔细观察与实验的结果。他们以为，伦理科学和政治科学不包含不变的事实或无可争辩的真理，因而不能看作真正的科学，只可看作有些巧妙但全是武断的臆说。这一类哲学家的这个意见，是以研究这些科学的作家们的意见不一致和一些作家的狂妄谬论为根据的。但是，什么科学没有狂妄的臆说呢？那些最先进的科学家，难道不是在晚近才从臆说中完全摆脱出来吗？另一方面，难道我们没看见，理解力不健全的人至今还在攻击最确定的见解吗？对于我们生存所不可缺少的水和每日呼吸的空气，只在不到四十年以前，才作出正确的分析；但这个道理所根据的实验和实证还不断受到攻击，尽管各国最精明和最谨慎的实验家都得到同样地结果。意见的不一致，在比哲学和政治科学所说明的简单得多与明显得多的事实的叙述上也存在着。在物理学、化学、植物学、矿物学和生理学中，不是还争论纷纷，而且和政治经济学上的争论同样猛烈吗？不错，争论的双方都观察到同样的事实，但对于这些事实，他们作出不同的分类和说明。值得注意的是，在这种争论中，真正的科学家并没有联合反抗冒牌的科学家。莱布尼茨和牛顿，利尼阿斯和尤西欧，普利斯特利和拉瓦锡，德骚苏和多罗米欧，都是有非常天才的人，但

他们在科学体系上的意见并不一致。然而，尽管他们意见不一致，他们所教授的科学不是都存在吗？①

同样地，尽管有了争论，构成政治科学与伦理科学的一般事实，却存在着。由于这样，每一个研究者，通过明确的观察，能够确定这些一般事实的存在，证明它们的关系，并从它们演绎出结论来。这些结论确是从事物的本质出发，正如客观世界的规律是从事物的本质出发一样。这些结论不是想象的产物，而是通过细心观察与分析所得的结果。君王也好，臣民也好，都得屈服于它们的威权，绝不能违犯它们而不受责罚。

一般事实，或是你喜欢的话可叫做事实所遵循的一般规律，在

① 多伦斯上校在他的《关于生产财富的论文》（1826 年版）中说："一个活泼机敏的作家，把现今在政治经济学家中间存在着的争论，作为反对研究这一门科学的理由提出来。其实，在每门科学学识到达一定程度的进展时，类似的反对理由都可提出来。几年以前，当化学上天才发现开始替代古代燃素学说的时候，在自然科学家中间发生了像现今在政治经济学上存在着的争论。普利斯特利博士，正如马尔萨斯先生一样，作为他自己所确定的事实在很大程度上有助于推翻的一些理论的顽强拥护者而出现。在人类思想的进步中，任何一门科学，于它的研究者达到意见一致之前，必先有一个争论时期。但这并不提供一个理由，使我们在该门科学的基本原则还没确定的时候可放弃它的研究；相反地，这应该鼓励我们更热心地和更坚定地进行研究，一直到在人类智力范围内，在每一个问题上，疑问消除，确实知识得到为止。就政治经济学说，争论时期正在过去，而意见一致时期快要到来。二十年后，在政治经济学的任何一个基本原则上将不存在什么疑问。"

在他的《关于对外谷物贸易论文》（第 3 版，1826 年版）的序言中，他进一步说："作者从前大胆预言，在不遥远的将来，现今在政治经济学者中间存在的关于它的基本原则的争论，就将停止，而意见的一致，就将到来。"他认为他已经看到这个预言能够应验的显明征象。自从他大胆地提出这个预言以后，已经有两部著作出现，其主要目的在于改正在它们所专门研究的问题上过去存在的错误。这两部著作是：无名氏著的《关于价值的本质、原因与衡量的批判论文》和图克著的《关于价格高低的意见与详细论述》。

我们说到它们的应用时，就是说，在我们利用它们来确定在我们面前出现的若干结合在一起的情况的作用的规律时，便称为原则。原则的认识提供了按同一方式都可成功地进行任何研究的唯一可靠的方法。

正如严正科学[①]一样，政治经济学是由几个基本原则，和由这几个基本原则所演绎出来的许多系论或结论组成的。所以，为使这门科学有所进展，那就必须严格地根据观察推断这些原则，至于由这些原则所演绎出来的结论的数目，可由研究者按他所拟定的研究目的酌量增减。把所有这些结论都列举出来，并加以适当的解释，那是巨大工作，而且很难做得完善。此外，这门科学越发展，它的影响越扩大，就越不需要从它的原则演绎结论，因为这些结论将自然而然地呈现在每个人面前。由于这些结论各个人都能够掌握，所以将很容易被他们应用，到那个时候，政治经济学的论著，将限于阐明几个一般原则，甚至不需要例证，因为这种论著将只是各个人所能知道的原则的说明，按照便利于了解它们的范围及其相互关系的形式加以整理罢了。

但是，如果认为，通过使用数学来解决这一门科学上的问题，就会使这一门科学的研究弄得更正确或使这一门科学的研究有更可靠的指导，那是没有根据的。不错，政治经济学所说的价值，允许使用正和负这些名称，而这是属于数学研究的范围，但这些价值同时又受到人类的才能、需要和欲望的影响，不容易精确评定，因而不可能有可以绝对计算的数字。在政治科学，正如在物理学，重

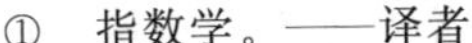

① 指数学。——译者

要的是因果关系的知识。对于精神世界和物质世界的现象，严格的数学计算方法都不适用。①

① 例如，我们知道，任何一年的酒价，必然要看和需求相适应的销售量而定。但如果我们要对这些材料作数学上的计算，我们就必须在还不能完全熟悉它们之前，或是在还不能比较准确地区别它们的各别影响之前，先分析它们的要素。这样，不但需要确定下一个葡萄收获期的产量，尽管这个产量要受气候变动的支配，而且需要确定下一个收获期的葡萄的质量、上一个收获期的剩余产量以及酒商所能支配的资本额和他们因此必须比较迅速地取回他们垫款的时间。此外，我们也必须调查关于酒的出口可能性的意见。酒的出口可能性完全依存于我们对法律和政府的稳定性的看法，这种看法，在各个时期各不相同，而关于酒的出口可能性，任何两个人的意见也不完全相同。要单单确定酒的流通数量——这只是价格的一个要素——我们就得正确了解上述那些材料，可能还需要了解许多其他材料。要确定酒的需求数量，我们必须知道酒的能够出售的价格，因为酒的需求的增加，和它的便宜价格成比例，我们还必须知道酒从前的存货量，和消费者的胃口与财力，这二者因人而异。他们的购买力，随着一般企业的富裕情况和他们的各别富裕情况有所不同；他们的需要，要看他们用一种酒替代另一种酒，例如啤酒、苹果酒等的可能性，而有所不同。我删去许许多多和解决这个问题多少有关的不甚重要之点，因为我怀疑一个真正惯于使用数学分析的人，胆敢作这个尝试。这不但因为材料是那样的多，而且因为很难正确叙述它们的特性和很难把它们的个别影响结合起来。至于那些自以为能够作这个计算的人，他们不能以分析性言语阐明这些论题而不使用简单化和任意删除等方法，使它们失去原来的复杂性。而这样做的后果，由于估计不适当，总会改变这个问题的本质，并把它的结果弄得歪曲，以致从这种计算所得的推论，和从任意想象的公式所得的推论，并无二致。因此，在他们的结论中，我们看不到精确的几何学研究所特有的和合性——在精确的几何学研究，不管使用什么方法，所得的结论都具有和合性，只看到空洞的、不确定的推论，这些推论的差异往往等于所要确定的数量的差异。那么，在说明这样复杂问题时，有见识的研究者该采取什么方针呢？他们采取的，和他在同样困难情况下所要采取以决定他一生的大部分动作的方针相同，就是说，他要研究所提出的问题的直接要素，并且在确定这些要素以后（这在政治经济学是能够做到的），凭着锐敏的直觉理解力，对于这些要素的相互关系，作近似的估计。这只是一个手段，通过它，许多或能性的平均结果能够估计出来，但绝不能精确计算出来。

卡巴尼斯在说明医学革命时，曾说了和上面完全相同的话："生命现象依存于在那么不同情况下联系在一起的那么多未知活力，这些活力不是通过观察所能了解，以致上述问题的一切状况，由于不能全部叙述出来，绝对不能作计算。因此，当机械学著作家们企图使用他们的方法来说明生命规律时，他们给科学界提供奇观，很值得我们的

以上关于政治经济学的本质和目的，以及关于彻底掌握政治经济学原则的最好方法的论述，将帮助我们了解政治经济学家们迄今为止是怎样努力发展这一门科学。

古希腊人的文献，他们所制定的法律，他们所订立的条约，以及他们对被征服者的管理——这一切显示，他们完全不懂财富的本质与来源，财富的分配方式和消费财富的影响。他们只知道在财产权被法律认可地方人人所知道的事体，即节约增加财富，奢侈减少财富。色诺芬极口称赞秩序、积极性和智慧，并认为它们是达到繁荣的可靠手段，但他并没有根据什么一般规律演绎出这些准则，也不能够说明它们的因果关系。他劝告雅典人保护商业并亲切地接待外人，但他自己不大知道，他的这个劝告在什么程度上是适当的，以致在另一个场合，他怀疑商业对国家是否真正有利。

诚然，柏拉图和亚里士多德，曾经注意到，在生产的各种方式和由它们所产生的结果之间，存在着一定的必然联系。柏拉图相当准确地简单说到社会区分职业的效果，①但他的目的，只在于说明人的社会性，以及由于有各种欲望，人结合为广大社会的必要性——

认真考虑。他们所用的名词虽属正确，他们的推论方法虽完全合乎逻辑，但他们所得的结果全是错误的。此外，尽管各个计算者的言语相同，而用以表达言语的方法也相同，但各人所得的结果各不相同。正由于把这种研究方法应用到完全不适用的学科，所以才有异想天开、荒谬绝伦和矛盾百出的臆说。”

达伦贝特在他的《关于流体动力学的论述》中说，血在通过血管时的速度是绝对不能计算的。西尼比欧在他的《关于观察者的技术的论文》中也说了相似的话（第 1 卷第 81 页）。

有才能的教师和有见识的哲学家关于自然科学结论所说的话，都更适用于伦理哲学，而且指明，当我们使用数学计算说明政治经济学上的现象时，我们总会受迷惑。在这个情况下，政治经济学成为危险性最大的抽象理论。

① 《理想国》，第 2 篇。

在这种社会，每一个人可以专门进行一种生产。他的见解，完全是政治性见解，但他没从这个做出其他结论。

亚里士多德，在他的《政治论》一书，比柏拉图更进一步。他把自然的生产和不自然的生产区别开来。他叫做自然的，是那些家庭所需要的消费品，或至多是通过实物交换得来的东西。在他看来，从实际生产所得的利益，除上述外，没有其他；他谴责了不自然的利得。此外，他没有使用任何根据严密观察所得到的推论来证明这些意见。从他所发表的关于储蓄和借贷对利息影响的意见，我们可以明白，他不懂资本的本质和使用。

对那些在文化上比古希腊人更不进步的民族，我们还能有什么希冀呢？古埃及法律迫使儿子继承父亲的职业。这在一定情况下是要求生产数量超过那个社会形态所需要的数量，是逼使一个人，不论他有否资本，为着服从法律必须继续不断地执行他的生产任务，从而毁掉自己，这是完全不合理的。[①] 古罗马人对农业以外的其他职业的鄙视，也表现同样的愚蠢。必须把他们的金融业的经营看作最坏的经营。

就现代人说，即在他们从中世纪的野蛮解放出来以后，也在很长时间内不比古代人更进步。我们就可看到许多关于犹太人的法律、关于货币利息和货币本身的法律，都是愚蠢的。亨利四世准许他的宠臣和爱妾作各种小的征敛，向商业部门征收许多小捐税，以饱他们的私囊；他认为这些是他**不花代价**的恩惠。他甚至授权索

① 当我们发现，几乎每一个历史家，从希罗多德到博绪厄，都夸口称说这个和其他相似的法律时，我们就可知道，一切要想写历史的人，必须具有一些关于政治经济学的知识，是多么重要。

逊伯爵，对王国出口的货物，每包抽征十五苏[①]的税。[②]

各门科学都是先有事例，然后才有理论。葡萄牙人与西班牙人在十五世纪的幸运企业，以及威尼斯、热那亚、比萨、佛罗伦萨、法兰德斯各省与德意志自由城在同一世纪的活跃企业，逐渐唤起一些哲学家对财富学说的注意。

财富的研究，正如在文艺复兴以后，文艺和科学上的其他研究一样，都是在意大利创始的。早在十六世纪，博蒂罗研究了国家繁荣的真正原因。在1613年，塞拉写了一篇论文，他的论文特别注意劳动的生产力，但论文的标题充分表示他的谬见。按照他的假设，财富只是由金银组成。[③] 达文贾蒂写了关于货币和交换的论文。在十八世纪初叶，即在魁奈时代前五十年，西厄那的班迪尼，就根据推论与经验证明说，只在政府干预人民粮食的国家，才发生饥馑现象。罗马银行家伯罗尼，在1750年发表了一篇关于商业的论文，这篇论文表明，他对货币和交换的性质有完全的认识，尽管他同时也沾染贸易差额学说的病毒。鉴于他的功劳，教皇曾赏给他侯爵称号。在斯密博士之前的卡利证明说，所谓贸易差额学说，既不给人们什么教训，亦不证明什么东西。阿加罗蒂关于其他科学的写作，曾经由伏尔泰发表，而阿加罗蒂关于政治经济学这方面的著作，留下来的虽然不多，但都显示他的知识的正确与广泛，以及他的眼光的尖锐。他是那样严格地根据事实，那样一贯地把理论建立在事物的本质上，以至他虽未曾证明他的各项原则及其相

① 法国旧硬币。——译者

② 参阅舒利：《回忆录》，第16篇。

③ 《简单论述金银在没有矿山地方也能占支配地位的原因》。

互关系,也能避免使用假设和臆说。在1764年,真诺维西在那不勒斯,开始讲授政治经济学的课程,那不勒斯的讲座是由最可敬的学者英蒂厄里开设的。由于有了这个先例,其他政治经济学讲座,后来在米兰,晚近在德意志和俄罗斯的大多数大学,都也设立了。

神父加里安尼在1750年发表一篇《货币论》的论文。后来,由于他和许多法国哲学家的关系,以及由于他写了一篇《关于谷物贸易的问答》,变得非常出名。但在那个时候,他还是个年纪很轻的人,而他的那篇论文表示他有那么超人的才能与知识,以至人们认为他在写那论文时曾受到英蒂厄里神父和里努西尼侯爵的帮助。然而,那篇论文和他以后的其他著作似乎具有相同的优点:天才和渊博结合起来,细心追溯到事物的本质,文体生动优雅。

那篇论文的一个最显著特点是,它包含亚当·斯密学说的一些基本原则,其中之一是,劳力系物质价值或财富的唯一创造者。[①] 虽然这个原则严格地说并不正确,像本章以后将说明那样,但如果推到终极,能使加里安尼发现或完全揭示生产的各种现象。斯密博士在大约相同的时候,在格拉斯科大学任教授,并在那个时候传授这个学说——这个学说在后来变得非常出名,他很可能不知道一个不知名的那不勒斯青年人用意大利文写的著作,而且对于这位年轻人的著作,他从没引用过。但即使斯密博士

① “关于劳力,我要说,不但就纯粹美术品如图画、雕刻物、镌版等等的生产来说,而且就天然产物如金属、矿物和植物来说,它们的价值完全来自创造它们的劳力。物质的数量,只在或多或少地需要劳力的场合,才影响物质的价值。”(加里安尼:《货币论》,第1篇第2章)

在同一章,加里安尼也说,人即他的劳力,是价值的唯一正确的衡量。这在斯密博士看来,也是个原则,但我认为他的看法是不正确的。

知道这部著作，我们也不能说上述原理是那个年轻人发现，因为一个真理的发现，不应该属于偶然的发现者，而应该属于第一个证明它必是这样，并且了解它的后果的人。克伯勒和巴斯葛，虽然在牛顿之前猜想万有引力的存在，但万有引力的发现，却属于牛顿。①

在西班牙，阿尔瓦雷斯·奥索里奥和马丁内斯-德-马塔，曾作了关于政治经济学的讲演，这些讲演能够刊印出来，应该归功于有识见的爱国者坎波马内斯。蒙卡达、纳瓦雷特、乌斯塔里奇、瓦德和乌略亚也在这方面有所写作。这些受人尊敬的作家，像意大利作家那样，发表许多正确见解，证明各种重要事实，并作出很吃力的计算，但由于他们不能把这些建立在这门科学的基本原则上面（在那个时候没人知道这些原则），所以他们对于进行这个研究的方法和目的都犯有错误。他们在许许多多无用的论文中所作的说明，只是不确定的或容易使人误解的说明。②

即在法国，政治经济学，最初也只考虑到它在国家财政上的应用。舒利说得对，农业和工业是国家的两个乳头，但这一说法

① 加里安尼在同一著作说，一个人要从他人遭受损失得到利益，这证明一个非常聪明的作家，甚至可能不知道怎样去作最简单的推断，可能碰到真理而看不出。因为，财富如果能够从劳力创造出来，那么在世界上，就可能有一种新的财富，即不是从任何人取来的财富。的确，这位作者，在他的《关于谷物贸易的问答》（这部著作在很久以后才在法国发表），曾以一个很特殊的方式批判自己。他说："一个偶然发现的真理，像草场上的蘑菇那样，没有什么价值。如果我们不知道它的原因和后果，或不知道它是怎样推论出来，我们就不能利用它。"

② 由于我不能评定作品还没译成法文的这些作家的优点，我只好利用把本书译为西班牙文的一个翻译者即揆波先生的意见。揆波是个有才能和有爱国心的人，我在正文只抄录了他的意见。

只以对于真理的笼统不明的概念为根据。上面的话，也适用于拥有健全而实用的头脑的沃班，他虽在军队任职，但是个哲学家与和平的朋友。他的国家，由于路易十四的虚荣，陷于穷困，他感到很大苦恼，因而提出更公正地征收捐税办法，作为减轻人民负担的手段。

在摄政王的影响下，人们的意见动摇起来。被认为是财富的取之不尽用之不竭的泉源的银行钞票，只不过是消耗资本的手段，花费不劳所得的手段，和一笔勾销所有债务的手段。节制与节约成为嘲笑的对象。摄政王的廷臣，或是通过言论，或是通过行动，怂恿他穷奢极侈。在这个时期，一个国家因奢侈而致富的说法，成为主义。所有这个时期有才能与有学问的人，都煞有介事地通过散文支持这个谬论，或通过更有魅力的诗歌美化奢侈。滥用国家财产，真的被认为值得人民的感激。这样对于基本原则的无知，加上奥林斯公爵的放荡淫乱，把王国弄得山穷水尽。在弗柳里红衣主教所维持的长久和平时期内，法国才稍稍恢复起来。这个庸懦宰相的不足取的统治，至少证明了国家的统治者，如果不搞坏事，就可以做许多好事。

产业各部门的不断进步、各门科学的进展(我们就可看到这对财富的影响)和舆论最后对于国家财富的一定程度的重视，使许多著作家都注意政治经济学。在那个时候，政治经济学的真正原则，还不给人知道，但按方德纳尔的说法，我们的情况，即是那样，不允许我们立即得到真理，而必须先经过各种谬论和不同程度的愚想，那么我们就不应该把这些错误步骤看作完全无用，因为它们引导我们稳步前进。

想考虑各个法律的相互关系的孟德斯鸠，研究了法律对财富的影响。孟德斯鸠应该先探讨财富的本质及其来源，但他没发表关于这方面的见解。然而，我们必须感谢这位知名著作家，因为他首先用哲理方法推究立法的原则。在这一点上，他可看作英国作家的教师，而这些英国作家，现在被普遍推崇为我们的教师，正如伏尔泰被推崇为英国最好历史家的教师一样。这些英国历史家现在给我们提供值得仿效的模范。

靠近十八世纪中叶，由魁奈博士提出的关于财富的来源的一些原则，使许多人皈依于他。这些皈依者对于上述原则创始人所表示的钦慕，他们小心翼翼地一贯信奉同一教条，以及他们拥护这些教条所呈现的毅力和热心，使得他们被看作自成派别，这个派别被称为经济学派。他们不先去观察事物的本质，或观察事物怎样发生，把这些观察结果分类，并根据观察结果推断一般定理，而却先订出几个抽象的一般性论旨，把它们叫做自明之理，因为他们认为，这些自明之理包含使它们自己具有真确性的直观证据。他们然后企图使个别事实适应于它们，并据它们推断这些事实的规律，这样他们自然就得拥护那些和常识与一般经验明显有抵触的原理，[①]这可从本书以下各章看得出来。他们的反对者，对于争论的问题，也没提出更正确的意见。由于争论双方都有很大学问和才能，胜负是偶然的。对于那些应该让步的论点，争论不休，而对无疑的不正确的意见，却勉强同意，总之，他们是瞎争论着。伏尔泰善于在任何地方发现谬误，他在他的《有一百二十法郎的人》一书讽刺了经济学派

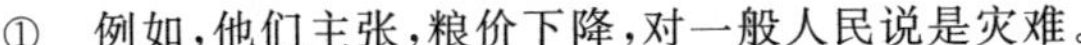

① 例如，他们主张，粮价下降，对一般人民说是灾难。

的学说，但在揭露利未尔的令人生厌的废话和米拉波的《人之友》一书的荒唐话时，却不能指出它们的谬误。

经济学派通过传布一些重要真理，通过唤起更普遍地对于公共利益的注意，通过掀起一些在当时虽没有利益但在后来却导致更准确的研究的讨论，无疑地做了很多有益的事体。[①] 在说农业能生产财富时，他们并没有误解。也许由于他们必须说明生产的本质，所以他们对于这个重要现象作了进一步的研究，这个研究引导他们的继承人去研究它的全部发展。另一方面，经济学派的工作，带有严重的弊病。他们对许多有用原理的反对，他们的宗派主义，他们大部分著作中的武断和抽象说法，以及贯穿着他们的著作的鼓吹语气，使人们普遍认为，从事这个研究的人只是空想家，他们的学说充其量只可满足理论上的好奇心，而在实践上却完全不适用。[②]

然而，谁都没有否认这一点，即经济学派的著作，一贯拥护严

---

① 在他们所引起的议论中，我们不应该忘记加里安尼所写的那一部有趣的《关于谷物贸易的问答》。在这问答里，他以香迪的幽默手法论述政治经济学问题。他说到一个真理，但当人们要他提出证明时，他以巧妙的笑话作了答复。

② 伦理科学和政治科学建立在空论上面这一意见，主要是由于我们几乎不断地混淆权利问题和事实问题而产生的。例如，经济学派著作在长时间内讨论的国家元首是否土地的共同主人这一问题，究竟有什么重要性呢？事实是各个国家的政府都取去不动产的一部分收入，或以捐税形式，强迫人民缴纳。那么，这是一个事实，而且是重要事实，它是一些事实的结果，作为确实导致另一些事实（例如物价上升）的原因。权利问题多少是意见问题；相反地，事实问题却是能够论证的问题。前者对于人类的命运，只产生轻微的影响，而后者却使他们感到很大的兴趣，因为事实是相生相成的。由于这是很重要的，一些结果必然比其他结果先发生，所以我们必须探讨可取得这些结果的方法。因为卢梭的《社会契约论》完全以权利问题为根据，所以它至少成为一部没有多大实际效用的著作。我毫不犹豫地明白指出这一点。

格的道德，一贯主张每一个人都应该有按照自己意向，处理人身、财产和才能的自由，没有这个自由，所谓个人幸福和国家繁荣，只是无意义的空话。仅仅这些意见，就使他们值得普遍的感激和尊重。况且，我不认为，在这些人中间，能够找到一个不正直的人或坏的公民。

这就是自从 1760 年以来，几乎所有关于政治经济学问题的知名法国著作家，虽没有绝对投入经济学派，但都受到经济学派意见的影响的原因。雷纳尔、康多塞以及其他许多人，都属于这一类的作家。孔狄亚克也可以说属于这一类的作家，尽管他对于他不了解的学科，企图自立一个学说。从他著作[①]的巧妙戏谑中，可收集到许多有用的暗示，但他几乎都是把原则建立在无根据的假设上面。不错，为要证明或说明一般推论的正确性，假设是可以使用的，但要建立基本原理，单单假设是绝对不够的。只在政治经济学阐述归纳研究的结果以后，它才成为科学。

杜阁自己是个好公民，所以他不能不推崇经济学派的那样好公民。因此，在他当权的时候，他认为支持经济学派对他有利。至于经济学派，也认为把这样一个开明人士与国务大臣看作自己的人，对他们有利。但杜阁的主张，并不是剽窃自经济学派，而是从研究事物的本质得来的。尽管在理论上的许多要点，他可能有所误解，但他所计划或执行的行政措施却能和任何政治家所想到的卓越措施相提并论。所以，他的主权者不能理解这些

① 《工业与政府的关系》。

措施,或能够理解而不晓得怎样支持,乃是他的主权者无能的最有力证明。

经济学派不但对法国作家有显著的影响,而且对许多意大利作家也有很显著的影响,这些意大利作家甚至比经济学派走了更前一步。贝卡里阿,在米兰所作的公开讲演中,[①]首先分析生产性资本的真正作用。维里伯爵是贝卡里阿的同乡和朋友,他们应该做朋友,因为他们都是实业家和有修养的学者。维里伯爵《关于政治经济学的研究》一书(1771 年刊行)所说的,比斯密博士以前的任何作家更接近于那些规定财富的生产和消费的规律。菲兰吉里关于政治规律与经济规律的论著,到 1780 年才发表,他似乎不知道在他论著刊行四年以前发表的斯密博士的著作。他遵循维里所主张的原则,甚至更完全地发展这些原则。可是,他虽以分析和演绎作为指导,但没从最有利的前提出发,推究那些足以证明这些前提并同时显示这些前提的适用与效用的直接结果。

上述那些研究,都不能得到任何重要结果。当财富本质的明确概念还没形成的时候,怎能理解什么是国家繁荣的原因呢?我们必须先彻底了解我们研究的目的,然后再去寻求达到这个目的的手段。在学者、历史家和哲学家辈出的那个苏格兰学校受过教育的亚当·斯密,在 1776 年发表了他的《国民财富的性质和原因的研究》一书。在这部书中,他证明说:财富是物品的交

① 参阅他的讲演提要。这提要首先于 1804 年刊载在卡斯托迪在米兰所印行的一部很有价值的书,题为《意大利古典经济学家言论集》。当这部书的第 1 版在 1803 年刊行以后,我才知道有这部书。

换价值；财富的多少，和我们所掌握的有价值物品的多少成比例；因为我们能够把价值授予物质或增加物质的价值，所以我们能够创造财富，或把从前没有价值的物质变为财富，把它保存、累积或消灭掉。[①]

在探索价值的来源时，斯密博士发现，价值来自人的劳力。他应该说来自劳动，因为劳动一语的含义，比劳力的含义更为广泛而意味更为深长。从这个成功的论证，他做出关于阻碍劳工生产力发展因而不利财富增长的因素的许多重要结论。由于这些结论是严格根据一个无可非议的原则而作的推断，只有不留心研究以致不透彻了解那原则的人，或理解力不健全以致完全不能抓住任何两个观念的联系的人，才攻击这些结论。我们注意地阅读《国民财富的性质和原因的研究》(这部书很值得我们注意地阅读)，就可以明白，政治经济学这门科学在它发表以前并不存在。

从这个时期以后，金银硬币被认为只构成国家财富的一个部分，而且是很小的一部分。金银硬币所以占比较不重要的部分，是因为它们比较不容易增加，而且我们能够使用许多同样有价值的

① 在斯密博士著作发表的那一年，或在它快要刊行出来的时候，迪南在伦敦用法文发表的《关于政治经济学原理的论文》，有一段很值得注意的话："再生产者这一阶级，包括所有把土地的生长力和他们的劳力结合起来，或通过他们各自掌握的技术对天然产品加工，来创造一种新价值的人。所创造的新价值全部构成所谓每年的再生产。"

这段值得注意的话，比斯密博士的著作更清楚地说出了再生产的特性，但没有引导作者做出任何重要结论，而只产生一些零散的暗示。由于他的各种意见没有很好地联系起来，所用的词语不够精确，所以他的论文是那样空洞含糊，以致我们不能从它得到任何启发。

其他东西替代它们。因此,一个社会及其个别成员,都不想取得比有限度的需要更多的金属货币。

我们认为,斯密博士的这些见解,首先使他能够全面确定货币的真正作用。他把这些见解应用到银行钞票和纸币,这在实际上非常重要,因为这使他能够证明,生产性资本,并不是一笔款项,而是生产中所使用的物品的价值。他把生产性资本所由组成的要素加以安排与分析,并指出它们的真正作用。①

许多完全正确的原则,在斯密博士以前的时候就被提出来,②但最先证明这些原则是正确的,是斯密。不但如此,他还给我们提供了发现错误的正确方法。他把新的科学研究方法应用于政治经济学,就是说,他不抽象地寻找原则,而却从经常观察的事实追溯到支配这些事实的一般规律。由于每一个事实,都可以说有一个特殊原因,所以确定这个原因是符合于规律的目的,而热切地探讨为什么这个结果是由某一特殊原因产生,因而不可能由任何其他原因产生,是符合于分析的目的。斯密博士的著作是一系列论证,这些论证把许多主张提升为无可非议的原则,并把更多的主张扔入垃圾堆,这些主张在还没完全消灭以前,在相当时间内企图通过

① 关于这个艰难深奥的问题,斯密博士可能说得不够有系统,而且说得不够明晰。由于这样,以敏锐知名的斯密的同国人劳德大勋爵,曾写了一篇论文,证明他完全看不懂《国民财富的性质和原因的研究》的这个部分。

② 魁奈在给《百科全书》所写的《谷物》一文中说:“可以出售的货物,应当不加区别地看作适于各人用途的货币财富或实物财富。”这在实际上就是斯密博士所说的“交换价值”。维里(在第3章)说:“再生产只不过是再生产价值,而物品的价值则构成财富。”上面已经指出,加里安尼说:“劳力是一切价值的源泉。”然而,斯密博士把这些意见看作他自己的意见,这是因为他揭示,它们和其他重要现象的关系(我们已经知道这一点),甚至使用它们的后果来证明它们。

狂妄臆说或空洞意见来维持生存。

有的人说,斯密博士应当大大感激斯图亚特[①]——斯密从来没有引用斯图亚特的话,即在反驳他时,也没引用他的话。我看不出,在哪一点上斯密应当感激斯图亚特。斯密对于他的主题的论述,显示了卓越和渊博的见识,而斯图亚特所研究的,范围狭窄,而又微不足道。斯图亚特只是支持一个已经由科伯特建立的思想体系,这个思想体系后来被法国的一切关于商业问题的作家所采用并逐渐被大多数欧洲政府所信奉。这个思想体系认为,国家的财富,不依存于国家产品的总和,而依存于国家产品出售给外国的数量。斯密博士著作的一个最重要部分,就在于反驳这个理论。如果斯密没对斯图亚特作特殊的攻击,那是因为他不把斯图亚特看作这个学派的创始人,并且认为,推翻一个在当时被普遍接受的意见,比驳倒一个作家没有特殊内容的论点更为重要。

经济学派也说,斯密博士应当感激他们。但这个说法究竟有什么意义呢?一个有天才的人,受到在他周围的一切东西的帮助。从他所综合的零星见解,所推翻的谬见,乃至攻击他的敌人,他都得到帮助,因为这一切对他意见的形成都有帮助。但到后来,当他把这些材料大大充实,提出对他的同时代人和后代人都有帮助的见解时,我们应该对他表示感激,而不应该责难他没向供给材料的人致谢。况且,斯密博士毫不迟疑地承认,他曾从和最有知识的法国人来往,以及和他的同国人与朋友休谟的亲密通信,得到教益。

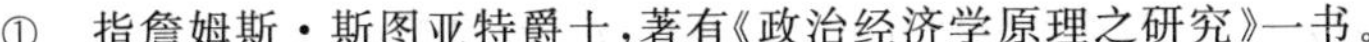

① 指詹姆斯·斯图亚特爵士,著有《政治经济学原理之研究》一书。

休谟关于政治经济学和其他学科的论文，包含许多有充分根据的见解。

在这个简短的叙述所允许的范围内，尽可能详细地说明斯密博士对政治经济学这门科学所作的改善以后，来指出他所犯的一些错误，和他未曾说明之点，也许不是无用的。

他认为，只有人的劳力才能创造价值，这是错误的。更严密的分析表明，一切价值都是来自劳力的作用，或说得正确些，来自人的劳动加上自然力与资本的作用，这从本书下面可看得出来。由此可见，斯密博士对于生产的最重要现象没有透彻的认识，这就使他做了一些错误的结论，例如他认为，劳动的分工或职业的区分，有巨大影响。这个影响，虽不是细微，或不足道，但生产的奇迹，与其说是由于人的劳力的特殊性，倒不如说是由于我们对自然力量所作的利用。由于斯密不知道这个原则，所以他不能建立机器与财富生产的关系的正确学说。

关于生产现象，现在知道得比斯密博士时代更清楚。由于这样，斯密的继承人，能够辨别实际的物价上涨和相对的物价上涨这两者的差异，并把这差异指出来。[①] 这差异给许多在它被发现以前无法说明的问题提供解答。例如，**租税或任何其他课征，能否通过提高货物的价格，来增加财富的数量？**[②] 又如，**生产者收入既是由生产成本所产生，为什么生产成本减低，生产者收入并不因此减**

① 参阅本书第二篇第三章。

② 斯密博士令人满意地证明了货物的实际价格与名义价格，即购买货物所必须给付的实际价值的数额与这些价值总和的名称这两者的差异。正文所提到的差异，基于一个更完全的分析，因为这个分析分解了实际价格本身的成分。

少？正由于政治经济学能够解答这些奥妙问题，它才成为科学。[①]

由于把财富一语狭隘地限定在有形物质所具有或所体现的价值，斯密博士缩小了这门科学的范围。他应该把那些虽不是有形的，但却是实际的价值，例如先天才能和后天才能，也包括在财富内。在两个没有财产的人中，一个有特殊才能的人，就不像另一个那么穷困。谁要是每年花代价去学得某种技能，谁就拥有累积的资本。这种财富，尽管是无形财富，却不是想象上的财富，因为这种财富，每天都以职业劳务形成，用来交换金银。

关于生产是怎样发生，以及什么是农业生产和技艺所特有的情况，斯密博士说得那样明确；但关于商业生产，他只给我们提供了不明确的概念。以此之故，他不能够明确阐述，交通利便为什么

① 例如，要在透彻了解生产是怎样发生以后，我们才能够说，在什么程度上，货币与货物的流通对生产有所帮助，以及什么流通是无用的。否则，我们关于迅速流通的效用所说的话只是胡扯，像我们天天所说那样。正由于政治经济这门科学的进展过于微小，因而必须唤起我们对于一些比较简单应用的注意，我不得不把本书的一章篇幅说明这个问题（第一篇第十六章）。同样的话，也适用于第一篇第二十章，这一章从国家财富观点讨论暂时的和永久的移民问题。然而，任何熟悉这门科学原则的人，都不难做出同样的结论。

不但财政学作家，而且历史和地理作家，必须具有政治经济学基本原理的知识，为期已不远了。一部关于世界地理的晚近论著，表示作者在许多方面有广泛的研究和渊博的知识，但却包含以下一段（见该书第 2 卷第 602 页）："一个国家居民的人数是良好财政制度的基础。人口越多，商业和工业的成就越大，而军队的数目也越多。"不幸的是，这些见解，都可能是谬误的。由国家财产的收入组成的国家岁入，或以捐税形式对个人收入课征的国家岁入，并不依存于人民的数目，而依存于财富的数额，尤其是人民的收入。穷苦大众，对国家岁入不能有很大贡献，而却使国家有更多必须养活的人。最有助于一个国家商业进展的，并不是它的人数，而是它的人民的资本和资质。这两者对人民的利益，远远超过国家对人民的利益。最后，一个政府所能维持的军队的数目，更不依存于人数，而却依存于岁入额。我已经说过，岁入不依存于人数。

和在什么程度上有助于生产。

对于劳动或他叫做劳力这个一般名词所包含的各个不同作用，斯密没作出严密的分析，所以他不能了解，每一个这些作用对生产事业的特殊重要性。

斯密的著作，对于社会财富的分配方式，并没作出令人满意或有系统的说明。值得注意的是，这个政治经济学分部，可以说是一块几乎没有开垦过的田地。经济学家关于财富生产的见解过于不完全，以致他们不能对财富分配有任何正确意见。[①]

最后，财富消费，虽只是财富生产的相对物，斯密的学说，虽能引导我们去作正确的研究，但斯密自己没发挥他的学说。由于这样，他没把许多重要原理建立起来。例如，由于他没叙述两种不同消费即非生产消费和再生产消费的特性，所以他没令人满意地论证，为创造资本而储蓄与累积的价值的消费，和浪费价值的消费，同是完全的消费。我们对政治经济学越熟悉，就越能了解斯密对这门科学所作改善的重要性，以及他留给后人来作的改善的重要性。[②]

以上所述，就是《国民财富的性质和原因的研究》一书，在基本原理这方面，所具有的主要缺点。此外，这部书的计划，换句话说，阐明这些原理的方式，也有大可非议的地方。

许多地方都欠明晰，整部著作几乎都缺乏条理。要想透彻了解他，就必须把他的见解加以整理，细细体会。至少，超出大多数

---

① 例如，杜阁在他的《关于财富的形成和分配的考察》一书，提出关于这两个方面的各种意见，但这些意见不是完全谬误，即是很不完全。

② 除上述外，还有许多其他各点，斯密博士不是忽略掉，就是分析得不完全。

读者理解能力的几段，理解起来非常吃力。的确，这些章节是那样难懂，以致对其他地方都能领悟的人，虽然自称能够理解和赞美这些段节并写了关于斯密所讨论的题目，即关于租税和作为货币的辅助的银行纸币，但事实上他们完全不领会他的关于这些问题的学说。然而，这一部分的学说也是他的学说中最精彩的部分。

他的基本原理并不是安排在指定作为阐明这些原理的章节。许多这些原理散见在他反驳排他主义或重商主义与经济学派学说的两个卓越论辩中，而在该书的其他部分，却找不到。关于货物的实际价格和名义价格的原理，是在他对过去四百年贵金属价值的论述中提出，而他对货币问题的意见则在论述商约的一章提出。

此外，斯密博士的冗长的枝节话，非常适当地受到了很大的责难。关于某一法律或制度的历史叙述，作为史料无疑地是非常有趣的，但在一部专门论证一般原则的论著，叙述和这个目的不完全适合的个别事实，只能无谓地分散读者的注意力，他对罗马帝国崩溃以后欧洲各国财富增长情况的简短叙述，只不过是很动人的枝节话。以上所述，也适用于他对公共教育的非常巧妙的论述，尽管这个论述充满着渊博的学识和正确的哲理，而且同时包含许多有价值的教训。

有的时候，这些论述和他的主题几乎毫无关系。在讨论国家支出时，他涉及各国在各个时期作战的不同方式，以说明军事胜利对世界许多地方文化的决定性影响。而且，对于英国以外的其他国家人民来说，这些冗言有时是毫不相干的。他叙述大不列颠允许它的一切殖民地有议会代表权后可能得到的好处的话，就属于这一类。

学术性文章的优点，在于它不包括不应包括的东西，正如它包括该包括的东西一样。许许多多细节，尽管就它们本身来说是有用的，但在一部旨在阐明政治经济学原理的著作，却成为赘疣。正像培根使我们看出亚里士多德哲学的空虚一样，斯密使我们看出在他以前的政治经济学体系的谬误，但斯密没有增高这门科学的上层建筑，正如培根没有创造逻辑一样。然而，这两位著作家对我们有很大的帮助，因为他们的继承人，叨了他们的光，可不必走冤枉的弯路。①

可是，直到现在，我们还没有一部确定的政治经济学教科书，在这部教科书中，广泛与正确观察的结果，和每一个有思想的人都可接受的一般原则联系起来，也没有这样的教科书，广泛与正确观察结果是那样完全和那样好地整理，以至能够相互证明，在各个地方各个时候阅读，都可得到教益。要着手进行这个有用的工作，我认为必须细心研读前人在这方面的著作，然后把它们忘记掉。研读前人的著作，就能使我从在我以前的许多有资格研究者的经验得到教益，企图忘记前人的意见，我就能不受任何思想体系的迷惑，而且不论什么时候，我都能自由地探究社会上实际存在的事物的本质与发展过程。我不求助于任何假设，而只想阐明财富确是

① 在斯密博士以后，英法出现了多种政治经济学论著。有的还很长，但很少值得保存的东西。这些论著大多是争论性的，作者所制定的政治经济学原理，目的只在于支持他们所爱好的假设；虽然如此，从这些论著还是可以收集到许多重要事实，甚至正确的原则，如果这些原则和作者的意见是一致的话。甘奇的《关于大不列颠岁入的论文》，为皮特先生的财政制度作辩解，就是这一类的论著，而桑顿所写的目的在于为英兰银行停止兑现作辩解的《关于不兑换纸币的本质和影响》，以及许多关于同一问题和关于谷类法的论著，也是这一类的论著。

怎样生产、分配和消费。关于这些事实的知识，只能通过观察求得的。本书所说的是这些观察的结果，而每一个研究者都能够进行这些观察。至于我根据这些观察结果所做的一般结论的正确性，读者可以自己判断。

靠着本时代的智慧，和靠着有力地帮助其他科学的进展的用哲理推究的方法，我有理由可以希望，不论在什么时候，我都能探索到事物的本质，并且绝不创立在实践上不能直接应用的抽象原则。原则总是和确定的事实相比较，这样任何人在发现它的效用之同时，都能容易看出它的真实性。

不但如此，从前所创立的可靠的一般原则，必须提到，并加以简单明晰的证明；从前没有制定的原则，必须创立。必须把各部分这样结合，以至我们能够确信，任何重要东西没被遗漏，任何基本论点没被省略。这门科学中的不正确意见，必须消除掉，但所应当消除的以大家普遍接受的错误见解和知名著作家的错误见解为限。因为，不知名作家，或人们不相信的教条，究竟能造成什么损害呢？我们所使用的词汇，必须用得非常准确，以至同一的词不至于被看做有两个不同意义；所有问题，都必须弄得简单化，以至任何谬误，尤其是我们的谬误，都能够很容易发见。总之，这门科学原理，必须用大众化[①]形式表达，使得一切有正确理解的人，都能充分了解这些原理及其结果，而且都能把这些原理应用到生活中的各种情况。

① 我所用的大众化论述一语，并不意味着，供那些不晓得怎样阅读或怎样利用的人使用的论述，而意味着，不专供这门科学的专门研究者或科学研究者使用，但适合于社会上有理智和有用成员阅读的论著。

在本书中，货物的价值乃是财富的衡量这一主张，特别受到人们的反对。这也许是我的错误，因为我不应该使人有所误解。对于上述异议，我所能作的唯一满意答复是，我将竭力更明晰地阐述我的这个学说。我因此必须向购买本书前几个版本的人道歉，因为我在本版作了很多修改。在讨论对一般福利有那么重大关系的问题时，力求做到完善，这是我的职责。

自从本书前几个版本刊行以来，许多著作家，包括一些著名人士，[①]发表了政治经济学的新的论著。说明这些作品的一般性质，和决定他们曾否对这门科学的基本原则作出详尽明晰与提纲挈领的阐述，都不是我分内之事。我能够老老实实地说的只是，其中有许多包含了旨在使这门科学有很大进展的真理和例证，使我读后，得到重大教益。但是，同其他研究者一道，我有权利指出，它们所说的一些乍看起来似乎有理的原则，和更仔细地与更严密地把事实归纳起来的结果，在多大程度上是格格不入。

李嘉图先生，有的时候依据过于一般化的抽象原理来推论——这个指责可能是很有根据的。当一个基于无可怀疑的观察结果，因而是无可非议的假设，已经作成的时候，他就推到终极，而不把推论的结果和实际经验的结果相比较。就这一点说，他很像一个哲学家似的机械师，这个机械师依据从杠杆的本质引申出来的无可怀疑的证据论证说，舞蹈者天天在舞台上所表演的跳跃是不

① 李嘉图、西斯蒙第等人。有的妇女也开始发觉，她们对自己的估计不足，因而自认不适于对家庭幸福有良好影响的那门科学的研究。在英国，马塞特夫人发表一部论著，题为《关于政治经济学的谈话》(后来译为法文)。这部作品以通俗不拘惹人喜爱的体裁，说明了最正确的原理。

可能的。这究竟是怎样发生的呢？这是由于他的直线式的推论。可是，一个往往未被发觉，而且总是难以觉察的活力，使得事实和我们的料想有很大距离。自从作那样推论以后，作者在著述中所说的，就不是宇宙间所实际发生的。仅仅从事实出发还是不够，必须把事实联系起来，不断探讨，不断把从事实得到的结果，和从观察得到的结果相比较。政治经济学，要成为有实际效用的科学，就不应当教导人们，什么必定发生，尽管这是从适当的推论和无可怀疑的前提演绎出来，而应当说明，实际发生的一个事实，怎样是另一个同样确定的事实的结果。政治经济学应当确定把事实连接起来的链条，并根据观察，在两个环节的连接点确定这两个环节的存在。

关于那些既没有足够广博的知识，又未曾把知识很好消化，因而不能作出正确判断的作家，所提出的狂妄学说，或所复述的过时学说，最有效地反驳这些学说的方法是，更明晰地阐述这门科学的正确学说，这些学说终会战胜上述那些学说。如果不这样做，我们就被卷入无止境的争论，这种争论对知者没有什么教益，而却使不知者认为，由于一切都成为争论的对象，一切都是无法证明的。

有各科偏见的争论者，以权威自信的口吻说：国家也好，个人也好，都清楚地知道怎样增进他们的财富，并不需要研究财富本质的知识，这种知识，就它本身说，实是纯理论而没有实际效用的知识。这只等于说，我们清楚地知道怎样生存和怎样呼吸，不需要解剖学与生理学的知识，而断定这些科学是多余的一样。这个主张是站不住脚的；但如果这个主张竟受到支持，而且受到一般医生的支持，这些医生在攻击医学的同时，要你受他们的基于过时的经验主义和最荒谬的偏见的治疗，他们否认一切正规的系统教育，不顾你的反对，要在你身体上做极度危险的试验，而且以法律的力量与尊严，最后通过一群办事人员与兵士执行他们的命令，你要怎么说呢？

也有人给过时的谬见作辩护说，“人们所普遍接受的意见，必定有一定根据，对于把许多有智慧和有德行的人所主张或同意的意见推翻了的观察结果与推论，我们还以抱着怀疑态度为是。”必须承认，如果我们没有连续地看到，现在大家公认的最荒谬的臆说，从前却在长久时期内到处传授并到处接受，上述想法便在我们脑海中造成深刻的印象，并使我们对于无可怀疑的见解有所怀疑。仅仅不久以前，最野蛮和最文明的民族，以及所有人类，从目不识丁的农民到有知识的哲学家，都相信只有四种元素存在。人们甚至设想反驳这样荒谬的学说，以至至今一个刚开始学物理的人，如果认为地、水、火、风是四种不同元素，就会丢脸。[①] 同样普遍流行和被尊重的其他意见，也将同样消失的，真不知有多少啊！人类的意见是很容易传染的，它会遭到感染着全人类的道德上的疾病的侵袭。这个时期终于来临，疾病像鼠疫那样会失去一切毒性，自行消逝；只消经过相当时间。古罗马病人请卜占官检验他们的五脏，但在西塞罗说了“那两个卜占官现今检验五脏时也不禁失笑”这句话三百年以后，这个做法还继续着。

① 每一门学科，即使最重要的一门，由来都不很久。有名的农艺学作家杨格，不辞劳苦地搜集所有关于土壤的观察结果。土壤是农艺学的一个最重要部分，它告诉我们，土地应该轮种什么作物，才能在各个时候耕种，而且耕种得非常成功。杨格说，他找不到 1765 年以前所写的关于这方面的著作。对社会幸福和繁荣也有重大关系的其他技艺，现今还在幼稚状态。

但是，上述关于意见的不断变动，不应当使我们认为，什么都不确定，因而对于一切都可怀疑。人们在能够从各方面观察的情况下所屡次观察到的事实，一经被确定和被正确叙述，就不能再看作只是意见，而应当看作绝对真理。物体受热膨胀，一经被证明，就成为真理，不能再怀疑。伦理科学和政治科学说到同样无可非议但更难解释的真理。就这些科学说，每个人认为，他不但有权利发见，而且有权利判断别人的发见。可是，很少人具有充足知识和广大见解，使他们能够对所敢于下判断的问题的各方面都了解很清楚。在社会上，我们常常看到这种奇怪现象，最奥妙的问题很快给解决，好像一切能够或应当影响决定的情况都已经知道那样。如果一伙人从一所大公馆门口很快走过，居然指手画脚说到这公馆里面正在发生的一切情况，人们要怎样说呢？

一些人昧于社会的比较进步状态，竟大胆断言这个状态不可能存在。他们不但不反对由来已久的罪恶，而且自我解嘲地说，这些罪恶不可能不存在。这使我们想起那位日本皇帝，他说如果有人告诉他荷兰人没有国王，他就会笑不出声。北美印第安人认为，不把战俘烧死而能够顺利进行战争，是很难想象的。

虽然从表面看来，许多欧洲国家，处于很繁荣状态，其中有的为着维持政府，每年花费了一两亿元，但我们不应当据此下结论说，它们的境况是尽善尽美的。一个西巴里斯富人，可以随心所欲地在乡村邸宅或城内宏大公馆居住，或者既在乡下又在城内居住。他开支很大，生活穷奢极侈；什么地方有新奇欢乐，他就乘着迅速舒适的交通工具赶到什么地方；一大群的家仆和佣人侍候他；往往一时高兴就杀死好几匹马。像他这样的人也许认为，一切已经够好了,政治经济学这门科学不能导致进一步的改善。但在那些据说是处在繁荣状态的国家,究竟有多少人过着上述那种奢侈生活呢?十万人之中最多只有一个。也许在一千人中,还没有一个能过所谓舒适自在的生活。无论在什么地方,赤贫和豪富都成为鲜明的对照,一些人的劳动被剥削来养活另一些闲散人,丑陋茅屋和堂皇公馆毗连邻接,穷人褴褛衣衫和富人华丽衣服混在一起。总之,一边是酒肉臭腐,另一边是三餐不给。

在不良社会状态下得到充足享受的人,总有理由可以证明这种社会状态是合理的,因为无论什么东西,如果只从一个观点观察,都是可以辩解的。如果时过境迁,他们就将反对这个反对那个了。

由于这样,许多政治经济学上的意见,不但是基于人类的最普遍弱点,即虚荣心,而且是基于另一个同样普遍的弱点,即自私自利。这两者不知不觉地、不由自主地对我们的思想方法产生强有力的影响。因此,这些激烈和偏颇的成见,往往把真理吓退,迫使真理不得不退缩。当真理敢于抬头时,这些偏见就贬黜真理,有的时候甚至迫害真理。现在,由于知识是那样广泛地传布开来,哲学家可以肯定地说,自然规律,在整个世界,和在世界的极小部分,都是一样,而他这样说,不会受到人们的反驳。但如果政治家敢于肯定地说,国家财政和私人财政完全相同,而国家和个人都应当根据同样的经济原则处理他们的事务,他就必定遇到社会各阶级的反对,而且必须挺身而出反驳各种各样的臆说。

不但如此,有这样的著作家,对于他们自己承认不了解的题目,竟不自重地写杂志论文,写小册子,甚至写整部的书。而结果呢，政治经济学这门科学，被他们罩上一层暗影，把本来开始明朗的东西又弄得暗黑。大众是那样漠不关心，他们宁可相信肯定的说法，而不想去研究这些说法是否正确。此外，他们有的时候被数字和计算吓住，好像仅仅数字计算就能证明任何东西，好像任何规律都能规定下来，不需要正确推论的帮助，就可做出结论。

以上所述，是一些阻碍着政治经济学进展的因素。

可是，各种事实足以表明，这个华而有用的科学，正以越来越快的速度传布开来。由于人们看到，这门科学不是建立在假设上面，而是建立在观察结果和经验上面，所以他们都感到这门科学的重要性。现在，在任何传授知识的地方，都传授这门科学。在德意志、苏格兰、西班牙、意大利和北欧的各个大学，都已经设立了政治经济学讲座，但今后将更正规地、更系统地传授这门科学。虽然牛津大学还走它的老路，但剑桥大学，却在几年内设立了旨在于传授这门新科学的讲座。在日内瓦和其他地方，都举行了一系列政治经济学讲演，而巴塞罗那商人，自己出资开设政治经济学讲座。政治经济学现在被认为是皇子王孙教育的一个重要部分，而这些华胄也把不谙政治经济学原理视为耻辱。俄罗斯皇帝，要他的两个弟弟尼古拉和麦克尔大公，在斯托奇指导下学习这门科学。最后，在法国政府准许下，第一个政治经济学讲座在法兰西王国设立，这对法国说是永久的光荣。

当现在做学生的年青人，将来分散到社会各个阶级中去，而且被提拔为政府重要官员时，国家事务将处理得比从前更好。当国王和人民对他们的各自利益知道得比从前更清楚时，他们就会发见这些利益并没有矛盾。这一方面将使国王不像从前那样压迫人民，而另一方面将使人民对国王更加信任。

现在，写作有关政治和历史的人，如果不懂政治经济学原理，只会博得暂时的成功，而不能长时间吸引人们的注意。至于写作有关财政、商业和技艺的人，更不必说了。

但最有助于政治经济学进展的，乃是文明世界在过去三十年内所处的严重状态。在这个时期，政府费用达到非常的高度，政府为着挽救危机，不得不求助于人民，这就使人民明白自己的重要地位。几乎每一个地方，如果还未实行取得人民同意这一办法，都要求实行，或至少在形式上取得人民同意。政府在各个口实下向人民所作的摊派，还不足偿付开支，不得不采用借贷办法。为要借款，政府必须把它们的需要和财源公开出来。政府必须把国家账目公开，而且必须给它们的行为作辩解，这两者产生了政治科学上的精神革命。这个革命的趋势现在是无法阻挡的。

这个时期所带来的纷乱与灾难，也给我们提供了重大的试验。滥发纸币以及限制商业和其他限制措施，使我们意识到几乎所有极端措施的最后结果。此外，社会上最有权势的人突然被推翻，大规模的侵略，旧政府的瓦解与新政府的建立，另一个半球上新兴帝国的形成，殖民地的独立，人类头脑所普遍受到的有利于一切智能发展的刺激，伟大希望和巨大错误——这一切无疑地扩大我们的眼界。这一切起初只对有冷静的观察和思维能力的人产生影响，但后来对全人类都产生影响。

伦理科学和政治科学的类似部门的巨大进展，使我们能够很容易探索因果连锁的环节。因此，当我们一旦了解政治事实和经济事实是怎样相互影响时，我们就能够决定，在一定情况下，什么行动方针是最有利的。例如，为要消灭行乞现象，我们必定不采用倾向于增加贫民的措施，而为要谋求富足，我们必定不采用目的在于防止富足的措施。当通往国家繁荣与幸福的道路被知道以后，人们就都能选择并将要选择这个道路。

人们在长时间内认为，政治经济学这科学，只能对少数管理公务人员有用。毫无疑问，这是个很重要的事情，公务员应当比其他人更开明。因为，个别普通人民的错误，只把几个家庭弄得破产，而国王与大臣的错误，会把整个国家弄得山穷水尽。但是，当普通人民都不开明的时候，国王和大臣能够开明吗？这是个值得考虑的问题。知识来自社会中层阶级，而且通过这个阶级传播到社会上层阶级和下层阶级去，因为中层阶级既不沉迷于权位，而又无须从事贫民的强迫劳动，拥有中产，有休闲时候又有劳动习惯，能够自由地跟人来往交朋友，爱好文学，而且有作旅行的财力。上下层阶级由于没有休闲时候深思熟虑，只接受那些以公理形式提出而无须进一步论证的真理。

而且，尽管国王和他的重臣应当熟悉国家繁荣所根据的原则，但如果各行政部门没有能够了解和执行他们措施的人员来支持他们，上述知识对于他们究竟有什么好处呢？一个城或一个省的繁荣，有的时候依存于一个官员的行动，而一个附属政府机关的首领，由于他促使重要决定的作成，往往比立法者本人有更大的影响。在那些实施代议制政治的国家，每一个公民更需要熟悉政治经济学原则，因为这些国家要求每一个人都参加评议公务。

最后，如果假定，每一个政府人员，从最高级到最低级，都能熟悉政治经济学原则，而一般大众却不熟悉（这是完全不可能的），那么政府在实行它的最英明计划时，就会遇到人民的反对。它甚至会遇到一向最支持它的人的阻梗，因为这些人有偏见。

为使一个国家能得到良好经济制度的利益，那就不但需要有能够采用最好计划的政治家，而且需要有使这些计划能够实行的人民。①

这也是避免怀疑原则和避免不断变更原则的方法。不断变更原则，使我们不能利用一个坏制度所可能有的优点。坚定和一贯的政策，是国家繁荣的重要因素。例如，英国通过始终不渝地坚持垄断其他国家海洋贸易制度，得到和它的领土似乎不相称的富强，尽管这个制度，在许多方面，对英国不利。但要在长时间遵循同一方针，那就必须能够选择一个好的方针。否则，我们会遇到意料不到而且无法克服的困难，逼得我们即在无须改变的情况下，也得改变我们的方针。

这也许就是我们必须承认的法国在二百年内遭受各种祸害的原因。在这个时期，由于法国的肥沃土地，它的地理位置，和它的人民才能，很可能达到高度的繁荣，但由于对国家繁荣的原因没有确定意见，法国像一只没有海图和罗盘的船，随着风的方向，和随着一个既不晓得出发点也不晓得目的地的舵工的愚蠢驾驶，到处

① 我在这里假定，社会中较上层阶级都怀有增进公共福利的真诚愿望。但如果这个愿望不存在，如果政府对人民不忠实，而且腐败不堪，那么人民就更需要知道国家的实际状况，并了解他们的真正利益。否则，他们就会遭受痛苦而不知道痛苦的原因，或把痛苦归于不正确原因，结果，大众意见分歧，行动目标不一致，而个别人士，由于得不到群众支持，不敢坚持己见。于是专制政治巩固起来，或更坏的，在不良政府迫使人民铤而走险的地方，人民听信恶言，建立更坏的制度以替代从前的坏制度。

漂流。[①] 如果法国施行一个一贯的政策,这个政策就可对历任政府施加影响,而法国国家至少可不陷于破产的危险,或可不遭受它所饱受的笨拙措施的祸害。

反复无常有那样大的破坏性结果,以致连坏制度过渡到好制度,也必定会遇到严重困难。排他性或限制性制度,无疑地对企业的发展和财富的增进,有很大损害,但基于排他性或限制性政策所建立的制度,不能骤然废除,而不造成重大损害。[②] 要想促成比较有利的形势而不引起困难,只能通过逐渐地采用措施并非常巧妙地和非常细心地实行措施。一个在走过北冰洋时四肢冻僵的旅行者,只可通过最细心的不知不觉的治疗,才能使他免受过于急骤的治疗的危险,才能使他完全恢复健康。

连最正确的原则,也不是在一切时候都可适用。重要的是,我们必须知道这些原则,这样在可以应用或要想应用时,就能拿来应用。毫无疑问,一个在无论什么时候都考虑到这些原则的新社会,必定很快达到最高度的富足;但每一个国家,都可能在许多方面违反这些原则,而还能达到满意的繁荣状态。由于活力原则的有力作用,人的身体尽管在青年时代遇到意外事故或受了伤,或纵欲无度,还会发展或强壮起来。无论在什么地方,绝对好的东西(就是说,此外全是坏的东西,只产生坏的结果),是找不到的,在任何地

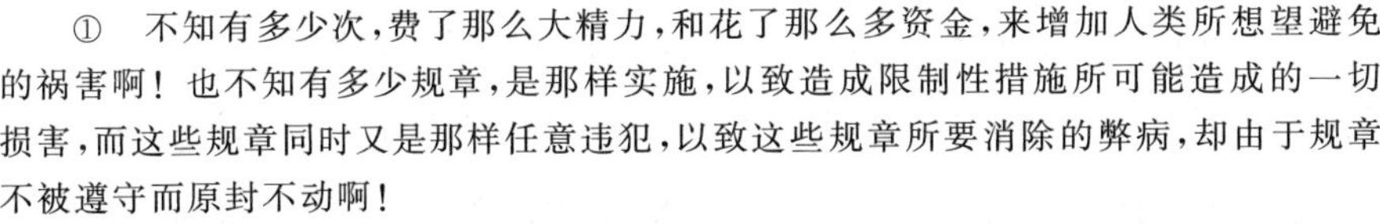

① 不知有多少次,费了那么大精力,和花了那么多资金,来增加人类所想望避免的祸害啊!也不知有多少规章,是那样实施,以致造成限制性措施所可能造成的一切损害,而这些规章同时又是那样任意违犯,以致这些规章所要消除的弊病,却由于规章不被遵守而原封不动啊!

② 这是因为我们不能把由于错误制度而放在不适宜地方的资金与才能移置适宜地方而不造成严重的损害。

方，坏的和好的都是混在一起。当坏的占优势时，社会就衰落；当好的占优势时，社会就以比较快的速度，在繁荣道路上前进。所以，什么都不应当阻止我们去学习或传布正确的原则。为要获得这个知识而作的努力，哪怕是很微小的，也会带来一些好处，而且最终会产生非常好的结果。

如果为国家利益着想，个别人民应当知道什么是政治经济学正确原则，那么谁敢说，这种知识，对于他们管理自己商店没有好处呢？我承认，不知道财富的本质或由来，也不难赚到钱。为达到赚钱目的，所需要的只是最无教养的庄稼汉也能够搞的非常简单计算：这样的货物，包括一切费用，要费这么多钱，我要卖这么多钱，因此可赚这么多钱。可是，关于财富本质和增长的正确知识，无疑也会给我们提供许多好处，使我们能对和我们有利害关系的企业作出正确的判断，不管我们是主要股东或一般利害关系人。这种知识使我们能够预知这些企业所需要的将是什么，以及这些企业的结果将是怎样；使我们能够想出使它们达到成功的方法，并使我们能够证明我们对这些企业所特有的权利；使我们能够预知公债和其他国家措施的影响，因而能够选择最安稳的投资；使我们能够正确调整实际垫款的数目使它和可能获得的利润相适应，因而能够有利地耕种土地；使我们能够知道社会的一般需要，因而能够选择我们的职业；使我们能够识别国家繁荣或衰落的征候。

研究政治经济学只对政治家有用这一意见是谬误的，而且还有其他害处。在斯密博士以前的时候，几乎所有关于这方面的作家都以为，他们的主要目的，在于教导政府当局。由于他们对于有关财富的事实及其联系与结果，只有不完全的知识，因此意见很不一致，而人民大众完全不注意这些，所以这些作家被看作公共福利幻想家，是毫无足怪的。为了这个原因，政府当局总是瞧不起类似原则的一切东西。

但是，使其他科学求得真理的正确推理方法，被应用于上述事实的研究和基于这些事实的推论以后，政治经济学就只限于简单说明所发生的有关财富的一切事实，不再企图向政府当局提供意见。但如果政府当局想探究他们要实施的计划将产生什么好结果和坏结果，他们可参考这门科学，正如在建造抽水机或水闸时，他们要参考水力学一样。所要求于政治经济学的是，它给政府提供关于事物本质和必须从事物本质产生的一般规律的正确说明。也许在这些见解还没更普遍地传布开来以前，还需要给政府指出政治经济学原则的一些应用。如果政府轻视或忽视上述原则的应用，那么吃亏的是它们自己，以及人民。播种乌豌豆的庄稼汉，绝对不能希望收割小麦。

的确，如果政治经济学揭示财富的由来，如果它指出充实财富的方法，并教导我们如何可逐日取用更多的财富而财富不至于枯竭，如果它证明，一个国家的人口可增多，而同时又能有更好的生活必需品的供应，如果它满意地证明，富人和穷人的利益，以及各个国家的利益，不是相对立，而所有对抗全是愚蠢，如果可从这些论证推断，许多被认为无可救治的弊病，不但可以救治，甚至容易救治，而我们可无须再遭受我们所不愿意遭受的痛苦，那么我们就必须承认，没有什么研究比政治经济学研究更为重要，更值得有高尚思想和仁慈思想的人的研究。

时间是个伟大的教师，什么都不能替代它的作用。只有时间，能够充分证明，可从政治经济学所提供的关于立法和政治一般原则的知识得到好处。一方面，许多有理性的人承认这门科学的原则，但由于习惯关系，却说得和做得好像他们完全不懂这些原则那样；[①]另一方面，由于不完全理解私人或团体利害关系，也反对许多这些原则。以上的情况表明，没有什么足使想望增进公共福利的人感到惊奇。牛顿学说，法国普遍拒绝接受，达五十年之久，但现在所有法国学校都传授这个学说。我们最后一定可以看到，有许多研究比这个研究更加重要，如果我们考虑到那些研究对人类幸福和繁荣的影响。

叫做文明的那些国家，还是那样不开明、那样无知啊！观察一下骄傲欧洲的各个省，问问一百人、一千人，甚至一万人，在这些人中，对于现时代所引以自豪的这门已经改善过的科学有些微认识的，你几乎不能找到两个，也许只能找到一个。对奥妙真理这样普遍无知，不像对每个人在任何地位和任何情况下都可应用的最基本知识的完全无知那样可异。此外，有几个人具有能够自学的资格，有几个人能够单独观察每天所发生的事情，能够对他们不明白

① “他们希望我能够论证，我的证明都是确证，而他们顺从这些证明没有错误。我的正确推论，暂时说服了他们，但他们后来又受到他们先入之见的惰性影响，这些先入之见，尽管不具有正确理由，却以不减低的力量卷土重来，正如月的直径在靠近水平线时好像增长了那样。他们要我把他们从那些卷土重来的先入之见中解放出来。他们知道，这些先入之见是不可靠的，但这些先入之见不断困惑他们。总之，他们希望我能够通过推论来完成只有时间才能完成的事情，这是不可能的。每一个原因都有它所特具的结果。道理可以说服人，意见令人信服，谬想使人困惑。只有时间，或同一行为的反复重演，才能产生我们所叫做习惯的镇静自如状态。由此可见，新的意见，需要很长时间，才传布开来。如果一个革新者马到功成，这是因为他所发现和所传播的是那些已经在各人心中浮现的意见。”载德斯塔-特雷西：《逻辑》第 8 章。

的东西提出质问呢！

连那些有最高度发展的学科，还远远不能给社会带来它所希望得到的一切好处。如果不能带来这些好处，它们只不过是耸听的空理论。也许要到十九世纪，这些理论才能完全应用。到那个时候，在精神科学，正如在物理科学，将出现有超越智慧的人，他们在提出理论意见以后，将告诉人们关于最低能的人也能理解重要真理的方法。到那个时候，人类的日常生活事件，将不以空想哲学的错误见解为指导，而以常识为准绳。意见将不建立在无根据的假设上面，而是正确观察事物本质的结果。由于我们将习惯或自然地探索到一切真理的本源，我们将不受空论的欺骗，也不听信谬误的意见。由于迂腐见解被解除了经验主义武装，它将失去它的主要力量，不能再占优势，给正直人士和各个国家带来重大损害。

第一篇　财富的生产

第一章　生产这个名词的意义

如果我们肯费点心机研讨在人类所过的生活是社会生活的场合下叫做财富的是什么东西，我们就将发见财富这个名词是用以称呼具有内在价值的许许多多东西，例如土地、金属、硬币、五谷、织品以及其他种类的货物。当我们把它的含义扩大，也把土地债券、汇票、支票、期票等包括在内时，这显然是因为这些东西意味着支付有价值东西的缘故。事实上，没有实际的内在价值的东西的存在，就没有财富的存在。

财富和上述价值成比例；组成财富的价值的总计越大，财富便越多；组成财富的价值的总计越小，财富便越少。

一种东西的价值，未经人们承认之前，总是不明确的，任意估定的。一个人如果对他所拥有的东西，任意估很高的价，他并不因此变得更富裕。但当别人想要这东西，愿把一定数量同样有价值的其他东西来交换它时，这东西便具有等于后一种东西的价值。

人们毫不犹豫地愿意拿出以交换一件东西的一定数量的货币叫做价格。在某一时刻和某一地点，一件东西的所有者，如果愿意卖掉它一定可换得到的钱，叫做该东西的时价。①

关于解释上述的财富的知识，关于取得财富所必须克服的困难，关于在社会各成员之间分配财富的过程和先后次序，关于使用财富的可能途径，关于由上述这些而发生的后果，这一系列问题构成现在称为政治经济学这门科学。

人们所给予物品的价值，是由物品的用途而产生的。有的东西能维持人的生命，有的东西可制为衣服，有的东西可能给人抵御狂风烈日如房屋等，有的东西能满足人们的嗜好和虚荣。后两者也是一种需要，满足这种需要的东西大抵是装饰品。当人们承认某东西有价值时，所根据的总是它的有用性。这是千真万确的，没用的东西，谁也不肯给予价值。② 现在让我把物品满足人类需要的内在力量叫做效用。我还要接下去说，创造具有任何效用的物品，就等于创造财富。这是因为物品的效用就是物品价值的基础，而物品的价值就是财富所由构成的。

但是，物质不是人力所能创造，而物质的量也不会忽增忽减。地球就是由物质所构成。人力所能做到的，只不过改变已经存在的物质的形态。所改成的新形态，或提供前此所不具有的效用，或

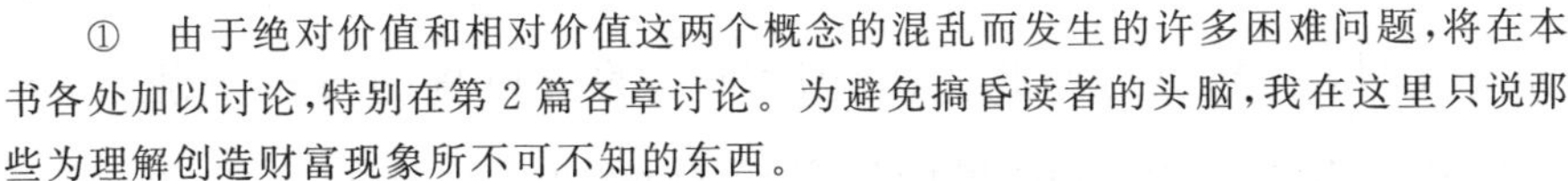

① 由于绝对价值和相对价值这两个概念的混乱而发生的许多困难问题，将在本书各处加以讨论，特别在第 2 篇各章讨论。为避免搞昏读者的头脑，我在这里只说那些为理解创造财富现象所不可不知的东西。

② 这里不是研讨人们所给予物品的价值是否和物品的实际效用相称的适当地方。人们所估定的价值是否准确，这要看估价者的判断力、知识、习惯和成见以为定。具有正确道德观念和明了自己利益所在，就使人们能对利益作既不偏高又不偏低的评价。政治经济学，只把人们所评定的价值不折不扣地接受过来，作为推论的根据。至于人们应该如何评价，应该如何行动等等，它把启发和指导的责任留给道德家和实事求是的人去承担。

只扩大原有的效用。因此,人力所创造的不是物质而是效用。这种创造我叫做财富的创造。

在政治经济学和在我们整个研究的过程中,我们必须按照这个意义理解创造财富这个名词。所谓生产,不是创造物质,而是创造效用。生产数量不是以产品的长短、大小或轻重估计,而是以产品所提供的效用估计。

虽然价格是测量物品的价值的尺度,而物品的价值又是测量物品的效用的尺度,但如果据此推断硬把物品价格提高就可扩大物品的效用,那便是荒谬的想法。交换价值或价格只在人类的交易受同一效用的影响而不受任何其他影响的场合下才是公认的价值的指标,正如晴雨计只在水银受大气压力的影响而不受其他压力的影响的场合下才表示大气的压力。

当一个人把一件东西卖给别人时,事实上等于把这东西的效用卖给人。买者买这东西,也只因为它具有效用,可把它拿来使用。如果由于任何原因,买者不得不付较高于它的效用对他所提供的价值的价格,那就等于对不存在的价值付价,因此就等于对没有得到的价值付价。[①]

当政府把经营某种贸易的专利,例如印度贸易专利权给予某种商人时,情况便是如此。由印度输入的进口货的价格上涨了,但这些进口货的效用或内在价值并没有增加。过高的价格,实际上等于这么多的钱由消费者的口袋转到有特权商人的口袋。由于这

① 下面将进一步阐明这个论点,现在只要搞清一点,即无论社会是处在什么状态,生产和交易越自由,物品的时价便越接近它的实际价值。

项移转，后者富足起来，前者贫困下去，贫富的增加恰恰相抵。与此相似，当政府征收酒税，使本来只要卖十苏一瓶的酒卖十五苏时，政府所做的，和把每瓶酒五苏的钱从生产者或消费者之手移到收税员之手有什么不同呢？这里的商品只不过是政府为达到纳税人而使用的一种比较方便的工具而已。在这时候，这商品的价值由两种成分组成：(1)起因于它的效用的实际价值；(2)由于准许产制、运输或消费政府认为应该征收的税的价值。[①]

这样，没有创造或扩大效用实际上就没有生产财富。现在让我们来看效用是怎样生产出来的。

第二章　各种劳动以及它们协同生产的方式

人类所消费的某些东西，例如在某些情况下的空气、水、日光等都是自然所赐予的无代价礼物，不需要人的努力去创造它们。这些东西没有交换价值，因为人们从不感觉它们的缺乏，我们得到供给，别人也一样得到供给。因为它们不是可生产得出，不是可由于消耗而毁灭，所以它们不属于政治经济学的范围。

但是，还有许许多多对我们的生存和幸福也像空气、水等那样

① 哪一部分的税由生产者给付，哪一部分由消费者给付，将在第3篇讨论。

不可缺少的东西。如果人类不以他的劳动促进、协助或完成自然的作用，人类就得不到这些东西的享受。大多数充当食物、衣服和住宅的东西，都属于这一类。

当劳动仅限于收集天然产品时，它叫做农业。

当劳动的目的在于分割天然产物、混合天然产物或改造天然产物形式，使能满足我们的各种需要时，它叫做工业。[①]

当劳动的目的在于把我们所达不到的东西弄到我们达得到的地方时，它叫做商业。

人类只有通过各种劳动才能获得必需品的充裕的供给和其他物品的供给。后者虽然不是不可缺少的，但它们的有无，成为文明社会和野蛮社会的分野。如果听任自然自行发展，它将只给少数人提供勉强可以维持生活的必需品。我们曾经看到，很肥沃但却是一片荒芜的土地，还不能给飘流到那儿的一小撮可怜的破船者提供仅能维持生存的营养品，而贫瘠土地，由于产业的存在，却呈现着人烟稠密、衣食充裕的现象。

产品这个名词，用以命名劳动给人类所提供的东西。

一个产品很少是一个产业部门所单独生产的。一张桌子是农业和工业的共同产品，前者斫伐造它的木材，后者使它具有桌子的形式。欧洲所消费的咖啡，既归功于阿拉伯或其他地方种植咖啡豆的农业，又归功于把咖啡运到消费者手中的商业。

我们如果高兴的话，可把上述三种产业再分为许许多多部门，

① 由于只有通过机械方法或化学方法才能改造物质、混合物质或分割物质，所以可把各业类别为机械工业或化学工业，看哪种方法在制造过程中占主要位置以为定。

但它们协助生产的方式都是一样的。

它们或把效用授予本来不具有效用的物质，或扩大物质已经具有的效用。农民播下一粒麦种后来生出二十粒的麦，他并非凭空生产，他利用一个强大的力即自然力；他只是控制它的作用，从而使以前散布于土中、空气中和水中的物质，转变成为一粒粒的小麦的形式。

五倍子、硫酸铁和阿拉伯树胶本来不是合在一起的东西。通过商人和制造者的共同劳动，它们成为化合物。我们从这化合物得到科学所借以传播的一种黑色流质。商人和制造者在这里的作用，和上述农民的作用相同。该农民选好他的目的，然后使用相同于这些商人和制造者所使用的方法，使目的能够实现。

任何人都没有创造物质的能力，连自然也没有这能力。但任何人都能利用自然所提供的力，把效用授予物质。所谓劳动，实际上只不过是人类役使自然力而已。劳动的最完全产品，即几乎全部价值来自制造者的产品，也许只是钢这个天然产品对其他天然产品的作用的结果。①

十八世纪经济学家，尽管其中很多是有知识的作家，但由于不了解这个原则，却坠入迷途，犯了严重错误。他们认为除以获得原料为目的的劳动如农民、渔民、矿工的劳动外，其他性质的劳动全

① 阿加罗蒂在他所写的论文中，使用螺旋形发条控制表的平衡轮为例子，证明劳动对一件产品所增加的巨大效用。一磅生铁不过费制造者五苏左右的钱。他把它炼成钢，然后把钢制成使表的平衡轮走动的小发条。每一个发条只重一格令的十分之一，但在制成之后，可卖十八法郎的高价。这样，即使酌减金属的耗损，一磅生铁还可制成八万只发条。换句话说，仅仅值五苏的物质，制成一百四十四万法郎的价值。

是非生产性的。他们没有看到这个特征，财富不在于物质，而在于物质的价值。因为，没有价值的物质，便不成为财富，要不是这样，水、火石、路上的灰尘也可算是财富了。由此说来，如果财富是由物质的价值组成的，那么，合并价值自然也是创造财富，实际上，堆栈中存有由一百斤羊毛制成的漂亮哔叽的人，比堆栈中存有一百斤捆在包里的原羊毛的人更加富裕。

十八世纪经济学家对这论点提出这样的答辩：制造对一种产品所增加的价值，不比制造者在制造过程中所消费的价值大。他们说，制造者由于竞争的关系，绝不能够把价格提高到超过他们的营业和自己所消费的数额。因此，他们的劳动并不增加社会总财富，他们为满足需要所消费的价值，消灭了他们的劳动所生产的价值。[①]

但是，主张这个论点的人，必须先提出证据证明机匠和工匠所消耗的价值，确实等于他们所生产的价值，但事实并不如此。由商业和工业的利润积成的储蓄和资本，比由农业的利润积成的储蓄

① 利未尔在《政治社会的自然秩序》第2卷第225页企图证明制造是徒劳无益的非生产性劳动。他使用一个我认为有必要加以驳斥的论点，因为这论点常常在不同的形式下被人反复使用着，而且其中有的好像很有道理。他说，"要是把劳动的非实际的产品看作实际的产品，那就不得不推断增加一道无用的制造工，就扩大财富一次。"但是，我们不能因为在劳动所产生的结果是有益的场合下劳动创造了价值，于是便贸然推断在劳动的结果是无益或有害的场合下劳动也创造了价值。劳动不全是生产性的，只使一种物质或一件东西增加了实际价值的劳动，才是生产性的。经济学派议论的无价值，由于下述情况成为毫无疑问，就是说，可使用他们的论点反驳他们自己的学说，也可使用他们的论点攻击他们的反对派的学说。我们可以告诉他们说，"你们主张耕者的劳动是生产性的，那么，只要他一年犁十次田，播十次种，就可提高生产力十倍。"这自然是极其背理的。

和资本来得大。①

此外，即使承认制造商的利润消耗在满足他们自己和他们家庭的需要，这也不能否定这些利润是新获得的确实的财富。因为，如果这些利润不是确实的财富，这些利润便不能满足制造商自己和他们家庭的需要。土地所有者和农民所获得的利润被承认是确实的财富，然而这些利润也一样地消费在维持地主和农民的需要。

和制造业相似，商业也参与生产工作。商业把物品从一地方运到另一地方，从而扩大物品的价值。一担巴西棉花运到欧洲堆栈时，比从前在伯南布哥堆栈的时候效用更大，因此有更大的价值。运输就是商人对棉花所进行的改造。由于这种改造，我们本来用不到的东西，现在可以用到。这种的改造和产品从其他两种产业所得到的改造同样有益、同样复杂和同样难于断定其结果是怎样。商人利用建造船只的木材、制造绳索的麻、推送布帆的风，以及为达到他的目的所使用的各种自然力，其目的、方法和结果，跟农民使用土壤、雨和空气的目的、方法和结果都是一样的。②

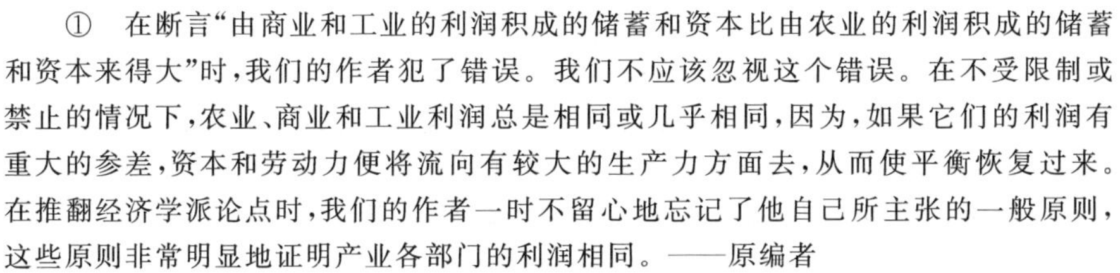

① 在断言“由商业和工业的利润积成的储蓄和资本比由农业的利润积成的储蓄和资本来得大”时，我们的作者犯了错误。我们不应该忽视这个错误。在不受限制或禁止的情况下，农业、商业和工业利润总是相同或几乎相同，因为，如果它们的利润有重大的参差，资本和劳动力便将流向有较大的生产力方面去，从而使平衡恢复过来。在推翻经济学派论点时，我们的作者一时不留心地忘记了他自己所主张的一般原则，这些原则非常明显地证明产业各部门的利润相同。——原编者

② 真诺维西在那不勒斯讲授政治经济学时，给商业下这个定义：“以不必要的东西交换必要的东西。”他的理由是，“在一切的交易，订契约的双方所收入的东西，似乎比所付出的东西对他们更为需要”。这是很牵强附会的说法，我认为有必要提出批评，因为这说法现在很流行。一个工人星期日到酒家饮酒，我们很难证明他把不必要的东西交换必要的东西。在一切公平的交易，都有两件东西的互换，这两件东西在进行

所以，当雷纳尔说商业和农业与工业不同，本身不生产任何东西时，他自白了自己对生产现象没有明确的概念。雷纳尔在这里对商业看法所犯的错误，相同于经济学派对商业和工业看法所犯的错误。经济学派认为农业是唯一的生产途径，雷纳尔则认为农业和工业是生产途径。雷纳尔的主张比经济学派的主张更接近事实，但仍然是不对头的。

孔狄亚克在企图说明商业进行生产的方法时，也说得含混不清。他说，无论什么东西，卖方所花的钱，总比买方所花的钱来得少，因此，由一个人手转到另一个人手这个行为，就使货物增加了一定价值。但情况并不如此，因为，贩卖只不过是一种以物易物的行为，就是说，收进一种货物如白银来代替另一种货物，买者或卖者在一种货物上所受的损失，相等于在另一种货物上所获的利润，因此，对社会来说，什么价值都没有创造出来。① 当一个人把西班牙

交易的时候和地点价值相等。商业的产物，就是说，商业对互换的东西所增加的价值，不是由于交换行为发生，而是由于事前的商业活动发生。

据我所知，维里伯爵是唯一的对商业的真正原理和基础作了阐明的作家。他在1771年这样说，"所谓商业，事实上只不过是把货物从一个地方运到另一个地方。"(《关于政治经济学的研究》，第4节)大名鼎鼎的亚当·斯密似乎对商业生产工作也没有清楚的概念，全然否认交换行为产生了价值。

① 西斯蒙第忽视了这一点，否则他不会说"商人置身于生产者和消费者中间，对双方同样有利，也向双方索取这利益的报酬"(《政治经济学原理》，第2卷第8章)。他说得好像商人完全依靠农民和制造者所生产的价值来维持生活，但其实商人对货物进行了改造，授予货物一种有益的品质，他依靠自己所给予货物的实际价值来维持生活。引起民众对粮食商的愤慨的，就是西斯蒙第这种的论调。

L. A. 萨伊也犯了同样的错误(《财富的主要来源》，第110页)。他说运费吞并了商业对货物所授予的价值，他以此为理由证明商业对货物所授予的价值不是实际的价值。经济学派使用这种没准则的推论方法，断言工业没有生产力。他们不晓得正是这些费用构成经营工业和商业的人的收入，他们不知道正是通过这种方法，社会把一般生产所创造的价值在生产者之间进行分配。

酒运到巴黎时，他实际上就是进行两种等价东西的交换，付出的银和收入的酒价值相等。但酒的价值，在这刻和在阿利康特未出口之前并不相同。到了商人手中之后，酒的价值的确增高了，但所以增高，是由于运输的关系，不是由于交换行为增高，也不是在交换时候增高。贩酒者不是骗子，买酒者不是傻瓜。孔狄亚克毫无根据地这样说，"人们如果老是以价值相等的东西互相交换，那么商人便无利可获。"①

在某些特殊情况下，其他两种产业所采取的生产方式，和商业相似，就是说，它们授予各东西以价值，但不给予这些东西以新的品质，只使这些东西更接近消费者。矿工的劳动就是如此。煤和金属可能是以十全十美的形态埋藏在地下，但它们没有价值。矿工把它们挖掘出来。这个动作给予它们以价值，因为这样就使它们能够满足人类的需要。捕鲱鱼也是如此。无论在海中或捕到岸上，鲱鱼的形式是一样的，但捕到岸上之后，鲱鱼便获得一种新的效用，即它从前所不具有的一种价值。②

我们能够提出许许多多其他例子，这些例子的相类似，可以和

① 参阅他所著的《商业与政府的关系》，第1篇第6章。

② 耕者、畜牧者、伐木者，捕捉不是自养的鱼的渔夫，采掘自然所埋藏于地下的尽善尽美的石头或燃质物的矿工，我们可把他们通通看做属于同一类型的劳动者。为避免名称的纷繁，可把这些职业都叫做农业，因为耕种地球地面是最重要的职业。如果把概念弄得清楚明确，名称无关紧要。压榨自植葡萄汁制酒商人，从事一种机械式工作；这工作近似工业的程度，大于近似农业的程度。但只要了解酒商的劳动是怎样扩大这种产品的价值，把它列入农业范畴或工业范畴都没有大关系。如果我们想把授予价值的各种方法一一加以分析，我们可以把产业再细分为许许多多部门。如果我们的目的在于尽可能概括化，我们可以把一切产业看做全部相同，因为分析起来，一切产业都可以说是役使天然物质和自然力，使产品能够满足人类的需要。

博物学家为便利叙述所分类的天然物品相类似一样。

上述经济学派的基本错误，导致非常奇怪的结论。我已经在上面说过，有些反对经济学派的人，也在一定程度上犯了同一错误。按照经济学派的意见，由于商人和制造者对一般财富的增进不能有所贡献，因此他们完全依靠唯一的生产者即土地所有者和耕者维持生活。不论他们授予东西以什么新的价值，他们同时消费掉真正生产者所提供的相等价值的产品。因此，工业国和商业国是完全依靠它们从农业顾客得来的工资为生的。为证明这观点，他们认为科伯特实行保护工业政策，把法国弄得山穷水尽。①

但实际的情况却是这样，不管一个人所从事的劳动是哪一种的劳动，他所依靠以维持生活的，乃是从他所增加于他的产品的价值得来的利润，或从这价值的一部分得来的利润，不管这部分大小如何。产品的总价值就是用这种方法支付从事生产的人们的利润。人类的需要，是以所生产或所创造的总价值来供应或满足，而不是仅仅以净价值来供应或满足。

从事商业或从事工业的一个国家或一类国家，并不比从事农业的国家更多地或更少地受别国的雇用。一种产业所创造的价值，跟另一种产业所创造的价值在性质上是一样的。两个价值大小相等的价值即相等，尽管它们是不同产业的产物。当波兰把它的主要产物即小麦和荷兰、东印度或西印度交换东西时，荷兰不受波兰雇用，正如波兰不受荷兰雇用一样。

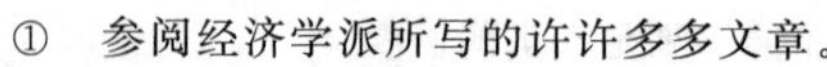

①　参阅经济学派所写的许许多多文章。

不但如此，波兰每年输出几千万小麦，照经济学派的想法，应该日益富足才对。可是，它既穷困而又人口稀少。为什么是这样？因为它专门从事农业，尽管它可能同时既是农业国又是商业国。与其说荷兰受波兰雇用，由于波兰每年给荷兰生产几千万小麦，毋宁说波兰受荷兰雇用。此外，和向它购买小麦的国家比起来，波兰并不是不依靠这些国家，因为波兰要把小麦卖给它们，正如它们要向它购买小麦一样。[①]

此外，他们说科伯特把法国弄得山穷水尽，这并不符合事实。事实是，在科伯特的管理下，法国却从两个摄政和一个庸懦无能的君主所造成的穷困中挣脱出来。不错，法国以后又破产了，但这是由于路易十四的穷奢极侈和穷兵黩武。不但如此，路易十四的挥霍，恰恰反映科伯特曾蓄积有大笔资财供他使用。但是，必须承认，如果科伯特对农业也给予和工商业相同的保护，这些资财可能更为巨大。

这样，社会所能用以扩大财富的方法，显然比经济学派所设想的多得多。按照经济学派的想法，一个国家每年所能创造的价值，除土地的每年净产量外别无其他，他们并且认为不但地主和游手好闲之徒要依靠这笔基金维持，连商人、厂主、技工以及政府的全部经费也要依靠这笔基金维持。可是，我们刚刚看到，一个国家的每年生产量，不仅仅在于它的农业的净产量，而在于它的农业、工业和商业的总生产量。因为，一个国家的总产品，难道不是全可使

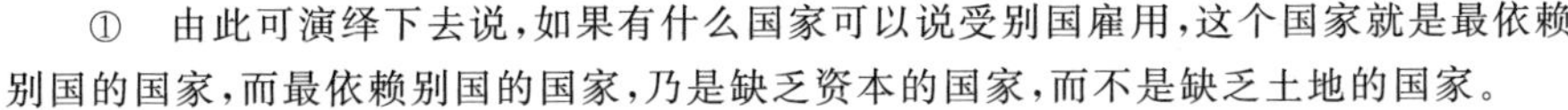

① 由此可演绎下去说，如果有什么国家可以说受别国雇用，这个国家就是最依赖别国的国家，而最依赖别国的国家，乃是缺乏资本的国家，而不是缺乏土地的国家。

用供给国民消费吗？要把所生产的价值拿来消费，该价值难道因此便算不得财富吗？价值本身难道不是起因于它的可适应于消费用途吗？

英国著作家斯图亚特可看做是极力提倡排外制度，也就是以一个团体的富裕来自另一个团体的贫穷这个学说为根据的制度的人物。当他说“一旦停止对外贸易，国内财富便无从增加”[1]这句话时，他本身也和经济学派一样陷入错误。在他看来，财富似乎只能来自国外，但在外国，财富又是从哪里来呢？也是从国外来的吗？这样，向一个又一个外国探溯财富的来源，必探溯尽世界一切国家，最后不得不转向地球以外的地方探溯，这当然是荒谬绝伦的。

弗邦奈[2]也以这个彰明较著的错误作为他所提倡的禁止制度的根据。说得直率一点，所有短见的商人以及世界与欧洲国家所实行的排他制度，都是根据这不正确看法。他们认为一个人得利必定使另一个人损失，一个国家得利必定使另一个国家损失。他们把情况说成好像东西没有可能增加价值，好像一个人或一个社会若不向别人或别个社会进行掠夺，财富便无从扩大。可是，如果一个人或一个社会只有牺牲别人才会变成富足，那么，一个民族或组成一个国家的整个人民团体，怎能在一个时期比在另一个时期更为富足，像法、英、荷、德人民现今和过去相比显然是更富足那样？我们时代的国家，比在十七世纪时候都来得富足，他们的需

① 《政治经济学原理之研究》，第 2 卷第 26 章。

② 《商业原理》。

要，现在也比那时候得到更充裕的供应，怎么会这样呢？它们从哪里得来在十七世纪所没有的财富呢？是不是从新大陆的矿得来呢？但在发现美洲大陆之前，它们的财富已经比从前增多了。并且，美洲的矿所提供的是什么东西呢？金属财富或价值。但这些国家现今所拥有的在十七世纪并不存在的其他价值，又从哪儿得来呢？显而易见，这些价值是创造出来的。

因此，我们必须下这个结论：财富是由协助自然力和促进自然力的人类的劳动所给予各种东西的价值组成的。这价值既可以创造，又可以消灭，既能增加，也能减少。所有这些，各国都能够依靠自己来实现，不必依靠外力，但要看所采用的方法以为定。人类如果有决心和有知识使用正当方法，便不怕得不到合理愿望的目的物。这是一个人人必须知道的真理，本书的目的，即在于研究和说明那些正当的方法。

第三章　生产性资本的性质和它协同生产的方式

当我们进而研究劳动过程时，我们就会发见劳动必须得到协助，否则不能授予各东西以价值。使用在产业上的人类劳动，必须装备有事先已经存在的产物，否则无论怎样机巧，怎样聪明，都无法活动起来。上述事先存在的产物如下：

(1)各种技艺所使用的工具。农民如果没有铲子锄头,织工如果没有织机,水手如果没有船只,都无法施展他们的技能。

(2)劳动者在执行他的部分的生产任务时所必需的生活必需品。不错,他所从事制造的产品或他所收得的这产品的价格,终必补偿这项生活费用,但他必须不断垫付这项费用。

(3)劳动者所使用的原料,他通过劳动把这些原料改变为制成品。不错,这些原料常常是自然赐给人类的无代价礼物,但一般地说,更常是先前劳动的产物,例如农业所提供的谷种,矿工和冶炼者的劳动果实即金属,商人从远道运来的药品等。劳动者必须预先掌握这些东西的价值。否则无能为力。

上述这些东西的价值,构成所谓**生产资本**。

必须把地上一切建筑物、改良物以及耕畜农具等列在生产资本项目下。前者能够增加土地的年产量,后者是协助人类进行劳动的工具。

如果货币用于促进产品交换,货币也属于生产资本的范畴。要是没有资本,生产便不能进步。分配在整个人类劳动机构上的货币,正如搽在复杂机器各个轮上的滑油一样,使它的活动具有不可缺少的灵活。但金银如不用在劳动上面,就没有生产力,像搽在停止动作的机器上的滑油那样。人类劳动所使用的一切其他工具,情况也是如此。

如果认为一个社会的资本仅仅在于货币,那就大错特错了。商人、工厂主和农场主一般只把组成他们资本的价值的最小部分,以货币形式保存着。不但如此,他们的事业越活跃,具有货币形式的部分的资本就越相对地减少。商人的资本,大部分是在海陆运输中的货物或在各处堆栈中的货物。工厂主的资本，主要是由各个加工阶段中的原料以及工具、器具和工人所需要的生活必需品组成。农场主的资本，多半是投在农场建筑物、牲畜、篱笆、围栏等。他们都极力设法不把超过需要的现金放在手边。

什么对一个人、两个人、三个人或四个人可适用，对整个社会也可适用。一个社会的资本，是个别私人资本的总和。一个国家越繁荣，它的产业越发达，处于货币形态的资本在国民资本总额中所占的比例越小。奈克估计，在1784年法国通货的数额约二十二亿法郎左右。我们有理由相信这是偏高的估计，但现在不是叙述这些理由的恰当时候。可是，我们如果计及法国人民或政府在世界各角落所有的工厂、土地、牲畜、器具、机器、船只、货物以及其他形形色色的设备，再加上他们在同时候所有的家具、首饰、珠宝、金银餐具以及其他奢侈品与便利品，我们就可发见和这些东西的价值的总计比较，二十二亿法郎简直是沧海一粟。[①]

比克估计英国资本总量为二十三亿镑[②]（合五十五亿法郎以上）。在实行现行纸币制度以前，英国在流通中的金属货币，最多被估计为四千七百万镑[③]，就是说，约等于全部资本的五十分之

① 杨格在《游法旅程》中尽管对法国农业情况表示不满，但估计法国仅仅用于农业上的资本，就达十一亿法郎以上。他相信英国用于农业的资本，和法国相比是二对一。

② 《关于所得税收入的意见》。

③ 皮特所估计的硬币数字大抵偏高。他说金币数额为四千四百万镑，而普赖斯估计银币的数额为三百万镑，这就使金银两种硬币的数额合计达四千七百万镑。

一。斯密估计它只等于一千八百万镑，即不及一百二十七分之一。①

掌握在政府手中的资本，是国民资本总额的一部分。

我们不久就可看到，在生产过程中所不断损耗和消费掉的资本，怎样不断从生产得到补偿，说得更恰当一点，资本的价值，在一种形式下被毁灭之后，怎样又以别种形式重新出现。就眼前说，我们只需要认清这一点，那就是，如果没有资本，劳动就不能生产什么东西。资本必须和劳动协力合作，这个协作我叫做**资本的生产作用**。

第四章　协同创造财富的自然力特别是土地

劳动除借助于资本即劳动自己从前所创造的产品以创造别的

① 据科康博士的估计，大不列颠包括爱尔兰在内的全部资本如下：

	生产性财产	非生产性财产	政府财产	各国的总计
英格兰	1,543,400,000 镑	271,000,000 镑	32,000,000 镑	1,846,900,000 镑
苏格兰	239,580,000 镑	38,500,000 镑	3,000,000 镑	281,080,000 镑
爱尔兰	467,660,000 镑	87,000,000 镑	9,000,000 镑	563,660,000 镑
英格兰和爱尔兰共有的军用品与其他财产				45,000,000 镑
各种财产的总计	2,250,000,000 镑	397,000,000 镑	44,000,000 镑	2,736,640,000 镑

——原编者

产品外，同时还利用各种各样的其他因素的力量。这些因素不是劳动自己创造的东西，而是自然赐给人类的东西。通过这些自然力的合作，劳动把一部分效用给予各种东西。

这样，在犁耕田地并播下种子的时候，除这工作过程中所利用的科学知识，劳动和从前创造的价值如犁、耙、种子、工人所消费的粮食和衣服等等外，还有土壤、风、太阳等自然力执行工作。人类对这些自然力的工作没有参加力量，但这些自然力协同生产收获季节所收割的新产物。自然力的这种作用，我叫做**自然力的生产作用**。

自然力这个名词，这里是按非常广泛的意义使用的。它不但包括对价值的创造起贡献作用的无生物，而且包括自然规律如使钟摆下垂的引力，使指南针朝向一定方向的磁力，钢的弹力，大气的重力，热的自行发火性能等等。

资本的生产力常常和自然力的生产力混在一起，以致要准确地决定它们各自对生产所作的贡献非常困难，或甚至不可能。培植从外国输入的花草的温室，由于适宜的灌溉而变得肥沃的草场，它们的大部分生产力，来自有关的建筑物，这些建筑物是从前的生产活动的果实，现在成为用以促进眼前生产的资本的一部分。同样的说法也适用于新开垦的土地、农业用房屋、围栏以及其他地上永久改良物和设备。所有这些价值，都是资本项目，但我们不能把它们和它们所附属的土地分开。①

① 如果土地和资本归不同的人所有，决定它们的价值和效能各有多少，这是地主和资本家的事体。一般的人只要了解它们对财富的生产各有贡献就够了，不必计算它们贡献究竟是多少。

机器大大提高人的生产力。在使用机器时所得到的产品，一部分归功于投在机器的资本的价值，一部分归功于自然力的作用。如果使用由十个工人操纵的走轮[①]代替风车，那么，磨坊的产品，可以说是构成机器的价值的资本的生产作用和旋转走轮的十个工人的劳动的生产作用的共同果实。如果用帆代替走轮，明显地，风这个自然力就执行了十个工人的工作。

在上述走轮的例子，不存在的自然力，可用另一种力替代。但在许多情况下，不能不利用自然力，它的作用是绝对的、实际的，例如使植物生长的土壤的力，就是协同生产供我们食用的家畜的活力。一群羊是下述一系列东西的共同产品：羊主和放牧者的照料，购买饲料，建筑羊栏和修剪羊毛所垫付的资本以及自然所给予羊的器官和脏腑的作用。

这样，一般地说，自然是人的伙计，是人的工具。人越能不用自己和资本的力并把越大的部分的生产工作交给自然，自然便越有益于人。

斯密煞费苦心地解释，为什么文明国家，能比野蛮国家享有丰富得多的产品，尽管文明国家存在着许多坐食者和非生产性工人。他认为这丰富来自分工。[②] 没有疑问，分工大大提高生产力，在我们效法斯密继续研究下去时，也会自己看到这一点。但单单分工还不够说明现象，如果我们考虑到劳动和文明所用为我们利益服

① 一种鼓形的轮，十个工人在轮里面，边走边转动它。

② 看下面斯密所说的话，由于分工而发生的各种工艺产品的跃增，使得管理得宜的社会普遍丰衣足食，连最低阶级人民也无例外。《国民财富的性质和原因的研究》，第1篇第1章。

务的自然力的力量，我们就不会对这现象感到惊奇。

斯密承认，人类的智慧以及人类对自然规律的知识，使人知道如何更好利用自然所提供的资源。但是，他继续推论下去把这种智慧和知识归功于分工。他的意见在一定程度上是对的。因为，如果一个人专搞一种工艺或专研究一种科学，他便有更充分的机会促进这工艺或这科学的发展，使其达到十全十美。但自然规律一被发现后，由这发现而生产出来的东西，便不再是发现者的劳动的产物。头一个发现火能熔化金属的人，不是这个过程对被熔化的矿物所增加的效用的实际创造者。这效用是火同使用熔化方法的人的劳动与资本对金属起作用的结果。但是，世界上难道没有偶然发现的方法吗？难道没有极其明显而不需要技巧也可发现的方法吗？当一棵树木被斫倒以后，社会由此得到的产品，难道只是伐木者的劳动的产品吗？

斯密从这个不正确观点引申出以下不正确结论。他说，所有生产出来的价值，都是很远以前或不久以前的人类劳力或劳动的具体表现，换句话说，财富只不过是积累的劳动。基于这个论点，斯密又演绎出第二个同样不正确的结论，即劳动是财富的唯一尺度，也就是所生产的价值的唯一尺度。

很明显，上述斯密的主张，和十八世纪经济学派的主张恰恰相反。经济学派认为劳动每生产一项价值，就消费等量的价值，因此，劳动没留有剩余，没留有净产品。他们认为只有土地能生产无代价的价值——因此没有其他东西能提供净产品。这两个论点都已经发展成为学说，我在这里引用它们，只在于警告研究这门科学的人们一开始就当心这些不正确论点的危险后果，并把这门科学带回观察现实中去。[①] 事实已经证明，所生产出来的价值，都是归因于劳动、资本[②]和自然力这三者的作用和协力，其中以能耕种的土地为最重要因素但不是唯一因素。除这些外，没有其他因素能生产价值或能扩大人类的财富。

在自然力中，有的可以专有，就是说，可变为占有人的财产，如田地、水流等。有的不能专有而是人人可以使用，如风、海、自由航行的江河、物体彼此所产生的物理作用和化学作用等等。

我们不久就可相信，有的生产要素可以专有，有的不能专有这个事实，对财富的增长非常有利。如果可专有的自然力如土地的所有者不能确信只他有权享受它的产物，不敢毫无顾虑地投入资本以扩大它的生产力，它便不能生产这么丰富的产物。另一方面，劳动有无限的自由随意占用不能专有的自然力，这给扩大劳动的作用和生产开辟了无限的前途。限制劳动生产力的不是自然，而

① 在经济学派学说的其他危险后果中，很明显的一个就是征收土地税以代替一切其他税收，认为土地税一定会影响一切生产出来的价值。根据相反的原理并依照斯密的主义，如果我们同意他的看法，也认为土地和资本并不自发地生产任何东西，那就应该完全豁免土地和资本的净产品的税。但这是和相反的做法同样不公平。

② 斯密虽然承认土地有生产力，但抹杀资本的同样能力。使用两万法郎资本并于支付一切费用以后每年能提供一千法郎净利润的机器，例如油厂机器所生产的产物，和值两万法郎并于支付一切费用以后每年能提供一千法郎现金或净产品的产物同样实在。斯密认为耗费两万法郎资本设立的工厂，就是各时候使用在该工厂的各部分的这么多的劳动量的具体表现，因此认为该工厂的净产品就是从前劳动的净产品。但是他错了，即使为辩论起见承认该工厂的价值是从前劳动的价值，但该工厂逐日生产的价值完全是新的价值，正如一块地产所生的租金是和该地产本身的价值完全不同的价值，可把它消费掉而不对该地产价值发生丝毫的影响。要是资本所包含的生产力，只有创造资本的劳动的生产力，而自己没有生产力，那么，资本怎能提供和使用资本的劳动的利润没有关系的永久利润呢？说创造资本的劳动，在停止活动以后还继续领受工资，具有无限价值，未免荒谬。我们不久就可看到这种想法不仅仅是臆测。

是愚蠢和不良政府。

可以专有的自然力，形成一个特别种类的生产手段，因为不提出等价物就得不到它们的协力。我们将在适当的地方看到这等价物构成这一类自然力所有者的收入。现在我们必须先满足于研究各种自然力的生产作用，这些自然力包括已经知道的自然力和将来发现的自然力。

第五章　劳动、资本和自然力协同生产的方式

我们已经看到劳动、资本和自然力如何在自己职能范围内协同进行生产工作。我们也看到这三者是创造产品所不可缺少的因素，但是，这三者并不是必须属于同一个人的所有。

一个勤勉的人可把他的劳动力借给另一个拥有资本和土地的人。

资本所有者可把资本借给只拥有土地和劳动力的人。

地主可把地产借给只拥有资本和劳动力的人。

不论借出的是劳动力、资本或土地，由于它们协同创造价值，因此它们的使用是有价值的，而且通常得有报酬。

对借用劳动力所付的代价叫做**工资**。

对借用资本所付的代价叫做**利息**。

对借用土地所付的代价叫做**地租**。

有的时候，土地、资本和劳动力同属一个人所有。自己出资耕种自己园地的人，同时是土地所有者、资本所有者和劳动力所有者。地主、资本家和工人所得的收入全归他一个人独享。

磨刀匠的职业，不需要占有土地。他把所使用的工具挑在肩上。他的操作和熟练，完全依靠他的十指。他同时是冒险家[①]、资本家和工人。

我们很少碰到生产事业冒险家是这样的穷，以致在所经营的事业里连一股资本也没有。就是普通工人，通常也自己预付一部分资本。瓦工到人家工作时，总是自己带泥刀。裁缝匠自备顶针和针。他们有的穿得比较整齐，有的穿着褴褛衣衫。购买衣服的钱，固然来自工资，但他们得自己先作垫款。

如果土地不是属于专有财产的一类，例如石矿或如劳动者所从以获取鱼、珠、珊瑚等等的江海，那么，单单使用劳动与资本便可得到产品。

如果劳动是对只借资本就可取得的外国产品进行加工，那么劳动力和资本自己也有力量进行生产工作。欧洲制造棉布和许多其他物品的企业就是例子。因此，只要有资本和劳动的协力，所有工业都能够生产东西。土地不是绝对不可缺少的因素，除非把从事工作的地点看做这种土地。在严格意义上，我们必

① 法语 entrepreneur 一词，很难译成英语。和它相应的英语 undertaker 一词的意义已经限定。entrepreneur 意味着工业方面的工厂主，农业方面的农场主，商业方面的商人。此外，它还指凡在这三个产业部门承担一家公司的直接责任与风险并管理职务的人，不论是自己出资，或借用别人资本经营。由于缺乏更适当的词，我现在把它译为冒险家。——英译本注

须这样做。这种土地往往是租的。但是，如果把工作地点看做使用的土地，那么至少也得承认，一个大规模企业，如得到巨额资本的帮助，能在小小一块土地上搞起来。所以，我们可下这个结论：国民的劳动，不是受土地大小的限制，而是受资本多寡的限制。

具有两万法郎资本的一个制袜商，可能经常使用十架织袜机。假使他设法扩大资本两倍，他便有力量使用二十架织袜机，就是说，他可再买十架织袜机，偿付两倍的租金，购进两倍的袜所用的丝或棉花，并垫出必要的款以雇用两倍的工人，等等。

但是，专门以耕作土地为目的这部分农业，自然要受土地大小的限制。私人也好，社会也好，所耕种和所施肥的土地都必定限于天然许可的范围。但他们却有无限的力量来扩大他们的资本，因此也有无限的力量雇用更多的劳动力，从而扩大他们的产品，换句话说，扩大他们的财富。

曾经有过像日内瓦那样的人民，他们所占有的土地没生产二十分之一的生活必需品，然而他们却过着丰衣足食的生活。住在朱拉山不毛溪谷的居民过着很好的生活，因为他们经营许多手工业。在十三世纪时，威尼斯共和国成为全球的注目点。它在意大利只占有小小的土地，但它从商业获得了那么多财富，以至它能够占有达马希亚和希腊许多岛屿，甚至占有希腊的首都。一个国家土地的大小和肥瘠，在很大程度上依存于它的地理位置的好坏。至于它的劳动和资本的力量，则依存于它自己的管理能力，因为人类总有能力改良劳动的质量和扩大财富的数量。

缺乏资本的国家，在销售它们的产品时一定要蒙受很大的不利。它们不能对买者提供长期信贷，不能给国内外顾客时间付款，不能借钱给他们。如果资本非常短绌，他们甚至垫不出原料的代价和自己劳动的代价。这说明同印度和俄国进行交易，为什么必须预付货价六个月或一年。这些国家一定在其他方面很幸运，否则它们绝不能在这么大的不利情况下售出很多产物。

在说明三种生产要素即劳动、资本和自然力怎样协同生产物品以适应人类使用后，让我们进而更加详细地分析它们各别的作用。这个研究非常重要，因为它使我们不知不觉地接触到什么对生产即对个人富裕和国家权力的泉源比较有利和比较不利的知识。

第六章　一切种类劳动的共同动作

如果我们仔细研究人类劳动的作用，我们就可发见不论它是用于什么目的，它总是由以下三种动作组成。

取得任何产品的第一个步骤，就是研究关于这产品的规律和自然趋势。如果不知道铁的性能，不知道开铁矿的技术，不知道炼铁的方法，不知道怎样熔铁和铸造，锁便制不成。

第二个步骤就是应用上述的知识来实现一个有用的目的，例如，把铁铸成某一形式，就可提供一种工具把一切监房的门锁起来，除携有钥匙的人外谁也开不了。

最后的步骤就是进行上述两步骤所提示的用手的工作，如锻、锉和把锁的零件镶配在一起等。

这三种动作全由同一的人来执行的情况很少。一般的情况是：一个人研究规律和自然趋势，这个人就是哲学家或科学家；另一个人把前者的知识应用于创造有用的产品，这个人或是农场主，或是工厂主，或是商人；又一个人在前两人的指挥监督下提供执行的力量，这个人就是工人。

无论什么产品，详细分析之后，都是从这三种动作生产出来的。

拿一袋小麦或一筒酒为例。要获得小麦或酒，第一个步骤就是由物理学家或地质学家[①]来探讨小麦或葡萄的生产的自然趋势，适合种植小麦或葡萄的土壤和季节，草木或树苗长大繁殖所必须有的照料。嗣后不是由地主自己来做的话，佃户就得把这些知识应用于他的特殊目的。他还得纠集生产一种有益产品所需要的工具并扫除生产的一切障碍。最后，工人必须翻转土壤，播下种子，修剪和扎绑葡萄树。这三种动作是完成这产品的生产所不可缺乏的动作，不管这产品是小麦或是酒。

或者可拿一种舶来品如靛青做例子。地理学家、旅行家和天文学家的学问，使我们知道这产品是出于什么地方以及要用什么方法渡海到那地方去。商人装备他的船只，差遣它寻找这货物。水手和陆上搬运工人执行这个生产工作的手工部分的工

① 我不知道英语中有何和法语 agronome 相应的名词。agronome 表示熟谙地面土壤性能的地质学专家，换句话说，农业科学家。——英译本注

作。

再把靛青这种物质作为另一种或第二种产品例如蓝布的原料来考虑，我们知道，首先得请教化学家关于这物质的性能，关于溶解它的方法，关于保持它的颜色所需要的留色料剂。于是，工厂主聚集完成染色过程所必需的工具。最后工人在工厂主的指挥下执行这个过程的手工部分的工作。

在一切情形下，都可把劳动区分为三种：理论、应用和执行。一个国家除非在这三方面都很优越，否则劳动就达不到十全十美的地位。一个民族如果在那一方面有所缺陷，就得不到产品，产品是而且必定是这三种劳动的综合结果。由此可见，我们应该如何重视许多初看起来好像不过是好奇心和推测的对象的科学。[①]

非洲沿海一带黑人相当技巧，在运动方面和手工方面都超越常人。但他们似乎对上述头两种劳动不胜任，因此他们不得不向欧洲人购买所需要的织品、武器和装饰品。尽管他们的土地很肥沃，但所生产的东西极其有限，贩卖奴隶的商人，往往必须贮藏粮食，以供奴隶在途中食用。[②]

就对劳动有利的品质说，近代人胜过古人万倍，而欧洲人又胜过地球上一切其他国家人民。欧洲城市的最下等的居民享用许许

① 科学除给劳动的进展提供直接的推进力，为劳动成功的不可缺少助力外，它还给劳动的进展提供一种间接的帮助，即逐渐消除人类的成见，使人类觉悟要更多依靠自己的努力，别过分依靠神灵的帮助。愚昧是习惯和奴役人们与阻碍一切改良的风俗的分不开的伙伴。愚昧把瘟疫的祸害归因于神，使人们求助于迷信的仪式。但瘟疫也许很容易防止或消灭，所需要的只不过是事前的预防或事后的治疗。像事实那样，各门科学是连在一起，相依相成。

② 《普亚夫文集》，第 77、78 页。

多多野蛮部落酋长所得不到的生活舒适品。拿玻璃这件东西来说吧。它容许外面光线射入他的房间，同时又能防御冷气侵入他的房间。它是在长时期中积累和改良的科学的巧妙结果。要获得这种奢侈品，必须先知道哪种沙能变成具有扩张性、凝固性和透明性的物体，还必须知道要混合什么成分和通过多高的热才能得到这种物体，也须知道哪种熔炉是最适宜的熔炉。单单支持玻璃屋屋顶的木架，建造时就需要关于木料的强度和有利使用木料的方法的广博知识。

但仅仅这些知识还是不够的。这些知识可能一直潜伏在一两个人的脑海中或记录里。还必须找到一个有能力应用这些知识的制造者。这制造者首先必须通晓关于这部门劳动的各方面，还必须积累或获得必要的资本，聚集技工和工人，分别派定各人的特殊职务。

最后，雇用的工人，必须运用他们的手技把玻璃制成。有的建造房屋和火炉，有的看火，有的混合各成分，有的吹玻璃，有的切玻璃，有的碾平玻璃，有的嵌装玻璃。对从来没有看过人类劳动所创造的这样美妙产品的人来说，它的效用和美丽简直是想象不出的。通过劳动，最无价值的物质常常变成具有最高度效用的东西。破衣碎布曾被化成又薄又光的纸，它能把商业所要求的东西和学术的底蕴由地球这一端传到那一端。它是有天才的人贮藏思想的地方，是前代把经验付给后代的工具。我们通过它得到我们财产权的证据，我们通过它把心坎里最高尚和最亲切的情绪表达出来，而且凭借它来唤起别人心里相应的情感。纸在传达人类知识上所提供的非常的便利，使它有资格可称为改善人类状况的一个最有效东西。的确，如果有这么巨大力量的工具，没被用作传播荒谬言论或施行虐政的工具，那将是多么大的幸福啊！

值得在这里提一提，科学家的知识虽然是改善人类劳动所不可缺少的因素，但却能容易地、迅速地由一个国家传到其余国家。而且，科学家对他们学识的传播有切身的利害关系，他们牟利的机会在于此，他们成名的机会也在于此，后者是他们所更重视的东西。因此，一个国家纵使科学不很发达，它可利用从别国得来的科学知识，从而使劳动得到很大的开展。至于其他两种劳动，即应用知识以供应人类的需要和应用知识的技巧，绝不能缺少。这些技能只对掌握它们的人有用。所以，一个存在着许多有才智商人、制造者和农业家的国家，比主要以研究艺术和科学为务的国家有更强大的力量达到繁荣。意大利在文艺复兴时期，博洛那是它的文化中心，然而财富却集中在佛罗林、真诺瓦和威尼斯。

在我们的时代，大不列颠虽然在科学方面取得了很高的地位，但它的巨大财富归功于它的企业家善于把知识应用于有益的途径以及它的工人能够敏捷地和巧妙地执行手工部分的工作，尤甚于它在科学方面的发展。英人常常被责备妄自尊大，但这并不阻碍他们非常机敏地顺应他们产品的顾客和消费者的爱好。他们供应南方人所戴的帽子，也供应北方人所戴的帽子，因为他们晓得在前者市场所卖的必须制得轻软，而在后者市场所卖的必须制得暖厚。至于专制一种式样帽子的国家，就必须满足于国内市场。

英国工人能够充当他们老板的后援。他们一般非常耐心，非常勤勉。他们非把产品制得尽可能精美完善不肯放手。他们并不是花了比大多数别国工人所花的更多的时间来制造产品，而是比他们更注意地和更勤勉地制造产品。

但是，任何民族都不必担忧他们得不到使劳动达到十全十美所需要的技能。仅仅一百五十年之前，英国还是那样落后，以致它得向比利时购买几乎全部毛织品。不过八十年前，现时给全世界制造棉织品的国家，还得向德国取给这种物品。①

我在上面已经说过，农民、制造者和商人以利用已经获得的知识来满足人类的需要为职业。但我得进一步说，他们还需要另一种知识，这种知识只能从他们职业的实践中获得。这种知识叫做他们的专门技能。最精通学理的植物学家，尽管学问比他的佃户丰富得多，但在企图改良自己的土地，多半不会搞得像后者那么成功。一个第一流的机械师，尽管能非常巧妙地制造织布机，但除非他曾经当过学徒，否则织布的本领多半不很高明。就技术说，只能从反复的试验才能获得一定程度的熟练，这些试验有时成功，有时失败。因此，科学必须辅以试验，否则科学不能确保进步。试验总带多少的冒险性，不一定能够补偿冒险者因此所蒙受的损失。由于同业之间的竞争，冒险者的利润通常受到限制，即使试验成功，也是如此。但社会却因试验而获得新的产品，或与此相似，获得旧的产品跌价的好处。

① 在十七世纪，英国还没有棉织业可说，从海关统计，我们知道，1701 年英国为了加工而输入的原棉不过二百七十万八百八十磅，1780 年增至六百七十万六千磅，1790 年又增至二千五百九十四万一千磅，而到 1813 年，输入供本国市场消费和再出口的原棉跃增至一亿三千一百九十五万一千磅。

就农业说，试验除直接使用的劳动力和资本外，一般还得牺牲有关土地的一年或一年以上的租金。

就工业说，试验的计划一般考虑得比较周到，因此冒险性较小，所使用的资本可以较快收回。试验如果成功，冒险家能够在较长时间内独享利益，因为他的方法比较易于保密。在有些地方，这种独占的利益还有专卖或专制特许权的保护。由于这些原因，工业的进展，一般比农业来得快，进展所牵涉的面，也广泛得多。

就商业说，试验的冒险性要比其他两种产业来得大，如果冒险的费用不具有同时存在的副目的。但是，商人往往在进行经常交易过程中，把外国一个商品介绍给从来未见过这商品的市场。在十七世纪，荷兰人跟中国人做买卖时，就是这样把中国人用以配制他们所喜欢的饮料的各色干树叶拿来做试验。荷兰人当时并不怀着很大希望，但由此却开始了茶的贸易，每年运输量超过四千五百万磅，在欧洲卖得四万万法郎以上。[①]

在极个别情况下，大胆的试验，几乎包可成功。在欧洲人最近发现绕行好望角和美洲大陆的航线以后，他们的世界突然扩大到东方和西方。过去欧洲人对这两半球的情况，一则毫无所知，一则知道得极其有限。这两半球的可以娱心悦目的新物品是那样的多，以至冒险家只要不惮航行，定可满载而归，获得巨利。

除这些极个别情况外，也许就要采取比较慎重的态度，不动用

① 伦诺瓦：《东印度政治性和商业性旅行》。

投在经常的和已经奏效的生产事业的资本来支付试验费，而只使用人们可随意花费而不至于碍及他们的财产的收入来支付试验费。我们应该尽量鼓励那些会使大多数人所耗在娱乐或比娱乐更坏的方面的闲暇时间和收入移用于有益目的的奇思和怪想。我想不出有比这更高尚的使用财富和才能的方法。通过这种方法，一个有钱的慈善家能够把远远超过他所实际付出的价值或超过他的全部财产的价值（不管这财产是多么大的财产），赐给劳动阶级和一般消费者即大多数人民。谁能估计发明犁的无名氏所赐给人类的价值呢？①

一个拥有巨大和可随意支配的资源的国家，如果明了它的职责所在，而且诚心诚意履行这职责，就不会让私人独享劳动方面的发明和发现的光辉与价值。政府所开支的一般试验费，一般不是来自国民的资本，而是来自国民的收入，因为租税从不课及私人收入以外的东西，至少不应该课及私人收入以外的东西。耗在试验费的部分的税收，人民差不多不会感觉到负担，因为它是由许许多多纳税人共同分摊的。成功的试验所生的利益既然由大家共享，那么，由社会全体负担利益所由来的牺牲，并不是不公道。

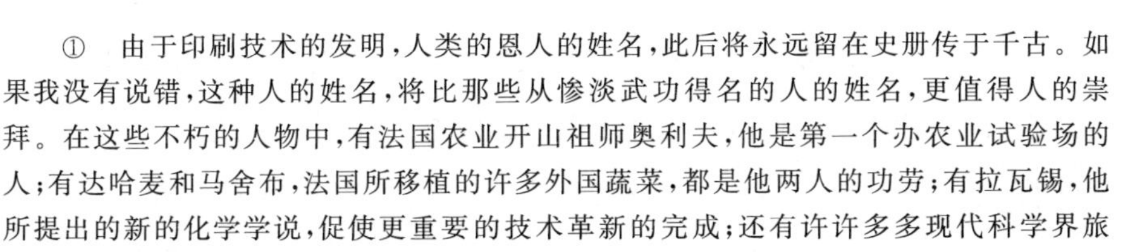

①　由于印刷技术的发明，人类的恩人的姓名，此后将永远留在史册传于千古。如果我没有说错，这种人的姓名，将比那些从惨淡武功得名的人的姓名，更值得人的崇拜。在这些不朽的人物中，有法国农业开山祖师奥利夫，他是第一个办农业试验场的人；有达哈麦和马舍布，法国所移植的许多外国蔬菜，都是他两人的功劳；有拉瓦锡，他所提出的新的化学学说，促使更重要的技术革新的完成；还有许许多多现代科学界旅行家，他们的抱着有益目标的旅行，也可看作产业方面的冒险。

第七章　人的劳力、自然的劳力和机器的劳力

我所说的劳力，是指在从事任何一种劳动工作时所进行的继续不断的动作，或在从事任何一种劳动工作的某一部分时所进行的继续不断的动作。

凡使用在任何一个这种工作上的劳力都是生产性劳力，因为它协助产品的生产。所以，科学家的劳力，无论是使用在试验上或著作上，都是生产性劳力。冒险家或厂商的劳力也是生产性劳力，尽管他们没从事实际的体力劳动。所有操作的工人，自农场的散工至操纵船只的驾驶员，他们的劳力都是生产性劳力。

非生产性劳力，即对任何产业部门的产品都无贡献的劳力，很少是出于自愿的。因为，依照上面的定义，劳力意味着费力，而这样的劳力得不到报酬，因此不是愚蠢行为就是浪费行为。如果它是以欺骗或强暴手段来达到剥夺别人东西的目的，那么，从前只不过是愚笨或浪费行为，现在却更加恶化变为犯罪。结果，没生产出什么东西，只把一个人的财产强行移到另一个人手中而已。

我们已经看到，人使自然力跟他一起从事生产工作，人甚至使

自己以前劳动的产物跟他一起从事生产工作。因此，理解什么叫做自然的劳力或自然的生产性服务以及什么叫做资本的劳力或资本的生产性服务，并不是困难的事体。

自然力所搞的劳力和事前已经存在的产品即资本所搞的劳力极相类似，而且总是混在一起。因为，构成资本主要项目的工具和机器，不过是有点儿巧妙的手段借以利用自然力。例如，蒸汽机不过是一种复杂方法借以利用蒸汽弹力和大气压力的交互作用，所以，蒸汽机所役使的生产力事实上比投在蒸汽机的资本所役使的生产力来得多，因为蒸汽机是一种手段，强使许多种自然力给人类服务。这些自然力所提供的无代价帮助的价值，多半比投在蒸汽机的资本所生利息的价值大得多。

我们必须依照这个观点考虑一切机器，自最复杂的机器至最简单的机器，自最贵重和最巧妙的器具至最普通的锉刀。工具不过是简单机器，而机器不过是复杂工具。我们凭借工具和机器来扩大手和指的有限能力。在许多方面，工具和机器只不过是所凭借以取得自然力的合作的手段。① 工具和机器的显著效果，在于减少生产同一数量产品所必需的劳力，或与此相似，在于扩大同一数量人力所能获得的产品量——这些就是劳动的最高目的或最大功效。

什么时候采用新的机器或更方便的新方法替代先前所使用的

① 如果我们高兴的话，可进一步概括化，把一块地产看作生产米麦的大机器，通过耕种加以维修。也可把一群羊看作生产羊毛、羊肉的机器。

力，什么时候就可以这样巧妙地节省一部分勤勉的人的服务，这些人于是不免失业。由于这个原因，机器的采用曾经受到多方面反对。机器的采用不但常常受到民众暴动的阻碍，有时也受到政府自己行动的阻碍。

要想在这种情况下仍知采取明智的举动，就必须对采用机器的经济效果先有明确的观念。

新机器可代替一部分人力，而不减少产品数量。如果机器真会减少产品数量，采用机器便是极其荒谬的办法。当使用水力机代替挑水夫来供应一个城市用水时，这城市居民照常得到水的供给。这地方的收入在数目上至少仍旧不变，不过挑水工人的收入减少，机械师和提供资金的资本家的收入增加，收入从一个方面转向另一个方面。但产量的增长和生产费用的减低如果使水的交换价值下降，消费者便得到好处，因为，对消费者来说，每项费用的节省都意味着这么多利益的获得。

我们不久就可看到，上述收入的易向，尽管对一般社会是怎样有利，总带有一些痛苦情况。因为，一个资本家由于资金投在不生利方面，或由于资金呆滞不发生作用所感受的苦痛，比起一群勤勉人民被剥夺衣食之资所感受的苦痛，是微不足道的。

如果机器会产生这种流弊，它是该反对的。但是，跟着机器的采用而发生的情况，通常是危害大大减低，而利益却充分发挥出来。这是由于以下三个原因：

(一)制造新机器是一个缓慢的过程，而采用新机器是一个尤其缓慢的过程。这就使有利害关系的人有时间采取未雨绸缪措施，同时也使政府当局有时间筹划补救办法。①

（二）制造机器得使用大量劳动力，这就使由于采用机器而失业的人们得到新的工作机会。例如，使用水管供应城市用水所引起的建筑水道、安装总水管分水管等等工程，给木匠、瓦匠、铁匠、铺路工人提供了更多的工作机会。

（三）一般消费者包括受到机器的影响的工人的情况，由于这些工人此前所从事生产的产品的降价，比以前都有所改善。

此外，企图禁用新机器来防止由于机器的发明而发生的暂时困难，必然徒劳无功。如果新机器确是有利，它就必定或终必在这地方或那地方被采用。新机器的产品，将比使用旧法制造的产品来得便宜，而便宜的价格，迟早必大大促进产品的消费和需求。1789 年诺曼底开始采用纺纱机，使用旧法纺纱的工人企图毁坏。如果他们的图谋得逞，法国恐怕已放弃棉织业的经营，谁都不得不购买外国制造的棉织品或使用代用品；至于诺曼底的纺纱工人，他们的就业机会势必变得更渺茫。现在他们大多数已在新开纱厂找到工作了。

关于采用机器的直接影响，就谈到这里为止。至于它的终极影响，完全对它有利。

的确，如果通过机器的使用，人征服自然，迫使大自然的力量

① 一个良好政府没有必要采取地方性措施来限制新方法或新机器的采用。这种措施就是对发明者财产的侵犯。政府可采用以下各种办法使那些由于机器的采用而失了业或找不到职业的工人有工作可做：使用他们修建由政府出资兴办的公用事业工程如运河、公路、礼拜堂等，扩大殖民，把人口从一个地方迁移到另一个地方。由于机器的采用而失了业的工人，比较易于找到工作，因为他们已经锻炼有素，惯于劳动。

和自然力的机能听他支配，为他的利益服务。那么，机器的利益便太明显了，无须举例说明。不是产量增加，就是价格下降，二者必居其一。如果产品的价格没有下降，所得的利益便使生产者的利润扩大，但同时无损于消费者。如果售价下跌，跌价的利益全部归消费者享受，但同时无损于生产者。

一种产品的产量如果增加，它的价格通常趋于下降，而消费随着扩大。所以，机器尽管加速生产过程，但反可给工人提供比从前更多的工作机会。毫无疑问，法国、英国和德国棉织业现在所雇用的人数，比采用机器以前多得多，尽管机器在很大程度上缩短和改善了这个制造业的制造过程。

类似影响的另一个显著例子，是用以迅速增加学术著作本数的机器——我所说的是指印刷机。

暂且不说印刷技术对人类知识的发展与世界文明的进步所提供的贡献，而只从经济观点来说，把它看作一种工业。当印刷机刚被采用时，当然许多抄写员立即被解雇，因为可适当估计一个印刷工人能做二百个抄写员的工作。所以，我们可断言，二百个抄写员中，一百九十九个失了业，但后来的情形怎样演变呢？印刷的书籍比抄写的书籍清晰易读；书价变为比较便宜；这个发明给著述界很大的鼓励，不论著述是以消遣为目的或以教育为目的。所有这些因素，不久联合起那么有力作用，以至雇用的排字工人，在很短时间内就超过从前抄写员的人数。如果我们现在能够精确计算，印刷机于印刷工人以外所帮助找到职业的其他勤勉的人如铸字工人、制纸工人、搬运工人、排字工人、钉书工人、书商等等的人数，我们大概会发见现今从事出版业的人数，比印刷技术未发明以前多一百倍。

也许可补充说，从全体劳动大众和全部机器观察，即使想象一个极端事例，就是完全使用机器代替人的劳动，人类的数目在这种情况下也不会减少。因为，产品的总量将仍旧不变，而比较穷苦的劳工阶级的痛苦也许会减轻，因为在这种情况下，使产业各部门感到头痛的暂时变动，将只影响机器。瘫痪的将不是工人而是机器。机器不会饿死，只不过暂时不给机器主提供利润，而机器主和工人比起来，当然离饥饿线远得多。

但是，虽然企业家甚或工人从改良机器的使用最终能得到很大好处，但享受最大利益的总是消费者。消费者永远是最重要的阶级，因为消费者人数最多，包含一切类型的生产者，而这个由一切其他阶级组成的阶级的福利构成国家的一般福利和繁荣。[①] 我重复地说，从机器得到最大利益的是消费者。因为，发明家虽在若干年内可能独享发明的好处，而这只不过是最公平和最正当的，但世界上从来没有永远不泄露的秘密，没有一件事体能在长久时间内保守秘密。最不容易保守秘密的事体就是人们对其公开有切身利害关系的事体，至于必须向制机器和开机器工人吐露而依赖他们的缄默来保守的秘密，尤难保守。发明方法变成公开之后，由于竞争的作用，产品价格就要降到相当于节省的生产成本的水平，到这时候，消费者就开始享受全部的利益。面粉厂厂主现时得到的利

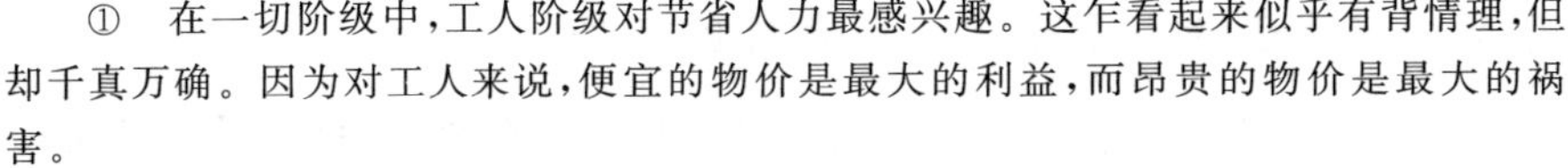

① 在一切阶级中，工人阶级对节省人力最感兴趣。这乍看起来似乎有背情理，但却千真万确。因为对工人来说，便宜的物价是最大的利益，而昂贵的物价是最大的祸害。

润，大概不比过去多，但消费者所付的粉价，现在比过去低得多。

消费者从采用更迅速的制造方法所得到的好处，不仅限于产品价格的便宜，他通常还得到产品质量提高的利益。毫无疑问，画家能够使用毛笔或铅笔绘画那些增加我们所穿印花布和所陈设家具的美观的图样，但作为这项用途的钢板机印色棍却能提供连最熟练艺术家也无能为力的固定不变的花样和始终一律的色彩。

如果把这种研究进行下去，包括一切工艺，我们就可看到机器的利益不仅仅限于代替人力。实际上机器给我们提供绝对的产品，因为它提供了从前没看过的那样精美东西。辗制薄金属厂和铸模厂所出的产品，连最熟练和最小心工人的手也做不出。

总之，机器的贡献还不止此。机器给人类扩大了许多和机器没有直接关系的品种的产品。如果我们不去思索，我们绝对不会想象那些不晓得在什么年代开始出现的东西如犁、耙等等，除给人类提供生活的绝对必需品外，还有力地帮助人类获得许许多多他们现在所享用的非必要东西。这些东西要是没有犁、耙等东西的帮助，人们连做梦也想不到。如果土壤所需要的各种施工，只有铲子、锄头和其他同样简陋与笨拙的手段可用，如果在农业生产方面我们用不到那些从政治经济学观点看来只不过是一种机器的家畜，那么，工业方面所使用的人力，大概就必须全部移用于仅仅足供实际人口勉强糊口的必需品的生产。这样，犁帮助解放了一定数量的人手来搞甚至最不紧要的工艺。比这更重要的，它还帮助解放一定数量的人手来搞培养智能的工作。

古人不知道什么是水车，什么是风车。在他们的时代，制面包的小麦，完全是用手来舂的。所以，一家磨坊所能碾磨的小麦，也许要用二十个人的力量。[①] 现在，管理一家磨坊连同供给磨机的原料的工作，一个磨工或至多两个磨工就够应付了。借着磨机这个巧妙机械的帮助，一个人的生产力，抵得过恺撒时代二十个人的生产力，因为，现在的磨坊，使用风力、水力来做十八个人的工作。可是，这额外十八个人的粮食，照常得到供给，因为磨坊出产的产品并未减少，这些人可使用他们的劳动力创造新的产品，而把这些产品交换磨坊的产品，这样，社会的一般财富大大增加了。[②]

第八章　分工的利弊以及分工可能达到的程度

我们已经看到，构成一种劳动的几个动作，一般不是由同一的人来搞，因为这些动作需要不同技能，每一种动作所需要的劳力，

① 在《奥德赛》第20篇，荷马告诉我们，尤利西家庭每日食用的米麦，要使用二十个女工来磨；而据荷马的叙述，尤利西家庭并不比现今一个财主家庭来得大。

② 本书第3版出版以后，西斯蒙第先生的《政治经济学新原理》也出版了。这位重要作家，似乎对机器的暂时危害过于重视，而对机器的永久利益则估计不足。他似乎完全不懂这门科学把机器的永久利益放在不容争辩的地位的那些原则。*

* 据我的意见，我们的作者在最近和马尔萨斯辩论关于制造业的生产力过于庞大以及产品过剩等问题时，似乎已经完全证明了他反驳西斯蒙第和马尔萨斯的攻击的论点是正确的。他似乎也揭穿了这个可怕学说的谬误，即认为人类劳动的生产力有时可能过于庞大。参阅他写给马尔萨斯的信。——英译本注

够使一个人把他的全部时间和全部精力花在上面。不但如此，在一些情况下，这些动作又分成更小的部分，每一部分够使一个人把它当作专门职业。

这样，化学家、植物学家、天文学家和许多其他科学家，分担关于自然的研究。

同样地，在应用人类知识满足人类需要方面，例如在工业，不同种类的制造者分别从事毛织品、陶器、家具、棉织品等等东西的制造。

最后，就上述三个产业部门搞手工部分的工作说，有多少不同种类工作，往往就有多少种类工人。制造衣服所用的呢绒，必须使用纺工、织工、修剪羊毛工人、染工和许多他种工人，每种工人继续不断地专搞一种工作。

大名鼎鼎的亚当·斯密，第一个指出产品数量的跃增和产品质量的改善起因于分工。① 在他所引的例证中，有制扣针的例子。

① 贝卡里阿于1769年在米兰作政治经济学公开演讲时，曾发表分工有利于扩大生产的意见。那时候斯密的著作还未出版。贝卡里阿说："我们从亲身的经验晓得，如果我们把体力和脑力不断地应用于某一种工作或某一种产品，我们在这种情况下从事生产必定比在依靠自己努力取得所需要的一切东西的情况下容易得多；而且能够得到数量更多和质量更好的产品。基于这种原因，一个人养羊，另一个人梳刷羊毛，又一个人织羊毛；一个人种麦，另一个人制面包，又一个人给耕者和工匠制衣服或盖房子。工艺种类这样的增多和这样的互相依赖，人这样分为各种职业和具有各种条件，这一切对公私都有利。"

但我却认为斯密对于分工问题所抱的见解，不是抄袭别人，而是自己的创获。首先，这是因为在贝卡里阿还未发表上述意见时，斯密十之八九就已经在格拉斯科大学提出了这见解，大家知道，所有构成《国民财富的性质和原因的研究》的基本原理，都是在这时候提出；但主要是因为他从这见解演绎出最重要的结论*。

*《国民财富的性质和原因的研究》的一切基本原理，早在1751年，即如斯图亚特所说在"对本问题还没有任何法国（他实在还可补上说，或意大利）的著作可供斯密参考以指导他的研究工作的时候，就已经见于他在格拉斯科大学演讲稿中"。斯密博士在1775年亲笔所写的一篇短稿可完全证明《国民财富的性质和原因的研究》里

制扣针工人，每人专造扣针的某一部分，一人拉铁丝，一人剪铁丝，一个磨铁丝头，等等。单单铁丝头需要两三种不同动作，每一种由一个工人担任。据斯密所说，通过这样的分工，一个雇用十个工人设备不很好的工场，一天可制成四万八千只扣针。如果各个工人得一只一只地完成扣针的制造，所有动作自第一步至最后一步全由他一个人来搞，那么，他一天大概只能造二十只，而十个人一天所能制造的只二百只而不是四万八千只。

斯密认为这个巨大差别是由于以下三种情况：

（一）从经常重复同一种简单动作所获得的熟练，包括体力上的熟练和脑力上的熟练。就某些工厂某些动作说，工人手法的敏捷，非身历其境的人所能想象得到。

（二）时间损失的减少。时间的损失，往往是由于抛下一种工作去搞另一种工作，或由于更换工作地点、工作姿势、工作工具而发生的。移转注意力是个缓慢的过程，人不能在顷刻之间，完成注意力从旧的对象到新的对象的彻底移转。

（三）大量机器的发明。这使一切工作变得更容易和更迅速。分工当然把各种动作局限于非常简单和反复执行的性质。这种性质的动作，恰恰就是最容易使用机器来搞的动作。

所详述的各个重要见解，是斯密自己想出的。《国民财富的性质和原因的研究》于1776年才出版。斯密说，“本篇论文所述的见解，大部分已在某些演讲中讨论过，这些演讲的讲稿，还在我手中。抄写这些讲稿的是我以前所雇用的一个抄写员，六年前他辞我他去。自从我在格拉斯科大学开始教克莱吉那一班起，也就是从我在格拉斯科过第一个冬天那时候起，这些见解一直是我演讲的题目。它们也是我离开爱丁堡那个冬天在该城所作的演讲的内容。我能够提供许多证人，有的住在那地方，有的住在这地方，他们能够充分证明这些见解是我的见解。”参阅斯图亚特于1793年3月18日在爱丁堡皇家协会宣读的题为《关于亚当·斯密的生平和著作》的论文。

此外，人能够最快发现达到一个目标的方法，如果这个目标近在眼前，而且是专心注意的对象。即在哲学方面，大多数新的发现也是来自分工，因为分工使人能够专心致志地从事一门学识的钻研。专心致志的钻研，曾使人类获得巨大的进步。[①]

因此，促进商业所必需的知识和理论，也一定会达到更完善的发展，如果不同的人分别从事不同方面的钻研。一个人专门研究地理，借以调查各国的地势和物产；另一个人专门研究政治，借以调查各个国家的法律与风俗以及跟这些国家通商的利弊；第三个人专门研究几何学和机械学，借以决定采用什么船只、什么车辆和什么形式的各种机器最为适当；第四个人专门研究天文学和物理学，借以精通航海技术。

此外，如果把商业分为国内贸易、地中海贸易、西印度贸易、美洲贸易、批发贸易、零售贸易等等，那么，把知识应用到商业的效果，也一定会更加圆满。

并且，这种分工并不会妨碍不是完全不相容的工作的合并，尤其是相依相成的工作。完全没有必要把进出口贸易划分为由两个商人经营，因为这两种贸易的性质不但没有冲突，而且是相辅相成的。[②]

① 尽管在技艺方面，许多新发现起因于分工，我们却不可把由于新发现而产生的和将要不断产生的实际产物，也看作起因于分工。增加的产品，一定是来自自然力的生产力，不管我们在最初是怎样学懂役使自然力的方法。参阅上文第 4 章。

② 把乍看起来似乎是断然不同的工作加以合并，在我们著作者所称为应用部门比在理论和执行部门更易于实行。一个一般商人，只要雇有办事员和经纪人，就能兼营多种商业交易，而且他的经营可能蒸蒸日上。这是什么原因呢？因为他自己的工作，只不过是指挥监督商业交易。这种工作可推广到更多的交易而不至于有所抵触，仔细检查起来，这种工作是同一工作的重复。——英译本注

分工引起产品价格的下降，因为通过分工，同一数额或更小数额的生产费用能够生产更大数量的产品。由于竞争的关系，生产者不久之后不得不降低价格以至等于所节省的全部生产费用。所以生产者所得的利益远小于消费者所得的利益。消费者对于分工所设置的各个障碍，都是害自己的。

如果一个裁缝不但试图制造自己所穿的衣服，而且试图制造自己所穿的鞋，势必一败涂地。① 我们天天看到，许多人充当自己的商人，从而避免给付正式商人所索取的通常利润。使用这些人自己所使用的词语，就是把这种利润放在自己腰包里。但是，他们打错了算盘，因为分工使正式商人能够以远远低于自己亲自出马所必须给付的费用为他们服务。自己亲自出马，他们必须直接接触农民或制造商，而农民或制造商，一有可能，必然利用他们的无经验，向他们敲诈。即使假定所期望的小利益，没由于这些人的贪婪而被剥夺，他们也得计算所感受的麻烦、所损失的时间、所耗费的额外费用（这种费用总是和交易数额成反比例，交易数额越大这种费用越小，交易数额越小这种费用越大），这一切加在一起，要占每项琐碎消费百分之二或百分之三以上的数目，但这本来是可以节省的。

即就农民或制造者说，在一般情况下，闯进商人业务范围，企图直接跟消费者打交道，而不通过商人，也是不利的。因为这样他就不能专心致志地经营自己的经常业务，而必须浪费一部分本来可以更有利地用在自己的特殊生意上的时间。此外，他还须维持

---

① 中国糖价的廉贱，一半因为产糖者把榨蔗工作交给另一帮人去搞。搞这工作的人是往来各地的榨蔗工人，他们携带极简单工具，一家一家地上门兜揽生意。参阅麦卡尼：《驻节见闻录》，第 4 卷，第 193 页。

一批人马车辆等等。这些费用将大大超过由于竞争影响而降低的商人利润。

只有某些种类产品,能够享到分工的利益,但这些产品也要在消费超过一定数量后才能享到这利益。十个工人每日能生产四万八千只扣针,但除非扣针的每日消耗量达到四万八千只,否则他们就不这样生产。因为,把分工进行到这个程度,一个人必须整天专修针头,其他工人也必须整天各从事某一特殊部分工作。如果扣针的每日消耗量只二万四千只,工人便半日无事可作,或部分改业。如果部分工人改业,分工就不能那么广泛地、完全地进行。

由于这个原因,除那些能够运往远地销售而消费量因此扩大的产品,或在人口稠密地方制造而本地消费量相当巨大的产品外,都不能实行极端的分工。也由于这个原因,在人口稀少地方,许多供即时消费的不同种类产品的制造,往往一个人同时兼营。在小城镇或乡村,一个人往往兼任理发师、外科医生、内科医生、药剂师。在大城市,也只在大城市,这些职业不但是特殊的专门职业,而且有些又分为几个部门。例如,外科医生分为牙科医生、眼科医生、产科医生等等。这些医生,由于各自从事这个范围广大的技术的某一部门,因此获得了要是没有分工绝不能得到的那样程度的熟练。

商业情况也如此。拿乡村食品商作为例子,他的货品的消费量是那样有限,以致他不得不同时又做杂货商,又做文具商,又做客栈老板,又做其他生意,甚至做报道新闻和出版生意。在大城市,不但销售一般食品是一门大生意,即使单售一种食品也是一门大生意。巴黎、伦敦和阿姆斯特丹有许多铺子专卖茶叶、油或醋。可以想象得到,这些铺子对于它们所卖的唯一物品所配备的品色,一定比什么东西都卖的铺子齐全得多。这样,在一个国富物阜、人口繁多的国家，运输商、批发商、牙商、零售商各经营一种商业。和同时兼营多种生意的商人比较，他们的业务不但办得更好而且办得更经济。他们都从这经济得到好处。如果上面所作的说明还不够令人信服，经验可给我们提供不可否认的证据，因为商业部门分得愈细，消费者所付的价格便愈便宜。其他情况如果都相同，一种从远地运来的商品，在大城市或大市集所卖的价格，一定比在小乡镇或小村庄所卖的价格低廉。

小村庄或乡镇消费量的有限，除使商人不得不同时兼营多种在其他地方显然是分别经营的行业外，还使许多东西不能在一年四季都有出卖。有的商品只在市日或集日出卖，别的日子却买不到。在市日或集日，人们就把全星期或全年所需要的数量通通买来，贮藏备用。在市日或集日以外的日子，商人或携带货物到别的地方贩卖，或从事别的职业。在非常富足或人口非常繁多的城市，消费量是那样的大，以致商人竭尽力量也只能经营一种商品，尽管他们整星期时间都花在营业上。定期市集和市场是国家在初步繁荣阶段所采用的方法。结队行商是国内贸易更早阶段所用的方法。但就是这些方法也比没有方法好。[1]

① 法国乡镇市场的状况，不但表示在某些方面消费非常不活跃，而且只要草草巡视一番，就可看出所卖的商品极为有限而且质量极为低劣。除本地产品外，只看到少许工具，粗糙毛织品、麻织品和最低级棉织品，而看不到其他东西。在比较繁荣的阶段，就可看到一些满足更文雅生活所需要的东西：一些既便于使用而又形式美观的家具，式样有变化而质地又比较优良的毛织品，由于加工关系或来自远地而价格比较昂贵的食品，目的在于教育或娱乐的东西，历书和祈祷书以外的一些其他书籍。在更加繁荣的阶段，上述这些东西的消费，便更加经常和更加普遍，足够维持存货丰足和常年开业的商店。在欧洲，特别在英国、荷兰、德国的一些地方，我们就可看到这种富足的例子。

由于必须先有非常广泛的消费然后才可实行精细的分工，所以在价格高昂只少数人有力购买的商品的生产，分工便不能进行到很精细的程度。在珠宝业，特别是在制造比较贵重的珠宝工艺品的事业，分工一般只有限地进行。我们已经看到，发明以及巧捷方法的应用，一般都是起因于分工，所以在需要巧工妙技的精制品的制造，最少看到这些方法的应用，这是毫无足怪的。一个人到珠宝商工场参观，那里货品的昂贵和工人的熟练与耐心，往往会使他目眩神迷。但只在制造一般消费品的大工厂，一个人才会对工人为使产品制得又快又精所表现的技巧感到惊奇。当我们玩赏珠宝类精细工艺品时，心里不难想象制造它的所必须使用的工具与方法。但在看到紧身褡的带子时，很少人会想到它是由马或水流制造，然而它确是由马或水流制造的。

在三种产业中，农业的性质最不允许分工。不可能把许多人集中一处，全体都来种植同一种农作物。他们所耕作的土地分布全球，这使他们不得不在相距很远的不同地点从事工作。农业的性质也不允许一个人不断地专搞同一种工作。一个人没有可能长年累月一直犁田或挖土，正如一个人不能整年都从事割稻工作一样。并且，很少有一个人的土地全部用于种植同一种农作物，一块土地也很少继续种植同一种农作物许多年。如果这样做，这块土地的地力，不久便将耗竭。即使假定一块土地全部用于种植同一种农作物，但一切准备工作、施肥工作、收割工作也必定在同一季节进行，在其他季节，工人便无活可干。①

① 在农业方面，很少看到大规模事业，像在商业或工业方面那样。一个农民或地主所经营的土地，很少超过四五百英亩面积。从资本和产量说，这不过等于中等商

此外，农民工作的性质以及农作物的性质，给农民很大的机会栽植自己所消费的青菜和水果，养自己所食用的牲畜，甚至制造自己家中所使用的一部分器具。但在其他产业，劳动者所使用的这些消费品，是由若干不同种类的人专门生产的。

如果产品是在工厂制造而且同一厂商经营一切制造阶段，那么，该厂商非拥有雄厚资本，便不能对工作实行很精密的分工，因为这种分工需要对工资、原料、工具、器具等等垫付更大的款项。在十八个工人每人每日只生产二十只扣针的情况下，就是说，在全体工人生产重一盎司铁的三百六十只扣针的情况下，每日只需垫款购买一盎司的新铁便可使工人整天有工作做。但如果由于分工的结果，十八个人每日能产八万六千四百只的扣针（我们晓得他们确能如此），那么，为使他们经常有活干，每日所必须供应的铁，非达到二百四十盎司不可。结果，厂商便必须垫出大得多的资金。如果更考虑到厂商购进原料之后，大约要等待一两个月才能卖出扣针收回垫款，我们便会感到不论在任何时候，厂商在各加工阶段中必须准备有二百四十盎司的三十倍的铁。换句话说，单单投在原料的资金，便相当于四百五十磅的铁的价值。除此之外，还应该指出，如果缺乏各种工具和机器，分工便无从实行，而工具和机器，又需要资金购置。由于这种情况，我们常常发见，在贫穷国家，单单因为缺乏适当分工所需要的资金，一种产品的产制过程，从始至

人或制造者的事业。这种差别是由于好几种同时并存的情况：农业需要广大土地面积，这是最主要的情况；农产物的笨重性质，使它不容易从农场的各个遥远角落集中到某一地点或运到远地；农业本身的性质，使一贯和一致的措施难以实行，经营者必须视耕作下粪和施肥方法的不同，每一个工人工作性质的不同，气候的变化等等，随时采用权宜措施或发出指示。

终，由一个工人包办。

但我们不可设想，要实行分工制度，企业家非拥有巨大资金不可，或全部工作非集中在一个大场所进行不可。制造一双靴，要经过很多道手续，执行这些手续的不止靴匠一人，牧者、硝皮匠、鞣皮匠以及所有直接或间接提供制靴所使用的原料或工具的人都有一份的贡献。尽管靴的制造实行很精细的分工，但协同制靴的生产者，可能大部分只有很小资本。

如果在详述各业从分工所能得到的利益以及分工能够进行到什么程度之后，不进而说到分工的流弊，那么我们对这个问题的看法便不全面。

一生专干一种工作的人，对这工作一定比别人干得更快更好。但与此同时，他将比较不适合于一切其他工作，不管是体力工作或脑力工作。他的别项才干将逐渐减退，或完全消失，其结果，作为一个人说，他是退化了。一个人一生中，如果除制造扣针的第十八部分外没干过其他工作，说起来将是多么难过啊。但不应该设想，只一辈子用劲操使锉刀或铁槌的工人，人性尊严才会这样退化。就是在业务上必须运用最高度智慧的人，也容易这样退化。职业的分工产生了律师阶级。他们的唯一业务是给诉讼当事人处理诉讼过程中的各项法律手续。就他们的专门技能说，人们公认他们很少有缺陷。但我们常常碰到这样的人，他们是律师界中的出色人物，可是，他们连自己天天所使用的最简单制造品的制造方法，也一窍不通。如果叫他们修理家中最简单的家具，他们将瞪目不知道怎样着手。他们也许不晓得怎样敲铁钉，做起来会使最笨拙的木匠学徒看得发笑。如果他们处在比较紧急的场合，例如援救一个快要溺死的朋友，或援助一个同乡逃难，他们将窘得不知道怎样做才好。一个居住在半野蛮地区中的粗鲁农民，倒会对这些情况应付自如。

就工人阶级说，如果他们除一种工作外，其他都一窍不通，这一定会使他们陷入更困苦、更不利的境地。他们将更没有能力要求公平分享产品总价值的权利。一个随身携带工作上所使用的全部工具的工人，能够随心所欲地更换工作地点，喜欢在什么地方干活就可在什么地方干活。在相反的情况下，他只不过是个附属品，在离开共同工作的人以后，个人便没有力量，没有自主能力，没有实际的重要地位，而不得不接受雇主所高兴加在他身上的任何条件。

总而言之，我们可做以下的结论：分工是巧妙地利用人的作用的一种方法，分工可扩大社会的产品，换句话说，可扩大人类的权利和人类的享受。但另一方面，分工在一定程度上会使人的个人能力趋于退化。①②

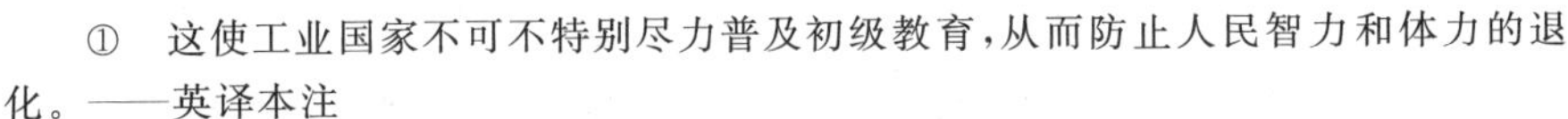

① 这使工业国家不可不特别尽力普及初级教育，从而防止人民智力和体力的退化。——英译本注

② 斯图亚特说，由于印刷机的影响智慧和文化的广泛传播，加上商业进取精神的助力，似乎是自然所提供以防止伴随工艺进步而产生的分工所会引起的悲惨结果的方法。所有使这方法生效的条件都已经具备，所缺乏的只是明智的制度来推广普通教育以及使个人适合于他们在将来所要占据的地位的教育。艺术家可在幼年时候获得使他能够成为有智力的人和知道如何修心养性的教育，否则由于他的活动范围的狭窄，他的智力可能降至与农民或野蛮的人相等的水平。尽管他的枯燥乏味和单调无变化的职务，不提供什么可以唤起他的智巧或分散他的注意力的事物，但他可自由运用他的能力，把它用在他自己更有兴趣和对别人更有用的东西上。——原编者

第九章　利用商业的各种方法以及这些方法协同生产的方式

各种货物不是到处都可普遍获得的。土地的直接产物，要看当地的土壤和气候以为定。甚至工业的产品，也只在具备着生产它们的最有利条件的地方才有出产。

因此，不论工业产品或土地产品，都不是天然生长出来的。凡人所采用或所生产的物品，要是没有经过一定的改造，就是说没有经过运输，便不能达到完善状态，适合人的消费。

运输产生了所谓商业的职业。

国外贸易业务，在于以外国产品供应国内市场或以国内产品供应国外市场。[①]

国内贸易的业务，在于在本国市场购进和转卖国产的货品。

批发贸易是指大量购进货物，然后把这货物转卖给次一级商人。

零售贸易是指向批发商购进货物，嗣后把这些货物卖给消费者。

经营货币或现金交易的人叫做银行家。银行家代人收付款

---

① 购进以备转卖的产品叫做商品，购进以供消费的商品叫做日用品。

* 为了简化起见，翻译时不作这种区别，我想产品这个名词已够明了与明确了。——英译本注

项，开发在异地付款的汇票与活支汇信。这些业务有时叫做银行业。[①]

经纪人的职务，在于介绍买卖双方，使他们发生接触。

经营上述各门生意的人都是从事商业的人。他们的作用在于使产品接近消费者。对消费者来说，贩卖一盎司胡椒的零售商的作用和派船往马拉加运货的商人的作用是同样不可缺少的。这两种营业为什么不由一个人和同一的人来经营，其唯一原因就是由两个人分别经营更为经济和更为方便。如果在这里详细考究各商业部门的范围和实践，那就等于写一篇讨论商业的论文。[②] 本书所要做的，只不过研究它们是怎么样和在什么程度影响价值的生产。

在本书第二篇，我们将看到由于产品的效用而发生的对于产品的实际需求，怎样受到产品的生产成本的限制。我们也将看到，在每一个地方产品的相对价值是怎样决定的。现在只需把产品价值当作一个数量或一个已知数来考虑，就够使我们对商业事务有明白的概念，所以，我现在不打算考究为什么一磅橄榄油在马赛只值三十苏而在巴黎却值四十苏，我将满足于简单地说：谁把橄榄油从马赛运到巴黎，谁就把它的价值每磅提高十苏。不应该设想运输没有提高橄榄油的内在价值，它的内在价值肯定地比以前增加了。银的内在价值在巴黎比在利马大，这两件东西的情况是完全

① 银行家的业务，不但限于经营铸造或未铸造的贵金属，它还包括纸币交易和信用交易。在以后讨论货币那一章，我们就可看到这一点。

② 尽管梅伦和弗邦内的努力，讨论商业问题的一部完全著作，还是一个迫切需要的著作，因为到现在为止，人们还不大了解商业的原理和效果。

相似的。

事实上，如果各种工具不同时存在，产品的运输便无从完成。这些工具各有各的内在价值。运输的实际工作，照这个名词的狭窄的字面上的意义来说，并不是最昂贵的工作。除打包和落栈外，必须在收集产品的地点和产品的运输目的地各设一机构，必须垫付相当于所转运的价值的资本。此外，还须支付代理商、保险商、经纪人等的报酬。这些人的职业都是实实在在的生产性职业，因此，如果缺少他们的作用，消费者便无从得到产品。假定这些人的报酬由于竞争减到最低的水平，那么，消费者获得产品的供给所付的代价，不能比这更便宜了。

在商业和工业，更经济和更快速的方法的发现，更巧妙地役使自然力的方法例如以运河代替公路，自然或人为制度所设置的困难的消除，这些都足减低生产成本而给消费者带来利益，但却不会使生产者受到损失。生产者可减低价格而自己无所损失，因为他的费用和垫付的资金减少了。

同一的原则也支配着国际贸易和国内贸易。把绸缎运到德国或俄国，在圣彼得堡以八法郎一码的价格卖出在里昂只值六法郎一码的织品的商人，每码创造了两法郎的价值。如果他又从俄国运回一批生皮，把在里加以一千法郎或等于一千法郎的价值买来的货色在哈弗尔卖一千二百法郎，那么，这里又创造了二百法郎的新价值。这个价值由生产它的人，自最大的商人到火车站搬行李的工人共同分享，[①]不管他们是哪一国的人，也不管他们的生产作

① 分配的通常比例，将在下面第 2 篇第 7 章说明。

用的相对重要性是怎样。由于这个价值的创造，法国财富的增加，相当于法国的劳动和资本在这生产过程中所获得的一切利益的总计；俄国财富的增加，也相当于俄国的劳动和资本在这生产过程中所获得的利润的总计。不但如此，也许还有第三国，它不依赖法国也不依赖俄国，但却获得从这些国家的通商而来的全部利润。可是，法国和俄国并不因此受丝毫的损失，如果它们的劳动力和资本能够在国内找到同样有利的用途。活跃的国际贸易的存在，它本身就足够大大激励国内的产业，不管由谁经营这项贸易。中国人自己不经营对外贸易，把全部对外贸易业务让给外国人经营。但中国人必须生产巨大数量的产品，否则他们绝不能维持他们的人口，这人口有欧洲两倍之多，但所占的地域，差不多只有欧洲那么大。坐在店内做买卖的老板，和背着商品旅行各地兜揽生意的小贩是一样的好。[①] 商业上的互忌心理，归根结底只是一种偏见，它好像一颗野生的果子，到了成熟之后，就会自己落下来。

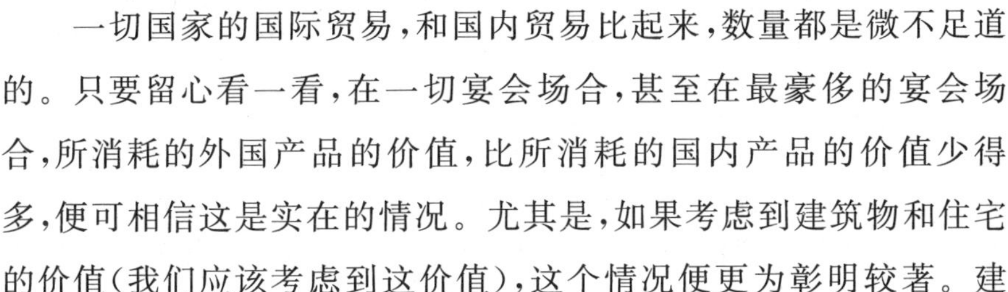

一切国家的国际贸易，和国内贸易比起来，数量都是微不足道的。只要留心看一看，在一切宴会场合，甚至在最豪侈的宴会场合，所消耗的外国产品的价值，比所消耗的国内产品的价值少得多，便可相信这是实在的情况。尤其是，如果考虑到建筑物和住宅的价值（我们应该考虑到这价值），这个情况便更为彰明较著。建

---

① 人们常常问，为什么不把农业、工业和商业合并起来呢？其原因和一个有剩余时间和资本的大纱商，往往宁愿把他的劳动和资本用以扩充自己的纺纱生意，而不愿意把它们用以织制细洋布或印花布的原因是一样的。

筑物和住宅必然是国产的东西。[①②]

一国的国内贸易，虽然由于详细地分门别类以至看起来不怎么触目动人，但不仅是最重要的贸易，而且是最有利的贸易。[③] 因为，国内贸易所交出的与所收入的必然都是国内的产品。国内贸易使两倍的生产动起来，而且国内贸易的利润不要跟外国人共分。由于这些原因，公路，运河，桥梁，撤销内地税、通行税和实际等于通行税的过境税，总之，凡可促进货物的国内流通的措施，都对国富有利。

还有一种商业叫做投机交易。这种交易是，在某一时候购进商品，以待将来价格上涨时在同一地点以同一状况的货品转卖出去。就是这种交易也是生产性的。它的效用在于利用资本、堆栈

① 这比例不能估计得很准确，就是在这种统计最流行的国家，这也做不到。的确，这种企图简直等于浪费时间。说句老实话，统计的实际效用很小，因为，即使统计达到了高度的准确性，也不过是暂时如此。只一般原则和一般规律的知识，就是说因果关系的知识，才是真真有用的知识。只有这种知识才能教我们在各种可能碰到的紧急情况下应该采取什么措施。就政治经济学说，统计只有一个用处，即提供说明一般原则的实例。统计绝不能成为原则的基础，原则都是建立在事物的本质上面。即在统计办得最好的国家，统计也不过是事物的数量的指标而已。

② 这论点是否正确，要看客观情况以为定。当然，一国人民，终必依靠自己的劳动和努力以获得所需要的东西的供给，但有什么东西可阻止一个国家把大部分国内产品换别国产品呢？泰雅人民所消费的东西，来自国外的大概比国产的还多，虽然这些外国产品必须以国内产品来买。不错，泰雅与其说是一个国家，倒不如说是一个城市，但在许多方面荷兰很像泰雅。对于主要是以改造外国产品为生产事业的社会，这种意见都可适用。——英译本注

③ 关于这一点，我们的作者和斯密博士一齐陷入错误。资本无论是用于国外贸易或用于国内贸易，生利的大小是一样的。例如，如果国内贸易所生的利润，比国外贸易大，那么，每一文用于国外贸易的资本，都将从这比较不至于的投资收回。只在国外贸易的利润大于国内贸易的利润的情况下，资本才会流到国外贸易方面而不流向国内贸易方面。因此，不能说一国的国内贸易总是“最有利的贸易”。——原编者

和保管，即利用人类的劳动把某种一时过剩因而价格低落到生产成本之下的货物撤出流通领域，并阻止它的生产，等到它变得比较缺乏，价格回升到自然价格或生产成本以上时，又恢复它的流通，使消费者受点损失。这种交易显然不是把货物从一个地方移转到另一个地方，而是把货物从某一时候收藏到另一时候。如果挣不到利润或反而赔本，那就是因为它在这一次的特殊情况下是无所裨益的，所买卖的东西在买进的时候并不过剩，在转卖的时候并不缺乏。这种交易曾被很正当地称为贮藏货物的贸易。[①] 当投机是以收购全部某种货物从而图取高昂的独占价格时，它叫做**垄断**。侥幸得很，垄断是一件不易搞的事体，一国的商业越发达，流通中的货物越多，垄断越难于实现。

斯密所称为运输业的，是指在一个外国市场买进货物运到另一个外国市场出卖的业务。这种业务不但对有关的商人有利，而且对有关的两个国家也有利，其理由已在上面讨论国际贸易时讨论过了。缺少资本的国家，不适宜于经营这种事业，因为它们需要把所有资本用来维持国内产业活动，国内产业当然有使用资本的优先权利，荷兰人在平时经营这项事业很有利，因为他们的资本又足，人口又多。[②] 在和平的时候，法国人也曾在东地中海各海口之间经营这项生意，因为法国企业家能在法国以比较有利的条件借

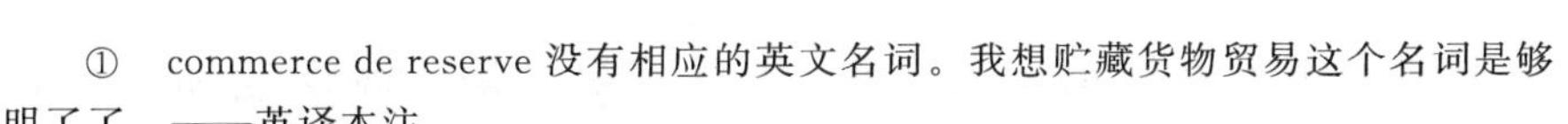

① commerce de reserve 没有相应的英文名词。我想贮藏货物贸易这个名词是够明了了。——英译本注

② 现时荷兰已无运输业可言。事实上，一国在某一时候是否适宜于经营这种业务，要看许多客观情况以为定。过去若干年中，由于美国处于有利的中立地位，很大部分的运输业务落入美国人手中，但美国却缺乏耕垦国内土地所需要的资本，这是大家都知道的。——英译本注

入资本，此外也许还因为法国冒险家比较不至于遭受这地区的可恶政府的压迫。现时法国人已给别国人排挤出这个地区。这些继起的国家掌握着那儿的运输业，它们不但无损于土耳其人民，而且有助于土耳其维持它的境内少许仅存的企业。有些政府没有土耳其政府那么聪明，它们禁止外国人经营这项事业。如果本国人做这种生意能够比外国人赚到更大的利润，那么，根本便不需要这种禁令。如果外国人能够更便宜地办理运输，禁止外国人便等于白白牺牲本来可从利用他们而得到的利润。一个例子可说明这个论点。从里加运大麻到哈弗尔，荷兰船长每吨只费三十五法郎。必须假定，没有别人能比荷兰人更经济地完成这个运输。法国政府是俄国大麻的消费者。荷兰船长向法国政府投标，愿意以一吨四十法郎的价格供给吨位。显而易见，荷兰船长想赚一吨五法郎的利润。假定法国政府为要照顾本国航业，宁愿雇用法国轮船。法国轮船的航行，每吨要开支五十法郎，或五十五法郎，如果酬付法国轮船船主一吨五法郎利润。结果怎样呢？单单为了给法国船主提供一吨五法郎的利润，法国政府每吨得多付十五法郎。由于一国政府费用，只有取给于该国人民，所以这等于为了给予某些国民仅仅五法郎的利润，却使别的国民花去十五法郎。无论数目怎样变动，结果总必相同，因为合理的算账方法只有一种。

我想可不必提请读者注意，我自始至终是从海运业和国民财富的关系的观点出发来考虑海运业，至于它对国家安全的影响，则是另一回事。航海技术又既商业的手段，又是战争的手段。船只驾驶可以说是一种军事演习。如果其他情形都相同，拥有较大比例的海员的国家，从军事观点来看便拥有较强大的力量。因此，考虑航海时，政治的考虑与军事的考虑总是和商业的考虑相抵触。英国通过驰名的航海条例，禁止所有船主和至少四分之三的水手非英国籍的船只在英国经营运输业。这个条例的用意，主要在于发展英国海军和阻碍别国特别是荷兰海军的发展，保护本国运输业的利益尚在其次。荷兰当时掌握着巨大运输业务，它是英国主要的妒忌对象。

另一方面，不能否认，如果始终假定，以力服人对一个国家总是有利，那么，这种看法可能导致贤明的治国方针。但这些政治性教条快要过时了。总有一天人们将认为适当政策在于以德服人，而不在于以力服人。统治欲所能获得的充其量不过是不自然的得意。统治欲的结果，必定使邻国化为仇敌。统治欲是产生国债、不良内政、压制政治和革命的祸根。而共同利益感则可发展国与国之间的友谊，推广国与国之间的往来并导致永恒的繁荣。这繁荣所以能够永久，因为它是自然的繁荣。①

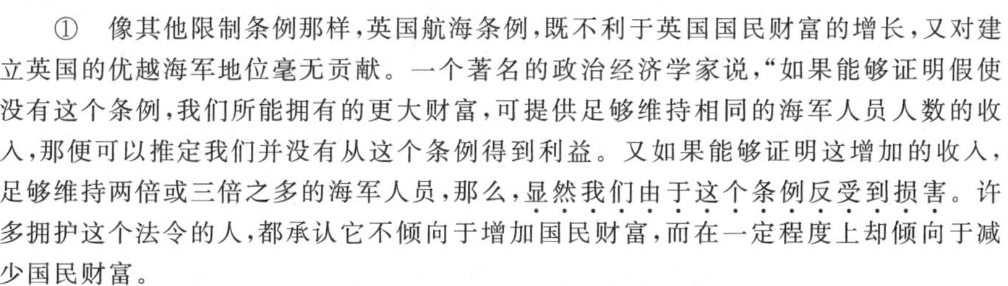

① 像其他限制条例那样，英国航海条例，既不利于英国国民财富的增长，又对建立英国的优越海军地位毫无贡献。一个著名的政治经济学家说，“如果能够证明假使没有这个条例，我们所能拥有的更大财富，可提供足够维持相同的海军人员人数的收入，那便可以推定我们并没有从这个条例得到利益。又如果能够证明这增加的收入，足够维持两倍或三倍之多的海军人员，那么，显然我们由于这个条例反受到损害。许多拥护这个法令的人，都承认它不倾向于增加国民财富，而在一定程度上却倾向于减少国民财富。

“我想霍纳说过下面的话，我们海军的优势，建立在完全不同的基础上。我们国家的力量和财富，是归因于我们的自由和自由的可喜的结果，即财产的安全。我们商船所以有这么多水手，是由于我们商人的进取精神和资本，以及由于我们很长的海岸线。我们海军的规模，不是由于航海条例，不是由于殖民地独占事业，而是由于一个勤勉的国家的资源。

“这些看法，和把我国海军的优势归因于国会所通过的几个条例的那些人的褊狭

第十章　资本在生产过程中所经历的变化

我们已经在上面(第二章)看到,什么构成一国的生产资本,以及什么是使用资本的各种途径。当时列举各种生产手段,只说明这些就够了。现在我们要来研讨资本在生产过程中怎样发生变化,以及怎样使资本永久存在和增加。

由于抽象理论将使读者感到厌烦,我径从实际的例子开始。这些例子都是采自每日的经验和观察。一般原则自会跟着例子呈现出来。读者将立即看到这些原则也适用于一切其他情况。关于这些情况,他可能碰到必要提出自己意见的时候。

在地主自己从事耕种的场合下,除土地价值外,他还必须拥有一定数额的资本,就是说,他必须拥有一定数额的价值,其中首先是开垦土地所耗的价值以及具体表现在地上的工事或建筑物的价值。如果他高兴的话,可把这价值看作土地价值的一部分,但它

见解是多么不相同啊!这种见解使我想起一个法官的纯技术观点。他一本正经地把可叹的决斗的流行归因于误会国家法律,而不承认它是人类的暴戾性情的结果。此外,斯密博士说得好,我们海军的强大力量,在航海条例未制定前便十分显著了。在制定航海条例的时候,正如在那时候以前,和在那时候以后,我们海军的力量总是与我国商业的盛衰和国家的繁荣相称。我们将发见,所有国家的海军力量,都是受这些情况的制约,而不是受航海法律的制约。这些情况决定荷兰海军的力量。即在荷兰海军最强盛的时代,他们连听也没听过航海法律。"参阅《爱丁堡评论》,第14卷,第95页。——原编者

实在是人的过去努力的结果，是土地原始价值的增加物。①

这部分资本不会有很大的损耗，只需不时加以小修理，即可保持完整。如果耕者每年从土地的产物项下提出款项从事这种修理，这部分资本便可永远保存。

犁和其他农具以及耕畜等，构成资本的另一项目。和上述那项资本比起来，这项资本更易于损耗，但在必要的时候，也可仿照上述办法，动用土地的每年产物来维持和修理它们，从而保持它们的原来全部价值。

最后，耕者还必须贮藏各种东西如种子、粮食、牲畜饲料和支付工人工资的食物与现金等等。② 必须注意，这部分资本，每年至少完全消灭一次，有时三四次。现金、米麦和各种粮食势必完全消灭，而且非完全消灭不可。但是，只要耕者善于安排，使土地的每年产物在支付土地的生产性服务的报酬（地租）、所使用的资本的生产性服务的报酬（工资）以后，还有剩余以补偿所耗用的金钱、种子、牲畜甚至肥料等等，使得他所拥有的价值，和前一年开始时同样的多，那么，这部分资本就也可全部保持完整。

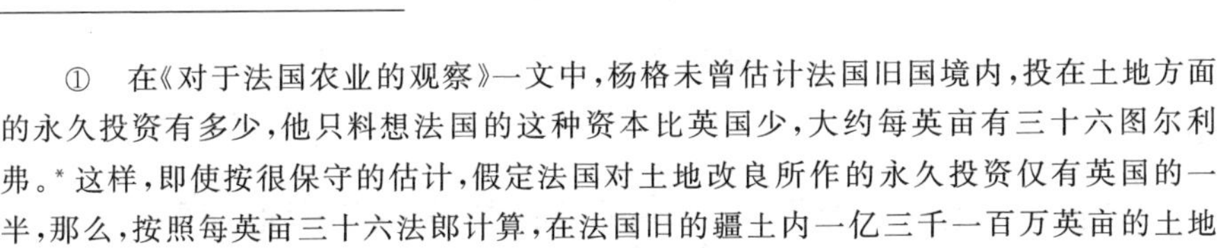

① 在《对于法国农业的观察》一文中，杨格未曾估计法国旧国境内，投在土地方面的永久投资有多少，他只料想法国的这种资本比英国少，大约每英亩有三十六图尔利弗。* 这样，即使按很保守的估计，假定法国对土地改良所作的永久投资仅有英国的一半，那么，按照每英亩三十六法郎计算，在法国旧的疆土内一亿三千一百万英亩的土地上，单单这种投资就有四十七亿一千六百万法郎。

* 十三世纪法国在图尔铸造的利弗。——译者

② 据同一作家（杨格）的估计，法国所拥有的最后两种资本，即农具、耕畜和所贮藏的粮食，大约每英亩四十八法郎，全部共达六十二亿八千八百万法郎。把这数目和上述那一种资本的数额加起来，便得一百一十亿法郎，而这就是旧法国用于农业方面的资本。杨格估计，英国的农业资本，每英亩比法国多一倍。

由此可见，尽管资本的每一部分，都经历一定的改变，而且许多部分归于消灭，但资本却可永远保持，不至于毁灭。理由是，资本不在于这种或那种货物或物质，而在于价值。

也不难想象，如果农场是一所相当大的农场，而且经营得很有秩序、很经济和很得法，那么，农场主所得的收入，除补偿他的资本的全部价值和支付他自己和家庭的费用外，还可剩余若干。如何利用这项剩余，这是和社会利益攸关的问题。我们将在下章详细讨论这问题，现在所需要的，只是使人们明白认识，如果资本的价值是消费在它自己的再生产，那么，它虽然被消费掉，它却没有消灭；此外，一个事业可永恒继续存在，每年以同一资本生产新产品，尽管这资本不断处在消费过程中。

探究了资本在农业方面所经历的变化情况以后，进而探讨资本在工商业方面的变化可无困难。

在工业像在农业那样，有的资本能经多年不坏，例如建筑物、固定设备、机器和某些种类的工具。另一方面，有的资本却完全改变形态。制造肥皂者所用的牛油和钾碱，在肥皂制成以后，便不再具有牛油和钾碱的形态。同样地，制造靛青的药料，不具有巴西木和胭脂树的形态，而与所染的纤维合为一体。工资和工人维持费也是这样。

在商业，差不多全部的资本都要经历完全的变形，其中许多在一年中改变形态多次。一个商人把他的现金变为毛织品或珠宝，这是他的资本第一次的变形。他把这些货品运往土耳其，在航程中又有一些变为工资。货品运到君士坦丁之后，他卖给批发商，后者付给他一张在斯默那付款的汇票，这是他的资本第二次的变形。

他所使用的资本现在变成汇票的形式，他使用这汇票在斯默那购买棉花，这是他的资本第三次的变形。他把棉花运到法国售卖，这完成他的资本的第四次的变形，重新恢复原来的法国硬币形式，除原来数额外，大抵还增加了一些利润。

显而易见，能够充作资本的东西，不可胜数，如果一个人在任何时候想知道一国资本是由什么构成的。他将发见它由许许多多东西构成，这些东西，或为商品，或是物质，其总价值无法准确估计，而且其中有的是在距离本国数千里以外的地方。同时，非常琐屑或不耐久的物品，似乎也是国民资本的一部分，而且常常是极其重要的部分。尽管各种资本不断消耗，不断分解，但只要以这种或那种形式把资本的价值保存起来，资本本身便不消灭，便不消耗。因此，最廉贱或最不耐久的货物的输入，可能和最贵重或最耐久的货物(金或银)的输入同样有利。事实上，当前者更为人们所追求的时候，输入前者更为有利。只有生产者有资格判断这些物质和商品的换形，以及进口与出口的得失。所有政府的干涉，所有旨在影响生产的制度，都有害无益。

有些事业一年之中，资本会还原几次，而生产过程也周而复始几次。能在三个月内完成产品的制造和销售的事业，一年之中便能够把资本利用四次。可以想象得到，它每次所生的利润，一定比一年只能周转一次的资本所生的利润来得少，要不是这样它的利润和后者比起来将达四倍之多。这么优厚的利润，不久一定会使资本涌到这方面来，而由于竞争关系利润必降低下来。另一方面，要花一年以上工夫来制造的产品例如皮革，必须于赚回原来资本外，另挣一笔钱，这笔钱要相当于一年以上的利润，否则谁愿意从事这种东西的制造呢?

欧洲人和中国或东印度贸易,往往要待两三年才能收回投入的资本。其实,在工商业和我们上述的农业例子一样,资本的完全收回,并不以全部资本变成现金形态为条件。一般地说,商人和制造者以现金形态收回全部资本,一生可以说只有一次,那就是在他们结束营业脱离商界的时候。可是,他们在任何时候只需检查一下财产目录就能知道他们的资本是增加还是减少。

用在生产事业的资本,总不过是一种预付款的性质,用以支付各种生产性服务的酬劳。它从所生产的产品的价值取得补偿。

矿工从地下采铁,铁匠出钱来买他的铁。矿工的工作到这里就结束了,他的报酬由铁匠从他的资本内垫出款项来支付。铁匠把铁炼成钢卖给刀匠,通过这种方法取得工作上的报酬。铁匠以前所垫的款,现在从第二次的垫款取得补偿,这第二次的垫款就是刀匠所预付买钢的款。刀匠依次把钢制成刀片。刀片的售价,又付还刀匠的垫款和支付他所贡献的生产作用的报酬。

这样,最后产品即刀片,显然足够偿付刀片在制造时陆续使用的资本以及生产工作的报酬。说得更恰当一些,各种生产性服务的报酬,是用前后所陆续垫付的资本来支付,而这些陆续垫付的资本,又是用产品的价格来偿还,这实际上等于直接使用产品的总价值偿付它的生产费用。

第十一章　资本的形成和增加

我在上章指出，生产资本尽管在生产过程中不断使用、不断变形和不断消耗，但在生产过程完成的时候，它终必再生、恢复原有的全部价值。这样，财富既然是由物体或物质的价值构成而不是由物体或物质本身构成，我相信读者一定已经明白了解这一点，那就是，我们所使用的资本，尽管时常改换形态，但始终是同一的资本。

以下一点也应该同样易于了解：由于消耗掉的价值，是以生产出来的价值为补偿，所以，前者的数量可能等于、小于或大于后者的数量，看客观情况以为定。如果相等，资本只不过获得补偿，保持原额。如果较小，资本便遭受侵蚀。如果较大，资本便实际增多。上章举做例子的农场主的情况，就是资本增多的情况。我们假定他收回资本的全部，于第二年开始耕作时，仍然有和上年一样多的手段由他支配；此外，扣除他自己所消耗的一定数量的价值后，还赚得若干剩余价值，譬如说一千克朗。

现在让我们来看农场主可能处置这一千克朗剩余的各种方法。这事体看起来似乎很简单，但对这事体的错误看法，比对任何其他事体的错误看法都更普遍。此外，这事体关系人类状况的重大，比任何其他事体都有过之而无不及。

这剩余我们已经估定为一千克朗。不管它是由什么东西构成，它的所有者都可把它换为黄金或白银，埋藏地下，等到日后有需要时再掘出使用。国民的资本，会不会因此损失一千克朗呢？绝对不会，理由是，我们已经看到，资本的价值，已经全部得到补偿。有没有人因此受到一千克朗的损失呢？没有。理由是，农场主没有劫掠任何人，也没有欺骗任何人，他所获得的价值，全是以等价东西交换来的。也许有人会这样说，他把小麦交换克朗埋藏地下，这小麦不久就会被食光，而这些克朗却仍然继续脱离社会的资本。但我相信，我们会记得小麦和金银都可构成一部分的国民财富，的确，我们已经看到，国民财富必然在很大程度上由小麦和类似的东西构成。这些东西有的部分被消费掉，有的全部被消费掉，但尽管如此，资本却不会因此减少丝毫。理由是，简单地说，再生产补偿全部消费掉的价值，包括生产者的利润在内。生产者的生产作用，也是被消费掉的价值的一部分。由此说来，农场主的资本一经全部得到补偿，他又以过去那么多的手段开始耕作，他尽可把一千克朗抛于大海，而国民资本并不因此有所减少。

让我们探讨这一千克朗剩余的一切可能想象得到的去路。例如，假定农场主使用它举行一次盛大宴会，而不把它埋藏起来。在这种情况下，全部的价值，可在一个下午化为灰烬。一席的山珍海错，一夜舞会，一晚烟火，就可把全部价值消费精光。这样消灭的价值，现已不再存在于社会，不再成为财富总额的一部分。理由是，得到同一的一枚枚银币的那些人，已经交出等价东西如酒、糕点、食品、火药等，而这些东西都化为乌有。可是，国民资本的总额，却仍然像上例一样，一点也没减少。因为，在此之前，已经生产了一项剩余价值，这里所毁灭的不过是这项剩余价值，所以情况还是跟从前一样，没有改变。

再假定这一千克朗花在购买家具、餐具、衬衫、被单等东西，国民的生产资本仍然没有减少。但必须承认国民的生产资本也没有增加。因为这里所获得的好处，只不过是农场主和他的家庭从这些新购得的动产得到的增加愉快而已。

最后，假定农场主把这一千克朗的剩余加入原来的资本，就是说，按情况的需要使用这笔款项提高农场的生产力，如购买更多耕畜，雇用和维持更多工人等等。结果他在该年之末，收到一定数量的产品，不但足够补偿这一千克朗的全部价值，还给他提供若干利润，使得这一千克朗从第二年起年年能够不断生产一定数量的新产品。在这种情况下，而且只在这种情况下，社会财富，才增加了这么多。

绝不可忽视这个事实：以这方法或那方法积成的一笔储蓄，例如我们说到的储蓄，无论后来花在生产性用途或非生产性用途，归根结底总是花费掉或消耗掉。这是一个真理，这真理一定会有助于消除一个极其错误但极其流行的看法，即储蓄会限制和妨害消费。其实，只要把所储蓄的东西再投资生利或用于生产方面，任何储蓄行为都不至于减少消费量。相反地，它却会永远地或重复地引起新的消费。至于非生产性消费，则不会重复发生。[①]

① 关于储蓄问题，西斯蒙第和在他之后的马尔萨斯，提出了和我们作者不相同的意见。据西斯蒙第和马尔萨斯的看法，生产力已经远远超过人们的消费欲望和消费能力，因此，凡足减低消费欲望的事物，都是有害的。他们认为，消费太不活跃，跟不上生产。由于储蓄愿望和消费欲望真正相对立，所以储蓄愿望必然是极端有害的。依照这种看法，不难证明政府当局的恣意挥霍、战争或英国恤贫法，也有益于国家，因为这些都会刺激消费。的确，他们的说法必然使读者下这个结论。因为，他们毫不隐讳地断言，使用机器或其他方法扩大人类的生产力，结果不但将使不生产的消费者

必须注意，价值是以什么形式蓄积和以什么形式重使用于生产，这都关系不大。积成的价值，总是依照储蓄者的情况在对他有几分有利的条件下蓄积起来。也没有理由可设想这部分的资本如果从未具有现金形式便积不起来。农场的实际产品，可能被积蓄起来再播于土中或栽在地上，未曾改变形态。本来用以烤火取暖的木材，也许被改变为篱笆或木匠的其他作品。换句话说，本来斫下作为一种收入的东西，被这样使用而变成一种资本。

只有通过储蓄的方法。就是说，只有通过把超过生产过程中所消耗的产品的数量的产品再投入于生产的方法，才能扩大个人的生产资本和社会的生产资本的总量。不能单单依靠把价值一点一点地蓄积起来而不消耗它的方法来积累生产资本。此外，也只

的存在成为可能，而且将使其成为必要和有益（参阅西斯蒙第：《政治经济学新原理》，第2卷第3章和第4卷第4章；马尔萨斯：《政治经济学原理》）。这种原理会使路易十四的挥霍无度和英国皮特制度看来也成为正当。但是，幸而他们错了。如果我们作者在这里和在下面第十五章所订立的原则还需要进一步的阐明和辩护，他在最近写给马尔萨斯的信已经对这些原则作了更透彻和更令人信服的说明。不错，生产力的加强，自然会使不生产的消费者增多起来。为什么呢？因为人总喜欢作无益的消费，一息尚存总念念不忘这种的消费。但是，不生产的消费者的增多，并非不可避免。理由是，可使不生产的消费者变成生产者，纵使不能变成重要物品的生产者，至少也可变成不重要物品的生产者。这些不重要物品，不但在产量和品种上能比重要物品更可无限制地扩大，而且能够散布得更广泛和推广得更普遍。这种可能性存在时，政府绝不用担心不能给那些被机器排挤的工人找到工作。现代人们所实行的储蓄，究竟是出于什么形式呢？不是出于窖藏硬币或其他贵重物品的形式。窖藏硬币或贵重物品虽然并不减少一国的资本，如我们作者所说那样，但对社会毕竟有害。它会使现有的物品暂时失去效用，或总的来说，会使现有的物品不能发挥其满足人的欲望的作用。至于把它们用于非生产性消费，它们便能发挥这个作用。现在守财奴的储蓄，有的投于再生产事业，这当然是有益的。有的用以获得生产资料，如土地等等的所有权，这些所有权归谁所有，对国民财富毫不发生影响。有的用以经营生产资料的抵押放款，用以购买土地债券、公债票等等。这些东西只是所有权的一部分，所以上述意见对它们也可适用。——英译本注

有不把价值用于非生产性消费而用于生产性消费，生产资本才积累得成。积累资本并不是什么可憎的事体，我们不久就可看到积累资本的可喜结果。

国民资本是以什么形式蓄积起来，这要看各国的地理位置、风尚和特殊需要以为定。在社会的初期所积的资本，大部分是由建筑物、农具、牲畜和地上改良物等东西组成。工业国所积的资本，主要是由原料以及还在工人手中有几分已经制成的货品组成，也有一部分是由必要的工具和机器组成。在专门从事商业的国家，所积的资本，大部分具有商人以转卖为目的从别地方买来的已经加工和还未加工的货物的形式。

关于同时经营工业、农业和商业的国家，它的资本由上述各种东西以及不可胜数的各种各样的必需品、原料品等组成。如果使用得法，这些物品虽然大量地被消耗掉，但只要社会劳动所生产的数量超过它的消费所毁灭的数量，便可不断还原恢复原有数量，甚或不断增多。

我不是说各国所生产和所储积的东西，就是构成它们的实际资本的同一的东西。价值已以这个形式或那个形式生产出来和储积起来。经过各种的变形，它们最终具有对现时最适合的形式。所储积的一蒲式耳小麦，可养活一个石匠，也可养活一个绣花匠。在前一情况下，它将以石造建筑物的形式再生产出来。在后一情况下，它将以绣花衣服的形式再生产出来。

任何以自己资本投在所经营的事业的冒险家，随时都有方法有利地使用储蓄。如果他经营农业，他可把储蓄添置几亩田土，或作为适当的改良费用从而增加他的土地的生产力。如果他经营商业，他可使用储蓄来买卖更大数量的货物。资本家也有差不多一样的便利，他可使用全部储蓄来作和过去所作一样的投资，并在这个范围内扩大他的资本。他也可另找新的投资途径。一旦人们知道他拥有游资，便立即有人前来磋商使用这游资的方法，无须久待。至于出租田地的地主和依靠固定收入或自己劳动工资为生的人，就没有这样的便利来安排他的储蓄的有利使用。他们在储蓄还未达到一笔相当的整数之前很少能够把它投资。因此，许多本来可用以增加个人资本因而增加国家资本的储蓄，都被消费掉。所以，以收取、聚集和利用个人的小额储蓄为目的的一切银行和团体，如果是完全可靠的组织，都非常有利于资本的增加。

扩大资本的过程，当然是缓慢的过程，因为必须先生产实际的价值，然后才谈得到资本的增加，而生产价值既需要时间和劳动，又需要其他因素。[①] 由于生产者在创造新价值的同时必须不断消耗价值，所以，他所能积累的价值也就是说他所能增加于再生产资本的价值，充其量不过是生产超过消耗的价值；而国家或全体人民所能获得的增加财富，也就限于这种剩余价值的总和。每年所储蓄和投入再生产用途的价值越多，国家繁荣的增长便越快。资本将越来越丰富，被发动来参加劳动的人将越来越多，储蓄将越来越可实现，因为增多的资本和增多的劳动乃是增多的

① 富裕的包工者、骗子和饱享补助金、年金与其他不应得的津贴的国王的幸臣，他们的储蓄也是积累的实际资本，并且有时也是好容易才积成的资本。但这样由少数享有特权的人所积聚的价值，实际上是很多的人的劳动、资本和土地的产品。要是没有不公平、不正当和凶暴的掠夺，这些人就可自己积聚这项储蓄，由自己利用。

生产手段。

每一笔的储蓄或每一次增加的资本，不但给储蓄者本人打下年年收入一定利润的基础，而且给所有由于这笔新增加的资本而有机会贡献劳力的人打下这种基础。正是由于这个原因，远近驰名的亚当·斯密，把一生中只一次扩大他的生产资本的俭约的人，比作创立济贫院收容一生自食其力的工人的慈善家；另一方面，他把侵蚀自己资本的浪子比作乱花慈善机构基金的无赖的管事，他不但使现在要依靠它为生的人流离失所，并且使将来需要依靠它为生的人也流离失所。斯密非常坦率地把所有浪子都叫做害群之马，把所有慎重花钱的俭约的人都叫做社会的恩人。[①]

侥幸得很，利己主义会使人们不断警惕着保护自己的资本，因为资本一旦撤出生产领域，收入势必相应地减少。

据斯密的意见，在各个国家，民众的俭约和对自己利益的留心，可绰绰有余地抵补个人和政府的浪费。[②] 至少无可否认，差不多一切欧洲国家都是越来越富裕，但这些国家除非所生产的东西

① 《国民财富的性质和原因的研究》，第 2 篇第 3 章。劳德大勋爵在他所写的《关于公共财富的性质和由来的研究》中，反对斯密的意见。他自信他已经证明了蓄积资本不利于财富的增加。他的论点是根据这个理由：蓄积资本，势必把本来可供产业使用的价值撤出流通领域。但这论点是站不住脚的。生产资本并没撤出流通领域，增加部分的资本也没撤出流通领域。如果有的话，资本便成为不活跃的资本，不生什么利润。可是，与此相反，利用资本的实业家，虽使用它，毁灭它，并把它完全消耗掉，但他使用资本的方法，乃是使它再生产出来，并生些利润。我谈到劳德大勋爵的这个错误，是因为它曾被用为许多其他政治经济学著作的根据。由于这些著作从这不正确原则出发，所以充满着不正确结论。

② 《国民财富的性质和原因的研究》，第 2 篇第 3 章。

超过它们的非生产性消费，否则它们便不能越来越富裕。① 斯密认为就是现代的革命，也似乎有利而不是不利于财富的增长。因为，不像古代的革命，现代的革命不带来敌人的侵入和普遍与延续的掠夺。另一方面，现代革命通常把许多有碍进步的偏见推翻，给才能和进取精神开辟了更大的活动范围。但是，斯密所归功于个人的俭约，对人数最多的社会阶级来说是不是由于不良政治组织所促成，还是一个疑问。不错，这些阶级得到总产品的相当部分作为他们劳力的报酬。但即在人们公认为最富裕的国家，不知道有多少人日坐愁城，有多少城市和乡村家庭不断过着困苦艰难的生活。尽管周围充满着会引起欲望的东西，他们只能得到最低的满足，好像是处在最野蛮和最困苦的时代那样。

因此，我不得不推断，尽管差不多欧洲一切国家，无疑每年都储蓄有一定数量的产品，但这一般地是由于迫切的和天然的需要，而不是由于撙节不必要的消费的结果，虽然就政治立场和人道立场来说，我们希望能把上述储蓄归到后一原因。因此，我非常怀疑

---

① 除在毁灭性战争继续进行或政府挥霍无度的时候，例如在拿破仑统治法国的时候，它们都越来越富裕。没有疑问，法国在那不幸时期，即在获得辉煌的军事成就的时候，所浪费的资本也超过了储蓄总额。征发和战争的祸害，加上个人的强迫费用和逾度的捐税负担，一定毁灭了超过个人节约给再生产投资所提供的储蓄的价值。法王由于自己对政治经济学一窍不通，因而装作藐视政治经济的样子，他鼓励他的朝臣像他那样浪费从他的赐予所得来的巨大收入。他担心他的朝臣如果变成富有，就将不依赖他*。

* 不管法国暂时的损失是多大，它正在迅速地恢复中，至于它的敌人，却继续处在那样疲惫的状态。以致很有疑问它是否有力量支持到底。在战争期中，它的储蓄无疑地超过它的消费，而它的生产手段却逐渐消耗着。现在它的开支虽已减少，它的生产手段还和从前一样，但很有疑问它的生产实际上是不是下降。照我们作者所定的原则，这一定是由于它的统治者的过失。——英译本注

大多数这些国家的政治和国内经济制度，是否存在着严重的缺点。

斯密又认为现代国家所以比较富裕，与其说归因于生产力的扩大，毋宁说归因于个人节约的风尚。我承认，某些荒谬浪费，现在已比从前少得多，①但应该回想一下，只极少数的人有力量作这种荒谬浪费。如果我们费点心机考虑现在人们特别是社会中等阶级已经很普遍地享受到更丰富和式样更多的消费，我想我们一定会感觉到消费和节约两者都比过去增加了，因为它们并不是不相容的。在商业繁荣时期，无论哪一个产业部门，能够给冒险家提供这么多的生产量，使得他们既能扩大消费又能扩大储蓄的企业，也不知道有多少。对一个特殊企业来说是确实的情况，对全国总生产来说也可能同样确实。路易十四在位的四十年中，尽管法国宫廷的豪华引起政府的浪费和私人的浪费，法国财富却日益增加。科伯特所给予生产的激励，使法国资源增加的速度，超过法国宫廷浪费的速度。有些人认为那时候法国资源的增加，正是由于法国宫廷的浪费。这种见解的不正确，可由下述情况来证实，在科伯特

① 但是，不应该设想古代国家和现代国内经济的差异是大到一些人所想象的程度。泰雅、迦太基和亚历山大里亚这三个富裕城市以及威尼斯、弗罗林斯、热那亚和荷兰这些共和国的盛衰，极其相似。同一的原因必定产生同一的结果。我们念过故事知道，利迪亚国王克利萨斯在还没征服邻邦之前已富甲天下。我们可由此推断，利迪亚人一定是又勤勉又节俭的民族，因为帝王的财富，除取自人民外别无他途。从枯燥的政治经济学我们本可以下这结论，碰巧贾斯丁的历史性证据，又证实了这一点。他说利迪亚人在一个时期是极其勤勉的民族。当他告诉我们塞拉斯在还没把他们诱上懒惰和狂嫖滥赌的习惯以前未能彻底地征服他们的时候，他就是告诉我们他们有了敢作敢为的性格。很明显，当他们未沾染上述恶习惯以前，必定具有这个性格。要是克利萨斯后来没变成又爱浮华又好武功的国王，他也许一直有威有势以终其身，不至于遗恨而死。晓得如何联系因果以及如何研究政治经济学，不但对帝王的福利有所裨益，而且对他们臣民的福利也有所裨益。

亡故之后，法国宫廷的浪费并不稍减于前，但由于生产不能与浪费并驾齐驱，法国沦于可怕的山穷水尽情况。在路易十四在位的末期，法国所处的情况，可以说是人们所能想象得到的最暗淡的情况。

路易十四死后，法国政府和私人的费用，比以前有增无减，[①]但照我的意见，法国财富同时也显然增加。斯密自己承认这是确实情况。法国的情况，或多或少地也是欧洲其他国家的情况。

杜阁[②]同意斯密的看法，认为节约的风气现在比过去更加普遍。他提出这个理由：现在大多数欧洲国家利息率，平均比过去低。这是资本更多的明显证据，因此，人民必定实行更大的撙节来累积这资本。不错，较低利息率证明更多资本的存在，但较低的利息率并不表示资本是怎样获得的。事实上，这资本可通过扩大生产获得，也可通过扩大撙节获得，正如我们刚才所说那样。

可是，我绝不否认在许多方面，近代的节约技术和生产技术都比过去有所改进，一个人如果享受不到他所习惯享受的东西，他就不满意，但他已经学懂如何以比较便宜的代价来取得许多东西。例如，有什么东西能比装饰我们房间墙壁的既有优美图案又有鲜明色彩的裱纸更加美观呢？许多现在使用裱墙纸的社会阶级，过去都满足于涂灰水的墙壁或非常粗糙然而却比裱墙纸昂贵得多的

① 这时候费用增加不少，它是法国降低银铸币标准的结果。更大数量和更多种类的东西被消费掉，而且这些东西是更高级和更昂贵的东西。虽然纯银的内在价值，和路易十四时代相差无几，因为一定重量的银仍然可换和从前一样多的小麦，但同一社会阶级实际上所花的银，就重量和货币单位说都比过去多。

② 《关于财富的形成和分配的考察》，第 81 节。

挂毡。由于发现了硫酸消除菜油粒子的效力，菜油变得适用于依照阿康德的空气内外流通而制造的管状灯芯的灯。管状灯芯的灯过去只能使用鱼油。鱼油的价格比菜油贵两三倍。这种发现使差不多一切社会阶级都有力量使用管状灯芯的灯以及该灯所供给的明亮光线。①

节约风气的发展，应该归功于产业的发达。由于产业的发达，一方面人们发现许多更经济的方法，另一方面到处愿出更高的利息和更安全的担保品以饵诱大大小小资本家借贷资本。在产业委靡不振的时候，资本由于无利可图，一般都处于现金形态，或锁在保险箱中，或埋在地下，以备临时的紧急需要。无论它的数量是怎样的大，它不生利益，事实上它不过是预防性的储藏。但一旦发现了这项资本能够产生与其数量相称的利益时，资本所有者便具有双重的动机来扩大资本的累积。这种利益不是遥远的利益，也不仅仅是预防的利益。它是实际的利益、眼前的利益，因为资本所生的利润可以消费来取得更多的满足而资本并不减少丝毫。所以，对于没有东西可创造生产资本的人，或对于已有生产资本可设法使其扩大的人，和过去相比，资本都成为更大和更普遍的追求对象。生利息的资本开始被看作和生地租的土地一样有利的财产，有的时候还被看作和后者一样稳固的财产。对那些认为累积资本会扩大人们的贫富不均因此它是一种坏事的人，我要提出这个意见：如果累积倾向于使大财产不断增多，自然的趋势也倾向于使大

① 恐怕捐税终将使消费者无法享受这些改良的利益。内地税、专利品印花税以及影响货物国内运输的各种捐税和障碍物的增多，已经使菜油价格涨得和它极其有益地代替的鱼油的价格不相上下。

财产不断分割为小财产。一生把精力花在扩大自己的资本和国家的资本的人,总不免一死。除非国家法律准许限嗣继承或长子继承制度,否则他的财产很少会全部落入一个继承人或一个遗产承受人手中。在不受这种制度的有害影响和自然能自由发挥它的有益作用的国家,通过死者的亲戚朋友的瓜分,财富会自然地分散起来,把健康和生气带到最远的角落。[①] 一国资本总量的增加,可与个人资本的分割同时并行。

这样,一个人的日益增长的财富,如果是得之有道并使用于再生产方面,绝不可加以嫉视,而应该加以欢迎,看作一般繁荣的泉源。我说得之有道,因为通过掠夺或勒诈取得的财产,并不增加国民的资本,他不过是从一个人手中移转到另一个人手中的一部分已存在的资本。这资本本来在前者的地方,后者并没作任何生产性劳动来取得它。一般地说,凡使用不正当手段取得的财物,往往也以不正当方法花费掉。

据我的理解,积聚资本的能力,换句话说,积聚价值的能力,就是人类所以比兽类大大优越的一个重要原因。资本就总体说是单独交给人类使用的一种有力工具。人能把历代所积

① 不幸得很,人们对于死后财产的安排,一般注意不够。把财产遗赠不值得赠给的对象的人,往往因此损及死后的名声。相反地,什么都没比热心公益或爱好个人特长的遗赠更能够使遗嘱人博得后死者的敬重。捐款作为医院与教育机构基金和作为奖励有益活动的永久基金,或遗赠优秀作家,这些都足使有钱的人的影响延长到死后,并使他的姓名永垂不朽*。

* 这种值得颂扬的志向,总是与一国的财富、公民自由和人民知识成比例。在英国,每年都发生有益的和慷慨的遗赠。给予老皮特、韦伯弗斯和其他为民众服务的公仆的遗赠,以及为创办和扩大救济机构或教育机构的时常的遗赠,不但给国家带来光荣,而且使个人名垂不朽。——英译本注

的资本投于任何用途。其他动物至多能够支配自己在几天之中或最多在一季之中所贮积的物品。这些累积品绝不能达到很大数量。因此，即使假定兽类具有看起来它是没有的知识，这知识对它也没有用处，因为它缺乏必要的物质来有效地使用这知识。

此外，可以说由积聚资本所产生的人类的能力，是绝对不可限量的能力，因为，通过时间、劳动和节俭的助力，人所能积累的资本是没有限度的。

第十二章　非生产资本

我们已在上面看到，价值一被生产出来，就可用以满足获得该价值的人的需要或作为再生产手段。也可一直埋在地下或隐藏起来，既不用于非生产性消费，也不用作再生产手段。

拥有价值者如果是这样地处置价值，不但使自己享受不到本来可从消费所埋藏的价值而得到的满足，享受不到该价值所能提供的生产作用，而且还使产业得不到本来可从利用该价值所得到的利润。

由于许许多多原因，受土耳其统治的各个国家，是那么贫困和那么衰弱。毫无疑问，一个主要原因是大量资本处于不起作用的闲废状态。人民的缺乏信心以及未来情况的渺茫不定，使一切社会阶层，上自帕夏[1]下至农民，都藏匿一部分财产，以躲避贪得无厌的权贵的注意，而所有看不见的价值，必定都是闲废不起作用的价值。这种灾祸是一切专制国家所共有的灾祸，但它的轻重程度，视各该国政府的专制程度而不同。由于同样的原因，在政治发生大变动时期，当人民惊魂未定的时候，资本必定显著地减少，产业必定委靡不振，利润必定消失无踪，不景气必定到处弥漫。反之，在人民信心恢复以后，社会就立即奋发起来，活跃起来，大大刺激公共繁荣。迷信国家的圣徒和圣母，亚洲人的盛大赛神会和华装丽服的偶像，并不能给农业和工业带来生气。神庙中的财宝和念经拜佛耗费的时间确能购得幸福，但这幸福绝不能通过烧香膜拜向偶像索来的。习惯于盛用金银装饰家具、衣服及其他装饰品的国家，随时都有大量资金闲废不起作用。低层阶级人民对于这种无谓的不生产的虚饰的羡慕，简直是自己妨碍自己的利益。理由是，把十万法郎花在镀金、金银餐具和家中陈设的人，不把这笔钱用以生利，不把它用以支援农工商业。于是国家每年损失了这么多资本所能产生的收入，以及这笔资本本来能够维持的活跃企业所生的利润。

到这里为止，我们所考虑的价值，只限于那些在创造后能和物质混合起来并且在长时间或短时间内能保持不坏的价值。但是，人类劳动所创造的价值，不是全属这种性质的价值。有一种这样的价值，它必定是实在的价值，因为人们非常珍视它，愿以贵重和经久的产品交换它，但它却自己没有永久性，一生产出来，便立即

---

① 帕夏，伊斯兰教国家官衔。——译者

归于毁灭。我将在下章讨论这种价值,并把它叫做无形产品[①]。

第十三章　无形产品或一产出便消费掉的价值

一个医生到病人家里来,诊视病人病状,开一药方就告别他去,不留下任何可由病者或他的家人移转给第三者或自己保存起来以供将来消费的东西。

医生的劳动是非生产性劳动吗?谁一时会这样想呢?病人的性命已经得救了。这个产品是不是不能看作交换的对象呢?绝对不是。医生的意见是用诊费换来的,但医生一发表意见,它的需要即不存在。发表意见就是生产动作,倾听意见就是消费动作,生产和消费都在同时发生。

这就是我称之为无形产品的东西。

音乐家和演员的劳动,提供一种性质相同的产品。它使我们快乐,它给我们一种不能留在将来享受或不能用以交换别的娱乐的愉快。不错,这种愉快是有代价的,但它除可能在我们脑海中留

① 我最初想把这种产品叫做易毁坏的产品,但这个字眼也可适用于有形产品。不能移转这个字眼也不妥当,因为这种产品也常常由生产者手中移转到消费者手中。暂时性这个词语并不完全排斥耐久性的概念,同样地,顷刻的一语也不完全排斥耐久性的概念。

下记忆外，并不继续存在，而且一经产出便不再有交换价值。

斯密不把这种劳动的结果叫做产品，而把这种劳动称为非生产劳动。他对财富所下的定义，使他陷入这个错误。他把财富解释为具有可以保存的价值的东西，而不把这名称推及一切具有交换价值的东西。因此，所有一产出便消费掉的东西，都不成为他所谓的财富。可是，医生、公教人员、律师、法官的劳动（这些劳动属于同一种类的性质）所满足的需要是这样的重要，以至这些职业如果不存在，社会便不能存在。这样，他们劳动的果实，难道不是真实的果实吗？这果实是这样真实，以至人们得使用斯密所认为财富的有形产品来购买它。生产无形产品的人，通过多次的这种交换行为，可以发财致富。[①]

谈到纯娱乐问题，我们不能不承认，一出好戏使我们所感到的愉快，和一盒糖果或一场烟火所提供的愉快同样真实，而后者即照斯密的定义，也无疑是产品。我也莫名其妙为什么画家的技能被看作有生产力的技能，而音乐家的技能却看作没有生产力的技能。[②]

斯密自己曾揭穿经济学派的错误，认为他们把财富这个名词限定于包含在产品里面的原料的价值是不正当的。他证明财富组成于原料加上劳动所增加于原料的价值。这在政治经济学研究上是一个很大的发展，但他既然把抽象的货物即价值提高到财富的身份，为什么又把未跟物质相混合的价值，不管它是怎样实在和具

---

① 因此，维里说，帝王、行政官、兵士和教士的职务不属于政治经济学讨论范围，也是不对的。（《关于政治经济学的研究》，第24节）

② 加尼埃已在《国民财富的性质和原因的研究》法文译本的注释中指出了这个错误。

有交换性，看作没有价值呢？更可怪的是，他甚至把使用在物质上的劳动从物质中抽出来单独讨论，研究对其价值起作用和有影响的因素，而且主张这种价值是衡量一切其他价值的最可靠和最稳定的尺度。[①]

无形产品是这样的性质，使人无法在任何时候把它们储积起来，成为国民财富的一部分。一个包括大群音乐家、教士和公务人员的民族，可能乐趣洋溢，精通教理，把国家管理得井井有条，但只不过这些没有别的了。纵使这些人极其勤勉地执行各别的职务，国民资本也不能从他们的劳动直接获得增加，因为他们的产品一经产出就被消费掉。

因此，如果人们逞其技巧，创造对于这种劳动的不自然的需要，这对公共繁荣毫无裨益。增加使用在这个生产方面的劳动量，必定同时引起消费的增加。要是这消费能够给人提供满足，那还可聊自解嘲。如果这种消费本身就是一种坏事，那就不能不承认产生这消费的制度是可悲的制度。

实际上，如果法律过于繁杂，上述情况就会产生。当法律研究成为比较困难和比较费力的工作时，就得有比较多的人从事这项研究工作，并且对这些人的劳动必须给付比较优厚的报酬。什么是社会从这情况所得的好处呢？社会成员的权利会不会因此得到

---

① 对这里所提出的论点大抵未作十分周详考虑的一些作家，仍然把生产无形产品的人看作非生产性劳动者。但和自然法则对抗必定是徒然的。那些精通政治经济学的人，终究不得不向它的原理低头。例如，西斯蒙第在谈了花在非生产性劳动者的工资上的价值以后说："它是一产出就被消费掉的价值。"这样，他承认了他以前所断定为非生产的人也生产价值。（《政治经济学新原理》，第2卷，第203页）

更大的保障呢？无疑不会。相反地，繁杂的法律，使人更有隙可乘地逃避和推诿法律上的责任，因此作奸犯科将得到更大的鼓励，而人民的权利却很少会因此变得更稳固。唯一的好处是诉讼案件将变得更多，每一案件将拖得更久。这个意见也适用于官职设置过多的现象。添设机构来管理应该听其自然的事件，简直等于先使人民受损害，然后又使人民对这损害给付代价，好像它是利益那样。①

因此，我们不能接受加尼埃先生的论点。② 他认为由于医生、律师等等的劳动是生产性劳动，所以国家从这种劳动的增加所得到的好处，和从别种劳动的增加所得到的好处一样的大。这简直等于对一件有形产品的生产花费超出完成该产品的制造所需要的手工。生产无形产品的劳动，像其他劳动一样，只在它能扩大效用因而能够增加产品价值的范围内是生产性的。所花费的劳动如果超出了这一点，多余的劳动便是不生产的劳动，把法律有意识地弄得繁杂借以发展律师解释法律的业务，和散播病菌使医生有更多生意同样荒谬。

无形产品是人类劳动的果实。我们已经把一切性质的生产劳动全都包括在人类劳动范畴。比较不易于理解的是，无形产品怎会同时又是资本的产物。因为大部分无形产品都是这种或那种技能的产物，获得一种技能，总须先作一番钻研，而从事钻研就非预付资本不可。

① 那么，对于那些虽然口未明言但实际上主张这种成例或那种捐税至少有个好处，即可维持这些或那些事务员或公务员的人，我们应当做什么看法呢？

② 《国民财富的性质和原因的研究》，法译本，注 20。

在医生会诊病或病人会请他诊病之前，他自己或他的亲戚必须负担许多年的教育费。当他在做学生的时候，他得付衣食住行费用，教授必须得到酬劳，书籍需要购买，他也许还出外学习，这些都意味着支付一笔过去累积的资本。[①] 同样，律师所提供的意见，音乐家所演奏的歌曲等等，也都是产品，并且这些产品的生产，非先作一番钻研和预付一笔资本不可。就是做公务员的本领，也是一种积累的资本。训练一个土木工程师或一个军事工程师所得支付的费用，跟训练一个医生并没有什么不同。的确，我们可以这样说：经验已经证明，训练一个青年充当公务员所耗的资金，是一种有利的投资，因为这种工作是报酬相当高的职业。不论哪一个行政机构，谋事的人总是多于现有的位置，即在职位已经增加到不需要那么多的国家也是这样。

生产无形产品的劳动过程，和本书开始时所分析的一般劳动过程相同。这个过程可用一个例子说明。在一首歌曲能够唱出之前，作曲家和歌唱者的技能必须先成为一种正式的特殊的职业，而且必须先研究出获得这技能的最好方法。这些是科学家或理论家的职务。关于应用上述方法和技能，这是留给作曲家和歌唱者处理。前者在作曲时，后者在歌唱时，必须运用心思，以使听众能得到他们认为有价值的愉快。最后，歌唱就是这个整个劳动过程的结尾部分。

---

① 我不打算先在这里讨论劳动和资本的报酬。我只想顺便指出：除非这些收入不但能支付医生的实际劳动和才能（这才能是自然无代价地赐给他的能力）的报酬，而且还能支付花在他身上的资本的利息，否则这资本就白白牺牲掉，而医生的报酬也将受到不正当的限制。上述利息不应该按普通利息率计算，而应该按年金率计算。

但是，有些无形产品，劳动过程的头两个阶段是那样简易，以至可看作事实上不存在。仆婢的职务就是这一类产品的例子。这种职务只需要极有限的技能，或甚至不需要任何技能。应用技能这部分的工作由雇主来安排，留给仆婢担当的只不过职务的执行部分。这部分是整个劳动过程的最后动作，也就是最低级的劳动工作。

因此，必须推定，在这种劳动以及社会最低阶级如搬运工人、妓女等等的劳动，由于所花的训练费无多或甚至等于零，因此不但可把它的产品看作是极其粗糙或极其幼稚的劳动的结果，并且可把它看作是没有经过资本协助的产品。因为，我认为这些人从小至脱离父亲照顾的时期内所花的生活费用不能看作以后必须以利润来支付其利息的资本。至于这是什么道理，将在讨论工资时说明。[①]

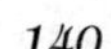

人从任何个人努力而得到的愉快，也属于无形产品的范畴。这种产品一产出便被生产它的人消费掉。从完全为着消遣而学习技艺所得的愉快，就是这种产品的一个例子。一个人学习音乐，必须使用一些资本和时间，此外还必须从事一些劳动。所有这些，都是为学唱一首歌或能参加音乐会演奏而付的代价。

赌博、跳舞和赛跑属于同一种类的劳动。由这些劳动而来的愉快，一产出便被从事这些劳动的人消费掉。一个人为消遣而绘一张图画或制造一件铁匠或木匠的作品时，他在生产一个耐久产

① 普通工人的工资，只限于最起码的生活必需品，就是使他的作用能够继续或能够恢复的必需品，而没有什么剩余用以支付资本的利息。他们的子女在能够自食其力之前的衣食，包括在他自己的必需品内。

品的同时也生产一个无形产品，就是说，供给自己消遣的娱乐。[①]

在讨论资本时，我们已经看到一部分资本用于生产有形产品，一部分资本处于完全不生产的状态。现还有另一部分的资本，它生产效用或愉快，因此，它既不属于用在生产有形产品的资本的范畴，也不属于完全不起作用的资本的范畴。这项资本包括住宅、家具、装饰品等物。这些东西只增加生活上的舒适。它们所提供的效用是无形产品。

一对年轻夫妇第一次开始组织家庭时，所购置的餐具，不能作为绝对不起作用的资本看待，因为它是不断使用着的，也不能作为用于生产有形产品的资本看待，因为它并不导致任何可保存以供将来消费的物品的生产。此外，它也不是每年消费掉的东西，因为该夫妇可能终身使用它，并于死后遗留给他们的子孙。但它是生产效用或生产愉快的资本。的确，它是这么多累积的价值，或换句话说，这么多不用于再生产消费的价值。因此，它不生产利润，也不生产利息，而只生产一定利益或效用。这效用是逐渐消耗的效用，不能现实化，但有确实的绝对的价值，因为它是人们时时出价购买的对象，例如租的房屋或租的家具等等。

虽然把最少量资本用于完全非生产途径也是有碍个人利益的大错误，但使用和个人环境相称的数量的资本借以生产效用或娱

① 懒惰和缺乏生气的民族，从来不喜欢使用自己的能力得到娱乐。在他们看来，劳动带有那么多痛苦，很少娱乐是那样强烈，足够抵偿劳动的痛苦。土耳其人认为我们把跳舞这个强烈运动看作乐事是发疯。他们没想到跳舞使我们感到的疲倦，远不及他们所想象的那么强烈，他们更喜欢别人辛辛苦苦所布置的娱乐。土耳其人在娱乐上所花费的劳动，也许不比我们所花费的少，但一般说来，搞这劳动的是奴隶，而奴隶却无福享受自己劳动的产品。

乐并不构成这种错误。个人用在这方面的资本，自贫民小房子里的简陋家具至大富翁的昂贵装饰品与炫目珠宝，都有正常的等次的比例。当国家富足时，连最穷的家庭，也拥有这种资本。它的数量虽不很大，但还够满足适度的有限制的欲望。表示一个社会一般财富的更显著迹象，乃是较低层阶级人家普遍拥有有用和舒适的用具，而不是少数富翁的高楼大厦与家中的华丽陈设，或我们在大城市中有时看到的偶然聚合在一起的钻石和服饰。在大城市，当地的全部财富往往在大宴会上或在公共戏院中呈现出来。但这些财物和一个富强民族的家具的总值比起来，只不过是沧海一粟。

生产无益的效用或娱乐的资本的各个组成项目，都会磨损，尽管磨损很轻。如果每年收入不储蓄一部分以弥补这磨损，资本将逐渐减少，逐渐消失。

这几句话看来似是无足轻重的话，但自己以为是依靠收入为生而实际上却在消费一部分资本的人，正不知有多少啊！现在举一例子。假定一个人住的是自己的房子，如果他估计这所房子能经一百年，而当初建筑费用达十万法郎，那么，除建筑费的利息外，他或他的继承人每年要花一千法郎在这房子上面。要不是这样计算，到一百年之后，全部资本或将近全部的资本便将化为乌有。这说法也适用于所有用以生产效用或愉快的资本的其他项目，如餐具架、珍珠宝石以及任何可想象得到的相似东西。

反过来也是这样。如果把每年收入，不论它是来自什么方面，提出一部分来扩大用以生产有用的东西或使人适意的东西的资本，那么，资本和财富便将增加，虽然收入没有增加。

这一类资本，像一切其他种类资本那样，是从每年储积一部分产品形成的。获得资本，只有自己积蓄或继承别人的积蓄，此外别无他法。因此，我请读者参阅第十一章，我在该章讨论了储积资本问题。

一所公共建筑物，一座桥梁，一条公路，这些都是从专供创造资本之用的收入积成的东西。它们的收入是民众所消费的无形产品。如果一座桥梁或一条公路的建筑费加上所使用的地皮的价格共达一百万法郎，我们便可估计社会使用该桥梁或该公路每年所花的费用为五万法郎①。

有些主要由土地生产的无形产品。从公园或游乐场得到的愉快就是这种产品。这种愉快是由天然风景天天不断地提供的。这种娱乐一产出就被消费掉。因此，不可把提供愉快的土地和荒废或休耕的土地混为一谈。这里又显出土地和资本的相似。我们已经看到，有的部分的资本生产无形产品，有的部分的资本完全闲置不起作用。

通常总要花点费用装饰花园和游乐场。在这种场合下，资本和土地协同生产无形产品。

有些游乐场也产木材和牧草。这些游乐场生产两个种类的产品。法国的旧式花园一般不生产有形产品。新式花园在这一点上稍有改良，如果果树和青菜的栽种增加，情形将更扩大。如果责备

---

① 如果每年另花一千法郎为维修费，那就可把社会每年所消费的娱乐或效用估计为五万一千法郎。这是计算这笔账的唯一正当方法，如果我们的目的在于比较纳税人从该桥梁或该公路所得到的利益和他们为获得该桥梁或该公路的便利所付出的代价。如果通过五万一千法郎的费用，国家每年能够节省若干生产费用，或能够使国民产品数量呈现比这数目更大的增加，社会便从这项费用得到好处。反之，政府便带领国民做了一笔赔本生意。

一个生活安适的土地所有者划出一部分土地专供娱乐用途，那无疑是苛刻，他和他一家的人在那里欣度时光，在那里从事有益健康的运动，在那里呼吸新鲜的空气，这些都是人生最宝贵和最实在的幸福。应该让他随心所欲地布置他的庭园，应该让他的嗜好甚至他的奇想自由发挥。但是，如果可能把他的怪癖引导到有益方面，如果他能从他的庭园得些利润而又不至于减少他的愉快，他的庭园便将增加价值，便能使政治家感到愉快，又能使哲学家感到愉快。

我曾到过几家兼具这两种生产力的花园。园中有莱姆树、七叶树和大枫树等树木以及草地和花坛，同时又有许多果树，有的开着灼灼的春花，有的悬着累累的秋实，使园中的其他景致增添了不少鲜艳丰富的色彩。园中的布置，既注意到一景一物的适宜距离和位置，又不忽略把它们隔开或圈起的便利。栽着蔬菜的坛圃，不是直的、刻板的、全体一式看过使人生厌的，而是和地势的起伏以及较高大草木的疏密相称的。所有幽蹊曲径，既使人心畅目怡，又不妨碍耕作。一切点缀全是以增添风致为目的，甚至供浇水之用的葡萄架下的水井也是这样。总而言之，全园是这样布置，好像目的在于使人相信效用和美丽并不是不相容的，愉快和财富可一起增长。

相似地，整个国家也可从所拥有的增添风致的财产而致富。假使在树木能茂盛而又不至于妨碍其他产品的地方普遍植林，[①]那么，不但可增添风景的美丽，增进人民的健康和增加树林所能吸取的水分，而且在这个土地辽阔的国家，单单木材一项的价值将大有可观。

① 在许多国家，似乎流行着这种言过其实的意见，即作木材使用的树木会妨害土地的其他产物。其实，做木材的树木并不使地主收入减少，倒会使地主收入增加。理由是，最多产的国家，正是森林最多的国家，如诺曼底、英格兰、比利时、伦巴第等。

栽植可作木材之用的树木有这个好处，即树苗栽下之后，便不需要人的劳动，而可以由自然来完成它的生长。但是，仅仅栽植是不够的，我们还得抑制自己，别急于斫伐，等到它的细小茎干逐渐吸取土壤和空气中的水分，不依赖人力的培养而自己长得高大结实的时候，再去斫伐。[①] 植树者所能给予树木的最大照顾，就是在若干年中忘记了它。虽然在这几年中他得不到分文的收入，但在它成材之后，他的克己，便得到充分的酬报，因为它给他供给燃料，给他提供木工、细木匠和船匠所用的木材。

各时代的最优秀作家，没有一个不喜欢树木，不极力提倡种树。据编撰波斯王西拉斯历史的历史学家说，西拉斯所以名闻远近，一个原因就是他在小亚细亚各地普遍造林。在美国，农民一生下一个女儿，就栽植一些树林。这些树林随她的长大而长大，在她出嫁时就成为她的妆奁。[②] 政治思想非常开通的舒利，在大多数法国的省设立许多林场，使它们增加富裕。我曾参观其中的几个。当地民众感恩图报，至今还以他的名字命名这些林场。这些林场使我记起阿迪生的话。他一看到林场，便大声说，“一个对社会有益的人曾经到过这里。”

到这里为止，我们一直在讨论进行生产所需要的生产要素。没有这些要素的助力，人们除得到自然所自发地提供的少许生活

① 树叶吸收飘扬在我们所呼吸的空气中的二氧化碳。二氧化碳对呼吸非常有害。人如果吸入过多二氧化碳，就会昏过去，有时甚至会死亡。另一方面，植物增加空气中的氧气。氧气非常有益于呼吸和人体的健康。如果一切其他情况都相同，栽满树木的空地最多的城市，就是最卫生的城市。我们最好把宽阔的码头都栽上树木。

② 说美国农民每生下一个女儿，就斫下“一些树林”，而不栽下一些树林，更接近于事实。——原编者

必需品和舒适品外，得不到其他。我们首先研究，这些生产要素怎样各别地和协同地执行生产工作，其次详细研究这些生产要素的各别作用，从而进一步阐明这个问题。现在我们必须开始探讨对生产起作用的各种外来和偶然原因以及阻碍或助长生产要素的作用的外来和偶然原因。

第十四章　财产所有权

关于财产所有权的由来，规定财产所有权移转的法律的由来以及阐明保障财产所有权最稳妥方法的政治学的由来，这属于思辨哲学的探讨范围。就政治经济学说，它只把财产所有权看作鼓励财富的积累的最有力因素，并满足于财产所有权的实际稳定性，既不探讨财产所有权的由来，也不研究财产所有权的保障方法。事实上，如果政府不能使人遵守法律，如果政府自己从事掠夺①，或没有力量禁人掠夺，如果由于法律条文过于繁杂，或由于法理过于玄妙，以致所有权始终不稳固，那么，法律上的财产不可侵犯性显然就是一种笑话。此外，如果财产既不是现实的东西又不是权利，那就不能说财产存在。只在财产是权利和现实的东西的场合

① 当个人力量和政府力量对抗的时候，个人力量显得那么渺小，以致只在有言论自由的报纸极端警惕地监视遵守法律和有力的民意代表机构制止违反法律行为的国家，人民才能免受政府当局的勒索和虐待。

下，生产的泉源即土地，资本和劳动才能发挥其最大生产力。

有些真理完全是自明的，不需要什么证明。下面就是这种真理之一。安稳地享有自己的土地、资本和劳动的果实，乃是诱使人们把这些生产要素投于生产用途的最有力动机，谁会否认这个道理呢？财产所有者本人比任何人更清楚地知道如何最有效地利用他的财产，谁会怀疑这个道理呢？可是，尽管人们在理论上都承认财产不可侵犯是极其有益的制度，然而，实际上，财产的神圣受到漠视的事体，财产的神圣因最不足道的原因而遭破坏的场合，真不知道有多少。财产横遭侵犯，当然会激起愤慨，但却往往以最不充分的理由被辩护为正当。人们除直接受到伤害外，很少会强烈意识到伤害，而即使强烈地感觉到伤害，也很少有足够的决心来做实际的行动。当专制当局未得人民同意，强行征用人民财产时，财产便无安全可言。此外，即使人民表示同意，如果这同意只不过是名义上或不由衷的同意，财产也无安全可言。在英国，租税是由人民代表议决课征，但如果内阁总理或因运动选举成功的影响，或因人民无知识地给予大力支持的关系，控制了议会的绝对多数代表权，那么，决定课税者事实上就不是人民代表，而名称上叫做人民代表的团体，将实际上变成内阁总理的代表。英国人民将被迫忍受最残酷的剥夺以及在一切方面都可能对他们不利的措施。[①]

应该指出，阻碍人自由运用生产手段，就是侵犯人的财产所有权，正如剥夺人的土地、资本或劳动的果实是侵犯财产权一样。理

① 亚当·斯密曾表示过这个意见：英国法律所给予财产的保障，不仅仅抵消了英政府迭次所犯的大小错误。他现在是否会坚持这个意见，很有疑问。

由是，按照法学家的解释，财产所有权是使用或甚至滥用财产的权利。因此，如果武断地规定耕作的方式，或禁止采用某种耕作方法，地产的权利便受到侵犯。如果禁止采用某些特殊方法运用资本，例如不准收买大量谷物，必须把一切金银块缴交造币厂，禁止所有人在自己土地上建筑房屋或规定建筑物必须符合某种要求或某种式样等等，资本家的财产便受到侵犯。此外，如果禁止经营某种产业，或在资本家已把资本投入某一产业后对该产业征收寓禁于征的重税，这也是侵犯资本家的财产。显而易见，如果禁止糖业的经营，那么，制糖者投在锅炉、器具等等的资本，大部分将化为乌有。①

如果不许一个人自由运用他的才干，除非准许他运用他的才干就会构成对第三者权利的危害，否则这样做就是对他劳动所有权的侵犯。② 同样地，如果一个人立志要从事某种劳动，而强迫他

① 对这种资本家来说，为什么不把这项资本移作别用，这是徒然的。糖厂的厂房和器械，如果移作他用，必定在很大程度上受到损失。

② 在所有财产中，劳动能力可以说是最没有问题的。劳动能力完全来自自然或来自个人的勤勉。劳动能力所有权和土地所有权比起来是更高一级的权利。土地所有权一般可以说是来自掠夺的行动，因为我们几乎举不出土地所有权是从头一次占有合法地遗传下来的事例。劳动能力所有权也比资本所有权高一级，理由是，即使假定资本是从长时间的蓄积得来而不是从任何掠夺得来，但是，财产继承权非得到法律的支持不能确立，而这种支持可能是以某种条件换来的。然而，尽管劳动能力所有权是这样神圣，它却不断受到侵犯，不但在奴役个人的极不正当的虐待行为是如此，而且在更常发生的其他方面也是如此。

如果政府占据某种事业，例如经纪业或交易所业，不让人民染指，或把经营某事业的专利权卖给人，政府就侵犯人民劳动能力所有权。又如果政府授权宪兵、警察或法官以维持公共安全或当局安全为理由随意逮捕人民和拘留人民，使人民因此不能十分确信能够自由支配自己的时间与能力或能够完成已经开始的事业，这就是对个人劳动能力所有权更粗暴的侵犯。有什么强盗或掠夺者能够搞比这更加凶恶的侵害公共安全的罪行呢？他一定会很快地被镇压，因为私人和政府必定一同起来消除他。

干别的劳动，例如强迫一个工匠或商人服兵役，不管是暂时或永久的，这也构成对他劳动权的侵犯。

我知道，维持社会治安比尊重财产所有权更为重要，因为财产所有权的安全依存于社会的安宁。但是正由于这个原因，除非社会治安明显地受到威胁，为着维护治安必须侵犯个人权利，否则，上述或和上述相似的侵犯个人权利行为是不能允许的。正是这一点使财产所有者深深感到，在组织国家时，必须规定某种保证，使当权者不能以公共利益为口实来掩蔽他的野心或出于爱憎的举动。

由此说来，如果不打算以赋税作为把国家带上不景气和悲惨道路的手段，那就必须证明所收的税是保卫社会安宁所不可缺少的。凡超出这个目的的捐税，实际上都是掠夺，因为纵使它得到人民的同意，也是对财产的侵犯，理由是，可作为课税对象的东西，除个人所有的土地、资本和劳动的产品外，别无其他。

但有些极端情况，在这些情况下，干涉财产所有者的财产却对生产有利。例如，在允许可恶的奴役权的国家，人们都发觉限制奴隶主对奴隶的权利是有利的，因为奴役权是与一切其他权利相对立的。[①] 又如，如果一个社会迫切地需要船匠或木匠所用的木料，那就必须制定关于斫伐私有森林的条例。[②] 此外，由于害怕丧失横断地下的矿脉，政府有时不得不自己出来开矿。很容易想象得

① 这只是以毒攻毒的情况。——英译本注

② 另一方面，如果不发生有时起因于无聊的虚荣或有时起因于错误的利己国策的海战，商业自能最满意地供给制船者所需要的木材。所以，政府干涉私有森林的不正当行为，乃是所做的危害性更大和更不容宽恕的另一个不正当行为的结果。

到，即使不存在任何关于采矿的禁令，但由于技术的不够，忍不住的贪婪，或资本的短少，矿主往往把外层的矿脉一般也就是最恶劣的矿脉掘尽，从而损害内层的品质较佳的矿脉。① 有的时候，矿脉经过许多土地所有者的地下，但只有一个地方可通。在这种情况下，就得不顾倔强的土地所有者的固执，强制进行开采。但总的说来，我不敢断言，尊重该土地所有者的权利是不是更适当的办法，或这样破坏财产的不可侵犯性来取得更多的矿是不是给付过大的代价。

最后，公共安全有时迫切地需要牺牲私人的财产。但这种牺牲即使给付赔偿，也是侵犯。因为，财产权意味着能够自由处置自己的财产。上述牺牲无论得到怎样充分的赔偿，总不是出于心愿的处置。②

如果政府当局自己不作掠夺，那就是人民最大的幸福，财产就可得到保护，不遭别人掠夺。要是没有社会的联合力量保护个人财产，就不能想象人、土地和资本的生产力的巨大发展，甚至不能想象资本的存在，因为资本只不过是在政府保护下所积累的价值。

① 如果谁都不比财产所有者更清楚知道怎样最有益地利用他的财产，像作者在上面所说那样，那么，不论在任何场合，政府干涉私人从事生产的权利，能对社会带来什么好处呢？要不是为着社会安宁的绝对需要，绝不应该侵犯私人财产的神圣权利。矿业之外，在许多其他职业也可能以同样像有道理但同样不健全的理由为口实来抑制其活动。——原编者

② 由于财产不过是社会的创造物，所以就严格的公平说，财产权应该视社会即财产创造者的福利所必要的条件为转移。但没有疑问，合宜的政策，乃是把财产权规定得尽可能神圣和尽可能广泛。这是什么理由呢？因为，第一，财产权是对劳动的一种报酬，扩大这种有激励作用的报酬显然是合宜的策略。第二，除非财产权是永久的权利，否则财产便不能得到这样有利的应用，也不会得到这样有利的应用。

正由于这个原因，政治不上轨道的国家，没有一个达到富裕。文明国家能有许许多多产品以满足人民的需要，能有美术，能有蓄积所赐予的空闲机会，这一切都应该归功于政治组织。没有空闲机会，智力便培养不成，于是人便无以凭借，以达到其本质所能达到的那样高度的尊严。

身无长物的人，和富人一样，对维护财产的不可侵犯性也有利害关系。如果没有过去所积累和所保护的财产的助力，穷人的个人服务将无人需要。一切阻碍或浪费这些蓄积的行为，都大不利于穷人的生计。上层社会的破坏和掠夺，结果必定引起下层社会的苦难和堕落。穷人对财产权的利益的一知半解，以及富人的利害关系，曾经促使一切文明国家对侵犯财产的举动提出起诉作犯罪论处。政治经济学的研讨，非常适合于证明这种立法的适当，因为它说明政治机构保护财产权越周密财产权所产生的快乐结果便越显著的原因。

第十五章　产品的出卖或需求[①]

我们常常听到各产业部门的冒险家说，他们的困难不在生产方面，而在销售方面，如果产品随时都有需求或销路，产品就永远

① 出卖必定意味着需求。需求这字眼是懂英语的读者所比较熟悉的字眼。——英译本注

不会缺乏。当产品销路疲滞、利润不丰的时候，他们就认为银根是紧的。他们所最想望的乃是能够刺激销路和抬高价格的活跃消费。但是，如果你问他们什么因素或什么情况会助长产品的需求，你将发见他们大多数的见解是极其模糊的。你也将发见他们观察事实不够细致，分析事实更欠周密，往往把有疑问的点看作确定的点，往往要求和自己利益有抵触的东西，往往缠扰不休地请求政府给予倾向于造成严重危害的保护。

为使我们对销售劳动产品问题有明了和正确的现实看法，我们必须仔细研究那些极其确实或极其确定的事实，并把以前从使用同一方法演绎出来的结论应用到这些事实。通过这种做法，我们也许会得到新的重要真理，使实业家得到一些启发，并使切望给予实业家以鼓励的政府的措施能得到人的信任。

一个人通过劳动创造某种效用，从而把价值授予某些东西。但除非别人掌握有购买这价值的手段，便不会有人赏鉴，有人出价购买这价值。上述手段由什么东西组成呢？由其他价值组成，即由同样是劳动、资本和土地的果实的其他产品组成。这个事实使我们得到一个乍看起来似乎是很离奇的结论，就是生产给产品创造需求。

假使一个商人说，我要把我的呢绒卖钱，我不把它卖别的东西。我们不难使他相信，除非他的顾客先把他们的产品卖了钱，否则他们拿不出钱来买他的呢绒。我们可以告诉他说，那边的农民如果获得丰收，就将买他的呢绒。至于要买多少，将看他们收成的好坏以为定。如果颗粒无收，就连一点点也买不起。此外，如果他不设法得到呢绒或其他货物以做购买手段，他也没力量买他们的羊毛或谷物。你说你只要钱，但我说你所需要的不是钱而是其他货物。你要钱干什么呢？不是要买原料吗？不是要买你所经营的货物吗？不是要买维持生活的食物吗？[①] 因此，你所需要的是产品而不是钱。你从出售货物所收进的银币和为着购买别人货物所付出的银币，过了一会儿又将在别的买卖者之间执行同样的职务。它将一次又一次地继续执行这种职务，正如公共车辆一次又一次地接连运载客货那样。你如果发觉货物不易脱售，难道你会说这是因为缺乏运送它的工具吗？钱毕竟只是移转价值的手段。钱的全部效用，在于把你的顾客想买你的货物而卖出的货物的价值移到你的手中。到你下次购买东西时，钱又把你所卖给别人的货物的价值移给第三者。所以，你是使用只暂时变成银钱形式的你的产品的价值购买你所需要或所喜欢的东西，每一个人也一定得使用只暂时变成银钱形式的他的产品的价值购买他所需要或所喜欢的东西。要不是这样，法国现时成交的货物，哪能够比查理六世的时代多五六倍呢？法国现时所生产的货物，必定比过去多五六倍，而且这些货物被用以进行相互的购买，这难道不是很明显吗？

这样，把销路疲滞归因于缺乏货币的说法，是错误地把手段看作原因。这种错误的产生，是由于差不多一切产品在最终变为其他产品之前，总首先变成货币，而照庸俗的看法，货币是最重要的货物并是一切交易的目的，但其实货币只不过是媒介而已。销路呆滞绝不是因为缺少货币，而是因为缺少其他产品。如果其他产品存在，我们不怕得不到充分数量的货币以处理这些价值的流转和互换。如果交易扩大，需要更多货币以利便它的进行，这需要不

① 纵使谋得货币的目的在于窖藏或埋藏，但最终总是用以购买这种或那种东西。如果守财奴不这样使用它，得到它的幸运继承人也必定把它这样使用，因为货币就它本身说，除用以购买东西外没有其他作用。

难得到满足。这需要并且是社会繁荣的明显象征——它证明已经创造有大量价值，要跟别的价值交换。在这种情况下，商人完全晓得如何寻找别的东西来代替作为交易媒介的产品即货币。[①] 货币不久自必涌至，因为无论什么产品，什么地方最需要它，它自然就涌到什么地方。贸易数量如果扩大到现有货币不能应付的程度，这正是好现象，恰如货物多到堆栈不能容纳的程度是好现象一样。

如果一种产品过剩难于脱售，货币的短少一点也不会构成它的销售的阻碍。卖者将乐于按照当天市价接受他们自己所消费的东西以抵付它的价值，他们不会要货币，他们也不需要货币，因为货币对于他们的唯一用处，就是换取自己所需要的东西。[②]

在市场有货物和服务供应的条件下，这个说法对一切情况都可适用。在价值生产最多的地方，货物和服务的需求最大，因为这地方所创造的价值即唯一可用以做购买手段的东西，比其他地方都来得多。在以产品换钱、钱换产品的两道交换过程中，货币只一瞬间起作用。当交易最后结束时，我们将发觉交易总是以一种货物交换另一种货物。

值得注意的是，一种产物一经产出，从那时刻起就给价值与它相等的其他产品开辟了销路。一般地说，生产者在完成他的产品的最后一道加工后，总是急于把产品卖出。因为他害怕产品在自

① 例如在伦敦和阿姆斯特丹所使用的见票即付汇票，见票若干天付款的汇票，银行钞票，赊账，划销等办法。

② 我在这里所说的消费，是指他们的总消费，包括旨在满足个人或家庭需要的非生产性消费和旨在维持再生产劳动的消费。毛织品和棉织品制造商所消费的羊毛和棉花，有两个用途：(1)供给个人需要，(2)供给业务需要。但不管是满足个人的需要或是满足再生产的需要，他们总得使用自己所生产东西作为购买所消费东西的手段。

己手中会丧失价值。此外他同样急于把出卖产品所得的货币花去，因为货币的价值也易于毁灭。但想要摆脱手中的货币，唯一可用的方法就是拿它买东西。所以，单单一种产品的生产，就给其他产品开辟了销路。

由于这个原因，丰收不但对农民有利，而且对经营一切货物的商人都有利。收成愈佳，农民要购买的东西愈多，反之，收成不佳，一切货物的销售，都不免受到影响。工商业的产品也是这样，一个商业部门如果生意兴隆，它便提供更多购买手段，给其他部门的产品开辟更大的销路。反之，一门商业或一门工业如果不景气，一切其他商业或工业部门都必感受它的影响。

也许有人要问，如果情况确是这样，何以市场有时货物充斥无法脱售呢？为什么不能把一种这样过剩货物交换别种过剩货物呢？我回答说，某一种货物所以过剩，是由于它的供给超过需求。他的供给所以超过需求，则因为它的生产过多，或因为别的产品生产过少。

正由于某些货物生产过少，别的货物才形成过剩。使用一个比较陈腐的说法来说明，人们买的东西所以减少，是因为他们所赚的利润减少。[①] 而他们的利润所以减少，或是因为使用生产手段有所困难，或是因为生产手段本身出了毛病。

还值得注意的是，在一种货物亏本的同时，必有别的货物赚到过度的利润。[②] 由于过度利润一定会刺激有关货物的生产，因此，

---

① 在一切生产阶段，自一般商人至普通工匠，他们的个人利润，都必定来自共分所生产的价值。至于他们各别所分的比例，本书第二篇将专题讨论。

② 读者不难把这原则应用到他所熟知的任何时期或任何国家。在1811、1812、1813等年，这情况在法国极其明显，一方面殖民地产品、小麦和某些其他商品价格奇昂，另一方面许多货物却找不到去路，价格惨跌。

除非存在某些激烈手段，除非发生某些特殊事件，如政治变动或自然灾害等，或除非政府当局愚昧无知或贪得无厌，否则一种产品供给不足而另一种产品充斥过剩的现象，绝不会永久继续存在。这些政治毛病一经消除，生产手段自然会感受上述刺激流向空虚的方面去。这些空虚一经填补，其他方面的活动就恢复正常。如果对生产不加干涉，一种生产很少会超过其他生产，一种产品也很少会便宜到与其他产品价格不相称的程度。①

① 尽管这些需要考虑的事实构成对商业和商业管理问题的正确了解的根据，但直到目前，还没得到人们的重视。在正确方针侥幸被采择施行的地方，它似乎乃是偶然被采择的，或至多是在对它的适宜性只有极其模糊的概念，自己没有信心，也不能说服别人使其相信的情况下采择的。

西斯蒙第似乎不很了解在这里和在本书第二篇前三章所叙述的原则。他以最近英国工业产品大量涌至外国市场，造成那里存货充斥的事实为例，证明工业生产力有膨胀过度的可能(《政治经济学新原理》，第4卷第4章)。其实，这些市场所发生的存货充斥现象，只不过证明这些充斥了英国工业产品的国家自己生产过少而已。如果巴西生产有足够的产品以购买英国进口货，英国货便不至于充斥巴西市场。又如果英国让美国货物进口，英国产品在美国便能更加畅销。由于英国征收过高的进口税，实际上等于禁止多种外国货的进口，结果英国商人得付重大代价从外国输入那些准许进口的货物如食糖、咖啡、金、银等等。对英国人来说，金银价格的昂贵就是由于他们货物的低廉。这说明英国所得自它的商业的利益何以是那样的小。

读者不要认为我的主张是：不可能发生一种产品比其他产品生产得过多的现象。我不过在这里主张：最有助于促进一种产品的需求的，无过于另一种产品的供给。如果巴西产品丰富，运到巴西的英国工业品便会很快地购买一空，而不至于充斥市面。要实现这种情况，巴西和英国立法机构，一则必须准许生产的自由，一则必须准许进口的自由。在巴西，一切东西都操控在垄断集团手里，财产也不能确保不受政府的侵犯。在英国，沉重的捐税严重地打击对外的贸易，因为它限制换回的货物的挑选。我碰巧听到有一批富有科学价值的关于博物学的搜集品，由于进口税过高的关系，不能从巴西运入英国。*

* 关于这一点，马尔萨斯同意西斯蒙第的意见，而李嘉图则同意我们作者的意见。这意见的分歧，曾在我们作者和马尔萨斯之间引起了有趣的辩论。我们作者最近写一封信给马尔萨斯，谈到政治经济学的这部分和其他部分的问题。如果还需要什么东西来证实本章里面的议论的正确性，这封信就有这个作用。西斯蒙第徒劳地企图答辩李嘉图，但他没提到他的最初反对者。阅《法律年鉴》，第1期，第3项。——英译本注

如果一个生产者设想，许多无形产品的生产者如公务人员、医师、律师、教士等，也和生产有形产品的生产者一样，同是他的顾客，于是推断有一种和来自实际生产者的需求不同的需求存在着，这只是暴露他自己思想的幼稚。一个教士到一家铺子，要买一件长袍或白袈裟，他带来用以购买的是货币形式的价值。他从哪里得到这笔钱呢？[①] 他从收税员得到，而收税员又从纳税人得到。但纳税人从什么地方得到这笔钱呢？从自己所生产的价值。这个价值，首先由纳税人生产出来，嗣后换成货币付给教士作为他的薪水，使教士买得起长袍或白袈裟。教士现在取代了这个生产者的地位。这个生产者如果没把这笔钱纳税，他就可自己用它购买自己所需要的东西。长袍或白袈裟的消费，只不过代替其他东西的消费而已。要买一件东西，不使用另一件东西的价值为购买手段，就买不成。[②]

从这个重要真理可演绎出几个重要结论。

（一）在一切社会，生产者越众多，产品越多样化，产品便销得越快、越多和越广泛，而生产者所得的利润也越大，因为价格总是跟着需求增长。但是，这种利益只能得自实际的生产，强迫产品的流转绝不能产生这种利益。原因是，一个价值一经产出之后，由一个人手中移到另一个人手中不能增加它的价值，而政府从私人手中夺去它的消费也不能增加它的价值。依靠别人产品为生的人，

① 法国教士现在是公务人员的一部分，由国库支付薪水。

② 资本家花费他的资本的利息时，实际上就是花费由于他的资本的合作而生产出来的部分的产品。我们将在下面第二篇中研讨什么原则规定资本所分得的产品的比例。如果他把资本花费掉，他仍然只消费产品，因为资本是由产品组成的。不错，资本一般是用于再生产，但也可能用于非生产性消费。当资本被浪费或毁损的时候，它实际上就是用于非生产性消费。

不创作这些产品的需求，他不过把自己放在生产者的地位，使生产陷于重大的不利，这一点我们不久就可看到。

（二）每一个人都和全体的共同繁荣有利害关系。一个企业办得成功，就可帮助别的企业也达到成功。事实上，无论一个人从事哪一种职业或哪一门生意，他周围的人越发达，他就能够得到越丰厚的报酬，能够越容易找到工作。一个在落后社会无所作为地度日的有才能的人，一到有充裕财力能够使用和报酬他的才干的兴隆社会，就能找到许许多多方法来施展他的才能。在人口众多的富足城市开铺子的商人，一定比店铺开在居民懒惰迟钝的贫苦地方的商人能做更大的生意。在波兰或韦斯费里偏僻地区的人口稀少半野蛮的小乡镇，一个积极的制造者或一个机智的商人能够干出什么事业呢？尽管不愁竞争，但却卖不出多少东西，因为当地没有什么出产。反之，在巴黎、阿姆斯特丹和伦敦等处，虽然同业竞争激烈，但他却有可能把他的生意扩充到最大规模。理由非常明显，他的周围，都是使用各种各样方法从事大规模生产的人，这些人各以自己产品，换句话说，各以出卖自己产品所得的钱出来购买东西。

这是城市居民从乡村居民得到利益的真正来源，同时也是后者从前者得到利益的真正来源：他们两者自己所生产的东西越多，就有能力向对方购买越多的东西。位于富足乡村的中心的城市，总不怕没有主顾和缺少有钱的主顾。另一方面，乡村靠近富足城市，也会增加乡村产品的价值。把各个国家区别为农业国、工业国和商业国实是很无谓的，因为，一个民族如果在农业方面获得成功，就可促进它的工商业的繁荣；另一方面，它的工商业的隆盛，也会给它的农业带来好处。①

一个国家和它邻国的关系，与一国的一省和邻省或城市和乡村的关系相似。邻国的繁荣绝不是与它痛痒不相关，而一定会使它从中得到好处。因此，美国于 1802 年企图教化它的野蛮邻人即属于克里克族的印第安人，是非常明智的。这个计划的目的在于把劳动习惯灌输给印第安人，使他们成为生产者，能和北美合众国进行实物交易。因为，一个民族如果拿不出钱偿付它所买的东西，和它打交道毫无裨益。在这么多国家中，有一个一贯地奉行慷慨政策，这是有益于人类，也是人类的光荣。这个政策的辉煌成就，将能够证明真正有害和谬误的学说或主义乃是欧洲各古老国家所奉行的排他或忌人主义。欧洲各国政府非常无耻地把这些主义称为实际真理，它们似乎没有别的理由，单单因为它们自己不幸地奉行这些主义。美国的经验将证明正确政策是和中庸与人道分不开的。②

①　一个大规模生产组织，一定会给附近的全部地区的产业带来生气。洪博德说，"在墨西哥，土地耕种得最好的地方，也就是会使旅行者记起法国最美丽风景的地方，就是自萨拉芒克延伸到西劳、爪那禾托和勒昂的环绕着已知的世界矿藏最丰富的平原。不论什么地方发现和采掘金银矿脉，即在科迪勒拉的人烟最稀少的地方或在最荒芜和最孤立的地点，矿的经营，不但不会妨碍土地的种植，而且反使农业比平常更加活跃。……一个丰富矿脉的采掘，必定立即促使市镇的建立……农业组织也在附近设立，那些不久之前还是孤立于荒山之中的地点，没多时也就和前此已耕种的地方发生接触"。(《关于新西班牙的政治性论文》)

②　连最著名和最开通的观察家，也到政治经济学最近发展以后才清楚了解这些最重要原理。至于庸俗流辈，更不必说了。我们在伏尔泰的著作中看到这些话："这是人类的命运，希望自己国家强大，就得希望别的国家受到凌辱……显然一个国家非通过别的国家的损失，无从得到利益。"(《哲学辞典》，在国家这一项目下)他接下去发挥这个不正确理论说，一个彻底的世界公民，既不希望自己的国家变得大些或富些，也不希望自己的国家变得小些或穷些。不错，彻底的世界公民，不会希望自己国家扩张领土，因为这可能危及它的安全，但他会希望它变得更加富裕，因为如果它更加繁荣，就会促进其他国家的繁荣。

（三）我们还可从这个有益的原理引申出另一个结论，即购买和输入外国货物绝不致损害国内或本国产业和生产。理由是，购买外国人的东西，不以本国产品付价，就买不成，而以本国产品付价，就显然在对外贸易过程中给本国产品开辟了销路。如果有人反对，认为外国产品可能是以现金买来，我就要回答说，现金不一定都是本国产品，现金本身一定是用国内产业的产品买来的。所以，不管是用现金或本国产品偿付外国货物价款，在这两种情况下，对外贸易同样地给本国产业的产品开辟了销路。[①]

（四）这原理又导致另一结论：仅仅鼓励消费并无益于商业，因为困难不在于刺激消费的欲望，而在于供给消费的手段，我们已经看到，只有生产能供给这些手段。所以，激励生产是英明的政策，鼓励消费是拙劣的政策。

由于同一原因，创造一种新的产品等于开辟其他产品的销路，破坏一种产品等于闭塞其他产品的销路。但是，如果一种产品的目的，在于满足人类的某种需要，或在于生产别种产品以满足人类的某种需要，而它的破坏恰恰和这目的相合，那么，破坏它便不是有害的。的确，如果一个国家处在繁盛状态，国民再生产总量必定超过国民消费总量。所消费的产品已经履行了它的任务，而这任务乃是它自然地和适当地应该尽的任务。但尽管这样，这种消费

① 在最近几年中，巴西很明显地体验到这种影响。航行自由使欧洲产品大量涌到巴西市场，这非常有利于巴西的生产事业和商业，巴西的产品从来没有像现在那样畅销。巴西的情况就是一国能从输入外货得来利益的例子。顺便在这里提一提，如果巴西产品的价格和巴西生产者的利润比较缓慢一些或逐渐增加，也许对巴西为利更大，因为价格要是过高，商务关系绝不能永久维持。从扩增产品追求利益，比提高价格追求利益是更好的办法。

毕竟没有给别的产品开辟销路，而却闭塞销路。[①]

已经明白了生产愈发达产品就愈畅销这个道理之后，我们可不必再费心机研究把生产力用于哪种生产事业是最有利的问题。产品所引起的需求视各个国家的需要和风俗的不同以及资本、劳动力和天然资源的多寡而有所差异。需求最迫切的货物，由于买者的竞购，给资本家提供最厚利息，给冒险家提供最大利润，给工人提供最高工资。这些优厚利益，自必诱使这些人把各别的服务贡献给报酬最大的生产事业。

在物产丰富产量时刻增加的社会、城、省或国家，由于需求大，市上随时都有大量产品出价求买新的生产服务，所以差不多一切工商业部门和一般劳动都获利优厚。相反地，如果由于国家或它的政府的错误，生产没有进展，或生产赶不上消费；那么，需求就逐渐减少，产品价格降落到生产费用之下，生产努力得不到适当报酬，利润和工资下降，使用资本越来越无利可图并越来越危险。资本将逐渐被消费掉，但不是由于浪费，而是势所必至，因为利润泉源已经枯竭。[②] 工人将找不到工作。本来生活还过得去的家庭，现在将感到生活的压迫。生活已经不很好的家庭，现在将沦为赤贫。人口减少，艰难困苦，野蛮状况再出现等等，将代替物阜人乐现象。

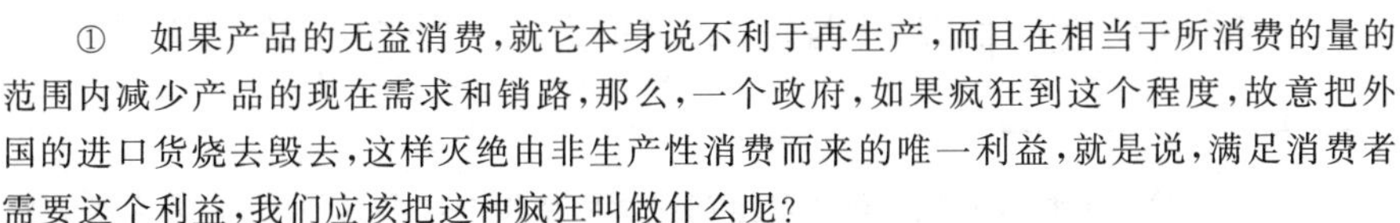

① 如果产品的无益消费，就它本身说不利于再生产，而且在相当于所消费的量的范围内减少产品的现在需求和销路，那么，一个政府，如果疯狂到这个程度，故意把外国的进口货烧去毁去，这样灭绝由非生产性消费而来的唯一利益，就是说，满足消费者需要这个利益，我们应该把这种疯狂叫做什么呢？

② 这种消费不但不鼓励生产，而且反吞灭已有的产品。如果没有新产品生产，新的需求便无从创造出来，所能有的只一种产品与另一种产品的交换。一个企业如果蒙受损失，必定影响其他企业。

这些就是伴随着生产衰颓而产生的情况，只有节约、智慧和积极活动才能纠正这些情况。

第十六章　从货币和货物的活跃流转所得到的利益

我们常常听到人们歌颂活跃流转的利益。所谓活跃流转，是指货物卖得多和卖得快。这个利益究竟是多大，有必要作个正确的评价。

凡用以进行实际生产的价值，要到最后一道的加工完成并卖给消费者以后，才能变作现钱，再用以进行新的生产。产品制得越快，卖出越快，投入的资本便能越快收回，用以进行新的生产。由于资本使用时间较短，对资本应付的利息自然较少，所以生产费用自然较低。因此，生产过程中各个接续的动作，应该尽快完成。

让我们探讨印花布的流转过程，以它作为例子来说明流转所具有的影响。①

里斯本某进口商从巴西输入一批棉花。他的利益在于美洲代

① 流转这个名词以及政治经济学这门科学所使用的许多其他名词，天天被人随便乱用，连自命用词准确的人也不免犯这毛病。哈普在他的著作中说，“流转越普及，社会就越不贫穷。”尽管我们如何钦佩这位博学多能的院士，他这段里所用的流转这一字眼，究竟能有什么意义呢？

理商迅速购入和运出该棉花，而他自己也同样迅速地把该棉花卖给法国商人，因为这样他就可较早些收得利益，较早些开始新的同样有利的买卖。到这里为止，受快速流转的利益的是葡萄牙，但嗣后的利益则归于法国。如果法国商人在棉花收栈后不久就卖给纱商，纱商于棉花纺成棉纱后立即卖给织布商，织布商于布制成后立即卖给印染商，印染商也不迟延地卖给零售商，而这些布又很快从零售商转到消费者之手，那么，这种快速流转只占用各生产者所投入资本很短时间，所负担的利息较少，因此生产费用也较低，此外资本还可较快地收回，用以经营新的买卖。

上述这些买卖手续以及许多我为着节省篇幅关系没有提到的手续，都是在巴西棉花制成印花布以前所必经的手续。这种产品需要许多生产手续，这些手续完成得越快，从生产得到的好处就越大。但是，如果这种货物不过在一年之中在同一地点辗转易手很多次，但没有经过任何新的改造，这种流转就不但不生利益，而且将惹起损失，不但不给消费者节省生产费用的负担，而且将反增加他们的负担。每次的买进和转卖都必须使用资本，支付使用资本的利息，至于货物因此所遭的耗损，更不必说了。

因此，货物的经纪交易必定惹起损失。如果价格没有因此增高，经纪人就要受损失。如果价格因此上增，消费者就要受损失。[①]

如果一种产品一达到适合于接受新的改造的形态，便立即转

① 我在上面(第九章)说：当一种物品的价格下跌到那样的低，以致生产者感觉沮丧时，投机交易有使这物品撤出流通领域的作用，当向消费者索取的价格因此非自然地升涨时，投机交易又有使这物品归还流通领域的作用。

给新的生产者进行加工，一接受最后一道的加工以后，便立即移给消费者，那么，流转活动就发展到可以有利进行的最高度。所有无助于达到这种结果的活动或奔忙，不但不促进流转活动，而且将成为生产过程的障碍——它是个必须尽力扫除的流转障碍。

凡由于更巧妙的管理技能而产生的生产速度的加快，是生产力的加强，而不是流转的加速。它的利益和流转加快的利益相似，它也缩短占用资本的时间。

我没对货物的流转和资本的流转作出区别，因为这种区别实际上并不存在。当一笔钱款锁在商人保险箱中不发生作用时，它是该商人的闲废部分的资本，和他放在堆栈中具有待售货物形式的那一部分资本在性质上完全相似。

刺激流转的最有力因素，乃是一切阶级的人特别是生产者本身想尽量减少所使用资本的利息负担这个自然愿望。对流转设置障碍，比缺乏适当鼓励更足使流转陷于中断。流转的最大障碍是战争、禁运、沉重的捐税、运输的危险和困难。当人心惶惶不安，前途渺茫无定，社会安宁受到威胁，一切事业都有危险的时候，流转必定弛缓。当人们普遍害怕专横的勒索，都试图隐匿他们力量的时候，流转也必定弛缓。最后，当代客买卖和投机交易盛行，由于投机而发生的瞬息万变的物价使人们指望从每一次相对价格的变动取得利润的时候，人们就将囤起货物希望价格上升，藏起货币希望价格下跌，在这时候，这两种资本都将处于不起作用状态，无益于生产。在这些情况下，除那些像水果、蔬菜、谷类以及其他不能久存不坏的物品外，都将停止流转。关于这些物品，为避免大损失或全损失的危险，较明智的举动被认为是忍受立时脱售的牺牲，不管牺牲多大。如果货币贬值，它就将成为人们所千方百计设法用去以交换货物的对象。这就是在法国亚西纳纸币继续贬值时货币非常快速地流转的一个原因。人人急于把每小时跌价着的纸币设法使用出去。一收到纸币就立即把它付出，好像它会烫手一样。在那时候，大家都做买卖，尽管本来对生意经一窍不通。工厂纷纷设立，到处修理或装饰房屋，连取乐也不计费用，终而大家所有的亚西纳的价值都消费掉、投资出去或完全消失。

第十七章　旨在影响生产的官方规定的效果

严格地说，政府的措施，无一不会在一定程度上影响到生产。在本章，我只讨论那些明白地以影响生产为宗旨的措施，至于币制、公债和赋税的影响，将留在后面其他各章讨论。

政府影响生产的企图，一般有两种目的：使人们生产它认为比其他更有益的东西，使人们采用它认为比其他更适当的方法。本章头两节将研究这企图对于国民财富的影响；在其余两节，我将把同一原则应用到有特权的各种公司和谷物贸易，一则因为它们非常重要，一则我想进一步解说和证明这些原则。我们还将顺便观察在什么原因或什么情况下离弃这些原则是必要或是适当的。政府干涉生产的大危害，并非起因于偶然违反既定的准则，而是起因于对自然法则的不正确看法以及以这些看法为根据所订立的不正确原则。于是弊政层出不穷，灾祸紧随着原则而产生。我们应该注意，最迷信原则的人，就是那些自命为不受任何原则拘束的人。①

第一节　规定生产性质的规则的影响

社会的自然需要及其暂时环境，使某些货物的需求在一定程度上比较活跃。结果，投在这些生产部门的服务，就比其他服务得到较高报酬，就是说，这些生产部门所使用的土地、资本和劳力所得的收入，比其他生产部门所使用的土地、资本和劳力所得的收入高一些。这种较高利润，自然会把生产者吸引到这些生产事业。所以，产品的性质，总是决定于社会的需要。我们已在上面（第十五章）看到：产品的总产量越多，社会的需要就越大；整个社会所控制的购买手段越多，它所能购买的数量就越多。

如果政府当局出来干涉，阻碍事态的自然趋势，告诉生产者说，你正要生产的那种生利最厚因而是人们最需要的东西，却不十分适合你的环境，你们须生产别的东西。政府的这种行动显然将把国家的一部分生产力引到次要东西的生产，使人们所更迫切需要的东西的生产大吃其亏。

---

①　坚持现实看法的人，总是从他们的所谓一般原则出发，例如，他们开头便说：无人能够辩驳这个论点，即一个人只能从另一个人的损失获得利益，一个国家只能从另一个国家的损失得到好处，这不是原则还是什么？它是那样不健全的原则，以致提倡它的人不但不比别人有更丰富的实际知识，并且暴露他们对许多事实简直是门外汉，而这些事实的了解，对于作出正确判断却是非常必要的。凡了解生产的真正性质，懂得新的财富可怎样创造及新的财富天天是怎样创造的人，没有一个会提出这种荒谬绝伦的主张。

在 1794 年左右，法国有些人把田地改作牧场，因此受到迫害，甚至被送上断头台。可是，当这些不幸的人发觉养家畜比种米麦利益更大的时候，我们绝对可相信这时候社会需要家畜一定比需要米麦更加迫切，养家畜比种米麦一定能生产更大价值。

但是，政府当局说，所生产的价值，远不及产品性质重要，我们宁愿你生产价值五十法郎的小麦，不愿你生产价值一百法郎的家畜肉。他们在这里不自觉地露出了不知道这个真理：价值最大的产品，总是最好的产品，一块土地所生产的家畜肉，如果能够买到比自己所能生产的小麦多一倍，实际上无异于自己栽种小麦，产出比原来多到一倍的小麦，因为所生产的东西，可换多一倍的小麦。他们将告诉你说，使用这种方法取得小麦，不增加小麦的总数量。不错，除非从外国输入小麦，否则总数量没有增加。但是，在这时候，小麦的总数量，一定比家畜肉多，因为人们愿以两英亩麦田的产品，换取一英亩牧场的产品。[①] 如果小麦是那样的少，以至种麦比养家畜更有利可图，那么，政府的干涉便是完全多余，因为利己主义会驱使生产者转向种麦方面。

那么，唯一的问题就是，谁最清楚地知道哪种农作业产生最高利润，农民呢，还是政府呢？我们可相当合理地假定农民晓得最清楚。理由是，农民住在当地，把它作为孜孜不懈地研究和调查的对象，对于它的成败，他比任何人有更大的切身关系。

如果对方坚持这一点，农民只知道当天市价，不像政府那样要

① 在那不幸时期，实际上小麦并不缺乏，只产麦者不愿意把小麦换取纸币。小麦所换取的实际价值并不太高。即使把十万英亩牧场改为麦田，人们还是不愿意拿小麦交换信用扫地的纸币。

给人民备办将来所需要的东西，我就回答说，生产者不但能知道人类需要什么，而且能预知人类需要什么，这是他的多种才能的一个。他为着自己利益必须竭力培养这种才能。[①]

同一性质的祸害，又在另一个时期发生。地主被迫放弃谷类的种植，改植甜菜和大青。我顺便在这里提一下，企图在温带地域栽种热带产物，总是危险性很大的投机。尽管使用热力催长方法，欧洲土壤所生产的糖精和染液，无论在质量上或数量上都比不上在其他地带大量生产的糖精和染液。[②] 另一方面，欧洲土壤能生产丰富的谷物和水果，这些东西又笨又重，不适于从远方输入。偏要在我们土地栽植与它不相宜的东西而不种植与它更相宜的东西，因此不得不付高昂价格来获得本来可很便宜地购到的东西，要是我们愿意向最有利于生产这些东西的地方购买的话，这种糊涂做法，简直就是以自己为牺牲品。善用自然力是最高技能，和自然力抵抗则是极端的疯狂。毁灭自然所预定作为我们助手的力，等于毁灭自己的一部分力量。

此外，他们还订立这个原则：付便宜价格向外国生产者购买货物，不如在国内付较高价格买这些货物，因为所付的钱款留在国内。关于这一点，我要请读者参看我们刚刚讨论的关于生产的分析。从那里可看到要获得产品就得作出牺牲——就得消耗一定比

① 当然，在特殊情况下，例如在受敌人围攻或封锁时，必须不顾通常的行为准则。我们必须使用暴力来消灭阻碍人事自然发展趋势的暴力，无论这工作是多么令人讨厌。遇到严重病症，医生往往使用毒物作为药品。但使用这种医疗方法，自然需要极度的小心和技巧。

② 洪博德说，热带二十一方里土地所产的糖，足供法国在最繁荣时期的最大需要。

例的物质或生产要素。对社会说，这些物质或生产要素的价值的损失，无异于这价值输出国外。[①]

我不能设想，任何政府竟这样大胆，对于可从为益更大的生产得到的利润表示异议，认为这对它没有利害关系，因为这利润属于个人。就是把自己利益放在与人民利益绝对相对立的地位的最坏政府，现在也知道，个人收入是国家收入的来源，即在租税只是有组织掠夺的专制政体或军阀统治下，人民如果没有收入，也无力完粮纳税。

我们所应用于农业的原则，对工业也适用。政府有的时候认为使用本国原料比使用外国原料从事制造更有益于国内产业。正由于有这个想法，我们看到不愿制造棉织品而宁愿制造毛织品和麻织品的情况。由于这种举动，我们在能力所及的范围内限制自然的恩惠。自然在不同地带以各种适合于我们许许多多需要的材料赐给我们。不管是输入这些材料，或是改造这些材料，什么时候人类努力使这些自然赠品增加价值，就是说使这些自然赠品增加效用，什么时候人类就做了一件好事，增加了国民财富。我们输入外国原料时对外国人所作的牺牲，并不比在获得新产品之前各生

① 本章后半章将说明把价值输往外国，像在国内消费一样，也可对国内产业起鼓励作用。在刚才所举的例子里，假使所生产的是酒而不是从甜菜提炼的糖或用大青制成的染料，国内产业也将得到同样大的鼓励。由于制酒更适合于本国气候，面积相等的土地所生产的酒，能通过贸易换得更多的殖民地所产的糖和靛青，即使卖糖和卖靛青的是中立国人民或敌国人民。在这种场合下，殖民地的糖和靛青简直是我们自己土地的产物，虽然它们先具有酒的形式。所不同的不过是同一面积土地能生产更多的糖和靛青而已。至于对国内产业的鼓励，不但一样的大，也许更大，因为价值更大的产品，能给土地、资本、劳力提供更厚的报酬。

产部门由于必须垫付款项和消耗材料而作的牺牲更加可惜。在一切情况下，个人利害关系总是牺牲的程度以及可望获得的补偿的最好衡量。尽管这个指针有时会把我们带入歧途，但归根到底它乃是最可靠和靡费最小的指针。[①]

但是，如果不让个人利害关系起互相制约的作用，个人利害关系便不再成为可靠的标准。如果某个人或某阶级能够得到政府的帮助阻止别人的竞争，他就取得特殊权利，而以整个社会为牺牲，使整个社会遭受损失。他就一定可得到不是完全来自他所提供的生产服务而是部分构成于为他私人利益向消费者征收的赋税的利润。这些利润通常由政府和他共分。政府不正当地给予他们帮助，就是因为这些利润。

立法机构要拒绝想取得这种权利而作的缠扰不休的要求，很感为难。申请者就是受利益的生产者。他们提出的理由，好像很有道理。他们说，他们的利益，就是劳动阶级的利益，就是全国的利益，因为他们所用的工人和他们自己就是劳动阶级成员，就是国

① 我们时时刻刻得出来反驳那些在政治经济学学识传播得比较广泛时就不会发生的异议。例如，在这里有人十之八九会这样说：即使假定对制造者和商人来说，购买原麻和购买原棉从事制造所作的牺牲没有不同，但是，就购买原麻说，所作的牺牲是对国人所作，是在国内消费，有裨于国家的利益。而就购买原棉说，全部利益都归入外国生产者手中。我对这异议回答说：不管所买的是原麻或原棉，所生的利益都归本国享受。因为，购买外国所产原料即棉花，不用本国产品付价就买不成。商人到外国市场以前，必须先向本国生产者购买这项产品。不论这产品是麻或其他东西，它必定是本国生产的价值。为什么不可使用货币购买外国棉花呢？货币本身最初也是使用某些其他产品买来的，这些产品和麻一样必定也是国内劳动所创造的价值。无论从哪一方面来看，结果都是一样。财富只能来自价值的生产，只能消失于价值的消费。撇开完全掠夺不说，一个国家所消费的全部东西，都要取给于国内资源、土地、资本和劳动力，连所消费的外国产品那一部分也不例外。

家成员。[1]

当棉织业初次在法国出现时，亚眠、里姆斯、波维等城市商人，联名抗议，说这些城市工业将受其影响归于毁灭。可是，它们的工业并不比五十年前不发达，它们也不比五十年前来得穷困。另一方面，卢昂和诺曼底，由于这项新纤维的产制，都比以前富裕得多。

当印花布开始流行的时候，反对声浪尤为激烈。全国商会纷纷提出抗议，到处开会讨论，意见书和代表团，从四面八方涌至巴黎。全国为此所花的钱，不知道有多少。卢昂挺身而出，以耸人听闻的词句，描述将降落它身上的灾难。它说，“老年人、妇女、孩子弄得穷困无依，全国耕种最发达的地区变为一片荒芜，一个美丽省份的人口，竟到处普遍减少。”都尔城向全国议员呼吁，怂恿他们发出悲鸣，并且预言动摇社会秩序的骚乱将要发生。里昂表示它不能对“使它的工厂弥漫着恐慌气氛的计划”默默不发一言。巴黎从来没有过像在这个重要时节出现的法王宝座“溅满商人眼泪”的情况。亚眠把印花布用途的推广，看作一道深渊，必然要把法国全体工厂浸没下去。这个城市在三个自治团体联合会议上所起草并全体签名的请愿书，以这句话结束：“总之，全国在听到容允穿用印花布消息以后都不寒而栗，单单这个事实就使永远禁止它的使用成为必要。天听自我民听，天视自我民视。”

普拉蒂埃以工厂总视察资格提出请愿书。请看他下面的话：“难道现在有一个这样丧心病狂的人，竟敢说印花布这种织品，在

① 没有人出来大声反对这些人，因为很少人知道垄断者的利得是出自谁的腰包。真正受害的人（即消费者）常常感到压力，但却不明白压力的根源是什么。他们往往首先出来责骂开通人士，虽然这些开通人士却真正为他们的利益说话。

整理棉花、织布、漂白、印染等工作中不使用巨大人数的工人吗？在这短短几年中，这织品对改进染色技术所作的贡献，比这一百年中所有其他制造业所作的全部贡献有过之而无不及。”

我必须请读者停一下想想，这种普遍的叫嚷既有重要政府人物为其后盾，又有公益和许多其他动机为其护符，支援政府来抵抗它，需要多少坚强意志和多么广博的关于公共繁荣来源的知识才能奏效啊！

虽然政府往往过于依恃它所拥有的促进一般财富的权力，规定农业和工业产品，但对商业特别是对外贸易的干涉尤其厉害。这些不良作风起因于一个称为排外或商业学说的学说。这个学说认为国家的利益在于专门术语所叫做的有利贸易差额。在开始研究那些以获得这种差额为目的的规则的真正结果之前，最好先搞清楚有利贸易差额究竟是怎么一回事以及怎么是它自称的目的。我企图在下面说明这些。

离题谈谈所谓贸易差额

一个国家进出口价值的对比，形成所谓这个国家的贸易差额。如果它出口的货物多于进口的货物，就可假定它将以金银收回两者之差，而贸易差额由是被认为是有利的差额，如果情况相反，就认为贸易差额是不利的差额。

排外主义是从以下两个主义出发的：(1)一个国家的出口货超过进口货越多，以硬币或贵金属收回的差额越大，贸易便越有利；(2)通过关税、禁令和奖励金等方法，政府能够使贸易差额对国家更加有利，或减轻其对国家不利的程度。

必须仔细研究这两个主义。首先，让我们看实践的情况是怎样。

当一个商人把货物运往外国时，他委托外国代理商代售，并从后者以本国货币形式收回货价。如果他希望从回头货赚些利润，他就委托代理商把货价收入购买外国产品运回本国。如果他是从外国那边着手，交易状况也差不多一样，就是说，在外国购进货物，把本国产品运往外国偿付买价。上述一买一卖的交易，并不一定由同一商人经营。有的时候，一个商人只做出口生意，不做进口生意。在这种情况下，他就对经售他的货物的外国代理商开出若干天付款的汇票或见票即付的汇票，把这汇票卖给别人。买汇票者随后把汇票寄往付款地点，利用它购买新货物，运回国内销售。[①]

在上述两例，都是输出一个价值，输入另一个价值作为报酬。但我们还没研究在所输入或输出的价值中，有没有一部分由贵金属组成。我们有理由认为，如果听任商人自由选择投机的货物，他们必定选择那些可赚得最高利润的货物，就是说，那些运到目的地后会具有最大价值的货物。例如，假定一个法国商人运一批白兰

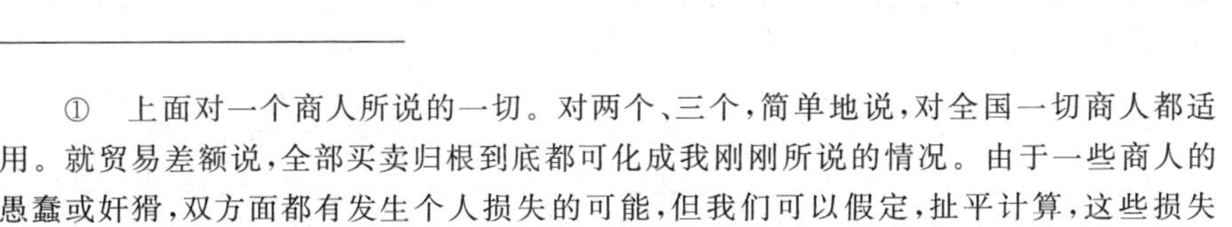

① 上面对一个商人所说的一切。对两个、三个，简单地说，对全国一切商人都适用。就贸易差额说，全部买卖归根到底都可化成我刚刚所说的情况。由于一些商人的愚蠢或奸猾，双方面都有发生个人损失的可能，但我们可以假定，扯平计算，这些损失和全部成交的贸易额比较是微不足道的。无论如何，一方的损失，通常可抵消另一方的损失。

对我们的目的来说，研究运费归谁负担是不重要的。一般地说，英国商人负担从法国购入的货物的运费，法国商人负担从英国购入的货物的运费。他们指望这笔费用从运输所增益于货物的价值取得补偿。

地酒到英国托售，可收回一千英镑价款，他一定会打算盘，计算以贵金属形式输入这一千镑和以棉织品形式输入这一千镑所可得的利润，相差多少。①

如果商人觉得以货物形式收回他的报酬比以现金形式收回更为合算，如果我们承认他比任何人知道得更清楚自己利益所在，那

① 在这里指出某些附和排外主义的人的明显错误也许是适当的。他们认为一国从外国收到的东西，不具有贵金属形式就对国家没有利益。这种看法等于主张以二十四法郎卖去一顶帽子的帽商，因为所收回价款是硬币，所以二十四法郎全部都是利得。但实际情形绝不是如此。货币像其他东西一样，本身也是一种货物。一个法国商人运出价值两万法郎的白兰地酒到英国托售。这批白兰地在法国等于两万法郎现金。假使它在英国卖得一千英镑，把这笔款换金银运回法国可值二万四千法郎，那么，尽管法国收回二万四千法郎现金，其中只四千法郎是利润。假使该商人把一千英镑在英国购买棉织品，以后在法国卖得二万八千法郎，那么，尽管没有分文现金输入法国，该进口商和法国，却获得八千法郎的利益。总而言之，利润恰恰等于收回的价值超过为获得这价值而付出的价值，不管收回的价值是以什么形式输入本国。说来很奇怪，对外贸易越赚钱，进口一定超过出口越多。排外主义拥护者所要避免的灾祸，却正是求之不得的好事。我现在来说明理由。如果出口额只一千万而进口额达一千一百万，那么，国家所拥有的价值当然比以前多一百万。虽然贸易差额学派所发表的言论似是有理，但事实大致必然如此，否则商人就无所获。事实上，出口货的价值是按装船前的价值估计，到达外国目的地以后，它的价值增长，回头货就是以这样增长的价值购来的，它也在运输中同样增长价值。这个进口货的价值是按进口时的价值估计。这样，一个相当于出口的价值加上从外运和内运获得的利润的价值便出现了。所以，在商业繁盛国家，进口货的总价值老是大于出口货的总价值。由此说来，我们对1813年法国内政部长的报告，将抱什么感想呢？他在报告中说，出口货一共达三亿八千三百万法郎，进口货包括现金在内只有三亿五千法郎，他庆贺法国的成功，认为法国从来没有这样有利的差额。其实，这个差额却说明一个大家所感觉和所知道的事体，就是由于法国政府的错误措施和由于完全不懂政治经济学最重要原则，法国商业遭受极大损失。

我在一篇关于西班牙纳瓦王国的短论（《旅行记录》，第1卷，第312页）中看到以下的话：从该王国出口货和进口货价值的比较，可以看出前者每年超过后者六十万法郎。关于这情况该论文作者很聪明地说，“如果有什么真理比其他更确实的话，那就是一个逐渐进步的国家，进口不能多过出口这个真理，因为进口要是多于出口，它的资本必定明显地减少。由于从纳瓦人口和安乐的增长看来它必处于逐渐进步状态，显然——”（他也许可加上一句说，我对这事体莫名其妙）“——因为我是引用一个确实的事实来拆穿一个所谓无可争辩的原则。”我们天天可看到同样的矛盾。

么，还要讨论的问题就只剩这一点：虽然对商人来说，以货币形式收回报酬，不及以货物形式收回报酬那样合算，但对国家来说，以货币形式收回报酬是不是比以任何其他东西形式收回报酬都更合算呢？总而言之，从国家观点看来，拥有很多贵金属，是不是比拥有很多任何其他东西合宜呢？

贵金属在社会的作用究竟是什么呢？如果把贵金属制成小装饰品或餐具，它可用作个人装饰品，可使我们家中布置得更华丽，可充当种种家庭用途。它可制成表壳、汤匙、叉子、盘子、咖啡壶，也可碾成叶子用以装饰画框，装饰书籍等等。当贵金属是处于这些形式时，它形成社会不生利的那一部分资本，形成社会用以生产效用或愉快那一部分资本。没有疑问，如果构成这部分社会资本的材料又多又便宜，那当然是国家的利益。它以上述各方式所提供的愉快，就可以更低廉代价获得，使更多人能够享受得到。如果没有美洲的发现，许多中等家庭，现在就不能对人卖弄它们饭桌上所陈设的金银餐具。可是，不可把这种利益估得过高，还有许多比它重要得多的效用。防阻严酷冷气侵入室中的玻璃，对于我们的舒适比任何餐具都重要得多，但却没有人想使用特别的鼓励或特别的豁免以促进它的进口。

贵金属的另一效用，是作为货币的材料，就是说，用以便利个人之间互换现有价值那一部分国民资本的材料。如果所选择以供这种用途的材料又多又便宜，这是不是利益呢？这种物料供给比较充足的国家，是不是比这种物料供给比较贫乏的国家更富裕呢？

请允许我先讨论本篇第二十二章（该章讨论货币问题）中所确立的一个论点，那就是，一国的全部交换和流转事务，需要一定数额叫做货币的货物。法国每日都有小麦、家畜、燃料、动产、不动产等物的买卖。为进行这些买卖，每日必须有一定数量具有货币形式的价值作为媒介，因为各种货物都是先变为货币，以后再变为其他想望的东西。货币这个物品不论是比其他货物多或比其他货物少，由于商品的流转需要一定数量的货币，所以，货币数量减少，它的价值便增高；货币数量增加，它的价值便降落。假定法国本来有三十亿法郎货币，后来由于某种事故，不管是什么事故，减少到十五亿法郎，这十五亿法郎，将仍然具有相当于以前三十亿法郎的价值。要满足流转的需求，必须有相当于三十亿法郎的实际价值的作用，就是说，须有相当于二十亿磅的糖的价值（每磅按三十苏计值），或相当于一亿八千公石的小麦的价值（每公石按二十法郎计值）。不管货币所由制成的材料的大小轻重是怎样，国家货币总的价值仍是那么多，虽然在货币减到十五亿法郎的情况下，这种材料的价值，要比以前贵一倍。一盎司的银，将可买到八磅的糖而不仅仅买到四磅的糖。对于其他东西的情况也是如此，十五亿法郎的银币，现在相当于以前的三十亿法郎。但尽管如此，国家不比以前富足，也不比以前穷困，一个身上所带银币比以前少的人，在市场上仍然能够买到以前那么多东西。选择黄金作为币材的国家，比选择白银作为币材的国家，尽管所有的货币数量少得多，却不比后者来得穷。如果白银变少，只有现时的十五分之一，就是说，变到跟黄金一样稀少，那么，作为货币，一盎司白银将执行现时一盎司黄金所执行的职务，我们的货币，将仍然和从前同样充足。反之，如果白银变得和铜一样的多，我们的货币绝不会因此更加充足。不过我们要面临较笨重流通媒介所带来的不便而已。

由此可见，贵金属充足所以使一国更加富裕，是由于贵金属的其他效用，而且是单单由于贵金属的其他效用。因为，贵金属的充足可扩增这些效用的范围，可推广这些效用的使用。就作为货币说，贵金属的充足，一点也不增进国家的富裕。[①] 但是，由于一般人民惯于以一个人所拥有的货币来衡量他的贫富，由于国民财富是个人财富的总和这个见解的应用，于是推广到国民财富上。可是，上面已经说过，财富不在于物质或物体，而在于物质或物体的价值。一个体积大的货币，其价值不比一个体积小的货币来得大；一个体积小的货币，其价值也不比一个体积大的货币来得小。具有货物形式的一个价值，在价值上恰恰和具有货币形式的另一个同量的价值相等。

也许有人要问，如果货币和货物两者价值总相等，为什么人们总是欢喜货币过于货物呢？这个问题需要一些解释。我在下面讨

① 这些论点必然导致这个结论：一个国家的财富，可从输出一部分贵金属而增多起来，因为剩下的贵金属的价值，仍然等于贵金属从前全部数量的价值，而输出的部分，又使国家得到与它的价值相同的数量的价值。这是什么理由呢？由于货币的特殊性质，货币不是从发挥它的具体或物质性能而表现它的效用，而是仅仅从发挥它的价值性能而表现它的效用。数量较小的面包，只能餍足轻微的饥饿，但数量较少的货币，却仍能发挥跟以前一样的效用。这是因为货币价值随货币数量的减少而增长，而货币的价值又是人们所以使用它的唯一理由。

因此，很明显，政府应当采行与现在相反的政策，鼓励现金出口，而不阻碍现金出口。当他们更清楚地了解他们的职务时，他们无疑会这样做，或说得更恰当些，他们将不企图鼓励现金出口，也不企图阻碍现金出口。理由是，一个国家如果有相当大的部分的现金流往外国，其余部分的现金的价值必然随之增高。当这部分现金价值增高的时候，购买货物只要拿出较少的现金。这时候货物价格较低，于是输入现金和输出货物又成为有利。所以，由于这样的作用和反作用，尽管有种种规定，贵金属的数量，将始终维持和国家的需要差不多相等的数量。

论货币时，将指出铸币所以比具有同等价值的其他东西更为人们所喜欢，是因为铸币使它的持有者只要通过一次交换便能获得他所愿望的东西，不必从事第二次交换。不像其他货物持有者那样，持有铸币的人，无须先把他的货物换成货币，然后从第二次交换以取得所想望的东西，他只要从事一次交换就够了。这个优点，加上硬币分有大小不同的单位，极其便于分划，使硬币非常适用于助成价值的交换。每一个要交换东西的人，都成为货币消费者，也就是说，每一个社会成员都是货币消费者。这说明在价值相等的场合下，人们为什么欢喜货币过于货物。

但是，货币在个人交易上所有的优越性，并不推展到国与国之间的交易。在国与国之间的交易，货币尤其是金银块便丧失作为货币所特有的优越性，它们在这里只作为货物处理。拥有外汇的商人，所注意的只是这些汇款能给他提供的利益，他把贵金属看作可变卖以获得多少利益的货物。在商人看来，多作一次交换不算什么一回事，商人就是以谈判交换谋利为职业。一个普通人也许宁愿接受货币而不愿接受货物，但对各地市场时价消息灵通的商人，晓得如何评估换回的价值，不管这价值体现于什么具体形式。

由于要把资本移用于其他方面，或由于要把资本分为几股使用等等，个人可能不得不清理他的业务，但一个国家绝不会被迫这样做。这种清理是用在国内流通的货币来完成，而且只在那时候才使用这货币。同一货币几乎立即又被用来进行另一个清理工作或另一个交换工作。

我们在上面(第十五章)已经看到，就是要使国内交易和销售工作易于进行，也不需要很多现金。因为实际上买者都是使用产品购买产品——每个人都是使用他所协同生产的部分的产品从事购买。他以这部分产品购买货币，货币只不过是用以购买别的产品，而在这个交易过程中，货币只提供暂时的便利，其性质和载运农产品到市场然后又从市场运回该农产品所买的其他产品的车辆正相似。所使用以从事购买或清理工作的货币不管多少，被认为相当于多少价值，就作多少价值流通使用。在买卖完成的时候，买卖者并不比以前更富，也不比以前更穷。所有盈亏完全起因于交易的性质，与在交易过程中所使用的媒介丝毫无关。

那些使个人把货币看作比货物好的影响，在对外贸易上不发生什么作用。当一国所有的货币少于所需要的数量时，货币在国内的价值便上增，使外国商人和本国商人都对输入更多货币发生兴趣。当货币的数量过多时，货币跟其他货物比较的相对价格便下降，使输出货币到能控制更多货物的地点成为有利。使用强迫措施硬把货币保留在国内，无异于强使个人保留对他是累赘的东西。①

我本可在这里结束贸易差额这个问题的讨论，但由于不懂这问题的人是这样的多，而我所提出的观点又这样新颖，连知识比较丰富的阶级以及有最纯洁意图并精通其他问题的作家和政治家，

① 除完全不懂这些问题的人外，没有人会认为货币不可能成为累赘，而是随时可以用去的东西。不错，要是愿意把货币的价值浪费掉，或至少用它作吃亏的交换，那么这种想法便是对的。一个糖果商可把糖果送给人吃或自己吃掉，但如果他这样做，他就将丧失糖果的价值。应该指出，现金的充足，并不是和国民的苦难不相容。使用以购买面包的货币，一定是使用别的产品买来的。当生产必须和不利的环境作斗争时，人们总以缺少货币引为苦恼。但这不是因为货币缺乏，货币往往并不缺乏，而是因为可用以换取货币的产品的生产，不能有利地进行。

也觉得新颖，所以再在这里唤醒读者，使他们提防某些谬论，是值得做的。这些谬论常被提出以反对自由政策，并且大多数欧洲国家所奉行的政策，不幸也就是以这些谬论为根据。我将用最简易词语把这些反对意见弄得简单化，使读者能够更容易估计它们的重要性。

据说通过有利贸易差额增多通货数量，便可使一国的资本总量增加起来，而减少通货数量，一国的资本总量就要减少。但必须记住，资本不是由金银组成而是由用于再生产消费的价值组成。这价值必定相继具有各种形式。当一个人打算把某一数额资本投于任何一种事业或用以放债生息时，第一步总是把他所控制的各种价值变为货币。这样暂时具有货币形式的资本的价值，随后就很快通过一次又一次的交易变为建筑物、工厂、计划的投机事业所需要使用的各种易于毁灭的物质。临时所使用的现金，一完成它的暂时任务，就归到别人手中，用以实现新的交易。关于这个资本所相继具有的许许多多其他形式的物质，情况也是如此。所以，不管资本的价值具有哪一种形式，只要我们采用能保证它的再生产的方法跟价值分手，便不会因此使它失去或减少。

假使一个做外国货生意的法国商人，汇十万法郎现金资本到外国买棉花。当棉花运到法国时，如果暂且撇开他的利润不谈，他就拥有价值十万法郎的棉花而不是价值十万法郎的现金。有没有谁损失十万法郎现金呢？一定没有。这个冒险家是以老老实实的手段获得这笔现金的。一个棉织商付现款购买这棉花。他有没有因此吃亏呢？无疑地没有。相反地，棉花价值在他手中将涨到两倍，使他在偿还一切预付款以后还可获得一定数额利润。如果没有一个资本家损失所输出的十万法郎，国家怎能损失十万法郎呢？他们将告诉你说，损失落在消费者头上。实际上，所有买来和消耗的棉织品都是绝对损失，但如果消费者所消耗的是价值同样多的麻织品和毛织品，而没有汇出一生丁[①]，仍然有同样多的价值损失掉或消耗掉。这里所说的价值的损失，不是由于出口，而是由于消耗。纵使没有输出任何东西，也可能有所消耗。所以，严格依照实际情形，我可肯定地说现金的出口并不使国家遭受损失。[②]

有人很有把握地断言：假使法国没输出十万法郎，它就将继续保有这笔价值，事实上，法国损失了两倍于这笔价值的数目，其一

① 一生丁等于一法郎的百分之十。——译者

② 一个商人的两年总账可表示，虽然他第二年所拥有的现金比第一年少，但他却比第一年更富有。假设这两年的账目如下：

地皮和建筑物	40,000 法郎
机器和动产	20,000 法郎
存货	15,000 法郎
可收回的赊账余额	5,000 法郎
现金	20,000 法郎
	总额 100,000 法郎
第二年	
地皮和建筑物	40,000 法郎
机器和动产	25,000 法郎
存货	30,000 法郎
可收回的赊账余额	10,000 法郎
现金	5,000 法郎
	总额 110,000 法郎

第二年账目表示，尽管现金减少到只相当于第一年的四分之一，但他的财产却增多一万法郎。

能够给社会的全体成员制出同样的财产表，除各项目的比例外，其余和上表完全相似。这样，社会的全体成员，虽然第二年所持有的现金比第一年少得多，但第二年却显然比第一年更加殷实。

是输出的十万法郎，其一是所消耗的十万法郎棉织品；假使所消耗的是国内产品，就只有一方面的损失。对于这个意见，我们的答复还是和从前一样。现金的出口，并没引起损失，因为已经有相等价值的进口抵消输出的现金的价值。法国所损失的，除输入的十万法郎棉织品外，没有其他。这个事实是这样确实，我敢向任何人挑战，请他给我指出棉织品消费者以外的其他损失者。如果没有，就显然没有损失。

你有力量阻止资本出口吗？决意把资本移到别地方去的人，可通过输出国家所不禁止的货物同样有效地达到他的目的。[①]但他们会告诉我们说，这样更好，因为我们的制造商可从中得到好处。这确是实情，但所运出的货物，不换回任何可用以进行新的购买的东西，所以这些货物的价值，一去不复返了。这么多资本，从你们那边移到别的地方去，不是用以促进你们国家产业的活动，而是用以资助别国产业的活动，这才是真正可怕的情况啦。资本当然向能够给它提供安全保证和有利用途的地方移动，并从不能给予它这些利益的国家逐渐退出，但资本可不必变为现金才能很容易由一个地方移到另一个地方。

现金的输出，只要随后换回相应价值，国家的资本便不因此有所减少；另一方面，现金的输入，也不增加国家的资本，因为在能够输入现金之前，必定输出有相等的价值以购买那现金。

关于这一点，有人主张如下，运往外国的如果是货物而不是现

---

① 也可通过开出汇票办法来实现资本的移转。这只不过是用另一种办法来代替一个人把货物运往外国的办法，把收取货价收入的权利让给别人，这些收入价值留在外国。

金，那么，我们就给货物创造了需求，并使生产者能够从生产这些货物谋利。我回答说，即使运出的是现金，这笔现金起初也必定是用输出的某些本国产品购来的。因为，我们可以深信不疑，这笔现金的原来外国所有者，绝不是把它白送给法国进口商，而法国当初只有使用本国产品来换它，没有其他东西可用。如果法国所拥有的贵金属，超过它所需要的数量，那么，输出任何东西都不比输出贵金属更合宜。假使输出的现金，超过了流通所不需要的供给量，那么，我们完全有把握可以预料，由于这个过度的输出一定会抬高现金的价值，必定有别的现金流入代替运出的现金。购买这些别的现金，一定要输出本国产品到外国，这些产品同样可给本国生产者产生利润。总而言之，凡由法国运出以购买法国市场所需要的外国产品的价值，归根到底全可化为先行运出或以后运出的法国产业的产品，因为法国没有其他东西可用以购买外国产品。

还有人认为最好是把可消耗的物品例如工业制造品输出外国，而把不易于消耗或至少消耗较慢的物品例如现金保留在国内。但是，消耗较快的东西如果在国内有较大的需求，保留它当然比保留消耗较慢的东西更有利。硬要一个生产者保持消耗较慢的货物以代替相等部分由消耗较快的货物组成的资本，往往会使他陷入于极大的不便。假使一个铁匠和人订立合同，约定于某月某日由后者交来一定数量的煤炭，而后者到期所交付的不是煤炭，而是相等价值的货币，在这种场合下，很难使该铁匠相信，由于货币比他所订购的煤炭消耗较慢，所以给他货币对他有利。又假使一个染商向外国订购一批染料，而外商交来的却是黄金，托词所交黄金的价值相等于订购的染料的价值，而且比较耐久，这一定会使染商受很大的损失。他所需要的不是任何耐久的东西，而是一种虽会在染桶中溶解但很快就以他的布匹的色泽再出现的物质。[①]

要是只输入最耐久的生产资本才有利益，输入其他种类生产资本都没有利益，那么，许多非常耐久的东西如石头、铁等就应当和金银一样成为人们偏爱的东西了。其实，真正重要的不是任何特殊物质的耐久性，而是资本价值的耐久性。资本的价值，尽管它所表现的具体形式不断改变，却永久不会毁灭。而且，除非资本价值不断改换形式，便不生利息或利润。使资本价值限于一种形式，等于使资本价值继续处于不生产状态。

但我要更进一步。在说明输入金银并不比输入其他货物更有利以后，我要肯定地说，即使永远保持有利贸易差额是值得做的，实际上也办不通。

像其他物质一样，金银也结合组成国民的财富。金银只在供给量不超过国家对于它们的需要的时候，才有用于社会。供给量一超过需要，出卖金银者便多于购买金银者，结果它们的价格必然相应地下降。于是就有有力诱因出现，促使人们在国内买进金银，运去外国图利。用下面的例子可以说明这一点。

假设在某一时候，某一国家的国内贸易和国民财富的状况是这样，以至时时刻刻需要使用一千辆各种各式车辆。又假设由于实行某种特殊贸易制度，这国家能使每年进口的车辆多于每年毁

① 从本书第三篇对消费问题的讨论中，我们将看到较慢的非生产性消费比较快的非生产性消费略胜一筹。但在再生产部门，消费越快越好，因为消费越快，再生产越快完成，利息开支越省，同一资本能越多次地重复它的生产性作用。此外，消费的速度并不特别影响外国货物，不管产品是外货或国货，它的坏影响完全相同。

坏的车辆，以致在每年之末，它不是有一千辆而是有一千五百辆。在这种情况下，不是极其明显，将有五百辆车放在车库无用，车主因不愿听任其价值潜伏着不起作用，将竞相杀价卖去，甚至遇有可能，将不惜冒险走私，把它们偷运国外，以图赚取更大的利润吗？政府将徒然和外国订立商约，鼓励车辆的进口，将徒然努力鼓励输出别的货物以换回车辆形式的收入。政府当局愈热烈赞助车辆的输入，个人将愈急切把车辆输出到外国去。

车辆如此，现金也如此。现金的需求是有一定的限度的。现金只构成国民财富总额的一部分。国民财富绝不能全部构成于现金，因为除现金外，还有其他东西也是必要的。现金这种物品的需求，与一般财富成比例。富国比穷国需要更多的车辆；同样地，富国家也比穷国家需要更多的现金。不管贵金属具有什么华美和结实特质，它的价值总是依存于它的用途，而它的用途乃是有限制的。像车辆一样，贵金属的价值有这种特殊性，即它所交换的东西的数量越相对地增加，它的价值越减；它所交换的东西的数量越相对地减少，它的价值越增。

人们告诉我们说，什么东西金银都可换得到，这固然不错，但以什么为条件呢？当以强制措施使金银增到超过需要的时候，条件便恶化起来。因此，在这种情况下，金银就有强烈的外流倾向。西班牙禁止白银出口，但西班牙却供给全欧所用的白银。在1812年，英国纸币使全部金币成为多余，于是黄金变得过多，超过其他用途的需要。黄金价值由是相对地下降。尽管一个海岛的海岸是多么容易守护，尽管偷运金币出口要处死刑，但几尼金币却依然源源流到法国。

那么，各国政府用尽力量使贸易差额变为顺差，究竟有什么用处呢？除非想借此卖弄没有经过事实或经验证明的财政优点，[①]否则这种努力可以说是完全徒劳的。这样显明和这样与一般常识以及一切研究贸易问题有素的人士所证明的事实相一致的原则，为什么竟受到一切欧洲有统治权的人的排斥，[②]并且受到若干既有天才又精通其他问题的作家的攻击呢？说句老实话，这是因为懂得政治经济学主要原则的人还不多，因为已经存在了若干建立在虚伪基础上的原则和理论，这些原则和理论，又被偏私的统治者加以利用，又被贪得无厌的商人和制造者加以利用。前者使用禁令作为进攻的武器，或作为征税的手段。后者对排外措施有切身的利害关系，而不用心研究他们的利润究竟是来自实际的生产或是来自同时加于社会其他阶层的损失。

决心维持有利的贸易差额，就是说，决心一方面输出货物，一

① 据英国贸易统计，自十八世纪初至采用现行的纸币制度的时候为止，英国年年经常有以现金形式收回的或多或少的贸易收入，这项收入在这时期中一共达到三亿四千七百万镑的巨额（合六十亿法郎以上）。如果把英国在这时期开始时所已有的现金加上计算，英国照理应该有将近四亿镑的流通媒介。那么，即在现金最多时候，英国财政当局所作的最夸大的估计，为什么也未超过四千七百万镑呢？参阅上文第三章。

② 他们全是根据下述的信念行动：(1)贵金属是唯一值得想望的财富，其实贵金属对财富的创造只执行次要的任务；(2)他们有力量通过强制的措施，使贵金属源源流入国内。英国的事例（阅上面注释）表示，这种尝试不能获得多大的成功。因此，英国的超越财富，不是由于有利的贸易差额，而是由于其他原因。这些原因是什么呢？是由于它的巨额生产。但它的巨额生产是归功于什么呢？是归功于个人想积聚资本而厉行的节约，归功于国民的勤勉性以及这勤勉性的实际应用。归功于人身和财产的安全，归功于国内货物流转的便利，归功于个人行动的自由。英国个人行动的自由，现在虽然还不很完全，还受到一定的束缚，但从总的说来，比欧洲其他国家人民所享受的自由大得多。

方面换回现金，实际上就是等于决心不要对外贸易。理由是，跟我们作交易的国家，只能拿出它所有的东西和我们交换。如果一方只要现金，其他东西一概不要，另一方也可能作出同样的决定，而当双方都只要同种货物时，就没有互相交易的可能。要是贵金属的独占果有可能，世界上可望成立商业关系的国家，就必定寥寥无几。如果一个国家能够供给另一个国家以它所需要的东西，后者还有什么好要求呢？黄金在哪方面比其他东西更可取呢？黄金除准备用作购买所想望东西的手段外，还有什么值得取得呢？

这样一天迟早总会到来，人们将感到惊异，这样幼稚和荒谬但却这样常常动用武力来强制执行的原则，竟需要费这么多心机来揭穿。[①]

现在再来谈我们的问题。我们已经看到，指望从有利贸易差额获得的利益是完全空幻的利益，并且，即使假定这利益是实在的

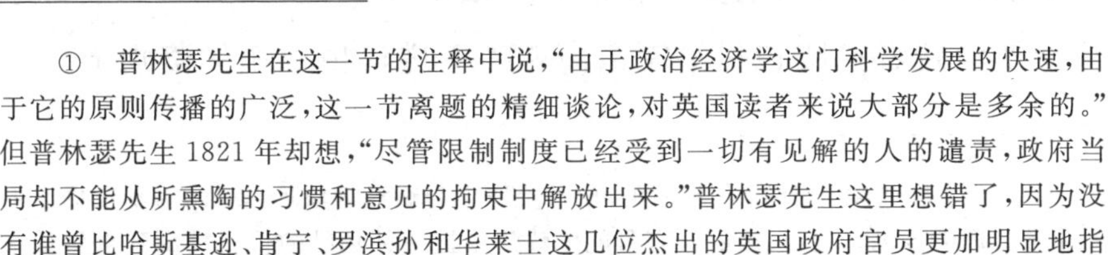

① 普林瑟先生在这一节的注释中说，“由于政治经济学这门科学发展的快速，由于它的原则传播的广泛，这一节离题的精细谈论，对英国读者来说大部分是多余的。”但普林瑟先生 1821 年却想，“尽管限制制度已经受到一切有见解的人的谴责，政府当局却不能从所熏陶的习惯和意见的拘束中解放出来。”普林瑟先生这里想错了，因为没有谁曾比哈斯基逊、肯宁、罗滨孙和华莱士这几位杰出的英国政府官员更加明显地指出限制制度的“失策和不公”并采取措施促成这制度的完全废除。

在最近一期的《爱丁堡评论》中，一位作家说，“关于解除那些在比较不开明时代加在工商业上的羁绊，他们已经做了不少工作。尽管一小撮对任何种类改良都表示反对，对一切陈腐和不良事物都依恋不舍的人大叫大喊、攻击他们，他们可确信，绝大多数中产阶级，都诚心诚意赞同他们在最近所采取的措施。尤其是哈斯基逊先生，尽管他们说尽他的坏话，我们可毫不犹豫地说，当他担任商务部部长的短短几年中，他所做的改善我们商业政策的事体，比一百年中他的前任所做的还多。我们应该记住，他的高尚，在于他不是受党派利益观念的驱使而建议那些惹起人们反感的措施，而是因为他相信这些措施在原则上是正确的，对国民的真正和永久利益是有利的。”他的这个意见很有道理。——原编者

利益，一个国家也休想能永远享有这利益。现在还待阐明的，乃是为上述目的而制定的规章，其实际作用究竟是怎样。

政府如果对某些外国产品加以绝对的排斥，势必引起一种独占权利的建立，有利于制造这些物品的国内制造商，而不利于国内消费者。就是说，生产这些物品的本国商人，就掌握了专卖这些产品的权利，能随心所欲把它们的价格抬到自然价格以上，而本国消费者，由于不能向其他地方购用这些物品，只得听其宰割给付不应有的高价。[①] 如果这些物品没被完全禁止进口，而只征课重税，那么，进口税多少，国内生产者就能增高价格多少，而国内消费者必须给付新旧价格的差额。例如，假使对每打值三法郎的磁碟课一法郎进口税，那么，进口商就必须向消费者每打索价四法郎，不管他是哪个国家的商人。于是，制造磁碟的本国商人，对同样磁碟也能向消费者每打索取四法郎的价格。要是没征收这种进口税，他就不能这样做，因为消费者就能以三法郎购到这种碟子。所以，这等于使消费者掏腰包付给制造商相当于进口税税额的奖励金。

① 李嘉图先生在 1817 年出版的《政治经济学与赋税学原理》里面，对本段提出下面非常合理的意见。他说，政府没有可能依赖禁令把一种物品的价格提高到自然价格以上，因为这样做的结果，将有更多生产者来生产这种物品，而由于竞争的影响，利润又最终降到一般的水平。因此，为使我的意见不至于被人误会，我必须声明，我所谓自然价格，是指获得一种产品所必须给付的最低价格，不论使用什么方法获得它，是借助商业的作用，或借助其他产业部门的作用。如果商业能比工业以更低廉代价获得它，而政府贸然出面，强迫工业从事它的产制，这无异于强迫国民采取更靡费的方法以获得它。这样，政府既损害消费者，又不能给生产者带来相当于他们向消费者所索取的额外价格的利润，因为竞争的影响，不久一定会使价格降落到一般的水平，而独占权利因此归于无效。所以，李嘉图的批评，虽然到这里为止是正确的，但其实不过说明，我所责难的措施的危害性比我所说的有过之而无不及，因为它增加满足人类需要的困难，而同时不给予任何社会阶层足以抵消这个困难的相应利益。

要是有人提出这种论点，认为自己在国内从事产制所得的利益，足够抵消对几乎一切产品都得给付较高价格的苦痛，因为，在自己国内从事产制，我们的资本和劳动力都有生产用途，而且所有利润都归自己国人所有。对上述论点我将如此答复：我们不是无代价地得到输入的外国产品，我们必须使用国内生产的价值以购买它们，而这些价值的生产，同样可使我们的资本和劳动力得到雇用。我们绝不可忘记这个原则，产品总是最终以产品购来的。对我们最有益的，不是把我们的生产力使用在外国人经营得比我们更好的生产部门，而是把我们的生产力使用在我们经营得比外国人更好的生产部门，然后以我们所生产的东西购买外国的产品。采取相反的方针，和一个人打算自制自己所穿的衣服和鞋子同样荒谬。假使为着强迫居民自制自己所穿的衣服和鞋子这个所谓可嘉尚的目的，在每家每户门口征收衣服和鞋子进口税，世界将对这种做法做什么感想呢？人们不会合理地说，让我们每人各干自己的职业，使用自己所生产的东西购买所需要的东西，或让我们每人使用售卖自己产品所得的收入购买所需要的东西吗？这种制度恰恰相同于我们所讨论的制度，不过推广到荒谬的极点而已。

这确是很奇怪，各国竟然都这样渴望获得禁止规则，虽然它们不能从这些规则得到任何好处。这使我们设想上述两种场合是不相似的，因为我们发见个别家主并不盼望获得同样的权利。但是，唯一的不同只是，个人是独立、前后一致的生物，不受矛盾意志的驱使，他对作为能比较廉价格购到衣服和鞋子的消费者，比对作为能以较高价格卖出衣服和鞋子的制造商，有更大利害关系。

那么，再三再四要求限制规定或课征沉重进口税的是社会哪一阶级呢？是那些为要防御竞争而申请保护的某些特殊货物的生产者，而不是这些货物的消费者。他们以公益为借口，但显然是以私利为目的。这些人说，两者不是同样的东西吗？我们的利益不就是国家的利益吗？绝对不是。以这种方法获得的利润不论多少，总是从邻人或同城居民的腰包付出的。如果我们能够精确计算独占对于消费者所增加的负担，我们将发见消费者因此所受的损失，超过垄断者所得的利益。这样，在这里个人利益与公共利益处于直接对立的地位。既然只少数开明人士了解什么是公益，所以禁止制度有这么多拥护者这么少反对者是毫无足怪的。

关于提高消费品价格的危害，一般地说不引起人们的注意。粗略的观察看不出这种危害，因为它所起的作用是零零碎碎的，在每次购买或消费东西时只能稍稍感觉到。可是，这种危害是不可小看的，因为它反复出现，而且压力极其普遍。消费品每一次价格的变动都影响每一个消费者的全部财产。消费品的价格越便宜，消费者越富足；消费品的价格越昂贵，消费者越穷困。如果一种物品涨价，这种消费品的消费者便不像从前那么富足，如果所有消费品一齐涨价，所有消费品的消费者便都不像从前那么富足。由于全国人民都是消费者，在这种场合下全国人民都将变得不像从前那么富足。此外，全国人民将没有力量扩充能给人带来愉快的东西，将不能获得所需要的产品以交换所想望的东西。硬说一个人的损失就是另一个人的利益是徒然的，因为这个论点只就独占事业说是正确的，而且即就独占事业说也不完全正确，因为独占者所得的利润绝不能等于消费者的全部损失。如果价格是由于任何形式的赋税或进口税而上增，生产者不但得不到一点点好处，而且将适得其反，像我们不久就将看到那样(第三篇第七章)。所以，事实上他作为生产者不会比从前富足，作为消费者却比从前穷困。这是导致国家穷困的一个最有力因素，至少也是阻止国民财富增长的一个最有力因素。

由此可见，对非生产性消费品的进口与国内工业所使用的原料的进口加以区别并对前者更加嫉视，乃是极其无聊的做法。不论所消耗的产品是本国产物或外国产物，总有一部分财富在消费过程中归于毁灭，总有相应数量的社会财富受到侵蚀。但这侵蚀是消费的结果，而不是和外国人打交道的结果。就扶植本国生产事业说，消费外国产品和消费本国产品并没有区别。理由是，外国产品是使用什么东西买来呢？是使用本国产品或货币，但货币本身起初也必定是用本国产品买来的。购买外国人的东西，国家所做的，实际上不过把一定数量的本国产品运往外国，不在国内消费它，而消费所换回的外国产品。这种交换事务，也许不是由消费者自己办理，而由商业代他办理。一个国家要买外国产品，不使用本国产品就买不成。

拥护进口税的人常常强调说，“当外国利息率低于本国利息率时，外国生产者就比本国生产者处于比较有利的地位，所以必须征收抵消关税来对抗这种利益。”较低利息率对于外国生产者的利益，正像他的较肥沃土地的利益。它倾向于使外国生产者所生产的东西比较便宜，而我们的国内消费者照理应该利用这便宜价格以取利。那些使我们向热带输入白糖和靛青而不自己从事生产的理由,在这里同样起作用。

"但是,所有生产部门都必须使用资本,外国人能够以较低利息借入资本,所以在一切产品的生产都享有同样的便宜,因此,如果准许进口自由,外国生产者将比本国的一切种类生产者都占优势。"好,请告诉我,我们怎样偿付外国生产者产品的卖价?"当然是用现金偿付,而害处就在这里。"但我们怎样获得现金以支付外国产品的价款呢?"国家所有的一切现金,将尽用于这个用途,到用光的时候,国家的穷困就达到极点。"那么,你现在承认了,在这种极端穷困到来之前,现金的继续外流,将使国内现金逐渐减少,外国现金逐渐增多。这样,国内现金价值将逐渐上升,升至比外国高百分之一、百分之二、百分之三。这完全足以扭转形势,使现金的内流变得比外流更快。但现金不会无偿地流入,必须给付一种东西以作回易,而除本国土地或商业产品外,还有什么东西可用呢?要向外国购买东西,唯有使用本国土地和商业的产品来支付买价,此外别无他法。最好向外国购买他们能制造得比本国便宜的东西,因为我们不要担心他们不接受我们能比他们制造得便宜的东西作为回易。他们非接受不可,否则交易就要停止。

还有什么荒谬论点没被提出把这些问题弄得奥妙难解呢?有人肯定地说,由于差不多全国的人既是生产者又是消费者,所以他们以生产者资格从独占和禁令所获得的利益,等于他们以消费者资格从独占和禁令所受到的损失。生产者从他自己的产品赚到独占利润,但另一方面,他又通过所消费的产品的独占利润受到损

害。这样国家可以说是由恶棍和呆子这两种人物组成，这两种人势均力敌。但值得注意的是，每个人都认为与其说自己是呆子，毋宁说自己是恶棍。理由是，尽管所有人同时既是消费者又是生产者，但他从一种产品所赚到的利润，比从无数种产品的消费所反复受到的轻微损失，显然大得多。如果对印花布征收进口税，每年所加于小康的人的负担，大概最多不会超过十二法郎或十五法郎。他或许不很了解这种损失的性质，或许不大觉得这种损失，尽管他所消费的一切东西，使他不断遭受这种损失。至于这个消费者如果自己又是制造商，比方说帽商，那么，假使外国帽子的进口要付进口税，他就会立刻看出这将如何起提高他所生产帽子的价格的作用，使他每年能多赚几千法郎利润。正是由于这种幻想，禁止性措施才得到私人利益这样热烈的拥护，尽管整个社会作为消费者因此所受的损失，远远超过作为生产者因此所得的利益。

但即从这个观点看来，排外制度也包含着无限的不公。就是把这制度推展到一切方面，也不能使一切生产部门都沾到它的利益。事实上，没有可能普遍实施这种制度，尽管这也许是法律的规定或政府的意图。有些物品如鲜鱼、牛等，由于它们的特殊性质，绝不能从外国输入。因此，就这些物品说，无从利用进口税的办法提高它们的价格。同样的说法也适用于泥水匠、木匠等的作品，以及许许多多必须在本国从事的职业，如店员、一般办事员、搬运工、零售商等的职业。无形产品生产者，公务员、公债票持有人等也属于这种范畴。在这些种类生产者中，可从征收进口税授予独占利益的，没有一个。但另一方面，他们都由于政府以这种方法授予其他种类生产者的许多独占利益而吃到不少苦头。[①]

不但如此，独占利润，即在协同生产独占品的各个阶级之间也分配得不均。无论在农业、工业和商业方面，如果消费者完全受大老板的支配，这些大老板所雇用的工人和附属生产者尤其难逃他们的勒诈，我将于第二篇说明其原因。无论如何，这些人与一般消费者共分损失，但分不到上级所获得的不自然利益。

禁止措施不但影响消费者的收入，还常常使消费者吃到种种其他大苦头。我说起很觉惭愧，近在这几年中，我们马赛制帽商还托词外国草帽打击他们毡帽的销路，请求政府禁止这种外国帽子进口。[②] 这个禁令将使乡下人和农民买不到一种又轻又凉又便宜的帽子。这些人终日受太阳的暴晒，这种帽子非常适合他们需要，应该推广和鼓励它的使用才对。

一个政府为了实行它误认为精明的政策或为了满足它认为值得称赞的情绪，有时禁止某种贸易或迫使某种贸易改变方向，使国民生产力蒙受无可补救的损害。当菲力普二世成为葡萄牙的征服者时，他禁止他的新臣民和他所痛恶的荷兰人往来。结果怎样呢？本来荷兰人都是到里斯本采购印度货物，经常从那里买去大量这

① 有一个事实可以大快人心，那就是推行限制性措施的人，往往自食其果。有的时候，他们企图通过另一个不公平行为以补偿所受的损失，例如，管理财政的人，往往在这时候增加自己的薪水。有的时候，这些人在发现独占权利特别对自己不利时，便废除独占。1599 年，都尔商人呈请亨利四世禁止金银丝织品进口。这种丝织品从前全是进口货。这些商家以甘言饵诱政府，自称能够供给法国全国对于这项织品的需求。亨利四世糊里糊涂地批准这项申请，糊里糊涂地答应请求是他的一贯作风。嗣后金银丝织品价格，扶摇直上。消费这种织品的主要是达官贵人，他们大声疾呼，反对禁止，仅仅六个月之后，这禁令就取消了。（舒利：《回忆录》，第 2 章）

② 《国家产业促进会公报》，第 4 期。

些货物。发觉了这条路走不通的时候，他们直接去印度采购所需要的东西，最后把葡萄牙人排挤出印度市场。这样，本来打算借以打击不共戴天的仇人的措施，却反成为发展仇人力量的主要泉源。芬朗说过，“贸易好像岩底泉水，如果企图改变它的路线，它就停止不流。”①

这些就是对进口设置障碍的主要灾害，而绝对禁止外货进口是发展到最严重程度的障碍。不错，曾有若干国家，在这种制度下反而日益繁盛起来，但这乃是因为对国家繁荣起作用的力量大于对国家贫弱起作用的力量。国家有似人体。人体具有一种生命力，这生命力不断起作用，恢复人体由于纵情肆欲所受的毁伤。大自然医治我们由于笨拙和放纵加在自己身体上的创伤，奏效极其神速。同样地，国家尽管受到友人或敌人的伤害，仍然能够保持现状，甚至还能发达。值得注意，最勤勉的民族，往往是受这种摧残最剧烈的民族，因为没有别的民族能经这种摧残而继续存在。这时候他们往往叫嚷说，“我们的制度一定是正确的，因为我们日益发达了。”但是，如果我们对最近三百年中所发生的协同促进人类体力智力的发展的各种事物采取开明的看法，使用精明眼光来观察在航海、新发见以及在一切技术和科学部门的发明所获得的进步，考虑到由这半球移植到那半球的有用动植物的种类的繁多，适当注意每天所见到的科学的发展与应用科学的方法的增进，我们

① 法国国民代表大会认为西班牙生皮妨碍法国生皮的销路，禁止西班牙生皮进口，没注意到同一生皮以后又以鞣皮形式复出口到西班牙。法国皮革厂由于生皮价格过昂，不久纷纷关门大吉，结果皮革业迁移到西班牙，大部分资本和工人也跟着迁移。政府干涉生产事业，不但对国家生产事业无益，而且对国家生产事业有妨害。

就不能不相信我们实际达到的繁荣，远不及我们所可能达到的繁荣的程度。我们的繁荣，时时刻刻要和阻碍它的发展的事物作斗争。人类的大部分时间和努力，还是用于破坏自己的资源而不是用于扩充自己的资源，还是用于互相掠夺而不是用于互相支援，连在那些被认为世界上人民最开通的地方，情况也是如此。这一切都是由于人们对自己真正利益缺乏正确认识和知识。①

再来谈论我们的问题。我们刚才所研究的，是一个社会从不能自由输入外国货物所蒙受的损害的性质。关于生产被禁止进口的货物的国家所蒙受的损害，其性质也相似，它因此就不能把资本和劳动放在最有利的用途。但万不可设想利用这种方法，就可使外国完全破产，就可把外国财富剥夺精光，像拿破仑把英国产品撵出大陆市场以外时所做的想法那样。这个方法至多不过使外国不得不改变生产努力的方向，至于无法把一个国家完全封锁起来，更不必说，因为这必定普遍遭到利己动机的抗拒。一个国家总有力量购买和消费自己所产的全部产品，因为一种产品得用别的产品购买。你认为阻止英国输出一百万磅毛织品，你就能阻止它生产一百万镑的价值吗？要是你真的这样想，你就大错特错了。英国将把从前用于制造运往法国销售的毛织品的部分的资本和劳动移来蒸馏谷物和其他国内产品制造强烈酒精。它将不再把毛织品运往法国交换白兰地。一个国家通过这个或那个方法，直接地或间

① 我不想在这里暗示应把一切种类知识灌入人的脑海中，我只想在这里指出人们对那些和自己有比较直接利害关系的事物应有正确的认识。对于科学的利益，知识的普遍和完全的传播并非必要。来自知识的好处，和知识的进步成比例。各国的繁荣程度，看它们对那些和它们有最直接利害关系的事物的正确认识的程度而定。

接地总能把所生产的价值消费掉，但它所消费的价值，也只能以此为限。如果它不能把所生产的东西和邻邦交换货物，它就只能生产在国内消费的价值。禁止外国货物进口的结果，至多不过使双方国家的物资供应都减少，双方国家的财富都不会因此增加些微。

拿破仑尽他能力所及的范围，阻碍英法的通商。无疑他这样做使英国和欧洲大陆同受巨大损失。但另一方面，通过统治权的推广，他不自觉地[1]促进了欧洲各国之间的交通。荷兰、比利时、德意志一部分，意大利、法兰西之间的关税撤销了。除英国外，其他国家关税税率都很低。商业因此得到的利益，可从建立现行制度和在各国边境密布税警以后所发生的不满情绪与不景气现象作出大略的估计。不错，所有这样设防的大陆国家，保全了从前的生产手段，但生产没有像从前那么有利。

法国在革命后撤销各省之间的关卡，谁也不能否认它从这个措施获得了极大的利益。同样地，欧洲也从撤销各国之间的一部分关口获得了一定好处。如果世界撤销那些好像把人类的各个社会孤立起来的关口，也一定会得到类似的利益。

我还没有谈到排外制度的其他非常严重祸害，例如，引起一种新的犯罪行为即走私的产生。一种本来原是完全无害的行为，现在却成为犯罪行为，那些实际上为一般福利而奔走的人，现在却要

① 如果把一个已经垮台的暴君所造成的一切危害都说是出于预谋，所做的一切好事都说是由于偶然，那就是对他过于苛刻。但我们作者以学者的身份，大抵是有所激而然。领土广阔所提供的巨大和显著利益，在于可促进广大地区各部分的交通。如果一个征服者所做的措施呈现了多少计划性，应该认为他确曾怀抱这目的。绝不能责备拿破仑没有主义或没有目的。——英译本注

受刑罚。

据亚当·斯密的意见，征收进口税，在两种情况下，可认为适当。其一，一种企业对于公共安全极其必要，但外国供应来源不能确靠。这样，一个国家如果为着发展国内火药生产，需要禁止火药进口，那么，禁止火药输入就可以说是明智举动，因为，与其冒临时得不到这样重要东西的危险，不如多出一些钱来获得它。[①] 其二，类似国产物品已有课税。在这种情况下，外国产品如果完全免税，它实际上就享有额外利益，因此，对它课税不至于破坏生产部门之间的自然平衡与相对地位，而反足恢复它们之间的自然平衡与相对地位。

的确，贸易生产的价值，没有理由可单独豁免农工业生产价值所负担的赋税。赋税无疑是一种害物，必须尽可能设法减除，但征收一定数额赋税，一经认为必要，就得公正地对三种产业一样征收。我所要揭穿并加以驳斥的错误，乃是那认为这种赋税有益生产的看法。除非对赋税收入善加利用，否则赋税绝无益于公共福利。

这几点在订立商约时，绝不可忽视。其实，商约除保护那些由于立法错误而用于不适当途径的资本和劳动外，没有丝毫其他好处。明智政策在于把这种情况扭转过来，不让其继续存在。产业和财富的健全状态，乃是绝对自由，即听任各种事业各自照顾自己的利益。政府所能提供的唯一有益保护，就是使人民不受欺骗，不

---

① 这个理由不够充分。经验告诉我们，火硝是最经常进口的一种物品，我们贮藏巨量火硝以备临时需要，但法国议会却对火硝征收等于寓禁于征的进口税。

受暴力迫害。赋税和限制措施绝不是利益，充其量也不过是难以避免的灾害。认为赋税有益民众，无异于误解国家繁荣的基础，无异于蔑视政治经济学原则。

进口税和禁令常常被用作为报复手段。“你们政府阻碍我们产品进口，我们也阻碍你们产品进口，这难道不应该吗？”这是最便当的托词，也是大多数商约的根据。但是人们看错了目的。即使假定各国有权利各尽力量互相摧残，我在这里所争论的，不是它们有否这项权利，而是什么是它们的利益。可顺便说一下，我不承认它们有这样的权利。

拒绝和你建立一切商务关系的国家，无疑地伤害了你，因为它在它能力所及的范围内，使你丧失对外贸易所能给你的利益。所以，如果你能够通过报复，使它害怕而放弃排外措施，那么作为一种策略，报复无疑是一种合宜方法。但绝不可忘记，报复固然使你的竞争者受损伤，但也使你自己受损伤。报复所起的作用不是抵抗竞争者利己措施的防卫性作用。为了间接地攻击你的竞争者，你却先受到报复对你自己所起的进攻性作用。这里唯一的问题是，你的报复是由什么程度的仇恨所激发，你愿意放弃多少利益以图复仇的痛快。[①] 我不打算枚举商约所产生的一切流弊，我也不打算把本书中所坚持的原则应用到商约所通常包括的一切条款或

① 大西洋彼岸在这几年中摆脱了殖民地从属地位的那些殖民地，包括拉普拉塔省、多明戈或海地，已经开放海口和外国人通商，而不向外国人要求互惠条件。它们现在比过去实行排外制度时期中的任何时候都更富裕和更发达。我们听说，古巴自从由于各种紧急情况的交迫，毅然不顾当时母国所实行的制度，把海口开放和一切国家通商以来，贸易额跃增了两倍。欧洲各古老国家，尽管周围都是进步制度的良好结果可做榜样，却继续执迷不悟地死抱着陈旧成见与方法不放，像顽固农民那样。

规定。我将以提出这个意见为限，即几乎所有现代商约，都是建立在输入现金来清算有利贸易差额的想象利益和可能性的基础上。如果这利益和可能性弄清楚了乃是空想的利益和可能性，那么，不管商约产生了什么利益，这利益必定是完全起因于商约给国际交通所带来的更大自由和便利，而不是起因于商约的限制条款或但书，除非立约的一方，像英国对葡萄牙那样，[①]利用它的优越势力，强迫对方接受有点近似纳贡的条件。在这种情况下，商约简直就是勒索和掠夺。

我还要在这里提出这个意见，一个国家通过商约把特殊权利给予另一个国家，在其他国家看来，即使不是敌对行为，至少也是极招反感的行为。原因是，为使让与的特殊利益发生效力，势必拒绝其他国家同享这种利益。于是，不愉快意见与争端以及许多跟着而来的灾害，就开始发生。对所有的国家一视同仁，对各国产品的进口只课以使它们不能比国产类似物品占更优越地位的进口税，这是远为简单有益的办法。我希望我已经证明了这一点。

可是，尽管我在上面叙述排斥外货的种种流弊，如果骤然废除这种制度，无疑又失于轻率。疾病不能够一下子根除；即使是惠民良政，也不能不慎重考虑和小心处理。独占事业是一种害物，但这

① 这一个成为极大反感根源的著名外交条约，完全没有纳贡的气味。它是根据部分相互免税规定缔结，而在英国早被看作仅足吓人的东西。的确，自从亚当·斯密时代以来，大不列颠的各种排外措施，与其说是以获得有利贸易差额从而引起金银内流这个已被批判得体无完肤的目的为目的，毋宁说是为了同样荒谬目标，即独占国内市场和维持高昂货币价格。禁丝进口和对丝课进口税，其目的主要在于前者。局部禁止外国各物进口，其目的主要在于后者。据提倡这些措施的人最近的意见，这些目的就要成为不能实行和愚蠢的东西。——英译本注

害物使用着巨额资本和无数工人，所以应该适当地对待，因为这大批资本和工人不能马上都找到更有利的国家生产途径。跟着这个政治上的巨物即独占制度的崩溃，一定会发生许多局部苦痛。医治这些苦痛，就是一个多才多能的政治家，恐怕也要弄得筋疲力竭。但是，当我们冷静地考虑由于独占制度的成立所引起的损害以及跟着独占制度的废除而发生的痛苦时，我们一定会不知不觉地发生这种感想，恢复受束缚的产业的自由，既是这样困难，那么对接纳束缚产业的自由的任何建议，我们该如何慎重又慎重啊！

但是，政府往往不满足于阻止外货的输入。由于坚信国家繁荣基于只卖不买，而不懂这是办不通的事体，政府不但对购买外货征收重税或处以罚金，并且在许多场合下以奖励金形式奖赏那些把货物卖给外国的人。

英国政府很常使用这种方法。英国政府对扩大它的工商业产品的销路，一向极表关怀。[①] 很明显，获得出口奖励金的商人，能在外国市场以低于生产成本的价格出卖他的产品而对自己无损。

① 英国的政治情况以及常常津贴大陆战费的习惯，给它一种好像更有理由的托词，以工业产品形式输出这样白白费去而得不到回易的价值。其实英国用不着为上述目的牺牲。如果英国对铸造金银币收取铸造费，像它应该做的那样，便可不必焦心苦虑，计算应该输出什么形式价值以支付对外补助和国外费用。几尼本身将成为工业品。*

* 金银币确是免费铸造，但照理应该收费。可是，英国用不着为便利国外费用支付给予商人奖励金，它的汇票折头，对商人已是足够的奖励。当国外费用浩大的时候，这折头数目比退税和奖励金数目都大得多。如果能够直接获得现金，这也许可使政府节省一些费用，即减少由于复杂一点的业务所给予商人的利润，但商人必定已经从金银块获得了利润。给人民免费铸币这种不合理办法所产生的唯一差异，就是铸造费用。但收取铸币费并不会促进金银块的进口，也不会使运输金银块到使用地点更加方便。——英译本注

依照斯密的简洁有力的说法，“我们不能强迫外人购买我们工人所产制的东西，像强迫本国人民那样，因此，我们认为第二个好办法，就是给外国人钱，使他们能买我们的产品”。

事实上，如果一种货物在运到法国市场时，一共花了英国出口商一百法郎费用，包括他的辛苦的代价等等在内，又如果在法国市场一百法郎或不到一百法郎就够买到这货物，在这种情况下，没有什么东西可使英国出口商独占法国市场。但是，如果英国政府给他十法郎的出口奖励金，使他有可能把价格从一百法郎减到九十法郎，那么，他就稳稳地能占优势。可是，这样做不等于英国政府白白送给法国消费者十法郎的礼物吗？可以想象得到，英国出口商不会反对这种做法，因为他所得利润没有减少，仍然和在法国消费者偿付他的货物的全部价值或生产费用的情况下那样多。在这个交易中受损失的是英国政府，它的损失和法国消费额的百分之十相等。法国取得一百法郎价值，但只付九十法郎价值的酬价。①

如果奖励金是在开始生产货物的时候给付，而不是在输出货物的时候给付，那么，国内消费者就跟外国消费者共分奖励金的利益。因为，在这种情况下，货物在国内市场也可以低于成本的价格出售，像在外国市场一样。如果生产者得到奖励金，却仍然索取旧的价格，他们有的时候确曾这样做，那么，奖励金就等于政府送给生产者的礼物，使他除得自工厂的普通利润外，另得若干额外利润。

---

①　英国政府似乎不知道最有益于国家的销售，乃是在本国内一个人对另一个人的销售。理由是，这种销售意味着两个价值的生产，其一是卖出的价值，其一是用以交换该价值的价值。

如果由于奖励金的发给，本来不会有人生产的产品，居然生产出来，以供国内消费，或供国外消费，那就是一种有害的生产，就是一种所消耗价值还比所创造价值来得大的生产。假使一种产品在全部竣工之后，只能卖二十四法郎，而它的生产费(当然包括企业的利润在内)却达到二十七法郎，那么，显而易见，谁一定都不愿意从事它的生产，因为害怕损失三法郎。但是，政府如果要扶植这产业部门，愿意支付这笔损失，换句话说，政府如果付给生产者三法郎奖励金，那么，这种生产就能够继续进行，不过国库即一般国民将蒙受三法郎的损失。这恰恰就是国家从扶植自己不能维持自己的生产事业所得的利益。事实上，这是等于怂恿人们经营赔本的生意，这种生意的产品不是和其他物品相交换，而是和国家所发的奖励金相交换。

一种事业如果能够提供好处，便不需要鼓励；如果不能够提供好处，便不值得鼓励。借口政府也许能得到好处虽然个人不能得到好处的说法，一点也不符合事实。因为，政府不通过个人作为媒介，怎能得到好处呢？也许有人会说，国家所收的税收，多于所付的奖励金。但即使情形真的如此，也不过等于左手收入右手付出而已。假使把税收减少到和全部奖励金相等的数额，生产必定还可保持旧观，不过将有这个对国家有利的不同情况，即国家可节省管理奖励金事宜的全部费用以及一部分税务费用。

虽然奖励金是取自于国民总财富，对国民总财富来说是一种净损失，但有的时候承担这种损失却反是明智的。[①] 例如，某一种

① 参看本书第115页注①。

物品关系国家安全，不管要付多少代价非有不可。路易十四以复兴法国海军为目的，对那些在法国装备的船只，每吨发五法郎奖励金。他的目的在于训练水手。同样地，当奖励金不过是发还以前所征收的赋税时，奖励金也是适当的。大不列颠对出口精糖所发的奖励金，不过是发还所收的混糖和糖浆的进口税。

此外，如果一种产品，起初虽然不免亏本，但经过几年以后可望赚钱，对它发给奖励金加以扶植，也许不失明智。但斯密的见解，与这不同，请看他对这问题所说的话。他说，"无论哪种管理商业的规章，都不能把社会产业增加到超过它的资本所能维持的数量。管理只能使一部分劳动移转到不这样做也许就无人问津的方向。对社会来说，这个不自然方向，未必比劳动自会投入的方向更有益——企图指导人民运用他们的资本的政治家，不但自讨极不必要的烦恼，而且承担一种不但不能安稳地交给个人职掌并且不能安稳地交给任何内阁或议会职掌的权力。如果这个权力掌握在一个又自高又愚蠢以致自信能够行使它的人手中，那就更加危险——即使社会由于未对商业施行管理而始终得不到所建议的工业，社会也未必因此在它存在的任何时候变得更穷。在它存在的任何时候，它的全部资本和劳动仍然会放在那时候的最有利用途，虽然是用在不同的对象上。"①

虽然有些情况对下述一般原则是例外，但斯密的意见大体上是对的。这原则是，人们自己最善于判断应当如何使用自己的劳力和资本。斯密的著作，是在人们已经懂得很清楚什么是个人利

① 《国民财富的性质和原因的研究》，第4篇第2章。

益以及使用资本和劳动力的任何有利方法都不会久被忽视的时期和国家写成的。但不是个个民族的知识都发展到这个水平。不知道有多少国家，由于存在着政府才有力量消除的一些偏见，因此许多利用资本的最有利方法竟完全束诸高阁。也不知道有多少省市，自不能记忆的时代一直到现在，始终抱着某些投资习惯。在一个地方，人人把资本用来买地产，在另一个地方用来盖房子，在又一个地方用来盖公共建筑物或买公债。在这些地方，一切所有不是习常应用资本力量的方法，不是受到不信任，即视为不屑为。所以，对某种使用资本和劳动力的有利方法表示偏袒，也许对国家是有裨益的。

不但如此，一个新的企业可能使一个没有人支持的企业家弄到一败涂地，但到工人已经掌握必要的熟练，习惯于操作的时候，它可能产生巨大利益。法国现在拥有世界上最完善的丝织厂和毛织厂。这些工厂似乎是科伯特政府明智扶植的结果。他对每架开工的织机贷给两千法郎。顺便说一下，这种扶植具有很特殊的利益。在一般情况下，政府对个人劳动产品所征课的任何捐税，全部不用于将来生产，但在这一次，一部分捐税用以进行再生产，一部分个人收入投于国家的总生产资本。这是人们几乎料想不到的高度的智慧，就是从利己立场出发也很难料想到这样明智的办法。[①]

要是在这里研究奖励金给营私舞弊和公务管理所难免的许许多多弊害开辟了多大活动范围，那将是不适当的。最贤明的政治

① 我不是对这位阁员所主张的这种性质的一切奖励都表赞同。我特别不能赞同他把钱花在纯粹供装饰外观用途而设立的若干工厂。制花毡的巴黎戈百林工厂，所耗费的总是多于所生产的价值。

家，往往由于执行上难以避免的缺点和流弊而不得不放弃显然是有利于公益的计划。这些弊害中最常见和最显著的一个就是不根据功劳而徇从渎请发给资金或给予特殊利益。在其他方面，我对于公开地给予艺术家或技师以荣誉奖状甚或金钱奖赏以报酬他们的非凡的天才或熟练没有意见。这种奖赏足以激励竞赛和扩大一般知识，但却不会使劳动力或资本从最有利的途径转向其他方面。此外，和其他性质的奖励金比起来，这种奖赏的花费是微不足道的。据斯密的叙述，英国政府有几年花了将近七百万法郎奖励小麦的出口。我不相信英国或任何其他国家，曾有一年在农业上面花过上述金额的五十分之一。

第二节　规定生产方法的管理的结果

政府在农业生产事务方面所作的干涉，一般是有益的。农业生产事务细微繁多，经营农业者包括最大的农业公司和农民的小菜园数目庞多，往往相距遥远，经营范围极不相同，农产品价值与农产品数量比较而言的微不足道，这一切都是自然所设置，以防止政府对农业乱加干涉的天然阻碍。所以，自命关心公益的政府，对农业所作的干涉，大都限于给予奖励金或鼓励和传播大有助于农艺改进的农业知识等等。亚弗特兽医学院的设立，刺布伊勒农事试验场的开办，美利奴绵羊种的输入，这些对法国农业实是真正的利益。法国农业的开展和改进，可以说是归功于各次政变中取得政权的人物的明智。

密切关心交通便利和农事安宁，或者严惩疏忽大意（例如怠于消灭毛虫[①]等害虫）的政府的贡献，有似维持社会秩序和保护财产安全。没有这些，生产必定完全陷于停顿。

法国对伐木所施行的规则，在许多省份是保护森林所不可少的规则，但在其他地方似乎反阻碍植林的作用。在这些地方，虽然土壤和地点特别适宜于植林，而植林还有助于吸收水分，但树林似乎一天天凋落下去。

什么产业部门都没有比工业受到爱管闲事政府当局更大的干涉。

大部分的干涉都是以限制生产者人数为目的，其方法或规定他们不得经营一种以上的行业，或规定他们必须遵守的营业条件。这种制度，产生了特许公司和行业联合组织。不论所使用的方法是怎样，结果总相同。专利或垄断继之而起，消费者给付这些特权的代价，而享受特权的人获得全部利益。垄断者能够很容易联合进行利己的计划，他们有合法会议，有正式组织。在这些会议中，他们把公司繁荣曲解为商业繁荣和国家繁荣，他们最不考虑的事体，就是所提出的利益，到底是新的实际生产活动的结果，或不过是移转的利益，即由一个钱袋移转到另一个钱袋、由消费者移转到有特权的人的利益。这就是工商业各部门的经营者极想使自己成为管理对象的真正原因。至于政府方面，通常很乐意于满足这些

① 瑞士伯尔尼州在旧政权统治的时候，所有土地所有者都必须在每年的一定季节，按照地产大小的比例，缴纳一定蒲式耳的金龟子。富有地主经常出钱向穷人收买金龟子应命。后者以捕捉金龟子为业，捕捉得那样成功，以致金龟子最终在这地区绝迹。但我从可靠方面听到下述事实，可从这事实推断连最英明的政府想从干涉生产做点好事也会碰到困难。上述那种父亲似的关怀，反引起这样离奇的欺骗行为，即捕捉金龟子的人把一袋一袋的金龟子，从利曼湖的萨沃伊一边运到沃洲那边。

人的愿望，因为可从中捞一大笔。

自高自大的达官贵人顶喜欢武断的管理规则，因为一方面他们可借此摆出富有智慧和预见的模样，一方面可借此确立自己的威权，似乎这种权力越常行使显得越大。现时几乎一切欧洲国家，没有一国人民能够按照自己所喜欢的方式安排自己的劳动和资本。在多数地方，他们连更换职业和住所也不自由。一个想制造或买卖棉织品、毛织品、酒或印花布的人，单有必要的资格和才干还不够，必须先做学徒或取得从事这些职业的特许。[①] 连做警察也要通过这两种门径。我所说的不是指健全的那类警察，即以保卫公私安全为目的的、既不靡费又不可厌的警察。我所指的是腐败政府不惜付出任何代价以维持和扩大他们个人权力的警察。通过名利方面的授予，政府通常能影响它所派往各公司各团体的领导的意志。至于这些人，由于贪得这些利益，对有权赐予这些利益的大人物都望风承旨唯命是从。他们是随时可利用以管理群众的爪牙。对于意志坚强也许会变成劲敌的人，他们就自动向当局告发。对于奴颜婢膝唯唯顺从的人，他们也向当局报告。他们以维护公益为这些举动的借口。所有官方和公共演说，不乏似是而非的理由为继续奉行束缚行动自由的旧办法或制定同样性质的新办法作辩护，因为世界上毕竟不会有坏得举不出一点理由为之辩护的事业。

① 当产业在中世纪开始出现，商人动辄受到贪得无厌和不学无术的贵族的勒索与迫害时，把行业组织为法人团体，可以公会全体力量保护个别企业。近年来这种作用已完全消失。理由是，在我们时代，政府已变得这样开明，不会侵害经济繁荣的泉源，同时又拥有很大力量，无须害怕行业公会的势力。

主要的利益，也就是他们最迫切希望的利益，在于保证所生产以供消费的产品，能够制造得更好，具有优越质量，能够给本国带来巨利，能够继续适应外国人的需求。但这个利益是不是讨论中的制度的结果呢？法人团体始终由廉洁公正和谨慎认真的人组成，不打算容纳本国人，也不打算容纳外国人，这种制度究竟会提供什么保证呢？他们告诉我们，这种制度会使那些保证产品质量和检定产品规格的管理规则易于实施。但即在法人团体制度下，这些规则实际上难道不是虚妄的规则吗？即使认为这些规则有必要，难道没有更简单的方法来实施它们吗？

期限很长的学徒制，也不见得会更有效地保证手工的完善。保证手工的完善，唯一可靠的条件是工人的熟练，而使工人达到熟练，最好方法是按照他们的优越本领给予相称的报酬。斯密说："给予一个年轻工人以完全的训练，教他如何运用普通工匠的工具，如何建造普通工匠所用的机器，不需要比几星期更多的功课，也许只需要几天的功课。诚然，即就普通工艺说，熟练手法也非经过长期练习和长期经验不能掌握得到，但如果一个青年，从做日工开始即按照他所能做的少许工作给予相称报酬，同时也对他由于笨拙或缺乏经验所糟蹋的物料，要他赔偿损失。这样，他一定会更仔细、更勤勉从事学习。"[①]

假使把学徒投师学艺之前一年的时间花在按照相互教育计划办理的学校，我不相信产品制造得比较坏。没有疑问，工人阶级的文化，可因此前进一个阶段。

---

① 《国民财富的性质和原因的研究》，第1篇第10章。

如果学徒制度可使产品制得更完善，那么，西班牙的产品，就应当可和英国的产品相媲美了。法国直到行业联合组织和强迫学徒制废除之后，手工技艺才发展到现在可以自豪的优越地位。

也许没有什么手艺比园丁和农场工人的手艺更难。可是，这两种手艺在几乎任何地方都不需要先做学徒。青菜和水果有没有因此减产呢？有没有因此变质呢？如果栽种者组成了社团，我想不久将有人说，不订立几百条完密细则，味道香甜的桃和白心莴苣便种不成。

总之，这种性质的规定，即使承认它有用处，但一旦许可规避，就没有价值。大家知道，现今没有一个工业城市，不能出钱买到豁免的权利。因此，这些规定不但不能保证产品质量，而且是最不公平、最可厌恶的勒诈手段。

主张法人团体制度的人，引用英国的榜样来辩护这些意见。他们说，大家知道，英国产业受到很大的束缚，然而英国工业却蒸蒸日上。但他们在这里正暴露自己的无知，完全不懂英国产业发达的真正原因。斯密告诉我们，“这些原因似乎是：(1)经营商业自由，英国商业虽然受有拘束，但至少不比其他国家不自由，大概比其他国家有更大的自由；(2)商人能够自由把本国工业产品运往任何其他国家，无须纳税；(3)尤其重要的也许是，商人能够毫无限制地把本国产品由国内任何地方运往国内任何其他地方，无须向任何政府机关申报，也不受任何性质的盘诘和检查。”[①]除这些原因外，还可加上以下几个：财产神圣完全不受侵犯，不但不受私人的

① 《国民财富的性质和原因的研究》，第4篇第7章。

侵犯，而且不受政府的侵犯；英人的勤勉和节约所积累的巨额资本；最后，英国人民一贯的慎重和精明，他们很早就受到这种训练。这些已经足够说明大不列颠工业繁荣的原因，不必再去探讨其他。

这些引用英国榜样来辩护束缚劳动的企图的人，也许不知道英国最发达的城市，就是英国卓越工业所依存的城市。曼彻斯特、伯明翰、利物浦这几个城市，一二百年前不过是小小村落，但现时就财富和人口说仅次于伦敦而远超过约克、坎特伯里甚或布里斯托尔。后者是英国最老和最有名的城市，英国最繁荣的省的省会，但它们仍然受这些野蛮制度的束缚。以熟谙地方情况闻名的作家尼科斯勋爵说，[①]“哈里法克斯这个小城和小教区，在最近四十年中人中增加四倍，而其他还存在着特许公司制度的城市，人口则显著减少。伦敦近郊的房屋，许多还空着无人，而威斯特敏斯特、萨得克和许多其他市郊，却不断扩充着。这些郊区是自由的，而伦敦则须在它境内维持九十二家各种独占公司。我们可年年看到这些公司人员，穿着奇奇怪怪服装，参加伦敦市长的凯旋式游行，作为点缀品。”

巴黎一些郊区，特别是弗布尔、圣安多印，工业非常发达，这是众所周知的事实。这些郊区独享许多豁免权利。有些产品只在这些郊区生产，全国其他地方都未生产。这些郊区未实行学徒制，人们也不必取得特许就能从事任何行业。为什么它们厂商所掌握的

① 《关于英法形势优劣的意见》，十二开本，1754 年出版，第 4 篇，第 142 页。

* 这部书 1752 年首先在法国出版，销路非常畅旺，作者用约翰·尼科斯这个假名，人们以为他是个在凡尔赛宫廷供职的外国人。这本书包括许多关于大不列颠内政的有见识意见。——英译本注

熟练，反比其他实行那些被认为是不可缺少的制度的郊区的厂商有过之而无不及呢？理由很简单，利己主义是最好的教师。

一两个实例，能比一切理论更透彻地证明把行业组成团体给实业发展所带来的阻碍。阿康德发明以他名字命名的灯，制造这灯所花的费用和一般灯相同，而能发出三倍的光。他竟被一群洋铁匠、锁匠、铁器商和刚出艺的铁蹄匠拉到巴黎议会，声称制灯是他们的特权。[①] 驰名远近的巴黎物理学仪器和数学仪器制造者黎尼华，为着熔解金属的便利，自盖一座熔炉。铸造公司理事亲自出马，把他的熔炉毁去，黎尼华不得不向国王请求保护。这样，一代才人，竟要低声下气博取朝廷的欢心。涂漆金属器具的制造，于法国革命时代以前完全无法着手，因为在从事它的制造之前，需要获得许多不同行业的熟练和工具，还必须获得从事这些行业的特权。不难花整整一卷的篇幅来扼要陈述单单巴黎一隅个人劳动由于行业社团化制度所遭遇的令人灰心丧气的事体，再花另一卷的篇幅来记述这制度被革命推翻以来人们所作的成功努力。

正如在特许城镇中一个自由郊区或在饱受管闲事政府干涉的苦恼的国家中一个自由城镇会呈现非常繁荣景象一样，在施行行业社团化制度的其他国家中间的一个享受劳动自由的国家，多半也会收获同样的利益。最繁荣的社会，必定是不受形式拘束的社会。当然，这是以个人没有被有权势的人勒索的忧虑，没有被法律

① 那些惯于为政府的缺点作辩护的人说，“为什么不向公会申请为会员呢？”有权容纳新会员的公会，本身就由于利害关系排斥危险性很大的竞争者。并且，为什么要强迫这位有发明天才的人浪费时间运动入会呢？他把这时间更有利地使用于自己的事业，不是更好吗？

欺骗的忧虑，没有被阴谋和暴力迫害的忧虑为条件。毕生精力花在研究和施行会促进法国繁荣的措施的舒利，也抱着同样的见解。① 在他的回忆录中，他说纷繁的无用法律和条例是直接阻碍国家进步的因素。②

也许有人会说，如果一切职业都是自由的，大部分从事这些职业的人，必定成为激烈竞争的牺牲品。在一些情况下，这是可能的。但利润希望不大的职业，不见得会有很多人热烈参加。即使承认不时确会发生上述祸害，但和永恒地把产品价格提到那样的高，以致该产品消费者人数大受限制，众多消费者购买力呈现缩减比起来，这祸害的严重性是微不足道的。

自健全政策的观点看来，如果政府采行旨在使人民不能自由运用自己才干与资本的措施是一种犯罪行为，那么，就更难根据自然权利这个原则来给这个措施作辩护。《国民财富的性质和原因的研究》的作者说，“穷人家产在于他的双手的力量和灵巧。如果他依照自己所认为最适当方法运用这力量和灵巧并不伤害他的邻人，阻止他这样做就是对他的最神圣财产的显著侵犯。”

但是，由于社会有自然权利管理任何种类劳动的运用，因此不

① 第 19 卷。

② 科伯特早年在里昂的规模宏大的马克拉尼公司会计室所受的训练，使他很早就感染了工厂老板的主义。在他的强有力与精明鼓励下，工商业一齐蒸蒸日上。但他虽然把工商业从许多压迫中解放出来，他自己却不慎于使用条例和规定。他以农业为牺牲鼓励工业，他使民众负担巨额的独占利润。我们不能漠视这个事实，即由于自科伯特时代以来所奉行的制度，法国私人财富，变得非常不均。有的人腰缠百万，有的人却无担石之储。此外，大公司大商号的豪华气派，和一般人民的贫困潦倒形成鲜明的对照。这不是理想的景象，而是可悲的现实。政治经济学原理的研究，可帮助我们说明这种情况。

加以管理就会害及社会的那些劳动，例如对内科医生、外科医生、药剂师等，检查其业务技能是完全正当的。他们的本领关系到一乡、一国居民的生命，因此订立制度审查他们的技能是完全合理的。但如果限制医生的人数，干涉医生的训练计划，那就不适当。除审查他们资格外，社会对其他没有利害关系。

基于同一理由，如果管理的目的，在于防止那些显然有害其他生产事业或公共安全的欺诈行为，而不在于指定产品的性质和制造的方法，那么管理便是有益和正当的。因此必须禁止厂商滥登广告，把货物说得比实际的品质好。国内消费者有权利要求政府保护他们不受这种背信行为的危害。国家的商业名誉也有权利要求这种保护。这种背信行为一定会使本国的商业名誉在外国降落下去，也一定会使本国商品在外国的销路受到影响。这就是厂商本人利益是最好保证这个一般原则的例外。理由是，可能发生这种情况，一个厂商在快要结束他的营业时，发觉干一次背信勾当会增加他的利润。他于是牺牲快要放弃的将来目的来换取眼前利益。这种性质的欺骗行为，在 1783 年左右毁灭了法国布匹在地中海东岸的市场。从那时候起，法国布匹在那儿的销路，完全给德国和英国布匹所取代了。[①] 我们还可再讲下去。一种货物常常从它的名称和制造地点得到价值。当我们根据长时期的经验断定在某地点制造和叫做某名称的布匹是这么阔绰和有某种质地时，如果使用同一名称和在同一地点制造不及平常标准的布匹，而在虚伪

① 这部分贸易损失，曾有人不正确地认为是起因于随着革命而产生的贸易自由。但波如在他所写的《希腊商业情况》一书中，证明必须把这个损失归因于早些时期所实行的限制措施。

的证明下把它运到市场售卖，这也是欺骗。

这样，关于政府可有益地推广干涉到什么程度，我们认为：必须使产品严格地与样品的条件相符，不论该条件是明示的或暗示的条件，此外，政府对生产不应该再加干涉。我希望给予读者这个印象：干涉本身就是坏事，纵使有其利益。[①] 理由是：首先，干涉使人感受烦恼和苦痛；其次，干涉必定伤财，或伤国家的财，如果费用是由政府支付，就是说，是由国库负担，或伤消费者的财，如果费用是由有关产品负担。在后一情况下，这费用必然导致产品的涨价，于是不但增加消费者的负担，而且在这范围内减少国外的需求。

如果干涉是个坏事，一个仁慈的政府便应该尽量减少干涉。关于产品鉴定政府不要自讨麻烦，因为买者一定比它更了解，政府人员也做不好。不幸得很，政府人员往往疏忽无能甚或行为不端；对这些都必须加以考虑。但有一些物品，例如金银，适于政府来作证明。金银的品质，除通过复杂的化学化验手续外，不能确定其好坏。很少买者知道如何做这种化验，即使知道，如果自做化验，其费用必大大超过政府代他化验所花的费用。

在大不列颠，新产品或新方法发明者，可向政府申请所谓专卖特许权从而取得对该发明品的专利。在专卖特许有效期间内，由于无人竞争，他可把产品价格提高到远远超过所花费用、该费用的利息以及自己劳动工资的总和。所以，他从政府得到的利益，实际

① 维里在他的《关于政治经济学的研究》(第 12 章)中说："法律对人的行为自由的每一限制都必然会毁灭社会的一部分力量，削减社会的年产品。"

上就是向消费者勒索的奖金。可以想象得到，在生产力这样丰富的大不列颠，这笔奖金必定大有可观。因此，在大不列颠，无时不有一大批人绞尽脑汁寻找能使人感觉愉快的新东西。几年之前，一个人发明一种螺旋形弹簧嵌入马车的皮车轭中间，使马车减轻震动，他从这个小小发明的专利发了一笔大财。

什么人都没有理由可反对这种权利。这种权利既不干涉也不妨碍任何活动着的生产部门。所负担的费用是纯粹自愿的性质。那些愿意负担这费用的人，无须放弃任何以前的需要的满足，不论这需要是生活上不可缺少的需要或是娱乐上的需要。

但是，由于一切政府都有义务不断改善人民的生活，所以政府不可永远剥夺其他生产者使用他们的一部分资本和劳动经营这个特殊途径的权利，他们或许迟早也会自己发现这个途径。此外，政府也不应该使消费者永远享不到竞争价格的利益。外国不受它的管辖，自然不会给予该发明者以专卖特许，因此在专卖特许有效期间内，它在这方面比发明国家的情况好一些。

法国[①]仿效了英国的这个好榜样，限定专卖特许权利的有效年限，年限届满，一切的人都可以自由利用有关的发明。此外，它还规定发明方法如果可以隐瞒，一到专卖特许满期，就必须把它公开。可以设想，发明方法如果可以隐瞒，专卖特许人便不需要这项特许。但他得到这种利益：即使在这时期中，他的秘法被人发现，后者非到专卖特许权满期，也不能擅加利用。

① 阅1791年1月7日和5月25日以及1792年9月20日的法令。又阅法国革命政府历九年葡萄月的命令。

关于发明是否果然有效，是否确是新颖东西，政府可不必穷究。如果发明是没用的，发明者活该到霉。如果发明不是什么新的东西，谁都有资格出来检举和证明它不是新东西，并给大众维护他们的优先权利。这样，唯一受损失的将是发明者自己，他所费以取得专利的钱，将如石沉大海。所以，这种奖励不会使公众吃亏，相反地，它可使公众获得巨大好处。

上述旨在管理生产性质和生产方法的规章，不包括具有这种目的的不同国家所采行的一切种类的措施。的确，即使在这里把它们一一列举出来，不久也会变得不完全，因为天天都有新的措施见于采用。重要的是订立几个原则，使我们能够根据它们来预先推测各种措施的结果。但有两种贸易，所受到的监督比一般更为繁细，因此值得特别提出研究。我使用以下两节篇幅讨论它们。

第三节　有特殊权利的贸易公司

一国政府常常把买卖特殊商品例如烟草的专利，或和特殊国家例如印度贸易的专利，给予个别商人，尤其是贸易公司。

由于政府的力量，有特权的商人没有竞争者，因此能提高价格，超过在自由贸易下能够维持的水平。有的时候，政府自己决定这个不自然价格。在这种情况下，政府就对所给予生产者的特惠设定一定范围，同时也对所加于消费者的不公设立一定范围。要不是这样，有特权者的贪心将无止境，能限制他们的贪心的，只有这一畏惧，即害怕价格提得太高，销货总额将因而减少，以致得不偿失。但无论如何，消费者得付较高于产品价值的价格，而政府通常设法分沾一部分独占利益。

就是有害的方法，也老是能够找到这种或那种像有道理的理由为借口。所以有人说，和某些国家通商，非采取一定预防方法不可，只有特权公司才能实行这些办法。有一个时期，所提出的理由是，必须建筑炮台维持海军，好像真的需要边持刀边做生意，好像非靠武力保护公平生意便做不成，好像政府从来未花浩大经费维持军队以保护它的国民。在其他时期，所提出的理由是，外交手段是不可少的。例如，中国人是极其多疑和拘泥于形式的民族。他们由于遥远的位置、广阔的版图、特殊的需要，可完全不依靠别的国家。所以，得他们允许跟他们通商是一种特殊利益，同时也是朝不保夕的利益。因此，我们如不忍受没有他们的茶、丝和南京棉布的痛苦，就得采取预防办法，只有预防办法才能保证这个贸易的继续。个人的交易可能危及他们高兴情绪的继续。如果他们不高兴起来，两国的往来就要断绝。

但是，那些动不动就把国家或至少公司的武装力量抬出来做靠山的公司职员，是不是一定比私商更善于保持中国人的好感呢？其实，私商会更尊重当地风土民情。他们有更大的利害关系需要避免引起中国人的误会，因为一旦发生误会，他们的生命财产便岌岌可危。[①] 但即使假定有发生最恶劣情况的可能，即使为辩论起见假定非通过有特权的公司，中国的生意便做不成，是不是便可从而推断没有这种公司，我们就得放弃中国产品的嗜好呢？决然不

① 美国和中国的商务关系，可证明这一点。美国商人比英国公司代理人在广东更严谨地持身处己，因此中国当局对他们没有像对英国人那么满怀戒心。葡萄牙商人和东方国家贸易已有一百年以上的时间，他们没有一家公司作为媒介，但他们的成功，比同时代的任何别国商人有过之而无不及。

是。中国货物的交易仍然会存在着，因为这是和中国人与他们的顾客双方都有利的。但我们要不要对中国货物付较高买价呢？没有理由可做这种想法。四分之三的欧洲国家从来没有派一只船到过中国，然而它们却不乏茶、丝和南京棉布的供给，而且只付很低的价格。

但还有一个人们更加普遍使用和更常坚持的论点，那就是，一个享受和某一国家贸易的专利的公司，便不受竞争的影响，因此能够以较低廉价格购买后者货物。但是，专利并不能消除竞争的影响。专利不能禁绝外国公司的竞争，也不能禁绝外国私商的竞争。专利所消除的竞争，只本国商人之间的竞争，而这项竞争实是最有益于本国国民的竞争。此外，许多商品并不会因竞争而涨价。许多人装做害怕这种涨价，但这只是仅仅吓人的东西。

假使马赛、波尔多和奥里恩特同派船只前往中国购茶，我们没理由可设想它们所运入的茶叶，会超过法国所能消费和卖去的数量。我们所担心的，倒是它们所输入的还嫌不够。这样，它们所输入的茶叶，如果不多过其他商人本来会替它们输入的数量，那么中国国内茶叶需求量，在这两种场合下将无所差异，所以中国国内茶叶不会形成比较缺乏。除非中国茶价自己上涨，我们商人绝不至于要付较高价格。寥寥几个法国人的采购，怎能影响到一种在中国国内的消费量比全欧洲多一百倍的物品的价格呢？

但即使假定欧洲的竞争会引起东方市场某些物品的涨价，这是不是充分的理由可把适用于一切贸易部门的通则不应用于世界这一部分的贸易呢？我们会不会单单因为能更便宜地买到德国棉织品和毛织品，便给一个公司办理对德进出口贸易事务的专利呢？

如果把东方国家的贸易放在和一般对外贸易同等的地位,任何东方产品的价格绝不能大大超过它在亚洲的成本价格很久,因为较高价格会刺激这产品的增产,而卖者之间的竞争,不久也一定变得和生产者之间的竞争一样剧烈。

即使承认便宜买价的利益,确是如人们所说那么重要,一般国民当然有权利共分这项利益,一般消费者也当然有权利能以较低价格买到货物,像公司那样。可是,实际的情况,恰恰与此相反,而这是由于极其简单的原因,即公司作为买者的身份,不能不与人竞争,因为别的国家是它的竞争者,但作为卖者的身份,能独行其是,因为社会其他成员,不能从别的地方买到它所经营的货物,而外国人完全被禁止运入这些货物。公司爱索取多少价格便可索取多少价格,特别它如果时刻留心,像英国人所说那样,设法使市场时常感觉缺货,就是说,设法使市场的供给量时常比需求量恰恰少那么多,使买者要不断竞购,它就能完全控制市场。[①]

贸易公司不但这样向消费者勒索逾度的利润,而且使消费者负担那些和管理庞大机构分不开的营私舞弊与办事无效率所产生的损失,这机构既有董事会又有散布世界各处的代理商这些累赘组织。能够阻碍这些有特权机构滥用权力的,就是走私和秘密买卖。从这个观点来看,走私和秘密买卖也有其效用。

这分析把我们带到讨论中的问题,即有特权公司的利得是不是国民利得呢?毫无疑问不是,因为这项利得全是取自国民。消

① 大家知道,荷兰人在占领马拉加的时候,常常把该地生产的一部分香料烧掉,借以维持欧洲市价。

费者所付的超过自由贸易制度下商品卖价的部分的价值，全不是新生产的价值，而是政府牺牲消费者利益送给公司作为礼物的已经存在的价值。但也许有人说，至少得承认这利润没有离开本国，而是在国内花费。这固然不错，但这利润是由谁花费呢？这一点是很重要的。假使某家庭一个成员，占有全家的收入，穿上顶漂亮衣服，吃光家中所有好吃东西，而对家人说，家中的钱你花去或我花去有什么关系呢，所花去的反正是同一收入，我看一点没有关系。请问这几句话能给他的家人提供什么慰藉呢？

如果有特权公司的管理确是井井有条，那么，由于独占利润，不久定会财富山积。但管理人员的贪婪，远地商业投机经营的久悬不决，责问外国代理商的困难，公司人员的无能，这些都是失败原因，不断起着作用。本来经营很久才能结束的复杂交易，需要当事人具有超越的知识，作出超越的努力，但我们怎能希望有时人数多到数百而且每人各有和自己有更大切身利害关系的事务要照料的股东具有这些条件呢？[①]

这些就是把特权授予贸易公司的结果。必须注意，这些结果是必然的结果，是和这种做法分不开的结果。客观情况可能减轻这些结果的影响，但绝不能消除这些结果。英国东印度公司，比三四家在不同时候也作过同一尝试的法国公司，经营得更加成功。[②]

---

① 法国东印度公司某董事问部顿奈，何以他管理自己事业，比管理公司事业好得多，部顿奈回答说，“我管理自己事业，认为应当怎样办就怎样办，但管理公司事业，得服从你们的命令。”他的答语，我们很久不会忘记。

② 第一个法国东印度公司，成立于 1604 年，即亨利四世的朝代。它由一个名勒拉的法兰得斯人建议创办。它未获成功。

这个公司不但是商人，而且是统治者。我们从经验知道，最讨厌的政府，也会支持几十年，从前劫夺埃及王位的骑兵队，可以为证。

还有几种较小弊病，也和商业特权分不开。专利权的授予，往往把一个本来会自然而然地在本国生根的实业和一部分资本逐出国外，迫使它们在外国寻找立脚地点。在路易十四统治末期，法国东印度公司虽然掌握特权，却弄得进退维谷。它于是把特权让与圣马罗一些商人，以后者分给它小部分利润为条件。在这种比较自由影响下，东印度贸易不久呈现起色。当1714年东印度公司特许执照满期时，这个贸易本可能发展到当时法国悲惨状况所许可的活跃状态。但在一些商人还经营这贸易的时候，该公司向政府申请延长它的特权，得到政府批准。不久有一只由一个不列颠人名拉麦维尔带领的圣马罗轮船，从东印度返航程中驶到法国海岸。在侵犯东印度公司权利的口实下，它被禁止进港。结果拉麦维尔不得不继续开驶，向比利时最近海港前进，驶到俄斯坦德下碇，在那里卖去所载货物。尼得兰总督听到他获利无算，向他建议作第二次航行，并为此装备一队商船。嗣后拉麦维尔接连给不同雇主作多次的同样航行，奠定了俄斯坦德公司的基础。[①]

这样，法国消费者非吃这家独占公司的亏不可，事实上他们的确吃了大亏。但可能有人这样想，无论怎样，公司总是赚钱。不，恰恰相反，该公司虽得到专卖烟草权利，得到发行彩票专利，此外政府还给它各种附带权利，它却一败涂地。[②] 伏尔泰说[③]："总之，

① 泰勒：《关于东印度的函件》。

② 雷诺尔：《在东西印度设立的欧洲人商行的哲学性和政治性历史》。

③ 《路易十五的时代》。

法国留在东方的遗产，独有这个遗憾，即在四十年中，浪费不少金钱以支撑一个从来没有赚到六便士利润，从来没有从自己资产发给股东或债权人分文红利，而完全依靠掠夺土人、敲诈土人的不公正手段维持设在东印度的营业机构的公司。”

设立独占公司的唯一正当场合，乃是除非采用这个办法就无法跟遥远或野蛮国家开始贸易的情况。在这种场合下，特许权有似发明品专卖权。它对首次的尝试给予能和所冒巨大危险和所花巨大费用相称的利益。消费者没有理由可埋怨产品昂贵。假使不给予特许权，他不是享用不到这些产品，就是必须付更高价格。但像发明品专卖权那样，特许权应该有一定期限，该期限应以完全偿还和补偿冒险者所作的垫付和所冒的危险为准则。此外的其他任何赐予，都是以国民为牺牲给予公司的无代价礼物。一般国民有权利爱向什么地方买东西就向什么地方买东西，也有权利能以尽可能低的代价买到所需要的东西。

上面关于商业特权所说的一切，也适用于工业特权。政府当局所以容易受愚采行这种措施，一半是因为他们只看见说得天花乱坠的利润说明书，而不费心机调查研究这利润来自什么地方；一半是因为这种表面的利润很容易以数字计算出来，不管这数字是对的或不对的，是正确的或不正确的，而国民因此所遭受的损失和灾难，则分散于社会全体成员之间，而且所生的影响，是那样间接，复杂而普遍，以致无人作过计算，而且也无从计算。某些作家主张数学是政治经济学的唯一可靠指南，但就我来说，我看到那么多建立在数学计算基础上的可恶制度，以致我倾向于认为这门科学是导致国民灾难的工具。

第四节　影响谷物贸易的管理规则

支配一切其他货物的贸易的一般原则，似乎也适用于谷物贸易。但谷物或无论哪种成为任何民族的主要粮食的东西，都应该得到我们的特别注意。

这是普遍发见的现象，人口的增加与粮食的供给成比例。粮食越丰富越便宜，越有利于人口的增加。如果粮食不足，相反现象便将发生。[①] 但粮食丰歉所起的作用，不像一年接着一年的收获时期那样的快。某一年的收获量，可能比平常的平均收获量多或少五分之一或四分之一。但是，除非遇到最可怕的灾害，否则某一年有三千万人口的国家如法国，不可能于第二年激增至三千六百万或突减到二千四百万。所以，这是天命，一年人们丰衣足食，而另一年却面临着多少不足的情况。

的确，一切其他消费品的情况也如此，但大多数这些消费品不是维持生活所不可少的东西，因此暂时的缺乏不等于生命的绝对灭亡。一种产品的国内生产，如果全部失败或局部失败，其昂贵价格就是刺激商业从更远地方和花更大费用输入该产品的有力动机。但如果把供应这样必要的物品的任务，完全依靠私人的先见，那将是很危险的，仅仅几天的耽搁，便足造成国家的大难。粮食的运输，往往超过寻常商业工具的力量。粮食的重量和体积，常常使它的长途运输费用特别是陆道运输费用贵到相当于它的平均价格两三倍之多。如果依靠外国供给粮食，出口国和进口国可能在同

① 参阅本书第二篇第二章。

一时候发生歉收，粮价一齐上涨。出口国政府可能禁止谷物出口，海上战争可能阻断谷物运输。但这物品乃是国家绝对不可缺少的物品，甚至几天也不能等待，迟延便导致一部分人口的死亡。

为使平均消费量能与平均收获量相等，每个家庭都应该在丰年贮藏若干粮食以备荒年之用。但不能希望大部分人口都有这种先见之明。大部分人口不但完全没有先见之明，并且没有财力贮藏几年的粮食。他们也没有地方堆存这些粮食，遇到临时迁移，也缺乏工具搬运这些粮食。

能不能依靠商业上的投机来准备荒年所需要的粮食呢？乍看起来似乎可以，利己观念似乎足够构成充分的推动力，因为丰年与荒年粮价的差异，往往达到很大的数目。但丰收与歉收的变动，极难断言会多少年发生一次，并且极其不常发生，不能引起经常性贸易或爱经营就可重复经营的贸易。谷物的收买和所必须建筑的又多又大的谷仓，需要垫出浩大资本和负担巨额利息。此外，谷物是这样性质的物品，它需要时常移动，时常翻转，容易损耗，容易成为欺诈和民众暴动的对象。这一切说明这种投机要依靠很少会赚得的那么大利润的补偿。所以，谷物这个物品不一定会引起投机家的兴趣，虽然这种投机是最值得褒奖的投机，因为它的经营方针是根据在生产者急于脱售时间他收买、在消费者发觉不易买到时出卖给他这个原则。

既然我们不能确实依靠消费者的先见之明和投机性积聚与贮藏来准备荒年所需要的粮食，这两者的可能性似乎都不存在，那么代表整个人民利益的政府，有没有希望成功地负起准备荒歉的责任呢？我知道，在极少数具有极端节俭政府的社会如瑞士某些州，

以公共谷仓贮藏临时的剩余谷物曾证明这办法相当妥适，但在人口繁殖的大地方，我敢说这方法一定不能实行。资本的垫付和利息的负担，会影响政府正如它们会影响私人投机，甚至会对政府有更大的影响，因为很少政府能借到信用卓著的私人所能借到的利息那么低的贷款。至于管理从事这么大规模的收购、贮藏和转卖等事务的贸易机构，其困难更不易克服。杜阁在他所写关于谷物贸易的信件中，明显地证明了，在这种事情，政府绝无希望能以合理的费用得到服务。它所用的人员的利益在于扩大它的开支，而不在于节减它的开支，把这种事业交给职员自由斟酌办理而不加以充分的监督，要想办好它是绝对不可能的。然而这些人员的行动，大抵只受政府内的达官显贵的监督，而后者既很少具有管理这些琐细事务的必要知识，又往往不屑管理这些琐细事务。政府当局如果突然大起恐慌，说不定未到时机便把积谷散发一空。一个政治措施或一场战争也可能使政府把积存谷移于和原来目的完全不相符的用途。

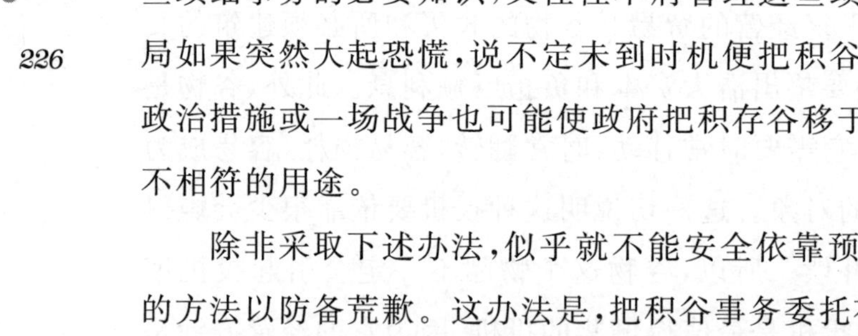

除非采取下述办法，似乎就不能安全依靠预先贮藏一宗粮食的方法以防备荒歉。这办法是，把积谷事务委托有头等财力、头等信用和头等能力的商业机构斟酌办理，这些机构必须愿意按照规定的条件承担收买粮食、装满谷仓和补足从谷仓提出的谷物的责任，同时也有获得可以相当报酬他们所有辛苦的利益的希望。这样，这个工作就可以安全和有效，因为承包者要提供担保保证履行义务，而且这工作能比采用任何其他方法更经济地完成。可在不同的大城市跟不同的商号订立契约。这些城市在荒歉的时候既有

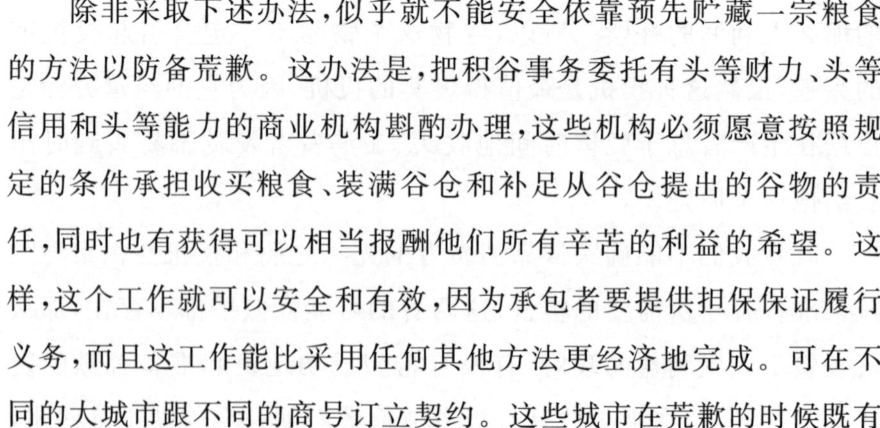

自己的积谷可资使用，就不会动用预定供给农业人口的粮食。[①]

但公共的贮藏和谷仓毕竟不过是辅助的办法和暂时的供给，最充足和最有利的供给乃是绝对自由的贸易所能提供的供给。就谷物说，贸易的责任，在于把农产品从农场运到主要市场，然后再从谷物过多地区的市场把较少的数量运到供给量不够地区的市场，或在于当粮食廉贱时运往外国销售，当粮食昂贵时在外国收购输入本国。

由于偏见和无知，一般民众普遍嫉视经营谷物的商人。受托行使国家权力的人，有时也不免受到这种褊狭的诋毁。他们对于这些人的主要攻击是，这些人公然以提高价格为目的收买谷物，或至少企图从收买和转卖谷物来取得不合理的利益，而这种利益实际上就是生产者和消费者所受的无偿的损失。

首先，我要问，这非难究竟是什么意思呢？如果它是谴责这些商人在丰年谷贱时从事收买和贮藏，以备应付荒年的需要，那么我们已在上面看到，这正是极其有益的工作，是保持这一种产量增减无常但却不断为人人所需要的物品的供需的平衡的唯一可靠方法。以廉价大量地收贮粮物，可极其有效地帮助维持民食的稳定。

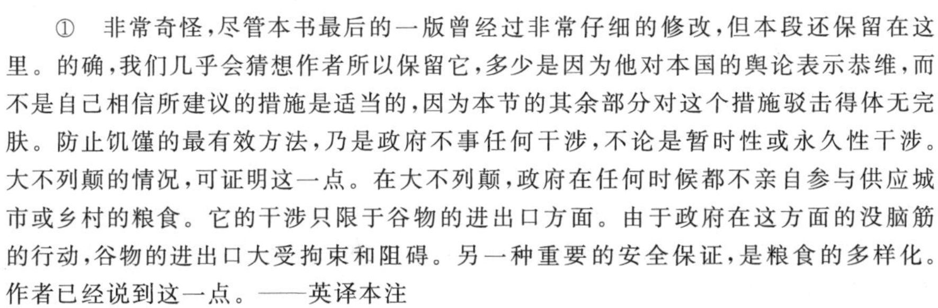

① 非常奇怪，尽管本书最后的一版曾经过非常仔细的修改，但本段还保留在这里。的确，我们几乎会猜想作者所以保留它，多少是因为他对本国的舆论表示恭维，而不是自己相信所建议的措施是适当的，因为本节的其余部分对这个措施驳击得体无完肤。防止饥馑的最有效方法，乃是政府不事任何干涉，不论是暂时性或永久性干涉。大不列颠的情况，可证明这一点。在大不列颠，政府在任何时候都不亲自参与供应城市或乡村的粮食。它的干涉只限于谷物的进出口方面。由于政府在这方面的没脑筋的行动，谷物的进出口大受拘束和阻碍。另一种重要的安全保证，是粮食的多样化。作者已经说到这一点。——英译本注

它不但应该得到政府的保护，而且应该得到政府的鼓励。但上述责难如果是指粮食商在谷物涨价供应接近紧张的时候在市场大事收买，这样加速紧张的形成和价格的升腾，那么，我虽然承认这种动作的功用不能与上述一种同日而语，不那么可值得称赞，而且在这种情况下，由于某一年的粮食的不足，没有前一年的剩余贮藏以资补充，因此消费者一方面要负担它的额外费用，一方面又得不到相应的直接的利益，但是，我想不出曾因此发生过什么非常可怕或悲惨的结果。谷物是生产得非常普遍的物品，除非消除无数卖者的竞争，除非从事非个人能力所能经营的那样大规模的买卖，就不能任意抬高它的价格。此外，和价格比起来，它是最笨重最不方便的物品，因此在运输和贮藏方面是最贵、最麻烦的物品。任何大宗藏粮，都不能瞒人耳目。[①] 它的易损耗和易霉烂的性质，往往使它的所有者急于求售脱手，并使大投机家陷入重大损失。

所以，以投机为目的的粮食垄断，是最不易搞的事体，因此没有什么可值得担忧。有害和最难防止的乃是个人因害怕饥馑准备家庭用粮而作的囤购。有的人过于小心，储备了超过实际需要的粮食，而经常保留若干余粮在身边的人如农民、农场主、磨坊主等，老是倾向于多存若干，打算以后把剩余不需要的数量出卖赚钱。这些数不胜数的个别小囤购，加起来大大超过以投机为目的而囤存的粮食的总量。

要是这些投机家的可恶的利己意图，反而产生一些好结果，那

① 力主政府干涉这些事体的拉马尔，在 1699—1709 年粮食供应紧张的时期，受命搜查隐匿的藏粮并检举粮食垄断者。他坦白承认，被搜到的还不到一百夸特。(《论警察》，第 11 卷，附录)

便怎样呢？在谷价廉贱的时候，人们往往不注意节省用粮，也有人把它用作家畜饲料。将来可能发生饥荒的形势，甚至眼前粮价轻微地上涨，通常不足及时制止他们的浪费。但如果大粮食商把他们的贮藏封闭起来，跟着发生的粮价将上涨的推测，会马上使群众警惕起来，使消费者觉悟要节省地和当心地使用粮食，而大部分的粮食消耗，就是由这些消费者的消耗合成的。人们便将开始钻研发明寻找粮食代用品，一粒米麦都不敢浪费。这样，一部分人的贪心，结果反起了防止他人浪费粮食的有益作用。当囤藏的粮食最终出现于市场时，它的数量就引起粮价的降落，使消费者普受其惠。

关于想象上的粮食商向生产者和消费者所索取的贡物，这是一切商业部门毫无例外地索取的一种公平代价。要是无须垫出资本，无须设置堆栈，没有任何麻烦，不要任何结合，或没有任何困难，而产品就能达到消费者手中，这个责难也许还有一点点意义。但只要有困难，便无人能够像以此为职业的人那么经济地克服这些困难。立法者应该对整个商业（大商业和小商业）采取明达的看法，经营商业者仆仆道途，孜孜不懈地注视供需的每一变动，调整临时的和地方的过低价格以适应生产成本，调整过高的价格以适应消费者购买力。我们能够期望生产者、消费者或当局提供这种有益和有力的作用吗？请扩大交通的便利，尤其是国内水路运输的能力，因为只有水路运输才适于这种笨重笨大的货物的运送。请留心注意商人的安全，然后听任他们各走自己的路。商业不能使歉收变为丰收，但商业能使用最符合社会需要与生产利益的方法分配所有可分配的东西。斯密所以断言粮食商的劳动对谷物的生产所提供的功用仅次于耕者本身的劳动，无疑就是因为这个缘故。

对谷物生产和谷物贸易的不正确看法的盛行，在一切国家引起了无数的有害和矛盾的法律、条例与法令的颁行。这些法律一般是为应付当时的需要而提出，而且常常是基于群众的再三再四的要求。堆加在粮食商身上的危险与非难，往往使粮食的生意落到没资格的人的手中，这些人既缺乏做这种生意所必要的知识，又没有做这种生意所必要的才能。通常的结果是，粮食交易转到地下秘密进行，消费者负担更大的费用，因为干人们所退避三舍的粮食生意的商人，自必索取相当的代价以补偿所冒的危险和所受的烦恼。

每次限定谷物的最高价格，谷物即匿而不见。于是接着采行的第二步措施，往往就是强迫农民把他们的谷物拿到市场售卖和禁止一切秘密交易。对于财产的这种侵犯和伴随着而发生的盘根究底的搜查以及加于人身的迫害与其他种种不公平行为，从来没有给使用这种手段的政府提供大量的粮食来源。从政治和道德的观点看来，最好的办法乃是唤起人们的意向，而不是拘束人们的行动。就供给市场的需要说，刺刀和军刀的恐吓是不济事的。①

政府如果企图自任商人来供给民食，一定不能满足国民的需要，同时还会使要是听任贸易自由便必纷集的粮食消失无踪。理

① 法国内政部部长在1817年12月提出的报告，承认市场供应情况，在1812年5月4日禁止公开市场以外的一切交易以后坏到无以复加。公开市场挤满了消费者，他们没有其他地方可购买粮食，而农民因为必须以低于市场价格的价格售卖粮食，都托词无物可卖。

由是，无人愿意从事明知必赔老本的生意，虽然政府可能愿意这样做。

当1775年法国许多地方闹粮食恐慌的时候，里昂市政府和一些其他城市企图在乡下收买粮食，运到城市以赔本价格转卖，借以救济各该地居民的饥饿。为着支付这笔费用，它们在这时候提高入市税或进入城门的货物通行税。粮食越来越缺乏。其理由非常明显，在必须以低于成本的价格出售货物而且必须付额外通行税才能进入这种市场的情况下，普通商人自然裹足不前。[①]

越是人们所必要的物品，减低它的价格到自然水平之下越危险。粮价偶然腾贵，虽是极不愉快的事体，但一般总是由于人力不能控制的原因所造成。[②] 因为年岁不登而通过不良法律，使一个灾难加上另一个灾难，这实是不聪明的做法。

政府在进口方面所获的成就，也不比在国内贸易方面所获的

① 无论在什么时代和什么地方，这种结果必定跟着发生。在公元362年，朱理安皇帝命令以低于市场平均价格的价格在安提阿抛出从卡西斯和埃及为这用途而输入的四十二万莫迪阿斯*小麦。其结果，私营商业的货源，立刻断绝，饥荒越来越严重。阅吉本所编的《罗马史》第24章。政治经济学的原则是不朽不变的原则，但一个国家懂得它们而另一个国家却完全不知。

当罗马帝国政府把得自附庸国家的大量无代价赠粮控制在自己手里的时候，罗马京城的粮食一直呈现不足的现象，这大量的赠粮，就是人民所感觉和所埋怨的不足的原因。

* 罗马度量单位。——译者

② 的确，饥馑的最常见原因，乃是人为原因。这原因就是战争。战争一方面阻碍粮食的生产，一方面浪费已有的粮食。所以这原因是人力所能控制的。但是，除非政府对自己的利益和国民的利益有更正确的见解，除非各国消除把不必要和无理由的冒险看作是可惊奇和可赞美的目标这种幼稚想法，几乎没有希望能够有效地控制这个原因。

好。巴黎公社和国民政府于1816—1817年冬由于以进口粮食供给巴黎市民所作的重大牺牲，并没有使消费者免受面包价格奇昂的痛苦。此外，面包的重量和质量，仍然不合规格，面包的供给，仍然不能适应需求。[①]

关于进口奖励问题，不必细说。能起最有效的奖励作用的，就是发生饥荒的国家的奇昂粮食价格，这价格有时达到平常价格两三倍之高。如果这还不足引起进口商的兴趣，我不知道政府还有什么更好法子鼓励他们。

如果食物多样化，国家便比较不易陷入饥馑。如果全部人口单靠一种产品为粮食，饥馑的痛苦可能达到水深火热的程度。要是法国小麦不收，其结果将和印度大米不收一样坏。要是人民的食物，依照当地习惯，包括多种多样的东西，如家畜肉、家禽、可以食用的草木根、青菜、水果、鱼等等，供给情况绝不至于十分不稳定，因为这些东西很少会同时缺乏。[②]

如果对于能以低廉费用保存某些季节和某些地方大量生产的

① 空谈政府的仁慈关心、关顾和恩惠是徒然的。这些既不能扩大政府的权力，又不能减轻人民的痛苦。我们不能不相信政府确是关心民食的，强烈的利己观念一定会驱使它们努力维持社会的安宁，因为天下太平，得到最大好处的就是政府。至于政府的恩惠，却没有多大价值，因为政府不以人民为牺牲就无从施恩布惠。

② 习惯是采用新的食品的最顽强反对者。意志薄弱的人，老受习惯的支配，而不幸得很，大部分人口特别是社会比较低层阶级都是意志薄弱的。我曾注意到，法国若干省的人，非常不喜欢用意大利方法烹煮的一种面糊，尽管这种面糊是很滋养的食品，而且又能使面粉不至于变味变色。如果不是由于国内发生政变时期中反复的饥荒，也许没有什么东西可使马铃薯的栽植和食用发展得这么迅速，成为许多地区的主要粮食。如果对薯种的保存和改良更加注意，更加严格遵守种子而不种根的方法，人们可能更普遍喜欢马铃薯。

食物如鱼类等的方法，更加注意地宣传和改善，饥馑也会减少发生，因为这样便可使用这些物品的周期性过剩产量，作为粮食不足时期的充饥食品。如果公海的交通畅行无阻，温带居民便能很便宜地分享在热带太阳下自然所广施博赐的产物。① 我不知道香蕉能经多久和能运多远不烂。但就甘蔗说，这种尝试已经获得了很大的成功。甘蔗可制种种味道甘甜和有益健康的食品。凡在纬度三十八度范围内的一切地区，甘蔗都可繁殖。要是我们没有现行的荒谬法律，便能以比家畜肉还便宜的价格，或以和许多土产水果与青菜的价格一样便宜的价格买到甘蔗。②

再来谈论谷物问题。我必须对不分青红皂白地和普遍地应用我所引用以证明自由贸易利益的议论提出抗议。事实上，没有什么东西比顽固地墨守一种主义更为危险，而把一种主义这样应用于人类的需要和错误上尤其危险。比较明智的政策，是始终不渝

① 洪博德在他所写的《关于新西班牙的政治性论文》第 9 章里面告诉我们，该国家面积相等的土地可产香蕉、马铃薯和小麦如下述比例：

香蕉	106,000 公斤
马铃薯	2,400 公斤
小麦	800 公斤

这样，就重量说，香蕉的产量，比小麦多一百三十三倍，比马铃薯多四十四倍，但香蕉要除去它所包含大量水分的重量。

在墨西哥，如果以半公顷沃地应用适当的耕作方法栽植大种香蕉，所产的香蕉可养活五十个以上的人。至于欧洲的半公顷地，假定其产量达到八倍之多，每年也不过能产五百七十六公斤的面粉，还不够养活两个人。欧洲人初到热带地方，看到环绕土人所住的拥挤小屋的耕地是那么狭窄时，往往觉得奇怪，但其实这是很自然的。

② 同一作者告诉我们，在多明戈，三千四百零三脱斯* 的正方形地，平均可产糖一万磅。法国食糖消费量，假定平均每年二千万公斤，那么多明戈二十一方里的地，能够生产法国全年所消费的糖。

* 法国丈量单位，合六英尺半。——译者

地朝向人们公认的健全原则的标准推进，凭借逐渐和不知不觉的吸引力的不断影响以到达这些原则。最好预先定下最高的价格。当市价超过这个价格时便禁止谷物出口，或对它课征重税。因为，走私既无法完全杜绝，那些决心要干这项勾当的人，与其让他们把保险费用付给私人，倒不如要他们付给政府。

到这里为止，我们把谷物的昂贵价格，看做唯一可怕的灾难，但在1815年，英国却对相反性质的灾难的威胁感觉惊慌，这个灾难是，由于外国谷物的涌至，英国谷价将降得过低。谷物的生产费用，像其他产品的生产费用一样，在英国比在它的附近国家贵得多。这是由于许多原因。我们不必在这里叙述这些原因，其中的主要一个是英国赋税的沉重——外国谷物能以相当于英国生产者所付的生产费用的三分之二的价格在英国市场出售。因此，这成为英国的大问题：较妥的办法是允许外国谷物自由进口，这样使本国生产者在外国生产者的竞争下受到严重的打击，使他付不出地租和赋税，使他不得不放弃种麦事业，使英国不得不依靠外国供给粮食，甚至不得不依靠敌国供给粮食呢，还是把外国谷物排斥出英国市场，以国内消费者为牺牲给予国内生产者以垄断权利呢？

这个大问题引起了极其热烈的笔战与舌战。双方提出很多理由坚持己见的争论，使旁观者不能不推断双方都没有正视灾害的主要原因，即英国是否有必要作出与它的领土不相称的牺牲来支持它的傲慢的要求，妄想影响和支配一切。但无论如何，双方所表现的聪明和智慧，有助于了解政府当局干涉谷物供给的原因，并有助于增强有利于自由贸易的论断。

主张保护贸易者的议论的要旨，可简述如下：鼓励本国农业以避免遭受客观情况所招致的危险，即使牺牲些消费者的利益，也不是失策的。这种危险，在下述两种场合下，尤其可怕。第一，一个交战国的力量，足够截夺或拦阻我们所需要的粮食的进口。第二，产粮的国家，自己发生饥馑，必须保留全部收获，以供自己食用。[①]

拥护自由贸易者答辩说，要是英国成为外国谷物经常输入国，那么，不但将有一个国家而且将有许多国家养成以谷物供给英国的习惯。波兰、西班牙、巴巴里，北美洲将更加广泛地种植小麦以供给英国市场。它们将必须把小麦卖给英国，正如英国必须向它们购买一样。就是拿破仑，英国有史以来的最大敌人，也接受英国的钱准许谷物出口。谷物绝不会在世界各地同时歉收。广泛的谷物贸易，可导致大量谷物贮藏的形成与大量谷仓的建立，而这正是预防饥馑的最好准备。因此他们说，最不易遭饥馑或甚至最不容易发生剧烈粮价变动的国家，就是自己不产谷物的国家。他们举波兰和类似的国家为例。[②]

可是，无可辩驳的是，连最可安心依靠商业来备办粮食的国家，要是农业濒于破产，也有许多可虑的严重困难。粮食是任何国家的首要东西。完全依靠遥远的地区取得粮食的供给绝不是慎重和安全的办法。即使承认为保护农业而制定的禁止谷物进口的法律，由于损害工业所以是不公正和不适当的，因为这就使落在农业上面的负担重于落在工业上面的负担。也许一种弊病的存在，会

① 马尔萨斯：《地租的性质和发展的研究》，《关于对外国谷物的一个意见的原因》。

② 李嘉图：《论谷贱的影响》。

使另一种弊病成为必要，以恢复生产的平衡。不然，劳动将舍弃某一生产部门而专奔另一生产部门，使社会的生存蒙受明显的威胁。

第十八章　由政府所作的生产努力而发生的对国民财富的影响

如果一个生产事业的产品不多于它的生产费用，那便没有新价值的产生，因此也没有新财富的创造。[①] 无论经营这亏本事业的是政府或个人，国家一样受损失，因为国内存在的价值少了这么多。

说政府虽然受了损失，但它的人员、劳动大众或它所雇的工人得了利益是完全无用的。如果该事业不能维持自己，它的收入必定不敷支出，而两者的差额，就得由供给政府费用的人来负担，就是说，由纳税人来负担。[②]

法国政府所办的戈伯林花毡厂，消耗大量的羊毛、丝和染料。此外它还花费不少的土地与建筑物租金和工人工资。这些消耗本该由产品提供补偿，但实际情形却不如此。这家工厂不但不增加

① 不可忘记，在生产过程中所消耗的生产作用的价值，正像原料的价值一样，同是实实在在的价值。在生产作用这名词下，我把资本和人的生产作用包括在内。

② 当政府是使用自己所有或所持有的资金例如国有土地的产物从事投机时，情况也是一样，因为这样消耗去的东西，本来可用以减轻民众的负担。

国家的财富，而且不断把国家累得拮据不堪。政府也深深晓得它所加于自己的损失。它每年所加于国家的损失，等于它每年的消耗超过它的产品的价值的全部差额。上述消耗包括工资，因为工资也是消耗的一项。对于塞佛尔的瓷器工厂，也适用这说法。我害怕政府所经营的一切工厂，全都适用这说法。

有人要告诉我们，这是必要的牺牲，否则国王将没有东西可用以赏赐臣民，可用以增添王宫的华丽。这里不是研究帝王的慷慨和宫室的华丽会在什么程度上使国家治理得更好的地方。姑且假定这些东西是必要的，但即使如此，也没有理由在为着维持宫室的壮丽和使君王能作慷慨的赐予而作牺牲外，把财政弄得一团糟来加重这牺牲。国家最好以现金购买被认为适于赐予臣民的东西。国家通常能够以较少的钱买到和它自制的同样贵重的东西，因为私人一定能比政府卖得便宜。①

和政府在生产方面所作的努力分不开的，还有另一种流弊，那就是政府的这种努力会妨碍私人的企业。不是妨碍和政府有商业往来的人们的企业，因为这些人必定非常小心避免损失，而是妨碍在生产方面和政府竞争的人们的企业。无论在农业、工业和商业方面，政府都是极其可怕的竞争者，政府有巨大的财富和力量供其支配。政府往往不计较利润的有无。政府能够承担得起以低于成本的价格抛售货物的损失。政府能够于很短时间内消耗或生产或

---

①　对于政府所经营的商业，也适用这种说法。当 1816—1817 年饥荒的时候，法国政府在外国市场收买谷物。国内谷价涨到惊人的程度，政府以很高价格转卖所购的谷物，虽然这价格比市场平均价格低一些。私人商人一定能从这笔买卖捞一大笔，但政府却赔了二千一百万以上法郎的本钱。见 1818 年 12 月 23 日条陈。

垄断这么巨大数量的产品，剧烈地扰乱各种货物的相对价格，而剧烈的价格变动没有一次不是有害的。每一个生产者都要依靠他的产品在可以送到市场出卖时可能卖到的价格。没有什么事体比无从预料的变动更足使生产者意气沮丧。他因此所受的损失和他偶然所得的意外利益是同样不该的。如果他有不该得的利益，这种利得就是这么多落在消费者头上的额外负担。

我知道有些事业非由政府自己经营不可。政府不能安全地把建造军舰的事体留给私人处理，也许也不能把制造火药的事业留给私人经营。但是，大炮、滑膛枪、弹药箱、弹药车等物，法国政府都是向私人定购的，而且从表面上看这种办法似乎很有利。是不是可以推广施行这种制度呢？政府必须由其代表或一批人经手处理事务。这些人的利益与政府的利益是直接相反的。他们自然首先考虑自己的利益。如果政府所作的交易，总不免上人的当，那么，政府何苦自己经营生产和商业，从而增加受人欺骗的机会，就是说，何苦从事那些必定无止境地增多和私人打交道的事业呢？

但是，政府虽然没有可能成为成功的生产者，无论如何它却可通过计划周详、办理妥善和维修得当的公共土木工程，特别是公路、运河、港口等等，强有力地刺激私人生产力。

交通便利对于生产的帮助，和能增加产品数量与缩短生产过程的机器没有不同。交通便利相当于以较低费用供给同一产品的一种手段。这和以同一费用而能产出较多产品有同样的效果。如果我们考虑到奔驰于一个人口繁多、社会富足的国家的道路上巨大数量的货物，自每日运到市场的最普通的蔬菜至从世界各角落源源而至它的港口然后又从港口由陆路转运到全国各地的最稀罕的奢侈品，我们便不难想象良好道路在节省生产费用上难以估计的价值。运输所完成的节省，实相当于那些产品从自然无代价地获得的价值的全部，如果没有道路，便无从得到那些产品。如果能把生长在阿尔卑斯山和庇里尼斯山人迹难到的地方无人理睬其枯萎腐烂的美丽森林移植到平原来，它的价值对人类来说将是新生产的价值，并构成地主和消费者的收入的净增加。

政府所创办的高等学校、图书馆、中小学和博物馆等也对财富的创造有帮助。它们促进真理的发见和扩大已知知识的流传，使管理生产事业的优秀人员能把人类科学更广泛地应用于供给人类需要上。[①] 由政府供给资金的旅行团或以发见为目标的航海也有这种效果。这些旅行或航海的成就，由于献身于这项事业的人的卓越功劳，近年来显得特别辉煌。

还有一点值得注意：为扩大人类知识或只为保存人类知识而作的牺牲，纵使所指向的目标不具有即时的或明显的效果，也不可轻加非议。各门科学之间，普遍存在着相互的联系。一种看来完全是纯理论的科学，往往必须先向前进展一步，然后另一种具有明显的实际大效用的科学才能兴起。不但如此，我们不能断定一种完全是好奇心的对象的事物，里面究竟潜伏着什么有用的性能。当荷兰人奥托·葛利克第一次打出电花时，谁想得到后来竟然使富兰克林能操纵电并把电从我们的建筑物送到别的地方呢？这在

① 参阅本书第一篇第六章。

当时看来是个远非人力所及的伟业。

但在政府所能使用以鼓励生产的一切方法中，最有效的是保证人身和财产的安全，特别是保证不受专横权力蹂躏的安全。[①]这种保证本身就是国家繁荣的一个泉源，不仅仅抵消迄今为止所曾经发明的一切阻碍国家繁荣的拘束的影响。拘束会压缩生产的弹性，但没有安全就会导致生产的绝对毁灭。[②] 为使我们充分相信这是千真万确的，只需把西欧国家和受土耳其帝国统治的国家对比一下就够了。请看大部分的非洲、阿拉伯、波斯和小亚细亚，这些地方曾有一个时期密布着繁盛的城市，但现在这些城市像孟德斯鸠所说，除在斯特拉博的记录中外，已经无影无踪了。它们的居民不但遭到土匪的掠夺，而且遭到帕夏的掠夺。财富和人口都化为乌有。稀稀落落地散在各处的残余人口，简直是穷困万状艰苦备尝的可怜虫。另一方面，请看欧洲的情况，欧洲虽距离可能达到的繁荣还很远，但它的大多数国家，尽管捐税沉重，限制性规定指不胜屈，却很兴隆昌盛。理由极其简单，在欧洲，一般地说，人身

① 斯密在摘述造成大不列颠的繁荣的真正原因时，把以下原因放在第一位。"执行法律的公正无私，使英国最有权势的人也得尊重最下等的人的权利。这还保证一切人都能安享自己的劳动的果实，从而给予一切种类的劳动最强大和最有效的鼓励。"（《国民财富的性质和原因的研究》，第 4 篇第 7 章）普维鲁这位大旅行家告诉我们，他没有看到贸易不能自由、人身和财产没有安全保证的国家有过真正的繁荣。

② 事实上，这个保证就是一切政府应尽的义务。要是人性没有缺陷，人类没有做坏事的倾向，社会便可不需要政府而存在。各种社会形式和制度的建立与维持，其目的就是在于保护人们不受别人的不道德行为的危害，就是以社会的全体力量为武器来保护个人权利。可是，使人们受到社会束缚的道德上的缺陷，同时又暗中破坏社会制度，使社会制度失去效力。正是那建立以保护个人的机器，反被使用以伤害和掠夺个人，并且有时比个人的不义更为凶恶。——英译本注

和财产没受到暴力和勒索的摧残。

到这里为止，我还没提到政府可用来暂时增加人民财富的另一个方法。我所指的是抢夺别国所有的动产，把掠品运回本国，或硬迫别国把生产中的产品大量入贡的方法。这就是罗马人在罗马共和国末期以及在罗马帝国头几个皇帝统治时期所采用的方法。这个方法和个人使用违法强暴手段或欺骗手段抢夺别人的财物没有不同。这样做并不是实际生产，只是侵占别人产品。这种增加财富的方法，我只打算在这里提一下，不准备多谈。我在这里说到它，绝没有把它介绍作为一种稳妥或体面的方法的用意。要是罗马人以同样坚定的魄力奉行相反的主义，要是他们费点心机在野蛮的邻邦宣扬文化，跟它们建立互相依存的和睦关系，罗马势力也许迄今还存在着。

第十九章　殖民地和殖民地产品

所谓殖民地，是指一个叫做母国的较古老国家建立在另一个距离遥远的国家的居留地。当前者想和一个人口已经很多、文化已经很发达因此没有希望占据为己有的国家扩大往来时，它通常满足于在该国开设工厂或建立商人居住地，在那里它的代理人按照当地法律进行贸易，像欧洲人在中国和日本所做的那样。当殖民地摆脱了母国的羁绊，不复从属于母国时，就变成独立自主国家。

一个国家当旧的领土的人口形成过于稠密或当某些社会阶级受到其余阶级迫害时，往往就开拓殖民地。上述似乎就是古代国家从事拓殖的唯一动机，但近代国家开拓殖民地，一般则受其他意图所驱使。航海技术的巨大进步，给它们的事业开辟了新的途径，此外还发现了前此所不知道的国家。他们踏上了另一个半球，抵达了最不适于居住的地带。他们的目的不在于和子孙在这些地方安居下来，而在于取得那里的贵重物品，或从惨淡经营的大规模生产事业发一笔财，然后满载还乡。

上述动机的不同值得注意，因为这两种不同拓殖制度的结果也是极其不同的。我很想把一个叫做古代殖民制度，一个叫做近代殖民制度，但近代也有许多殖民地是按照古代的计划成立的，其中最突出的就是北美洲。①

按照古代制度形成的殖民地，在开始时产品非常有限，但增加得很快。殖民通常选定一个地点作为他们的入籍国家，这个地点总是土壤肥沃、气候温和或位置适中合于贸易的地区。土地通常总是新开的地，不管过去是否为已经灭绝很久的稠密人口的居住地，或不过是人数少、力量薄、不能尽量利用土地生产力而需要到处漂泊的流浪部落的游猎地区。

从文明国家移住到完全新的地区的家庭，把理论知识和实际

① 这两种制度的区别，只是想象上的区别，而不是实际上的区别。大多数欧洲国家在西半球的早期殖民地，都是以绝对的移住为目的而开拓的。多明戈的法国人，巴巴多斯的英国人，几乎在一切地方的西班牙人，都是想在那里定居而没有回家的念头。输入黑人奴隶是事后的思量。奴隶制度在古代是全世界确定的制度。殖民地或掳捕土人为奴隶，或到能够购买奴隶时从外国输入奴隶。——英译本注

知识带到这地方，这种知识是生产劳动的主要要素之一。他们还带来劳动习惯和服从习惯。前者使上述知识能起积极作用，后者为维持社会秩序所不可缺少的品质。他们一般也带来少许资本，但不是现金而是工具、家畜、农具等等。没有地主和他们分享处女地的产物，这个地的广大，远远超过他们在若干年中所能耕垦的范围。这一切都是使繁华能够迅速增长的因素。此外也许应该加上另一个因素，即人类想望改善环境，把所选择的生活方式弄得尽可能舒适愉快的念头。

要是殖民带来更多资本，按照上述方式成立的殖民地产品，必能增加更快。但正像我们所说的那样，殖民一般不是来自幸运的家庭。那些拥有足够资金能在祖国和从幼安适生活的地方找到舒适生计的人们，很少会想抛弃他们的习惯和亲朋而去从事必然发生危险的事业，到艰难困苦的原始地区去。这些情况说明新开辟殖民地为什么总是缺乏资本。这些情况也是殖民地利息总是很高的一个原因。

事实上，资本的累积，在新殖民地倒比在一般开化已久的国家快速得多。看上去好像那些离开祖国的移民者，把一部分不良嗜好抛在故乡：他们的确没有把爱炫耀的癖性搬来殖民地。在欧洲，爱炫耀不知道得付出多大的代价，而换回的东西却那么没价值。在他们所去的地方，除效用这个性能外，其他全不为人所重。所消费的东西，以合理愿望的对象为限，合理的愿望，自然比旨在炫饰的愿望能较快得到满足。城市很小而且很少。移民者自然得选择农民的生活，而农民的生活，乃是最俭朴的生活。最后，他们的劳动收效较大，而且只需要较少的资本。

殖民地政府的特质，通常也像个人的特质一样。它们执行职务很积极，用钱很节省，谨防发生纠纷。因此，殖民地的捐税很少，有时完全没有捐税。由于政府所取于人民的收入极有限，有时分文不取，所以人民有很大余力增加积蓄，因此有很大余力扩大生产性资本。尽管以很有限的资本开始，殖民地每年产品，很快就超过每年消费量。于是人口和财富一齐突飞猛进，因为，资本积累越多，人类劳力便越贵。这是大家所知道的原理，人口总是随着需求而增加。①

由于这些原因，就不难解释这些殖民地为什么发展那么快速。在古代殖民地中，小亚细亚的伊菲瑟和迈利特、意大利的塔兰托和克托那，西西里的锡拉丘兹和阿格里真坦等地的财富和地位很快就跃到母城之上。英国北美殖民地，在我们时代的殖民地中和古代希腊殖民地最相似。它的繁荣也许不那么触目，但仍然值得注意，而且还在增长中。

按照这种计划而毫无重返家乡思想存在的殖民地的不易的习惯，就是自己组织独立政府。母国即使保留立法的权利，这权利迟早也必由于天然原因而消失。情况终必演变到这种地步。其实，母国从正义和自己利益着想，一开始就应该让其独立。

现在继续来谈按照近代殖民体系成立的殖民地。这些殖民地

① 参阅本书下文在人口标题下各段，第二篇第十一章。

的人民，多半是冒险家。他们不想在一个入籍国家安家，他们的目的在于快快积聚一笔巨财，然后回到故乡去享受。[①]

这些早期冒险家的无底止的欲壑，最初在安的列斯群岛、墨西哥和秘鲁，以及在巴西和东印度充分得到满足。于榨尽了当地土人所积聚物资后，他们不得不改易方向，从这些新国家的矿山和价值不比矿物小的农产品上头牟利。一大群一大群的新殖民潮涌而来。他们都期望日后重返故乡，打算发笔财后携资到别的地方享福。他们很少打算留在自己所开辟的地方去过优裕的生活，留下心满意足的子孙和清白的名字。这个动机驱使他们采行一种强迫耕作制度，而以黑奴为主要的工具。

首先，我要问，奴隶制度对生产所起的作用是怎样呢？奴隶劳动是否比自由人的劳动来得便宜呢？这是一个重要的研究，是殖民制度对财富增殖的影响所引起的研究。

斯图亚特、杜阁和斯密都认为奴隶的劳力比自由人的劳力来得贵，而且效果也差。他们的论证有如下述，不是为自己利益而工作和不是消费自己财物的人，总是拼命消费和尽可能地逃避工作。他没有兴趣为保证工作的成功进行必要的思考，也没有兴趣去掌握必要的知识以保证工作的成功。由于疲劳过度，他的寿命一般不长，因此主人必须付很大费用从事补充。此外，自由人得扶养自己，而奴隶则由奴隶主扶养。由于奴隶主不能做得像自由人那么

① 北美洲和某些其他地方存在着许多的例外情况。西班牙和葡萄牙在新世界的殖民地，其性质不很明显。有的殖民打算于日后重返故乡，有的则打算在那里成家立业。但自解放斗争开始以后，他们的整个计划被打乱了。

经济，所以奴隶的劳力必定费奴隶主更多的钱。[①]

有人使用下述计算反驳他们的论点：在西印度待遇奴隶最人道的农场，一个黑人的费用，每年从未超过三百法郎。再加上他的身价的利息（因为他是终身财产），比方说百分之十。一个黑人的身价，平均约二千法郎，这样，如果把利息估计为二百法郎，那么，对奴隶主来说，一个黑人的每年费用不过五百法郎。[②] 这个数目，比起世界任何地方自由人劳力的代价，无疑都低得多。西印度一个普通自由工人，一天可赚五法郎或六法郎或七法郎甚或更多。姑且采取六法郎这中数，并把一年的工作日只作三百天计算，一个自由工人的工资，每年要达到一千八百法郎而不是五百法郎。[③]

常识告诉我们，奴隶所消费的，一定比自由人少。奴隶主不关心奴隶有没有人生乐趣，对他来说，只要奴隶能活着就行了。一条裤子和一件短上衣是奴隶的全部衣服。奴隶住的是一间毫无家具的小屋，吃的是一种薯根，有时加些干鱼。自由工人组成的人口，必有得扶养的妇孺老弱。亲戚来往，朋友酬酢，男女恋爱，感恩报德，这一切都增加一个人的消费。至于奴隶主，他常常不必负担老

① 斯图亚特：《政治经济学原理之研究》，第 2 卷，第 607 章。杜阁：《关于财富的形成和分配的考察》，第 23 节。斯密：《国民财富的性质和原因的研究》，第 1 篇第 8 章，第 3 篇第 2 章。

② 这个计算没有计及供给黑人的住所，供给他使用的工具和器具以及奴隶主供给他们的衣服。此外，作者似乎也没有考虑到自由黑人的劳动所能提供的增产。自由欧洲工人的劳动无疑要贵得多，如果使用这种工人是可以实行的话。利息也计算得过低。奴隶主还得扶养老黑奴和黑奴的婴孩。

③ 值得注意，工资高得多的自由工人，所从事的职业，一般虽较不吃力但却需要较大智能和熟练的工作。裁缝和钟表匠一般都是自由人。并且，奴隶制度的存在，就它本身说，就足增高自由农业工人的价格，因为这把一切竞争者全部逐出市场。

黑奴的赡养,因为老黑奴常常因为劳累很快死去。黑奴妇女和小孩也很少得免劳动。甚至黑奴两性之间的恋爱关系,也不免受奴隶主贪心的支配。

什么在每个人头脑中起作用使他不敢恣情满足他的需要和嗜好呢?无疑是对于将来生活的顾虑。人类的需要和嗜好有日趋扩大的倾向——减少消费的节约。不难想象得到,在每一个人头脑中都有这两种念头,彼此互相制约。但一有奴隶主和奴隶,总是节约念头起优先的作用。需要和嗜好的念头在较弱的一方起作用,节约的念头在较强的一方起作用。大家晓得,在多明戈,一个农场的六年的净产量,就够偿清全部的买价;而在欧洲,一个农场的每年净产量,很少超过买价的二十五分之一或三十分之一,有时还少于三十分之一。斯密在别的地方告诉我们,英格兰岛的农场主自己承认,糖酒和糖浆的产量就够支付一个甘蔗场的全部费用,留下全部产糖作为净收入。斯密说得很合乎道理,这等于我们的农民只要使用稻草支付地租和其他费用,而可把全部谷物留下作为纯利润。现在请问,多少产品的价值,能够超过生产费用到这样程度呢?①

上述过分的利润,表示奴隶主劳动的报酬,达到了和奴隶劳动的报酬极不相称的程度。对消费者来说,这是无所谓的。生产阶级中之一个阶级,从其余的贫困得到利益。如果这不引起不良生

① 这种不同情况,对所有主与不同生产因素的相对地位究竟有什么关系呢?问题只在于资本利息的高低的不同。在西印度,资本所生的收入和租金或土地利润的比例,与欧洲情况大不相同。在西印度,土地即生产的泉源,由于气候不佳、土地保有权不稳固以及土地多等等,价格非常便宜。——英译本注

产制度，阻碍较妥善劳动计划的采行，那么，事体只不过如此而已。奴隶主和奴隶同是可鄙的人物，他们的劳动同样不能臻于完善的境域。而由于他们的传染，没有奴隶可供鞭策的自由人的劳动，也成为可鄙。因为，在劳动是由下等阶级的人担任的情况下，劳动绝不能成为光荣，甚至不能为人尊重。奴隶主装出威风凛凛的悠闲懒惰态度以表示他对于奴隶的优越。并且，智力也同样降低，因为智慧被暴戾和残忍所取代了。

我听到敏锐和诚实的旅行家说，巴西与其他美洲殖民地，只要一日继续容忍奴隶制度，一切技术就一日没有进步的希望。在北美合众国，繁荣增长最快的地方，就是不容许奴隶制的各州。采行奴隶制的佐治亚州和卡罗来纳州居民，生产世界上最优的棉花，但不知道怎样加工。当上次和英国战争时，他们不得不花巨资，把棉花由陆路运往纽约纺成棉纱，然后又以制成品的形式把同一棉花运回来以供消费。[①] 这是容忍这个坏习惯应得的报应，即一部分人类被迫为另一部分的利益而劳动，并且还得忍受最残酷的剥夺。在这地方，报应和人道可以说是相称的。[②]

① 印度工人全是自由人，多至不可胜数，然而情况也如此。棉花势必流向有机器的地方。机器力量已经发展到这样巨大的程度，就是在人的劳动最便宜的地方，也不能和机器相抗衡。因此，上述情况并不是这几州容忍奴隶制度的结果。——英译本注

② 因此，作者得到这个正确结论。但他的论证既不合逻辑，又不能令人满意。的确，他草草了结这个问题的讨论，这样做和它的重要性极不相称。人们从事劳动，出于两种动机。第一是图享受，第二是怕责罚。奴隶的劳动，主要是受后一动机所驱使。自由人的劳动，主要是受前一动机所驱使。在分析实际生产工作时，这两种动机都不应该只这样地草草一提，而应该在说明生产的泉源后立即开始详细说明它们。这两种动机同是刺激，具有推动生产泉源的作用。尽管作者和其他人所做的成就，这门科学的组织有待改进的还很多。——英译本注

现在还待说明的是，如果始终假定殖民地继续处于附属的地位，但现在脱去母国的束缚，除出身之外，不再有殖民地的性质，其与母国的关系，和其他国家无异，在这种情况下，就生产方面说，殖民地和母国的商业关系，将产生什么效果呢！

母国为使本国土地和劳动的产品能够霸占殖民地市场，通常禁止殖民从其他地方购买欧洲产品。这使它的商人能以多少高于时价的价格在殖民地出卖他们的货物。这等于牺牲殖民以给予母国人民一定利益。殖民当然也是母国人民，所以，从母国和殖民地同是一个国家的主要部分的观点看来，母国和殖民地的一得一失恰恰相抵。所以，上述限制不发生什么效用，不过引起增设关税或国产税稽征人员的费用，使公共支出增加。

殖民地人民一方面得向母国购买货物，一方面又只能以本地产品卖给母国商人。所以，母国商人没有创造一点价值，而坐享额外利益。他们享受独占权利，不需要和人竞争。这种额外利益自然是以殖民为牺牲的。这里，就整个国家说，一得一失也相抵，但就个人说，却不如此。哈佛尔或波尔多商人所得的这种利益，是实际利益，但却是剥夺同国的另一个人民或一个以上的人民。这些人的利益，也有受国家保护的权利。不错，殖民地人民的损失，也通过别的方法得到补偿，就是说，或通过剥夺奴隶的方法，像上述那样，或通过剥夺母国人民的方法，像我将在下面说明那样。

这样，整个制度是完全建立在强迫、限制、垄断的基础上，以致国内消费者非向本国殖民地购买所需要的殖民地产品不可。其他殖民地和世界一切地方都不得运来殖民地产品，否则必须付进口税形式的沉重罚款。

似乎国内消费者无论如何能从独享收买殖民地人民货物的权利在买价方面占点便宜，但其实他连这个不公平的优先权也享不到。理由是，殖民地产品一运到欧洲，国内商人就可把它再运出口，卖给他所选择的任何地方，特别是自己没有殖民地的国家。所以，总的说来，殖民地人民被剥夺了从购买者的竞争得些好处的利益，国内消费者则受这种制度的全部结果的苦痛。

所有这些损失，全是落在国内消费者头上，然而这个阶级，就人数说乃是一切阶级中最重要的阶级，而由于下述原因，并是最该得照顾的阶级。这些原因是：任何影响这个阶级的不良制度的灾害必定广泛散布；这个阶级在社会机构的各部分都执行任务；他们向国库缴纳赋税，而政府的权力就是依存于这项租税。这些损失可分两部分。一个部分在于取得殖民地产品所付的多余费用，这些产品本可以较廉价格向别的地方购买。[①] 这部分损失是消费者阶级的纯损失，绝没有得到好处。另一个部分落入西印度农场主和商人手中成为他们的财产，这一部分损失也是由消费者负担。这样得来的财富，是真正向人民所课的赋税，但由于集中在少数人手中，所以容易使人眩惑，错认为从殖民事业和贸易方面获得的财

① 普亚夫这位诚实可靠的著作家告诉我们，在交趾支那，每担等于一百五十磅的最高级白糖，只卖三皮雅斯或我们货币十六法郎，换句话说，每磅只卖二苏多一些，这种白糖按照这个价格运到中国的数量，每年在八千万磅以上。如果外加百分之三百作为营业费用和利润（这是打得最宽的估计），在自由贸易下，能够以每磅八苏到九苏的价格在法国出售交趾支那的最好白糖。

英国人已经从亚细亚得到大量的白糖和靛青，价格比西印度货还便宜。没有疑问，如果欧洲人在非洲北海岸一带开拓独立和勤勉的殖民地，赤道产品的生产，一定会在那里发展很快，而以很便宜的价格大量供给欧洲。

富。几乎十八世纪的所有战争，以及欧洲国家所认为不得不花巨大费用在南北极设置许多民政、司法海军和陆军机构，全是因为保护这个想象上的利益。[①]

当普亚夫任法兰西岛总督时，这个殖民地距成立还不到五十年。但据他的估计，法国在它头上所费的钱不下六千万法郎。这笔费用是法国政府经常支出的一个大项目，但没给法国赚回任何收入。[②] 诚然，用于保卫这个殖民地的费用，还有保卫我们在东印度其他领土的目的，但当我们发现这些领土对政府以及对新旧两公司的股东同是更大浪费时，我们无法否认，我们从耗费这么浩大费用以守护毛里西阿岛所得的好处，不过是给我们在孟加拉和科罗曼德海岸所作的更大浪费创作了机会。

同样的意见，也适用于那些在战略上没有重要性的我国在世界其他部分的领地。如果说我们所以不惜重大牺牲保守这些根据地，目的不在于利润而在于扩张和维护母国的权力，请问这个权力的目的，既然只在于保护那些已经证明本身就是赔本事业的殖民地，我们何必承担这么重大的损失以保持这权力呢？[③]

① A. 杨格在 1789 年估计法国由于占领圣·多明戈所支付的费用，每年达到四千八百万法郎。他很详细地证明，只需用花在殖民地头上的二十五年费用发展任何一个法国省份，该省份便可不损及任何人地每年增加一亿二千万法郎的收入，包括实际产品在内。（杨格：《法国游记》）

② 《普亚夫文集》，第 209 页。在这估计中，他没考虑到法国本身的陆海军经费。这经费的一部分应该列入殖民地费用项下。

③ 参阅《富兰克林全集》，第 7 卷，第 50 页，关于这位大名鼎鼎人物的意见，他对这个问题有丰富的经验。我在瓦伦西亚勋爵的《游记》中看到，1802 年英国在好望角所花的费用，超出该殖民地本身的收入六七百万法郎。

无人企图否认，英国损失北美殖民地，反得到很大好处。[①] 但英国耗用十八亿法郎这个大得使人难以相信的费用企图保持它，这实是政策上的错误。因为英国本可享受到同一利益，就是说解放它的殖民地，而不费一文钱，不流一滴血，并在欧洲与后世博得慷慨的美名。[②]

拿破仑企图征服圣·多明戈谋反工人时，也陷入在第一次美洲战争整个过程中乔治三世阁员由腐败国会与自高自大人民的怂恿所犯的大错。如果不是由于圣·多明戈距离的遥远与海上位置，这个企图的结果，可能像西班牙战争一样悲惨。可是，这个岛屿的独立，也可能给法国带来相似于美洲的独立所给英国带来的

① “布里斯托是和北美贸易的货物集散地。它的主要商人和居民联名向英国国会提出最强烈的抗议，说承认美洲独立，必然使他们城市沦为废墟。他们还说，他们的港口将由于船只绝迹，不值得再花钱维持。但尽管他们抗议，英国为时势所迫不得不同意他们所害怕的美洲的独立。这个事件发生后不及十年，这些名流又上书国会，请准许他们浚港。该港不但没有船只绝迹，像他们所想象那样，而且不够容纳由于和独立美国通商而来往不绝的船只。”(《利维斯书信集》)

② 这些意见不完全适用于英国东方和西方蜀地，因为在东方，英国统治着三千二百万以上人口，能够完全支配对他们所征的税收，因此，与其说英国是处于移居者的地位，不如说它是处于征服者地位。但英国从占有这些属地所得到的纯利润，没有一般所想象的那么大，因为从收入项下必须支付管理和防御费用。科康在他的《英帝国的财富、威力和资源》一文中说，这个有统治权公司的收入为一千八百零五万一千四百八十七镑，总支出为一千六百九十八万四千二百七十一镑，溢余一百零六万七千二百零七镑。这本书对大英帝国的财富等等，有点言过其实*。

要是印度是独立自主国家，大不列颠和印度贸易，十之八九会增加那么多，以至能给大不列颠提供超过上述剩余的增加收入。至于个人所能增加的收入，更不必说了。

* 英国在印度的地位，由于最近的措施在一切方面都有了改善。关于这一点的叙述以及关于印度公司的资产，参阅普林瑟的《关于最近措施的叙述》。印度的独立，未必会产生我们作者所料想的利益，因为这个利益要依靠优良的管理技能，而印度人现在还不见得具有这种能力。——英译本注

商业利益。① 现在是停止由于丧失那些所谓国家繁荣根源的殖民地而唏嘘叹息的时候了。理由是：首先，法国现今比拥有殖民地的时候更加繁荣。请看它的人口增加的情况。革命前，法国的收入只够维持二千五百万人口，但现在(1814 年)却能维持三千万人口。其次，政治经济学基本原则指示我们，殖民地的丧失，绝不意味着我们和殖民地的贸易也将跟着寿终正寝。法国以前是使用什么东西购买殖民地产品呢？无疑是用本土的产品。现今它尽管有时是向中立国或甚至向敌对国家购买这些产品，然而还不是仍继续使用同样方法进行购买吗？

① 当我说美洲的解放给英国带来利益时，我是指商业上的利益而不是指政治上的利益。我知道得很清楚，就政治方面说，英国利益的降落是已定的命运，而且必定是由它的叛逆子孙所造成的。但这大祸的降临，将不是起因于殖民地的独立斗争，而将由于大不列颠基础的脆弱以及美洲人民的团结与进步力量*。建立在海陆统治权的基础上的国家力量，绝无持久的可能，因为它是与人类利益和情感相对立，必定遭到一致的反抗。以后任何国家绝不可能享有像罗马人所享的那么广泛与长久的国外统治权，因为知识已经有那么大的进展，人类已经晓得的反抗手段那么清楚，而国与国之间的来往也已经发展得那么普遍和那么自由。

* 我们作者在这里和其他地方好像沾沾自喜地详细描述大不列颠政治前途的黯淡状况，他忘记了使大不列颠攀登卓越地位的生产力，如果运用得宜，还能施展作用维持它的现在地位。大不列颠的强大的根源，在于国内产业所利用的天然资源，至于它的国外统治权，与其说是它的优越所依存的要素，毋宁说是表示它的优越的存在与程度的指标。美国的强大基础也没有像他所说的那么牢固。总之，每个国家都有它的富裕和进步的根源，同时也有它的腐朽和穷困的根源。大不列颠有资本，有勤勉和能干的民众；它的祸根是浩大的公债、沉重的赋税和恤贫法制度。美国有勤勉的民众与广大的土地，但它有黑奴制度，而这制度和大不列颠的任何苦恼原因比较都是更可怕的祸根。现在使用黑奴耕种土地的南部各州，说不定有一天变为黑人统治下的地方，成为这个巨大共和国烦恼不绝的根源。国家的繁荣因素和衰落因素，可以人为作用加以限制或促其扩展，使其复发或归于消灭。我们的作者满有信心地推断英国阁员的愚蠢和腐败将继续存在。说句老实话，过去的经验和眼前的观察，都证明他的推断完全有根据。但国内知识的进步，可能使当局逐渐地、悄悄地接受它。——英译本注

我承认，由于法国统治者的无知和无道，法国暂时得对这些产品偿付比所必要的贵得多的价格。但它现在既然只付自然价格购买这些产品（进口税自然不计在内），而且还像从前那样使用本土的产品偿付买价，那么，它在什么方面受损失呢？由于政治变动，有的贸易改易了方向。食糖和咖啡，现在不单从南特和波尔多进口，结果这两城市受了损失。但法国现在食糖和咖啡消费量，还和以前一样的多，因此，那些不从南特和波尔多进口的部分，一定是从别的地方进口。法国不能不按照从前的方法使用自己的土地、资本和劳动的产品从事购买，因为一个国家要是不采用劫夺和海上掠夺手段，就只有使用上述方法以购买别国的东西。的确，设使没有陈腐的偏见和不正确的看法不断反抗着人事的自然趋势，法国就能从代替原来自己殖民地贸易的贸易获得很大的利益。

也许可以争辩说，殖民地供给了那些不能从别的地方得到的货物，因此，没占有这些得天独厚的地区的一部分的国家，将完全受捷足先登的国家的支配。后者由于独占收买殖民地产品的权利，能向不这么幸运的国家爱索取什么价格就索取什么价格。现在已经无疑问地证明了我们错误地叫做殖民地产品，遍产于热带地区，热带土壤适于生产这些东西。马拉加的香料，在开恩早已有了生产，现在在许多其他地方大抵也有生产。从来没有什么垄断比荷兰人垄断香料贸易更完全了。荷兰人单独占有生产香料的唯一岛屿，不许任何人走近这些岛屿。欧洲人有没有因此缺乏香料呢？有没有因此不得不偿付高昂的价格呢？对于未曾从事二百年的战争，未曾打过十余仗海战，未曾牺牲八千万法郎和几十万生命以求少付两三苏购买一磅胡椒和丁香，我们有理由感觉遗憾吗？值得注意，就殖民事业说，再挑也挑不出比上述香料事例更有利的例子了。我们简直不能想象食糖贸易的垄断，可做到像荷兰人垄断香料贸易那么完全，因为大部分亚洲、非洲和美洲地方都大量生产食糖。可是，香料贸易，已经有人把它从贪得无厌的荷兰人手中夺去了，而且几乎不费一弹。

古代人由于他们所施行的殖民制度，到处结交了朋友。近代人想把人沦为隶属，到处树立仇敌。母国所委任的殖民地长官，对于推广殖民地人民的幸福和财富漠不关心。他们不打算跟殖民地人民一起过生活，不打算在殖民地人民中间隐居养老，不打算做好官以博得殖民地人民的欢心。他们晓得母国对他们的态度，是看他们能给母国搜括多少财富，而不是看他们官声的好坏。这些再加上母国不能不授予所委派的距离遥远的领土的代表统治者便宜行事的权力，便使他们具备了一个极其可憎的政府所应有的一切要素。

很可担心，掌握大权的人，像其余人一样，往往趋于极端，知识增长太慢，并且一举一动不断受文武僚属和财政商业各方面属员的包围。这些人受利害动机的驱使，常常歪曲是非，颠倒曲直，把非常简单的问题故意弄得暧昧难解。这些情况，使人不能希望以下一个制度的加速崩溃，这个制度在最近三四百年中必定以惊人的程度剥夺了五大洲[①]人类本来可从十六世纪以来层出

① 现在地理学家，一般认为新荷兰大陆连同它的周围岛屿，是地球的特殊部分。他们把它叫做澳大利亚或澳大西亚，因为它完全位于南半球。

迭见的发明以及激励人类劳动的事物所得到的利益。只有知识的静静的进步以及人事的不可抵抗的自然趋势，才能推翻这个制度。

第二十章　外来的暂时移民和永久移民对国民财富的影响

当一个旅行者来到法国，在法国花费一万法郎时，不可设想这一万法郎全部都是法国的纯利润。因为旅行者用这笔钱交换了他消费的东西，这个行为的结果和他仍然身居外国，只汇钱来法国购买所需要的东西而不亲自到法国消费这些东西是一样的。这个结果也和国际贸易的结果相似，所得的利润并不等于所得到的全部价值或其主要部分，而只相当于该价值的百分之几。这百分比的大小，视每次的情况以为定。

到现今为止，人们对这问题的看法还不是这样。由于坚信金属是唯一财富这个主义，人们设想如果一个外国人带了一万法郎在他们中间花费，这一万法郎全部都将成为国家的纯利润，好像把衣服供给他的裁缝匠，把小装饰品供给他的珠宝商，把食物供给他的粮食商，没有付给他什么价值以交换他的钱，而所有向他索取的价格，全部都是利润。其实，国家所得的全部利益，只不过是在和他打交道中所赚到的利润和从卖给他的东西上赚到的利润而已。这利益绝不是不足齿的利益，因为交易每一次的扩充都是相应的利益。[①] 但应当了解清楚这利益是多大，这样才不至于上当，偿付过大的代价购买这项利益。一个专门写作贸易问题的知名作家告诉我们，戏剧公演越铺张华丽频繁演出越好，因为这种公演是这样性质的贸易，法国光伸手向人家收钱，而自己不费分文。这个说法完全与实际情况不符，因为法国要支付演出的全部费用，也就是说法国损失了这些费用，这种费用除提供无益的娱乐外，不生产任何其他东西，没留一点价值来补偿所消耗的价值。作为提供娱乐的手段，这种游艺是非常有趣的；但作为要计算盈亏的生意，它终必呈现可笑的洋相。要是一个商人为利润着想，在铺子里开个盛大舞会，招待来宾茶点，我们要对他的做法做何感想呢？此外，华丽的游艺或演出，能否吸引很多外国来宾，是很有疑问的。商业上的来往，珍贵古物的陈列，别的地方看不到的美术杰作，优良气候，治疗疾病的矿泉，特别是想望参观有纪念价值的事件的发生地点或学习广泛大众所接受的文字的念头，这些吸引外国人的力量，比游艺或演出大得多。我很倾向于相信，单以满足人们虚荣心的娱乐，绝不能吸引很多远地的观众。人们可能愿意跑几里路参加舞会或欣赏有趣的游艺会，但很少人会不远千里前往参加。在和平时云集巴黎的德国人、英国人和意大利人，不可能是专为观看法国歌剧而来法国，巴黎幸而还有很多更值得参观以满足好奇心的对象。

① 一个陌生国家总占外国旅行者的便宜。它和他所作的交易可以认为必是合算的。外国旅行者对于当地方言和物价的不内行，以及常常带有虚荣气派，往往使得他对所消费的东西，大多付出较高于时价的买价。此外，他花钱参观的公共名胜和表演的费用，已经由那国家支付，这些费用并不因为他的参观而增多。但这些利益虽是真正和绝对的利益，却很有限，不可估计过高。

斗牛被认为是西班牙顶稀奇顶有趣的娱乐，但我不能设想会有很多法国人专为着观看斗牛而跑去遥远的马德里。已经有其他事务来到法国的外国人，确是上述演出的经常观众，但他们绝不是以此为目的而前来法国。①

路易十四所沾沾自喜的游艺会，有更大的危害倾向。出钱供给这些游艺会的开销的不是外国人而是从本国各省前来的本国游客。他们在巴黎一星期的花费，足供他们在家乡全家一年的费用。因此，法国受到两方面的损失：一方面，国王所消耗的取之一般人民的钱财；另一方面，个人花费的一切。消费的总额都属于浪费，只有巴黎的一些商人从它上头赚到钱。他们如果把资本和劳动用

① 这个问题对英国已成为国家利害攸关的问题。英国资本家和地主大批云集法国和意大利的一部分地方，他们在那里挥霍巨额来自英国制造品运销外国而没有运回相应价值的收入。这样，他们的祖国在这个范围内只处于生产者的地位而不处于消费者的地位——光出力而没有享受。这种情况虽无损于它的生产力，但对它的人民的舒适、快乐和满足非常不利，因为很少娱乐是这么个人的或自私的，以致别人在当时和当地不能沾到一点光。此外，财产所有者不他去总是一种利益，特别在大不列颠如此，在大不列颠，许多社会服务是免费的——爱尔兰所受的损失尤其重大，他们上流社会既为英格兰诱而前往，又为大陆诱而前往，由此所产生的结果，已经很久成为可遗憾的和惹起埋怨的事体。虽然使用命令式措施阻止这种外流也许不智，但至少不应该通过财政制度鼓励这种外流。英国内阁一直执迷不悟地厉行这种财政制度。几乎全部租税都是直接课自消费。永久性生产资料和这些生产资料给游手好闲的所有者所生的租金则完全无税。因此，生产资料所有者势必前往消费税最轻的地方去花钱，就是说，前往英国以外的任何地方去花钱。他的财产受到无代价的保护，支付保护这些财产的费用的是生产阶级。这样，这些生产阶级不但要支付保护自己财产的费用，还要支付保护别人财产的费用。可是，他们却不能仿效他们的不生产的国人的做法，到别的国家以逃避本国的租税。什么制度都没比这个更不公道和更使人沮丧。它的危害性已一天显著一天，并且有导致国家资源锐减的危险，但阁员先生们自己既看不出这个危险，而又不听别人警告。的确，在他们中许多的利益在于永久保持这种豁免，因为他们自己也受到它的利益。——英译本注

在更有用的方面，也一样可赚到钱。

携带财产到一个国家居住的外国人，是这个国家很大的收获。在这种情况下，这个国家增加了两种财富来源，即劳动和资本。这种增加物的价值，不比增加相应数量的领土的价值来得小。要是外国移民把私人优点带来并热爱入籍国，那么，所得的精神上的价值，更不必说了。编写布伦登堡皇族历史的历史学家说，“在腓得烈威廉开始摄政的时候，这个国家没有帽厂，没有袜厂，没有哔叽厂，没有任何毛织品厂。所有这些东西，都是来自法国。从法国来的移民，把制大面幅厚黑呢、粗呢、质地较松的呢绒、无边帽子、袜子、獭皮帽、毡帽以及染色技术传入我国。有些法国流亡者开设店铺，把他们勤勉的同胞的产品拿出来零售。柏林不久就有金匠、珠宝商、钟表匠、雕刻师等可引为自豪。在低地居住的法国侨民，推广烟草、水果、蔬菜的栽植。通过他们的努力，近郊的沙质土地，不久变成了国都的菜园。”

劳动、资本和爱慕乡土的感情这样地外移，对被离弃的国家是纯粹和完全的损失，而对给他们以安身之所的国家是纯粹的利益。瑞典女皇克利斯廷那在路易十四取消认可信教自由敕令时说得很有理由，路易十四用自己的右手砍掉自己的左手。

也没可能使用高压法律手段来防止这种灾难。除非把公民完全幽禁起来，否则没有法子硬使他留居国内。如果他想把动产运出国外，制止他尤其困难。理由是，姑且不谈走私，其实走私也不能完全禁绝，他可把动产变为货物，自己或托人寄交外国代理人代售。货物出口不在禁止之列，而且往往是受鼓励的。货物出口是价值的真正外流。但政府哪能次次调查它是否以换回相应价值为目的呢？①

挽留人或吸引人的最有效方法，就是给人以公平和仁慈的待遇，保护每个人使能享受他认为最珍贵的权利，许人自由安排自己的人身和财产，许人继续保持住所和迁移住所，许人言论自由，阅读自由，写作自由。②

这样研究了生产手段并指出那些使生产手段的作用的效果有时较大有时较小的各种客观情况之后，如果企图对组成人类财富的各种财产进行一般性研究，将不但使本书不能完篇，而且将和我的主题没有关系。这种研究工作可提供写成许多特殊论文的材料。可是，这些生产品中有一个，其用处和性质还不为人们所太了解，但了解它可大大帮助说明讨论中的问题。因此，我决定在结束本书这一部分之前，对这产品作单独研究。这产品就是货币。作为主要交易手段和移转手段，货币在生产中起的作用是非常重要的。

---

① 1790 年法国新政府以纸币发给裁撤的机构的人员做遣散费时，这些人员大部分把这项亚西纳纸币换为现金或其他有同等价值的货物，或自己带去外国，或寄往外国。法国因此所受的损失，差不多相当于以现金发遣散费，因为那时候纸币还未十分贬值。即使一个人本身仍住国内，如果他立意要把财产移到外国，也无法禁止他。

② 英国在这几方面的享受，比欧洲其他国家有过之而无不及。但沉重和不公的捐税不仅仅抵消这种利益，这可从许多人避地异国这事实看得出来。自由政体下的赋税，使人受不了的程度，可能和专制政体下的暴政相同。但是，如果英国人在大陆上所受的待遇和所享的自由，实际上不比本地人好，会不会有这么多英国人，愿意以外国的不自由环境来交换本国的苛税。无论如何，英国政府有力量扭转这种形势，把大多数逃亡外国的人召回国内，只要它改革税制，把加于动产的负担移转到不能移往外国的不动产方面，简单地说，就是减轻消费税负担，而对私有生产资料的纯收入课税。参阅本书英译本第 230 页注(a)。——英译本注

第二十一章　货币的性质和用途

第一节　一般性叙述

一个社会只要文化有一点点的进步，就没有一个人自己生产所需要以满足自己需要的全部东西，甚至也很少一个人独力产出一件完整的产品。即使他独力产出一件完整的产品，他的需要也不限于这个产品。他的需要又多又不同，因此，他必须把他的产品超过自己需要的部分，和人交换他所需要的其他产品，从而取得他个人所消费的一切东西。顺便在这里提一提，由于各部门的个人生产者一般只保留很少的自己产品供自己使用，例如，园丁只保留很少的自种的菜，面包师只保留很少的自烘的面包，鞋匠只保留很少的自制的鞋等等，所以在一切社会，大部分的产品，不，差不多全部的产品，都是通过交易的媒介达到消费。

由于这个原因，有人不正确地推断，交换和移转是财富的产生的基础和由来，特别是商业的基础和由来，但其实交换和移转只不过是次要和附属的情况而已。理由是，如果每个家庭都自产自己消费的东西，像我们所看到美国一些边陲居住区有的时候所实行的那样，社会仍可继续存在，尽管没有进行过一次交换或移转。我发表这个意见，目的完全在于指出正确的原则，没有丝毫意思想贬低交换和移转对于促进生产的重要。我现在从以下一个观点出发讨论，就是说，在文化发达的阶段，非有交换和移转不可。

承认了交换的必要性之后，让我们停一停来考虑组成社会的成员所必定遇到的许多混乱和困难。他们大部分只不过是一种或至多两三种产品的生产者，但在他们中连最贫穷的也必是许多种类产品的消费者。如果每一个人都必须把自己的特殊产品来交换自己所需要的东西，如果这整个过程都是采取物物交换的方式，跟着发生的将是多么大的困难啊！饥饿的刀匠得把所制的刀子向烘面包者交换面包，但后者也许已经有了很多刀子而需要衣服。他想把面包向裁缝匠购买衣服，但裁缝匠不需要面包而需要屠户的肉，等等。

为了克服这种困难，刀匠在发觉他不能劝诱烘面包者接受他所不需要的刀以后，必将竭尽力量去取得烘面包者随时能够使用以交换他所需要的东西的货物。如果社会有一种货物，不但本身有内在效用，而且随时都为人所愿意接受交换必要的消费品并易于分割而因此成为需求的对象，那么这货物就是刀匠愿以他的刀子换取的东西了。因为，他从经验懂得，如果他有这种货物，他就能毫无困难地通过第二次交换行为获得面包或任何其他东西。

货币就是这种货物。

使人们喜爱具有本国通货形式的价值过于其他形式的同量价值的，是以下两种特质：

(1)作为交易媒介帮助有需要交换东西或需要购买东西的人，换句话说社会一切成员取得所愿想望的东西的特质。由于人们普遍相信货币是大家愿意接受的东西，所以他们认为有了货币，通过一次交换行为定能获得直接想望的东西，不管这东西是什么。至于拥有任何其他货物的人，绝不能确保这货物一定能为拥有他所想望的东西的人所接受。

(2)可分割为恰恰与所打算购买的价值量大小相等的分量的特质。这个特质使货币能得一切要购买东西的人的欢心，换句话说，能得社会一切成员的欢心。由于这个特质，人们想望把所持有的多余产品交换货币，这些产品通常就是他们自己生产的产品。因为，他们相信这个特质再加上上述特质，使他们能用这种形式的价值购得相当于所需要的价值，并能随心所欲地在任何地点和任何时候购得所想望的东西以代替他们起初卖去的东西。

当文化发达到极点，个人的需要又多又不同，生产动作采用极其精密的分工的时候，交换便更加需要，更常发生，而且更为复杂。各自消费自己的产品和物物交换的办法，变为不合实用。例如，如果一个人只制刀柄，不制全把的刀(在刀子采用大规模生产方法的城市，情况确是如此)，他便不生产任何他可利用的东西，因为没有刀身的刀柄能作什么使用呢？他自己的产品，一点点他也用不着，而必须把其全部交换生活必需品或舒适品，如面包、肉、麻布衬衫等等。但面包师、屠户、织匠都不会需要除从事刀的最后一道加工工作的刀匠外对任何人都不适用的东西，而刀匠又自己拿不出面包和肉跟他交换刀柄，因为他不生产这些东西。因此，他必须拿出一种由于社会习惯能够用以交换大多数其他东西的货物。

这样,国家越文明,分工越精密,货币越必要。① 可是,历史不乏完全不知道使用任何特殊物品充当货币的国家的例子。我们听说,墨西哥被发现时,他们完全不知货币是怎么一回事。我们又听说,当西班牙征服墨西哥时,墨西哥刚开始使用椰子为货币进行小额的交易。②③

我曾提到,选择某种物品而不要其他物品充当货币的是习惯而不是政府权力。因为,政府虽可铸出它所喜欢叫做克朗的银币,但它并不强迫人民把货物换这银币,至少这是财产权受到尊重的地方的情况。也不是单单因为币面所刻的印记,人们愿意接受它交换货物。货币的流通,和其他货物的流通相同。人们有自由以一种物品交换其他实物,或换金条,或换银块。一个人所以宁愿要银币而不要其他物品,完全因为他从经验晓得,拥有他所要购买的东西的人,喜欢货币过于其他物品。克朗银币所以通用为货币,就是凭借这种自发的选择,没有其他根据。如果人们有一点根据可设想别种货物比方说小麦更容易换到他所需要的东西,他们将不把货物换克朗,而将要求小麦,于是小麦就将具有货币的一切性能。事实上,当指定的货币或政府所发行的货币信用扫地或不得人民信任时,就曾发生过这种情况。

① 货币的效用和分工程度以及个人消费东西的种类的多寡成复比例。在西印度产糖殖民地,虽按人口比例计算生产极其丰富,但却不需要很多货币以完成产品的移转。这是因为大部分人口是黑人,他们所消费东西的种类不多,他们的食物和衣服,都是整批购入,而且极其简单、始终如一。但在各个农场,农业劳动和工业劳动的分工,可能已达到很精密的程度。——英译本注

② 雷诺尔:《哲学史和政治史》,第6卷。

③ 不是椰子而是可可子,但这是英译者所误译。——原编者

因此，指定单独使用某种物品为货币的是习惯而不是政府的命令，不管这物品是克朗或是其他货物。[①]

由于个别产品和货币相交换比和任何其他产品相交换更频繁，所以这种交易就有特殊的名称。这样，接受货币作为交换叫做出售，付出货币作为交换叫做购买。

货币的使用就是这样开始的。这些论旨绝不是单凭臆测做出的。关于货币问题的一切理论、法律和章程都必须以这些论旨为基础，建立在任何其他基础上的制度一定不会健全，不会牢固，并且一定不能完成设立的目的。

为把货币的主要性能以及它所容易遇到的主要意外事故说得尽可能明晰，我将分节讨论这些问题，企图使阅读我这本书的人，尽管这样分类，仍然能够容易了解它们之间的联系，能够对货币的全部活动以及人类的愚蠢或不幸所偶然引起的扰乱自己作出分析。

第二节　货币的材料

按照上节的理论，如果货币只不过用作人们所持有的东西

① 当欧洲人开始跟根比阿河流域黑人来往时，后者最需要的货物是用以制造农具和武器的铁，由是铁成为比较价值的标准。过了一些时候，铁在他们交易上变成名义标准。合一条铁的二三十叶烟叶，可换合一条铁的四五品脱糖酒，看该物品当时供给量的多寡以为定。在这种社会，各种不同物品相继执行和其他物品相比较的货币的职务，这使该社会备受物物交换制度的一切不便，其中最重要的就是缺乏一种为人所普遍需要普遍接受而且能随时分割为和一般货物的价值相适应的分量的物品。（参阅M. 派克：《游记》，第1卷，第2章）

和所想望的东西的交换媒介，那么，选择什么东西作为货币材料是没有关系的。人们不是需要货币作为食物吃，作为家具使用，作为衣服穿。人们需要货币是以再出售为目的，就是说，在得到货币作为某东西的交换品后再用它交换其他具有效用的东西。因此，货币不是消费品。在辗转易手过程中它不会发生显著的耗损。不论它的材料是金、银、皮革或纸，它都能一样满意地执行它的职务。

可是，要使货币能够执行它所担当的任务，它必须具有内在的和确实的价值。因为谁都不愿意舍弃有价值的东西以交换价值较小或没价值的东西。

增加货币的效能的，还有比较次要的条件，一种材料如不具备这些条件，就不配充当货币，就不能普遍地或永久地单独担当货币的任务。

荷马告诉我们，狄奥米迪的盔甲值九头牛。一个只打算花这数目的半数以武装自己的战士，一定会对付四头半的牛不知所措。因此，用作货币的物品，必须易于不损耗地按照所想望的不同东西分割起来，并能这样分割以至能恰恰和所需要的数量的东西相交换。

此外，我们都知道，在阿比西尼亚，人民以盐为货币。如果法国也用盐为货币，一个人要交换一星期的食物，就得携带山似的一大堆的盐到市场。因此，充当货币的物品，必须不那么多，以至每次进行交易无须移转大量的这种物品。

据说纽芬兰以鳕鱼为货币。斯密曾提到苏格兰某乡村用铁钉为货币。[①] 这种性质的货物，除许多其他不适用地方外，还有很大缺点，即人们要增加它的供给量就可增加它的供给量，以致它的相对价值可能突然大变。但谁会愿意把东西交换可能过一会儿就跌了一半或四分之三的价值的物品呢？所以，充当货币的物品，必须不易获得，以保证接受它的人不至于因它的突然跌价受到损失。

在马迪夫岛和印度与非洲一些地方，土人使用叫做玛瑙贝的贝壳为货币。这个物品除某些野蛮部落用作装饰品外，没有内在价值。一个国家如和地球上许多部分有商业来往，这种货币是要不得的。通用范围这样狭窄的交易媒介，一定会呈现种种不能排除的缺点。人们所最愿意接受作为交换品的物品，自然总是也为其他人普遍最愿意接受的物品。

因此，难怪世界上商业国家，几乎全体采用金属来执行货币的任务。工商业比较发达的社会一经宣告它们所选择的货币材料，其他社会就有明显理由步其后尘。

当现在生产很多的金属还相当稀罕的时候，人们曾满足于使用这些金属为货币。斯巴达的法币是铁，罗马人的早期通货是铜。到了这些金属开采越来越多的时候，它们便也具有上述的价值过小的产品的缺点。[②] 贵金属即金银已经被普遍采择为货币很久，

① 《国民财富的性质和原因的研究》，第1篇第4章。

② 斯巴达的货币，可证明政府本身能使它的货币通用的力量是怎样。斯巴达的法律规定以铁铸币，其目的在于使人们不易于窖藏货币或移转大量货币，但结果不生效力，因为该法律与货币的主要作用有所抵触。但是，没有立法者能比来克格斯* 更受人民的服从。

* 斯巴达立法者。——译者

金银特别适宜充当货币，其原因如下：

（1）既可分割为极小部分，又可再合在一起而不至于在重量或价值上发生显著的损耗，所以容易分为相当于所购买东西的价值的分量。

（2）全世界所产的金银都同质。一格令纯金与另一格令纯金完全同质，不管它是来自欧洲金矿、美洲金矿或非洲金矿。时间、气候、潮湿都不能改变它的品质。因此，任何特定部分的相对重量，可以马上决定它对于任何其他部分的相对数量和价值。两格令的金，相当于一格令的金的两倍，不多不少。

（3）金银尤其是掺和其他物质的金银非常结实，能抵抗最剧烈的摩擦，因此对流转快速的用途非常适合。但就这一点说，金银比许多种类的宝石有所逊色。

（4）金银的稀罕程度以及因稀罕而昂贵的程度，没有达到那样的程度，以致相当于一般货物的分量的金银，小到普通肉眼看不见。另一方面，金银也没有多到或便宜到那样的程度，以致价值很大的分量的金银，就是沉重的分量。随着时间的流逝，金银以后在这方面可能变成美中不足，特别是如果发现蕴藏丰富的新矿发现。到那时候，人类或必须使用白金或现今还不知道的金属充当货币。

最后，金银能打上印记，证明每块的重量和成色。

虽然用为货币的金银，一般都掺杂合金（一般是铜），但所混合的贱金属，一般作为没有价值看待。不是因为合金本身没有价值，而是因为从比较纯净金属提取所含合金，其费用要比提取出来的合金的价值还大。因此，掺杂合金的金币或银币，老是只依照其所含金银的分量估计价值。[①]

第三节　一种货物从充当货币所得到的增加价值

从以上几节所述，可见货币所以能够通用，不是由于政府权力，而是由于它具有特殊的内在价值。但人所以要货币而不要其他有同一价值的货物作为交换品的原因，则是由于货币具有货币所特有的性能以及它从充当货币所得到的特殊利益，就是说，人人使用它、需要它。全部人口，自最穷至最富，没有一个不需要和人交换东西，不需要购买东西，不需要消费货币。换句话说，全体人口都必须获得充当交易媒介的货物，也就是人人公认为最适于充当交易媒介而且事实上最常用作交易媒介的货物。持有其他货物譬如说珠宝的人，要以珠宝和人交换所需要的生活必需品或奢侈品，非找到珠宝消费者，不能通过交换获得那必需品或奢侈品，而且即使在找到时还不能确保该珠宝消费者必能以他所需要的东西给他作为交换。反之，持有货币的人，便可确信无论向什么人购买什么东西，后者必定愿意接受货币，因为他

① 法国现今的银币，含一成铜和九成纯银。铜与银的比价是一比六十左右，所以，一枚银币所含铜的价值，等于这种银币的整个价值的六百分之一左右，或等于六法郎中的一生丁，设使把铜提取出来，提出的铜，还不够抵付这项工作的费用，至于这对于印记的价值的破坏，更不必说了。因此，在计算银币价值时，都不计及铜的价值。一枚五法郎银币，包括合金虽实际上称二十五格令，但只体现其所含二十二格令半的纯银的价值。

自己迟早也要以购买者资格出现。[①] 持有货币的人,只需通过一交交换行为叫做购买便能得到所需要的一切东西,至于持有其他货物的人,要得到所需要的东西,至少需作两次交换,即一卖一买。这就是货币作为货币所得到的利益的梗概。但每一个人必定明了,人们所以喜欢货币过于其他东西,就是因为货币实际上被用作货币。

我必须指出,选用某一种货物作为货币,结果必使这货物的内在价值增加。这货物既有一个新的用途,自然更为人所需要。把这货物的现有数量的一半或四分之三用于新的用途,必使它的所有部分都成为更难得、更昂贵。[②]

如果现有的金银,除制造餐具和装饰品外,没有其他用途,那么,金银将变得很丰富,而比现在便宜得多,就是说,不论什么时候以金银交换其他货物,必须按照所交换价值的大小的比例,或付出更多的分量,或收入更多的分量。但大部分的金银,现在被指定用作货币,而且专用作货币,因此所剩以制餐具和装饰品的金银,便少起来,而这种短绌情况,必然使金银的价值升涨。另一方面,如果从未使用金银制造餐具和装饰品,那么,可用作为货币的金银制品必较多,于是货币将比较便宜,就是说,得付较多的货币购买同一数量的货物。把金银使用于工业方面,其结果必使可用为货币

① 不可忘记货币的其他特质,即可分割性或割让的价值的可分配性。由于这个特性,珠宝商可把他的贵重货物的最小部分交换他的家庭费用的最小项目。

② 杜阁在《关于财富的形成和分配的考察》中曾说到这一点。——英译本注

的金银变得少，变得贵。同样地，用金银作为货币，其结果必使工业上所用的金银变得少，变得贵。①

因此，金银既由于用作货币而贵至不能普遍用以制造餐具和装饰品，结果使用金银制造这些东西自然不大合宜。这种豪奢是得不偿失的。所以厚重金餐具已经不流行了，在商业活跃和财富迅速增加使充当货币的黄金的需求呈现大大增加的国家情况尤其如此。富足人家也得满足于镀金的餐具，即外面包一层薄金的餐具。只较小的制造品或手工的价值比金的价值更大的物品才完全用金制造。在大不列颠，制造轻型餐具，富足人家常常满足于镀银的东西。陈列厚重金餐具以夸人，徒费巨额的资本利息。

一般地说，金银价值的增加，带来种种不利，因为它使许多生活舒适品和便利品如银匙、银盘等，变成大多数家庭买不起的东西。但从货币的角度看来，金银价值的增加并没有不利的地方。反之，每次迁移住所或每次买卖东西，只要移转较轻的东西。

不论什么货物，只要它在世界上一个地方被选择充当货币，它的价值在世界一切其他地方势必一起升涨。没有疑问，如果亚洲停止使用白银作为货币，欧洲银价必受影响，我们将必须付更多白

① 李嘉图等著作家，认为金银的价格或金银对其他货物的交换价值，完全决定于获得金银的费用。因此，按照这种看法，金银的需要或需求一点也不影响金银的价格。这种看法和日常的经验以及无可争辩的经验完全相反，日常的经验以及无可争辩的经验，使我们必然做出这个结论，即价值随着需求的增加而增加。假设由于新银矿的发现，白银变得像铜一样普通，那么，凡铜不适宜于充当货币的条件，白银将一概具备，而黄金将更加普遍地用作货币。因此黄金的需求增加，必使黄金价值扶摇直上，而现今由于产额不够抵付开销弃而不采的金矿，将重新开采。固然这时候必须付更高价格以取得黄金，但谁能否认黄金的价值不是随着需求的增加而增加呢？正由于黄金需求的扩大，采矿者才决意承担增多的费用。

银交换一切其他货物,因为白银在欧洲的一种用途,就是输出到亚洲去。

使用金银充当货币,绝不能使金银价值趋于稳定,金银的价值,将仍然像其他货物那样,会发生地方性和暂时性变动。半盎司的白银,在中国能买到在欧洲要值一盎司白银的日用品和娱乐品,而一盎司的白银,在法国能买到比在美洲多得多的东西,白银在中国比在法国贵重,在法国比在美洲贵重。

这样,货币或现金(有人称为现金),是这样的货物,它的价值像其他货物那样,受决定一切货物价值的规律的决定,换句话说,视它的供给量和需求量的比较情况而增减。有的时候,货币的需求是这样强烈,以至用作货币的纸能具有和同面额黄金相同的价值,大不列颠货币就是一个例子。

不可设想,大不列颠纸币的价值,是从它担保兑付现金而来的,虽然它含有这种担保的意思,自 1797 年停止兑现以来,英兰银行仍一直保持这种保证,但始终没有设法履行,许多人并且认为它无法履行。[①] 黄金只能一点一点地弄到手,而且要付贴水,换句话说,要付较大金额的纸币以换较小金额的黄金。可是,纸币虽然跌价,它的价值仍比所由制成的薄薄的纸的价值大得多。这个价值是从什么地方来呢? 是从这个情况来的,即发展到高阶段的社会

① 在英兰银行能够兑现它的钞票之前,该行的最大债务者即政府必须先以现金偿清它所欠该行的债务。但政府除以它的储备收买现金,或增加捐税并以这样得到的收入收买现金外,无法偿清债务。如果采行这种办法,实际上就等于以一种新的要付更大代价的流通手段代替现在所用的流通手段,这新的流通手段必须由政府购买。现用的流通手段虽然出了毛病,而且没有丝毫内在价值,但却执行它的职务相当的好。

和工业，迫切需要交易媒介。英国在现在情况下，为完成国内的买卖交易，需要相当于一百二十八万四千磅黄金的价值的交易媒介，或相当于十二亿磅白糖的价值的交易媒介，或相当于六千万金镑的纸的交易媒介（英兰银行纸币三千万镑，地方银行纸币三千万镑）。[①] 这就是为什么六千万镑的纸，尽管没有内在价值，却由于交易媒介的需要，被看作相当于一百二十四万八千磅黄金或十二亿磅白糖的价值使用。

作为纸币具有特殊内在价值的证明，当纸币的信用和现在一样，但它的数量或名义金额增加的时候，它的价值就按增加的比例而下降，像任何其他货物那样。由于一切其他货物都按纸币跌价的比例而上涨，所以纸币的总价值绝不能超出一百二十八万四千磅黄金或十二亿磅白糖的价值。为什么是这样呢？因为完成英国国内一切价值的流转并不需要更多的价值。政府只在名义上有力量增加国内货币的总数量。总数量一增加，各部分的价值便减少，总数量一减少，各部分的价值便增加。[②]

由于一个国家的货币，无论是用什么材料制造，都必定具有由于充当货币而产生的特殊内在价值，所以货币也是国民财富的一种，和食糖、靛青、小麦以及一个国家所可能拥有的一切其他货物

① 不可设想，我们作者不知道英兰银行钞票和地方银行钞票的大区别。这大区别是：英兰银行钞票是纸币，是主币；地方银行钞票是可兑换钞票的代表。他的上述观点是完全正确的。具体表现在地方银行钞票的信用，和不兑现的主币或纸币同是流通手段。要是没有地方银行钞票的存在和竞争，要维持现今货币价格的水平，英兰银行就得增加一倍的发行。由于人们对于货币和它的竞争者或信用的合作缺乏明确的概念，所以至今对这问题还流行着很混乱的看法。——英译者注

② 关于纸币发行过多的后果，参阅本书第二十二章第四节，该节专门讨论货币问题。

一样。[①] 和其他货物相似，货币会发生价格变动，也会被消耗掉，虽然不像多数其他货物那么快。因此接受加尼埃[②]的意见是不对的。他把以下定为原理："只要白银是处于货币的形态，严格地说它就不是实际财富的一项，因为它不能立即直接满足需要，也不能取得快乐。"但许许多多价值在它们的现有形态下也不能满足需要和取得快乐。一个商人可能在堆栈里堆满靛青。在这个形态下，它没有丝毫用处，既不能用作食物，又不能用作衣服。但尽管如此，它仍然是一种财富，可随意改换成为适于直接使用的另一种价值。因此，处于克朗形态的白银，和藏在箱里的靛青一样，同是财富的一种。此外，在文明社会，货币的效用不是人们的想望的一种对象吗？

的确，这位著作家在别的地方也承认，"在一个私人银柜里的银币，是真正的财富，是他的财产的一个主要部分，他可直接使用它寻欢取乐。但这同一的银币，在政治经济学看来，只不过是交易媒介，和它所帮助流转的财富根本不同"。[③] 我希望我所说的一切，足够证明现金和一切其他财富是完全相似的。凡对个人来说是财富的，对国家来说也是财富，因为国家是由许许多多个人组成的。在政治经济学看来，它也不能不是财富。政治经济学绝不可被想象上的价值这个概念引入迷途，绝不可把社会一切成员所个

① 纸币数量的增加以及跟着发生的纸币的跌价，不影响社会财富的增长，但使估计财富时得用较大的数字，正像财富是以小麦代替白银估计时的情况一样。国民总财富也许是相当于二百亿公斤小麦，而只相当于二千五百万公斤白银，但其价值却完全一样。如果货币的价值较小，就得使用更多的货币单位来表示同一的价值。

② 《国民财富的性质和原因的研究》的法译者。——英译本注

③ 《政治经济学原理摘要》，第1篇第4章和编者的话。

别地和共同地看作名义上的价值而不看作实际的价值的东西看作价值。这是另一个证据，证明在政治经济学真理也只有一个，像其他科学那样。什么适用于个人也适用于政府和社会。真理是一致的，只在应用上才可能有所变化。

第四节　铸造货币的功用与铸币费

到现在为止，我还没提到货币从它的印记和铸造费用所得来的价值。我仅仅指出金银作为商品的各种效用以及从这些效用产生的价值。我把金银适于充当货币也看作一个这种效用。

无论什么地方使用金银作为货币，金银就经常辗转易手。许多人一天中做了几次买卖，如果需要时时刻刻带着天平来称所收的货币，将是多么麻烦，而且必定会由于天平出毛病，发生许多错误和争执。不但如此，金银可掺杂其他金属而不呈现肉眼可看得出的变质。判定金银成色，必须经过精密和复杂的化验手续。如果在每枚货币上面，刻着人人不会看错的印记，表示它的轻重和标准，进行交易就容易得多。

通过铸造，金属提炼成有确定标准，分割为有确定重量的一枚一枚。

各国政府通常保留铸币的专利，其目的或在于追求比在人人都可铸造货币的情况下所能得到的更大的利润，或在于给人民提供比私人铸造者所能提供的更加确实的保证。后一种是更经常的目的。事实上，虽然政府在这方面常常失信于人民，但人民却仍然信任政府的保证过于信任私人的保证。这是因为政府所铸的币更加一律，并因为私人的舞弊，也许更不易发觉。

铸造无疑使所铸的金银增添一种价值，就是说，铸成一枚五法郎银币的一块的银，一定比同重量同质量的另一块银有更大的价值。理由很简单。铸造所赋予金属的特殊形式，使随身带有硬币之人，在从事交易时能节省一切称量和化验费用，而计算这些费用时必须包括时间和劳动方面的损失。这和制成的衣服的价值比衣料价值来得大，道理是一样的。即使每一个人都可自由铸造货币，而政府只不过规定每枚硬币的成色、重量和模型，持有金银块的人们也必定仍然感觉付些铸币费给铸币者把它铸成硬币是划得来的，因为不如此交易一定会发生困难，也许所受的损失将比铸币费更大。

但不可把金银从铸造上得来的价值，和金银作为商品从充当货币得来的增加价值混为一谈。这增加价值，附在现有的全部金银，一只银杯由于银被用作货币而变得更贵。至于银从铸造得来的价值，则为铸成了货币那一部分的银所特有的价值，正如银杯由于所造成的形式而得来的增加价值只为银杯所特有一样。这个价值和银从它的效用得来的价值完全无关。

在英国，政府负担全部铸币费用。造币厂收进一定重量法定标准金条，即交还同一重量几尼硬币。英国国民，以货币消费者资格，得无代价地享受政府铸币的利益，但以纳税人资格，又向政府缴纳赋税以开支这笔费用。处于几尼形式的黄金，显然比金条较胜一筹，这不是因为重量已经称准，因为人们常常过称，而是因为已经化验清楚。英国人有时把金银块交给造币厂，不是把它铸成硬币，而是请造币厂确定成色，向外国或国内买者证明。[①] 作为出口用途，几尼自然胜过金条，因为具有化验证明的黄金，自然比没有化验证明的黄金更可取。另一方面，就输入英国的用途说，金条较几尼并无逊色。只要重量、成色相同，两者的价值就完全相同，因为造币厂铸造硬币不收铸币费。事实上，外国人往往把已经得到化验证明的几尼留存起来，而把金条送到英国以取得免费化验。所以，这个制度使输出已经铸成硬币的金属成为一种目的，而对硬币的复进口，则不提供任何鼓励。[②]

立法者所从未考虑的一种偶然情况，减轻了这种危害性。英国只在伦敦有一造币厂，别的地方都没有。这造币厂业务是这样的繁忙，以致人们送来铸造的金属，总要等几星期有时要等几个月

① 就是说，取得铸币证明，不是作为货币使用而是作为商品使用。英国造币厂对于不是送来铸造硬币而是以原形式交还的金银块索取化验费。在硬币获准自由输出之前，走私危险的代价，也许和铸币所提供的证明的价值一样的大。这些意见只适用于金币的铸造，铸造银币现在每铸六十六先令收四先令铸币费。但银已经不是货币材料，现在只用银铸造小额辅币。——英译本注

② 不需要在这里重说，现金的出口，并不使社会遭受这损失，因为没有人愿意把现金白白送给外国人。现金的输出，一般总是以换回相应的价值为目的，但国家因此要损失铸造的价值。英国把几尼输出外国时，所换回的价值，只相当于其含金的价值，不包括它所刻的印记的价值。*

* 这不完全正确。西班牙银元在许多国家通用无阻，在若干自己不铸硬币的社会如海地等，且取得法币的资格。它在这些国家通用的价值，比同一重量同一成色的银块的价值大得多。这两价值之差，就是当地对铸造所给予的价值，对这价值，他们有时给付很大的报酬。但这报酬是付给谁呢？付给西班牙人呢，还是付给西班牙政府呢？如果是付给前者，那就是这个人不该得的利益，而且是以社会为牺牲。如果是付给西班牙政府，那就是对于生产作用的报酬。要是英国对铸造金币像对铸造银币一样收费，金币便不会源源输出外国，它将只输出那些愿对铸币的额外价值给付报酬的国家。的确，我们的作者不久就明白表示，从铸造而来的价值，未必因出口而归于损失。——英译本注

才能交货。[①] 结果是，把金属交给造币厂铸造的人，在该金属似在造币厂手里的整个时期中，损失它的价值的利息。这等于对铸币收些微铸币税，使硬币价值比金银块大一些。显而易见，如果人们无分别地接受金块和几尼，多重就换多重，那么，它们的价值将是完全一样的。

关于英国铸币规则的后果，就谈到这里为止。

如果我没听错的话，一切欧洲国家从铸币所得的收入，都超过铸币费用很多。[②] 它们很适当地独占发行货币的权利，这个权利，连同对私铸者所课的重罚，使它们能够通过限制发行额大大提高这种利润。因为，货币的价值，和其他货物的价值一样，总是和需求量成正比，和供给量成反比。

事实上，当处于硬币形式的银又少又贵，九十法郎的银币便可购到和一百法郎一样重的同一成色的银块时，这就表示人民认为铸成货币的九十盎司的银，与未铸成货币的一百盎司的银价值相等。因此，在这种情况下，政府可通过铸造给予九法郎以十法郎的价值，从而赚取百分之十的利润。但如果银币多了起来，必须付出较多银币交换银块，那也许就要付九十五法郎以交换和一百法郎

① 《国民财富的性质和原因的研究》，第1篇第5章。

* 自从斯密时代以来，办法已经有所改变，但原则仍旧不变。——英译本注

② 本书的一位德国译者，即博学的海得堡大学摩斯塔教授，对这一段提出这个意见：自从1810年以来，俄国政府不收铸币费。对于邮政事业，政府也不取偿地给人民服务也许是同样有理由的。

当我说大多数政府从铸币获得超出铸造费以上的收入时，我也许说得不大对。法国政府所收的铸币费，最多不超过铸造费用，而投在建筑物、机器上的资本的利息和损耗以及管理费用等，都是政府的纯损失。其他国家的情况，大概也是这样。

一样重的银块。在后一情况下，政府购入银块铸造货币，从中所能赚到的利润，不能超过百分之五。

在后一情况下，如果政府为想多挣些利润，自己不收购银块，而直截了当地向把银块交给造币厂铸造的人收取百分之十的铸币费，其结果，造币厂将无人问津，因为这样人们就要对只使银块增长百分之五的价值的工作，给付百分之十的费用。这样一来，造币厂将无银可铸，政府既没交来生意，私人也裹足不前，政府将发觉过高的利润和大量的铸造是不相容的。

因此，可以断定，人们所谈论不休的造币税，实是不足道的。政府不能自己决定造币的利润率，这利润率是以金银市场情况为转移，而金银市场的情况，又决定于当时已铸成货币的金银与未铸成货币的金银的相对供给量与需求量。

值得注意，对作为铸成货币的金银的消费者的民众来说，硬币是昂贵或是便宜，完全没有关系。因为，只要硬币的价值不常常突然变动，硬币便可照公认的价值行使市面。

在铸币收取铸币费的情况下，特别是在铸币费达到和独占价格相等的情况下，硬币有否被销毁或运出外国，对政府是无所谓的。因为，销毁也好，运到外国也好，铸币费反正都已全部偿付，而销毁或出口所致的损失，只是这些费用。[①] 另一方面，硬币的出口，像其他货物的出口一样，实是十分有利于国家。它是金银买卖生意的一部门。毫无疑问，铸造得难于仿造，重量准确，化验精密，

① 从铸造得来的价值，未必会因出口而损失。硬币币面所刻的印记可以说是向外国介绍硬币的荐函，使硬币的价值升到金银块价值以上。

而又付过适度铸币税的硬币，大抵能在世界各地通用，给政府提供不可轻视的利润。

请看荷兰的达克金币。它在北欧到处受人欢迎，而且以比金块内在价值还大的价值在那儿通用。再看墨西哥银元，它全是在利马和墨西哥铸造的。它铸得那么一致，那么名副其实，以至不但通用于拉丁美洲，而且也通用于北美合众国、欧洲、非洲和亚洲许多地方。①

关于铸造给金属所增加的价值，西班牙银元是一个显明的例证。当北美合众国决定自己开铸货币时，它满足于把西班牙造币厂所铸的银元简单地打上新的印记，而对于它的重量和成色完全不动。但这样打上新的印记的银元，不能照西班牙银元的价格在中国人和其他亚洲人中间通用，一百元美国银元，买不到一百元西班牙银元所买的那么多东西。但美国政府仍然继续把西班牙银元打上漂亮的新印记，降低它的品质。美国的用意，显然是想使用这个方法来阻碍它输出到亚洲。为了这个目的，美国政府下令一切运往外国的硬币，应当为本国铸造的银元，指望用这个方法使出口商选择自己国家的产品。因此，在大肆破坏西班牙银元后（不错，对仍在本国流通的部分没加破坏），美国政府又做进一步的措施，把西班牙银元限定于对它最不利的使用，即把它的使用限定于和最不重视它的国家的贸易。自然的政策，应该容许出口的价值以有希望换得最大利益的形式出口。就这一点说，本来是可依赖利

① 法国的五法郎银币，自开始发行以来，始终保持一律的重量和成色，因此在世界许多地方也像西班牙银元那样流行。

己主义的。[①]

但我们对西班牙政府的知识要做什么感想呢？西班牙政府由于人们信任它铸造货币忠实，能够很有利地输出银元，以大大超过金银内在价值的价格在外国卖出。可是，它却认为应当禁止这项有利的贸易，即本来能给它的国内企业所经营的本土产品提供销路和充分报酬的贸易。

政府虽然是唯一的货币铸造者，没有义务给人民免费铸造货币，但就公道说，不能在履行契约时，从应付款额内扣除铸币费用。假定政府对赊入的供应品，约定付价一百万法郎，它不能以后对买者说，“我们约定付价一百万法郎，但我们把新铸的硬币付给你，所以应扣约二十万法郎铸币费。”事实上，所有有关金钱的契约，无论立约者是政府或私人，总是意味着偿付一定金额的硬币而不是一定金额的金银块。所有产生自契约的交易行为，老是以这种默契为条件，即立约的一方，将来以一种比银块价值大一些的货物就是以克朗银币或其他单位银币付给其他一方。政府和人所订的契约，实际上是约定以铸成的货币付款，而政府在这种条件下，比在约定以银块付款的情况下得到较多数量的货物。在这种情况下，政府当签订契约时实际上已把铸币费提出为条件，因此获得比在习惯使用银块付款的情况下较好的条件。

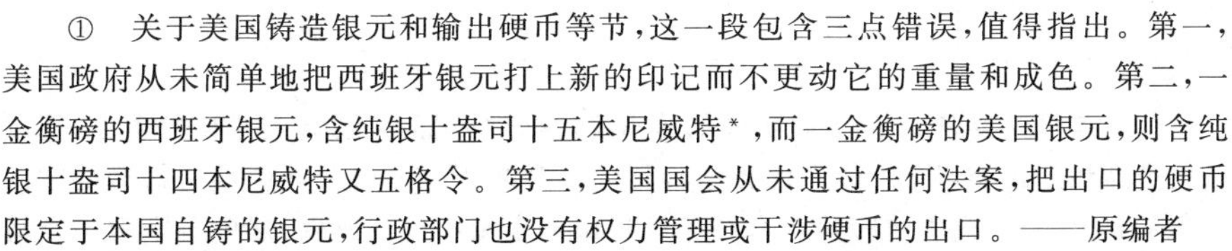

① 关于美国铸造银元和输出硬币等节，这一段包含三点错误，值得指出。第一，美国政府从未简单地把西班牙银元打上新的印记而不更动它的重量和成色。第二，一金衡磅的西班牙银元，含纯银十盎司十五本尼威特*，而一金衡磅的美国银元，则含纯银十盎司十四本尼威特又五格令。第三，美国国会从未通过任何法案，把出口的硬币限定于本国自铸的银元，行政部门也没有权力管理或干涉硬币的出口。——原编者

* 合二十分之一盎司。——译者

造币费应该从交给造币厂铸造的金属内扣除，并由造币厂再把该金属以硬币形式交还原主时扣除。

这些考虑势必导致以下结论：把金银块铸为货币形式，可增添金银的价值，而增加的大小，和社会从铸币所得的便利成比例。不管政府收取多少铸币费或铸币税，增加的价值只这么多。[①] 此外，由于独占铸币的权利，政府可从中获得和上述增加价值金额相当的利润。政府在履行公平地和自由地与人签订的契约时，不可企求这利润进一步的扩大。如果在履行以前所订契约时这样做的话，那就是局部破产行为。

不但如此，在私人之间的交易，政府尤其没有力量通过印模印记，使充当货币的货物，能具有比它的内在价值加上从铸造得来的价值的总和更大的价值。想凭借打在硬币上的印记，以法律力量把一定价值授予一盎司银，结果必定徒劳无功。打上这项印记的一盎司银，绝不能买到超过在那时候与它等值的数量的东西。

第五节　更动本位货币的标准

关于这个题目，首先必须指出的是，政府通常承担擅自决定作为货币的货物的任务。这种专擅就它本身说没有什么不合宜，因为在这里国民的利益和政府的利益恰巧相符。如果政府硬把一种不适当的媒介拿来流通，政府就要在每笔交易受损失，而且人民必

① 在西属美洲，政府征收更高的铸币税。据洪博德，该税高到这样的程度，即减去铸造费用后还相当于所铸造的银的价值的百分之十一又二分之一或所铸造的金的价值的百分之三，因为政府禁止未经铸成货币的金银出口。所以，这税事实上不是铸币税而是出口税，不过是在金银块改变为硬币时征收。

然逐渐采用别种媒介。在罗马人中间首先发行铸币的是纽马王，他所铸的是铜币，而铜在那时候是最适合于充当货币的金属，因为直到他的时代，罗马人除铜条外，不知道其他形式的货币。依照同一原则，现代政府选择金银为货币。没有疑问，即使政府袖手旁观，无所举动，人民也必定一致自愿选择这些金属为货币。

但统治者坚信，给予一种货物以货币的流通性，他的命令是必要的而且有效的。在中古时代，他们把这观念灌输给人民，但那时代正是个人为自己利益打算依照完全相反原则行事的时候，因为，不满意政府所选定的货币的人，或则囤存货物不卖，或则以其他方法处置他的货物。

这个错误导致另一个错误，后者所造成的危害比前者严重得多，把一切秩序都推翻了。

政府相信，他们能够随心所欲地抬高或抑低货币的价值，他们相信在一切货物与货币互换的交易，货物的价值总适应于政府所高兴打在货币上面的想象价值，而不适应由于供需的相对影响而自然依附在交易媒介或货币上面的价值。

这样，当法国腓力普一世把含纯银十二盎司的查理曼大帝的利弗[①]掺杂三分之一合金，尽管它只含八盎司纯银，但却继续叫做利弗时，他完全相信这个掺了劣等金属的利弗，仍然可值它的前任的利弗的价值。但其实，它只值查理曼的利弗三分之二的价值，一枚利弗银币，只能买到以前三分之二的东西。国王以及私人的债权者，只收回三分之二的正当债权，地主从佃户所收的租金，只等

① 在查理曼的时候，一利弗重十二盎司。

于以前的三分之二，直到租约满期重订时才能作比较公平的调整。不公平但却得许可的事件层出不穷，然而毕竟不能使八盎司纯银等于十二盎司纯银。[1]

在1113年，利弗（那时候仍叫做利弗）只含六盎司纯银。在路易七世朝代初期，利弗的含银，减至四盎司。圣·路易把利弗这个名称给予只重二盎司六格劳六格令的银。在法国革命时代，叫做这名称的货币，只重一盎司的六分之一。所以，它的重量和成色，只相当于查理曼时候的利弗的七十二分之一。

关于纯银价值为什么比一般货物价值跌得更为剧烈，我暂不谈这问题。纯银价值已跌至只等于从前的四分之一左右，但这问题和本节无关，我打算以后再讨论。

这样，吐尔利弗这个名称，曾在不同时代用以命名纯银重量极不相同的银币。改变这个重量，有时是通过缩小叫做吐尔利弗的银币的体积，有时是通过减轻它的重量，有时是通过降低它的标准质量，就是说，掺杂以较多的合金，有时是通过提高特殊单位名称的银币的价值，例如把二法郎银币改名为三法郎。由于在银币方面，我们不考虑纯银以外其他东西，因为银币里面唯一有价值的物质就是纯银，所以这些花招的结果全是一样，实际上它们都是减少叫做吐尔利弗这种银币的含银分量。这就是一切法国作家为推崇

① 按照本书第三节所确定的原则，有理由相信掺杂合金的含纯银八盎司的利弗，如果数量没增多，可能仍继续保持含纯银十二盎司的旧利弗的价值，但接着而来的货币价值的升涨，使人有理由设想，为企图在这个货币措施上面博得利润，政府命令改铸货币，把八枚硬币加上合金，改铸成十二枚，使硬币的总量增加至和减低的币质标准相称的数量。

君主敕令所说的提高标准。他们的托词是，银币的名义价值因此提高了。但其实银币的标准因此降低，因为构成银币的唯一金属的分量，因此减少。

虽然自查理曼时代至于今，利弗含银继续不断地减少，但在不同时候，特别是自圣·路易朝代以来，许多君主也采取相反的举动，即提高利弗重量和质量。减低利弗重量和质量的动机是十分明显的，以较少的钱付还我们的旧债务，有什么事情比这更合算呢？但是，君主不但是债务者，他们常常也是债权者。就租税说，他们对于人民所处的地位，正如地主对于佃户所处的地位。如果法律许可所有的人得以比约定数量少的银偿还旧债或履行契约，那么，人民当然也可以较少的银完纳租税，佃户也可以较少的银缴付租金。可是，君主所收入的银虽然比以前少，但他还得费用和从前一样多的银，因为各种货物的名义价值，随着银币含银的减少相应升涨。当法律宣布把以前的三法郎改作四法郎使用时，政府对以前三法郎的费用，现在得付四法郎。因此政府必须提高旧的税率，或开征新的租税，换句话说，为获得同一数量的银，必须向人民索取更多的利弗。但这种方法即在实际上没有加重租税负担时，也是为人民所嫌恶的。这种方法常常是办不通的。鉴于这些原因，政府采取恢复银币的较高标准的办法。由于利弗含银的增加，人民在付出同一枚数的利弗时，实际上就付出较多的银。[①] 因此，

① 罗马黑利加巴拉皇帝这位挥霍大王，也采行过同样的方法，那时候人民是用叫做奥雷的金币而不是用一两一两的金完纳租税。为增加收入，这位皇帝发行新的奥雷，每枚含金重至二十四盎司。勤俭的亚历山大·西维拉斯，后来由于相反的动机，大大减轻这个重量。

我们发见银币标准的改善，差不多都是在开征永久性租税的同时——在采行这项革新之前，君主对增加他所发行的银币的内在价值不感兴趣。

如果没想上面所说硬币标准的改变，一律都是按照我所述的那些显而易见和易于了解的方法实行，那就大错特错了。有的时候，政府不公开宣布改变，而尽可能久地秘而不宣。① 这种守秘的企图，引起了这部门制造业所使用的粗鄙专门术语的产生。有的时候，某一硬币单位的标准改变，而其他硬币单位的标准却没改变，使得在某一时候以某一单位硬币支付一利弗，比以其他硬币单位支付一利弗实际上付较多的银。最后，为把事体弄得更加神秘，常常强迫人民有时用利弗算账，有时有骚尔②算账，有时用克朗算账；至于付款，则使用既不代表利弗，又不代表骚尔，也不代表克朗，而代表这些货币单位的零数或倍数的硬币。采行这种欺骗手段的君主，简直可看作用政府权力武装着的伪造货币者。

不难想象这些所加于信用、商业道德、工业以及繁荣的一切泉源的危害。的确，危害是这样重大，以致在我们历史的好几个时期中，商业由于政府所实行的货币措施陷于完全停顿。伯尔强迫外国人接受他所发行的不被信任的硬币，禁止他们用信用较佳的硬币做买卖，结果法国市集中③看不见外国人。瓦罗亚对金币采行

① 1350 年，瓦罗亚为了欺骗商界，训令造币厂职员，对计划中的变动严守秘密，甚至要求他们宣誓不对外泄露。他命令他们，“对改换黄金标记的事体装做不知不闻，以免所计划的掺杂动作被人发现。”在约翰王朝代，类似的事件也发生过好几次。（勃朗：《货币史》，第 251 页）。

② 一种古金币。——译者

③ 勃朗：《货币史》，第 27 页。

相似的措施，所得的结果也一样。一位现代编史家[①]告诉我们：几乎所有外国人都跟法国断绝商业来往。法国商人由于硬币常常改变，以及随着而起的物价波动，纷纷破产，相率离开法国。国王的其余臣民，包括贵族和中产阶级的人，也同商人一样弄到困苦不堪。由于这些原因，这位编史家在叙述以上情况后直截了当地说，国王完全不受人民爱戴。

我在上面所举的例子，都是来自法国币制方面。但其他古代和近代国家，差不多没有一个不曾实行类似的措施。民主政体也好，专制政体也好，一概犯过这种过失。罗马共和国在它黄金时代，不止一次地贬低它的硬币的内在价值，使国民陷于破产。在罗马和迦太基第一次战争过程中，他们把原来含铜十二盎司的阿斯硬币，减轻到两盎司。在第二次战争中，又减轻到一盎司。[②]

在美洲战争以前，在货币方面，宾夕法尼亚州已经执行独立自主的职权。它于 1722 年通过一个法案，规定以一英镑金币当作一镑五先令使用。[③] 美国、法国成立共和国后在这方面所做的措施，比这更坏。

斯图亚特说，“旨在掩饰统治者改变硬币品质的权力以及使这权力看过去好像是合理的权力而制定的使人忘记货币原理的各种巧妙措施，如果调查编写一书，可成一本专门著作。”[④]其他，他还

① 指 M. 维莱尼。

② 孟德斯鸠：《法的精神》，第 22 卷第 11 章。

③ 《国民财富的性质和原因的研究》，第 2 篇第 2 章。

④ 斯图亚特：《政治经济学原理之研究》，八开本，1805 年出版，第 2 卷，第 306 页。

可加上一句说，这本书没有任何实际效用，它绝不能阻止类似的新花样的采行。唯一有效的预防方法，就是揭穿产生这些弊病的腐败制度。如果把币制定得简单明晰，易于了解，就不难在弊病开始萌芽时揭破它们，扑灭它们。

政府不应该设想，剥夺它欺骗人民的权利，就等于剥夺它的宝贵权利。骗人制度绝不能历久而不瓦解，它的结果必定得不偿失。人的利己念头会在最快时间唤醒人的智力，使感觉最迟钝的人变为最敏锐。因此，在和个人利益有关的事体，政府最难运用巧智欺骗人民。政府不容易施展诈巧手段，使人民坠入它的计中以取得供应品。人民虽无法防止直接的侵害，无法防止政府的背信，但政府的欺骗行为，无论掩饰得如何巧妙，隐瞒得如何严密，总有被人看破的一天，结果政府将博得狡猾无信的臭名，将完全失去信用这个伟大利器的使用。这个利器所能收取的功效，较施巧行诈所能幸得的小利益，不知道大多少倍。并且，所取得的小小利益，往往全入官吏的私囊。他们必定以种种不公正手段对待人民，从而肥己。这样，政府失去了信用，而享受一切利益的却是官吏。政府弄得名誉扫地，付出这样大的代价所换来的只是它的用人的发财致富。

政府的真正利益，不在于搜寻虚伪的、不名誉的、有害的收入来源，而在于发掘真正的、丰富的、用之不竭的财源。人们能给政府提供的最大贡献，无过于揭露前一种财源的性质，使政府认识它没有用处，同时也给政府指出后一种财源。

贬低硬币品质的直接结果，就是相应减低一切以货币支付的债务和义务，减低一切向政府或私人收取的永久性或可赎还的租金，减低一切薪水、年金和高地租，总而言之，减低一切前此以货币表示的价值。通过这种减少，债权者所受的损失，就是债务者所得的利益。这无异于法律准许局部破产，无异于债权者、债务者达成妥协，债务者对应还债权者的债款打折扣付还，折扣的比例等于硬币含银减少的比例。

所以，当政府采行这种办法时，政府不但自己勒诈，夺取不正当利益，并且怂恿一切其他债务者如法炮制。

但法国君主并不老让人民在处理私人事务时同样分沾自己指望从增减某单位硬币的金属分量所得的好处。在增减硬币所含金属的分量时，法国君主的个人目的，总是在于少付一些应付的金或银，或多收一些应收的金或银。但有时尽管作了上述的增减，他们却强迫人民接受旧币并用旧币付款，如果使用新币就必须按照新旧币当时的兑换率计算款额。[①] 这是完全效法罗马共和国的先例。在和迦太基第二次战争中，罗马把阿斯的含铜从两盎司减至一盎司。于是共和国政府对所欠的债务，每两阿斯只付一阿斯，就是说，减半偿还。但当时私人的账目，是用迪内里阿斯[②]记账。直到那时候为止，一枚迪内里阿斯值十阿斯，但法律规定按十六阿斯通用。因此，对一迪内里阿斯债务，私人债务者只付十六阿斯或十六盎司铜而不付二十阿斯，就是说，不付十枚每枚含铜两盎司的阿斯或二十枚每枚含铜一盎司的阿斯，像他所应付那样。这样，共和国政府清理自己的债务，只付原额的一半，但强迫人民付还百分之

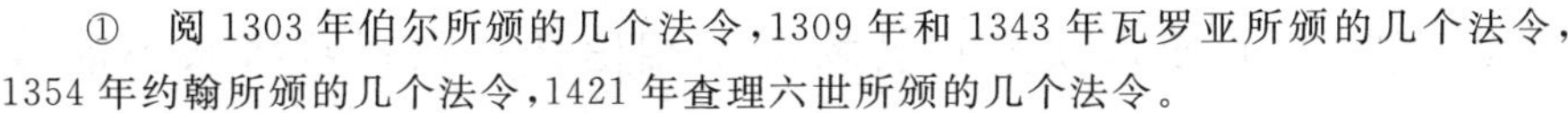

① 阅 1303 年伯尔所颁的几个法令，1309 年和 1343 年瓦罗亚所颁的几个法令，1354 年约翰所颁的几个法令，1421 年查理六世所颁的几个法令。

② 古罗马银币名。——译者

八十。

有时有人把通过减低硬币品质的方法来实行的破产，看作平常和单纯破产，或只看作压缩政府负债的一种手段。有人认为，对债权者来说，政府以品质减低的硬币还债，比硬把债额减少四分之一、二分之一等等为害来得轻，因为他可效法政府，以所得硬币付给别人。现在让我们来看这两个方法究竟有何不同。

在政府通过上述任何一个方法实行破产以后，债权者购买东西，总要受损失。不论是收入减少一半，或是所买东西要付比从前贵一倍的价格，对他是同样的损失。

关于债权者在那时候自己所负的债务，无疑地可效法政府对待他的手段来处理。但有什么理由可设想政府债权者和社会其余部分的债权债务关系，总是欠人多于人欠呢？他跟社会的关系，和其他人跟社会的关系，并没有什么不同。我们有种种理由可以相信，政府债权者欠人的钱，不比别人欠他的钱来得多，简单地说，他的人欠和欠人的账可以对抵。因此，他以债务者资格得到的利益，恰恰给他以债权者资格遭受的损失所抵消。以减低硬币品质形式来实行的破产，对政府债权者来说，和任何其他形式的破产一样的坏。

但跟着这破产而来的还有其他严重危害，对国民福利和国家繁荣同是大害。

它会使各货物的货币价格大大脱节，按照各货物的各别特殊情况对其产生种种影响。它会使计划得最周密和最有益的投机事业发生挫折，并使贷款者和借款者不相信任。在冒着将来不能收回全部放款的危险下，无人愿意把钱出借；在冒着将来得付还比借入的较多的款项的危险下,也无人想借钱。结果,资本将从生产性投资移转到别的方面。不但如此,跟着硬币品质低减对生产的打击而来的,往往还有其他对生产的更大打击,就是说,对货物课税和订立最高价格。

就国民道德说,影响也不较轻。在一个时期内,人们对于价值的概念,将陷入迷离恍惚的状态。在处理银钱事务,无赖总占便宜,诚实老要吃亏。不但如此,政府的举动和榜样,无异于准许强夺、掠取。个人利益变得和诚实公道相冲突,法律变得和良心不相容。

第六节　货币为什么既不是符号又不是尺度的理由

如果货币自己没有价值,那么它只是一个符号或代表。但货币绝不只是符号或代表,无论什么时候人以货币进行买卖交易,心中所考虑的,总不外货币的内在价值。当一件物品卖五法郎时,买者所付出和卖者所收进以为交换品的,不是五法郎的记号或名称,而是人人共知的五法郎的含银。作为这个论点的证明,如果政府发行锡或锡蜡制成的克朗,这种硬币的价值,绝不能与银币同日而语。尽管法律明定它们等价,购买同一货物一定要付多得多的锡币或锡蜡币。如果货币只是符号或代表,此种情况就不会发生。

由于暴力压迫、巧计隐蔽或非常政治形势,货币有时在内在价值降跌以后还能保持原来通用价值,然绝不能很久保持。由于个人利害关系,人们不久就会发见付出的价值是否大于收入的价值,而设法避免不公平的交换的损失。即使政府由于必须寻找一种交易媒介以实现价值的流转，不得不以价值授给一种本身没有内在价值或没有充分保证的东西，但基于交易媒介的需求而附在这个记号上的价值，就是由于它的效用而来的真实内在价值。这使这东西成为交易的独立对象。英兰银行钞票，作为代表来看，完全没有价值。它实际上不代表任何东西。它不过是一家银行所发行的没有担保品的约据，银行把它供给政府，政府也没拿出什么东西为担保。可是，完全由于它的效用，它在英国具有绝对价值，无异于金银。

但凭索即付的银行钞票，却是银或硬币的代表或记号。持票人任何时候需要银或硬币，一提出要求，就可兑到银或硬币。至于银行因此付出的货币或硬币，则不是代表而是被代表的东西。

一个人出卖货物时，他不是把该货物交换一种符号或代表，而是把它交换一种他认为具有相当于他所卖的价值的货物。当他购入东西时，他也不是使用记号或代表来购买，而是使用一种具有真正的、实在的、相当于他所买的货物的价值的货物。

这方面的基本错误看法，引起另一个流布得非常广泛的错误看法。货币既被说成为一切价值的记号，于是有人大胆地断定，在一切国家，货币、银行钞票与其他货币以及信用票据等的总价值，相当于一切其他货物的总价值。这论点由于下述情况显得好像有理，即货币的数量越增，货币的相对价值越减，货币的数量越减，货币的相对价值越增。

但是，很明显，同样的变动，对任何其他货物也有这种影响。如果某一年葡萄收获量，比前一年增多一倍，酒价便将比前一年便宜一半。同样地，我们可以毫不犹豫地承认，如果流通中硬币总量增多一倍，一切货物价格将上涨一倍，换句话说，购买同一物品，得付两倍硬币。但这个结果并不证明流通手段的总价值老是相当于一切其他财富项目的总价值，正如它不证明葡萄产品价值的总计，是相当于其他价值的总计。上例所设想的银价和酒价的偶然变动，是由于两个时期中该两种货物的数量不同的结果，与其他货物的数量毫不相干。

上面已经说过，一个国家所拥有的货币的总价值，即使加上该国家所拥有的其他形式的贵金属的总价值，和其他价值的总计相比也不过沧海一粟。因此，被代表的东西的价值，总是大于代表物的价值。代表物不是导致被代表的东西的出现，也不能取得被代表的东西的占有。[①]

孟德斯鸠主张，货物的货币价格，视国内货物总量和货币总量的比例为转移。这种主张也没有更充分的根据。[②] 买者和卖者，除自己所经营的货物外，怎会知道其他货物的存量呢？并且，这种知识对这些特殊货物的供需，究竟有什么关系呢？这种意见，是起因于不明白事实而又不理会原理。

有人主张货币或硬币是价值的尺度，这个意见好像较有道理，但其实也不对头。我们可通过价格估计价值，但没有法子衡量价值，就是说，没有法子把价值与一个已知的和不变的度量相比较，

---

① 即使加上信用票据，也不能帮助我们解决困难。不管流通手段具有硬币形式或具有纸币形式，其数量总不能超过它所体现的效用的总量。扩大国内货币的数量，不管增加的是金属货币或纸币，货币价值势必随之发生相应的下降，以至全部货币也只能买到从前那么多货物。只作为流通手段的货物的价值，和它帮助流转的价值比起来，总是微不足道，阅下面钞票标题下各段。

② 《法的精神》，第 22 篇第 7 章。

因为这种度量迄今还没发现出来。

不论政府拥有怎样绝对的权力，也不能决定价值的一般比率。政府可下一道命令，叫约翰把他的一袋小麦以二十五法郎的价格卖给理查。它也可能下一道命令，叫约翰把这袋小麦无偿地送给理查。这命令大概能做到损约翰以利理查，但不能使二十五法郎成为一袋小麦价值的正确标准，正如命令以小麦无偿地送给别人不能使小麦变为无价值。

码或尺是长短的真正尺度，它能给人一码或一尺长度的明确概念。一个人无论住在什么地方，绝不会怀疑甲地身高六尺的人和乙地身高六尺的人是否同样的高。当人告诉我格泽大金字塔的基址阔一百平方脱斯①时，我能在巴黎或其他地方量出一块大一百平方脱斯的地，从而明白该金字塔占地多少。但当人告诉我一头骆驼在开罗值五十西金②，就是说值二千格兰姆的银或五百法郎时，我对这骆驼的价值还没有明确概念，因为我虽有理由相信五百法郎在开罗比在巴黎值钱，但说不出相差多少。

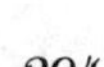

因此，可做得到的最多不过估计或计算不同货物的相对价值，就是说，计算在某一时候，某一地点甲货与乙货比较价值的大小。至于它们的绝对价值，那是无法决定的。据说，某栋房子值二万法郎，这个数目能使我们想起什么呢？想到它所能购到的东西。然而这事实上就是意味着和该房子相等的价值，而不是任何固定数量的价值，或和两种货物的对比无关的价值。

---

① 法度量名。——译者

② 古威尼斯金币名。——译者

在把价值不同的两种货物和一种特殊货物的不同部分对比时，这仍然不过是估计相对价值。说一栋房子值二万法郎，另一栋值一万法郎，这也不过是说前者值后者的两倍。不错，当把这两栋房子和能分割为相等部分的产品例如货币对比时，它们的相对价值是想象得比较精确，因为二这个整数和一这个整数或二万这个整数和一万这个整数的比率不难想象。但要想对这些整数中的一个形成抽象概念，必定徒劳无功。

如果所谓价值尺度只是如此，我承认货币是一种尺度。但应该指出，所有其他可分割的货物，虽不用为货币，也同样是价值尺度。如果说某一所房子值一千夸特小麦，另一所值五百夸特小麦，它们的相对价值一样明了。

但这个衡量相对价值的尺度，如果我们可这样说的话，也不能精确表示两件货物在相距很远地方或在相隔很久时候的价值的概念。一千夸特的小麦或两万法郎的银币，对比较古代的一所房子和现今的一所房子的价值毫无用处，因为在这两个时代的中间时间，小麦和银币的价值起了变化。在亨利四世时代值一万克朗的一所巴黎房子，比现今值一万克朗的一所巴黎房子价值要大好几倍。同样地，一万法郎的收入，在大不列颠比在巴黎价值大得多。

因此，没有可能准确对比不同时代或不同国家的财富。在政治经济学这是做不到的，正如在数学不能求出与圆面积相等的正方形，因为没有共同尺度进行比较工作。

银和不论由何材料制造的硬币都是货物。像其他货物那样，它们的价值可任意决定，会发生变动，而且是由每次交易的买卖双方同意决定的。当银能买到较多货物时，它便比只能买到较少货物时有较大的价值。所以，银不能作为尺度，因为尺度的首要条件就是它的不变性。孟德斯鸠在谈到货币问题时说，“什么东西是一切东西的尺度，什么东西就应当最不易于发生变化”，[①]他的话含有三点错误。第一，人们从来没有认为货币是一切东西的尺度，而只认为它是价值的尺度。第二，货币甚至不是价值的尺度。第三，没有法子可使货币的价值不变。如果孟德斯鸠的目的，在于阻止政府变动硬币的标准，那他就应当力主这个问题本可顺顺便便地给他提供作为武器的论点，而不应当玩弄漂亮词句，这种词句只有使人坠入迷途，只有使错误看法到处流传。

但是，如果能够对比不同时候或不同地点的价值，那不但将是奇妙的事体，而且将是有益的事体。例如，当人们有必要约定在远地交付款项，或在很长的一个未来时期中交付租金时，就要作这种对比。

斯密认为劳动的价值比较不易变动，因此更适合于充当衡量不存在于今日或存在于遥远地方的价值的尺度。他所作的推论如下：“对工人来说，在一切时候和一切地方，同量的劳动有同一的价值。工人在平常的健康、体力和心理状态下，以及在掌握有平常程度的熟练的情况下，总必须放弃同一部分的安逸、自由和快乐。他在一切的时候，都必须付出这个同一的代价，无论所换回的货物是多少。的确，这个代价所购得的货物，有时多一些，有时少一些，但这是由于货物价值的变动，而不是由于购买货物的劳动的价值的变动。无论在什么时候或什么地方，不易获得或必须费很大劳动

① 《法的精神》，第 22 篇第 3 章。

才能获得的东西就是贵，易于获得或只需费少许劳动就能获得的东西就是廉。因此，只有劳动的价值始终不变，只有劳动是终极的、真正的标准。在任何时候和任何地点，一切货物的价值，都可使用劳动衡量和比较。”①

不管这位杰出著作家的意见是那样值得我们的尊重，但不能认为，由于同一强度的劳动对工人说来有同一的价值，所以作为交换品，劳动价值是永恒不变的。劳动的供需，和其他货物的供需一样，变动无常。劳动的价值，和其他货物的价值一样，取决于利害恰恰相反的买者与卖者通过协商所达到的同意，因此视这同意的内容而变动。

劳动的质量，对劳动价值有极大的影响。身体健康心地聪明的人的劳动，比身体虚弱无知无识的人的劳动，价值要大得多。此外，劳动的价值，在劳动需求强烈的繁荣社会，比在人口过剩的国家大得多。美国一个技工每日所赚的工资，以银计算要比法国技工高三倍。② 我们可不可以此推断，银在美国的价值只相当于它

① 《国民财富的性质和原因的研究》，第 1 篇第 3 章。关于这一点，斯密说，“用以支付一切东西的价格或用以购买东西的货币，最初是劳动。世界一切财富，最初都是用劳动购来，而不是用金银购来。”我想我已经证明斯密的意见是错的。在创造价值过程中，大自然执行一种不可缺少的工作。在大多数情况下，大自然的作用，得到报酬，并构成产品价值的一部分。土地的利润归地主收受，叫做地租。地主自己不干活，他代替原始土地占有人的地位。土地的利润，影响大自然和劳动所协同生产的产品的价值。大自然所贡献的部分的价值，不是劳动的产品。资本大部分是劳动的积累产品。像大自然一样，资本也协同参加生产工作。资本也领受一部分产品作为报酬。但归于资本家的利润，和投在资本本身的积累劳动大有区别。消费全部资本的可能是一群人，而消费资本的产品即资本的利息的，可能是另一群人。

② 据洪博德的计算，约等于我们的钱三法郎至四法郎。(《关于新西班牙的政治性论文》，第 3 卷，第 105 页)

在法国的价值的三分之一呢？美国技工吃得更好，穿得更好，住得更好，这可充分证明他的工资较高。劳动的价值，是变动最剧烈的价值之一，因为有的时候，需求极其迫切，有的时候，却到处求用而得不到使用。在产业萧条的城市，我们可常常看到这种情况。

因此，劳动的价值，并不比其他货物的价值有更充分资格充当衡量在相距很远地方或相隔很久时间的两个价值的尺度。事实上，没有价值尺度这种东西，因为没有东西具有充当价值尺度的必要条件，即价值永恒不变。

由于不存在精确的尺度，我们得满足于接近精确的尺度。凡价值为人所共知的货物，都能够多少正确地反映任何其他特定物品的价值。就同一时候和同一地点说，接近精确没有什么困难。任何物品的价值，几乎都可充当测定任何其他物品的价值的尺度。但想相当精确地测定某种物品在古代的价值，就必须找到一种我们有充分理由相信后来价值相当稳定的物品，然后对比古代人和现代人各付多少该物品以交换前种物品。因此，丝不适合于充当比较物。理由是，在恺撒的时代，只能从中国买到丝，价格极昂，欧洲没有一处产丝，所以，那时候的丝价，一定比现在贵得多。有没有什么物品在这两时代的中间价值比较稳定呢？如果有的话，在恺撒的时代，人们付多少这种物品交换一盎司的丝呢？这两点必须调查。如果有这样的两种物品，在古代和现代，生产一样容易，一样完美，而且消费量和生产量有并驾齐驱的自然趋势，这物品大抵就是价值相当稳定的物品，可以相当满意地充当测定其他价值的尺度。

自从有史可稽的最早时代以来，小麦一直是欧洲各大国大部

分人口的主要粮食。因此，这些国家人口的相对数量，受小麦产量的影响，一定比受其他事物的影响更大。所以，小麦供给量和需求量的比例，在一切时候，一定大抵相同。此外，我不知道有什么产品，其生产费用的变动，比小麦更稳定。就耕种的技能说，古代人在很多方面并不输今人，在有些地方比今人还高明。不错，在他们中间，资本较贵，但他们不会感觉及此，因为，在古代，地主一般兼农民与资本家于一身。那时候农业用资本的收入，比其他方面所用资本的收入来得低。因为，由于人们重视农业劳动过于其他劳动，即过于工商业，流到农业方面的资本和劳动力，比流到其他方面的来得多。此外，在中世纪，虽然一切其他技艺都衰微下去，但耕种技术比今日并无逊色。

由于上述，可推断在古代和现代，相同数量的小麦，必定有差不多相同的价值。但从古以来，收成情况各年不一，有的时候年岁大熟谷贱如土，有的时候颗粒无收米珠薪桂，所以，当使用小麦价值为计算基础时，必须使用各年的平均价值。

关于估计在相隔很久的两时期中的价值，只谈到这里为止。

关于估计在两个相距很远的地点的价值，困难也不小。各国人民的主要粮食(作为主要粮食，这种谷物的供需维持最稳定的比率)，极其不同。小麦是欧洲主要粮食，米是亚洲主要粮食。这两种谷物的相对价值。在欧亚两洲都不稳定。亚洲米价与欧洲麦价，两不相干。米在印度的价值，无疑比麦在欧洲便宜，因为米生产费较低，而且一年两熟。这是印度和中国劳动力那么便宜的原因之一。

因此，人类最普遍食用的粮食，并不是测定相距遥远两地方的价值的完善尺度。贵金属也不是精确的尺度。贵金属的价值，在北美洲和西印度无疑比在欧洲低，但在亚洲却高得多。贵金属源源不断向亚洲而流的事实，可为这一点的证明。但是，由于这些地区之间交通频繁以及运输便利，我们有理由相信，当贵金属在两地运输过程中时，它是价值最不容易发生变动的东西。

幸而为着交易起见，不必要对相距遥远的两地方的货物和贵金属的价值作斤斤的比较。所需要知道的，只它们在各该国家内和其他货物的比价。当一个商人输送半盎司银到中国时，对他来说，半盎司银在中国的相对价值，比在欧洲是较大还是较小，无关重要。他所要知道的，只是他能否在广东以该银买到一磅的一定质量的茶叶，然后譬如说以两盎司银的价格在欧洲把该茶叶卖出去。知道了这些以及预计完成买卖时可赚一盎司半银的总利润后，他又计算扣除一切费用和在国内外所冒风险的代价后能否有足够净利润。他所关心的只是这些。如果他输往中国的不是银而是其他货物，他必须知道的乃是：第一，这些货物在欧洲对银的比价，就是说，它们值多少；第二，这些货物在广东对中国产品的比价，就是说，这些货物能换到多少中国产品；最后，中国产品在欧洲对银的比价，就是说，中国产品运到欧洲后能值多少。很明显，每作这种交易，所须研究的问题，都只是在同一时候和同一地点两种或两种以上物品的相对价值。

为着通常生活，换句话说，当所需要的只不过是对相距不远的地点或相隔不久的时间的两种货物进行比较时，所有具有些微价值的货物，大抵都可用为尺度。如果人们即在不牵涉到买卖货物的场合，计算价值时也更常使用贵金属，即使用货币而不使用其他

货物为尺度，这不过是因为与其他货物价值比较，货币价值更为人所熟识。[①] 但是，订立长期买卖契约，例如永久性租金契约，则以使用小麦为计算尺度更合宜。理由是，一个新银矿的发现，会使银价发生暴跌；另一方面，即使北美洲全部土地都拿来耕种，也未必会使欧洲麦价发生显著的降跌，因为北美洲人将随耕地面积的增加而成比例增加。但是，以契约规定在遥遥将来时候的价值总是危险的，绝不能确定将来得到的价值是多大的价值。也许最轻率的举动，就是约定以某名称的货币付款[②]，因为这货币的重量和质量随时都可改变，使立约者忽然发现所约定的与其说是价值不如说是名目，所谓付还和收还款项不过是一句话而已。

我不厌其详地驳斥这些不正确说法，因为这些说法似乎流布得过于泛滥，使人把不正确的概念和意见信为真理，有时竟根据它们制定错误的制度，而这些制度又引起别的错误行动。

第七节　估计历史记载的金额时应注意事项

在把古代货币化为现代货币时，学识最渊博的历史学家，也满足于仅仅把所引证的权威叫做某名称的一定分量的金银化成自己时代的货币。但这样做是不够的。实际的金额和一定分量的金银，都不能正确表示它们在那时代的价值，而这却是我们所要知道

① 本书从头到尾全使用货币价格即货物所能卖得的价钱来表示各货物价值的差别。如果目的只在于说明，极端的精确没有必要。就是在几何学这个严正科学，使用数字，也只是使说明较易了解。只在推论和结论，严格的精确才有必要。

② 这本书第 3 版刊行后，西斯蒙第的《政治经济学新原理》问世。在非常隽妙的各章中，有一章名为《货币与价值的符号、表征和尺度》，第 5 卷第 1 章。

的东西。因此，除此之外，还得研究在这时间中贵金属价值本身所发生的变动。

几个实例可最明白地说明我的意见。

伏尔泰在他的《世界史》[①]中告诉我们，查理五世制定一项法案，每年给皇室子孙一万二千利弗经费。由于他计算这个金额相当于现在十万利弗，当然认为对王子王孙来说，这并不是太大的收入。但让我们研究他的计算是以什么为根据。他先计算一马克[②]纯银，在查理五世的时代值六利弗，然后根据这个兑换率，折算一万二千利弗合二千马克纯银。在伏尔泰写那本书的时候，二千马克纯银实际上相当于十万利弗左右。但是，二千马克纯银，在查理五世时候比在路易十四时候价值大得多。如果我们把这两时期中纯银平均价格和小麦平均价格对比，我们便会相信这是实在情况。小麦是价值变动最微的货物。

毛尔计算，自腓力普·奥古斯都（他死于 1223 年）朝代至 1520 年左右，一瑟提埃[③]（巴黎标准）小麦平均约值一马克纯银的九分之一，就是值五百十二格令纯银。他的书内载有许多关于各种货物的价格。[④]

在 1536 年左右，一瑟提埃小麦的普通价格约为一马克纯银的十三分之三，即相当于一千零六十三格令纯银。那时候一马克纯银值十三吐尔利弗，或说得恰切些，值十三个以吐尔利弗命名的通

① 克尔八开版本，第 17 卷，第 394 页。

② 中世纪货币和金属重量名称。——译者

③ 法国古度量名，相当于十二蒲式耳。——译者

④ 《关于银价和粮价比较的报告》，第 35 页。

用的钱。

在1602年即亨利四世朝代，一瑟提埃小麦的平均价格为九利弗六苏九顿尼，即相当于二千零六十格令纯银。[①] 这时候一马克纯银，相当于二十二利弗。

自从那时候以来，一瑟提埃小麦所值的银，每年相差无几。当1789年一马克银相当于五十四利弗十九苏的时候，据拉瓦锡，小麦的平均价格约为二十四利弗一瑟提埃，即相当于二千零十二格令纯银。在以上计算，我没有计及一格令以下的零数，因为关于这种计算，只要做到大约精确就够了。的确，根据巴黎与巴黎附近地区的价格算出的一瑟提埃小麦的平均价格，本身就不很精确。

上述比较的结果表示，自1520年至今，一瑟提埃小麦和其他货物的比价，没发生过大变动，但一瑟提埃小麦本身的价值，却经过了很大的变动。它的各年价值如下：

1520年	512格令纯银
1536年	1,063格令纯银
1602年	2,060格令纯银
1789年	2,012格令纯银

这些数字表示，1520年后纯银的价值，必定发生了很剧烈的变动，因为现时一切买卖，必须比三百年前多付四倍的银以买同一数量的货物。我们不久即可看到，[②]为什么美洲银矿的发现以及流入市场的银比以前多到十倍的事实，仅仅使银价跌到以前价值

① 关于这些计算，应该感谢毛尔写的《关于货币的论文》和《物价的变动》两书给我的帮助。

② 本书第二篇第四章。

的四分之一。

现在把以上的报道应用于讨论中的王子王孙的俸给。如果纯银在查理五世时代比在伏尔泰时代贵四倍，那么，拨给王子王孙的二千马克，就相当于现时的八千马克，就是说，相当于现时的四十万法郎。这使伏尔泰认为这项俸给不够的意见，更不对头。

虽然雷纳尔显然专写商业问题的文章，但也犯了同样的错误。他估计，在路易十一朝代，法国岁入相当于现在的钱三千六百万法郎。他的理由是：它等于七百六十五万利弗，每十一利弗合一马克银。不错，这金额的确相当于六十九万五千四百五十四马克银。但单单把马克化成现今的利弗是不够的。因为，同一分量的银，那时候的价值比现在大四倍。所以，在把那时候的钱化成现在的钱之前，必须先乘以四。这将使路易十一朝代的岁入增到一亿一千四百万法郎的现在的钱。

此外，我们从苏伊托尼阿的著作中看到，恺撒赠给塞维利阿斯一粒珍珠，价值六百万塞斯特斯。他的译者哈普和勒维斯克估计该珍珠值现在的钱一百二十万法郎。但再读下去，我们看到恺撒返回意大利后，把从高卢掠得的金块变卖金币，每一磅卖三千塞斯特斯。这表示哈普等所估的价值太低。据勃朗，罗马磅一磅相当于我们的十盎司又三分之二。十盎司又三分之二的金，在恺撒时代可值现在三十二盎司金，因为有充分理由可估计金的价值现在已跌至只等于以前的三分之一。① 三十二盎司的金，现在大约值

① 在恺撒时代，十二盎司的银可换一盎司的金。那么，银的价值既然跌到了只等于以前的四分之一，一盎司金在恺撒时代可值现在四十八盎司银。但四十八盎司银现在值三盎司左右的金，所以金的价值必定已跌至只等于以前的三分之一了。

三千零三十六法郎，所以，应把三千塞斯特斯的实际价值估计为三千零三十六法郎。按照这个兑换率，每一塞斯特斯相当于一法郎强，所以上述珍珠一定可值六百零七万二千法郎左右。这比普通的估计大得多。[①]

当恺撒不顾麦特拉斯护民官的反对，把国库的财宝攫为己有的时候，据说他发现这批财宝包括四千一百三十磅黄金和八万磅白银。维托特估定其价值为二百九十一万一千一百吐尔利弗，但我想不出他是根据什么理由。要得到关于恺撒篡位时所夺取财宝的价值的正确概念，应该把四千一百三十磅金按照十盎司又三分之二相当于一磅罗马磅的兑换率化成法国的标准盎司，[②]即四万四千零五十二盎司。但是，由于同一分量的金，那时候比现在贵三倍，假定那时候金的标准和现在相同，这四万三千零五十二盎司金便相当于现在的十三万二千一百五十二盎司金或一千二百五十三

① 计算方面的同样错误，使这些翻译者不知不觉地低估了最坏皇帝的无度的挥霍。他们告诉我们，卡利古拉在一年之中，挥霍尽蒂比里阿斯所积的全部财宝，计达二十亿塞斯特斯。勃朗只把这金额化成相当于五亿四十万利弗。但假定自从恺撒时代起到卡利古拉的时代，金价没经过大变动，那么，二十七亿塞斯特斯应该相当于三十亿利弗。在这两位皇帝的朝代之间，金价大概没有大变动过。的确，据历史所载的情况，比这来得小的金额，绝不足应付他那样的穷奢极侈。霍雷斯的诗文，第2卷，第2篇，谈到一宗财产，计达三十万塞斯特斯。按照这篇诗文上下文的意义，这宗财产一定是相当巨大的财产。依我的意见，它可值现在三十万三千六百法郎。但他的注释者达西埃误解那一段的意义，只估为二万二千五百法郎。

② 勃朗：《关于货币的论文》第3页估计合十二盎司一磅的罗马磅，实际仅仅等于我们的标准盎司十盎司又三分之二。他根据一些保藏得非常完好的这些皇帝所铸的硬币的重量作出这个估计。我在这里对一盎司黄金所估计的价值，是以铸币的标准为根据，就是说，包含十分之一的合金，因为我设想恺撒所夺取的金不是纯金而是掺杂了合金的硬币。

万零三百四十六法郎。至于八万磅白银，如果把一磅罗马磅作为十盎司又三分之二计算，又如果它的标准和现在银的标准相同，那么，它便相当于现在的三十二万磅，就是说，相当于二千零九十一万五千七百三十五法郎。这样，这位篡位者所侵吞的公款，相当于我们的钱三千三百四十四万六千零八十一法郎，大大地超过维托特所估的仅仅三百万的数目。

从这些例子，可见学识和精确性比不上我们刚才所引那些历史学家的其他历史学家的计算，是多么不可信啊。罗林在他的《世界史》和弗柳里在他的《教会史》中，按照某些博学的人在科伯特政府的时候所定的比率估计塔伦①、麦那②和塞斯特斯的价值。这比率有许多缺点。(1)它根据很有疑问的资料确定古代硬币所含的贵金属，这是错误的第一原因；(2)从讨论中的古代到科伯特政府时代，贵金属的价值曾发生很大变动，这是错误的第二原因；(3)在这位阁员指挥下所用的换算率，是按照二十利弗十苏相当于一马克银的比率，这比率是当时银块铸币法价，但到罗林的时候，已经有所变更，这是错误的第三原因。最后，自从罗林的书出版后，这个比率曾历经变更，现在一吐尔利弗使我们想起的银，比在罗林时候来得少，这是错误的第四原因。这样，不论谁从事这项工作，如果依赖这本书的计算，对古代国家的岁入、岁出以及它们的资源、商业与所有的制度及组织，将有非常不正确的观念。

我不是说一个编史家对任何时候都能掌握有足够材料，借以

① 古代重量及货币名称。——译者

② 古代货币名称，等于塔伦的六十分之一。——译者

给予他的读者关于一般价值的正确概念。但在把古代甚或中世纪的金额化成现今货币时，为使计算的结果能达到比现时所获得的更接近于精确，我建议：(1)请教精通古代情况的人关于讨论中的硬币所含的贵金属的实际重量；(2)到查理五世朝代，就是说，到1520年为止，如果是金，这重量只可乘三，如果是银，就必须乘四，①因为美洲银矿的发现，使金银价值发生了大约等于这个比例的下跌；最后，把金或银的分量化成当他正在写书时候的通货。的确，现在一般都已按照这种方法进行换算。

自从1520年至亨利四世朝代末期，就是说到十七世纪初期，银价步步下跌。我们可按照上节所述的方法，从任何特殊货物的价格的升涨情况推算银价下跌的幅度。要对这时期一马克银的价值具有正确概念，必须计量到一般货物或任何特殊货物特别是小麦的实际价格上涨比率的缩小的情况，所谓实际价格，指以金属计值的价格，而不是名义价格或以硬币计值的价格。

自十七世纪以后，把当时货币化成马克的银后，不必再作上述的计量。理由是，从那时候起，同一分量的银，在各时期可买到同样多的大多数货物，所以银价似乎没有再发生显著的下降。因此，只需按照那时候一马克纯银的时价，把它化成当时的通货。②

① 直到所说的时代为止，欧洲金银的比价是一比十二。现时在大多数欧洲国家，这比价是一比十四或一比十五。所以，如果把古代金银平均比价作为一比十一又四分之一，近代金银平均比价作为一比十五，那么，金银的价格，近着四与三的比例上涨。因此，如果以三乘金，以四乘银，结果便相等。

② 我倾向于相信自从本世纪以来，金银价值又开始下降，因为成本最不容易起变化的许多货物，现在要付较多的银才买得到。*

* 有理由可相信现今形势已大异于上述。因为：(1)由于革命运动，大多数拉丁美洲的矿，特别是银矿，已停止开采，而这些矿乃是白银的最大来源；(2)大多数欧洲国

让我们引用舒利的回忆录里面一段话做例证。他说，这位阁员在巴斯提尔堡垒贮藏了三千六百万吐尔利弗，以供他的主子进行抵抗奥地利皇室的活动。如果我们要想知道这宗窖藏的价值，第一步得查知它重多少银。在那时候，二十二吐尔利弗代表一马克的银，因此三千六百万利弗计合一百六十三万六千三百六十三马克五盎司的银。自从那时候以来，银价没呈显著的下降，因为同一分量的银，那时候可买到和现今所能买到的一样多的小麦。现今一百六十三万六千三百六十三马克五盎司纯银，换句话说，三亿九千九百五十八万八千零十五点五格兰姆纯银，恰可铸成八千八百七十九万七千三百一十五法郎的硬币。不错，在现代战争，这个金额实无济于事；但必须考虑，现代作战所根据的原则和过去大不相同，在实际上和名义上都比过去浪费得多。

第八节 两种贵金属间无固定比价

使政府当局相信他们具有决定任何金属对货物比价的力量的同一错误，又使他们采用立法手段来决定同时并用作为货币的两种金属的比价。这样，政府曾任意制定法律，规定某一分量的银值二十四利弗，某一分量的金值二十四利弗。按照这种办法，金银名义价值的比例，以法律决定。

政府当局的这种擅专行为，必然徒劳无效。它的结果是怎样呢？事实上，金银和其他货物的比价，不断变动着。金银自己之间

家以及美国，同时努力恢复纸币的兑现或币面价值，这等于发现白银的一种新效用；(3)这种同时努力所引起的物价的下跌，引起信用即货币的竞争者的紧缩，而信用的紧缩，必然进一步扩大银的效用。

的比价，在兑换时也变动无常。在依照1785年10月13日法令重新开铸金币之前，一枚金路易普通可卖二十五利弗和若干苏银币，其结果，无人肯用金币偿付约定以银支付的债项，因为如果这样做，每二十四利弗的约定债项，实际上要偿付二十五利弗八苏或十苏。

1785年重新开铸金路易，它的含金量减少六分之一。从那时候起金路易的价值才和二十四利弗的银成为一致，于是金币和银币开始无差别地被用为支付手段。但人们通常依旧继续使用银币，一半因为这已成为长时间的习惯，一半因为金币更易于赝造和剪削，因此人们接受它时更加慎重，对于它的重量和成色更常吹毛求疵。

在英国，不同的安排引起了恰恰相反的结果。在1720年，交易的自然情况把金银比价定在一比十五又一百二十四分之九，为简单起见姑且说一比十五又十四分之一。一盎司金可卖十五盎司又十四分之一的银，反过来也是一样。由是，政府就按照这个比率用立法程序把它固定下来，规定一盎司金铸三镑十七先令六便士半的名义金额，十五盎司又十四分之一的银也铸三镑十七先令六便士半的名义金额。这样，政府企图把一种必然会不断变动的比率，永恒地固定下来。银的需求日渐增加，用银制造餐具和其他家庭用具日益普遍。印度贸易又得到新的刺激，把银带走而不要金，因为银对金的比价在东方比在欧洲高。于是，到上世纪末，英国金银的比价，只是一比十四又四分之一，可铸三镑十七先令六便士半的银，在市场可买四镑的金。这样，熔化银币变为有利可图，用银币付款徒然自讨损失。由于这些原因，从这时候起直到1797年国会停止英兰银行付现时为止，所有支付一般都是用金。

自从1797年以来，一切支付都使用纸币了。但是，英国如果恢复使用依照以前的货币原则和货币管理条例所制定的金属货币，大概人们就将用银付款，而不像在停止兑现以前那样以金付款。因为，黄金对白银的比价已经上升，这大概是因为黄金大量出口，作为商业用途，而防止黄金出口比防止白银更加困难。现在英国金银块的比价，是一比十五又二分之一左右，虽然金银块的铸币平价仍然是一比十五又十四分之一。因此以金付款而不用银，无异于白白牺牲这两者之差。

这样，可做出这个结论：事实上不可能把金银对货物的交换价值的比率固定下来，因此，在人类认为适于使用金银为支付手段的交易，必须听任金银自定它们的相对价格。①

上面对金银比价所述的意见，对银铜的比价以及对任何两种金属的比价都适用。宣布二十苏所含的铜和一吐尔利弗所含的银价值相等，其不适当和规定二十四利弗所含的银与一金路易所含的金价值相等并无不同。但规定铜和金银的比价，没引起什么危

① 就价值说，金银的相对地位绝不是决定于金银矿的比较产量。洪博德在他的《关于新西班牙的论文》，八开本，第4卷，第222页中说，美洲和欧洲的矿山共同产银，银产量和金产量的比例为四十五比一。但现在银对金的比价却不是四十五比一，而是

在墨西哥	$15\frac{1}{8}$	比1
在法国	$15\frac{1}{2}$	比1
在中国	自12比1到	13比1
在日本	自8比1到	9比1

这种差异大概是因为银更适用于制造餐具和货币，于是有更大的需求。似乎这个因素在东方比在西方起更大的作用，因为金首饰在那儿比在我们这里便宜。

害，因为法律不许无差别地以铜或金银支付议定以吐尔利弗或法郎计算的款项。所以，凡超过最小额银币的价值的款项，只金币或银币可用为法币支付。

第九节　货币应是什么样子

从上述可推断我对货币应该是什么样子所抱的意见。

贵金属是这样适合于充当货币，以至它已被相当普遍地采用。由于没有其他材料具备这么多值得推荐的条件，所以在这方面不宜有所更动。

贵金属非常适于分割为分量相等与便于携带的部分。也非常适于铸为一枚一枚同重量、同质量的硬币。大多数文明国家，已经如此办理。

没有其他办法更好于给金银打上证明重量、质量的印记，更好于政府自己保留刻铸这种印记而因此铸造硬币的专利。如果同时有许多铸造者互相竞争，他们的证明绝不能一律可靠。

但政府对于货币的干预，只应以这些为限，不宜更进一步。

银的价值是任意决定的价值，是由个人与个人或个人与政府在每次打交道时经过磋商同意而后确定的。那么，为什么事前先规定它的价值呢？这样规定的价值，必然只是想象的价值，于人类处理货币方面的事务没有实际用处。为什么把货币所绝对不能具有的名称给予这样规定的想象上的价值呢？所谓元、达克、佛罗林、镑或法郎，不是一定质量、一定重量的金或银，还是什么呢？如果只是这样，为什么不给予这些分量的金或银以一个和它们的重量、质量相称的名称，而偏给它们别的名称呢？

法律规定说，五格兰姆银应该等于一个法郎，这和说五格兰姆银应该等于五格兰姆银一样，因为法郎这个名称所能给予我们的概念，只不过它所含的五格兰姆银而已。小麦、巧克力或蜡，有否因分割而改换名称呢？一磅面包、一磅巧克力、一磅蜡烛，仍然叫做一磅面包、一磅巧克力、一磅蜡烛，那么，为什么不叫五格兰姆一块的银它的自然名称呢？为什么不叫它五格兰姆银呢？

这个小变革，虽然好像只是口头上的、穿凿的和无足轻重的变革，但却有极大的实际影响。如果把它付于实施，就不能再使用名义价值订立契约，而一切交易将都是以一种有实质的货物交换另一种有实质的货物，例如以一定分量的银交换一定数量的小麦、家畜肉、布等等。不论什么时候签订关于将来的长期契约，如果违反契约条件绝逃不过人的耳目。一个人如果接受另一个人的约字，允诺于某日偿还一定分量的银，就预先知道那天将收入多少的银，只要届时债务者还有偿付能力。

如果采行这种变革，现行的整个货币制度将土崩瓦解。它充满着欺骗、侵害和掠夺机会，而且是这样复杂，以致连以了解它为职业的人也不能完全了解它。此后，除非发行赝币，政府不能掺杂货币；除非公开宣告破产，债务者不能只还债权者一部分的债务。铸造货币将成为极其简单的事体，将变为冶金技术的一个部门。

法国在采行米突制以前所通用的重量名称如温斯、格罗斯、克令等，具有这个优点，即能给人关于几百年中从未变更而且无区别地应用于一切货物的重量的概念。如果对应用于贵金属的温斯作任何更动，就也必须对应用于糖、蜜以及一切以这种重量计重的货物的温斯作相同的更动。但就下述一点说，米突制更加可取。它是建立在大自然所提供的一个基础之上，只要世界一日存在，这基础就一日不变。一格兰姆是一立方生的米突的水的重量，一生的米突是一米突的百分之一，而一米突是地球自地极至赤道的圆圈所形成的弧的一千万分之一。我们可变更格兰姆的名称，但谁也不能变更格兰姆这名称所表示的实际重量。无论谁和谁订约，议定在某一未来日期偿付一百格兰姆的银，如果届期不如数交还，任何专横措施，不管压力大到什么程度，都不能洗刷他的背信违约的恶名。

对于使用货币进行的交易和使用货币规定的契约，政府所能为力使其容易办理的地方，只在于把金属这样分割为一公分、一公毫等等分量的一枚一枚，使得人们能在顷刻之间算出支付一定数目的款项需要多少枚。

据科学院所做的实验，掺杂一点合金的金银，比纯净金银更能抵抗摩擦。此外，通晓这个事体的人说，必须经过非常靡费的化学手续，才能得到完全纯净的金银，而这将大大增重铸币的费用。掺杂合金只要打上印记，表示它的分量，就没有可非议的地方。印记应该限于证明硬币的重量和质量，不应涉及其他。

我没有说到法郎、迪西①、生丁②这些名词，因为根本不应该把这些名称给予货币，这些名称实际上不表示任何东西。法国法律根本就应该只简简单单地命令铸造含银五公分一枚的硬币，而不应该规定铸造含银五公分的所谓法郎。在这种情况下，人们将不

① 等于一法郎的十分之一。——译者

② 等于一法郎的一百分之一。——译者

是开出比如说四百法郎的活支汇信或汇票，而是开出二千公分的九成银或一百三十公分的九成金的活支汇信或汇票。付款将极其简单，因为所有的金币或银币，将全是一公分的九成金或一公分的银的零数或倍数。

但是，法律还得规定，凡约定以公分计算的银或金给付的款项，不许用硬币以外的东西来支付，除非契约附有特别但书，因为不这样，债务者就会以比硬币价值低的金银块偿还债务。这显然是关于实际的安排，其原则只要求契约于指定金属的种类和标准后，还明白规定以硬币或以金银块付款。这项法律的目的，在于使契约不需要继续列载许许多多细节，这些细节可不言而喻。

政府给私人铸造货币，必须索取铸币费和利润。政府由于独占铸币权利，有可能使这利润达到相当的高，但应该看冶金科学情况与流通手段需要情况随时作必要的调整。政府在自己没有多少硬币需要铸造时，与其听任机器停开，工人袖手无事，不如减低铸币费。反之，在人们不断把金银块交造币厂铸造时，就可提高铸币费，这不过是仿效其他制造商的办法。关于政府自购金银自铸硬币，所铸的硬币，因其有较大交换价值，像我在上面第四节所说那样，能够补偿自己的铸造费用，并能提供一定的利润。

除表示重量和质量的印记外，应再加上一切可防止伪造的纹章。

我没谈到金银比价问题，浪费读者时间，其实没有必要讨论这个问题。只要避免在任何特殊名称下规定金银比价，对于它们相对价格一涨一跌的更迭的变动，可不必比对金银与其他货物的比价的变动更加注意。必须听任这比价自行调节，任何企图把它固定于一定比例，必然徒劳无功。凡关于金钱的契约，当然要照契约所定条款履行。规定交付一百公分的银的契约，除届期订约双方达成协议，同意使用别种金属或某种货物照一定换算率折合应付的银抵付外，就得交付一百公分银履行。

一切产业部门能自这种简单安排得到的好处，很难估量得出，但如果考虑相反制度所带来的危害，对这好处便可有些概念。不但人们的相对财政地位，因为不断弄得颠倒失常；最有益和计划最周到的生产事业，因它蒙受挫折或陷于流产；而且，在几乎一切地方，公共利益也好，私人利益也好，无时无刻不因它受到侵害。

完全由银和金铸成，上面只刻有证明内在价值记号而因此政府不能任意更动的交易媒介，可给一切商业部门和社会阶级提供这么大利益，以至连在外国也能通用。这样，发行这种交易媒介的国家，就可成为使用于外国的货币的制造商，从中收取不可轻视的利益。我们从勃朗的书[①]看到，圣·路易发行的叫做羔羊金币（因币面刻着羔羊像，故名），仅仅因为自圣·路易朝代到查理六世朝代含金始终没有变更，连在外国人之间也有广大需要，并且在交易时是人们最欢迎的货币。

如果托天之福，法国实行这种试验，我希望读我书的人，别对货币的外流（使用某些不懂这问题又不愿意学习它的人的词语）感到遗憾。十分明显，金银币如果离开法国，绝不会不留下相当于它所含金属和它的形式的价值。人们不是认为制造首饰运往外国销售有利于国家吗？但这种贸易同样地引起贵金属的外流。首饰品

① 《法国货币史》，序言，第 4 页。

的美丽形式，无疑使以这种形式输出到外国去的金属的价值增加很多。但化验精密、重量准确的硬币，尤其是始终保持一律的重量和质量的硬币，同样会使人喜欢，无疑也会博得同样优厚的报酬。

如果有人反对，说查理曼把一磅的银叫做利弗时，就是采行相同于上述的制度，然而这种硬币的品质，以后一再减低，直到最后叫做利弗的硬币，事实上只含十格兰姆银，我的答复如下：

(1)查理曼时候没有含银一磅的硬币，以后任何时候也没有这种硬币。利弗始终是记账货币，是一种想象上的量衡。查理曼和他的后任所铸的银币，是重若干骚尔的银，而骚尔是磅的微小部分。

(2)没有一枚这种硬币，上面刻有表示重量的标记。在现存的搜集的古代泉币中，还有许多铸在查理曼朝代的硬币，币面只刻查理曼名字，有时加铸币的城市名，制造工艺非常粗糙。考虑到这位皇帝虽然极力提倡文艺，但自己不能写字，这种情况是毫不足怪的。

(3)这种硬币更没铸有表示质量的标记，而且首先受到破坏的就是它的质量。腓力普一世朝代的骚尔，虽然还含利弗原始分量的金属，但却是八成银四成铜，而不含十二盎司银，像在这些皇帝的第二世系时代那样。

英国现在通用货币的极其特殊情况以及自本书第一版刊行以来所发生的关于英国货币的不平凡事件，明确地证明了，完全没有兑现担保品的纸币，单单由于流通手段或货币的需要，就能够维持很高的价值，甚至能够维持和金属相等的价值。[1] 这使精通这门

[1] 参阅作者所写的小册子《英国和英国人》，1815 年出版，第 3 版，第 50 页和以下各页。

科学的某些英国作家提出这个结论：由于货币的目的不需要它的材料的物质性能或金属性能的作用，所以，比贵金属便宜的物质例如纸也可充当货币，只要不使发行数量超过流通需要。为了这个目的，大名鼎鼎的李嘉图提出一个巧妙的计划，建议授予一家银行或法人组织发行凭索即付金银块的钞票的权利。随索随付一定分量的金块或银块的钞票，其价值绝不至于跌到所代表的金银价值之下。另一方面，只要发行量不超过流通需要量，持票人便没有动机要求兑现，因为兑到的金银不能用作流通。如果钞票的信用偶然发生动摇，大量流入银行兑现，仍在流通中的其余钞票必定涨价，诱使人们将金银块拿到银行兑换钞票。①

第十节　铜币或贱金属币②

严格地说，铜币或贱金属币不是货币。因为，只债务的零头部分，小至不能使用金银币支付时，才可以铜币充当法币支付。现在差不多一切商业国家，金属货币只有金币和银币两种，没有其他。铜币是一种可移转担保品，是分量少到不值铸造的银的符号或代表。因此，发行铜币的政府，当人提出相当于最小面额银币的数量的铜币请求兑银时，就应当照兑，否则无以保证其发行数量不超过流通需要量。

① 李嘉图：《关于一种又经济又安全的通货的建议》，1816 年出版。似乎英国国会于 1819 年采用了他的建议。试验正在进行中。不管最终结果如何，它总会使人们对这门科学增加兴趣。

② 银铜是银和铜的混合物。它只含有四分之一或二分之一的银，其余全是铜。法国大量使用它铸造辅币以代替铜辅币。

当贱金属币形成过多，持有人发觉所代表的价值和金银不相等因而不像金银那么好时，便将千方百计使它脱手，或以亏本的价格出卖，或以购买贱价物品造成这些物品的涨价，或在偿还债务时以较多于零头的数额付给债权者。政府为防止铜币跌价，通常准许这种做法。铜币如果跌价，以后发行铜币的利润便将减少。

例如巴黎在1808年前，每笔应付款项，得用四十分之一的铜币作为法币付款。这和货币部分地贬质有同一的结果。每一个人作交易时，都会想到将来收还的款项，很可能四十分之一是铜，四十分之三十九是银。于是就依此打算盘，把价格提到和这种规定相称的高度。在这方面，情况和银币重量与质量的情况完全一样。买者不会去称和化验每一枚收进的硬币，但做金银买卖生意的人以及跟这生意有关系的人总时时刻刻留心，比较硬币的内在价值和市价。不论什么时候发生差异，他们就乘机从中图利。他们追求这项利润的活动，使硬币市价和实际价值永久趋于相等。

同样地，强使人民接受许多铜币，也会影响和外国人的交易。向巴黎开出的法郎汇票，由于一部分票款可能是用铜币或贱金属币付款，在阿姆斯特丹必不能卖得那么得价，正如法郎改铸含银减少合金增多所产生的结果一样。

但应该指出，总的说来，这种情况对货币价值所生的影响，不像掺杂合金那么严重。理由是，由于上述原因，[①]合金没有丝毫的价值，至于可用以支付任何债款的四十分之一的铜币，虽不能与所代表的银同日而语，还有些微价值。要是它们价值相等，那就根本

① 参阅本章第三节。

不需要法律明文规定来限制铜币的法币资格了。

只要政府对提出请求兑换银币的铜币和贱金属币经常照兑，便能给它们以些微内的价值，不至于发生困难。流通上的需要，将吸收去很大的数量，它们将能维持面额金值，好像真的能和所代表的银币的零数的价值相等。银行钞票毫无内在价值，但年复一年通用无阻，好像它的价值和面额相等，这两者的理由是一样的。照这种做法，铸造铜币所能产生的利润，可比在强迫人民接受一部分铜币为支付的情况下更大，并且铜币不至于跌价。唯一的危险就是伪造。铜币内在价值和通用价值相差越大，驱使见利忘义的人从事赝铸的诱力越强。

萨丁尼阿最后一个国王的前任，当企图收回他的父亲在穷厄时期所发行的贱金属币时，发现收回的数量竟达政府当初所发行的三倍。当普鲁士国王使用犹太人厄弗雷姆名义收回七年战争中所强迫萨克逊人接受的贱金属币时，也碰到同样情况，并且也由于同样原因。[①] 伪造铸币，一般都是在国境外进行。1799 年英国以消除伪造为目的，铸造花纹极其精致的半便士币，其制造工艺达到天衣无缝，使伪造者无法仿制。

第十一节　更可取的铸币形式

硬币面部越大，摩擦的损耗越大。两枚重量质量相同的硬币，其招惹外部摩擦的面部越小的一枚，在流通过程中所受的损伤越小。

① 芒格兹:《关于货币的意见》,第 30 页。

从这角度看来，厚阔相等的球形，由于最不易受摩擦，最为可取，但由于不方便的缘故，不被采用。

面部之小仅次于球形的就是广厚相等的圆柱形，但它同球形同样不方便。因此极其扁平的圆柱形，非常普遍采用，但从上面所说，不宜过于扁平，而且宁厚勿广。

关于币面的印号，必要的条件是：(1)标明币的重量和质量；(2)清楚明晰，连最无知识的人，也能一望而知；(3)印模的式样，应尽可能使币的外观难于破损，币的重量难于减轻，就是说，必须如此设计，使得减轻币的重量的普通损耗和不法毁损，必定损及印记。英国最近铸造的半便士币，有一条线，不是凸起的，而是凹入币的边缘的最厚部分，并且是在边缘的当中，因此既不易被剪削，也不易受损耗。金银币采取这种式样，必可收到良好效果。这种式样对防止硬币的变质，有更大的意义。

如果印号是低浮雕的模型，凸起不宜太高，使一枚一枚容易叠在一起，并使摩擦的损伤得以减少。由于同一原因，凸起部分也不宜过于显露，否则就会很快磨掉。为防止这种损耗，曾使用高浮雕的印模，但发见硬币因此变得过于脆弱，易于折断与破碎。但如果铸得较厚，这个式样还可利用。

缩小硬币面部至最小限度的同一理由，应可导使政府在不至于演成不方便的条件下铸造尽可能大额的硬币。硬币枚数越多，所导致面部被摩擦的机会越大。应该限制小额硬币的铸造，使不超过进行小额交易和支付零星款项所必要的数量。所有大金额的支付，应该一律使用大额硬币。

第十二节　谁该负担硬币磨损的损失

谁该负担硬币磨损或摩擦的损失呢？这是一个问题。照严格的公平说，使用硬币的人，应该负担这个损失，像用坏任何其他货物的人那样。一个人把他所穿的一套旧衣服出卖，所卖价钱一定比他在购买时所付的钱来得少。所以，一个人出卖一枚旧的克朗以换取其他货物，所得卖值应该比他当初所付的买价少一些，就是说，所换得的货物，应该比当初他所交出以交换它的货物来得少。

但是，一枚硬币在一个规规矩矩的人手中时所受的磨损，一般极其轻微，不能说出价值损耗多少。一枚货币可能流通了许多年而看不出有变轻的迹象，到看得出的时候，已不可能指出在许许多多使用它的人中，哪一个造成这项损失。就我所知，每个都对它的磨损有关，使它的交换价值减低；它所能买到的数量的货物，不知不觉地减少；虽然它的价值是不知不觉地逐渐减低，但最终变成非常显著，以致人们不肯照新硬币的价值接受。因此，我认为如果某种硬币，全部都这样减轻，非销毁重铸不可，持有这种硬币的人，没有理由可指望它能和新铸硬币等价互换，一枚换一枚。就是政府也应该只照它的内在价值予以接受。它的含银已少于前，持有人接受它的时候，都是照较低价格计算，所付以交换它的货物，比它所出厂的时候所得偿付的来得少。

事实上，照严格的公平说，应该如此办理，但有两种情况，使这样实行有所困难。

(1)各枚硬币，并不是实在的商品，如果我可使用这个词句的话。它的价值并不是依照本枚的重量和质量估计，而是依照许多枚的平均重量和质量估计，而这平均又是依据普通经验加以确定。发行已久、磨损很大的一枚克朗，仍可随意调换一枚新的、完全没有损耗的克朗。由于上述的平均，它们的差异消失了。造币厂每年发行重量和质量毫无瑕疵的新币，使得硬币虽经过许多年，还不至于因摩擦而显著跌价。

可用下述事实证明这点。法国新铸十二苏与二十四苏硬币，可与六利弗枚克朗等价通用而无困难，尽管同一的名义金额，体现于十二苏与二十四苏硬币的，比体现于克朗硬币的银少四分之一。

嗣后通过的法律，依照它们的内在价值评定它们的价值，规定收税员和私人不得以高于十苏与二十苏的价值接受十二苏枚与二十四苏枚的硬币。这价格较低于当时持有它们的人前此所付以取得它们的价格，因此，磨损的全部损失，都落在最后持有者头上，尽管许多人都使用过它们，都对它们的磨损负有责任。

（2）硬币面部所雕刻的印号，尽管在流通中日渐模糊，有时甚至看不见，但从始至终同样有助于硬币的通用。请看英国的先令。有如上面所说，单单它的印号，就给予它一定的价值，这价值从始至终被人承认，一直到它到最后持有人手中。所以该持有人接受它时，所付给的是高于同样重的金银块的价格。这样，使他负担全部差额，等于使他负担印号的全部价值，可是，许多人都从印号得到了同样的便利。

由于这些理由，我认为起因于磨损和印号的损失，应该由社会负担，就是说，应该归国库负担，因为整个社会享受了硬币的好处。要想按每人利用硬币的程度的比例，向每人分别征收损失，这是不可能做到的。

最后一句话，凡把金银交造币厂铸造的人，都必须偿付铸币费，如果认为合宜，还需付全部独占利润。这对他没有妨害，因为他的金银，通过铸造增长了价值，并且增长的幅度，相当于造币厂所索的全部铸币费，否则他绝不会把金银交来铸造。我还认为，造币厂应该随时应人请求，以新币调换旧币。这不会妨碍尽可能预防剪毁硬币的措施。凡失去不容易磨损的部分的印号的硬币，造币厂应当拒绝不受。在这种情况下，那些粗心大意、接受具有这些显著缺陷的硬币的人，就得负担损失。如果人民把受了损伤和有可疑的硬币迅速送交造币厂，这对破获毁损硬币的罪行必大有帮助。

如果政府孜孜努力，来自这方面的损失，可能减到极小的程度。同时，币制和外汇情况，也可大大改观。

第二十二章　货币的符号或代表

第一节　汇票和信用证

汇票、期票、支票和信用证，全是以书面写成的证书，约定在一定未来日期或在一定不同地点支付或命人支付一定数目的货币。

由于这些证书的让渡而移转的权利，虽然不能立刻付于实施或不能在指定地点以外的地方付于实施，但授予它们一定的实际价值，这价值的大小，看具体情况以为定。这样，两个月后在巴黎付款的一百法郎汇票，能随时以九十九法郎让卖给人，而两个月后在马赛付款的同一金额的信用证，也许在巴黎只值九十八法郎。

这些证书一具有由于未来价值的期望而产生的实际现在价值，便可在一切买卖场合充当货币使用。的确，大多数大宗买卖，都是通过这些证券作为媒介而成交。

有的时候，汇票在别的地方付款的事实，不但不减少汇票的价值，而且反增加汇票的价值。但这是看当时商业情况以为定。如果巴黎商人必须在伦敦支付许多款项，他们将愿意以多于持票人将来能在伦敦领到的金额买伦敦汇票。这样，虽然一英镑所含的银恰等于二十四法郎七十五生丁，巴黎商人也许对每镑伦敦汇票愿出二十五法郎左右的价格。①

这就是所谓汇兑行市。事实上它不过是一种清单，记载人们为取得在别的地方领取一定分量的贵金属的权利所愿付的同种贵金属的分量。贵金属所在地，或增加它的价值，或减少它的价值，这要看它和别的地方的同种金属的相对价格以为定。

如果购买外国汇票所付的贵金属，少于该汇票将来所能领取的贵金属，或如果外国人购买法国汇票所付的贵金属多于持票人能在法国领取的贵金属，汇价就对法国有利。这项差额绝不会很大，绝不能超过输送贵金属的费用。如果要在巴黎支付款项的外国商人，输送现金来巴黎的费用，反少于按照当时汇兑行情所得偿

---

①　如果在伦敦付款的信用证券，是以纸币付款而不是以现金付款，那么，巴黎的英汇行市，大概会按英国纸币贬值的比例跌至二十一法郎、十八法郎甚或更低一些。

付的汇水，他无疑将宁愿输送现金。[①]

有人设想，凡欠外国人的债务，都可使用汇票支付。时常有人建议鼓励采用这种虚伪支付方式的办法，有时这种办法竟被采用施行。但这不过是一种无知的幻想。汇票没有内在价值。对一个地方开发的汇票，只能以该地方应付我们的款的数额为限，而除非我们曾把这种或那种形式的相等价值输出到那地方，否则那地方就根本没有应付我们的款。一个国家只能使用出口货支付进口货价款，反过来也是一样。汇票只不过是应付款项的代表。换句话说，一个国家的商人向另一个国家的商人开出汇票的数目，只能以他们直接地或间接地输往后者的各种货物（包括金银在内）的全部价值为限。如果一个国家比如说法国曾把一千万法郎货物输往另一个国家比如说德国，又如果德国曾把一千两百万法郎货物运到法国，那么法国可使用一千万法郎汇票即它出口货价值的代表来偿付德国进口货的价款，至于其余两百万法郎，就不能使用这样直接方法进行清算，但可对曾经向其输出两百万货物的第三个国家，例如意大利发出汇票，使用这项汇票进行清算。

的确，有一种不代表任何实际价值的汇票，商界中人把它叫做融通汇票。一个巴黎商人和一个汉堡商人成立协定，巴黎商人向汉堡商人发出汇票，汉堡商人以后又向巴黎商人开出汇票，把这汇票在汉堡出卖，从而得到款项支付巴黎商人所开的汇票。当这汇票操在第三者手中的时候，垫付汇票价值的就是他。融通汇票的

① 如果现金禁止出口，这费用必须包括运输与走私费用和危险。走私费用和危险，和走私困难成比例。危险的大小，是通过保险费来估定的。

让卖，是一种借款方法。这方法非常靡费，因为除贴现利息外，还有银行佣金、经纪人手续费、杂费等等的负担。融通汇票绝不能还清一个国家欠另一个国家的债务，因为一方所开的汇票，抵消和消灭其他一方所开的汇票。汉堡商人所开的汇票，自然抵消巴黎商人所开的汇票，事实上汉堡商人开汇票的目的，就是在于支付巴黎汇票。第二批汇票消灭第一批汇票，所以毫无实际效果可言。

这样，很明显，一国清偿它欠另一国的债务，只有一种方法，即把和从后者输入的货物或欠后者的债务的全部价值相等的具有货物形式的实际价值（我把贵金属包括在货物内）输往后者。如果直接输往后者的实际价值，不够抵付从后者收到或输入的价值，可向第三国输出货物，然后从那儿输送货物以补不足的余额。法国怎样偿付从俄国输入的亚麻和造船材料呢？不但把酒、白兰地、丝等输往俄国，而且向汉堡、阿姆斯特丹等地输出这些货物，然后复从这些地方输送殖民地或其他商品到俄国。

各国政府常常想尽方法来实现这一目的，即使贵金属成为进口货中尽可能大的部分和出口货中尽可能小的部分。我在讨论所谓贸易差额问题时已经说过，如果一国商人觉得向外国输出贵金属比输出其他货物更有利，那么国家的利益就在于向外国输出贵金属形式的货物。因为国家只能通过个别人民得到好处或受到损失。就对外贸易说，凡最有益于全体个人的，也就最有益于国家。[①] 所以，政府如果对个人输出贵金属设置阻碍，结果将使个人

① 这论点只适用于对外贸易。个人在国内市场所赚的独占利润，并不都是国家的利得。在国内贸易，社会所得的一切，只限于从该贸易得到的效用的总计。

不得不输出对个人和对国家都为利较小的形式的货物。

第二节　存款银行

一个小国家和邻近国家不断地来往，使外国硬币源源流入。虽然小国可能自己铸有硬币，但由于常常需要接受外国硬币而不是本国硬币作为支付，所以在日常商业交易上，必须规定本国硬币和外国硬币的比价。

使用外国硬币带有许多损害，这些损害主要是由于外国硬币重量和质量极其参差不齐。外国硬币大都是极旧的、磨损非常厉害的、外观非常破损的硬币。它没被发行国家收回重铸，也许在发行国家已不通用。这一切情况，在厘定它和本国硬币比价时虽经考虑过，但所定的比价，未必完全符合它的贬值的自然水平。

外国向这种小国所开的汇票，由于可用这样通用的硬币付款，当然在外国让卖时要打折扣。至于该小国向外国开出的汇票，由于将来是用价值比较稳定和明确的硬币付款，而且让卖时买者当然是以跌价的通货偿付买价，所以所卖的价钱，一定高于票面金额。总而言之，外国硬币调换本地通货，总是吃亏。①

小国所采用的补救法，就是本节的主题。它们设立银行。②

① 我们的作者没有告诉我们原因，但可推断那是由于本地通货是由外国和本国硬币混合组成的缘故。但这绝不是无可避免的结果。政府可不干涉私人之间所订的契约，让他们自己选择使用哪种硬币订约。

② 威尼斯、真诺亚、阿姆斯特丹和汉堡过去各有一家存款银行。它们已给革命战争浪潮摧毁了。但检查这些机构的性质也许还有用处，它们也许会重行设立。此外，这种研究会帮助说明它们时代的社会的历史，也会帮助说明一般商业历史。无论如何，我们总得列举所有曾被使用以代替货币的手段。

私人商人可以任何数额的本国硬币、金银块或外国硬币存入银行。所存入的外国硬币，是照金银块计值。银行把存入的硬币、金银块等一起折成这么多具有本国法定重量和质量标准的货币记在账上，同时给每个存入款项的商人开一来往账，把存入的数目记在来往账贷方。无论什么时候商人要作支付，都不必动用存款，只需把所要支付的款额由付款人来往账的贷方转到收款人来往账的贷方。这样，所有价值的移转，可一直继续在银行账簿上以转账方法办理。支付的手续，自始至终都无须移转实际现金。按照实际内在价值折成货币记入账簿的原始存款，一直存在银行作为从一人账上的贷方转到另一人账上的贷方的金额的担保品。这样存于银行的现金，不会因磨损、欺诈，甚至立法规定而减少价值。

仍留在流通中的货币，无论什么时候换为银行存款，就是说，换为记在银行账簿贷方的金额，自然要受损失，相当于它的内在价值减少的比例。在阿姆斯特丹，银行货币和流通货币之间，因此发生差价，叫做扣头。扣头总是对银行货币有利，平均自百分之三至百分之四。

不难设想，以这样不容易受损伤或不容易变更价值的通货付款的汇票，让卖时一定会卖得高过寻常的价钱。事实上我们看到了，汇兑行情总是对以银行货币付款的国家有利，对单以流通货币付款的国家不利。

商人存入的款项银行永远保存行中，因为再把它发出就要招惹惨重损失。再把这些款项发出，就是把具有完全原始价值的银币照流通中磨损硬币价值通用——后者不是照它的内在价值通用，而是照它的平均重量的价值通用。从银行提出的硬币，将和流通中许许多多硬币混在一起，照后者的价值通用。所以，把存入银行的货币提出使用，无异于白牺牲银行货币超过流通货币的价值。

这就是存款银行的性质。它们除这个重要业务外，大都还结合经营一些其他业务。我将在别的地方讨论这些业务。存款银行的利润，一部分来自对办理转账所收的手续费，一部分来自和它们组织不相矛盾的其他附带业务，例如经营金银抵押放款。

显而易见，存款银行所以成功的必要条件，是它所保管的存款不受侵犯。在阿姆斯特丹，四位市长代表存户充任存款保管委员。他们每年离职时，把这委托物交给后任，后者于检查账目并核对银行账簿以证实数目没有错误后，宣誓将来也照样把委托物交给自己的后任。自 1609 年银行开办时起到 1672 年止，他们始终忠实地、严谨地履行责任。1672 年路易十四兵临乌得勒支城下，他们忠实地把存款发还存户。但后来存款的管理，似乎不像以前那么谨慎。1794 年法国占领该城，命令银行报告存款情况，发现被提用借给印度公司和荷兰与西弗里斯兰各省的不下一千零六十二万四千七百九十三佛罗林，而它们完全没有偿还借款能力。在由不受监督不负责任的权力管理的国家，存款受侵犯的机会必然更多。①

① 公立存款银行已成过时的组织，大概永远不会卷土重来。事实上这是很笨拙的措施，只适用于商业繁荣初期，并且极易发生毛病。这种银行既会诱使行内人员从事侵吞，又会诱使行外的人从事掠夺。它们吸收去大量贵金属，使其无从发挥积极效用。这部分贵金属如果放在别的地方，可能生很大利益。它们在流通方面所提供的好处，也许除安全这一点外，不稍胜于普通银行，而且对个人对社会都更靡费。因此，它们的地位，已普遍被发行银行或不兑换纸币所取代了。——英译本注

第三节　发行银行或贴现银行；钞票或兑现纸币

还有一种根据完全不同原则组织的银行，由资本家联合组成，每人各认购若干可让卖的股充当资本，用于各种有利可图的营业，但主要是贴现票据，就是说，对未满期的商业票据预垫款项，扣除从垫款那一天起至满期那一天止的利息。这种业务叫做贴现。

为了扩大资本和业务范围，这些银行通常发行钞票，钞票表示见票即付持票人票面所载的数额的金或银。担保钞票的兑现的担保品是有清偿债务能力的人签字的商业票据，因为银行就是使用钞票贴现票据，换句话说，就是使用钞票收买票据。

私人商业票据要经过若干时日才满期，所以不能利用它支付见票即付的钞票。由于这个理由，所有管理良善的银行，都只对期限极短的汇票贷出现金或见票即付现金的钞票，并且随时注意准备巨额现金，大概相当于发行额的三分之一或甚至三分之二。但尽管一切的小心，如果人们不信任它的偿债能力，或如果发生某种不幸事故，持票人向它挤兑，有的时候，银行还弄得狼狈不堪。在这种时候，英兰银行曾经不得不求助于收集所可能收集得到的六便士币的方法，通过使用小额硬币付款所不可避免的拖延来争取时间，以待它所拥有的一部分票据的到期。巴黎贴现银行在 1788 年也采用类似的卑鄙办法，那时候它是在政府管理之下。

发行银行的利润非常丰厚。根据商业票据发行的钞票，一直继续生息，因为在贴现时就扣去了利息。但根据现金准备发行的部分的钞票，不生利润，因为现金脱离流通领域，无息可生。

英兰银行和法兰西银行对于私人所作的融通，限于票据贴现，不作其他放款。它们贷出的信用，从不超过拥有的资金。它们也把存户存款的流动余额，付于利用，从而补偿代理他们收付款项的劳费。此外，它们还代理国库支付公债息金，由政府给予一定手续费为报酬。它们有时也贷款给政府。

由于这些业务的经营，它们利润增加不少。但我们不久即可看到，上述最后一种业务，实与它们设立的目的有所抵触。法兰西贴现银行由于贷款给法国当时政府，英兰银行由于贷款给英国政府，而不得不请求议会，强迫人民使用它们的钞票，这样就破坏了钞票的基本条件，即可兑换性。最终，法国贴现银行一败涂地，英兰银行则……

设立几家银行经营发行业务，比把发行权利单给一家银行稳妥得多。它们由于竞争关系，在放款业务方面以及在保持实力方面，必定竞相努力，以博取民众的欢迎。

发行银行发行钞票，有的是在贴现汇票的时候，就是说，把凭索即付当作现金流通的钞票调换在一定将来日期付款的私人票据，扣去贴现利息。这就是现时法兰西银行和英国一切公私银行所采取的方法。有的是在以有利息贷款借给有力量还债的人时发行钞票，像苏格兰银行那样。按照苏格兰银行办法，信用卓著的商人，不怕不能获得资金以付日常费用，可把全部资本投在商业上面，不必留存任何部分准备应付在营业过程中各方索款的要求。巴黎与伦敦商人，必须设法保存足够现金于自己库中或银行，以应付各方的索款，至于爱丁堡商人，就不必这样做，而可把全部资金投资，因为他们相信如果需要现金，银行一定会把款项借给他们。①

所以，发行银行起了节约资本的作用，它使借款者不必准备那么多资金以应付日常和临时开支。

凭索即付当作现金通用的银行钞票，对国民财富的增长起很重要的作用，但著述其他问题的许多博学的著名著作家有了严重的错误想法，以致我得对它的性质和效果作个详细的探讨。

应当先声明一下，本节其余部分，专讨论完全依靠发行的信用以取得通用资格并随时可兑换现金式硬币的钞票。

银行钞票或没有内在价值的纸币，有否引起国民财富的增加，如果有的话，所增加的量是多少，这个问题的研究，不但极其重要，而且可满足好奇心。因为要是银行钞票能够无限制地增加国民财富，那么单单依靠制造一令、一令的纸张，国家便可在很短的时间内开拓了无穷的财富。我们可把这个问题的答复，看作斯密苦心孤诣的成就之一。但他的推理，不是人人都能了解，我将竭力把它化为一般人更容易了解的方式。

为满足一个国家的需要，必须有一定供给量的各种货物。这个供给量的大小，决定于该国的当时繁荣程度。超过这个必要量的货物，不是无人出产，就是在产出后即流往外国，以找能卖得更

① 这两种方法归根结底是一样的，因为信用卓著的苏格兰商人，随时都有可能获得符合贴现条件的票据。唯一的基本不同是：在一种方法，信用是个别的和没有证明的信用；而在另一种方法，信用是有证明的而且在大多数情况下是共同的信用。英兰银行规定贴现的票据，须经一家以上行号的签字。但地方银行常常满足于借款人本身的签字。——英译本注

得价的市场，因为数量过剩，它们的国内相对价格，必定趋于下跌。

从这个角度来看，货币的情况，和其他货物并无不同。货币是方便的流通手段，所以在一切交易场合，都被用作流通手段。但各社会需求货币的程度，决定于各该社会的交易数量与交易活跃程度。一个国家一有足够货币以实现货物的流转，便不再有货币流入，假使仍有多余货币流入，也必定再流出去寻找市场，在这市场，它有更大的价值，有人更需要它的效用。很少人愿把超过眼前营业或消费需要的现金，留在袋中或箱中，甚至可以说没有人这样做[①]。在人们看来，超过眼前营业或消费需要的现金，既无用处，又无生息，谁都不愿把它留在身边。每个人一拥有和他的生活情况与社会地位相称的数量的货币，整个社会就有充裕的现金供给量。

可安全地听任私人决定如何最有利地安排超过流通需要量的现金。认为出境现金是社会的纯损失的想法，其荒谬不下于设想制造商每付货币购买他的产品原料和材料，财产就减少这么多，或设想个人（国家即由全体个人组成）所付的货币，就是白白送给外国人。

这样，假定留在社会流通的现金，是以国民所需要的流通手段的数量为限度，那么，如果能够想一方法，用银行钞票代替半数的现金或货币，显然金属货币便将过多，它的相对价值必将随之下降。但是，货币在一个地方相对地跌价，并不意味着在没有使用钞票因而货币并不过剩的其他地方货币也相对地跌价，所以，货币必流向这些地方。什么地方货币有最大的相对价值或能换到最大数

① 这里未考虑到窖藏货币。从国家利益的角度来看，窖藏货币无异于埋在矿中的货币。

量的货物，什么地方就吸引去货币。换句话说，货币老是流向货物最便宜的地方，而流出的货币，即由价值相等的货物所接代。

只在外国有价值的部分的流通手段，就是说，只现金或金属货币，能够这样外流。由于外流的货币，必定换有相等的价值回到本国，由于外流货币的价值，本来是处于现金形态帮助完成货物的流转，而现在却成为各式各样货物的形态，都是国民再生产资本项目，因此就产生了这种非凡的结果，即国民资本增加，所增加的数量，相当于采用钞票这种代替品以后输出到外国去的现金的全部价值。但国内仍不至于因现金出口而感货币缺少流通受阻碍，因为出口现金以前所执行的任务，有纸币代替，而且执行得并无逊色。

这样增加的国民资本，无论如何有价值，切不可把它估计过高，超过实际的数量。为简单起见，姑且设想流通中现金的半数，可发行纸币代替。但这估计委实过高，特别是考虑到纸币如果不能容易地、立刻地换到现金，就不能维持其作为货币的价值。我说容易地立刻地，因为要不是这样人们便宁愿要现金，现金是人们在一切时候都不会犹豫不乐于接受作为货币的东西。为保证钞票所必具的可兑换性，银行必须随时准备充分的准备金，以应付持票人的要求，这准备金可由现金组成，也可由私人票据或有价证券组成。此外，银行在一切时候必须设在持票人容易到达的地方，因此，如果国家幅员广阔，钞票到处流通，达到全部流通手段的一半，银行便需广设分支机构，使一切持票人都能容易到达。

假使这种安排是可能的，假使国内流通所需要的现金形式的通货，有可能以纸币代替其半数，让我们来看国民资本究竟能增加多少。

关于任何国家所需要的流通现金，没有一个有名作家估计它超过该国家每年生产品总产量的五分之一。有些作家所作的估计，低至只相当于每年生产品总产量的三十分之一。现在姑且采用最高的估计数字，即相当于每年生产品总数量的五分之一，虽然我认为这超过实际数目很多。这样，如果一个国家每年生产品总产量达到了二千万，这国家便只需要四百万现金。因此，如果发行纸币代替其半数，即二百万，而把腾出的现金移用于补充国家生产资本，那么，这项生产资本将只此一次地增加这么多，即相当于该国家每年生产品总产量的二十分之二或十分之一的价值。

假定再估计一国每年生产品总产量相当于国民生产资本的十分之一。这大概也是偏高，但姑且估计如此，并把其中的百分之五作为生产资本的利息，百分之五作为生产资本所使活跃的劳动和企业的工资与利润。根据这种估计，假如由于使用纸币代替现金的缘故，国民生产资本增加的数目相当于每年生产品总产量的百分之一，那么，即按最高估计数目，所增加的国民资本，也不多于以前资本的百分之一。

但是，一个中富国家因发行银行钞票而发生的资本的增加，尽管其数量比人们愚蠢地想象的小得多，却不可轻视。理由是，除非国民生产力非常强大，像大不列颠那样，或除非国民非常节俭，像荷兰那样，一国每年所能节省、不用于非生产性消费而用以增添生产资本的储蓄，即在繁荣时期，一般也不过相当于国民总收入的极小部分。大家都知道，生产无增无减的国家，没有什么东西可增加生产资本。生产衰落的国家，每年总得消耗一部分原有资本。

银行发行的钞票，任何时候如果超过流通需要量与银行信用所许可的数量，钞票就将源源流回兑现，使得银行不得不出价在市上收集硬币，该硬币往往一经到手即被兑去。苏格兰银行虽然对社会大有裨益，但在这种困难关头，不得不付百分之二的费用，委托伦敦代理行不断在该市收买硬币，该硬币一运到行中，立刻就被兑去。英兰银行在类似时候，也不得不收买黄金，铸为硬币。由于金价上涨，这项硬币往往一付出即被熔化，而金价所以增涨，就是该银行不断收买黄金以兑现钞票的结果。英兰银行每年因此所受到的损失相当于八十五万镑的百分之二点五至百分之三，[①]约合我们货币二千万以上。我不谈英兰银行近年情况，因为它的钞票已是强制通用，本质完全变更了。

发行银行即使自己没有现金，也从来没有无故发行钞票。这自然意味着银行库中必定存有与所发行钞票相等的价值，或为现金形式，或为生息的有价证券形式。实际上银行的放款，全是以这种有价证券为对象。银行不可对长期有价证券作放款，因为银行拥有的有价证券，就是准备以清偿人民手中的于最短的通知后即须付款的另一种有价证券的基金，换句话说，即见票即付的有价证券的基金。严格地说，除非银行所贴现的票据，全是见票即付像自己的钞票那样，银行就不能在一切时候都能应付兑现钞票的要求，也不配享受民众的信任。但是由于不易找到很多又生利息又见票即付的票据，所以稍逊的办法就是只对期限极短的票据发行钞票。的确，经营得法的银行，老是严格遵守这项原则。

从以上的考虑，可下这个极其不利于许多制度和计划的结论，那就是，信用票据只能代替而且只能部分地代替在人们手中辗转

① 《国民财富的性质和原因的研究》，第 2 篇第 2 章。

流通以便利交易的那部分执行货币机能的国民资本，因此，没有什么发行银行或什么信用票据能给农业、工业或商业提供造船、造机器、开矿、开运河、开荒或经营长期投机事业的资金，简单地说，给他们提供固定资本。信用票据所必具的条件是立能换发现金。当银行库存现金少于所发行信用票据时，至少应该以期限极短的有价证券补其不足。银行如果把资金供给企业从事不能随时收回的投资，便无从得到这种短期票据。一个例子可以说明这一点。假定银行把作为现金使用的三万法郎钞票借给地主，以价值充裕的地产作为抵押品。该地主计划使用这笔借款建筑经营农场所需要的房屋，因此与建筑商签订合同，付给他所向银行借得的三万法郎。如果该建筑商过了一会儿想把钞票换为现金，银行不能以抵押契转让给他作为付款。银行拥有以兑三万法郎钞票的唯一担保品，无疑非常充分，但眼前却无济于事。

如果银行所拥有的票据，全是有偿债能力的人所开的票据，而且距离到期日期不久，那么，全部的钞票，就可以说有十分可靠的根据。因为，不久之后，出票人非以现金赎还它们，即以银行自己发行的钞票赎还它们。如用前者，银行就得到偿付钞票的东西，如用后者，银行就可免除预备现金以兑现这部分钞票的麻烦。

如果由于任何事故钞票失去充当现金流通的能力，使用金属代替钞票的任务，不是银行的任务。银行也不首先负担把它的钞票所弄成的多余金属货币加以利用的工作，因为上面已经说过，银行可使用它所拥有的私人票据以消灭它的全部钞票。所有的不便都落在社会身上。社会必须想法寻找新的流通手段，或从外国再输入金属货币，或使用私人票据为代替品。在这个时候，人民大概将再求助于那些按健全原则经营的银行。[①]

这说明为什么许多根据土地抵押契发行兑换券的农业银行计划以及其他类似计划，不久都告失败，使股东和民众在或大或小程度上齐受到损失。[②] 现金相当于即刻付款的绝对可靠的票据，所以只可以凭索即付，信用绝无问题的钞票代替现金。清偿这种钞票，不能单单依赖抵押品，不论抵押品是怎样确实可靠。

由于同一原因，所谓融通票这种汇票，绝不是安全可靠的发行根据。融通汇票到期，是以新的汇票支付其票款。新的汇票距离付款期还有一定时间，因此是把它折扣出售以取得现款。新的汇票到付款期又以更晚些到期的第三批汇票来清偿，其办法又是把它贴现筹措现款。如果汇票是提交银行贴现，这就等于向银行借永久性的贷款，以第二批贷款还第一批，以第三批还第二批。而银行也犯了这种大不韪，即发行超过流通领域所能自然吸收与自己信用所能维持的数量的兑换券，因为由融通汇票借得的兑换券并不助成实际价值的流转与散布，它本身也不代表实际价值，也不包含实际价值。结果这些兑换券必定源源流回发行银行兑现。正由于这种原因，在健全管理下的巴黎贴现银行，以及现在法国和英国

① 恰恰与上述相似的情况，在这一段出版之后，在 1814—1815 年巴黎受联军围攻和占领的时候，发生于巴黎银行。该银行不能立即收回的借给政府和私人的放款，不超过资本，因此它不能要求股东增加资本。它所发行见票即付的钞票，有十足准备，或为现金，或为短期票据。由于这些情形，尽管当时形势非常紧张，商人仍然继续使用它的钞票，而实际上也非使用不可。在整个占领时期中，该行钞票照常兑现，没有间断。这足以证明发行银行的效用以及不侵犯钞票的可兑换性的利益。

② 由于这种情况，巴黎土地银行于 1805 年不得不停止兑现，宣布将以变卖抵押土地产的收入分期赎还钞票。

各银行，全都尽力拒绝贴现融通汇票。

如果银行借给政府永久或长期贷款，结果将和贴现融通汇票相同，也和贴现融通汇票一样有害，[①]英兰银行的失败，即由于这个原因。英兰银行收不回政府借款，于是也没力量偿还因这贷款而发行的钞票。从那时候起，英兰银行钞票不再是可兑换的钞票，而获得强制通用的资格。政府既不能供给银行以兑现的资金，于是免除银行履行对它的债权者的义务。[②]

只要银行经营得法，不需要依赖政府，它的钞票持有人便不怕

① 就是说，把他们的钞票出贷。像个人一样，银行也可把自己的资本出贷。如果它是这样做，它的资本就变成多少固定的投资。英兰银行已把它的全部资本这样贷出去。如果他没把钞票也贷给政府，就可不发生危险。如果它是以可让卖证券、股票或库券等为担保品贷出钞票，只要这些证券保持原来价值，便能把它们换为现金或银行自己发行的钞票，而银行的安全与偿债能力就不至于受损害。但这是不必要的复杂动作，因为政府可自行变卖这些证券，而节省付给银行的手续费与利润。——英译本注

② 桑顿在他所著的《大不列颠信用证券》里面，攻击斯密对这个问题的意见。这篇论文的目的，显然是为英兰银行停止兑现作辩护。他告诉我们，使英兰银行不得不停止兑现的空前挤兑风潮，不是起因于该行发行钞票过多，而是起因于该行紧缩发行。他说，"银行如果过分地限制发行，必使商家周转不灵；商家周转不灵，人心必定惶惶不安；而人心惶惶不安，势必引起人们纷纷向银行兑取几尼。"桑顿力图引用这个极端事例来证实他自己的自相矛盾的意见。可兑换钞票如果把过多金属货币驱出国外而人民对兑换券的信任偶然发生动摇，人心自必惶惶不安，商人陷于周转不灵，因为所余流通手段，不够供给实现全部交易的需要。但如果认为可增发不为人民所信任的钞票以补充流通手段的不足，那就是大错特错的想法。英兰银行所以能够渡过难关，乃是因为在商业这样发达的英国，不能不有一种流通手段，不能不有一种货币。如果没有其他货币，哪怕纸币也只好将就使用。此外还有这个原因，即英国政府以及其他伦敦银行，和英兰银行唇齿相依，一致约定于英兰银行付现能力未恢复之前，不向它索取现款，就是说，非待政府以实际价值还清英兰银行放款后，不向它索取现款。英兰银行借给政府的钱，超过它的全部资本数目。银行可把相当于其资本的数目的款项借给政府，而不至于有什么危险，因为清偿或兑现钞票，无须动用这笔款。如果英兰银行没借政府超过它的资本的款项，它所有的短期票据就足还清它所发行的兑换券。

有什么危险，或只冒很小的危险。假使银行信用扫地，全部钞票同时涌至兑现，持票人所可能遇到的最恶劣情况，也不过银行以附带贴现利息的健全短期票据兑付钞票，就是说，以银行所根据以发行钞票的汇票兑付钞票。① 如果银行还有自己的资本在手，钞票就又多一项保证。但银行如果是在不受任何监督或只受名义上监督的政府管理下，②银行的资本和银行手中的资产就都不能提供任何确实的保证。持票人所依靠的，只有独行其是的帝王的意志。每种信用措施，将都是轻率措施。

就我所能设想的说，这就是发行银行与其钞票对个人以及国民财富的影响。斯密使用一个又奇怪又巧妙的比喻描述这种影响。他把一个国家所有资本比作广阔乡下土地，其中在耕种的地区代表生产资本，公路代表流通手段，就是说，代表作为流通手段的那种货币在社会各部门之间分配产品。然后他设想一种在天空运输土地产品的机器发明出来，这机器正似信用证券。从那时候起，公路便可专为耕作服务。他接下去说，“但是，这个

---

① 我们的作者对这个国家的实际政体的意见，在理论上是公正的，而在事实上也将是公正，如果不存在着一个领导民意机构的权力，尽管其领导方法极无效率，极其笨拙。国会不是代表国家的利益，而是代表私人利益，对随时碰巧掌握政权的人，老是唯命是听，不管他们的举动是何等愚蠢，何等不义。但是，剧烈的弊病，会导致激烈的补救方法。正如土耳其暴君受害怕绞索心理的支配，选举失当的议会的腐败则受建立在言论自由和出版自由的基础上的民意的钳制。国会不过是发扬民意的工具，此外没有用处。如果英国国会关门大吉，英国报纸不久将变得像土耳其皇帝或波斯国王的报纸那样没有力量。由此可见，拼着一切来保卫旨在防止舞弊和国家衰败的硕果仅存机构，是绝对必要的。——英译本注

② 当我写这本书的时候，大不列颠国会不是代表国家利益，而是代表内阁利益，而内阁又是由英王提名的寡头政治小集团。

国家工商业，虽可扩大一些，但当它们是好像挂在扑朔迷离的纸币的机翼时，总不如在结结实实的铺金或铺银的地面上行走那么安全。它们除会遭受这纸币管理者的笨拙所招致的意外事故的打击外，还会受其他事故的打击，这些事故，无论纸币管理者怎样小心，怎样灵巧，都提防不到。例如，国家在战争中被打败，敌人攫去维持纸币信用的资本和财宝。国家因此而陷入的混乱，在全部流通手段都是纸币的情况下，必定比在大部分流通手段是金银的情况下严重得多。平常的交易工具既已失去价值，那么，除非采用物物交换或赊欠方法，交易便做不成。一切捐税既全是以纸币缴纳，君主将没有东西以发军饷或补充军火。国家秩序将比在大部分流通手段是金银的情况下更难恢复。如果一个国君要想他的领土在一切时候都保持最易于防守的状态，那么，他不但应该提防纸币的滥发，不使银行踏上失败的道路，而且还要注意纸币的发行数量，不使国内大部分流通领域都充满着纸币”。①②

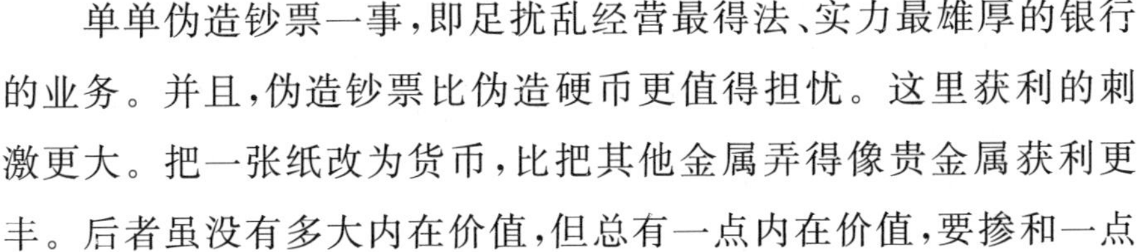

单单伪造钞票一事，即足扰乱经营最得法、实力最雄厚的银行的业务。并且，伪造钞票比伪造硬币更值得担忧。这里获利的刺激更大。把一张纸改为货币，比把其他金属弄得像贵金属获利更丰。后者虽没有多大内在价值，但总有一点内在价值，要掺和一点

① 《国民财富的性质和原因的研究》，第2篇第2章。

② 斯密在这里所谈的是兑换券，兑换券绝不能和纸币同日而语。人们现在已开始了解它们的区别，但在斯密时代，这区别还无人知道，虽然斯密曾指出英国北美殖民地发行不兑换纸币的事例。斯密关于兑换券流弊所说的，对不兑换纸币大都也适用。不兑换纸币更易于滥发，更易于招惹政府的破坏。但不兑换纸币也有某些利益，这些利益是它的先驱即兑换券所不具有的。——英译本注

贵金属或包有一层贵金属的其他金属尤其是如此。此外,伪造纸币的材料,比较不易破获。硬币的伪造,不会使真的硬币本身减少价值,因为它自有它的内在价值和作为货物的独立价值。另一方面,只要纷传有人在国外伪造纸币,造得这样精巧,可以以假乱真,伪纸币和真纸币两者都将使人望望而去。由于这个原因,银行有时宁愿兑付明知是假的钞票,不敢声张,忍受损失,以防真钞票也被人怀疑。①

有一种方法可防止钞票的无节制使用,那就是只准发行某一固定面额的大钞,使其只适用于进行货物在商人之间的流转,而不适用于进行货物在商人和消费者之间的流转。有人问,如果人民愿意使用小钞,政府没有权力禁止使用小钞,这种限制是不是侵犯商业的自由,而保护这项自由,正是政府的职责。但没有疑问,政府的这种权力,和命令拆毁危及公众生命的建筑物的权力,同是政府能够绝对行使的权力。

第四节　纸币

我特意保留纸币这个特殊名称以称这些债务,即统治者可强

---

① 英国经验表明,伪造纸币的危险,实比我们的作家所想象的小得多。因为,尽管仿造得很精巧,也不能大大影响一般纸币的价值,甚至在纸币非常充斥时也如此。现在正准备试行一种实验,来进一步减轻上述危险,这实验大有成功希望。伪造纸币对社会风化所造成的损害,以及这种罪案的增加,诚然是大不幸的事体。但必须记住,这种犯罪不过刚刚流行,而其他犯罪则已大受遏制。拦路抢劫差不多已绝迹。发现欺骗和掠夺的警察手段,没有一种能比管理得宜的纸币更好。我们希望,计划中的改善印制纸币的措施,将能制止伪造纸币这种犯罪的流行,而同时又不妨碍现在制止其他犯罪行为的办法。——英译本注

使它们流通以支付一切购买，偿付一切债务和契约，因为发行它们的当局，虽然不负偿还它们的责任，至少不负立即偿还它们的责任，但它们通常都表明：见票即付（其实这是完全没有价值的）；或表明在一定日期偿付，但没有任何保证；或说明以土地为补偿。关于这种价值，我们不久就将加以研究。

这些债务，由政府签名承认也好，由私人签名承认也好，只有政府有权把它们变为纸币，也只有政府有权授权拥有货币者以纸片付款。的确，这种行为不是正当政府所应做的行为，而是不讲道理政府的行为，使国家货币沦于极端恶化。

依照上面确定的原则，似乎完全没有货物价值的货币，发行之后，在一切自由交易中，必定不能通用。这是迟早总必如此的实际情况。人们不适当地称为劳氏银行钞票以及在法国革命时代发行的亚西纳纸币，尽管始终没有正式收回或注销，但面额最大的亚西纳，现今也不能当一苏通用。它们当时怎能按高于实际的价值通用呢？这是因为许多欺骗或残暴手段，往往能奏效于一时。

首先，可以合法地但也是欺诈地用以清偿债务的纸币，单单由于上述情况就得到一种价值。此外，完纳一期又一期的赋税，都可使用纸币。政府有时限定最高价格。虽然这将使受到影响的货物不久停止生产，但它给予纸币以相当于那些实际存在的货物的一部分价值。并且，强制通用的纸币一经产生，势必使金属货币在这地方的市场绝迹，因为金属货币既需与纸币等价通用，自然流往能照它的实际价值通用的别处市场。这样，纸币独占了流通领域，由于文明社会不能一日缺乏流通手段，于是纸币就能维持它的价值。[①] 社会的这种需要是那样迫切，以至英国由英兰银行钞票组成的通货，单单因为发行额控制在不超过流通需要量的数目，始终维持和现金相等的价值。

没有预先储积一笔必要资金以供战费，同时又缺乏充分信用以向邻国借款的交战国家，差不多老是求助于发行纸币或类似方法。荷兰人在和西班牙战争争取独立的时候，发行以纸制的、皮革制的以及许多其他材料制的货币。美国在同一情况下也使用发行纸币的办法。纸币使法兰西共和国击退联盟国第一次可畏的进攻，使亚西纳这个名称永垂不朽。

以劳氏名字命名的计划所招致的灾祸，人们不公平地完全归咎于劳氏——其实劳氏对货币的看法是对的，这可从他在他的祖国苏格兰发表的一本小册子看得出来。[②] 这小册子以劝诱该国政府开办发行银行为目的。1716 年法国设立的银行，就是依照劳氏的小册子中所提的计划。该银行钞票，票面写有以下字句：

---

① 无论什么地方发行纸币，由于它在国内具有效用而在国外没有效用而发生的国内外价值的差异，总给投机家提供获利机会，许多人因此发财致富。在 1811 年，在巴黎，一百几尼金币可买到一百四十镑以当时英国唯一通货即纸币付款的伦敦汇票，但在这时候伦敦市场金价和纸币价格的差别，不过百分之十五。所以，从我所获得的统计看到，在 1810、1811、1812、1813 数年中，秘密输出到敦刻克和格拉维林斯的几尼或金块，达到 182，124，444 法郎。同时还有其他货物走私，但危险与困难较大，输入法国极易遭到没收，虽然英国用尽力量鼓励输出。但英国如果没有津贴大陆，不断提供向伦敦开出的汇票而没有回易，这个贸易本来可不久就找到相称的位置，因为它一定会产生这么多英国汇票，使汇票至少达到平价。

② 当劳氏担任法国通货管理官时，这小册子已译成法文，题为《关于商业和货币的考究》。

“银行保证见票即付持票人……利弗和现在货币的重量与标准相等的货币。货款……正，巴黎”，等等。

那时候劳氏银行还是私营公司，它始终不渝地如约凭索即对钞票付现。那时该钞票还未变为纸币。一直到 1719 年，[①]情形始终如此，非常良好。该年法王或说得更恰当些法国摄政将该银行收为国有，把股本退还股东，该银行改称为皇家银行，于是它的钞票的票面字句改成下式：

“银行保证见票即付持票人……利弗的银币。货款……正，巴黎”，等等。

从表面看来，这个更改似乎微不足道，但其实非常重要。前种钞票定明支付一定分量的银，即支付在发行日期通用的利弗所含分量的银，而后一种钞票只不过答应支付利弗，这使专断当局有可能对以利弗这个字眼所表示的实际价值来作它认为任何适当的变更。这个变革称为稳定纸币价值，但其实恰恰与此相反，把纸币价值弄得不稳定，时时变动。后来变动的幅度，实是大得可怕。劳氏极力反对这个变革，但原则不得不向权力屈服，而权力的罪恶，当其效果开始被人们发觉时，又无耻地推向原则身上。

革命政府所发行的亚西纳，比摄政时期所发行的纸币更无价值。后者至少还答应以银兑现。尽管由于银币的贬值，所付的银可能大大减少，但如果政府不滥于发行，比较认真履行义务，它迟早总有兑现的一天。至于亚西纳，则不给予持票人以要求付银的

① 关于这个机构最初在劳氏管理下的有益影响的详情可参阅《杜托集》，第 2 卷，第 100 页。

权利,而只给予他购买或取得土地的权利。这权利究竟有多大价值,我们现在来研究。

最初发行的亚西纳,载明可在特设银行兑现,但事实上始终没有兑现过。不错,它可用以偿付照竞买价格买得的国有土地价款,但这些土地的价值绝不能使亚西纳具有任何确定的价值,因为亚西纳的名义价值,按土地价值上涨的比例而减少。政府并不悔恨土地价值的上增,因为它使政府能收回较多的亚西纳,发行新的钞票,而不扩大流通中的数量。政府不知道,实际上不是国有土地涨价,而是亚西纳猛烈跌价。亚西纳跌价越剧,就得发行越多的亚西纳以偿付同一数量的供应品。

最后发行的亚西纳,不载明见票即付,人们对此并不注意,因为自始至终亚西纳未曾兑现过。但这使它的不良起源更加明显。这纸币包含以下字句:

"国有土地——一百法郎亚西纳",等等。

一百法郎这几个字到底是什么意思呢?这几个字表达什么价值概念呢?是不是表达到现在为止叫做一百法郎的分量的银的价值呢?不是,因为一百亚西纳换不到一百法郎的银。是不是表达一百法郎的银所能购得的土地数量呢?一定不是,因为一百法郎的亚西纳连向政府也买不到这数量的土地,正如换不到一百法郎银一样。土地是在拍卖场出卖,能拍卖多少价钱就卖多少价钱。最近亚西纳已经变得那样没价值,一百法郎亚西纳连一方英寸的地也买不到。

总而言之,政府的坏名誉姑且置诸不论,亚西纳上面所载的金额,不能给人任何明确价值的概念。即使政府能博得人民的信任,这种纸币也终必跌到一文不值，何况政府是那样无信用。最后，政府发觉铸成大错。那时候，任何数额亚西纳都买不到最廉贱的东西。政府的次一措施就是发行曼德，即一种作为无条件地命令移转特定部分的国有土地的凭证。但是，这措施实行太晚，而且执行得不好，流弊百出。

第二篇　财富的分配

第一章　价值的根据以及供给与需求

本书第一篇研究主要生产现象。在第一篇我说明，人的劳动借着资本、自然力和自然特性的帮助，怎样创造成为价值的主要来源的各种效用，以及社会制度与政府对生产起什么样有利作用或不利作用。第二篇将专门讨论财富的分配。为达到这个目的，首先需要分析构成分配对象的价值的本质，其次需要确定一下，当价值一经创造出来以后，价值是根据什么规律在社会各成员中间分配，成为个人收入。

估定一件特定物品的价值，只不过是估定它和另一件特定物品在一定程度上相比较的价值，而任何其他有价值的物品都可作为比较物。例如，一幢房屋可以谷物或以货币估定价值。说它值二万法郎，比说它值一千公石小麦能更准确表达它的价值概念。这完全因为，以硬币计算一切货物价值的习惯，使人们在心里更容易想象这二万法郎值多少其他货物，就是说，想象二万法郎可买多少其他货物，比想象一千公石小麦可买多少货物来得容易。但如果一公石小麦是二十法郎，这两者便表示大小相同的价值。

就每一个估价行为说，被估价的物品是不变的**已知数**。在上例中，房屋是**已知数**，它是以一定数量材料在一定地点按一定形式建成。但比较物在数量上是可变的，按估价者所想象的价值而定。如果那房屋估定为二万法郎，这就等于那么多块银币价值，每一块重五克，掺杂十分之一的合金；如果估定为二万二千或一万八千法郎，这只意味着等于不同数量的特定比较物。同样地，如果小麦作为比较物，那么这个货物的变量就表示价值的程度。

如果所估定的价值，不能普遍得到他人的同意，它就是不可靠与主观的估价。上述房屋的主人，也许认为那房屋值二万二千法郎，而一个和那房屋没有利害关系的人认为它仅值一万八千法郎，这两个估价可能都不正确。但如果另一个人或许多其他人，都愿意以一定数量的其他货物，如二万二千法郎或一千公石小麦来买那房屋，我们可断定这个位价是正确的。在市场可卖得二万法郎的房屋，就有二万法郎价值。① 但如果只有一个人出这样的价格，而他在再卖出时必定亏本，那么他所出的价格就超过那房屋的价值。一件物品价值的唯一公平标准，是这物品主人在割让时能够很容易换取的其他一般物品的数量，这在商业行为上和在一切以货币估定价值的行为上叫做市价。②

① 在南特生长的我的兄弟路易·萨伊，在题为《民族和个人贫富的主要原因》一篇短文里，攻击我的这个见解。他主张物品成为财富，只由于它们的实际价值，而不由于它们的被承认的价值。以常识论，他的主张确是正确的，但以政治经济学的观点而论，相对价值才是唯一的准绳。如果效用的程度不是以比较的尺度来衡量，它就变得很不确定，即在同一时间和同一地方，也受到个人的无定见的支配。当然，在政治经济学还不能说具有一门科学的性质以前，价值的肯定性可能已经确定。属于政治经济学所研究的范围的，是价值的由来和它的存在的后果。

② 在本书的前几个版本，我把其他产品的价值（当时我把它作为比较物）说成为价值的衡量，我的这个说法是不正确的。所估定的物品的价值的衡量，是那个其他产品的数量，而不是它的价值。这个谬误把我的论证弄得很不明确。严厉的批评，不管是公正或不公正，对我都有教育作用，我因此作了改正。的确，从我们的敌人，也能学到东西。

那么，货物的这个市价是由什么决定的呢？

对于某一特殊物品的需要或想望，要看一个人的体质和品性，他所居住的地方的气候，以及他所隶属的社会的法律、习惯和生活方式而定。他有各种需要：肉体上的需要和精神上的需要，社会性质的需要和个人性质的需要，满足他自己的需要和满足他家庭的需要。就拉伯兰人说，熊皮和驯鹿是第一必需品，而就那不勒斯乞丐说，如果他能吃到通心粉，他什么也不管，至于熊皮和驯鹿这些名字，他根本没有听到。在欧洲，人们认为，要保持社会秩序，必须设立法院，而美洲印第安人、鞑靼人和阿拉伯人，都没有感觉到设立法院的必要。研究这些需要怎样产生，不是我们分内的事。我们必须把这些需要看作已知数，并根据它们来推论。

在上述需要中，有一些由大自然赏赐的物品（如空气、水、太阳、光等）来满足的。这些东西可叫做天然财富，因为它们是大自然自发地给予人类的东西。因此，人类无须付出什么代价或使出什么力量获得它们，由于这个原因，它们绝不具有可以交换的价值。在其他需要，只能以有效用的物品来满足，这些物品，非通过人力加以改造，不能具有效用，就是说，不在一定程度上改变它们的状态，并在改变时克服一些困难，不能使它们具有效用。属于这一类的，是农业、商业和工业所生产的各种各样物品。只有这种物品才附有价值，这是由于一个很明显的原因。生产行为本身，就含有相互交换的意义，生产者以自己的力换取通过劳动获得的产品。所以，非得到在他看来是等值的东西，他不愿割让那产品。上述物品，可叫做社会财富，因为交换行为，就它本身说，是社会行为，而且因为单独占有由个人劳动或交换行为得来的物品的权利，非通过社会制度不能稳固。应该注意，在人类财富中，唯有社会财富这一部分成为科学研究的题目。一则，唯有这部分财富，才是人们估价的对象，或至少是不纯凭主观或心里估价的对象；二则，唯有有这部分财富，才按人类科学所制定的规律创造、分配和消费。

懂得价值或更确切地说可交换价值这个性质的根据，就能了解它的由来。社会财富项目所以带有价值，是因为要获得它们必须付出代价，而代价就是在生产方面所作的努力。当一个人这样付出代价，一旦取得它们时，他真的更富有，因为他有满足更多需要的手段。如果他这样付出代价所得的东西，不适合他的个人需要，他可通过交换，把那个产品换取能够满足需要的另一个产品，而这另一个产品，同样是生产努力的果实。因此，交换实际上只是双方所作的生产努力的相互交换，因为那两个产品都是这努力的果实。如果以十五公斤小麦换取一公斤咖啡，这只是以创造小麦的生产力交换创造咖啡的生产力。①

所以，生产性劳务和产品都具有市值或市价。原因是创造十五公斤小麦的生产力，如果能以交换形式无差别地得到十五公斤小麦或一公斤咖啡作为它的报酬，那么有什么能够阻止它获得其他等值产品，如一码棉布、五码丝带、一打盘子或其他呢？如果十五公斤小麦不能交换上述那么多任何一种产品，那么创造小麦的

① 如果不是以货易货，而是以货币易货，情况并不两样，这一点可无须说明。卖者接受货币，绝不把货币作为自己消费品或其他用途，而是以货币作为第二次交换的对象。如果以四法郎价格卖出十五公斤小麦，并用那四法郎买到一公斤咖啡，实际上就是以小麦易咖啡，而在这当中出现的货币就完全退出，好像在交易上没有出现过那样。所以，可十分正确地说，相对价值由各个货物的相互关系决定，而不仅仅由每一个货物与货币的关系决定。

生产力所得的报酬，在比例上就少于创造其他任何一种产品的生产力所得的报酬，而一部分前者生产力就被吸引到后者生产部门，一直到各个生产部门的劳动报酬都达到合理水平为止。

每一种生产力都具有特殊市价。如果生产十五公斤小麦的生产力，只能得到它的产品的十五分之一，它也只能得到可用十五公斤小麦交换的其他任何一种产品的价值的十五分之一，例如，四法郎的十五分之一，或其他产品的十五分之一。

由此可见，生产劳动的市值，是基于许多产品相比较的价值，[①]而产品的价值并不基于生产力的价值，像一些著作家错误地所说的那样。[②] 既然一件物品的需要基于它的效用，因而，它的价值也基于它的效用，所以使生产力有价值的，乃是创造那需要所从以产生效用的能力。这个价值的大小和这件物品在生产事业中所提供的合作的重要性成比例，而就各个产品说，这个价值构成所谓生产费用。

一件产品，并不只对一个人有效用，至少对社会某一阶级全体有效用，例如，各种衣服，甚至对整个社会都有效用，例如适合于人类一般消费，不分性别、不分老幼都可吃用的大多数食品。由于这个原因，特定物品、产品或生产劳动的需求，都有一定的范围。据说法国所需要的糖的总数量，每年达五千万公斤以上。就是个人对所消费的某一特定产品的需要，也可能是相当紧迫的。不管需求的强度是怎样，都可一般地叫做需求，而这产品在一定时候可获

---

① 不应当认为我这一段的意思是说，生产一件费用系四法郎而售价仅三法郎的物品的生产力，价值仅等于三法郎。我的意思只是，这么多生产性劳务，本来能够创造等于四法郎的价值，但在这种情况下，却创造仅仅等于三法郎的价值。

② 李嘉图：《政治经济学及赋税原理》。

得以满足有需要的人的需求的数量,可叫做供给或流通量。

但这必须理解为具有一定限度。由于每一个人总是愿意领受什么能够给他带来好处或能够满足欲望的东西,所以对于娱乐品或有效用物品的要求可能是无限的。因此,需求必须加以一定的限制,而最有效的限制,乃是以等值产品换取想望的物品的能力。所有商业城市搬运工人,为要更称心如意地执行业务,可能都想在不抬高马价与车价的情况下购买六马拉的大马车。每一个人用以换取想望东西所必须交付的等值物品,只不过是他自己生产手段所创造的产品,而这些产品,即就社会最富裕成员说,也是有限的。

所有国家的财富,都是在各个等级,即从众多的平凡人一直到独一无二的最富裕人中间分配的。因此,最普遍想望的产品,实际上只少数人需求,因为只有这些人才有取得这些产品的手段,而且即就他们说,取得能力也要或多或少地视客观情况而定。所以可进一步做出以下结论:同一产品,在效用虽没有增加,但价格降低,即通过较少生产劳动能够取得的情况下,就有较大的需求,因为更多消费者能购买这产品;相反地,在价格增高的情况下,就有较小的需求,因为较少消费者能购买这产品。

假如在严冬时候,能够想出制造一件售六法郎毛织背心的方法,那么所有在满足更迫切需要以后还剩有六法郎的人,大抵都将购买这些背心,但那些只剩五法郎的人,还不能购买。如果能够生产同样背心每件价格五法郎,后者可能也都购买,而成为这些背心的消费者;如果售价只四法郎,那么这些背心的消费范围将进一步扩大。这样,有一些从前只是富人购买得起的产品,现在几乎所有社会阶级都能购买,像袜子那样。

当一件产品价格，由于捐税或其他原因而上涨时，就产生和上述相反的结果。它的消费者数目减少，因为只有买得起的人才能购买。而使物价上涨的因素，并不使购买力增加。例如，英国的大多数人民完全不能享受葡萄酒和许多其他物品的消费，因为要取得这些物品，就得割让那么多产品，或出那么大生产力，以致只有余力的人才敢尝试。在这种情况下，不但消费者数目减少，而且各个消费者的消费量也都减少。虽然咖啡消费者，也许不会由于咖啡价格上涨而被迫完全放弃那个饮料，但无论如何必须减少消费量。这种情况就像两个消费者，其中一个停止使用这物品，而另一个能够并愿意继续使用那样。

就投机性买卖说，买者不是为着自己消费购买，而是量卖为买。由于他能够出卖的数量，要看可以出卖的价格，所以在价格上升时，他就少买，在价格下降时，他就多买。

就贫穷国家说，大部分人民往往无力购买最普通使用而价格低廉的物品。有的国家，大多数人民无力买鞋。尽管价格低廉，这件货品价格不能降落到和人民财力相称的水平，因为价格降到那个水平，就不够生产成本。但皮鞋并不是生活绝对必需品，买不起皮鞋的人可穿木屐或打赤脚。如果买不起的不幸是件生活主要必需品，那么部分人民必定饿死，或多少不能恢复原有健康状态。以上所述是限制个别产品需求或限制一切产品需求的一般因素。

至于供给，它是由任何一种货物所有者在一个时间内愿意割让以换取等值货品或愿意以市价出卖的全部货物组成，而不是仅由在那个时间市场上实际出售的货物组成。这种货物的全部，也叫做流动货物。但严格地说，只在从卖者运往买者的时间内的货物才是在流动中的货物，而这时间往往极其短促。可是，这个运输行为本身，对于买卖条件并没有影响，因为它通常是跟着买卖成交所发生的行为，并且只是交易上的一个细节。重要的是，货物所有者愿割让他的货物的意向。无论在什么时候，正在寻求买主的货物，有时是非常迫切地求售的货物，都是在流动中的货物，尽管它所存放的地方并无改变。例如商店存货或栈房存货，可以说是在流动中的货物。又如土地、地租、房屋等等，也可以说在流动，这样的说法是可以理解的。甚至劳动，有的时候也在流动，因为它正在寻找雇用机会，而有的时候不在流动，因为它已被雇用。

由于同样原因，当一件物品一旦被留作消费或做出口用途，或意外地遭受毁灭，或被所有者任意收回，或所有者抬价居奇（等于拒绝出售）时，它就不在流动。

因为供给只由那些可按市价或按市场通常价格购买的货物组成，所以一种货物价格，如果由于生产成本增加而上涨，那么这种货物就停止生产，或不再成为供给的一个部分。以此之故，在市价上涨时，供给就较为充足，而在市价下降时，供给就较为短缺。

关于供给与需要，除上述的普遍性与永久性限制外，还有偶然性与短暂性限制。前者与后者总是同时起作用。

葡萄丰收的希望，即在一桶新酒还没登场的时候，将使存酒价格降低，因为一经有了那个希望，市场供应就比从前充足，而存酒就变得滞销。一方面，酒商害怕新酒竞争，急于脱售存酒；另一方面，消费者预料酒价将降低，想占便宜，迟缓购买。同样地，大批运到即时付售的舶来品，由于供过于求，价格将降低。相反地，葡萄歉产的预料，或许多货物在运输中所遇到的损失，将使价格上涨到生产成本以上。

此外，还有一些特殊产品，由于自然的限制或人为制度的限制，作为专利品，这样就使这些产品的供给不像其他类似产品那样充足。属于这种产品的是个别有名葡萄园所生产的酒，尽管需求广大，但这些葡萄园土地却不能扩大。同样地，大多数国家邮费都是按专利价格收取。

最后，对供给与需求的相对强度起决定作用的因素，不论是一般的或是特殊的，那个强度都成为各个交换行为的价格的基础，因为前面已经说过，价格只是以货币估定的市值。如果供给不受难于获得的限制，即价格的限制，供给将是无限的。因为，只要产品能找到以任何价格购买的买主，毫无疑问它就将无限量地生产。需求与供给是天平秤杆的两个相反极端，从秤杆下垂着贵与廉这两个天平盘；价格是平衡点，在这一点上，一边的动力停止作用，另一边的动力就开始作用。

这就是这说法的意义：在一定时间和地点，一种货物的价格，随着需求的增加与供给的减少而成比例地上升；反过来也是一样。换句话说，物价的上升和需求成正比例，但和供给成反比例。

一件物品的效用，即对于这物品的想望，也许还不能把它的价格提到和它的生产费用相等的水平。在这种情况下，这件物品就不会生产，因为它的生产费用超过它的价值。鱼子酱[①]在巴黎所能卖出的价格，也许还不够在巴黎生产的费用，因为那么少人需要这个，以致不能按可卖出的最低价格出售。以此之故，鱼子酱没有在巴黎生产，但在其他地方，鱼子酱却大量生产和大量消费。

如果任何一种物品的法定价格低于它的生产费用，这种物品的生产就将停止，因为谁都不愿意亏本生产。那些从前靠这生产部门养活的人，如果找不到其他职业，必定会饿死，而那些在这种物品的自然价格下能够购买的人，只好忍痛不用。规定固定价格，或规定最高价格，就等于制止一部分生产和消费，换句话说，就减低社会的繁荣，因为社会的繁荣在于生产和消费。连已经存在的这种物品，也将很不适当地消费掉。首先，这种物品所有人将尽量把它们从市场收回。其次，它们将不在最需要它们的人手里，而将转到最贪婪、最狡猾、最不正直而且往往是最不顾公道与人情的人手里。谷物短缺，价格随着上涨，但工人通过加倍努力或通过加薪，还可能赚到钱去买按市价出售的谷物。在这时候，如果政府当局把谷物价格规定为它的自然价格之一半，结果将怎样呢？另一个已经购有足够谷物，因而在谷物保持自然价格的情况下不会再购买的消费者，为作不必要的有备无患打算，并想从强行抑低的价格占到便宜，比那工人先走一着，把应该属工人所有的那部分谷物买来贮存。这样，一个购备双倍粮食，而另一个一点也没购备。本来支配销售的是需要与财力，而现在支配销售的却是购买者占先着的活动。所以，这是毫不足怪的，对货物规定最高价格，必定会

① 由鲟鱼卵制成的酱，是俄罗斯人喜爱的调味品。

加剧货物的短缺。

把货物价格规定在本来就会流行的价格的法令，完全没有用处，甚或引起生产者与消费者的惊慌，因而打乱生产与需要之间的自然比例。如果听其自然，这个比例必定以最有利于生产与需要的方式建立起来。

希望与恐惧、善意与恶意，简单地说人的各种情欲或各种美德，都会影响价格。但是，估量这些情欲或美德在各种情况下对实际价格的影响的强度，属于伦理学范围，我们这里所注意的只是实际的价格。我们也无须说到可能使一个产品的价格提高到它的实际效用以上的纯政治性质因素的作用。因为这些虽像不速之客那样，闯进财富分配领域，但和实际强夺或掠夺并无二致，属于刑法范围。政府的职责是一种劳动，它的产品或结果，一生产出来，就被统治者消费掉。如果政权是掌握在篡夺者或压制者手里，人民可能对政府的职责付出过高的代价，而人民被迫分担比维持良好政府所需要的大得多的款项。这个情况和没有竞争者的生产者的情况相似，这个生产者或是使用暴力或是利用偶然事故，把竞争者消灭掉。他可任意提高他的产品价格，并且在政府支持下，甚至把价格提高到消费者购买力的最大限度。但是，告诉我们怎样消除这个祸害，是政治家的职责，而不是政治经济学家的职责。同样地，告诉人类怎样持身以确保良好的相互关系，虽属于伦理学或道德哲学范围，但为达到这个目的，如果需要神力，那些自称为神力解释者，就应该得到报酬。如果他们的劳动有用，这个劳动就产生效用，即生产有实际价值的无形产品；但如果他们的劳动不产生效用，即人类没得到什么裨益，那么用以维持他们生活的那部分社会

收入，就是完全白费，即付出代价而得不到报酬。[①]

我极想把我的论述限定在我的主题范围内，但有的时候，我不能不触到政策与道德的范围，其目的只在于把它们的交叉点指出来。

第二章　收入的来源

第一篇说明，产品由人类所掌握的生产手段创造出来，即由人的劳动、资本和自然力创造出来。这样创造出来的产品构成拥有这些生产手段的人的收入，并使他们能够获得那些不是由大自然或他们的同胞无代价地提供的生活必需品和生活舒适品。

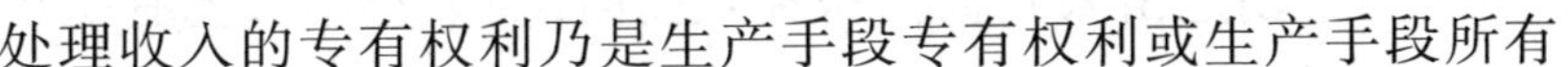

处理收入的专有权利乃是生产手段专有权利或生产手段所有

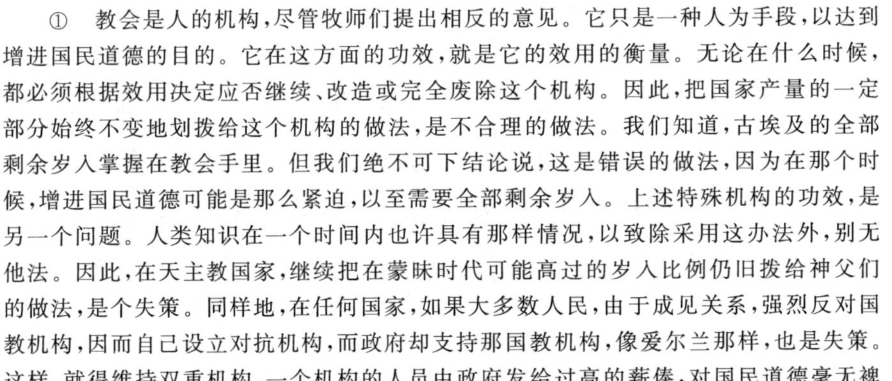

① 教会是人的机构，尽管牧师们提出相反的意见。它只是一种人为手段，以达到增进国民道德的目的。它在这方面的功效，就是它的效用的衡量。无论在什么时候，都必须根据效用决定应否继续、改造或完全废除这个机构。因此，把国家产量的一定部分始终不变地划拨给这个机构的做法，是不合理的做法。我们知道，古埃及的全部剩余岁入掌握在教会手里。但我们绝不可下结论说，这是错误的做法，因为在那个时候，增进国民道德可能是那么紧迫，以至需要全部剩余岁入。上述特殊机构的功效，是另一个问题。人类知识在一个时间内也许具有那样情况，以致除采用这办法外，别无他法。因此，在天主教国家，继续把在蒙昧时代可能高过的岁入比例仍旧拨给神父们的做法，是个失策。同样地，在任何国家，如果大多数人民，由于成见关系，强烈反对国教机构，因而自己设立对抗机构，而政府却支持那国教机构，像爱尔兰那样，也是失策。这样，就得维持双重机构，一个机构的人员由政府发给过高的薪俸，对国民道德毫无裨益，而另一个的人员由私人支付不充分的薪金，不能对国民道德起很大有利作用，像所应有那样。——英译本注

权的结果。那些不是人们专有的生产手段，不但不成为生产手段项目，而且不是收入来源。它们不构成人类财富的一部分，因为财富本身就含有专门、专有等意思。除非财产权是大家知道而且确定，除非占有受到承认并得到保障，否则像财富这样的东西就不存在。

在研究人类财富的本质与进展时，可无须探讨财产权的由来或财产权的正当性。不论土地的实际所有者，或给予他土地的人，是通过优先占领，或通过暴力，或通过欺诈，取得土地，这对土地产品或收入的生产与分配没有什么关系。

叫做人的劳动的那类生产手段的所有权，和通常叫做资本的那类生产手段的所有权，比自然力这类生产手段的所有权更加不可侵犯和更加不可争辩，这一点也许无须说明。人的刻苦能力、智慧、膂力和灵巧，是他所特有的或所固有的。而资本或累积的产品，全是人们节俭或节制消费力的结果。如果听任消费力完全发挥，产品一创造出来就被消费掉，这样任何人都不可能有财产。所以，谁都不能比这样克己的人更正当地提出对克己结果的要求权。节俭非常接近于实际创造产品，而产品的最不可争辩的所有权就是实际创造所赋予的权利。

在上述几个生产来源中，一些可以割让，如土地、工具等，而另一些不可以割让，如个人能力。一些可以消费，如所有流动资本[①]项目，而另一些不可以消费，如土地。此外，还有一些，既不可割让，又不可消费，但会消灭，例如人的智力和体力，人一旦死亡，这

① 译为流动资本的法语 capitaux nobiliaires 一词，包括所有英国法律叫做私人有体财产以及有的时候叫做动产的东西，但在这些东西中，有的消费得很疲缓，如金刚钻和宝石。——英译本注

些能力便跟着消灭。

那些可以消费的生产来源，例如流动价值（生产力花费在它们上面），可这样消费，以至发生再生产，在这种情况下，它们仍旧构成生产手段的一部分。也可这样消费，以至不发生再生产，在这种情况下，它们就不再构成生产手段的一部分，而且注定要相当迅速地完全消灭。

虽然收入和生产来源是个人财富的组成部分，但如果一个人只消费他的收入，而不侵蚀他的生产手段，他的财产并不减少。原因是，收入是再生的产品，只要生产手段继续存在，新产品就会不断地或永久地创造出来。

这些可专有的生产来源的市值，建立在和一切其他物品市值相同的原则上面，就是说，由供给与需求的不相容的影响决定。关于这一点，我们只需说，需求并不起源于对直接使用个别生产来源所预期的享受，因为一块土地或一件工具，并不给所有者提供可以估计得出的价值的直接享受。它们的价值基于它们所能创造的产品的价值，而这个价值本身则起源于那个产品的效用，或它所可能提供的满足。

关于那些不可割让的生产来源，如人的体力和智力，它们绝不能成为实际交换的对象，而它们的价值只可根据它们所能生产的价值来估计。这样，给一个技工生产一天三法郎或一年一千法郎工资的这类生产手段，可看作每年生产相同收入的既得资本。[①]

① 即对于具有这些生产手段的自由人，有那么多价值。但在人成为专有对象的地方，如黑奴这个极端例子，或如封建家臣那个不这么昭彰例子，这些人所具有的生产力的价值，对专有者来说，等于这些人所能够提供的剩余产品，而不等于总产品。——英译本注

我们已经抽象地概述了生产来源与收入来源，现在可进而比较详细地分析这些来源的本质。这个分析将把我们带到错综复杂的政治经济学，对一些最迂回曲折地方给我们提供了线索。

严格地说，这些来源的直接结果，并不是产品，而是帮助我们创造产品的生产性服务。所以应该把产品看作生产性服务和实际产品相交换的结果。在交换发生以后，收入首先以产品形式出现，而这些产品又可和其他产品交换。在那个时候，收入将改变为其他产品形式。

用一个实例，就可把上述概念弄得更明确。一块耕地每年生产比方说三百塞铁[①]小麦，在这三百塞铁中，大约二百塞铁可看作用以耕种那块土地的资本生产力和劳动生产力的结果，而其余一百塞铁可看作土地自然生产力的结果。那块土地给它主人所生产的收入，首先将以他的所有物即土地所提供的起协助作用的生产性服务出现。这个生产性服务将以一百塞铁小麦形式移给或贷给耕种者，而这乃是第一次交换行为。如果这一百塞铁小麦，由所有者本人改变为硬币，或由他的耕种者按双方协定改变为硬币，这硬币还是同一的收入，尽管这收入现在以第二个形式，即货币形式出现。

这个分析将使我们了解收入的实际价值。它和前一章所提到的价值的一般定义相符合，就是说，价值是打算割让的物品通过交换所能得到的其他物品的数额。那么，以收入交换的割与品是什么呢？当然是收入收受者所可能占有的生产手段的生产性服务。

① 法国从前量谷物单位，等于十二蒲式耳。——译者

而通过我们称为生产的第一交换行为，所得到的是什么呢？当然是产品。所以，收入的价值的大小，和所获得产品的数量或所创造的总效用成比例，不和产品价值成比例。

由此可见，国家总收入的比例，由产品数量决定，不由产品价值决定。① 但就个人收入说，却不是这样。因为，各个产品的相对价值，一有变动，就使一个人或一个阶级的收入增加，另一个人或另一个阶级的收入减少。

如果社会每一个成员都能靠原来构成他收入的产品过活，那么收入的大小，将像国家总收入那样，依存于产品的总额，依存于所创造的总效用，而不依存于产品的可交换价值。但在已脱离野蛮状态的社会，这是不可能的，因为每一个人所消费的自己产品的数量，比他用自己产品换得的别人产品的数量少得多。所以，对生产者来说，重要的是他以自己生产手段，或这些生产手段所创造的产品可能换得的别人产品的数量。例如，假定一个人以他的土地、资本和个人能力栽种番红花，那么由于他自己可能不消费番红花或消费很少番红花，所以他的收入将由他的番红花年收获量所能够交换的其他物品组成。如果番红花价格上涨，他的收入比例就将增加，而番红花消费者的收入比例就将减少，所减少的程度和番红花价格上涨的程度完全相同。相反地，如果番红花价格下降，番红花消费者的收入将同样增加，而栽种者的收入则同样减少。

生产费用有所节省，即生产同一产品所费的生产力有所节省，

① 所以，企图通过比较两个国家的产品价值来比较这两个国家，例如英国和法国的财富，是徒劳无功的。诚然，两个间隔着的价值是不能比较的。唯一适当办法，是对每一个国家的各别人民福利各别地作粗略的估计。

例如，一种发明使一亩土地能够生产从前两亩土地所生产的那么多东西，或使两个劳动日能够完成从前需要四个劳动日的工作，就使社会收入相应增加，原因是，这样解放出来的生产力可用以增加生产。[①] 这样增加的利得在被发明者懂得方法的时间内，归他所有，但当秘密一经公开，竞争跟着发生，他不得不把利润缩减到和实际生产费用相等时，上述增加利得就归一般消费者所有。

收入虽可通过各种交换行为改变形式，但一直到最后消费时刻，实质上还是一样。这些交换行为以生产力开始，而生产力是收入所呈现的最初形式。尽管一亩耕地所生产的小麦已经被购买者消费，但这亩土地所生产的收入，在它由于生产行为而第一次转变为小麦形式以后，和在它第二次改变为银币以后，实际上还是一样。但当得有这个收入的人一旦把他的银币变换消费品并把这个消费品消费掉的时候，他的收入的价值自那时起就不存在，而且被毁灭，尽管它一度具有银币形式，那银币还继续存在。不应当认为，虽然对收入收受者来说，它已经消失，但那银币还留在暂时持有者手中。应当认为，对整个人类来说，它已同样消失，因为那银币的实际持有者，必须通过让与自己的其他收入或以从前所掌握

① 在社会成员只能靠自己生产手段所创造的产品过活的地方，上面的话大体上可适用，但不能完全适用。因为，这样创造的剩余收入全部，最终必定归天然富源专有者所有，而那些只具有个人生产手段的人，可使用这些生产手段，生产其他产品，或扩大同一物品生产。这就是对西斯蒙第和马尔萨斯的完全答复，他们主张，人的生产力的节省，不但使不生产的消费者的增加成为可能，而且使这个增加成为必要。但在这种剩余劳动力得到恤贫法的调剂或修道院的收留的地方，国家收入未必随生产力的节省而增加，因为剩余劳动力由于有这种法令或机构，就无须在其他生产方面努力。有了这种法令或机构，生产力虽可通过使用机器或其他方法大大增加，但国家生产、收入或财富不因此有所增加。——英译本注

的某种收入来源来取得它。

当收入加入资本时，它就不成为收入，即不能作为收入来满足所有者的需要。它只能生产更多的收入，是生产性资本的一个项目，按消费资本方式消费，就是说，是这样消费，以至它生产一个产品来交换和补偿所消费的价值。

当资本、土地或个人劳务出租时，它的生产力就移给承租人或生产冒险者，以预先约定的一定数量产品作为报酬。这是一种投机性交易，承租人要冒盈亏风险，而盈亏要看他所可能得到的收入，即从移来的生产力所得的产品，是超过或不够他所付的租金。但所得到的收入，只能有一个。虽然借来的资本给那个冒险者所生产的，可能是百分之十的年产品，不仅仅他以利息形式给付的百分之五，但资本的收入，即它所提供的生产性劳务，将不是百分之十，因为那个总产品包括资本的生产力的报酬以及利用资本的劳动的生产力的报酬。

每一个人所掌握的产品数量越多，他的实际收入就越多。这个实际收入，或是他的生产手段的直接结果，或是他的收入从原始形式转变的结果。他的收入可能经过几个变化才具有最后的形式，即他的消费品的形式。上述数量或它所固有的效用的比率，只能从交易上的市价来估定。在这个意义上，一个人的收入，等于他从生产手段所得到的价值。但是，他所耗用的消费品越便宜，那个价值就越大，因为这样他就能掌握更多的他自己产品以外的其他产品。

同样地，一个国家收入所包含的价值即这个国家总生产力的价值越大，而这个价值和外国产品价值的比例越高，这个国家的收入就越多。即在产品价值是低的地方，这生产力的价值也必定是高的。必须记着，由于价值的强度依存于交换上能得到的产品的数量，所以一个国家从它的富源得到的产品越多、越便宜，它的收入或换句话说它的富源的作用就越大。

第三章　价格的实际变动和相对变动

一件物品的价格，就是它可值的货币数额，而它的市价乃是它在特定地方一定能卖得的货币数额。它的所在地关系重要，因为一件特殊物品的需求视当地所能得到的那物品的数量为转移。

在售卖一件物品时所得的价款，相当于以那价款可买到的其他物品。说一尺大幅面细黑呢价四十法郎，意思就是它可交换这么多银币，或可交换这么多货款所能买到的其他一种物品或几种物品。为作说明，我们选择货币价格，而不选择一般货物价格，原因只是前者更为简单。但交换的实际与最终目的是货物，而不是货币。

在这个意义上，价格可分为买价与卖价，即获得一件物品所有权时所付的代价与放弃所有权时所得的代价。

在最初获得或创造一件产品时所付的代价，是生产力的代价或生产成本。[①] 在探索一件产品的这个原始价格时，我们无可避免地要涉及其他产品，因为生产力的代价只能以其他产品支付。生产大幅面细黑呢职工的日薪是产品。他们的日薪，或是由日常生活品组成，或是由可买到这些生活品的货币组成，而这两者同是产品。所以，生产以及随后产品互换，可以说归结于按产品的相对市值而进行的以货易货。但有一个要点，我们必须密切注意。忽视或不注意这个要点，已经导致许多谬见和曲解，并使许多作者的著述只把这门科学研究者带入歧途。

如果生产一尺大幅面细厚呢，需要以四十法郎价格购买生产力，制造费用就将等于四十法郎，但如果那生产力的四分之三就够生产一尺细厚呢，而且只需要一种生产力，即一个工人能在十五天而不需要二十天完成这产品，那么对生产者来说，生产一尺细厚呢的费用只需三十法郎，而工人工资率却跟从前一样。在这种情况下，人的生产力的市价仍旧不变，而生产费用由四十法郎减到三十法郎。但由于生产费用和产品市价之间的这个差异，使制造大幅面厚呢能够比一般得到更高利润，更大部分的生产力当然流到这方面来，而更多生产力的使用，由于扩大这产品的供应，又使市价降到仅仅等于生产费用的水平。[②]

产品价格的这种变动，我叫做价格的实际变动，因为这种变动是积极性变动，不引起交换品的相当变动。纵使生产力的价格和

① 参阅《国民财富的性质和原因的研究》，第 1 篇第 5 章。

② 生产费用就是斯密所谓产品自然价格，这个自然价格和他称为市价形成对照。但从上面所说可以推断，每一个以货易货或交换行为，甚至生产行为中所包含的交换，都是比照市价进行。

作为生产力报酬的产品的价格或可用以换取这件产品的其他产品的价格，没有变动，这种变动，不但可能发生，并且实际上曾经发生。

关于已经存在的各个产品相对价格所发生的和各自生产费用无关的变动，情况就不相同。如果从前期收获的葡萄所制成的酒，一个月前卖二百法郎一吨，而现在仅卖一百五十法郎，那么对酒商来说，货币和其他需要物品的价格都上涨，因为用以制造酒的生产力，得不到二百法郎，只得到一百五十法郎或等值货物作为报酬（即减少四分之一）。但在上面所举的例子，同量的生产力得到以一切其他物品计值的同样报酬，因为价值三十法郎，并收受三十法郎的生产力，和价值四十法郎并收受四十法郎的生产力，都得到同样恰当的报酬。

这样在前者实际变动情况下，社会财富将增加，但在后者相对变动情况下，社会财富将不增不减。这是由于以下明显的原因：在前者情况下，所有细厚呢购买者都将变得更富有，而卖者却一点没有吃亏；但在后者情况下，一个阶级得到的利益将完全给另一个阶级遭受的损失所抵消。在前者情况下，以同样的生产费用可得到更多数量产品，而买卖者的收入都没有什么变动。社会将有更多的实际财富，将有更多的享受，而生产手段的费用却没有什么增加；总效用将增大；以同一价格可买到更多数量产品——这些只不过是同一意思的不同说法。

但是，谁都没有付出代价而得到的这样增加的享受或这样增多的财富，究竟是从什么地方来的呢？来自人的智慧在更大程度上运用大自然无代价地提供的生产力。一个在从前是未知或没加利用的力量，例如风、水和蒸汽机，现在加以使用；一个在从前是已知并利用过的力量，现在使用得更巧妙、更有效，例如帮助或扩大人力或兽力的机械的改善。商人设法通过良好的管理，使同样资本能做更大的生意，他的这个功劳，和把机器简单化或把机器弄得有更大生产力的机械师的功劳完全相同。

具有新效用的新矿物或新动植物的发现，或具有更多或更完全的效用的矿物或动植物的发现，都属于上述那种功劳。当人们用靛青代替大青、用糖替代蜂蜜和用虫红替代泰雅紫时，他们的生产手段就扩大，而同样的劳动力就能生产更多的产品。从这些关于改善的事例，以及从今后可能做到的改善，我们可以看到，由于人类所掌握的生产手段实际上变得更有力量，所以创造出来的产品在数量上总是增加，而在价值上总是成比例地减少。我们就可看到这个情况的后果。[①]

价格可能普遍下降，立即影响所有货物，也可能局部下降，只影响一些货物。我将用例子作说明。

假定在袜子都是手编的时候，一定质量的线袜一双售价是六法郎。据此我们应当下这样的结论：就一双袜子说，生长亚麻的土地的租金，亚麻栽种者的劳力和资本的利润，亚麻修剪工人和纺纱工人的利润，以及织袜工人的利润，总共是六法郎。假定由于制袜

---

① 在过去一百年内，人类知识特别是自然科学知识的进展所引起的工业上的改进，大大缩短了生产过程，但伦理科学和政治科学特别是社会组织这一部分的缓慢进展，使人类至今不能受到那些改进的全部利益。但如果认为人类完全没受到利益，那是错误的。不错，捐税负担增加了两倍、三倍，甚至四倍，可是大多数欧洲国家的人口都增加起来，我表示至少一部分增多产品到达人民手里。不但人口增加，而且人民的衣、住和生活条件都比一百年以前好，我认为在吃的方面也比从前好。

机的发明，六法郎可以买到两双袜子。由于竞争倾向于把价格抑低到和生产费用相同的水平，所以从这个降低价格，我们可推断，生产两双袜子所需要的土地、资本和劳力的费用还只是六法郎，这样以同样的生产手段所创造的产品比从前增加了一倍。价格的这样下降是积极性下降，可从以下一个事实得到有力的证明：每一个人，不管搞什么职业，从此以后都可以一半数量的自己产品换取一双袜子。拥有五厘息股票的资本家，从前要用一百二十法郎的年利息购买一双袜子，现在只需用六十法郎的年利息。一个以二法郎价格售糖一磅的商人，从前必须卖三磅糖才能买到一双袜子，现在只需要卖一磅半糖，所以他购买一双袜子所出的代价，只等于他从前为取得这物品所用的生产手段的一半。

在上面，我们假定，只是袜子降价。现在，让我们假定，袜子和糖都降价，就是说，由于商业上的改进，一磅糖售价是一法郎，不是二法郎。在这种情况下，糖的所有购买者，包括产品同样降价的制袜者，购买一磅糖所付的代价，等于他从前为达到这个目的所用的生产手段的一半。

很容易确定上述说法的真实性。当糖价是一磅二法郎而袜价是一双六法郎时，制袜者要购买三磅糖，必须先卖出一双袜子。由于生产这双袜子的费用是六法郎，他实际上是以价值等于自己生产手段的六法郎的代价购买三磅糖。同样地，食品商以三磅糖购买一双袜子，也是以价值等于自己生产手段的六法郎的代价购买三磅糖。但当这两种货物都降到原有价格的一半时，只一双袜子或和三法郎等值的生产手段，就够买到三磅糖，而使用三法郎作为生产费用就可获得的三磅糖够买一双袜子。所以，我们拿来比较并假定互相交换的那两种产品，如果会同时降价，难道不能以此为根据下结论说，这种下降是积极性下降，跟货物的相对价格没有关系吗？难道不能下结论说，一般货物可在同一时间降价，有的降得多一些，有的降得少一些，而价格的减低，可能不给任何人带来损失吗？

正由于这个原因，尽管工资和谷物关系，现在跟四五百年以前相同，但下层阶级现在享有从前享受不到的许多奢侈品，例如很多种衣服和家具的实际价值减低，而下层阶级在其他物品，例如家畜肉和野味[①]的供应上比从前少，因为这些东西的实际价值增高。

生产费用不论在什么程度上有所节省，都意味着费更少生产力能生产同一产品或费同样生产力能生产更多产品，这两者是二而一、一而二的。此外产品数量必定扩大。也许有人认为，生产这样增加之后，需求可能不发生相应的增加，因此产品市价可能跌到生产费用以下，甚至在缩小生产范围以后，还是这样。这个想法没有根据，因为价格的下降是那样强烈地倾向于扩大消费范围，以致在我所遇到的事例中，需求的增加总是超过改善生产方法对同一

① 从《圣·毛尔的调查研究》一书，我看到在1342年一头公牛的售价是十利弗到十一利弗。当时十一利弗含有和现在二十八两纹银价值相同的七两纹银，而现在的二十八两纹银铸成一百七十一法郎三十生丁，所以当时公牛的售价低于现今普通牛的价格。以三百法郎从普亚图购买而后来在下诺曼底养肥的牛，在巴黎可卖四百五十到五百法郎。因此，家畜肉价格，自十世纪以来，不止增加一倍，而大多数其他食品价格也可能同样增加。如果工人阶级在这个时期内没从工业的进展得到大利益，并没掌握更多财源，那么他们就要比瓦罗亚时代吃得坏。

这是可以容易解释的。工人阶级日益增加的收入，使他们能够对于食品有日益增多和日益增大的需求。但食品的供应量赶不上日益增加的需求量。虽然能够使同一面积土地生产更多的物品，但不能无限度地增加，而且由于大多数食品体质很大，所以由国外供应的食品，比国内供应的食品来得贵。

生产手段起作用所引起的生产力的增加。因此，生产手段的能力的扩大，便引起对它的需求的扩大，以生产由于生产方法改善而变得便宜的产品。

关于这个，印刷技术的发明提供明显的例子。由于使用这个迅速印刷方法，著作本数增多，每一印本售价只等于从前抄本售价的二十分之一。所以，总需求量如果和从前一样，所销售的本数将只比从前多二十倍，但现在所销售的本数大抵比从前多一百倍。因此，从前只有价值等于现今六十法郎的一个抄本，现在却有一百印本，这一百本的总价值等于三百法郎，虽然每本价值减低到从前的二十分之一。这样，随着实际变动而发生的价格减低，甚至不会产生财富名义价值的减低。[①]

另一方面，根据对立规律，价格的实际上涨总是由于同样生产手段所生产的产品的减少，所以跟着发生的是总财富的减少，因为一部分货物价格的上涨不能抵消货物总量的减少。至于消费者因消费品比较昂贵而感到不像从前那么富裕，更不必说了。

假定任何一种牲畜例如绵羊，由于畜瘟或管理不善的缘故发生短缺现象，那么价格就上涨，但不会按供应量减低的比例而上涨，因为价格越昂贵，需求也就越减少。如果只剩有原来数目五分之一的绵羊，它们的价格很可能只增加一倍，就是说，原来有五只绵羊，一只二十法郎，总共可值一百法郎，现在只剩一只，价值四十

---

① 关于从前产品，我们所掌握的材料过少，因此不能从这些材料做出丝毫不差的结论，但那些稍稍熟悉这个问题的人都知道，不论是夸大其词或是过于谨慎，对于上述推论都没有影响。现代的统计研究将给后代提供更正确的计算方法，但不会增高这个计算所必须根据的那些原则的正确性。

法郎。所以价格虽然增高，但绵羊这项财富却减少百分之六十，即一半以上。①

因此可断言，价格的实际下降，不减少产品名义价值，实际上却增加产品名义价值，而价格的实际上涨，不增加总财富，却减少总财富。至于前者扩大人们的享受，而后者缩小人们的享受，就更不必说了。此外，如果认为，价格的实际下降，或换句话说，生产劳动价格的降低，给消费者带来利益并给生产者带来同程度的损失，那是大错特错。货物的实际跌价，使消费者得到利益，但不减低生产者的利润。两双袜子可得六法郎的制袜者，从这六法郎所得的利益，和一双袜子是六法郎时所得的利益相同。尽管佃户通过使用更好的轮种方法，能够扩大土地的产品，并使产品价格低廉，但地主还是得到同样的租金。如果能够想出方法，把工人的工作量提高一倍，但不增加他的疲劳，尽管他的产品是以更低价格出售，但他的每日利得比率并没减低。②

① 与此相似，捐税（尤其是苛捐杂税）不但对被课征的人有影响，而且对社会总财富也发生有害的影响。这样生产成本增加，货物的实际价格跟着增加，而货物的总值却跟着减少。

② 我曾经遇到这样的人，他们自以为对国家财富的增进有所帮助，因为他们赞同优先生产贵重物品，而反对优先生产低廉物品。按照他们的意见，生产一码华美锦缎比生产一码普通薄绸好。他们没考虑到这一点，如果前者的价值等于后者的四倍，那是因为前者的生产需要四倍的生产力。我们能够使生产力生产四码薄绸，像生产一码锦缎那样容易，一码锦缎和四码薄绸的价值相同，但如果生产锦缎，社会所得利益将减少，因为一码锦缎所能制成的衣服比四码薄绸少。奢侈的坏处在于豪爽总带有吝啬。*

* 上面的话并不完全正确。如果奢侈是起因于个人财富过剩和满足天真但也许是幼稚的欲望，这种奢侈对国家并没有损害，但如果奢侈是由腐化宫廷的挥霍或由骄奢宠臣和高薪公务员的榜样所激起，对于国家就有损害。如果听任事情自然发展，那就一定要到有更普遍用途物品的需要完全满足以后，才生产内销锦缎。——英译本注

这足以证明或说明以下一个原理，这个原理迄今还没被人们完全理解，许多作家和政治学派甚至反对。这个原理是，一个国家货物的价格越低，这个国家就越富足。①

为作辩论，我以最有利于反对上述原理的人的方式把问题提出来，并假定他们提到这个极端情况，即通过不断的节省，生产费用最终减到于零。在这种情况下，很明显，土地不再有租金，资本不再有利息，劳动不再有工资，因此各个生产阶级都不再有收入。那么怎么样呢？这些阶级将不再存在。人所需要的每一个物品都将跟空气和水一样，不需要生产，也不需要购买，就可消费。同样地，由于每一个人都能给自己供给空气，所以他也能给自己供给一切其他可想象的物品。这将是财富的终极。政治经济学将不再是一门科学，我们将不需要研究取得财富的方法，因为财富就在我们手边。

一个产品价格降到于零变得和水一样的情况，虽没发生过，但一些种类物品曾大大减价，例如在发现煤坑的地方，燃料就大大减价。许多像这样的减价，都很近似于我刚才所说的想象上的完全富足状态。

① 纳穆尔(《重农学说》第117页)说："不应当设想，货物价格低廉对下层阶级有利，因为物价下降，工人工资减低，享用不到那么多生活舒适品，并且较难找到工作或报酬优厚的工作。"但理论和实践都证明这个说法站不住脚。完全由于货物价格下降所引起的工资下降，并不减少工人的生活舒适品。因为低工资能使冒险者减少生产费用，所以它强烈地倾向于增进劳动产品的出路与需求。

麦伦、弗邦奈与闭关主义或贸易差额学说的信徒，和经济学派一道，都持这个谬见。西斯蒙第在他的《政治经济学新原理》第4篇，第6章重申了这个主张。虽然只等于所节省生产费用的幅度的价格下降，明显地不可能使工人阶级或其他生产阶级有所损失，但西斯蒙第却把产品的较低价格看作消费者从生产者攫得的利益。

如果不同货物是按不同比率降价，有的降得多些，有的降得少些，那么很明显，这些货物的相对价值必定有所变动。例如，已经降价的袜子，和没有降价的家畜肉，在相对价值上就有变动。至于以同一比率降价的货物，像我们假设中所提到的袜子和糖那样，它们是在实际价值上变动而不是在相对价值上变动。

价格的实际变动和相对变动有这个差异，即前者是由生产费用变更所引起的价值的变动，而后者却是由一个货物和其他货物价值比率的变更所引起的变动。实际变动时买者有利，对卖者无损，反过来也是一样。但就相对变动说，卖者如果得利，买者就要受损，反过来也是一样。如果一个商人在他的栈房里有十万磅羊毛，每磅值一法郎，那么他就有十万法郎财产。若这时由于非常的需求，羊毛价格涨到二法郎一磅，他的这部分财产就增加了一倍，而一切跟羊毛交换的货物，在相对价值上将减低，所减低的程度和羊毛价格增高的程度恰恰相等。一个需要一百磅羊毛的人，本来只需卖去例如值一百法郎的四塞铁小麦，就可换得羊毛了，可现在却需去八塞铁小麦。由于羊毛商获得一百法郎，小麦商将损失一百法郎。至于国家财富，既无增加，也无减少。①

---

① 劳德大伯爵在1870年发表一部著作，题为《关于国家财富的本质与由来，以及国家财富增加的原因的研究》。这部书的整个论证建立在这个谬误观点上，即尽管一种货物的短缺，使社会总财富减少，但由于它使这种货物的价值增加，所以也使掌握有这种货物的人的财产增加。这部书作者根据这个做出以下不正确结论：国家财富和个人财富在原则上有区别。他没有看到，当买者被迫付出更大代价来换得那种货物时，他所遭受的损失和卖者所得到的利益恰恰相等，而且任何旨在获得这种利益的举动，都必定使一方所遭受的损失等于另一方所得到的利益。

同样地，劳德大认为，这个想象上的国家财富原则和私人财富原则的区别，起因于这个情况，即资本的累积，对私人有利，但对国家有损，因为资本的累积阻碍消费，而消费刺激生产。他陷入了极普通的错误，认为资本一经累积就不能用于消费。其实，与

当这种售卖是在国与国之间发生时，出卖相对价格增高的货物的国家就得利，得利的程度等于货价上涨的程度，而购买国却亏损，亏损的程度恰好等于货价上涨的程度。价格的这样上涨，并不增进世界现有的总财富，因为总财富只能通过可成为定价对象或估价对象的新效用的生产而扩大起来。在其他情况下，一方的利得总是等于另一方的亏损，基于相对价格的变动的投机性交易就是这样。

欧洲国家最终觉悟它们真正利益所在，放弃代价很高的殖民地统治权，并使那些接近欧洲的热带地方，例如非洲的一些部分成为独立殖民地的时候，也许在不很遥远的将来就会到来。随之而来的所谓殖民地产品的大量栽种，必能给予欧洲非常充足的供应，而且使它也许能以最公道价格得到这些产品。到那时候，一些以旧价格买来并存有这些产品的商人，当然不免亏损，但他们的损失，明显地将是消费者的利益，因为后者在一个时间内将以低于生产费用的价格购用这些产品。但商人将逐渐以那些用更大智慧生产的同质量产品来补充他们从前所购买的价格昂贵的产品。这样，消费者将得到物品低廉与享受扩大的利益，但不损害任何人，

他的想法相反，累积的资本也是消费，不过按另一个方式消费，即按再生产方式消费，以至能够不断地提供购买的手段。至于非生产性消费，购买行为只发生一次。参阅本书第三篇。由此可见，一个原则上的错误可使整部著作成为谬误的著作。上述错误就是建立在这个不正确的基础上面，因此只增加而不能减少这个学科的复杂性。*

*　劳德大的错误和西斯蒙第、马尔萨斯二人的错误相似。这个错误是由这样的概念产生的，即生产力的扩大使非生产性消费成为必要。其实，前者只使后者可能发生，充其量只使后者大抵会发生。国家及其人民，可这样消费以至生产力能够进一步扩大。国家像个人那样，所能掌握的富源越多，这些富源的生产力越大，国家就越富强。——英译本注

因为商人将便宜买进，便宜卖出。人类产业将迅速地发展，一条通向富裕的新道路，将开辟出来。[①]

第四章　价格的名义变动和金银块与硬币所特有的价值

在讨论货物价格的上涨与下降时，虽然都是以货币表示价值，但没有说到货币本身的价值。说实话，货币价值对其他货物价格的实际变动甚或相对变动都不起作用。尽管在购买一件产品时，最初是以货币付价，但究其终极，一件货物总是以其他货物购买。当羊毛价格加倍时，要用二倍数量的其他任何一种货物购买，不管是直接交换，或是通过货币作为交换媒介。面包商本来能够用六磅面包或它的货币价格，比方说一法郎购买一磅羊毛，现在不得不割让十二磅面包，以获得二法郎的价款去购买价格涨一倍的羊毛。但如果我们不比较袜子、肉、糖、羊毛、面包等的相对价值，而比较任何一种这些物品与货币本身的相对价值，我们就可发见，货币像其他货物那样，可能经历，而且事实上往往经

① 如果拿破仑用他所掌握的那么大的资源来达到这个伟大目的，他将以世界文明与富庶的贡献者流芳百世，而不以世界的破坏者与蹂躏者遗臭万年。当巴巴利海岸住满了和平、勤劳与有教养的人民时，地中海将成为一个大湖，并将留有湖滨各富裕国家所进行的商业的痕迹。

历实际变动即它的生产费用的变动，和相对变动即它与其他产品相对价值的变动。

自从美国银矿发现以后，由于银降到它从前价值的四分之一，所以它失去它跟价格没有变动的其他产品例如谷物比较的相对价值的四分之一。因此，一个人现在要付出四两银购买一塞铁小麦，而在1500年只需付一两左右。由于自从那时以来，一件货物的价格可能跌到原有价格的一半，而银却跌到原有价格的四分之一，所以，就这件货物和银的相对价值说，这件物品的价值加倍，因为它从前值一两银，而现在如果本身价值没有下降，就值四两银，但由于它本身失去原有价值的一半，所以只卖二两银，即等于从前两倍的银。

这就是银价的实际变动与相对变动的影响。但除这些变动外，还有在不同时期中间所发生的同一数量纯银在名称上的很大变更，这就使我们不应当信赖我们对实际变动和相对变动所作估计的正确性。

在1514年，一两银就可买到一塞铁小麦，现在一塞铁小麦值四两银，这就是银对小麦的相对变动。这么多数量的银，当时叫做三十苏，[①]如果同一数量的银仍旧保留原有名称，那么四两银现在将叫做一百二十苏或六法郎。这样，值六法郎一塞铁的麦和银比较价值上升，或银和小麦比较价值下降，但没有名义变动。可是，由于四两银现在叫做二十四法郎，而不叫做六法郎，所以除相对变动外，还有名义变动，即仅仅用字上的变更。实际变动与相对变动

① 勒布莱：《历史论文》；圣·毛尔：《关于货物货币的论文》。

比率是四比一，而货币的名义价值，自 1514 年以来，却按十六比一的比率下降。

由此可见，我们不能根据我们对一件货物所估定的货币价值来想象这种货物的价值。除非在一段时间和在一段地区，硬币的名称没有什么变更，而它所由构成的材料的价值也没有什么变更，否则所估定的价值将只是名义上的价值，不具有任何确定价值的概念。说一塞铁小麦在 1514 年卖价是三十苏，而不说明三十苏的当时价值，只说到一个不具有什么概念的价格，或说到一个错误价格，如果意思是说一塞铁小麦的当时价值等于现今货币三十苏。硬币名称对比较价值的帮助只在于它表示特定金额所包含的纯银的数量。它可作为银的数量的标志，但绝不可作为在任何长久时间或任何广大地区的价值的指标。

具有一定名称的金属分量的变更，对于国家财产与个人财产的影响，可无须指出。这样的变更，不增减金属或其他任何货物的实际价值，甚至也不增减它们的相对价值。如果一两银铸成二克朗，[①]而不铸一克朗，那么从前以一克朗给付的货价现在将以二克朗给付，就是说，在两者情况下都将以一两银给付，因此银的价值将没有什么变动。但如果是赊卖并规定以克朗付价，卖者以后收到的货款可能是半两的克朗，而不是一两的克朗，像立约双方的原来意思那样。因此，把旧名称移用于不同分量的金属的做法，将使一方不公正地得到利益，而另一方不公正地遭受损失。所以，除非利润产生自实际生产，或等于实际生产的生产费用的节省，否则一

① 一克朗合五先令。——译者

方获得的利润就是另一方所遭受的损失。

关于金银块或货币所特有或所固有的价值，都是基于它的用途，像其他一切货物所特有或所固有的价值那样，我们在上面已经说过。这个价值的大小，依存于它们用途的多少、使用必要性的大小和供应的充足程度。

金银虽是最普通的货币材料，但在未铸造以前，不能作为货币行使，因为在那时候，它们不是货币，而是货币的原材料。在现今社会状态，一个人不能任意把金银块铸造货币，因此，硬币的需要如果比金银块的需要更为迫切，硬币就可能具有比同重量和同质量金银块更高的价值。但金银块显然不能具有比同重量和同质量硬币更高的价值，因为金银块很容易铸成硬币。硬币价值所以很少超过金银块价值很多的原因是，有铸造专利权的政府，由于贪图从金银块与硬币的差值获得利润，错误地给市场供给过剩的铸币。这样，硬币价值从来不低于金银块价值，同时也很少超过金银块价值很多。因此详细叙述迄今成为或今后可能成为金银块固有价值的变动的因素，也足以说明作为货币的金银块的价值的变动。

上面已经说过，[①]由于美洲的发现而涌入市场的比从前增加十倍的金银，并没有相应地把金银降低到从前价值的十分之一。原因是，由于商业、工业和奢侈生活同时地开展，金银在这个时期的需求也大大增加。所有欧洲主要国家从前完全没有工业，不论作为资本或仅仅作为消费品的产品在流通数量上都非常的少。但

① 本书第一篇第二十一章第七节。

在这个时期全欧的产业和生产力却突然一齐发展起来，由于交易范围的扩大和交易次数的频繁，作为交换媒介的货币所用的材料，不能不有更大的需要。在大约同一时间，绕过好望角通向东海洋的新航线被发现，这就使许多冒险家涌到这方面来。这样东方产品的消费更为普遍，但欧洲由于自己拿不出其他产品，只好用贵重金属作为交换，印度吸收了大量这些金属。可是，产品的增多，倾向于使财富增加和普及起来。小贩变成股商，而在荷兰渔镇的公民中，就有了有百万法郎财产的人。从前只有皇子王孙才能购买得起的贵重物品，现在连商人也能购买。日益增加的对餐具和高价家具的爱好，引起使用在这些物品上的金银的更大需求。毫无疑问，如果美国的金银矿没有及时发现，这些金属的价值将大大上涨。

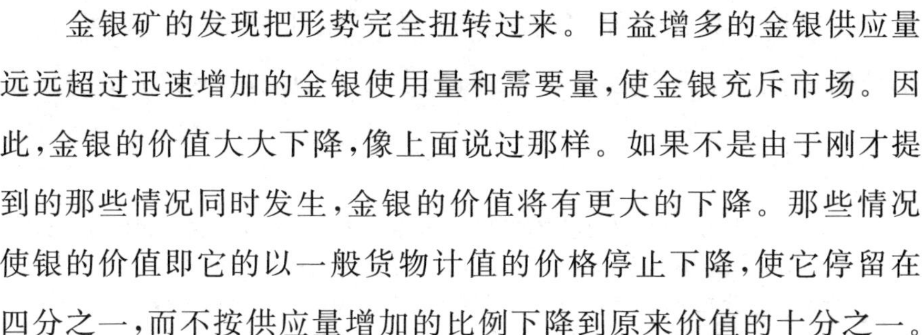

金银矿的发现把形势完全扭转过来。日益增多的金银供应量远远超过迅速增加的金银使用量和需要量，使金银充斥市场。因此，金银的价值大大下降，像上面说过那样。如果不是由于刚才提到的那些情况同时发生，金银的价值将有更大的下降。那些情况使银的价值即它的以一般货物计值的价格停止下降，使它停留在四分之一，而不按供应量增加的比例下降到原来价值的十分之一。

洛克必定没有意识到这个反作用的力量，否则他不会说，从1500年以来，白银供给增加十倍，必然使货物价格升涨十倍。他所举出以支持这一主张的几个事例，不够证明它的正确性，因为我们可举出比他所举的在数目和种类上多得多的产品，这些产品和白银一样，在1500年与洛克写那篇著作日期的中间时间，需求和供应增加的比例为二又二分之一比一。[①] 但尽管就一些个别产品说，情况可能确是像洛克所说那样，但就许多其他产品说，情况可能不是那样，因为在这些产品中，一些产品的需求自从1500年以来绝没有增加，而其他产品的供应却能与递增的需求并进，因此除由于性质完全不相同的原因所引起的暂时轻微变动外，它们的价值比率没有变动。我在这里顺便提一下，上面所说应该给我们一个教训，使我们认识在政治经济学必须对孤立事实进行理论考验的重要性，因为事实不能推翻理论，除非一切有关事实以及可能改变这些事实的本质的情况都加以考虑。但这是几乎做不到的。

百科全书的作者也陷于同样的错误，他们说，[②]如果一个家庭的银餐具，自十六世纪中叶到现在，在数量或质量上都没有变更，那么这个家庭的餐具财富，现在只等于从前的十分之一。其实，这一部分财富比从前降低四分之一，因为供应的增加虽把那价值降低到

① 随着美洲的发现，银的需求的增加强度和它的供应的增加强度相比，据说是二又二分之一比一，因为需求如果没有这样增加，那么十倍的供应早就使它的价值降低到原有价值的十分之一，就是使一百两只具有十两价值。但一百两只降低到它们原有价值的四分之一，即降低到二十五两的价值，这二十五两和十两的比例是二又二分之一比一。除非银的供需是按这个比例增加，否则情况不可能是那样。但由于供应在这个中间时间业经增加十倍，所以我们如果要确定，自美国银矿第一次被发现以来，无论在流通上、奢侈生活上和制造上所需求的银的实际增加比例，我们就得用十来乘二又二分之一，这样就得二十五。虽然二十五倍似乎是巨大的增加，但这个估算大抵不会超出实际状况。可是，如果银没从美洲源源运来，它的需求势必少得多，因为银的过于昂贵将大大减少它的使用。银餐具也许将变得和现在的金餐具那样稀罕，而银硬币将不像现在那么充足，因为它的效用将增大，价值将增高。

② 《货物货币》一条。

百分之十，但另一方面，需要的增加却把它提高到百分之二十五。[①]

值得注意的是，就上面解释过的流通那个词语的正确意义说，大部分硬币都在不断流通。在这方面，它和大多数其他货物有所不同，因为只当这些货物在商人手里的时候，它们才流通着，而当它们一移给消费者以后，就不再流通。至于货币即在它作为资本时，人们也不是想要它作消费品使用，而是想要它作交换品使用。每一个购买行为都是以货币交换别的东西，都使货币进一步流通。唯一退出流通的部分乃是窖藏或密藏的部分，而窖藏或密藏货币，目的总在于重见天日，再加入流通。

具有餐具、刺绣或首饰形式的金银，只在寻求购买者或准备妥当可以出售时才流通着。当它一到达消费者以后，就不再流通。

所有文明国家都使用银，而银的输运又非常便利，这样就使银成为有那么广泛需求的货物，以至只有大量的新供给才能显著地影响银的价值。因此，当色诺芬在他的关于雅典收入的一篇论文，劝告他的同国人密切注意阿蒂卡银矿的开采，并说银跟其他货物不同，不随着数量增加而减低价值的时候，我们必须认为他的意思是说，银的价值是不显著下降。的确，阿蒂卡银矿的产量过于微小，不足影响那个时候在地中海沿岸的许多繁荣国家以及在波斯和印度的银的存量。这些国家与希腊之间的商业活跃程度，足够使希腊市场的银的价值保持稳定。就当时的银存量说，阿蒂卡所

① 如果我们可以相信李嘉图，那么需求的增加对于完全由生产费用决定的价值就没有影响。李嘉图似乎没有意识到这一点，即需求使生产力成为被人们重视的东西。如果银块的需求减低，这将迫使银矿一律停止开采，因为减低的价格不够抵偿生产费用。

冶制的银，只是沧海一粟。色诺芬当然不能预见到美洲的银涌进市场的情况，也不能猜测这样涌进的后果。

如果银是作为人的食料，像谷物和土地的其他产品那样，那么，它的供应来源的扩大，将不减低它的价值，因为人类繁殖到和生活资料相称的激剧程度，将使需求跟得上增加的供给。如果谷物供给增加十倍，需求也将增加十倍，因为谷物的增加将导致消费这样增加的谷物的人口的增加，而谷物和其他货物将保持大约相同的比值。

这说明为什么银的价值变动过程是缓慢的，但其幅度却是巨大的。前者因为银的普遍需求使供给的轻微变动不容易觉察得出，后者因为银的有限用途使需求的增加跟不上供给的迅速增加。

银不但作为货币使用，而且作为餐具、家具和装饰使用。国家越富裕，就有越多的银使用在这些物品上面。作为货币使用的银的数量，和动产与动产的数量成比例，使得这些财产能够流转。因此，如果没有以下情况支配这个一般规律，富裕国家将比贫穷国家需要更多的硬币。

1. 货币与货物在富裕国家更快的流通速度，使它所需要和总贸易额相称的货币额在比例上比贫穷国家来得少。同一款项，在同一时间内，在一个富裕国家也许能进行十次的交换，而在贫穷国家只能够进行一次交换。[①] 所以，货币的需求，并不一定随着流通

① 在贫穷国家，当一个商人出售货物以后，他有的时候要等待相当长的时间才能够获得他想要得到的利润。在这段时间中间，货款便呆滞在他手里。此外，在贫穷国家里，寻找货币的投资方法总是很困难，储蓄是缓慢和逐渐地积成的，而且往往等待好几年才加以利用，结果大量货币处在呆滞状态。

货物的增加而相应地增加。流通扩大,但流通媒介却变得更活跃并发挥出更大效用。

2. 富裕国更经常地使用信用代替货币。在前一篇第二十二章说明,怎样可使用兑换券来替代一部分货币而不引起任何困难。[①] 通过使用这个办法,就可大大减少硬币的使用,因而大大减少作为货币使用的银的需求。而且在勤奋的商业人民中,兑换券还不是替代货币的唯一办法,每一种私人契约以及赊卖、信用货币的移转或甚至债务者与债权者的来往账,都可起相似的作用。

因此,硬币的需要,绝不是按同样的比例,随其他货物逐渐增长而增长。我们可正确地说,一个国家越富裕,它的硬币额和其他国家比较就越少。

如果仅仅供应量能决定一件货物的交换价值,那么金和银的比例将是一比四十五,因为银和金是按四十五比一的比例冶制的。[②] 但银的需求大于金的需求,银的用途要广泛得多,复杂得多,这样就使银的相对价值不至于下降到一比十五的比例以下。

贵重金属的一部分需求,是由于它在使用中逐渐毁灭所引起。贵金属虽不像大多数产品那样容易毁坏,但在一定程度上还会毁灭。作为货币和各种物品如匙子、叉子、酒杯、碟子等以及作为各种首饰的金银的数量是巨大的。毫无疑问,这样巨大数量的金银,

---

① 我认为无论在理论方面或在实践方面,在欧洲人中,李嘉图是最熟悉货币的人。在他的《关于经济与稳定通货的建议》中,他说:当政府确实是与人民大众休戚相关的时候,纸币就可用来替代全部硬币,通过巧妙管理,可使一个不具有内在价值的材料替代贵重的材料。在它发挥货币机能时,它的金属特性绝没有呈现出来。

② 洪博德:《关于新西班牙的政治性论文》,八开本,第 4 卷,第 222 页。

由于不断使用，其损耗虽比较缓慢，但必定很可观。镀金镀银所消耗的金银也很大。斯密说，在他的时候仅仅伯明翰制造业每年所消耗的金银就值五万镑。[①] 还必须考虑到刺绣、织物、装订等等所消耗的金银，金银一经用在这些方面，就不能再用在其他方面。此外，还要加上窖藏的金银和由于沉船损失的金银，窖藏者一死，就无人知道窖藏地点。

如果世界各个国家继续增加它们的财富，大多数国家在过去三百年内确曾增加它们的财富，那么它们对贵金属的需要将逐渐增长。这不但由于逐渐的损耗，金银使用愈多损耗愈大，而且由于其他货物的增多和这些货物总价值的增大，这样就将引起更大的需求以满足移转与流通的需要。如果金银矿产量跟不上日益增大的需求，贵金属的价值将增加，因此可用较少的贵金属交换其他一般产品。如果金银矿开采的进展，跟得上人类产业的进展，贵金属的价值将仍旧不变，在过去二百年内，它们的价值似乎没有变动，它们的需求与供应都是一齐增长。[②] 此外，如果这些金属的供应超过总财富的增长，现在的情况似乎就是这样，那么这些金属和其他一般货物的比值将下降。硬币将因此变得更加笨重，但金银在其他方面的使用将更加扩大。

① 《国民财富的性质和原因的研究》，第 1 篇第 11 章。自从这部著作发表以后，伯明翰和其他城市制造业所消费的金银大大增加。

② 洪博德明白告诉我们，墨西哥银矿在过去一百年的产量按一百一十比二十五的比例增加。他又告诉我们，安第斯山系的银矿是那样的多，以至只计算初步开采或全部未开采的矿脉就使人认为，在南美洲这样不可胜数的银矿面前，欧洲的银矿脉简直是沧海一粟。（《关于新西班牙的政治性论文》，八开本，第 4 卷，第 149 页）

由巨大的与日益增加的金银年供应量所引起的金银价值的非常轻微与逐渐的下降，是人类财富迅速与普遍增长的许多证据之一。因为人类财富迅速与普遍增加，所

如果要想把由于长时间存在的各种变动的混淆而产生的所有错误理论和谬误见解都揭露出来，那将是既费时而又令人生厌的工作。分析和区别各种变动，已经花了那么多时间。我们认为，只要给读者提供条件，使他们能够自己发现那些理论和见解的谬误，并使他们能够揣度那些公然地通过运用价值尺度来影响国家财富的措施的趋势，这样做就够了。

第五章　收入在社会中是怎样分配

决定物品价值并起像前几章所说那样作用的因素，对一切有价值但会消灭的东西，都无例外地适用，因此对从事生产活动的劳动、资本与土地所提供的生产性服务也可适用。那些掌握有这三个生产来源中任何一个的人，就是我们在这里叫做生产力出卖者，而产品的消费者乃是购买人。生产力的相对价值随着需求的增大

以金银的需求跟得上供应。但我倒以为，在一百年几乎没有变动的金银价值，在过去三十年又开始下降。一塞铁（巴黎度量单位）小麦在长久时间平均售价是四两银，现在上升到四两半，而所有续订的租约都把租金提高。其他一切东西的价格似乎也正以相似的比例上升着，这表示银的相对价值正在减低。*

* 译者非常正确地说，"在靠近 1814 年签订第一巴黎条约的时期，情况可能是这样。但从那时期以后，发生了种种情况（他注意到这些情况）使变动转到相反的方向。"他所叙述的一些情况确有这个影响，例如，墨西哥和秘鲁这些国家的内战所引起的银矿的减产，以及大不列颠、美利坚、俄罗斯和其他国家同时恢复使用金属媒介或可任意兑换硬币的纸币。——原编者

而上升，并随着供应的增多而下降，正如其他一切货物的相对价值那样。

整批地雇用劳动的人，或叫做冒险家的人，只是在出卖人与购买人之间的一种掮客，他比照某一特定产品的需求程度，雇用一定数量生产力来生产那产品。[①] 农民、制造者和商人不断地比较一定产品的生产所需的费用和消费者所愿出的价格或能出的价格。如果这个比较使他决定生产哪个产品，他就成为那件物品所应用的各种生产力的需要者，因而就给这些生产力的价值提供一个根据。

另一方面，有生命和无生命的生产因素即土地、资本与人的劳动的供应是大还是小，要看以下各章所评述的各个动机的作用而定。因此，这些动机的作用就成为估定生产力价值的另一个根据。[②]

每一个产品，在完成时，都是以它的价值去酬报完成这个产品所耗的全部生产力的。对于这个生产力的报酬，很大部分是在这产品还没全部完成以前就给付的，因此这个报酬必定先由某一个人垫付。其他部分的报酬，是在产品完成以后给付。但究其终极，整个生产力的报酬总是从产品的价值给付。

为说明一件产品的价值在所有协同生产这产品的人中是怎样

---

① 我们已经知道，如果任何一个产品的需要跟它的效用程度并跟别人所掌握的可用以交换的其他产品的数量成比例，那么这件产品的需要就很大。换句话说，一件物品的效用和购买者的财富共同决定需要的程度。

② 在细想本书的计划时，我曾踌躇了好久，要否在分析生产以前先分析价值，要否在进而研究价值的生产方式以前先说明所生产的价值的性质。但我以为，要使读者容易理解价值的基础，就必须使他们先知道什么构成生产费用，而为达到这个目的，就需要使他们对于生产因素和这些因素所能提供的服务有正确和广泛概念。

分配，让我们以表为例，并从头探讨它的最小零件是怎样得到，以及这些零件的价值是怎样给付许许多多共同生产的人作为报酬。

首先，我们发现，用以制造表的金、铜和钢是购自开采者。他们收到劳动的工资、资本的利息和付给地主的地租以交换这些产品。

金属商自原生产者购得金属，转卖给制表的人。这样，不仅收回垫付的款项，同时也得到他们的利润。

表的各个组成部分的制造者，把这些部分卖给表匠。表匠给付贷款，就是偿还他们从前所垫付的款以及垫款的利息。此外，表匠也给付迄今所花费的劳动的工资。这个非常复杂的给付工作，可用一笔等于上述那些价值的总和的款项来完成。表匠按同样方式，跟供给针盘、玻璃等以及供给那些他认为应当配备的装饰品的制造者打交道——金刚钻、珐琅或任何他喜欢用的东西。

最后，买表自己使用的人，偿还表匠所垫付的全部款项以及各项垫款的利息。此外，买表的人也给付表匠个人技能和劳动所应得的利润。

我们发现，表的总值，也许在它还没制成以前老早就在它的一切生产者中间分配着，而这些生产者比我所说到或一般所想象的多得多。连那个不知道是谁的购买者，即买到表并把它放在表袋的人，可能也包括在这些生产者内。原因是，谁晓得他不会把自己的资本借给一个开矿冒险家，或一个金属商，或一个大工厂董事，或一个不具有上述身份但曾把从他所借的一部分的款转借给一两个上述那些人的人呢？

上面已经说过，一件产品的大多数共同生产者，不要等到这产品完全制好以后才得到他们对这产品所贡献的那部分价值的报酬。在许多情况下，这些生产者，甚至在这产品还没有完成之前，老早就把他们所得到的等值物消费掉。每一个生产者都把这产品的当时价值，包括已经消费的劳力，垫付给在他之前的生产者。按照生产次序在他之后的生产者偿还他的垫付，加上这产品经过他的手所增添的价值。最后的一个生产者一般是零售商，消费者给他偿还所有这些垫款，加上他对这产品所增添的价值。

社会总收入的分配方式和上面所述完全相同。

所创造的价值，按这个分配方式归地主获得的那一部分叫做土地的利润。有的时候，由于农民给付定额地租，这个利润就移给农民。

分配给资本家即垫款者的部分，尽管他所垫付的款额很小而时期又很短促，都叫做资本的利润。有的时候，这个资本是按贷借方式借给人，资本家由于得到议定的利息，就不得利润。

分配给技匠或工人的部分，叫做劳动的利润。有的时候，由于得到固定薪水，就不得利润。①②

这样，每一个阶级都从所生产的总价值得到自己的一份，而这

---

① 在上面所举的表的例子，许多技工就他们自己的产业说都是冒险家，在这种情况下，他们的收入是利润而不是工资。如果专门制造链条的人自己买到未加工的钢，把它制成链条，并自己卖出，那么就这部分的制造说，他是冒险家。纺麻线者买到几便士的亚麻，把它纺成麻线并把麻线变换金钱。她用这笔钱的一部分购买更多的亚麻，这就是她的资本，另一部分满足她的需要，这就是她的劳动和小额资本的共同利润，构成她的收入。

② 在容许施行奴隶制的地方，奴隶只是机器，其收入全归主人所有，而主人仅支付机器的维持费。奴隶的生产力是专有物，这个专有物的报酬付给专有者，像专有的自然力的报酬那样。——英译本注

份就是这个阶级的收入。一些阶级是零零碎碎地收到它们的那部分收入，并且一收到就花费掉。这些阶级在人数上最多，因为这些阶级包含大多数工人。地主和资本家不自己利用他们的生产手段，他们收到定期的收入，或是一年一次，或是一年两次，或也许是一年四次，这要看他们和受让人所订的契约条款是怎样而定。但不论收入是按什么方式得到，它在性质上总是相似，而且必须来自所生产的实际价值。如果一个人不直接或间接参加一种生产，而收到满足他的需要的任何一种价值，那么，这不是完全天赐就是抢夺得来，二者必居其一。

以上所说，就是产品总价值在社会成员中间分配的方式。我说总价值，因为所协同生产的总价值中不归一个生产者所有的部分，即归其他生产者所有。呢绒商从农民买到羊毛，给付他工厂各部门工人的工资，并以足够偿还他的一切垫款和提供自己的利润的价格，把他们协作的结果即呢绒出售。他计算为利润或自己劳动收入的，只是扣除一切开支费用以后的净剩余。但那些费用只是垫付以前各个生产者的收入。这些垫款取给于呢绒总价值。对农民所付的羊毛货价，是栽种者、牧羊者和地主这三者的收入的合成物。虽然农民计算为净产品的只是扣除给付他的地主和他的雇工以后的剩余，但就地主和雇工说，这些给付是收入项目，前者是地租而后者是工资，前者是地主土地收入，而后者是雇工劳动收入。这一切的总和由呢绒的价值支付。呢绒总价值[①]构成这个人

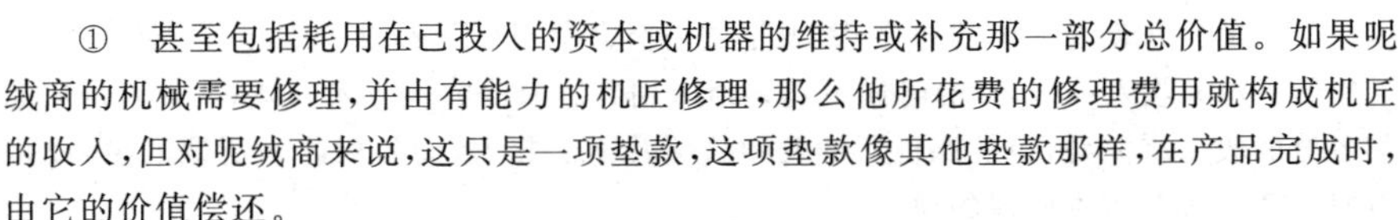

① 甚至包括耗用在已投入的资本或机器的维持或补充那一部分总价值。如果呢绒商的机械需要修理，并由有能力的机匠修理，那么他所花费的修理费用就构成机匠的收入，但对呢绒商来说，这只是一项垫款，这项垫款像其他垫款那样，在产品完成时，由它的价值偿还。

或那个人的收入,而且是这样全部分配掉。

由此可见,净产品一语只适用于产业界个别生产者或个别冒险家的个别收入,而个别收入的总和,即社会的总收入,等于社会的土地、资本和劳动的总产品。这就完全推翻了前世纪经济学派的思想体系。他们认为,只土地的净产品才构成收入,因此下结论说,社会只应该消费这个净产品。他们不承认这个明显的结论,即人类所创造的全部,都可由人类消费。①②

如果认为国家收入仅仅是所生产的价值减去所消费的价值的余额,那就必然产生这个最荒谬的结论,就是一个国家如果在一年内把它的年产品全部消费掉,就没有什么收入。一个一年拥有一万法郎收入的人也许认为花费他的全部年收入是适当的,我们能不能据此下结论说他没有收入呢?

个人在一年内从他的土地、资本和劳动所得到的利润总额,叫做他的年收入。组成一个国家的各个人收入的总和是这个国家的收入。③ 国家收入的总和是国家产品减去输出部分以后的总值,

① 所创造的价值的一部分,包括土地所创造的价值,应归功于自然力。但上面第一篇已经说过,土地可看作一台机器或一个工具,利用土地的人可看作使土地发挥作用的生产者,正如资本的生产效能可以说是资本所属的资本家的生产效能那样。仅仅字面上的批评并不重要,当意义一经说明以后,重要的是概念的正确,而不是其词语的正确。

② 在旧经济学派与新经济学派之间所存在的真正差别,也许不像一些人所想象的那样的大。他们所用收入一语的含义,似乎比新学派所用的这一语的含义狭窄得多,他们把这名称限定于总产品中支付所有人类生产力费用以后所剩余的部分。现在,即使单靠作者自己的说明,已经很明显,这整个剩余是被人利用的自然力的产品,因为资本的协作就是人力的协作,资本是过去努力所积存下来的产品。——英译本注

③ 国家收入一语,有的时候不正确地应用到国家的财政收入。诚然,个人是从他们各自的收入来完税,但从课税所抽收的款项并不是收入,而是对收入所课的税,或是有时不适当地对资本所课的税。

因为国家与国家的关系是像个人与个人的关系那样。个人的利润仅仅相当于他的收入减去他的费用的余额。不错，这个费用构成他人的收入，但如果他人是外国人，在估计他们国家收入时，就必须计算到他们的收入。例如，假如把价值一万法郎的丝带运往巴西并把棉花运回，那么估计这个交易行为对法国发生什么结果时，就必须扣除为偿还棉花对巴西所作的输出。假定所投入的丝带能换得四十包棉花，这四十包棉花在到达法国以后可卖一万二千法郎，那么在这笔款项中，只二千法郎是法国的收入，其余乃是巴西的收入。

如果所有的人只组成一个大国或一个大社会，那么就整个人类说，产品的整个总值将是收入，像每一个孤立国家的国内产品那样。但如果必须考虑人类分为不同社会，各有各的独立利益，我们就应当计虑到这个情况。所以，如果一个国家的输入在价值上超过它的输出，这个国家就得到等于超过额的收入，这个超过额构成它的对外贸易的利润。如果一个国家输出价值达十万法郎，输入价值达十二万法郎，而双方全用货物交易，不用任何货币，那么和贸易差额一派的学说恰恰相反，这个国家得到二万法郎的利润。[①]

在一年内消费，不，往往在生产那一刻就消费掉的大量不经久产品，像所有无形产品那样，也是国家收入的一个项目。因为，这些产品如果不是为着满足人类需要而生产和消费的那么多的价值——满足人类需要就是收入的特征——究竟是什么呢？

① 这个国家的利润由以下情况产生，即运输使出口货与进口货这两者在到达各自的目的地时增加价值。

估定个人收入和国家收入的方法，和估定一宗任何形式的价值如死人遗产的方法相同。每一个产品总是以货币或硬币陆续估定价值。例如，法国收入总额据说是八十亿法郎，这绝不意味着法国的商业给它带来那么多硬币。法国很可能只输入极小额硬币，或完全没有输入硬币。上面那句话的意思只是，法国年产品以银币各别地或陆续地估定价值的总和等于上述金额。以货币估定价值的唯一原因是，由于习惯关系，想象一定金额货币的不变价值，比想象一定数额其他货物的不变价值来得容易。要不是由于这个原因，用谷物估定价值是完全可以的。例如，说法国收入等于四亿公石小麦，就表示完全相同的价值，如果一公石小麦是二十法郎的话。

货币使组成收入或资本的价值易于流通，但货币本身并不是年收入的一个项目，因为它不是年产品，而是在多少遥远的从前时期的商业或冶金的结果。完成去年流通任务的是同一硬币，完成前世纪流通任务的也可能是同一硬币，而且在这个时间内数量没有增减。不但如此，如果硬币材料价值在这当中时间下降，这个国家的货币形式的资本就有所亏损，正如一个商人由于他的存货下降而遭受损失那样。

因此，收入的大部分，或者换句话说创造的价值的大部分，虽暂时化为货币，但这货币或这么多银币本身并不构成收入。收入是用以获得这么多银币的创造的价值。由于那价值只在一瞬间具有货币形式，所以在一年内，同一货币，可使用好几次，以支付或收受收入的特定部分。的确，收入的一些部分从来不具有货币形式。供给工人膳宿的制造商，以粮食支付工人的部分工资，所以技匠的很大部分收入，没在一瞬间具有货币形式，因为它是以实物给付、收受和消费。在美国和处于相似情况的其他国家，移住民通常以他的土地产品供给他的整个家庭的衣、食、住，所收受和所消费的收入全是实物，而不是货币。

我想我上面所说足够使读者有所戒备，不至于把收入所可能转化的货币和收入本身混为一谈，并足够使他们确信，个人收入或国家收入不是由个人或国家所收受以替代个人或国家创造的产品的货币组成，而是实际产品或其价值。这个实际产品或其价值，通过交换到达收入者手中时，无疑地可具一袋克朗银币形式，也可具任何其他形式。

除非所收受的具有货币形式或其他形式的价值是在一年内创造的产品或其价格，否则这个价值就不能成为年收入的一部分。此外的东西都是资本，是从甲手转给乙手的财产，或作为交换，或作为馈赠，或作为遗传。因为一个资本或收入项目，可以任何形式即动产、不动产或货币形式给付或移转。但不论收入具有什么形式，收入跟资本总有这个本质上的区别，即收入是一个早先存在的来源的结果或产品，而这个早先存在的来源则是土地、资本或劳动。

一些人对于这个问题有怀疑，即一个人所已经收受作为他的土地、资本或劳动的利润或收入的价值，能否同时又成为另一个人的收入。例如，一个人收受一百克朗作为他个人收入的一部分，并把这一百克朗投在书籍上面。这样转变为书籍并以那个形式由他消费的这项收入，能否再形成印刷商、书商和其他协同生产书籍的人的收入并由这些人再消费呢？这个困难问题可这样解决。第一个人从他的土地、资本或劳动所得并由他以书籍形式消费的收入的价值，在最初生产时并不具有那个形式。这里有两种生产：1. 由土地和由农民的劳动所生产的谷物，这个谷物转化为克朗银币形式并作为租金给予土地所有人；2. 由书商的资本与劳动所生产的书籍。这两个产品后来相互交换，由前一个生产者消费后一个生产者的产品，并由后一个生产者消费前一个生产者的产品，因为两种产品各具有适合于这两个人各别需要的形式。

无形产品也是这样。律师和医师的意见是他们各别才能和学识的产品，这些才能和学识构成他们的特殊生产手段。如果商人需要他们的协助，他就给予他们以自己商业产品所变换的货币来取得这协助。究其终极，这三个人都是消费各自的收入，并把它转变为最适合于他们特殊需要的物品。

第六章 什么生产部门给生产力生出最充分的报酬

一件产品的总值给它的各个协同生产者偿还他们垫付的款项，像刚才所说那样，并在大多数情况下还给他们提供利润，这利润成为他们的收入。但在各个生产部门，生产力利润的大小参差不齐。一些生产部门只给参与这些部门的土地、资本或劳动提供极小的收入，而另一些生产部门却给生产力过高的报酬。

的确，生产因素总想把它们的力使用在能得到最大利润的生产部门。因此，生产因素的竞争倾向于降低价格，正如需求倾向于提高价格一样。但竞争的结果不能使供给与需求恰恰相称，在各个情况下报酬都相等。在人民不习惯于某种劳动的国家，这种劳动的供给很不够，而资本往往是这样投入某一种生产，绝不能提出移往其他方面。此外，个别土地也许不能栽种有最大需求的农作物。

我们不能探索所有各别时期的利润的变动。一个新的发明、敌人的侵略或围攻等等，都可能产生很大变动。这样的局部情况可能影响或干扰一般原因的作用，但不能破坏一般原因的一般趋势。任何论文，不管多么详尽，都不能包括可能影响物品相对价值的一切个别情况，但我们能够详细说明一般原因以及起同一作用的原因，使得每一个人在个别情况呈现出来的时候能够揣度那些由于局部或暂时情况的作用而产生的后果。

最大的利润并不是得自最贵重物品或最不必需物品，而是得自最普通和最不可缺少物品，这乍看起来似乎有点离奇，但一经调查研究就可看出大体上是正确的。事实上，最不可缺少物品的需求必然是永久的，因为这个需求是由实际欲望所激起，而且由于最易引起人口的增加的乃是生活资料有所取给，所以这个需求总是随生产手段的增长而增长。相反地，不必要物品的需求不随生产这些物品的能力的增长而增长。意外的抢购（只在大城市才会发生不必要物品的抢购，我们在这里顺便一提），也许能够使它的价格大大超过自然价格，即大大超过实际生产费用，而时尚的更易可能又使它的价格降到比自然价格低得多。即对富人来说，不必要物品也不过是次要物品，只极少数有能力享用的人才需求这些物品。当意外的灾难使人们不得不减低他们的费用，即当他们的收入由于战祸或纳税或荒歉而减少时，首先撙节的总是最不需要消费的物品。这也许足以说明，为什么从事生产不必要物品的生产力的报酬，一般总是低于从事生产其他物品的生产力的报酬。

我所以说一般，乃是因为在大城市，奢侈品的需求比其他地方更为迫切，不管时新式样多么荒谬，人们却不问是非地顺从，有过永恒的自然规律，有时人们宁可不吃大餐，借以购穿绣褶边衣衫出现于晚会。在这样的地方，玩品的价格，有的时候可能给从事生产这些产品的劳动与资本带来优厚的报酬。但这些是极个别情况，如果我们平均这些产品的各年利润，并考虑到偶然的损失，我们就可发见，从事生产不必要物品的冒险家的利润是最小的，而他们工人的工资也是最低的。诺曼底和弗兰德的最上等花边制造者是最穷困的人，而里昂的绣金工人完全穿着破烂的衣衫。诚然，生产这样产品的商人有时也得到非常大的利润，例如一个制帽商人据说曾由于生产一种新式帽子而发了财，但如果我们计算所有不必要物品的利润并扣除未出售的这些产品的价值或虽已出售但货款无法收回的这些产品的价值，我们就可发见，总的说来这类产品的利润最为微细。经营最时新物品的商人往往列在破产者名册。

一般使用的货物是大多数人民能够购买的货物，并是几乎所有社会阶级都需求的货物。只在富翁宅第才有枝形灯架设备，但最简陋的屋子都有灯台设备。所以，灯台的需求是正常的，而且灯台的需求总是比枝形灯架的需求更为强烈。即在最富裕国家，灯台的总值也远远超过枝形灯架的价值。

毫无疑问，人类食品是最不可少的物品，因为天天都有需要。

什么工作都不能比满足人类食品需要的工作更为正常。因此，这些工作产生最确定的利润，尽管它们受到强烈竞争的影响。[①] 巴黎的屠户、面包商和猪肉商迟早会发一笔财引退。我从最可靠方面听得，巴黎及其附近的房屋和不动产一半都是这些行业商人买去。

由于这个原因，懂得真正利益的个人和国家，总是喜欢从事商人叫做日常物品的生产。除非有极有力的理由，他们不从事其他物品的生产。艾登先生在1706年代表英国跟韦根先生商定商约时，要求法国准许英国的一般陶器自由输入法国，就是根据这个原理。这个英国代表说："我们能够卖给你们的只是若干碟子，这些碟子将抵不上我们要从你们购买的华美的塞佛尔瓷器。"这句话迎合了法国代表的浮夸心理，因此就决定一切。但当英国的陶器被准许输入法国以后，这些又轻便又便宜的陶器，使大多数中等家庭喜欢购用，在短时间内，它们的经常输入达几千万具，而且在战争以前每年继续增加。至于输出的塞佛尔瓷器，和这些输入的陶器相比，只是微不足道的数量。

日常用品的需求，不但是巨大的，而且是更稳定的，商人总不难销售普通亚麻布衬衫的材料。

我能够很容易举出和上面所举的制造业例子相同的农业与商业例子。在整个欧洲，莴苣的消费量比菠萝蜜的消费量大得多；在法国，华美的开斯米羊毛围巾，和朴素的卢昂棉织品比起来，是很

① 我这里所说仅就冒险家、老板或商人而言，因为一般工人或工匠好像只能通过反抗得到利益。关于从事人类食品生产的农民，他们虽是农业上的冒险家，但却处于不利情况，这不利情况使他们的利润大大减低。他们是那样受到地主的支配和苛捐杂税的压迫，以致一般地说他们得不到很大利润，至于季节性变动，更不必说了。

难脱销的商品。

所以，一个国家如果想输出奢侈品而输入一般用品，就是失算。法国以只少数人有力购用的时新物品和华美装饰品供给德国，德国以棉线带与其他织造品，锉刀、镰刀、铲子、火钳和其他通常使用的铁器，供给法国。要不是由于法国能输出它的得天独厚的年产品，即酒与油以及一些制造优良的产品，那么法国从德国得到的利益就小于德国从法国得到的利益。法国和北欧的贸易可以说也是这样。[①]

第七章 劳动的收入

第一节 一般劳动的利润

关于刺激产品需求的一般动因，已在上面讨论过。[②] 当任何

① 这一章全章的论证是不必要和无结果的。什么地方听任价值自行发展达到它的自然水平，就使各种生产力的报酬最终相等，就使人们对各种生产作用的难易、好坏以及苦乐程度有一致的看法。这些他在下一章里有详细说明。如果他的意思只是说，大的生产力将得到更大部分的总产品作为它的报酬或收入，或永久使用的生产力将得到经常与永久的报酬，那么他就是以非常迂回的方式表达一个确系不言自明的命题。生产力主要区分为肉体的生产力和头脑的生产力，前者一般地说比后者得到更充分的报酬，因为后者在一定程度上从本身得到报酬。例如，总的说来印刷商和书商比著作家得到更充分的报酬，因为著作家已从自己赏识或虚荣得到一部分报酬。——英译本注

② 本书第一篇第十五章。

一个产品的需求是很强烈的时候，创造这个产品所必须使用的生产力的需求也必定同样强烈，使这生产力的价值比例增高起来。这是一般情况，对一切生产力都可这样说。当产品的一般需求极为强烈，家家富裕，百业获得厚利，生产又活跃又丰富的时候，劳动、资本与土地在其他情况如均相同的假设下都将生最大的利润。

从第一章我们知道，一些产品的需求总是比另一些产品的需求更为稳定、更为强烈。由此我们下结论说，从事生产那些产品的生产力，得到最充分的报酬。

在进而作更详细的讨论时，我们将在这一章和以下几章研究，在什么情况下劳动的利润在比例上是大于或小于资本与土地的利润，在什么情况下资本与土地的利润在比例上是大于或小于劳动的利润，以及为什么某一些使用劳动、资本或土地的方法比另一些方法更有利。

首先，从劳动的利润比率和资本与土地的利润比率的比较，我们可看到，在充足的资本引起大量的劳动力的需求的地方，像革命前的荷兰，劳动利润的比率最高。在那个时候，荷兰劳动力代价很高，正如现今美国劳动力代价很高那样。在美国，尽管人口急剧增加，而人的生产力也急剧增加，但这个增加赶不上无限大的土地的需求，也赶不上由于普遍节约习惯而逐日累积起来的资本的需求。

有此种环境的国家，人民最康乐，因为那些悠游自在并依靠自己资本和土地的利润为生的人，比单靠自己劳动的利润为生的人，更能以普通利润过活。前者除靠自己资本过活外，还能在高兴的时候，把劳动的利润加在他们的其他收入上面，而一般机匠或工人不能任意把资本与土地的利润加在自己劳动的利润上面，因为他们既没有资本也没有土地。

其次，从不同生产部门的劳动力的利润的比较，我们可看到，这些利润的大小和以下成比例：第一，工作的危险、困难或疲劳的程度，愉快或不愉快的程度；第二，工作的定期性或不定期性；第三，所需要的技巧或才干的程度。

每一个这些原因，都会减低在各个生产部门流通的劳动力分量，因而会改变劳动力的自然利润率。这样明显的论点不需要举例证明。

说到愉快或不愉快的工作环境，就必须计虑工作所受的尊重或鄙视。一些职业部分地以荣誉为报酬。在一定的价格中，以荣誉这个硬币给付的部分越大，以其他给付的部分就越小。斯密说，学者、诗人和哲学家的报酬几乎全在于得到人的敬仰。无论是有理由或由于偏见，滑稽演员、舞女和其他许多职业完全不受尊重，因此必须以货币来补偿他们所没有得到的尊重。斯密说，"乍看起来似乎不合理，我们鄙视他们的人格，而却非常慷慨地给他们的才能以优厚报酬。但是，正由于我们鄙视他们的人格，所以得给他们的才能以优厚的物质报酬。对于这些职业的舆论或偏见如果有所改变，这些职业的金钱报酬就将很快减低。更多的人将参加这种工作，而竞争将迅速减低这种劳动的价格。这样的才能虽不是普通的才能，但绝不是罕有的才能，像一般所想象那样。许多人也完全具有这样的才能，但不屑把它发挥出来，更多人能够学得这样的才能，如果能受到尊重。"①

① 《国民财富的性质和原因的研究》，第1篇第10章。

在一些国家，政府职务既享显赫名望又得丰厚薪饷，但这种情况，只在官职不是人人可自由争取像其他职业那样，而由国王凭高兴授予的地方，才发生着。一个意识到自己利益的国家，对于普通官吏，就不随便给予这样双重报酬。如果从宽授予了职位，那么就从严评定薪饷。

所有临时性工作的报酬都是高的，因为这样的工人在有活干时所得到的报酬，必须足够偿付他在没有活干时的费用。做零工的马车夫，在有工作的日子，必然索取超过足以报酬他的劳动和资本的车价，因为他们如果不这样做，在没有活干的日子就无法过活。由于同一原因，化装跳舞会服装的租金必定很高，因为狂欢节一天的收入必须供给全年。交叉道路上的客栈老板，对客人的一般招待必然索取很高代价，因为他可能要等待好几天才有另一个客人来光顾。

可是，人往往这样想，如果有一个侥幸机会，必定落入他手中。这使一部分劳动奔向报酬与劳动不相称的方面。《国民财富的性质和原因的研究》的作者说："在完全无私弊的彩票，一切不中彩的人所损失的应当归中彩的人所得。在二十个人失败而一个人成功的职业，不成功的二十个应有的利得该归成功的一个所有。"[①]现在，许多职业都没有按照这个报酬率给付报酬。斯密也认为，著名律师所收的律师费虽似乎过高，但大城市律师的年收入只相当于他们的年费用的一小部分，因此他们生活费的大部分，必须来自和律师业务没有关系的其他收入来源。

① 《国民财富的性质和原因的研究》，第1篇第10章。

可无须说明，上述利润比率不同的各个原因，可在同一方向起作用，也可在不同方向起作用。在前者情况下，作用的影响更为强烈；在后者情况下，一方的作用控制并抵消另一方的作用。更无须证明，职业的愉快环境，可抵消它的产品不确定这个缺点；临时性而又带有危险性的工作，必须给两倍薪水作为补偿。

一般劳动利润不平均的最后一个原因，也许最重要原因，是劳动所需要的技巧程度。

当任何职业（不管是高级职业或是低级职业）所需要的技巧，只通过长时间和代价很高的训练才能得到的时候，这种训练每年必须支付一定费用，而这些费用的总和构成累积资本。这样，它的报酬，不但包括劳动的工资，而且包括在训练时所垫付的资本的利息。这个利息率高于通常利息率，因为这样垫付的资本实际上无法收回，而且人一死亡，资本就不存在。所以，这种利息必须照年金计算。[①]

由于这个原因，所有需要长期教育和才能的工作即需要高等普通教育的工作，比不需要这么多教育的工作有更高的报酬。教育是资本，它应当产生和劳动的一般报酬没有关系的利息。

的确，有了和这个原则抵触的事实，但这是能够解释的。有的

① 不，它不仅是收到薪金的人所花的教育费用的年利息，严格地说它应该是这方面全部教育费用的利息，不管费用有否效果。因此，各个医生收费的总和，不但应当偿还他们所花费的学习费用，还应当偿还教育学生的一切费用。一些学生可能在受教育时死亡，另一些学生可能辜负教师对他们的苦心教育。原因是，在培养医生过程中，一部分教育费用不可能不白费。但在政治经济学，过分精确的估算是没有用的。我们发现，这样过分精确的估算结果往往和事实有出入，因为在计算国家财富时不能不考虑道德的影响，而这影响不允许数学估算。所以，代数方程式不适用于政治经济学，反足引起不必要的纷乱。斯密从来没有使用代数方程式。

时候，牧师职位的报酬很低。[①] 可是，建立在非常复杂教义和难解的历史事实上的宗教，要求做牧师的人必须有长时期的学习和见习，而这样的学习和见习必然需要预付资本。所以，为使牧师职业能继续存在，牧师的薪金必须包括牧师个人劳动的工资和所花费的资本的利息。然而，低级牧师的利润很少超过劳动的工资，在天主教国家尤其这样。但必须查明，公众有没有预付这资本，以公费维持和教育那些研究神学的学生。如果公众预付了这资本，就可找到愿意为着单纯劳动工资或仅仅生活费用而执行牧师职务的人，特别是没有家庭负担的人。

如果某一产业部门所需要的人才，不但需要受过代价很高的训练，还需具有天然才能，这样人才的供给，就更跟不上他们的需求，因此他们的报酬必然更高。一个大国也许只有两三个杰出的画家或雕刻师。如果绘画和雕刻有很大需求，那几个人要索多少报酬几乎就能索多少。这种利润的大部分虽只是对他们为学得有关技能所预付的资本的利息，但扣除利息以后，还有很大的剩余。[②] 一个名画家、名律师或名医生为学得技能所花费的自己的钱或亲属的钱，至多是三万或四万法郎，而这笔款项的利息作为年金计算只四

① 上面所说并不包括高级牧师，他们的报酬非常优厚，但这是基于国策。*

* 在估算全国牧师职位的报酬时，必须计虑高级和低级牧师的收入的总数。人类爱赌博的癖性，以及上面提到的期望获得侥幸机会的倾向，使人的劳动奔向只少数人得大彩而大多数人却不得彩这方面，如牧师和律师，这些职业还有个人人格受到尊敬的吸引力，至少在英国的社会组织是这样。——英译本注

② 但从总剩余必须扣除这行业中不怎么成功的竞争者的平均损失。至少在英国，似乎没有在这方面考虑到个人人格的尊敬，就是纯美术有卓越造诣的人也很少得到高度的尊敬。雕刻家或画家被叙勋封为贵族的事例是找不到的，而商业企业上成功的人却很容易得到叙勋的机会。——英译本注

千法郎。所以，如果他从他的技能每年获得三万法郎，那么扣除年利息以后，还剩有二万六千法郎，这二万六千法郎全是他的技艺和劳动的薪金。如果每一个提供收入的东西都可看作财产，即使假定他没有承继一分钱，他在十年内可取得二十六万法郎的财产。

第二节　科学家的利润

科学家即研究怎样支配自然规律给人类带来最大利益的人，使企业从他们所保管和增进的知识得到巨大利益，而他们自己却只得到产品的极小部分。他们的报酬和劳动不相称的原因似乎是，用术语说，他们在一瞬间把那么大数量不容易损耗的产品投入流通，以致从事实地操作的企业非等到很久以后不会向他们要新的供应。

没有科学成就，许多制造方法就无法实行。科学成就大抵是长期研究和深思熟虑以及运用高度化学技巧、医学技巧与数学技巧的又灵敏又细致的一系列实验的结果。但是，这样困难获得的知识，也许只通过几页的写作就能传布，而且通过公开讲演或报纸大量流通，大大超过需要。说得更确切些，它会自行流传，并且因为不会消灭，人们不需要再求助于它的发明者。

以此之故，依照决定物价的自然规律，这一种类的超越知识的报酬很低，就是说，对于所贡献的产品的价值，它只得到很不充分的一部分。鉴于这个不公平待遇，每一个充分意识到科学研究的巨大利益的国家，都企图通过特殊恩典或通过使人喜悦的荣誉奖赏来增补科学家由于他们的工作和由于他们所发挥的先天或后天才能而得到的极微小利润。

有的时候，一个生产者发明了旨在于生产新产品或增进旧产品的美观或更经济地生产一种产品的方法。由于坚守秘密，他也许能够在好几年内，即在他的一生，得到超过他的职业的通常比例的利润，或甚至把这种利润遗传给他的子女。在这个特殊情况下，这个生产者兼有两种劳动者的作用，即自己独占利润的科学家的作用和冒险家的作用。但这种发明很少能够在长时间内保持秘密。这对大众来说是个幸福，因为这种秘密使它所适用的某一产品的价格超过自然水平，并使能够享用这产品的消费者的人数低于自然的水平。①

很明显，我只说到科学家从他们的职业所得的收入。没有什么阻止科学家同时兼做地主、资本家或冒险家，并以地主、资本家或冒险家资格得到其他收入。

第三节　老板、经理或冒险家的利润

在这一节，我们只讨论老板、经理或冒险家的利润中可看作这样特殊人物的报酬的那个部分。如果一个制造者在他服务的公司参加一股资本，那么在这范围内他就应该列作资本家，而他所参与的资本的利益应该作为所投入的资本的利润的一部分。②

---

① 在读者中，也许有的认为，当价格比例是不自然的高的时候，国家的产品总值更大。对于这些读者，我要请他们阅看本篇第三章关于这方面的论述。

② 由于斯密忽视监督的利润和资本的利润这二者的区别，所以他感到很尴尬。他笼统地把这二者列在资本利润这总项目下，因此不能凭着他的聪明和锐利来阐明影响这二者的变动的原因。参阅《国民财富的性质和原因的研究》，第1篇第8章。难怪斯密自己感到那样窘迫，因为这二者的价值决定于完全不相同的原则。劳动的利润依存于所施展的技巧程度、积极性、判断力等等，而资本的利润依存于资本的多寡、投资的安稳性等等。

一个管理任何事业的人，很少自己没有一些资本，从这资本收到一定利息。一个公司经理很少是完全从外人借款，作为这个公司的全部资本的。只要有一些工具是他用自己的资本购买的，只要有一些款项是他用自己的资金垫付的，他就有权利以经理资格获得一部分收入并以资本家资格获得另一部分收入。谁都不愿牺牲自己的利益，哪怕是很小的利益，因而连那些从来没有分析上述各种权益的人，也都知道得很清楚在实践上要怎样充分行使他们的权利。

我们现在所必须做的，就是把冒险家作为冒险家所获得的那一部分收入区分出来。我们随后可看到，他或别人以资本家身份所得的究竟是什么。

可以回忆一下，冒险家的工作，属于开动每一种产业所必须的第二类工作中的一项。这第二类工作就是应用既得的知识去创造供人类消费的产品。[①] 同时也可回忆，知识的这样应用，在农业、工业和商业同样需要；农民或栽种者为着自己利益所作的努力，制造者和商人所作的努力，都属于这一类应用，这些人是各个产业部门的冒险家。我们现在来讨论这三种人的利润的性质。

这些人的劳动的价格，像一切其他物品的价格那样，是由投入流通的这种劳动的供给或数量对它的需求或需要的比率决定的。有两个主要原因对这种高级劳动的供给起限制的作用，因而把这种优越劳动的价格保持在很高的水平。

首先，冒险家通常必须自己供给所需要的资金。这不是说他

① 参阅本书第一篇第六章。

必须很有钱,因为他可以靠借来的钱经营,而是说他至少必须具有偿付能力,必须有敏慎廉正名誉,并必须能够通过他和别人的关系借到自己可能没拥有的资本。上述条件使许多人不能参加竞争。

其次,冒险家需要兼有那些往往不可得兼的品质与技能,即判断力、坚毅、常识和专业知识。他需要相当准确地估量某一产品的重要性及其可能有的需要的数量与生产方法。在一个时间,他必须雇用很多工人,在另一个时间,他必须购买或订购原材料,集中工人,寻找顾客并随时严密注意组织和节约;总而言之,他必须掌握监督与管理的技术。他必须敏于计算,能够比较产品的生产费用和它在制造完成与运抵市场后所可能有的价值。在搞上述复杂工作的过程中,有许多必须克服的困难,有许多必须抑制的忧虑,有许多必须补救的不幸事故,有许多必须计划的权宜手段。那些不具有上述品质与技能的人,事业就不成功,他们的商号不久便一败涂地,而他们的劳动不久也没有用处。只运用有效或巧于运用的劳动才不会被淘汰。冒险家所需要的这些智能与才能使冒险事业竞争者的人数受到制限。不但如此,这种事业总带有一定程度的风险。尽管搞得那样的好,还有失败的机会。冒险家可能由于非自己的过失而倾家荡产,并在一定程度上丧失名誉,这是限制竞争者数目的另一个原因,也是冒险家的生产力得到那样高报酬的原因。

并不是所有产业部门都需要同程度的能力与知识。我们不指望一个冒险从事耕种的农民具有像一个冒险跟遥远国家贸易的商人那么广泛的知识。上述农民掌握有两三种一般农作知识就行了。但从事于需要经过长时间以后才得到利润的商业,却需要高深得多的知识，不但必须熟悉所冒险经营的货物的性质，而且对于那种货物的需要范围及其市场范围，必须有一定概念。为达到这个目的，商人必须随时注意世界各部分的各种货物的市价。为对这些价格能作正确的估算，他必须熟悉各国通货及其相对价值或所谓汇兑率。他必须知道运输方法、运输风险与运输费用以及他所来往的人的习惯和法律。此外，他必须掌握足够的对人的知识，使他不至于误信他的代理人、往来店家与主顾。如果做一个老练农民所需要的知识比做一个老练商人所需要的知识普通得多，那么前者的劳动报酬远远低于后者的劳动报酬是毫不足怪的。

不应当把上面所述理解为商业企业的每一个部门都需要兼备比农业所需要的更稀罕的条件。零售商人多半是像一般农民那样机械地执行日常工作，而一些种类的耕作，却需要非常的小心和智慧。教者的任务在于确定一般原则，而应用之妙在于读者。从一般原则很容易作出许多推论，但这些推论受客观情况的影响和一般原则有出入，这些客观情况是这门学科的其他部分所规定的其他原则的结果。例如，天文学告诉我们，所有行星在同一时间运行同一区域，但一些行星由于接近其他行星脱离了常轨。这些其他行星的吸引力依存于自然科学的另一个规律，我们在研究各个行星的现象时就必须注意这规律。把一般规律应用到个别和孤立情况的人，就得计虑那些已知的各个规律或原则的影响。

我们不久将讨论纯粹体力劳动的利润，到那时候我们将看到冒险家作为雇主对于工人所享有的特殊利益，但在这里顺便说说一个智慧超常的人所能得的其他利益也许有帮助。他是各种生产者之间和生产者与消费者之间的联络环节。他指挥生产业务，并是许多关系的中枢。他利用别人的知识，利用他们的愚昧，并利用生产上的任何意外利益，以取得好处。

由此可见，无论什么时候，生产努力非常成功，积起最大财产的，正是这一种类生产者。

第四节　劳工的利润[①]

任何身体健康的人，都能搞简单或粗笨劳动，所以仅仅维持生存就可确保这种劳动的供给。因此，在任何国家，这种劳动的工资很少超过绝对必需的生活费用，而这种劳动的供给总是和它的需求相称，不，往往超过它的需求，因为困难不在于生存，而在于维持生存。什么时候，只要维持生存就使任何一种工作都能执行，而且这种工作能提供维持生存的手段，什么时候空虚位置就会很快填补起来。

但必须注意一件事情。人不是一生下来就有足够的身长和足够的力气来搞甚至最简单的劳动。他要到大约十五岁或二十岁才取得这种能力，因此可把他看作一项资本，这项资本由每年用以教养他的款项累积形成。[②] 那么由谁来搞这累积呢？一般由劳工的父母亲来搞，或由同一职业的人来搞，或由和他的职业有关系的人来搞。所以，就这类的人说，工资比仅仅维持生存所需要的数目略

① 我所用的劳工一语是指受雇于老板、经理或冒险家为他工作的人，因为那些支配自己劳动的人，像摆固定摊子的皮匠和到处巡行的磨刀匠，兼有冒险家与劳工的身份，他们的利润一半受前一节所详述的情况的支配，一半受这一节所要说的情况的支配。也必须假定，这一节所说的劳动只需要很少的学习或锻炼，甚或不需要什么学习或锻炼。如果劳工获得任何才能或技巧，那么除原有利润外，他还应得另一部分的利润，这一部分利润由本章第一节所说明的原则决定。

② 一个成人是一项累积资本。用以教养他的款项确是消费掉，但是按再生产方式消费，使它能够生产人这一产品。

多一些，因为工资必须足够维持劳工的子女的生存。

如果最低级劳动的工资，不够维持家庭生活，不够抚养子女，那么这种劳动的供给势必减少，它的需要将超过流通中的供给量，而它的工资将增加，一直到这个劳工阶级又能教养子女来补充不足的数额为止。

如果阻止劳工阶级结婚，上述不足情况就将发生。一个没有妻子的人所愿意接受的工资比一个又是丈夫又是父亲的人所愿意接受的低得多。如果独身风气在劳工阶级中间流行起来，那么这阶级就不但没有什么贡献，以补充自己的成员，而且还会阻碍他人来补充。由于单身汉能够接受的低廉工资而产生的体力劳动价格的临时的下降，不久必导致由于劳工人数减少而产生的体力劳动价格的极不相称的上升。所以，即使对雇主来说，雇用结婚工人是不合算的，但考虑到结婚工人的稳定性，他应该雇用他们。如果他现在不这样做，那么他将来必须对劳工给付更高的价格。

诚然，每一个行业都没有单在自己成员中间培养儿童来补充它的人数。新的一代常常从这一类型生活转到那一类型生活，特别经常的是从乡村职业转到类似的城市职业，因为儿童在乡村受锻炼，费用较为低廉。我所要说的只是，最粗笨劳动或最低级劳动必须从它的产品得到足够的部分，使它不但能够维持现状，而且能够补充他的人数。①

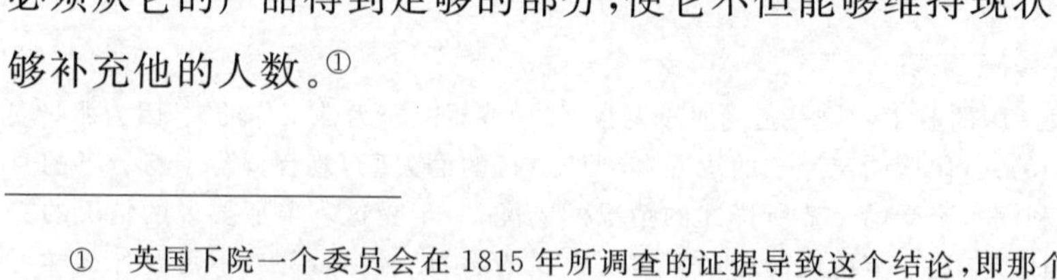

① 英国下院一个委员会在1815年所调查的证据导致这个结论，即那个时候粮食的高价，使工资下降，而不使工资上升。我自己注意到法国1811年和1817年的荒歉所产生的相同结果。生活困难，或使更多劳工被迫在市场出卖劳动力，或使已经有活干的劳工不得不特别卖力，引起劳动力的临时过剩。但劳工阶级在那个时间所遭受的痛苦，必定使它的队伍缩小。

当一个国家走下坡，没有像从前那么多的生产手段和像从前那么多的知识、活动力与资本时，粗笨或简单劳动的需求就逐渐减低，工资也逐渐下降到补充劳工阶级所需要的工资率以下，劳工阶级的人数因此减少，而雇用率同样降低的其他阶级的子孙便降到比原来低一等的阶级。相反地，当一个国家欣欣向荣时，下层阶级不但很容易补全人数，而且把剩余供给比它们高一等的阶级。一些由于特别好的运气或特殊才干得到更高地位，甚至爬上社会最高阶层。

我们能够以低于依靠职业过活的人的工资来雇用不完全依靠劳动果实养活的人的劳动。由于他们靠其他财源吃饭，所以他们的工资不是由生活费决定。乡村纺纱女工所赚的工钱大抵还不及她们所需要的费用的一半，尽管她们的费用很小。这个纺纱女工可能是那个男工的母亲，而另一个可能是他的女儿、妹妹、姑妈或丈母娘，如果她自己没赚钱，他可能也要养活她。如果她必须自食其力，很明显她就得索取两倍的工钱，否则便会饿死。换句话说，她的劳动报酬必须加倍，否则她的劳动便不存在。

妇女所搞的大多数工作都可以说是这样。她们的报酬一般很低，因为她们多半是靠自己劳动以外的财源过活，因而能在甚至低于仅够满足她们需要的报酬下工作。同样地，僧侣劳动的报酬也是低的。对实行君主制国家的实际工人说来，幸而这种劳动只用以制造没有多大价值的东西，因为这种劳动如果用以制造日常用品，那么在日常用品生产部门要养活家庭的贫困工人，就不能在这么低的工资下工作，必定由于贫困与饥饿而死亡。制造业的劳动工资往往高于农业的劳动工资，但前者容易遇到最悲惨的波动。

有的时候，战争或禁令突然间消灭某一产品的需求，并使从事这种生产的劳动陷于非常贫困的状态。时尚的反复无常，往往成为整个阶级的致命伤。使用鞋丝带替代扣带，对于舍菲尔和伯明翰人口是个严重打击。[1]

粗笨或简单劳动价格的最小变动被看作严重灾难，这是合乎道理的。对于在一定程度上拥有超越财富和超越才能的阶级（才能事实上是一种个人财富），利润率的缩减不过使他们节省一些费用，或至多使他们在某种程度侵蚀已经掌握的资本。但对全部收入只够维持生存的人，工资的下降如果对劳工本身不是致命打击，至少对他家庭的部分成员是致命打击。

所以，一切政府，为装着对人民福利无微不至的家长式关怀，在任何意料不到的事故使普通劳动工资意外地下降到劳工生活费水平以下的时候，都表示愿意帮助贫困阶级。但政府的仁慈意图，往往由于它不能精明地选择适当补救办法而落空。为使补救办法能够生效，首先需要调查研究劳动价格下降的原因。如果下降属于永久性质，临时性金钱帮助完全无用，只不过使灾难的紧迫性在一个时间有所缓和。属于上述性质的是，新方法的发明、新输入品的采用和许多消费者的移住。[2] 在这样非常时期，必须寻找以下

---

① 马尔萨斯：《人口原理》，第5版，第3篇第13章。

② 上述第二个和最后一个情况并不必然地、普遍地或永久地使工资率下降。当一个新输入品不替代一种国内产品或一种国外产品时，它必定倾向于提高工资率，因为只有扩大国内生产，才能获得这产品。继续从离开的国家取得给养的消费者的迁移，使同一数量的劳动力仍然继续活动，虽然工作性质可能有所改变。此外，上述迁移可能只是临时的，像英国人迁往欧洲大陆和爱尔兰人迁往英格兰与欧洲大陆那样；如果国内财政条件或国内安稳与舒适条件有所改善，迁移的人可能又回来。——英译本注

补救办法，如给失业工人发现新的或永久的职业，鼓励新产业部门的建立，着手在遥远地方兴办企业、殖民等等。

如果下降不属于永久性质，只是由于农作物的丰收或歉收而产生，那么临时性帮助应当限于那些因波动而不幸遭受痛苦的人。

政府或个人如果不分青红皂白广施博济，事后必定悔恨这样做没有效果。通过例子来论证这一点，比仅仅通过议论更能令人信服。

假定在一个葡萄产区，酒桶是那样的多，以致无法全部利用。战争或一个针对着酒的生产的法规可能使许多葡萄园所有人把他们土地栽种其他作物，这就是市场上过剩的桶业的永久性原因。由于不知道这个原因，人们普遍企图通过购买他们所不需要的酒桶来帮助桶匠，或通过赒济来弥补桶匠由于利润减低而遭受的损失。但无用的购买或慈善的救助不能持久，这种购买或救助一停止，穷困的桶匠将又陷入他们所企图解脱的苦难。他们所作的牺牲和所花费的钱款，除延缓桶匠无法摆脱的痛苦的日期外，没给桶匠带来任何利益。

另一方面，假定酒桶过剩的原因只是临时性的，就是说，只不过由于今年葡萄歉收。如果不给桶匠以临时性救助，而鼓励他们迁到其他地区或参加其他生产部门，那么在来年酒的产量增多时将缺少装酒的桶，而酒桶的价格，由于生产的手段业经破坏，将涨得非常的高，并取决于自己不能制造酒桶的贪婪投机商的意旨。部分的酒也许将由于缺乏酒桶而腐败。除非工资率发生第二次剧烈变动，否则酒桶的制造不能恢复和它的需求相称的水平。

由此可见，补救办法必须适应于灾害的特殊原因，因此在定出办法之前，必须确定原因。

那么，可把不可缺少的衣食作为普通粗工工资的标准，但这个标准本身时常变动，因为习惯对于人的需要的程度有很大影响。很难确定，法国一些市镇的劳工在完全没有酒的情况下能否生存。在伦敦，啤酒被看作不可缺少的饮料，是一项必需品，以至乞丐向人要钱买一瓶啤酒，[①]正像法国乞丐通常向人要钱购买一片面包那样。求乞一片面包，在我们看来是很平常的，但在刚从穷人以马铃薯、淀粉或更粗粝食物过活的国家来到的外国人看来，这也许是不适当的。

所以，不可缺少的衣食，部分地是看劳工所属的国家的习惯而定。他所消费的价值越少，他的通常工资可能就越低，而他的劳动的产品也可能越廉。如果他的境况改善，而他的工资增高，这或是由于消费者现在要付更高的代价来购买他的产品，或是由于他的共同生产者所分配到的产品数额有所减少。

劳工阶级所处的不利地位是他们不能扩大消费的有力原因。的确，人都高兴看到他自己和他家属穿着适合于气候与季节的衣服，住在宽敞温暖、空气流通与适合卫生的屋子，吃着有益与充足的食品，有时还吃美味与多样化食品，但是，对于看来是很普通的物品，许多国家却认为远远超过严格需要的限度，因此不是劳工阶级以它的通常工资所买得到的物品。

严格需要的限度，不但要看劳工及其家属生活舒适程度的不同而不同，并且要看他的居住国家对不可缺少费用项目看法的不

① 如果伦敦乞丐的调子在过去真的提到那样的高，那么，鉴于现今英国工人阶级的不景气情况，乞丐谅必已降低求乞的调子。——英译本注

同而不同。在这些项目中，有一个我们刚刚提到，即教养子女。此外，还有其他在性质上没有这个那样紧迫，但按天理人情，也是同样需要，例如照顾老年人。不幸得很，劳工阶级对此很不注意。大自然可依赖人类的和食欲与性欲同样强烈的动力来保存人种，但对于它不再需要的年老人，大自然却听任他们依靠不可靠的儿女的孝心，或听任他们依靠更不可靠的他们在年轻时所作的准备。如果这是社会惯例，每一个家庭都得对老年作未雨绸缪，正如育婴准备那样，那么我们所说的需要的概念将有所扩大，而最低工资将有所提高。

社会未必有此习惯，这从博爱观点来看，殊令人愤慨。想到劳工阶级没对发生意外不幸事故、残废或疾病的时候以及无依无靠的老年时期预先有所准备，实堪叹息。考虑这些情况，就会认为推动或促进劳工阶级节俭协会，鼓励劳工阶级把每天所储蓄的小额款项存在这些协会作为准备金，以备年老或发生意外灾难不能从劳动赚得利润时动用，是最有理由的。①但不能希望这些机构成

① 储蓄银行在英格兰、荷兰和德意志的几个区域办得很成功，而在政府英明地采取不干涉方针的地区办得尤其成功。巴黎保险公司根据最公平原则创立一个储蓄银行，并对它作最可靠的担保。我们希望，所有劳工阶级都将明白把他们的小额储蓄存在这种机构而不用作危险性很大的投资是明智的。他们往往被勾引去作这种投资。此外，上述储蓄对国家还有好处，即增加生产性资本总额，因而扩大劳动力的需求*。

* 储蓄银行最近也在美国的重要城市设立，并带来那么大利益，以至我们可希望，美国各处不久都将设立这种银行。友谊会或共济会有许多可非议的地方，而储蓄银行却没有。无疑地，友谊会曾做了一些好事，但它也带来一定程度的祸害。下面一段摘自苏格兰高地协会委员会的报告书，对于共济会这个组织作了很适当的评价。

“在前世纪，大不列颠各部分的劳工组织了若干共济会，借以预防贫困。这些共济会的原则通常是，由于会员按期缴纳一定数额款项，所以在会员害病或年老和在会员家属死亡时，发给补助金。这些共济会做了许多好事，但它们也带来一定坏处，特别是常常举行社员大会，浪费很多时间，而且常常举行宴会，花费很多钱款。会员必须按期

功，如果没有教导劳工把这种预防办法看作他的义务或要务，并把以储蓄不断存贮这些机构看作和缴纳租金或捐税完全相同的义务。毫无疑问，这个新的义务将使工资率稍稍提高，以至劳工能作这样的节约，但正由于这个原因，提高工资是值得做的。可是，由于习惯和政府偏见，一些国家的劳工不但把他们所可能储蓄的钱花在酒馆，而且往往把应该成为他们欢乐中心的家庭的衣食之资花在酒馆，在这样的国家，这些机构怎能发达呢？富人的无益和靡费的娱乐，自理智的角度看来，不能认为正当，何况穷人的无意义的滥用滥玩，它必定造成严重得多的损害。穷人的欢乐总带有悲痛，而且在哲学家看来，古希腊罗马下级社会的痛饮节乃是悲伤日子。

在本节和前节，我们提出一些理由，说明为什么冒险家即使没得到作为资本家的利润，其工资也高于单纯工人的工资。除这些理由外，还有其他，虽不是同样充分或有根据，但却不应当忽视。

劳工的工资是调和雇主与工人不相容的利益而订定合同的结果。工人企图尽可能多得工资，而雇主企图尽可能少给工资，但在这个斗争中，雇主的一方，除由于职业关系处在有利地位外，还有另一个优势。毫无疑问，雇主与工人唇齿相依，一方没有另一方的

缴纳一定数额款项，否则经过一定时间以后，虽然他们从前曾缴纳款项，也丧失应得的利益（这是必然的结果，因为共济会事实上和保险公司相同）。除上述一定数额款项外，会员不能缴纳其他款项，尽管他们在有的时候很有能力多储蓄一些。这些共济会对于成败情况往往估计错误，结果缴款者得不到和缴款价值相等的利益，或由于初期给付过高的补助金，以致后来弄得破产。狡猾的人往往盗用会员所缴纳的款，他们利用会员的无经验设法弄到保管钱款的职务。利益是遥远和附有条件的，并不是每一个会员都能从存款得到利益，只在陷于穷困时才得到共济会的补助。而且，这种组织是那样复杂，以致许多人不敢轻易以辛辛苦苦积蓄的款项投入这种组织。”——原编者

帮助便一无所得，但就雇主的需要与工人的需要说，前者没有后者那样紧迫。雇主不雇用一个工人，在几个月，甚至在几年，还能生存，而工人如果几星期没有活干，必定陷于穷困。这个情况对于工资合同必定有很大的影响。

西斯蒙第在本书(第三版)刊行以后，发表了一部著作，[①]建议由国会通过一个旨在于改善劳工阶级情况的法案。他从以下一个见解出发，即劳工的低工资率，使雇用劳工的冒险家或雇主得到利益。他据此下结论说，在困苦时刻，劳工应该向雇主要求救济，而不应该向社会要求救济。所以，他建议，不论什么时候，土地所有人或农场主必须承担给养农业工人的责任，而制造商必须承担给养工业工人的责任。另一方面，为阻止由于工人及其家属不愁衣食而可能发生的人口过剩，他主张给予雇主阻止或允许雇工结婚的权利。

上述计划，虽就它所根据的人道动机说，值得同情的考虑，但在我看来是完全不能实行的。硬要社会一个阶级养活另一个阶级，是重大侵犯财产权，而一些人有权支配另一些人的私事，更是严重的侵犯，因为在所有权利中，最不容许侵犯的，就是个人行动自由。任意禁止一个阶级结婚，势必刺激其他阶级大量生殖。此外，所谓低的工资率只对雇主有利的见解是不正确的。工资率的降低和跟着而来的竞争的不断作用，必定使产品价格下降，因此从工资下降得到利益的乃是消费阶级，或换句话说，整个社会。如果工资下降得那样的多，以致一般公众要养活工人，他们也在很大程

① 《政治经济学新原理》，第 7 篇第 9 章。

度上从消费品的降价得到补偿。

有一些祸害来自人类的缺陷和自然的组织，人口过剩超过生活资料所能养活的程度，就是这类的祸害。总的说来，野蛮社会和文明社会都同样强烈地感到这个祸害。认为它是社会制度的产物是不正当的想法，认为能够想出办法完全消除这个祸害只是一种妄想。研究缓和这个祸害的办法，虽值得人类的感德，但我们必须谨慎，不要轻信那些不会产生好效果的办法以及饮鸩止渴的办法。毫无疑问，政府必须在尽可能不干扰人类事务自然发展的范围内，或在尽可能不妨碍个人自由来往的范围内，保护劳工阶级的利益，因为这些阶级所处的地位，一般说来不像雇主们那样有利。但贤明的统治者必极力避免私人与私人之间的冲突，以免在天然祸害之外，还加上人为祸害。因此，他同样保护雇主和工人免除联合的影响。雇主由于人数较少，容易互通消息，而工人不用背叛（警察必然随时随地镇压）形式很难联合起来。不但如此，主张出口第一的人甚至认为工人的联合有碍国家繁荣，因为它倾向于提高出口品价格，因而妨害出口品在国外市场上的优越地位，他们以为这个优越非常必要。但是，一个企图通过剥削国内大部分生产者，以期用低廉产品供给外国人，使他们从本国人民的困苦与克己得到利益这种办法来谋求国家繁荣的政策，究竟是什么性质的政策呢？

我们有时遇到这样的雇主，他们想给他们的贪婪行为作辩解，竟断然主张，工人的工资越高，所做的工作就越少，因此必须以穷困刺激工人。斯密是一个有广大经验与卓越眼光的作家，他的意见和上述主张大不相同。让我们引用他的话："劳动的优厚报酬，不但足以促进人口的繁殖，而且足以促进一般人民的勤奋。劳动的工资是勤奋的刺激。像人类的其他品性那样,勤奋受到越大的鼓励,就有越大的增长。丰衣足食可增加工人的体力,而改善生活条件和无忧无虑以终天年的希望,鼓励工人尽力工作。因此工资高的地方的工人总比工资低的地方的工人更积极、更勤奋和更敏捷,例如英格兰工人比苏格兰工人更积极、更勤奋和更敏捷,而大城市附近的工人比穷乡僻壤的工人更积极、更勤奋和更敏捷。不错,一些工人如果能在四天内赚得一周的费用,就在其他三天闲吃闲逛,但这只是极个别的情况。另一方面,工人如果能得到优厚的按件计酬的工资,都倾向于过度工作,以致在几年内毁坏他的健康和体质。[①]

第五节　现代人从产业进展所得到的独立

政治经济学原理是不变的,在还没观察到或还没发现以前,就已经按上面所说的方式起作用。同一的原因总产生同一的结果,泰雅的财富和阿姆斯特丹的财富来自同一源头。在产业的不断进展中,常常发生变动的乃是社会。

古代人对于农业并不像在机械工艺上那么落后于现代人。所以,由于人口繁殖只需要农产品,古代的剩余劳动力比现今的剩余劳动力多。那些只有有限土地或没有土地,不能依靠自己劳动的产品过活,而又没有资金,并且不屑从事一般由奴隶来搞的下贱工作,因此只得靠借贷过日,但却没有偿还能力的人,不断要求均分财产。这是完全做不到的。为抑制他们的不满情绪,国家领导人

① 《国民财富的性质和原因的研究》,第 1 篇第 8 章。

不得不把他们用在军事冒险上，而在战争停止期间，以从敌人得到的战利品或以自己的私人财产养活他们，这就是古代国家内讧外战、选举舞弊以及平民贵族狼狈为奸层见叠出的原因。平民与贵族的这种关系助长了马里阿斯、西拉、庞贝、恺撒、安东尼和奥塔维阿斯这样人物的野心，并最后使全部古罗马人沦为卡利古拉或赫利加巴拉斯这样穷凶极恶的人的奴隶。这些人的绝对统治权的唯一德政是，以衣食供给在他苛虐统治下的臣民。

泰雅、科林斯和迦太基这些活跃城市的景况稍稍不同，但它们不能永久抵抗以掠夺为生的更贫穷和更好战民族的侵略。产业和文明不断成为野蛮与贫穷的牺牲品，连罗马最后也被哥特人和凡达尔人征服了。

因此，欧洲在中世纪又陷于野蛮状态，这种情况只是希腊和意大利初期历史的重演，不过更为严重。每一个贵族或大地主，在他的管辖区域，都有很多属下或被保护者，这些人愿意随时跟着他参加国内或国外战争。

如果我企图叙述在这个时期以后帮助产业进展的许多因素，我就侵犯历史家领域，但在这里顺便提一下所发生的大变动及其后果，也许是可以的。劳动成为大多数人民谋生的手段，他们不听仰大地主的鼻息，大地主也无须对他们时怀戒备。劳动由资本给养和支持。保护者与被保护者的关系不存在了。连最贫苦的人也成为自己的主人，他们只依靠自己的才能。国家能够靠着国内资源来维持，而政府从人民得到它从前所惯常惠赐他们的供应品。

工业与商业日益增长的繁荣，使人们对它们有更高的评价。

战争的目的,从掠夺与破坏富源改变为悄悄地独占富源。在过去两百年,在战争不是为满足国家或君主孩子似的虚荣的地方,成为争斗的原因的,不是殖民统治,即是商业独占。战争现在不是饥饿的野蛮人和他们的富裕、勤奋邻人的斗争,而是文明国家与文明国家之间的斗争。在战斗中,战胜者竭力保存征服地的资源。土耳其人在十五世纪侵入希腊,似乎是野蛮对文明所作的最后一次的进攻。[①] 现在劳动和文明习惯在一般人类中间占着优势,这似可使这样不幸事故不可能再发生。的确,军事科学的进步已经使人们无须为着这样斗争的结果而担心。

还须再走一步,但要走这一步,非更广泛地传播政治经济学原理不可。这些原理总有一天使人类明白:在为获得或保留殖民统治或商业独占而作的斗争所牺牲的许多生命是白白牺牲的,因为他们所追求的是代价很高而又是妄想的利益;国外产品,甚至自己殖民地产品,只通过增加国内产品才能获得;因此成为关心的适当对象是国内生产,而最能促进国内生产的因素,乃是稳定的政治、适当与平等的法律以及便利的交通。今后国家的命运,将不再依存于可能朝夕瓦解的政治优势,而依存于知识与智慧的大小程度,公务人员将越来越大地依靠生产阶级,因为他们必须依靠生产阶级取得供给。人民把租税权掌握在自己手里,就能确保不受暴虐的统治。为反抗进步潮流而作的斗争,将以它自己的灭亡而结束,因为违反自然道理而作的斗争绝没有效果。

① 仅指欧洲而言,因为这种斗争在亚洲还继续着。英国军队最近在亚洲所以获得辉煌的成就是因为组织与文明精神战胜无政府与掠夺精神。——英译本注

第八章 资本的收入

资本在生产工作中所提供的服务，产生这样使用资本的需求，并使资本所有者能对那服务索取多少报酬。

不论资本家自己这样使用他的资本，或把它借给另一个人这样使用，它都生一种利润，叫做资本的利润，这利润和使用资本的劳动的利润不同。就前者说，所得的利润构成资本家的资本的收入，附加在他自己才能与劳动的收入上面，并往往和这个收入混在一起；就后者说，资本的收入恰是使用资本所付的利息，资本所有者把贷出的资本如果归他所用所能得到的利润让给借款人。

因为探讨借贷资本的利息能帮助说明自己使用资本所能得到的利润这一问题，所以对于利息的本质与变动最好先有个正确概念。

第一节 有息贷款

借贷资本的利息，也就是现在不适当地称为货币的利息，从前叫做使用资本的租金。这确是正当的说法，因为利息只不过是使用一个有价值物品所付的价格或租金。但由于这一语后来取得令人憎恶的意义即重利意义，现在提到它时，使人只想起非法的、过高的利息，所以在一般使用上以一个比较悦耳但不像它那样深刻地表达意思的说法来替代。

在人们不知道资本的作用或效用之前，他们也许认为，出借人要求租金是罪过或苛刻行为，因为这对富人有利而对穷人有害。不但如此，他们还把积蓄资金的唯一办法即节俭看作鄙吝，并认为这给人民带来损害，因为在人民看来，大财主没有花费的款项就是他们的损失。他们不明白，蓄积货币以备用于有利途径，就等于花费，因为除非货币被埋藏，都能用于有利途径。他们也不明白，事实上这些款项是按对穷人千百倍有利的方式消费。[①] 他们更不明白，除非备有供工人利用的资本，工人就很难得到衣食之资。上述对于没有花费全部收入的富人的偏见，现在还相当普遍存在，而从前却非常普遍，连出借人本身也未能完全摆脱这个偏见，他们对自己所扮演的角色感到那么可耻，以致自己不敢出面而却雇用最不名誉的人去收取完全正当并对社会非常有益的利润。

所以，难怪教会禁止有息贷款，民法有几个时期也禁止有息贷款，而在整个中世纪时期，所有欧洲大国都认为这种生意是不名誉的生意，听任犹太人经营。在那个时候，凤毛麟角的小规模工业或商业，依靠商人或技工自己的微末资本维持，而搞得比较成功的农业则依靠顾主或大地主垫付款项维持，这些人为着自己利益使用农奴或雇农。人们借款，不是用以图利，而只是为着应付紧迫需要，所以索取利息等于乘人之危以牟利。很容易想象，基于兄弟般友爱原则的基督教，必然指责锱铢，即在现在它也是和豁达胸怀不相容、和一般道德箴言有抵触的唯利是图的行为。孟德斯鸠[②]认

① 参阅本书第三篇关于再生产的消费部分。

② 《法的精神》，第21篇第20章。

为，禁止有息贷款是商业衰退的原因。毫无疑问，它是一个原因，但只是许多原因中的一个。

产业的不断增长使我们对借贷资本抱有不同的看法。在一般情况下，借贷资本不再是救急方法，而是可凭借给社会或个人博取巨大利益的手段或工具。索取利息今后将不再看作贪婪行为或不道德行为，正如接受土地租金或劳动工资不看作贪婪行为或不道德行为一样。利息是适应双方利便商定的公平合理报酬，而规定借款人与出借人之间的条件的契约，和任何其他契约的性质完全相同。

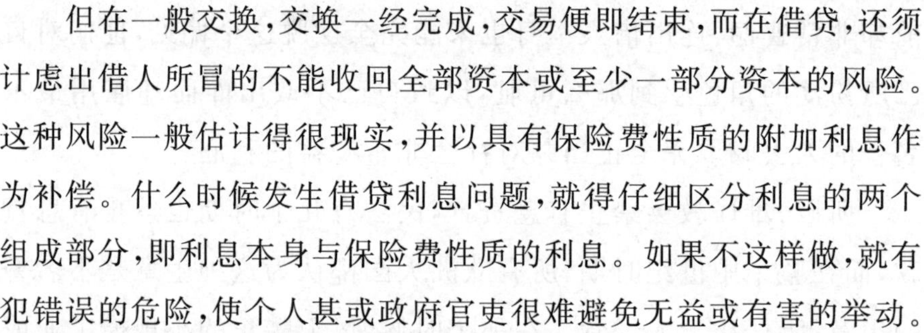

但在一般交换，交换一经完成，交易便即结束，而在借贷，还须计虑出借人所冒的不能收回全部资本或至少一部分资本的风险。这种风险一般估计得很现实，并以具有保险费性质的附加利息作为补偿。什么时候发生借贷利息问题，就得仔细区分利息的两个组成部分，即利息本身与保险费性质的利息。如果不这样做，就有犯错误的危险，使个人甚或政府官吏很难避免无益或有害的举动。

所以，什么时候企图限制利息或完全禁止利息，高利贷就在什么时候恢复。处罚越严厉，执行越认真，货币的利息必定升得越高，因为风险越大，就需要越多的保险费，否则无人愿意出借。在罗马实施共和政体时期，货币的利息很高，即使不见于历史记载，也不难料想得到，因为债务人是平民而债权人是贵族，前者不断威吓后者。穆罕默德的法律禁止利息借贷，但这个禁令在穆斯林领土的后果是怎样呢？有息借款一仍旧贯，除偿付出借人使用他的资本的报酬外，还必须给付他由于违反法律而冒的风险的补偿。在基督教国家，只要有息借贷看作非法行为，情况也必定相同。在基督教国家，由于人们必须借贷，他们听任犹太人经营高利贷。因为他们在各种口实下对于经营高利贷的犹太人横加凌辱、压迫与敲诈，所以犹太人非索取非常高的利息不能补偿他们所一再遭受的损失与凌辱。法国约翰王在1360年所发的专利证现还存在，这些专利证，准许犹太人以每利弗（二十苏）每周可得四迪尼[①]的利息率经营抵押放款，这种利息率等于八分六厘以上的年利息率，但在下一年，按历史记载这个重然诺的国王，竟把利弗所包含的纯银数量降低，以致出借人不能如数收回贷出时的货币价值。

即使不考虑下述情况，仅仅以上说明，就够证明当时所索取的重利是有理由的。这情况是：当时所借的款不是用以发展产业，而是用以维持战争、恣意挥霍和执行危险性非常大的计划；法律没有力量，出借人不能通过法律逼使债务人履行偿还义务，因此出借人必须得到非常大的保险费以补偿所冒债务人不偿还贷款的风险。事实上，在所谓利息或重利中，绝大部分是保险费，而实际或真正利息，即使用借贷资本的租金，都减到非常的少，因为在那个时候，资本虽少，但我们有理由可以料想资本的生产性用途尤少。在约翰王时代所付的八分六厘利息中，也许不过三四厘相当于所借的资本的生产性服务。现在，生产劳动的报酬比那个时候高，但即就现今说，也只可把五厘作为资本的租金，超过的部分是补偿出借人的保险费。

所以，在所谓利息中往往占更大部分的保险费的比率，要看借款人的安全以为定。这安全依存于以下三方面：1. 借款用途的安全；2. 借款人个人才能与品德；3. 他所居住国家的贤明政府。我

① 法国旧辅币名。——译者

们刚刚看到，中世纪借款危险用途怎样增加必须给予出借人的保险费。一切带有危险性的投资都使保险费增加，所不同的只是程度而已。从前的雅典人把海上利息即用在海上的资本的利息与陆上利息即用在岸上的资本的利息区别开来，海上利息被估定为每一航程三分左右，不论是航行黑海口岸或是航行地中海口岸。[①]由于一年可以从从容容作两次航行，所以海上年利息可估定为六分，而其他利息一般不超过一分二厘。假定在这一分二厘利息中一半用以抵补出借人所冒的风险，那么雅典的货币年租金不过六厘。我以为没有这样高，但如果是这样高，那么，海上利息中，五分四厘就是给予出借人以补偿他所冒的风险。这样大的保险费部分归因于雅典人所与通商的各个民族普遍具有野蛮习惯，因为在那个时候，不同民族不像现在那么熟识，而人民尊重商业法律与惯例的程度更不如现今，部分归因于那时候航海技术的幼稚。那时从皮里阿斯到特拉皮查斯的航程，虽不过三百利格[②]，但却比现今从地中海岸到中国的三千利格航程危险得多。所以，地理知识与航海术的改进使利息降低，最后并使产品的成本价格降低。有的时候，借贷款项，不是用作生产性投资，而是用作完全无益的消费。出借人对于这种借款必定怀有戒心，因为它不产生什么可用以还本付息的东西。如果借款是从正在增长的收入归还，那就等于预先动用那项收入；如果借款是从某一收入来源归还，那就是浪费那收入来源。如果不以收入或收入来源为保证，就是把一个人财产

① 《安克西斯游记》，第 4 卷，第 371 页。

② 一利格合三英里。——译者

交给另一个人任意使用。

在借款用途对利息率的各种影响中，有一个我们必须加以注意，就是借贷的期限。在其他情况如均相同的假设下，如果出借人能够在任何时候或至少在很短时间收回他的资金，利息便较低。这是由于随时能够控制资金这个绝对利益，还由于风险较少，因为能够及时收回资金逃避危险。现代政府发行的可转让票据所提供的可即时过户的条件，是许多这些政府能以低利率借到款项的一个主要原因。[①] 在我看来，这个利息不够抵补出借人所冒的风险，但出借人得有什么严重警耗，定能在事变发生以前出卖他的证券。不能让与的国家证券的利息比上述利息高得多，例如法国从前发行的个人年金证券，政府一般按票面价格九折出售，就年轻人的平均年龄说，这种折扣率是高的。所以，日内瓦人把年金限定在三十个著名人物，是很精明的做法。这样，他们把年金证券弄成可让与的证券，使不可让与证券的利息可得到等于可让与证券的利息。

至于借款人的个人品德与才能对决定给付出借人的保险费的数额所起的巨大作用，这没有什么疑问，因为品德与才能是所谓个人信用的基础。可无须说，信用好的人能以比没有信用的人低得多的利息率借到款项。

最能增进个人或政府的信用的，除公认的廉洁与正直外，是过去按期履行契约。事实上，按期履行契约是信用的基础，而且是很牢靠的基础。但有人也许要问，一个从前没有拖延欠款的人，为什么不

① 大不列颠的短期债券与长期债券提供明显的例证。前者具有库券形式，而后者具有公债形式，前者的利息率比后者的利息率低得多，因为库券很容易按票面价格变卖现款，而公债短期中的涨落幅度比利息大得多。——英译本注

会在下一个时刻拖延欠款呢？如果他在长时期都按期履行契约，那么他在下一个时刻拖延欠款的可能性就极小。因为，如果他在过去任何时候都能按期还债，他必定拥有足够应付债务的价值，就是说，他必定拥有超过他的债务的财产。而这就是信用最有力根据。不然，他就必定精明处事稳妥投资，能在一切债务到期以前都有可用以偿还的收入，这表明他的才能与谨慎的程度，是他能在未来如期还债的保证。至于为什么商人如果一度不履行契约或犹豫履行契约，他就完全失去他的信用，那是由于和上述完全相反的原因。

最后，如果债务人所居住的国家有贤明政府，这就减少债权人所冒的风险，因而减少他所必须索取借以抵补那个风险的保险费。由此可见，什么时候法律及其执行不能保证契约的履行，什么时候利息率就上升。如果法律鼓励违反契约的行为，例如允许赖债，不承认诚实契约的效力，利息率就要涨得更高。

一般认为，拘禁无偿还能力的债务人，对借款人有害，但这个办法对借款人却非常有利。什么地方出借人的权利受到法律上的最大保障，什么地方出借人就更愿意出借款项，而且以更公道条件出借款项。[①] 此外，资金的累积就受到更大的鼓励。什么地方人

① 什么地方都没像英格兰那样严厉执行拘禁无偿还能力债务人的办法。有一个时期，债务人不但为着极小债务，在诉讼中或在债务还没依法确定以前受到拘禁，并且在判决以后，所执行的拘禁年数漫无限制。对于这些情况所产生的困难，在我们的破产法还没制定以前，已经部分地订有补救措施，不过破产法更进一步减轻债务人的痛苦。但由于在最初没有订定防止破产措施，所以上述整个制度失去效用，或在很大程度上失去效用。最重要的办法是公布财产，这种办法首先使债权人能够预先比较准确地估计债务人信用的根据与程度，其次使他能够在债务人拖延欠款时，从债务人的资产取偿，而不必通过拘禁人身去发现或强取他的资产。由此可见，政策的一个错误必定产生另一个错误。——英译本注

民对于他们的储蓄的投资方式有所怀疑，什么地方人民就有消费全部收入的强烈动机。这一点也许能够帮助说明一种奇怪的道德现象，即在政治混乱时期，人们一般醉生梦死地恣情作乐。[①]

可是我虽然认为必须严厉对待债务人，但我不推荐拘禁债务人的办法。监禁债务人就是命令他清偿债务而同时又使他无法清理债务，印度的制度似更有理，债权人得逮捕无力偿还的债务人，把债务人关在自己家里强迫他从事有益劳动。[②] 但不论政府采用什么办法强迫债务人清偿债务，这些办法总是无效，如果法律执行得不公平或出尔反尔的话。债务人一摆脱债权人的控制或有希望摆脱债权人的控制，债权人就冒有风险。这种风险是有代价的，因此必须得到补偿。

给予出借人以抵补他所冒的损失一部分或全部资本的危险的保险费，已跟单纯利息分开之后，还要说明的只是单纯利息那一部分，即对于资本的效用或使用所付的租金。

可出借的资本的供给越少，它的需求越大，叫做利息的这个总额的上述那一部分就越大；资本的用途越多，它的使用越有利，它的需求就越大。所以，利息率的上升并不必然地或普遍地表明资本变得更为短缺，因为利息率的上升可能是资本用途增多的一个象征。斯密曾说到英国在获得以 1763 年和约结束的战争的巨大胜利后的这种情况。[③] 在那个时候，利息率不下降而上升，英国从

① 参阅西斯蒙第在他的《意大利共和国历史》一部杰出著作中关于弗罗林斯的瘟疫的叙述。在西斯蒙第之前，博卡绍也曾叙述弗罗林斯的瘟疫。在法国革命的几个最可怕时期，可看到相似的结果。

② 雷纳尔：《哲学史》，第 1 卷。

③ 《国民财富的性质和原因的研究》，第 1 篇第 9 章。

战争所获得的重大富源，给商业与投机开辟新的活动地；资本在数量上没有减少，但它的需求增加。因此利息上升，虽然在大多数情况下是穷困的象征，但在那个时候却是获得新富源的结果。

由于完全相反的原因，法国在1812年经历恰恰相反的结果。长时间的破坏性战争使几乎全部对外交通陷于瘫痪；捐税苛杂；施行有害的特许制度；政府本身从事商业企业；常常任意更改输入品税率；充公、破坏、迫害——总之，一贯贪婪并与人民利益不相容的政府，使所有产业遇到最大的困难、冒着最大的风险并遭受最大的损害。国家的资本总量大抵下降，但资本的有利使用变得更稀罕，带有更大风险。这达到这样的程度，以致法国在那个时期的利息空前低落。一般说来，低利息是极度繁荣的象征，而在那个时候却是极度穷困的结果。

上述例外只不过帮助证明这个一般永恒规律，可利用的资本增加越多，借贷资本的利息就降得越低。关于可利用的资本的供给，那要看从前的储蓄额而定。在这方面，我必须请读者参阅我在上面关于资本的形成所说的话。①

要使寻求使用的资本和寻求资本的产业都得到最大的满足，就必须给人办理一切有关利息借贷事务的完全自由。如果听其自

① 参阅本书第一篇第十一章。据说，城市的利息率通常略低于乡村的利息率（《国民财富的性质和原因的研究》，第1篇第9章）。原因很明显。资本多半掌握在城市富裕居民手里，至少是掌握在那些到城市经营生意并带着所经营的货物即资本的人手里，他们不愿把资本使用在离他们很远因而不易稽查的地方。城市（特别大城市）是资本的大市场，也是更大的劳动力市场。未加使用的资本不多的乡村，可看到相反的情况，所以高利贷在乡村比较普遍。如果乡村借贷生意是更安全而且有更大信用，高利贷情况就不会那么严重。*

* 上面的话大体正确，但如果城乡交通很便利，城市在这方面所占的优势便大大减小。就英国说，城乡的这种差别几乎觉察不出。——英译本注

然，可使用的资本很少会在长久时间不得其用，而且有理由可以相信，企业将在社会实际状态所允许的范围内活跃起来。

但必须密切注意可使用资本的供给一语的意义，因为它对利息率有影响。只所有人能够使用和愿意使用的资本才可以说是在流通中的资本。已经投入生产或其他用途并正在这样使用的资本，就不再在市场流通，因而不再成为流通资本总量的一部分。除非这个资本是用于所有人能够很容易把它提出移到其他用途，否则这个资本的所有人不再成为借贷市场上其他资本所有人的竞争者。所以，借给商人而且在短时间能够从他手里收回的资本，是它的所有人很容易处理，同时也是很容易转到任何他认为合宜的其他用途的资本。至于贴现汇票，那是商人之间的一种借贷方式，更不必说了。

所有人为着自己利益使用在易于结束的生意例如食品杂货生意的资本，可以说和上述资本大抵相同。这个所有人所经售的物品，无论在什么时候都很容易出售，而这样使用的资本可把它变为现金，如果是出借可把它收回，再出借并用在其他生意或把它用在任何其他方面。这资本老是在实际流通，或至少接近于实际流通。在所有价值中，货币的价值是最能立即处理的价值。至于投在建造工厂或其他建筑物，甚至投在小型动产的资本，乃是固定资本。固定资本由于它不能再作别用，所以脱离了流动资本领域，除产生它所投入的产品的利益外，不能再产生其他任何利益。也不应该忽视这个事实：即使把工厂或其他建筑物出卖，它的作为资本的价值并不由于出售而恢复流通，因为它只不过是从购买人之手转到出卖人之手。这项售卖既不增加也不减少市场上的流动资本额。

要想正确地判定决定资本利息率和资本利润率的原因，就得注意上述情况。我们就要说到资本的利润。有时有人这样想，资本可由于信用的运用而增加起来。这个谬见只能由完全不知资本的性质与作用而产生，尽管在自称阐论政治经济学的著作里时常出现这种论调。资本是由有形物质所具有的确实价值组成，而不是由无形产品组成，无形产品完全不能累积。一个有形产品明显地不能同时花在两个地方或由两个人使用。构成一个制造商的资本如工厂、机器、器具、粮食与存货等可能是全部借来的，在这种情况下，他是以借入的资本经营生理，而不是以自己的资本经营生理，但毫无疑问，在这资本归他支配与管理的时间，任何其他人都不能使用，因为出借人已把处理这资本的权力暂时移转给他。许许多多其他人也许会提出担保品和信用申请借贷，但他们的申请借贷，绝不能增加可使用资本的数量，只不过使其他资本不至于放着不用。①

读者不至于希望我把那些有时使资本家出借资本或影响他所索取的利息的动机如感情、亲戚关系、豪爽、感激等等列举出来。读者应当自己判断道德原因对政治经济学规律的作用。我们的任

① 参阅本书第一篇第十、十一章，关于使用资本的方式和关于资本的变形与累积。这里所说和第一篇第二十二章关于货币的代表所作的阐论并不矛盾。由有信用的人签署的汇票，只是一种方法，借以在它的转让与到期的中间时间，从第三者借到实际价值或确实价值。凭票即付或见后即付的票据，不论由政府发行或由私营银行发出，都不过是以低廉的纸质流通媒介替代贵重的金属流通媒介。由于金属所执行的货币功用由纸来完成，所以金属可解放出来，供其他用途，而且由于它可用以交换其他货物或产业所用工具，这个替代就使自然资本发生绝对的增加，但除此以外没有其他。至于增益的程度，只限于流通所需要而且由这办法所节省的金属的价值。这价值和国家资本总价值比起来只是沧海一粟。

务只在于阐明政治经济学规律。

限定资本家只能按某一固定利息率出借，就是对他们的货物任意估定价值，就是把价格的最高限度强加在他们的货物上，就是把不能接受或不愿意接受限定利息率的资本家的那一部分流动资本从流动资本总量中排挤出去。这种法律是那么有害，以致不遵守它是理所当然的。出借人不愿遵守，借款人由于需要关系也不想遵守，他们联合逃避，这是很容易做到的，因为他们只需约定把名义上不叫做利息而实际上等于利息的利益给予出借人。这种法规的唯一结果是，它增加出借人所冒的风险，因而增加必须给予出借人的补偿，这样就使利息率提高。看到限定利息率的政府，几乎都是以高于法定利息率的利息来借自己所需要的款项因而树立破坏自己制定法律的榜样，是多么有趣啊！

利息应当由法律决定，这是非常适当与非常必要的，但法律只应当在事前未曾议定利息率的情况下作这决定，例如，依法收回一笔应当付息的款项。我认为，在这种情况下，法律所决定的利息率应当按照人们通常给付的最低利息率。这是完全合理的，扣留一笔资本的人，应当归还这笔资本，甚至给付利息；但这是假定这笔资本一向归他占有。不能设想，他占有这笔资本而没有把它用作危险性最小的投资，因而没有从它得到它所能够提供的最低利息。

但这个利息率不应该叫做法定利息率，因为利息率不应该由法律限定或决定，正如汇兑率或酒、亚麻布及其他任何货物的价格不应该由法律限定或决定一样。在这里，我应当把一个非常普遍的错误指出来。

资本在出借时刻通常具有货币形式，人们因此认为，货币充足和资本充足是同样的东西，所以货币充足就使利息率下降。当商人告诉我们货币短缺或货币充足时，他们所使用的词语是谬误的。应当承认，这些谬误词语，和货币利息这一谬误说法，是同样适当或适用的。但事实是，不论货币充足或短缺，或它的代用物充足或短缺，对于利息率都没有影响，正如柿子、小麦或丝的充足或短缺对于利息率没有影响一样。出借的不是任何特殊货物，甚至不是货币(货币本身只是一种货物像一切其他货物那样)，而是累积以供有益投资使用的价值。

一个人在快要出借时，把他作为这样使用的总价值变为货币，而借款人一得到这个价值就把它换取其他东西。完成上述工作的货币立即着手完成另一个相同工作或不相同工作，究竟是什么，只有上帝知道，也许是缴纳租税，也许是发军饷。出借的价值只暂时具有货币形式，正如我们在上面探讨领受与花费收入时曾说，收入只暂时具有货币形式，同一的货币在一年内可能用以移转同一数额收入一百次。同样地，用以把一个出借人手里的价值移给一个借用人的同一金额货币，可能在完成无数次移转以后，又在第二个借用人与第二个出借人之间完成同样的工作，而不剥夺第一个借用人所收受的任何部分的价值。因此，实际上所借的是价值，而不是任何特种金属或货物。各种货物都可以出借与借用如同货币一样，而利息率绝不依存于出借与借用的物品的性质。在商业上什么也没有像出借与借用货币以外的物品那样普遍。当一个制造商按某种信用条件赊买其他行号的原材料时，他事实上是借到羊毛或棉(这要看他所需要的是什么)，利用这些原材料的价值，而这些

原材料的性质，对于他记入出卖人贷方的利息没有影响[①]。出借的货物的过剩或短缺，只对这货物跟其他货物的相对价格有影响，而对这货物的贷借利息率丝毫没有影响。所以，当银币失去它原有的相对价值的四分之三时，尽管在出借同一分量资本时需要给付四倍的银币，但利息率却不变更。市场上的硬币或货币的数量可能增加十倍而不增加可使用资本或流动资本的数量。[②]

所以，说货币利息是个严重的错误，认为利息率取决于货币的充足与短少这个错误结论[③]，也许就是起源于这个不正当的措辞。劳氏和孟德斯鸠都陷入这个错误，连很有识见的洛克在讨论降低货币利息方法的某一著作中，也犯有这个错误，难怪其他作家受到

① 许多有息贷款不具有这个名称，也不意味着货币移转。当零售商从制造商或批发商购买货物以补充他店中存货时，他就是出利息借款，或在一定期限偿还，或在这期限之前偿还而保留扣头，这个扣头就是货主除货价外所索取的利息的归还。当乡间商人把一笔款汇往巴黎银行而后来向该银行开出汇票时，他就是在汇款到达与支付汇票的中间时间把款项借与银行。这借款利息，银行直接记在他的来往账上。斯托奇编写一部叫做《政治经济学教程》来教授俄罗斯青年大众，这部书在圣彼得堡刊行。在第3卷第103页，他告诉我们说，英国商人或他们在俄罗斯的代办商，以按十二个月付款的条件把货赊给他们的顾客，这样就使俄罗斯购买日常用品的人能在偿还货款很久以前出卖货物并在中间时间利用货款。以此之故，他们使用了从来没有打算这样使用的英国资本。但应该设想，英国人从提高货物价格来补偿这笔利息。不过，俄罗斯资本的平均利润率是那样的高，以至连这样迂回的借款方式对当地商人还相当有利。

② 这和上面所说的贵金属构成社会资本的一部分并不矛盾。贵金属构成资本的一个项目，而不构成可使用资本或借贷资本的一个项目，因为它们是已经使用，而不是正在寻求用途——它们已经用于流转价值，从一个人转到另一个人。如果它们在这方面的供给超过需求，就被送到价格仍旧较高的其他地方。如果各地方的贵金属都很充足，以致它们的价格普遍降低，那么它们价值的总和没有增加，但在跟等值的其他货物交换时要拿出更大的数量。

③ 如果货币的供给越多，利息总是越低，那么葡萄牙、巴西和西印度的利息将低于德意志、瑞士等国的利息。实际情况绝不是这样。

迷惑。利息理论被罩上烟雾，驱散烟雾的是休谟与斯密。[①] 但要明白了解利息，就得对本书称为资本的那个东西有正确概念，并须从以下信念出发，即出借的或借用的物品，不是特殊货物或特殊商品，而是价值的一部分，就是可作这样使用的资本的总价值的一部分；各时候和各地方使用这部分资本所给付的利息，依存于借贷资本的需求与供给的比例，完全不依存于出借货物的特殊形式或性质，不论该货物是货币或是任何其他物品。

第二节　资本的利润

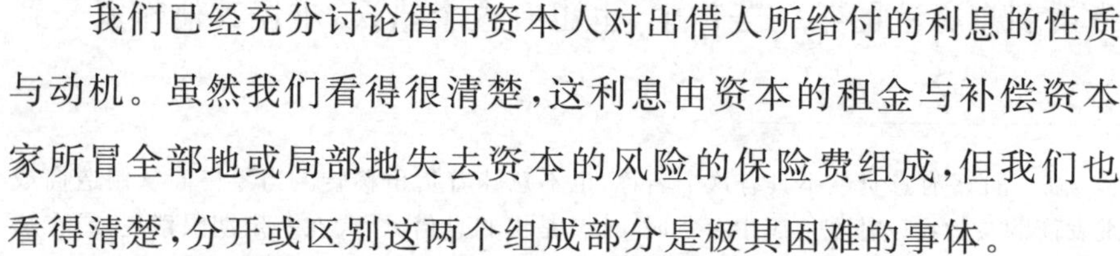

我们已经充分讨论借用资本人对出借人所给付的利息的性质与动机。虽然我们看得很清楚，这利息由资本的租金与补偿资本家所冒全部地或局部地失去资本的风险的保险费组成，但我们也看得清楚，分开或区别这两个组成部分是极其困难的事体。

现在让我们进而研究从使用资本得到利润的原因，不管是借款人或资本家自己使用。要这样做，就得先把资本的利润跟使用资本的劳动的利润区别开来。在作出这个区分时，我们又将遇到极大困难，尽管我们很容易看到，冒险家的报酬或属于冒险家那一部分的报酬一般兼有这两种利润。斯密和大多数关于政治经济学

---

① 休谟：《论文集》，第1篇第4论文。《国民财富的性质和原因的研究》，第2篇第4章。洛克和孟德斯鸠关于政治经济学写得不多，这对政治经济学研究者来说是个幸事，因为作家的才能和技巧只有把他不完全熟悉的问题弄得迷离费解。说老实话，有大才能的人不出语惊人不肯罢休，这对一般读者是最危险不过的，因为他们对于原则没有足够的基本知识，不能一下子发现错误。就那些只在于搜集材料并加以分类的学科如植物学或博物学说，人们尽可多看，但就旨在于从个别事实演绎一般规律的学科说，最好的办法是少看，并对少量要看的书作精明的选择。

的英国作家没注意到这个区别，他们把明显地属于劳动的利润的许多项目，放在资本或他们叫做本钱的利润这个总项目下。①

通过比较总利润的平均和同行之间利润差额的平均——这项差额似乎是所使用的技能与劳动的差异的正确指标——也许可大体准确地估定总利润中属于资本的那部分利润和属于使用资本的劳动的那部分利润。我们可假定，两家皮毛商行各以十万法郎为资本，一家每年平均得二万四千法郎利润，而另一家只得六千法郎。这两者之差是一万八千法郎，这可以说是由于不同程度的技能与劳动。利润差额的平均是九千法郎，这可看作劳动的利得。从一万五千法郎即这行业的平均利润减去九千法郎，就得到六千法郎，即所投入的资本的利润。

我认为上面例子可作为区别那些混在一起的利润项目的方法，但不能作为相当准确地估定这些项目的各自比率的方法。但即使没有什么指标使我们能够精细地区分资本的利润和使用资本的劳动的利润，我们也可假定，资本的利润总是和所冒的局部损失

① 斯密认为，由于以下理由不作这种区别是正当的。他说："假定在某一地方制造业所使用的资本年利润一般是百分之十。有两个不同的制造商，一个每年仅仅加工七百英镑粗材料，而另一个每年加工七千英镑细材料。如果这两个制造商的每年劳动费用同是三百英镑，那么前一个所用的资本将只等于一千英镑，而后一个所用的资本将等于七千三百英镑。所以，按百分之十计算，前一个每年仅能指望得到一百镑利润，而后者可指望得到七百三十镑利润。"他接着下结论说："利润是和资本成比例，而不是和劳动与督察及管理技能成比例。"但他所举的例子完全没有说服力。我们可同样容易地假定，有两个制造商，在同一地方经营同一生意，资本同是一千英镑，前者由积极、节省和有才智的经理指挥，而后者由懒惰、浪费和无识的经理指挥，前者每年得一百五十英镑利润，而后者仅得五十英镑利润。这个差异不是由于所使用资本大小不同，而是由于使用资本的技能与劳动优劣悬殊。技能与劳动在前者比在后者有更大的生产力。

或全部损失的风险相称，并和使用的期限相称。事实上，有资本可自由使用的冒险家，事前总先权衡上面提到的各种投资方式[1]的利害，并在其他情况如均相同的条件下，喜欢带有最小风险并能最快地收回本利的投资方式。因此，在危险性很大不能在短时间结束的冒险事业，想获得资本的竞争就比较不剧烈。的确，除非这些冒险事业的利润率比一般利润率高得多，使得资本家愿冒风险，否则资本不会投在这些事业上。所以，理论上可假定。冒险事业的危险性越大，投资的期间越长，资本的利润就越高。经验已经证明，这个假设是正确的。

如果资本的某种使用方式，例如和中国交易，既不能提供和资本呆滞时间相称的利润，而又不能提供和损失的风险以及一笔交易需要很长时间也许两年才能收回本利这个情况相称的利润，一部分资本将逐渐从这方面退出去。竞争将缓和下来，利润将逐渐增高，一直到增高的利润足够吸引新的资本为止。[2]

这也足以说明，为什么按照新方法使用资本所得的利润，比按照一般的或寻常的方法使用资本所得的利润来得大——所谓一般的或寻常的方法是指有关的生产和消费情况早已明白而言。就前者说，成功的无把握使竞争者裹足不前；就后者说，用途的安全使竞争者争先恐后。

---

① 参阅本书第二篇第七章第三节。

② 至于前一章提到的把劳动吸引到某一行业去的其他动机，或使劳动逃避某一行业的其他动机，更不必说了。这些动机有的时候在同一方向起作用，使劳动与资本的利润一起升降。当这些动机在相反方向起作用时，资本利润的差异与劳动利润的差异便互相抵消。

总之，在这个事情，正如在人类利益冲突的一切其他事情一样，利润比率是取决于按各个方法使用资本的供求的比率。

斯密和斯密学派的其他作家，认为对一切东西所首先给付的代价，即原始买价，是人的劳动。他们没有接下去说，对于每一个购买物，还给付用以生产这个购买物的资本的生产力与协力的买价。他们要问，难道资本本身不是由累积的产品即累积的劳动组成的吗？不错，但资本的价值和资本的生产力的价值却有区别，正如一块土地的价值和它的年租金的价值完全不同一样。当一千法郎资本以五十法郎报酬出借一年或说得确切些出租一年时，这笔资本的生产力在那一段时间由于得到那报酬就移转给另一个人。除五十法郎外，出借人还收回一千法郎本金，这一千法郎又可像从前那样应用于同一目的。因此，这笔资本虽是先前存在的产品，但它的年利润是个完全新产品，并和创造它的劳动无关。

所以，当一个产品借着资本的帮助最后完成时，其价值的一部分必须用以酬报资本的生产力，而另一部分用以酬报劳动的生产力，因为这两者协同生产这个产品。这样使用的部分和资本本身的价值完全不同。资本全数归还原主，它于提供生产性服务后又以完整的状态出现。此外，资本的这个利润也不代表原始用以创造资本的劳动的任何部分。

从上面我们不能不做这个结论，资本的利润，像土地及其他天然富源的利润那样，是对生产性服务的等值报酬。资本的生产性服务虽和劳动的生产性服务不同，但在创造财富的过程中却是劳动的生产性服务的有力同盟者。

第三节　最有益于社会的资本使用

对资本家自己来说，资本最有利的用法，是在同样风险下能生最大利润的用法，但对他最有利未必对一般社会也最有利，因为资本有这个特殊机能，除产生它本身所特有的收入外，还帮助土地与劳动产生收入。这是什么对个人最有利也对整个社会最有利这个一般原则的例外。借给外国的资本，很可能给资本所有人及本国生最高利息，但对于扩大全国境内的收入或对于国家产业无所帮助。如果这资本是在国内使用，就能有所帮助。

就一个国家的利益说，投在国内农业上的资本是最有利使用的资本。它使这个国家的土地与劳动的生产力增大，并使劳动的利润与地产的利润同时增加。在英明领导的使用下，资本可使荒山变为桑田。色芬、皮里尼斯和沃州四面皆山，从前都是不毛之地，现在却一片青葱菽麦蔽野。山的部分岩石用火药炸毁，炸下的碎石块用以筑成一层一层的台地，支持由人工运往那边的土所铺成的薄地层。这样，不毛石地变为青翠葱茏充满产品与居民的斜坡形台地。花费在这样惨淡经营的资本，如果用于对外商业，可能给资本家带来更大利润，但这区域的总收入便将减少。

由于同样的原因，用于加强或增进天然生产力的资本，也是用得其宜的资本。设计得很好与有用的机器所生产的收入，比它的成本的利息多，它不但给资本所有人提供增加的利润，而且对消费者与一般社会也有利。其裨益的程度等于它所节省费用的程度，因为每一次的节约等于这么多利益。

就国家利益说，仅次于上述的资本有利用法，是把它用在制造业与国内商业，因为用这种资本开办的产业所生的利润是在国内赚得的，至于投在国外商业的资本，则无差别地对一切国家的产业与富源有利。

对国家最无利的资本用法，乃是经营外国与外国之间的运输业。

当一个国家拥有巨额资本时，它最好把这资本分投在上述各产业部门，因为这些部门都有厚利可图，而且这些部门所生的利润对资本家来说几乎相同，虽然对整个国家来说很不相同。把国家资本大量投入运输业，对土地已经耕种得很普遍而田间管理已臻完善、既不需要围垦又不需要圈围的国家如荷兰，或对土地狭小的国家如威尼斯、真诺亚和汉堡等古代国家，能造成什么损害呢？资本投入这方面，只因为没有其他地方可投。但对一个缺乏资本因而没有足够资本以保持农工业活跃的国家来说，这种贸易，一般地说所有对外贸易很不适应。如果这种国家的政府过早地鼓励对外商业，那是荒谬的，因为这个措施只会阻止资本按最可增加国家收入方式的使用。虽然中国是世界最大的帝国，并必定拥有最大总收入，因为它维持最多和最稠密人口，但它却听任外国人搞它的几乎全部对外商业。毫无疑问，它如果在目前情况下扩大对外商业关系，将获得利益，但关于不经营对外商业而繁荣的国家，它却提供了极明显的例子。

侥幸得很，事物的自然发展使资本投入最有利于社会方面，而不使它投入有最大利润方面。人们一般喜欢的投资是最靠近家庭

的投资。在这些投资中，首先是改善土壤，这很适当地被看作最安全和永久的投资，其次是制造业与国内商业。他们最不喜欢的是对外商业、运输业和跟遥远国家贸易。资本家，尤其是中等资本家，都愿意把资本投在他自己能够监督的地方，而不愿意把资本投在遥远的事业。当他在相当长久时间看不到他的财产，或要把它委托陌生人，或要等待很久才能收回本利，或要动辄和不老实的债务人（这些债务人可能利用他们的无定行踪或利用他所不熟悉的外国法律施展欺骗手段）涉讼时，他就会认为所冒的风险过大。除非存在着专利或垄断利润的诱饵，除非国内产业陷于严重混乱，否则不拥有巨额剩余资本的欧洲国家，绝不愿从事殖民地贸易或东印度贸易。[①]

① 在我看来，这一整节的论证既不正确又没有说服力。就生利说，上面所述的各种资本用法不存在着差别。总之，在上述资本所可能投入的各个生产事业之间不能够划定分界线。什么事业能供应需要并增加生活的舒适与便利，严格地说都同样有利，并按几乎相同的比例增进国家财富。用于外国与外国之间的运输业的资本和用于国内的资本，对个人和对他所属的国家来说同样有利。上面说到产业的利润时已经指出（参阅第 64 页注 1），在没有限制的条件下，各种使用资本所得的利润将相同或几乎相同，因为如果有什么重大差异，这差异就使资本转向有更大生产力的产业，因而把均衡恢复过来。简单地说，资本流入运输业，只因为它所生的利润比投入其他方面的利润大。

不但如此，关于什么对个人最有利也对整个社会最有利这个一般原则，并没有例外。尽管我们的作家在前节所说和这相反，但借给外国的资本或在国外使用的资本，如果能给资本家或国家生最大利息，必然会最大地增多国家收入并给国家产业最大的帮助，正像它在国内使用那样。例如，借与国外的资本如果给外国的劳动与自然力提供使用的机会，那是因为——我必须重复地说——在听任事物自然发展的条件下，国内的同样生产力都得到更有利的使用。要不是这样，这资本就要留在国内，而不在国外寻求使用。如果资本所有人，在国外使用资本，而他自己不同时迁往国外，所得的收入必定使国内的劳动与土地的生产力活跃并进一步发展起来，因为这收入必定是生产性地或非生产性地在国内消费。——原编者

第九章　土地的收入

第一节　地产的利润[①]

土地有能力改变许多物质，使它们适应于人类使用。没有土地，它们对人便没有用处，因为我们所吃的五谷、果子与蔬菜，和我们用以制造房屋、船只与家具以及作为取暖燃料的树林，都是由土地提供滋养料或帮助生长的液汁。土地对这些货物的生产所起的作用可叫做土地的生产性服务。这就是地主得到利润的由来。

人可从土地里面所挖掘出来的有用物质如石头、金属、煤炭、泥炭等等进一步得到利益。

上面已经说过，土地不是唯一的具有生产性能的自然力，但它是唯一的或几乎唯一的能由人占为己有以取得特殊或独占利益的自然力。江河与海洋的水能够转动机器、供人航行并供给鱼类，所以毫无疑问具有生产力。风转动我们的磨机，连太阳的热也和人的劳动协作，但侥幸得很，直到现在，谁都不能说，风和太阳光是我

① 在前一章，我先说资本的利息，后说资本的利润，因为前者使后者更易了解。在这一章，我先说土地的利润，因为说土地的利润可帮助阐明租金问题。

的，因此不能对风和太阳光的生产性服务索取报酬。读者不要误会，我上面的话并不意味着，不应该以土地作为财产对象，像不应该以太阳光或风作为财产对象那样。这两种生产来源有本质上的区别，后者的动力取之不尽用之不竭，一个人从它得到利益，并不妨碍另一个人从它得到同样利益。海与风使我和邻人能够同时驾船行驶。就土地说，情况却不是这样。如果一切的人都有使用土地的同等权利，那么花费在土地上面的资本与劳动就是白费。如果没有获得利益的确实把握，谁都不会那么傻，把资本与劳动花在土地上面。不但如此，自己不占有一份土地的人，和占有一份土地的人，对土地的占有同样有利害关系，这乍看起来似乎矛盾，但是完全正确。在土地不是私有的新西兰和美洲西北岸的野蛮种族地区，他们很难吃到鱼和野味，往往不得不吞食蛆虫、毛虫和令人作呕的恶虫，[①]甚至由于衣食无着常动干戈，把战俘作为粮食吃掉，而在土地完全私有的欧洲，最下等的人，如果身体强健而且愿意工作，至少不愁衣食。

在前几章，我们说到投入农业或其他产业部门的劳动与资本的利润。现在，我们要研究，什么是土地本身所特有的利润，就是说和用于耕种土地的劳动与资本的利润没有关系的利润。我们还要从理论上探究土地的利润及其由来，但不探究谁是耕种者，是地主自己或是他的佃农。

---

① 马尔萨斯在他的《人口原理》第 1 篇第 4、5 章详细叙述野蛮民族由于缺乏正常食品供给而陷入极端困苦的一些情况，这些困苦情况的叙述令人不忍卒读。

许多作家[①]公然说，产品的价值从来没有超过从事创造产品的人力的报酬，因此没有什么剩余可留作为土地所特有的利润和由于使用土地给付地主的租金。他们的主要论点是，占有未开垦或休闲着的土地并同时拥有可使用的资本的地主，凭他高兴或把资本用于耕种土地或把它用于其他用途。如果他认为耕种自己土地可得到和其他任何投资相同的利润，他通常选择耕种自己土地。依照经验，即使这种投资比其他投资稍稍不利，地主也宁愿选择这个投资方式，因为无论如何它是比较安全的。这些作家从这个作

① 特斯塔·德雷西：《法的精神注释》，第 13 章。李嘉图：《政治经济学及赋税原理》，第 2 章。*

* 在李嘉图的整部著作中，这一章也许是最不能令人满意和最不容易理解的一章。它是根据马尔萨斯在他的《地租论》所提到的原则，即地租多寡，决定于不同质量土地的产品的差额，最坏的耕种着的土地不生地租。但许多未耕种土地却也生地租，而且在土地全是私有的国家，耕种着的土地没有不付地租。韦尔特州的丘原，没有什么劳动或资本花费在它上面，然而也生地租；同样地，挪威的森林也生地租。这地租是土地的自然产品。它之所以给付，是因为土地能生自然产品，所以人想望获得土地，但土地私有造成人为困难，非克服这困难不能实现愿望。因此，地租不是全起因于土地质量，而是起因于土地质量和土地私有，所有地租都是这样。什么地方有上述人为困难，什么地方耕种土地就得缴纳地租，原因是，地主暂时让与所有权应当得到报酬，正如资本家暂时让与所有权应当得到报酬一样。地租不全由土地质量决定，而由以下两个强度决定：(1)对土地生产力的愿望和需求的强度；(2)大自然与土地私有所造成的人为困难的强度。毫无疑问，土地质量可改变需求土地的强度，因为质量就是生产力，但市场上农业劳动与资本的供给，也可改变劳动与资本所要获得的土地产品的比例。当一个小地区的人口变得非常拥挤时，为什么地租最高？那是因为这地区土地生产力非常难得，因此更强烈地感到和需要它的效用。禁止外国农产品的输入为什么使地租涨得更高？那是因为法令所造成的人为困难加剧了从外国生产力得到利益的天然困难。生产力的大小当然影响产品数量，但地租起因于生产力或效用和其获得的困难(天然的与人为的)的结合，并决定于这二者的联合强度。——英译本注

出什么推论呢？这推论是，上述耕种，除生所使用的资本的利息外，[①]不生其他报酬，可是，要是果然如此，还有什么可留作土地生产力的利润呢？显然没有。我曾企图以最明白或使人最容易了解的方式把这论点和盘托出，但我应该指明，他们是片面地看问题，并完全忽视需求对确定价值所起的作用。我现在试图从全面观点讨论这问题。

除非土地的产品成为需求的对象，否则土地的生产力没有价值。踏勘美洲内地和地球的其他荒芜部分的旅行者，不止一次地说到能够栽种但完全没有栽种任何有用和有价值产品的肥沃地带。但殖民地一经在附近建立起来，或市场一经找到，而且在那市场，土地的产品通过交换能够给付必需的借款的通常利息，耕种便立即开始。到这一点为止，我们之间的意见并没有分歧。但如果任何情况使需求增加，超过这一点，农产品的价值将超过——有时大大超过——资本的通常利息。正是这超过额构成土地的利润，并使本身不是地主的实际耕种者能够在扣除自己的垫付款的全部利息与自己劳动的全部报酬以后，还有地租给予地主。

土地本来是大自然无代价地供给全人类，随后由人们占为己有。但占有并不是一开始就对占有者有利，要到土地产品成为需求的对象，并且它的供给，不随需求增加而相应增加，像其他天然产品如空气与水的供给那样，才对占有者有利。

地主的利润即所谓土地利润，只能由于这样的需求而增加价

① 依照这些作家的意见，连资本的利息也不是作为资本协助生产所得的报酬。我在本书第八章第二节已经揭穿了这个意见的谬误。

值。所有文明国家，特别是工商业发达交换品繁多的国家，都对土地给付利润。有的时候，在这种国家的个别地区，地租可能很低，例如在我们的索伦，一法亩土地租金只一法郎，但这是由于缺乏公路，尤其缺乏水运，以致运送它的农产品前往市场的费用，加上耕作费用，几乎等于农产品售价的全部。

在一些有高度文化和有最大生产力的国家，对于土地的价格或买价只付三四厘利息。但这并不是土地贫瘠的证明，而是土地售价很高的证明。一法亩土地可生一百二十法郎，并需要很小耕作费用，像牧场那样。在这种情况下，它的大部分价值必定来自它的天然性能，但如果地主以每法亩四千法郎的代价买到它，便只生三厘利息。这就是土地利润与地租的差别所在：利润的高低，看产品数量而定，而地租的高低，看买价而定。一亩只生一法郎利润的土地所提供的租金，可能不少于一亩生五十法郎利润的土地，如果前者的买价等于后者五十倍。

什么时候，以资本购买土地或以土地购买资本，什么时候就引起一种财产的利润与另一种财产的利润的比较。以十万法郎资本买来的一块土地，可能每年只生三四千法郎利息，而同一金额资本每年可生五六千法郎利息。资本所有者所以满足于较低利息而购买土地，首先可能因为这个投资比其他安全。资本不几度改变形式与位置几乎不能生利，这在不明此中三昧之人看来总带有多少严重风险，至于地产，则无须改变性质或位置就能生利。此外，占有土地带来满足与愉快，给予一个人以地位、势力和体面，而在一些国家还带有爵位与特权，这些对人们喜欢保有土地有很大的影响。

不错，土地由于不能移动与不能隐藏，更容易成为课税的对象，更容易成为任意派款的对象。流动资本可具任何形式，并可任意移动。它很容易逃避暴政和国内骚动，甚至比它的所有者更容易逃避这些。它是个更安全的财产项目，通常无法扣押或无法使它对所有者的债务特别负责。此外，它不像土地财产那么容易招致诉讼。但很明显，这些优点都抵不过投资所冒的更大风险，人们因此喜欢土地财产，而不喜欢流动资本。以此之故，土地的价格和它的年收入不相称，前者比后者高得多。

不论土地与资本的相互交换价格是怎样，应当注意，这个交换对于在流通中并可用于生产的土地与资本的生产力的供给不引起什么变化，因而交换价格不能影响土地与资本的实际或绝对利润。当理查把他的地产卖给多马士时，这土地的生产性服务就归多马士支配，而用以交换土地的资本的生产性服务则归理查支配。

可改变流通中的土地生产力的数量的，只土地的实际改善，或开垦新地，或扩大旧地生产力以增加它的产量。储蓄或累积的资本，如果用于改进农业，就变为地产，具有地产所特有的优点与缺点。房屋和所有投在固定或永久物体上的资本也都是这样，它们失去资本性质，而具有土地财产性质。

从上述我们可定出这个永恒原则，即土地的生产力具有价值，这价值像一般价值那样，随着需求的增加而增加，并随着供给的增加而减少；由于土地在性质上有所不同，正如在地点与位置上那样，所以对于每一特殊性质都有特殊的需求与供给。需求这么多酒，不管这需求来自何处，都需要栽种这么多葡萄所不可缺少的这么多土地生产力,[①]而适合于栽种葡萄的地面的大小便决定这种生产性服务的供给。如果能够栽种好葡萄的土地非常有限,而好酒的需求却非常强烈,这土地的利润就涨得非常的高。

值得注意的是,所有能生些微利润的土地,哪怕一亩只生一法郎甚或更少利润,都可能拿来耕种,我们看到许多这种土地在耕种中。这就是土地不同于资本与劳动的地方。如果一个工人感到自己居住的地方不能给劳动提供他有理由期望的利润,就可迁到其他地方。同样地,资本也能很快地从利润较低地方流到利润较高地方。土地没有这样的便利,因为它不能移动。所以,从它的总产品中,除首先扣除所有垫付的本金与该本金的利息以及劳动的利润外(没有资本与劳动便无生产可言),还须扣除把产品运到市场或更换地点的费用。如果上述这些等于土地的全部产品,土地本身就不生利润,而地主也得不到土地的租金。即使他自己耕作,也只能得到他的资本与劳动的利润,不能从土地的占有得到任何东西。在苏格兰,就有这样由地主自己耕种的没有多大收益的土地,这种土地如果由他人耕种,便得不偿失。同样地,在美洲的边远殖民地,有广大肥沃土地,这些土地本身收入不够维持所有者生活,但都耕种得很成功,因为它们是由所有者自己耕种,并由所有者消费它们的产品,因此所有者不得不对等于零或几乎等于零的土地的利润加上资本与个人劳动的利润,这样就使所有者得到相当可观的收入。

很明显,即使土地处于耕作状态,如果农民不愿缴纳地租,土

① 也需要栽种所必须有的资本与劳动。

地便不生利润。农民不愿缴纳地租就是在扣除耕种土地所需要的资本与劳动的利润以后没有什么剩余的明证。

在上面刚提到的例子，土地不生利润是由于土地距离市场太远，运输费用吞并了土地在其他情况下所可能生的利润。也可举出由于歉收、战争或捐税而产生同样结果的其他例子，这些原因部分地或全部地吞并土地的利润，使得土地无人耕种。[①]

第二节　地租

当农民租借土地时，他把土地生产力所生的利润交给地主，自己保留他的劳动的工资以及他花费在耕作上的资本的利润，他的资本包括农具、马车、牲畜等。在农业企业，他是个冒险家。他所使用的生产手段中，有一个不属于他而要他给付租金，那就是土地。

前章专门说明土地利润的来源。由于以下原因，地租一般按这利润的最高比率决定。

一般地说，农业这个冒险事业所需要的资本在比例上比其他产业所需要的资本少，[②]如果不把土地计算作冒险家资本的一部分。所以，由于经济状况关系，能够经营农业的人比能够经营其他冒险事业的人多，因此出价竞租的人比其他事业竞争者多。另一

---

① 上面所列举的不利情况，对土地的利润比对其他收入来源的利润有更强烈的影响。这说明为什么要常常豁免佃租，并证明塞文涅夫人的见解是正确的。她从乡村写信说："我希望我的儿子到这儿来实地观看，他就会悔悟，所谓占有土地就等于占有财富的想法是谬误的。"《塞文涅书信集》，第 224 号书信。

② 并不是普遍如此，例如在农业现在达到高度发展的英国，耕种土地就需要比从前多得多的资本，而农民通常比他们近邻的大多数商人富裕得多。——英译本注

方面，在一切国家，适合于耕种的土地，数量都有限度，而资本数量和耕者人数却没有固定的限度。以此之故，只在已由人民居住很久和已经耕种很久的国家，地主才能对农民行使一种垄断权利。对于地主的货物即土地的需求，可能不断增加，而土地的数量却绝不能增加。

上述情况对整个国家来说是如此，对个别省区来说也是如此。各省的出租土地亩数无法增加，而能够租借的人数却没有确定限度。

什么时候情况是这样，什么时候地主与租户议租地主就占有非常有利地位。如果土地的任何部分给租户带来的利益超过他的资本利息与劳动工资，不久必有愿出更高的价承租这部分土地的人。一些地主的豪爽，他们住处距离租地很远，另一些地主的愚昧，甚或农民自己的愚昧，以及又一些地主的轻率，有的时候可能使地租比率降到最高利润以下，但这是偶然情况，只在一个时期起作用，绝不能阻挡天然原因的经常与不断作用。天然原因的作用最终必定占优势。

除上述天然优势外，地主一般也拥有更多财富或能够累积更多财富，而且有时享有声望、支持和权势。可是，仅仅上述第一优势就够使他能独享任何可增加土地利润的情况的利益。开辟运河或公路，省内人口或财富的增加等等，都会使他的地租增加。此外，不论耕作有什么改进，他都从中得利，因为一个人在懂得怎样更好利用工具时，就愿出更高租金租用工具。

如果地主把他的资本花费在自己土地的改良上，例如建造排水渠、灌溉设备、栅栏、建筑物、住宅或其他，那么租金不但包括土地的利润，而且包括这样花费的资本的利息。①

有的时候，农民自己承担这样改良费用，但他只能指望在租约存续期间得到他所花的费用的利息。在租约满期时，这个利益必须移归地主，因为它是完全无法移动的。尽管地主没有垫付什么款项，但他从那时以后却得到全部利润，因为从那时候起他所收的租金相应增加。所以，除非租期很长，使农民能从他所作的改良得到充分利润足够偿还全部费用及其利息，否则农民不会作效果延续到租期以后的改良。正由于这个原因，长期租借对土地产量有促进作用。很明显，如果土地由地主自己耕作，效果就最大，因为地主和农民不同，不容易丧失他所垫付的改良款项的利益。对土地所作的每一个适当改善都给地主生永久性利润，而且在土地最后出售时，所花费的费用可全部收回。如果农民在租约到期以前能够确保改良的利益，这也能增大土地在租赁期中获得改良的可能性。相反地，允许在特殊情况下，例如在地主出售土地时取消租约的法律或惯例，对农业非常有害，因为农民在租借期间，如果无时无刻不恐惧新地主突然出现，剥夺他的机敏、劳力与资本的报酬，就不敢对土地作相当大的改善。事实上，他对土地所作的每一次改善，都只有增加这种不公正的剥夺的危险，因为土地在良好情况下比在其他情况下更易出售。

什么地方都没有像英国那样尊重、那样不侵犯租借权。达到

① 投在土地改良上的资本的价值，有的时候比土地本身的价值大，例如住屋的价值大于土地的价值。

四十先令(大约五十法郎)金额的承租人,享有国会选举的投票权,[①]这在一定程度使事实上很不存在的地主与租户势均力敌的状况恢复过来。在任何其他国家,我们没有看到租户是那样确信不会受驱逐,他们甚至在租借土地上盖造建筑物。这些租户改善土地,好像是自己土地那样,并按期缴纳地主租金,这种情况在其他地方是不常见的。

土地有的时候由完全没有资本的人耕种,而地主不但供给土地还供给所需要的资本。那些人在法国叫做对分佃农,通常把土地的总产品一半缴交地主。只在农业摇篮时期,才会看到这种办法,而且在所有办法中,它最不能促进土地的改善,因为承担改善费用的一方,不管是地主或是佃农,都得把垫付款的一半利益白给另一方。这种租佃在封建时代比在现今更为普遍。领主不屑自己耕种土地,但他们的佃户又没有生产手段。当时最大收入来自土地,因为领主是最大地主,但这些收入和那么大的土地面积很不相称。这并不是由于缺乏农业技巧,而是由于缺乏用于改善土地的资本。领主不关心土地改善,并豪爽地不生产地花费他们的很容易增至三倍的收入。他们招兵买马进行战争,举行宴会与锦标赛,并维持为数众多的扈从。如果我们看到当时工商业的衰微以及农业的不安定,我们就无须进一步说明,为什么大多数人民陷于极端穷困,以及为什么国家不是由于政治原因而却弄得衰弱。在那个

① 我们的作家坚持这个错误,特别是在他同国人戈都发表的著作给他机会在本书第四版更正这错误之后,还坚持错误,实在令人讶异。投票权只限于地主。这权利甚至不推及一切其他财产,只自由保有不动产权才带来这个权利,根据官册享有不动产权或租借权并不带来这个权利。——英译本注

时候，法国面临着被攻击的很大威胁，它的五团区军队绝不能击退这种进攻，但侥幸得很，其他欧洲国家和法国的情况简直一样。

第十章 一个国家从另一个国家得到收入的影响

一个国家不能从另一个国家得到它的产业的收入。一个德国裁缝匠，在法国定居，并在法国赚得利润，这利润德国分享不到。但如果这裁缝匠设法积蓄了一些资本，几年以后，把这笔资本带回他的祖国，他给法国所造成的损害恰好等于一个法国资本家携带同数量金额财产迁往外国所造成的损害。[①] 从政治观点看来，这两者给法国财富所带来的损害相同，但从道德观点看来，这两者所造成的损害却不相同，因为我认为，一个土生土长的法国人离开法国，就使法国失去一个热爱祖国的人，并使法国失去一个具有独特国民性的人，法国不能期望一个在外国出生的人具有这个性格。

一个走失了的孩子回到国家怀抱，使国家得到真实的财宝，因为这就使国家的人口增加一个，使国家的劳动利润有所增加，并使

① 但如果这资本是那裁缝匠个人节俭的结果，他把这资本带走并没使法国在他来到以前所拥有的财富有所损失。如果他继续住在法国，法国总资本的增加额将等于他的储蓄额，但他离开法国所带去的资本，只是他自己的利得并是他自己创造的价值，他把它带走，对个人没有损害，因而对国家也没有损害。

国家获得资本。同时也使国家复得一个失去的公民和他靠以维持生活的资产。即使流亡者只带回他的劳动，无论如何国家资本总增加了他的劳动所生的利润。诚然，消费也同时增加，但如果消费和上述利益能相抵消，收入就没有减少，而国家的道德与政治力量实际上却有所增加。①

关于一个国家借与另一个国家的资本，这对这两个国家财富的影响，正如一个人借给另一个人资本对他们财富的影响一样。如果法国从荷兰借到资本，并把它用于生产方面，那么他将由于得到劳动与土地使用那资本所生的利润，而且即使给付利息，也将得到利润，正如商人或制造者借款从事事业，即在给付借款利息以后，还得到剩余利润一样。

但如果一个国家从另一个国家借款，不用于生产，而用于消费，所借的资本将不生利润，而国家收入必须承担偿还外国债权人的利息。当法国从真诺亚人、荷兰人和日内瓦人借到款项以维持它的战争或供宫廷挥霍时，情况就是这样。可是，即使借款是供宫廷挥霍，向外国人借款总比向本国人借款好，因为所借到的款不是来自法国的生产性资本。在这两个情况下，法国人民都必须给付利息，②但如果这资本由法国人民出借，那么他们既必须给付利息，同时又失去本来可从使用这资本及其生产力所得到的他们劳

---

① 从事物的一般发展看来，这样的增加对国家有利，因为它是生产第二来源即劳动的增加。但有缺陷的人类制度可能把利益弄成损害，例如恤贫制度白白地养活一部分能够工作但不因穷困而奋发的人。在这种情况下，每一个增加的人，可能是负担，而不是利益，因为在闲散受白养的名单中可能增加他的名字。——英译本注

② 本书第三篇将说明，这利息不论在国内或在国外花费，都一样地趋于消失。

动与土地的利润。

关于住在国外的外国人在这国家所占有的土地财产，这种财产所生的收入是外国收入项目，不构成这国家收入的一部分。但应当记住，如果外国人没把一笔等于土地价值的资本汇到这国家，他就不能买到土地。如果这国家拥有很多可改良的土地，但缺乏可增加产业活动的资本，这资本对它特别有价值。外国人在购买土地时，把资本的收入交换土地的收入，他们让这国家从资本得到利润，而他们自己从土地得到收入，这样他们以货币的利息交换土地的租金。如果这国家的产业很活跃而且巧妙地管理，它可从利息得到比从租金所得更大的利益，但这购买者得到一种固定和永久财产，以代替不经久、可移动和能毁坏的财产。如果管理不善，这国家所得到的资本，可能不久就化为乌有，但这购买者可永久占有土地，而在高兴时，可卖掉土地收回价值。所以，这国家如果懂得把交换得来的价值用于再生产，就不必害怕外国人购买土地。

一个国家以什么样的形式向另一个国家提取收入，这无关重要，它可以硬币、金银块或任何其他货物形式提回收入。的确，最重要的是，让个人按最适合于他们的形式提回收入，因为对他们最合适必定也对两个国家最合适，正如在国际贸易上，个人最喜欢输入或输出的货物也是最适合于两国利益的货物一样。

英国东印度公司经理人向东印度提取年收入或累积财产，他们把这种收入或财产寄回英国供享乐或维持生活之用，但他们很小心，不以金银形式汇寄收入或财产，而以印度货物或产品形式汇寄，因为贵金属在亚洲的比值高于欧洲，而印度货物到达欧洲以后，可从中取得新利润。每汇出价值一百万的货物，在到达目的地以后，可能增到一百二十万之多。这样，欧洲获得一百二十万，而印度只损失一百万。如果这些掠夺印度财富的人[①②]硬要以硬币汇出，他们也许就得从印度斯坦掠夺一百五十万以上，才能使英国得到一百二十万。这笔款原来可能以硬币蓄积，但总是以当时最适合于运输的货物的形式汇出。只要任何物品被允许输出（政治家老是认为输出货物对国家有利），我们的国家很容易从其他国家得到收入和资本。政府不能阻止这种汇款而不停止所有对外商业，停止对外商业最终会导致偷运与走私。从政治经济学观点看来，什么都没比政府禁止输出硬币作为阻止财富外流的措施更为荒谬。[③]

① 雷纳尔告诉我们，由于东印度公司从孟加拉得到在欧洲消费的收入，它最终必定使孟加拉的硬币枯竭，因为东印度公司是唯一商人，自己没有输入硬币。但他的这个说法是谬误的。首先，不少私商把贵重金属带往印度，因为贵重金属在亚洲的价值高于欧洲，这个原因也使在亚洲发了财的东印度公司人员，不想以硬币形式把财产运往英国。

如果认为，以货物形式而不以硬币形式运往欧洲的财产，不像硬币那么实在，而且会比较迅速地花光，那又是谬误的。财产暂时所具有的形式，不影响它的实在性，因为它一到达欧洲，就可变为硬币、土地或其他。在殖民地贸易，正如在国际贸易一样，重要的是价值总额而不是价值暂时所具有的形式。

② 这个说法过于苛刻，但从该公司初期取得财富的手段看来，也许是适当的。可是，现今情况已经改变。东印度公司人员不再以掠夺作为取得公私资产手段，而满足于民政、军政与财政的繁重职务的优厚报酬。只要稍稍研究英国和它的亚洲属国的关系，就可发现，以任何形式汇往英国的盈余款项是多么的少。应当记住，连这款项的一部分也只是英国为着统治印度而在国内筹募的借款的利息，但英国对印度的统治未必都是贤明的统治或温情的家长式统治。——英译本注

③ 完全阻止一切有价值物品的输出不能使他们实现上述意图，因为自由的交通使流入的财富多于流出的财富。收入或价值在本质上是难约束或不羁的东西。无法把它羁绊得住，一切限制它的企图必定都劳而无功，如果听其自由，定会扩大或繁盛起来。

第十一章　产品数量怎样影响人口

第一节　和政治经济学有关的人口[①]

我们在第一篇讨论满足人类需要所必需的各种物品的生产，并在本篇探讨这些物品在社会各成员之间的分配。现在让我们进而讲述这些产品对社会人员的人数的影响，就是对人口的影响。

就对待一切有机体说，大自然似乎不注意个体，只保护种类，博物学给我们提供了大自然非常细心保存种类的奇妙例子，但大自然为保存种类而采用的最有效方法乃是大量繁殖胚种。这样，尽管各种意外事故使它们的早期发展受到阻碍，或使它们在还没成熟以前就已灭亡，但还留有足够多的胚种，使得种类继续存在。如果没有意外的事故、胚种的灭亡或发展的挫折妨碍有机体的繁殖，地面在几年内就会充满着动植物。

人也能无限地增加，像其他有机体那样。可是，人的超越智慧虽使他能够不断扩大自己的生存手段，但迟早必定达到极限。

动物的生存依存于唯一的直接需要的满足，即粮食需要的满足，但人能够跟他的同类联络，因而能够以一个产品交换另一个产

① 原著把这一节的题目做这一章的题目，这一章的题目做这一节的题目。——原编者

品，并能够考虑产品的价值而不考虑产品的性质。值一百法郎的家具的生产者与所有者可认为，他拥有以那个价格可买到的粮食。至于产品的相对价格，这在一切情况下都是由需要的强度和各个产品暂时所具有的效用的程度决定。我们可十分稳妥地说，人一般不愿以一个紧迫需要的货物交换另一个不这么紧迫需要的货物。在农产品短缺时期，就得以更多数量的家具交换更少数量的粮食，但一实行交换制度，一方所给的货物在价值上必定等于另一方所给的货物，前者可换后者，后者可换前者。①

我们已经知道，商业与交换使产品适应于一般性质的需要。最迫切需要的衣食住等物，当然需求最大，各个家庭或各个人需要得到满足的程度，依存于他们购买这些物品的能力，而这个能力又依存于他们的生产手段和生产努力，说得明白些，依存于他们的收入。所以，穷根究底，家庭与国家（国家只是家庭的集合体）完全靠它们自己的产品过活，而家庭与国家的产品的数量，必然限定家庭与国家所能靠它过活的人数。

那些在生出来以后不能供给将来紧迫需要的动物，如果不成为人的牺牲品或它们的同类的牺牲品，也会在紧迫需要无法满足的时刻归于灭亡。但人有那么多要供给的将来需要，如果没有一

① 虽然所有产品对人的社会生存都是需要，但在人类生活资料中，粮食应当占第一位，因为其他东西都没像粮食那么紧迫需要、不断需要和时常需要。但粮食不一定都是本国产品，它不但可通过国内农业获得，而且可通过对外商业获得。许多国家的居民超过本国产品所能给养的数量。不但如此，输入其他物品也可能等于输入食品。向北欧输出葡萄酒和白兰地，几乎等于输出面包，因为葡萄酒和白兰地在很大程度上替代啤酒和由蒸馏五谷制成的酒，这样就使本来打算用于制酒的五谷可用来制造面包。

定程度的先见之明，就不能适合大自然创造他的目的。如果破坏性暴力行为不断使人类数目减少，只有那先见之明才能使人类免受他们所很可能遭受的一部分的祸害。①

可是，尽管人有先见之明，尽管理性、法律和社会习惯对人施加限制，但人口总是随着生活资料的增加而增加，甚至稍稍超过生活资料的增加。这是令人痛心但确实的事实，即在最繁荣国家，每年总有一部分人民因穷困而死。所有由于穷困而死的人不一定都是饿死，但因饥饿而惨死的人却比一般所想象的多。② 我的意思只是说，这些人没有掌握一切生活必需品，并由于缺少某一生活必

① 中国的杀婴行为证明，当地的习俗与宗教偏见使倾向于阻止人口增加的预谋远虑不能起应有的作用。我们对于这些偏见不能不感到遗憾。人越进化，感觉越灵敏，对于这种杀人行为越感到痛苦。由于这个原因，增加战争或其他杀人手段以增加生者的享乐的政策，乃是更野蛮和更荒谬的政策，因为破坏性战争影响到发育更完全、更容易感受痛苦并到达具有对自己和对他人更有用的成熟才能年龄的人。

② 靠近巴黎的比塞特鲁救贫院平均收容五六千贫民。在1795荒歉年份，管理人不能供给他们以平常那么好和那么多的食物。救贫院的膳务员告诉我，在那个时期，几乎所有收容在该院的贫民都饿死了。

巴顿写的叫做《关于劳工阶级情况调查报告》的小册子附有调查表，按照调查表，英国七个工业区的平均死亡人数和生活资料的昂贵或生活资料的短缺成比例。我从他的报告书摘录一段如下：

年　份	一夸脱小麦的平均价格	死亡人数
1801	60先令1便士	55,965
1804	73先令3便士	44,794
1807	106先令2便士	48,108
1810	118先令3便士	54,864

依照同一调查表，农业区由于生产资料短缺而死亡的人数比工业区少。原因很明显：其一，在农业区，劳工工资通常多以实物给付；其二，产品的较高售价使农场主能对劳工给付较高工资。*

* 第二个原因不能令人满意，因为五谷栽种者在荒歉年份的总收入大抵不多于丰收年份的总收入。

需品而死。一个病人或伤人也许只需要一些休息或治疗以及简单药物使他恢复健康,但得不到应有的休息、治疗或药物。一个小孩可能需要母亲的照顾,但母亲由于生活的压迫需要出去干活,而那小孩于是因意外事故、没人照顾或得病而死。所有研究统计的人都证明这一点,在富裕父母亲和贫穷父母亲所生的同样数目子女中,后者夭折的人数至少比前者多两倍。简单地说,不够的食物或有碍身体的食物,不够的换洗衣服,缺少温暖或干燥的衣服,或缺少取暖的燃料,都会破坏健康、伤害体格并迟早使许多人短命而死。所有由于缺少某一生活资料而死的人都可以说由于贫穷而死。

所以,对于人,特别是有高度文化的人来说,许多种类产品,其中包括我们叫做无形产品,都是生活必需品。生活必需品的增多,在一定程度上和需要成比例,因为需要越紧迫,它们的价格越高涨。我们可做出这个一般原则,即一个国家的人口总是和它的各种产品的总和成比例。① 这是大多数政治经济学家所承认的原则,尽管他们在许多其他方面的意见不相同或不一致。②

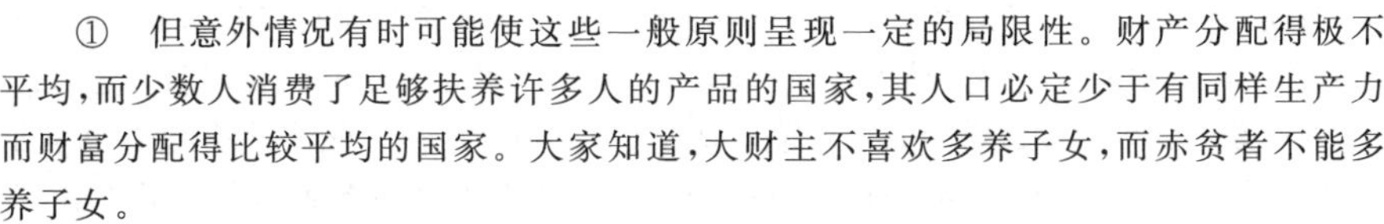

①　但意外情况有时可能使这些一般原则呈现一定的局限性。财产分配得极不平均,而少数人消费了足够扶养许多人的产品的国家,其人口必定少于有同样生产力而财富分配得比较平均的国家。大家知道,大财主不喜欢多养子女,而赤贫者不能多养子女。

②　参阅斯图亚特:《政治经济学》第 1 篇第 4 章;魁奈给《百科全书》所写的《谷物》一条;孟德斯鸠:《法的精神》第 18 篇第 10 章和第 23 篇第 10 章;《巴丰集》,贝纳校订,第 4 卷,第 266 页;弗邦奈:《原则与意见》,第 3945 页;休谟:《论文集》,第 2 篇第 2 篇论文;《普维鲁集》,第 145、146 页;孔狄亚克:《商业与政府》,第 1 篇第 24、25 章;维里:《关于政治经济学的意见》,第 210 章;米拉波:《人之友》,第 1 卷,第 40 页;雷纳尔:《欧洲人在东印度群岛所设立的商号的历史》,第 11 篇第 23 节;查斯特洛:《关于公共福利》,第2卷,第205页;奈克:《法国的财政》第9章和《关于科伯特颂词的注释》;康多

但我以为，他们没有注意到，从这个原则可引申出的一个很自然的结论，即除鼓励与推进生产外，什么都不能永久地增加人口；除侵害生产来源外，什么都不能永久地减少人口。

古罗马人不断制定规章来补救由于不断对外作战而产生的人口的减少。[①]他们的监察官赞扬结婚，他们的法律对多子女给予奖金和荣誉奖赏，但这些措施都不生效果。生孩子并不困难，困难在于扶养孩子。古罗马人应当扩大他们的国内生产，而不应当劫掠他们的邻邦。他们所夸耀的规章，在野蛮的北方掠夺者还没入侵很久以前，已经不能有效地阻止意大利与希腊的人口的减少。[②]

路易十四鼓励结婚的布告，对那些有十个子女的父母亲给予生活津贴，并对有十二个子女的父母亲给予更多生活津贴，但这布告也没有收到好结果。这种拙劣的鼓励办法所可能产生的增加人口的效果，远远抵不过这个皇帝屡次鼓励懒惰闲散所产生的不利

塞：《关于伏尔泰的注释》，克伯勒校订，第 40 卷，第 60 页；斯密：《国民财富的性质和原因的研究》，第 1 篇第 8、11 章；加尼埃：《经济学要义》第 1 篇第 3 章和他给斯密的《国民财富的性质和原因的研究》法译本所作的译序；坎纳：《政治经济学原理》，第 133 页；葛德文：*《关于政治的正义》，第 8 篇第 3 章；克拉维尔：《法国与美国》，第 2 版，第 60、315 页；布朗-杜南：《关于国民经济学原理的论文》，1776 年在伦敦印行，第 97 页；贝卡里阿：《国民经济学原理》，第 1 篇第 2、3 章；戈拉尼：《关于政治科学的研究》，第 2 卷，第 7 章；西斯蒙第：《政治经济学新原理》，第 7 篇第 1 章和以下各章。此外，特别要参阅马尔萨斯：《人口原理》，它是一部很有研究的著作，如果什么人对这方面真有怀疑的话，看这部著作就可消除怀疑，因为这部著作的正确与有力论证，使得这方面无争论余地。

* 这位著作家最近大胆提出对于马尔萨斯著作的反驳。虽然他很巧妙地、满怀信心地提出他的论点，但却不能使人相信他的见解。

① 英国、法国与北美合众国旧州的实例证明，战争与移住都不会使一个国家的人口永久地减少。

② 参阅李维：《历史》；普鲁塔克：《伦理》，第 30 篇，关于神谕的缺陷；《司特拉博集》，第 7 卷。

于增加人口的结果。

人们都这样说，新世界的发现使旧西班牙的人口减少；其实，西班牙人口减少，是由于它的不健全政府制度和国内产品数量与土地面积不相称。[①] 最能增进人口的，是劳动积极性和跟着它而来的国内产品的增多。所有欣欣向荣的地区都充满着这种积极性。当一个社会没有懒惰现象，而它的努力碰巧得到处女地的协助时，这个社会人口的迅速增加确实是惊人的。美洲合众国人口在二十年内增加了一倍。

由于同一原因，临时性灾祸虽夺去许多生命，但如果再生产来源没受损害，那么所造成的祸害，与其说是对人口的致命伤，毋宁说是折磨人类。人口不久又接近年产品总量所规定的限度。麦桑斯作了一些有趣的推算，按照他的推算，在有名的1720年马赛鼠疫肆虐以后，普罗冯斯整州结婚生孩子的比从前多。埃克皮利神父做出同样的结论。普鲁士在1710年发生鼠疫以后的情况也就这样。虽然鼠疫使普鲁士损失三分之一的人口，但按照萨斯米奇所制的表，[②]在鼠疫发生以前，每年出生婴儿数量二万六千人，而在鼠疫发生后一年即1711年，出生数却增到三万二千人。也许有人认为，在这样可怕的死亡率发生以后，结婚至少要大大减少；相反地，结婚实际上却增加一倍。这是人口总倾向于和国家资源相称的有力证明。

这种临时性灾难所造成的最大祸害，并不是人口的损失，而是

① 乌斯塔里奇说，人民迁往美洲最多的西班牙省份却是人口最多的省份。

② 马尔萨斯在《人口原理》第2卷曾引用这个表。

它给人类所带来的苦难。瘟疫、饥馑或战争在夺去许多生命的同时，不能不使许多有知觉的人遭受极大痛苦。此外，它使未死去的人感到悲痛、苦恼和艰难，并使无依无靠的孤儿寡妇、兄弟姐妹和父母陷于穷困。如果死去的人包括一两个学识渊博才智超群的人，那就更值得惋惜，因为一人的才能与德行对国家幸福和财富的影响比一百万庸碌人卑贱劳役的影响大得多。

不但如此，壮年人大批的死亡确是既得财富或既得资本的大损失，因为每一个成年人是累积资本，这资本相当于多年来锻炼他使成为有用的人所花费的款项。一个出生一天的小孩绝不能替代一个二十岁的人。康德公爵在战胜他的敌人的西尼弗战场上的名句，不但是荒谬，而且是冷酷的。[①]

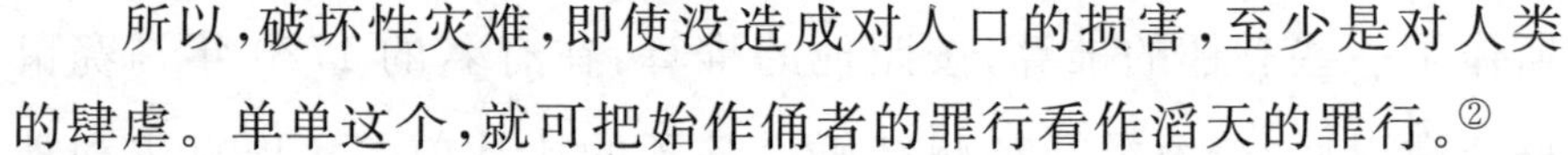

所以，破坏性灾难，即使没造成对人口的损害，至少是对人类的肆虐。单单这个，就可把始作俑者的罪行看作滔天的罪行。[②]

① 他说："巴黎一夜所生的孩子就够弥补战争中所损失的壮丁。"一个炮弹在一瞬间所消灭的壮年人，要补充他非经过二十年连续不断的苦心培养与花费金钱不可。战争给人类所带来的毁灭性祸害，远远超过一般所想象的。耕地荒废，住宅被劫，产业破坏，资本消耗，这一切使许多人失去生计，并使由于这些原因而死亡的比战场上死去的人多得多。

② 根据这个原则，医疗技术或外科技术的重大改进，例如种痘，不能对国家人口有永久的影响，但能对人类命运有巨大的影响，因为它对那些年龄已大、体力知识已发达的人可起强大的保存作用。要补充这些人，就需要有新出生的人并须作新的垫付，换句话说，父子都得作很大的牺牲并遭受很多的艰难与痛苦。当人口必须靠增加新出生的人来保持时，人们所遭受由于人的生死所引起的痛苦必然更大，因为生死必然更常发生。如果人的一般寿命从四十岁增至五十岁，那么现今的生死数的一半就够保持原有的人口。诚然，胚种将受到更大的糟蹋，但必须以人类所受痛苦的程度来衡量人类的境况，胚种不会感到这种痛苦。由于胚种受到那样大的糟蹋，所以再糟蹋几个也不算什么。如果植物有感觉的话，现在被连根拔掉并被破坏的所有植物种子，最好要在植物有感觉能力以前分解它们。

虽然上述临时性灾难给人类所带来的困苦大于它给人口所造成的损失,但一个不良政府在不良政治经济制度下的行动所产生的影响恰恰与此相反。原因是,这个不良政府把生产来源弄得枯竭,因而使人口锐减。我们已经知道,一个国家的人口总是接近于它的年收入所容许的极限,如果政府征收人民所受不了的捐税,逼使人民牺牲一部分资本,因而使国家的生活资料和再生产手段减少,这样的政府不但阻止进一步的生育,而且简直犯了杀人罪,因为什么都没像剥夺生活资料那样有效地减少人口。

关于修道院对人口的有害影响,人们曾提出猛烈的攻击,但对于修道院怎样起这个不良作用,人们却有误解。修道院应该被谴责的原因,不在于僧侣的独身生活,而在于他们的懒惰。的确,他们都耕种他们的土地,但这有什么价值呢?如果僧侣制度被废除,难道他们的土地就荒废了吗?废除僧侣制度并把修道院变为工厂的地方,并不产生什么灾祸,法国革命在这方面提供了许多实例。这些地方在废除僧侣制度以后,不仅收获同样多农产品,还得到工业产品,而这样增加的总产品又带来人口的增加。

从这些前提可进一步做出以下结论,即一个国家居民所得到的生活必需品的供给并不因为人数正在增加而比从前短少,也不因为人数正在减少而比从前充足。他们的相对情况依存于他们所掌握的产品的相对数量。虽然人口稠密,但很容易想象产品却很充足;虽然人口稀少,但很容易想象产品却很短缺。欧洲的饥荒在中世纪比晚近更常发生,但欧洲现今的人口,明显地比从前稠密。英国在伊丽莎白女王时代的产品没像现今那么充足,但英国在那个时期的人口只有现今的一半。人口减到只八百万的西班牙却不像二千四百万人口时那么富裕。[①]

有一些著作家[②]认为，稠密的人口是国家繁荣的指标。毫无疑问，稠密的人口是国家生产扩大的一个标志。但繁荣意味着所有必需品的充足与分配普及，以及各阶层人民都享用一些生活奢侈品。印度和中国的一些部分，不但人口过剩而且穷困过日，但减少它们人数绝不能改善它们的情况；至少是，减少总产品以减少人数绝不能使它们情况改善。不应当减少人口，而应当增加总产品。通过个人的更大积极性、勤勉与节俭，以及更好的管理即政府更少地干涉人民，总可使总产品增加。

当然有人要问，如果一个国家的人口经常都是和它的生活资料齐步并进，那么在荒歉年份，情况将怎样呢？

关于这方面，请听斯图亚特[③]所说的话："收获的多少不足为凭，对一块土地说来是丰收，对另一块土地说来可能是歉收。"他接着说："同一数目的人总是消费同一数量粮食的说法，是完全不正确的。在丰年，每一个人吃得好，不怎么节省粮食，并养一些牲畜以供食用，人们也喝更多的酒，因为一切东西都便宜。但一到歉年，人们便吃得坏，当下层阶级要跟他们儿女共分粮食时，分量便少得可怜。"他们不但没有储蓄，而且把他们从前所积蓄的花光。不幸得很，这是事实，一部分下层阶级必定由于穷困而死。

① 如果人口依存于产品数量，那么出生数是个不正确的衡量人口的标准。当产业和产品正在扩大的时候，出生数的增加便和现有人口很不相称，使人口的估计数字显得异常庞大；相反地，当国家财富处于衰落状态时，实际人口便超过它和出生数的平均的比例。

② 华莱士、康多塞和葛德文。

③ 詹姆斯·斯图亚特爵士有关于缺少经验的论述，第1篇第17章。

这个灾难在人口过剩国家如印度斯坦和中国非常普遍。这些国家几乎没有对外商业或海口商业，它们的穷困阶段，严格地说，老是仅仅得到只够糊口的必需品。在这些国家，平常年份的产品只够把这样少得可怜的粮食分配给他们，如果收成有点不好，便有许多人由于完全缺乏一般必需品而整批死亡。所有记载都说，由于这个原因，饥馑在中国和印度斯坦的许多地方常常发生，并造成严重祸害。

商业，特别是海上商业，使产品的相互交换，甚至和最遥远国家的交换容易进行，因而使一个国家能够输入食品，以交换其他产品。但如果过于依靠这个来源，就会使那个国家在发生自然事变或政治事变时遇到极大困难，这些事变可能使那个国家跟外国的来往陷于中断或受到干扰。这样就必须采取任何手段来保持这交通，使用武力或是使用欺骗手段，同时也必须使用各种方法消除竞争，尽管这些方法很不正当。一个独立的省或弱的盟国也许必须在等于强迫进贡的难堪条件下购买那个国家的产品，那个国家甚或不得不冒战争危险施行商业垄断。所有上述祸害，足使那个国家陷于极危险的状态。

毫无疑问，靠近十八世纪末叶，英国粮食生产大大增加，但它的衣服与家具生产大抵增加更快。结果，这种大量生产使它能够把人口增加到超过它的土地产品所能养活的程度，[①]并使它能够在空前的财政压迫下维持下去。但英国一遇到它的产品不能在国

① 哲科布兹在1814年发表一部小册子，叫做《关于英国农业的考究》。哲科布兹是皇家学会会员，并是农业问题的一个最有识见的作家。在那部小册子（第34页），他告诉我们说，在大约1800年，英国不再是小麦输出者，而却成为小麦输入者。

外市场销售时，它就遭受很大痛苦，而且有的时候它不得不使用武力来保持它的对外贸易。如果它不再鼓励新资本投入工业与对外贸易方面，而把它转向农业企业方面，那也许是更贤明的做法。这样，几个还没充分利用的耕作地区，特别是苏格兰与爱尔兰的许多地方，可收获足够多的农产品以购买它的工业与商业的大部分即使不是全部剩余产品，而这些产品的消费将超过现今的数量。[①]这样，英国就能够给自己创造国内消费市场，国内市场乃是最可靠和最有利的市场。它的邻国不再为着它的必然是善疑多防或排他性政策而感到不快，将放弃敌对的心理并变为乐意的顾客。但如果这样做之后，它的工业产品和农业产品还不相称，它尽可采用一种适宜的殖民制度，在世界各地给它的国内企业产品开辟新市场，这样它也许可得到一些粮食来养活它的过剩人口。[②]

就这一点说，法国的情况和英国正相反。法国的农产品似乎能够维持比现在还多的工业人口与商业人口。地面呈现着耕种得很好和普遍的情况，但大部分乡村及市镇都是异常的小而且简陋，房屋盖得不好，道路铺得不平，店铺只有几家而且货色寥寥无几，酒馆既不干净又不舒适。很明显，农产品必定少于表面上看来所

① 哲科布兹详细说明，英伦三岛土地至少能够生产比现今多三分之一的产品。(同上书，第 115 页和以下各页)

② 所谓适宜的殖民意思是说，按完全脱离宗主国，自治不受控制，对外有行动自由权，但在有必要时仍享宗主国的保护等原则建立的殖民地。为什么政治团体在这方面不仿效父子之间的关系呢？当小孩成年时，他的独立不但是正当而且是自然的；此外，由此产生的关系最能持久并对双方最有利。非洲的大部分都可按这些原则建立欧洲殖民地。世界还有足够的余地，而世界上已经耕种的土地在面积上比还没耕种的肥沃土地少得多。塞尔克公爵在他的题为《迁移与高地国家》的小册子曾对这方面作很多阐明。

能生产的数量，或必定消费得很不节省、很不得法。也许这两个原因都在起作用。

首先，实际的生产量比可能有的生产量少得多，这主要由于以下三个原因：1. 缺乏资本，特别在围场、牲畜和农业改进方面；[①]2. 耕种者过于懒惰，不拔草，不修剪树篱，不清除树苔，不扑灭害虫，等等；3. 不实施适当的输种，不采用最有效的耕作方法。[②]

其次，农产品的消费很不节省、很不得法，因为大部分的消费全是浪费，没满足人的任何需要。现在只举一件农产品即燃料为例。在缺少煤柴地区，燃料是个有很大价值的物品，但在农民小屋里却有巨大浪费，因为这些屋子往往在屋外生火，并在燃烧时让雨水流入烟囱。不合卫生的饮料和粮食以及酒馆的浪费，同样也是有害的消费方法。

最后，如果一般人民更积极或更勤奋，竞相占有一切有实际价值的物品，把家庭收拾得整整齐齐（这种竞争是可赞美的，尽管也许带有浮夸气味），而不懒惰地靠世袭的少许租金过活，或靠一些无益的公职的微薄薪水，市镇与乡村将有更稠密人口并将变得更富裕。每年有一两千法郎收入足够碌碌为生的小地主，也许可通过自己劳动把收入增加二三倍，而那些从事有益工作的人也没有

① 资本的缺乏使加速操作的机器如英国普遍使用的打谷机不能采用。这样，农业就需要更多的人力，因而就有更多养活的人。于是剩余产品较少，只剩余产品才是可出售的粮食。

② 地力瘠瘦主要因为土地分成极小单位。关于这对农业改进与生产力的有害影响，《爱丁堡评论》第 17 期第 1 篇论文曾作恰当的论述。

充分发挥他们的积极性与智慧。此外，常常失败的事例，也许挫折那些想进行调查研究与改良的人的勇气，但这种失败通常起因于缺乏判断力、毅力与节俭。

国家人口一般都是和国家产品数量成比例，但在一个国家范围内，个别地区可能有所不同，这要看地方情况是有利或是不利。个别地区可能比较富裕，因为它的土壤肥沃，它的人民勤奋，并拥有通过节俭而积累的资本，正如一个家庭由于具有超越的智慧与积极性比邻舍更加富裕一样。国家的边界与政体只在影响国家生产的情况下对人口有影响。宗教和民族习惯对人口的影响也是一样。所有旅行者都认为新教国家比旧教国家更加富庶，原因是前者的习惯对于生产更有帮助。

第二节　国家产品性质对于人口在各地区之间的分配的影响

要耕种土地，就得把人口散布各地，但要繁荣工商业，就得把人口集中在能够最有利地使用技艺的地方，就是说，要把人口集中在能实行最大的分工的地方。染匠当然要住在靠近制布商的地方，药材商要住在靠近染匠的地方，而从事运输药材的船只的所有人或经纪人要住在靠近药材商的地方。其他生产者也是这样。

同时，城市吸引所有不劳而靠资本利息或土地租金过活的人，因为在城市，他们能找到满足他们欲望的应有尽有的奢侈品，能容易选择交际对象，并能有各种各样的娱乐。城市的魔力也吸引着游客，以及那些靠劳动过活并能在他们所喜欢的地方从事劳动的人。所以，城市成为文人与技工的住所，也成为政府所在地以及法院和大多数政府机关所在地，而城市的人口，由于添了这些机关人员以及那些由于生意关系偶然到城市的而增加起来。

以上所述虽系事实，但除那些喜欢住在乡村外，还有许多从事制造业而住在乡村的人。地方的利便，源源供应的水，靠近森林或矿山，这些常把很多机器和许多制造工人从城市吸引到乡村来。也有一些活动必须在靠近顾客的地方干，例如裁缝业、鞋业或马掌铁业，但这些和城市所搞的各种制造业比起来是微不足道的。

政治经济学家认为，一个繁荣国家能够在它的城市维持和它的乡村相同的人口。一些实例使他们提出这样的意见，即使它的土壤只有一般地力①，如果它能用更大智慧经营它的农业并减少

① 有充分理由可以相信，英国的总人口比它的农业人口多两倍。从1811年向国会提出的报告书，我们可看到，当时在大不列颠包括威尔士与苏格兰，共有895,998户从事农业，而总户数达2,544,215。这样，从事农业的人口只有总人口的三分之一。

按照杨格，法国在旧疆界内的乡村人口是……20,521,538

城镇人口是…… 5,709,270

总计……26,230,808

假定杨格的话是对的，如果法国把它的农业人口增加一倍，那么根据上述原则，它就能维持四千一百万人口，如果它的工业和英国同样活跃，它就能维持六千万人口。*

旅行者都说，法国大路交通量比一个有那么多自然优点的国家所应有的少得多。这大抵因为法国的城市为数不多而且规模很小。大路交通一般是城市人口使用，而乡下人口，交通主要是使用乡村或农场的这部分通往那部分的道路。

* 我们的作家在这里陷于明显的错误。大不列颠总人口和农业人口的比例的变更，并不是像上述那样，完全由于甚或主要由于商业阶层与工业阶层的增多，而是由于农业上所节省的劳动力被移往产业的其他两个部门。法国的农业人口可能只占总人口的三分之一，但它的总人口可能减少而不是增加。——英译本注

浪费，而且更巧妙地管理它的工业，它就能在城市维持比乡村更多的人口。至少这是确定的，如果城市出产供外销产品，它就能从国外得到粮食，因而能够维持比乡村多得多的人口。关于这个，我们有了许多小国的事例，它们的土地仅能养活靠近都会的一个城郊的人民。

此外，由于牧地比耕地需要少得多的人力，所以牧业国能有更多人民从事工业，因此在牧业国从事工业的人比农业国多。例如弗莱德、荷兰和从前的诺曼底。[①]

从野蛮民族侵入罗马帝国时期，一直到十七世纪即人们还依稀记忆的时期，城市在欧洲大国不惹人注目。当时被认为靠土地耕种者养活的那部分人口，不是主要由商人与工厂主组成像现今那样，而是由有许多跟班的贵族、牧师和其他懒人即大别墅、修道院或女修道院居住者及其从属组成，这些人很少住在城市。工商业产品非常有限；生产者是住在小屋的穷人，而商人只是小贩；供给耕作使用的只一些简陋农具，供给日常生活使用的只是一些极粗陋用具与家具。每年举行三四次市集，售卖质量比较好些但是我们现在所瞧不起的货物。所有不时从意大利商业城市或从古斯坦丁的希腊人输入的稀罕家庭用品与织品或镶有宝石的贵重装饰品，被看作异常奢侈物品或异常华丽物品，只是顶有钱的皇族与贵族才买得起。

① 这说法过于简概。把全部土地用于牧畜的牧业国，只能把它的极小部分人口用于工商业，例如鞑靼及南美洲的判帕。在稠密的工商业人口使地主把土地用于畜牧对他有利并指望外国人供给粮食的地方，例如荷兰，国内农业虽只需要它的小部分人口，但为鼓励外国粮食进口，它的大部分人口必须从事工商业。——英译本注

在这种事态下，城市当然不惹人注目。城市在我们时代所具有的华丽堂皇，只在晚近才出现。在法国的一切城市中，不能指出一列美丽房屋或一条漂亮街道是在二百年以前建筑的。所有古代遗物，除几个哥特式教堂外，只剩挤在肮脏弯曲街巷中的粗陋房屋。象征现今人口与富裕的车群、畜群以及摩肩接踵的行人无法在这些街巷通过。

一个国家非到城镇在全国星罗棋布，就不能生产本来能够生产的那么多农产品。没有城市提供便利的设备，工业产品不能臻于完善。没有工业产品，有什么可用以交换农产品呢？农产品找不到市场的地区，还不能维持它本来能够维持的居民的一半，它维持的人，也只能过着极简陋生活，没有舒适，没有教化，换句话说，就是处在文化的最低阶级。但如果一个工业区在这地域建立起来，逐渐形成市镇，而其居民人数增加到和原来的耕者相等，那么这市镇可依靠这地区的农产品过活，而耕者也可享用它的工业产品。

不但如此，市镇给这地区农业产品提供了输出遥远市场的间接途径。未加工的农产品不容易输出，因为运输费用不久便耗尽输出货物的全部价格。就这一点说，工业品占很大的便宜，因为工业常使体积很小和体重很轻的物质具有很大价值。通过制造，未加工的农产品变成价值很高的工业品，这样就够支付远程运输费用，并能带回适合于输出国的需要的产品。

法国的许多州现在都很穷困，但要菽麦盈畴，所需要的只是建立市镇。一派经济学者推荐以未加工的国内农产品购买外国工业品的政策。如果我们采用这政策,那些州就要陷入绝境。[①]

但如果城市是由于大小工业的集中而产生和扩大,那么,只有生产性资本才能使工业活跃起来,而生产性资本非通过节省消费便累积不成。所以,仅仅草拟一个城市的计划并给它名称,还是不够。在它实际存在以前,必须以勤勉的工人、机械技术、工具、原料和工人的生活资料逐渐地供给它,一直到产品完成并出售为止。要不然,不是建立城市,而只搭个架子,这架子由于基础不稳固,不久就倒下去。这就是克里米亚的埃卡瑟林诺斯劳城市的情况。的确,参加这城市的奠基礼并依例放下第二块石头的约瑟二世早就预料到这个情况。在奠基的那一天,他对他的随员说:"俄罗斯女王和我在一天内完成了伟大工作,她把第一块石头放下去,而我把

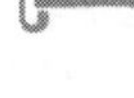

① 法国这些州农业进展的缓慢,并不起因于它们缺少市镇。城镇是一个国家普遍繁荣的结果,而不是原因。采用和上述不同的政策,即不采用以未加工国内农业品购买外国工业品这一政策,也不一定会改善这些地区的情况。企图通过限制或鼓励政策,把用在农业或商业的一部分资本与劳动移用于建立市镇或设立工厂,以达到促进农业的目的,可以说是背道而驰的做法。

那么,我们作家所说的那些州的穷困,究竟是由于什么原因呢?什么阻碍它们农业的改善呢?农业的繁荣,正如产业其他部门的繁荣一样,依存于个人能够无阻碍地追求他的利益,不但能够尽力追求目的,而且能够取得这种努力所需要的知识。要使一个国家达到最高度的富裕,所需要的只是不妨碍这个重要原则的作用。因此,使上述国家不能进行改善的原因,乃是政府当局妨碍这个有力的行动动机的有益作用,换句话说,就是政府的不良法律与不良政治制度。有的时候,政府对耕种者施加限制,或规定土地应生产什么产品,使他们感到重重的压迫。在不这样直接干涉生产业务时,就禁止未加工农产品的输出,因而使它失去它的最好市场。有的时候,政府对农民横征暴敛,这种非常不平均的赋税,减轻较上层阶级的负担而把几乎全部的赋税都压在农民头上。政府有时还不允许农民在他自己国家进行州际生意。但最坏的是,规定某些团体或家族得永远承继土地财产,而不允许割让。这些是不但阻碍法国那些州的农业,而且也阻碍欧洲不少地方的农业的腐败、野蛮法律中的几种法律。——原编者

最后的一块石头放下去。”

除非一个城市同时也具有优越的地势和有利于它的发展的公共机关，否则仅仅资本还不够使建立和扩大一个城市所需要的大量劳动力与生产力动起来。华盛顿的地势似乎不利于它的人口与财富的进展，因为北美合众国的大多数其他城市都跑在它的前面，[①]而古代的帕米拉，尽管位于沙漠之中，却变得富庶，这完全因为它是欧洲与东亚细亚的进出口贸易中心。同样的优势使亚历山大里亚和更早时期的埃及的西布斯占有重要地位。单单专制君主命令绝不能使西布斯成为有一百个城门和像希罗多德所说人口那么稠密、地位那么重要的城市。它的伟大必定由于它靠近红海与尼罗河和位于印度与欧洲的中央。[②]

如果仅仅君主命令不能使一个城市建立起来，那么君主命令也不能阻止城市的进一步扩大。尽管法国政府颁布许多法令限制巴黎的扩大，但巴黎却继续扩大。唯一难超越的障碍是自然原因。不能明确地说这种障碍是什么样的障碍，因为它不是巨大的绝对的障碍，而是由许多小困难积成的。老城市的市政管理总是搞得不好：从一个市区走到另一个市区要花费很多宝贵时间；市中心人

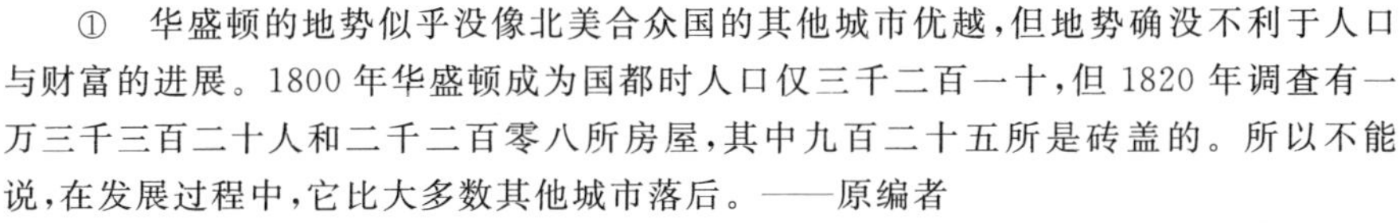

① 华盛顿的地势似乎没像北美合众国的其他城市优越，但地势确没不利于人口与财富的进展。1800 年华盛顿成为国都时人口仅三千二百一十，但 1820 年调查有一万三千三百二十人和二千二百零八所房屋，其中九百二十五所是砖盖的。所以不能说，在发展过程中，它比大多数其他城市落后。——原编者

② 这似乎有点牵强附会。埃及的西布斯也许是它那时候的工商业中心，但绝不是进出口贸易中心。的确，没有什么理由可以设想印度和欧洲在那么早时期有很活跃的贸易。即使有的话，西布斯也不可能成为进出口贸易中心。但中印度提供了有这么多人口的城市的事例。尼尼征和巴比伦似乎都曾有过同样稠密人口，这两个城市也许都是巨大的国内产业中心点。——英译本注

马来往，非常拥挤；本来只打算供少得多的人口使用的狭窄街道与通路绝不能满足大量增加的车马行人和其他各种交通。就这一点说，巴黎的情况最为严重，意外事故越来越多，可是现今还是按没有远见的计划建造街道，看得见同样的困难几年以后必定又将发生。

第三篇　财富的消费

第一章　各种的消费

在编写本书过程中，我往往不得不预先说明按自然次序应在晚一些时候解释的某些词语或概念的意义。例如，在第一篇，我不得不解释我所用的消费一语的意义，因为说生产不能不说到消费。

读者从第一篇的说明已经知道，正如生产意味效用的创造，而不意味物质的创造，所以消费意味效用的消灭，而不意味物质或物品的消灭。一个东西的效用一经消灭，它的价值的来源或基础便消灭，就是说使它成为想望或需要的对象的条件便消灭。从那时以后，它不再具有价值，不再是财富的一个项目。

所以这些词语，消费，消灭任何东西的效用，消灭任何东西的价值，严格地说是同义语，正如它们的反义语，生产，授予效用，创造价值，是同义语一样。这样，消费或消灭价值是和所消费的产品的价值相称，而不和所消费的产品的体质、重量或数目相称。大的消费就是大的价值的消灭，不管那价值当时具有什么形式。

每一个产品都可以消费，因为加在任何物品上的价值，也能从该物品减掉。如果一个物品的价值通过人的努力或劳动增加，那么也可由于它的使用或由于各种意外事故而减少。但价值不能消费两次，价值一经毁灭，就没有可能再毁灭的东西。消费有的时候是顷刻完成的，有的时候是逐渐完成的。一座房屋、一只船或一件铁器和一块面包、一片肉或一件上衣同样可以消费。此外，消费可只是局部的。一匹马、一件家具或一座房屋，所有人把它出卖时，只被局部消费，因为它还剩有残余的价值，所有人出卖时收到等值物作为交换。有的时候，消费不是出于情愿，就是说，或出于不意，例如房屋失火或船只失事或违反本意，例如把货物弃于海中或烧毁贮存品以免落入敌人之手。

价值可在生产很久以后消费，或在产生那个时刻或在生产中消费，例如音乐会或演戏所提供的娱乐。时间与劳动也可以消费，因为用于有益目的的劳动，也是有价值物品。一经消费，绝不能再消费。

不会损失价值的东西不能消费。土地不能消费，但它每年所提供的生产力可以消费，因为那生产力一经用出就不能再用。但地上改良物可以消费，尽管它的价值可能超过土地本身价值，因为它是人的努力或劳动的结果，而土地本身却消耗不掉。[①]

劳动能力也是这样。我们能够消费工人一天的劳动，但不能消费他的劳动力。不过，他一死亡，他的劳动能力就归于消灭。

所有产品迟早总是拿来消费。其实，生产它们完全是为消费。如果一个产品已经在完全成熟而未加消费，那就是暂时不起作用或暂时失去效用的价值。因为，一切价值都可用于再生产，给所有者生利润，延缓消费一个产品就等于损失它所可能生的利润，换句

① 一些物质能够授受同性质的价值好几次，例如亚麻布制品，可经过好几次洗涤。洗衣匠对亚麻布制品所作的洁净，是每一次完全消费去的价值。这价值和亚麻布制品本身的一部分价值同时消费。

话说，等于损失它的价值如果使用得法所能生的利息。[①]

但是产品的目的既然在于消费，而且在于最迅速地消费，人们也许要问，在这种情况下怎能累积资本，就是说怎能累积所创造的价值呢？

我的回答是，只要价值能在一个产品或另一个产品继续存在，价值就累积得成，无须始终体现在同一产品。作为资本使用的价值，可通过再生产继续存在；组成资本的各产品可像一切其他产品那样被消费，但它们的价值一经消灭，就投在别的物质或相似的物质而重新出现。一个工厂非消费工人所使用的粮食与衣服以及制造所使用的原材料，不能继续经营下去，但当具有这些形式的价值正在消费的时候，又把新价值给予所制造的物品。这样花费的组成资本的项目，虽然消失而且一去不复返，但资本即累积的价值却依然存在，并以新的形式重新出现，可供二度消费。但如果价值被非生产性地消费，它就不能再出现。

个人的年消费量就是他在一年内所消费的一切价值的总和。

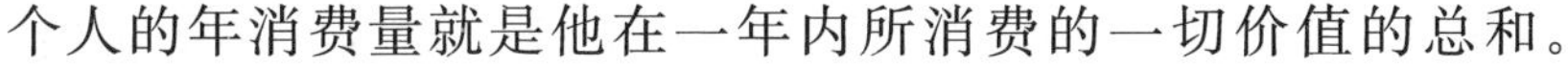

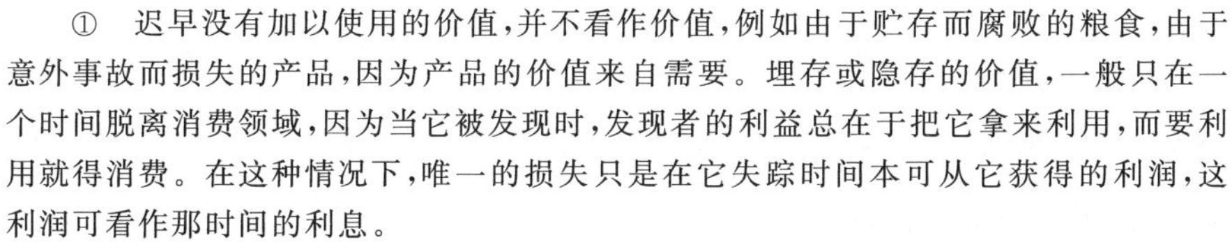

① 迟早没有加以使用的价值，并不看作价值，例如由于贮存而腐败的粮食，由于意外事故而损失的产品，因为产品的价值来自需要。埋存或隐存的价值，一般只在一个时间脱离消费领域，因为当它被发现时，发现者的利益总在于把它拿来利用，而要利用就得消费。在这种情况下，唯一的损失只是在它失踪时间本可从它获得的利润，这利润可看作那时间的利息。

上面的话也适用于小额储蓄，这种储蓄是在投资以前陆续积蓄，其总额毫无疑问相当可观。由于资本这样不起作用而产生的损失，可通过减轻让与税，尽量扩大流通便利和设立可稳妥地寄存资本并可随时取回资本的储蓄银行等措施取得部分的补偿。在政治混乱时期或在专横政府统治下，许多人不敢显露资金，宁可把它呆存或隐存起来，不把它用以生利或满足愿望。在良好政府统治下，上述不显露资金的情况绝不会产生。

同样地，国家的年消费量就是组成国家的个人与团体在一年内所消费的价值的总和。

估计个人或国家消费量，必须包括各种消费，不管它们是否生产新价值，正如估计国家年生产量，必须包括国家在一年内所生产的产品的总值。例如，我们说一个肥皂厂在一年内消费这么多数量或这么多价值的碱，尽管这工厂以肥皂形式把这价值再生产出来。另一方面，我们说这工厂年生产这么多数量或这么多价值的肥皂，尽管在制造肥皂时它消费了许多价值。如果扣除这些价值，那就使看得见的产品大大减少。因此，所谓国家和个人年生产量或消费量意味总额而不意味净额。[①]

由此可见，一个国家所输入的一切货物必须看作它的年产品的一部分，而它的一切输出品必须看作它的年消费的一部分。法国的商业消费了它输出美国的丝的总值，另一方面生产了它从美国换回的棉花的总值。同样地，法国的工业消费了肥皂制造业所使用的碱的价值，并生产了肥皂制造业所制造的肥皂的价值。

国家或个人年消费总量和资本总额是完全两回事。资本在一年内可全部地或部分地消费几次。当一个鞋匠购买皮革并把它切割制成皮鞋时，就有这么多消费掉和这么多再生产出来的资本。这过程每重复一次，这么多资本便重新消费一次。假定他一次所购买的皮革值二百法郎，并在一年内买十二次，那么他靠二百法郎资本所作的消费将达二千四百法郎。另一方面，他的资本的一部分，例如工具，也许需要几年时间才消费掉。关于这部分资本，他

① 关于总产品和净产品的区别，参阅本书第二篇第五章。

每年所消费的可能只四分之一或十分之一。

在一切国家，顾客的欲望决定产品的性质。最为人想望的产品就是需求最大的产品，而需求最大的产品，就给资本、劳动与土地生最大利润，因此资本、劳动与土地就优先地用于生产这产品。相反地，当一件产品的需求减少时，生产这产品所得的利润便减少，所以不再生产，现有存货的价格减低，而低的价格刺激消费，因此现有存货不久就消费掉。

国家总消费可分为公共消费与私人消费两种。前者是社会所作的消费或为着社会利益而作的消费，后者是个人或家庭所作的消费。这两种消费可以是生产性消费，也可以是非生产性消费。

在各种社会，每一个成员都是消费者，因为要想生存，就不能不设法满足某些必需的需要，尽管所需要的并不很多。另一方面，所有不靠慈善或施舍过活的人，都通过他们的劳动、资本或土地，对于生产都有一定的贡献，所以消费者同时也可以说是生产者。大部分消费是在中产阶级与贫苦阶级中间发生，他们人数众多，尽管每一个所分得的份额很少。①

富裕的、文明的与勤勉的国家，和贫穷的国家比起来是更大的

① 在产业有一定进展的国家，劳动的收入大抵超过资本与土地这二者收入的总计，因此从劳动获得的收入或全靠个人才能为生的人的消费超过资本家与地主的消费的总计。很容易遇见这样的工厂，它以比方说六十万法郎为资本，每天支付三百法郎作为它工人的工资，如果扣除星期日和休假日，一年所给付的工资等于九万法郎，再加上二万法郎作为监督与管理人员的净利润，仅仅劳动的年收入就达到十一万法郎。同样的资本如果投在只按二十年收益计算价值的土地，仅生三万法郎的收入。

对分佃农即最低级农民，从耕种土地所获得的自己及雇工的收入，等于土地和由地主出借的资本的收入。

消费者，因为它们是更大的生产者。它们一年一次地或在某种情况下一年几次地再消费它们的生产性资本，使生产性资本不断更新。它们非生产性地消费来自劳动、资本或土地的大部分收入。

很容易遇见这样的作家，他们建议以欲望寡少的国家作为仿效的模范。其实，有许多欲望并有能力满足这些欲望乃是好得多的办法，因为它是使人种繁殖而同时又使每一个都过着更富裕生活的方法。

斯图亚特[①]称赞极端克己而不逐渐改良生产技术的斯巴达政策。但是，正由于斯巴达人施行这个政策，连最野蛮民族也能和他们抗衡，一般地说这些野蛮民族不但人数无多而给养也不充足。按照这个主义，只有不生产什么或没有什么欲望，就是说灭绝人类，才是十全十美。

第二章　一般消费的结果

各种消费的直接结果是，物品所有者失去价值，因而失去财富。这是必然的结果，在推究消费问题时不应当忽视它。消费掉的产品是全世界永远失去的价值，但此外的结果将看消费的情况与性质而定。

① 参阅本书第二篇第十四章。

如果消费是非生产性消费，通常能满足某种欲望，但没再生产什么价值。如果消费是生产性消费，那就不能满足什么欲望，但却创造新的价值，这价值等于或少于或多于所消费的价值，因而对冒险者或是有利或是无利。[①]

因此，消费可看作一种交换行为，价值所有者一面割让价值，一面又获得等于所消费的价值的个人欲望满足或新的价值，作为补偿。

应当指出，只满足现今欲望而不生产什么的消费，并不需要消费者拿出技巧或才能。吃一顿丰盛大餐或穿漂亮衣服，既不需要劳动力，也不需要机敏。[②] 相反地，不直接满足欲望或不满足现今欲望的生产性消费，却需要消费者拿出劳力和技巧，换句话说，需要消费者拿出我们一贯叫做劳动的那个力量。

当一件可供消费的产品的所有者想生产性地消费这产品，但他自己却没有这种技巧，不晓得怎样搞时，可把这产品借给一个比他有更大活动力的人。这个人一借到这产品就着手毁坏它，但是这样毁坏，使它能再生产另一件产品，并使他除保留自己的技巧与

① 为作说明，我们可用在壁炉或炉灶烧柴的例子。所烧的柴，或是用于取暖或是用于烧饭煮染料等等来增加它们的价值。除非能满足人的某种欲望，例如取暖，或能给予所施加作用的物质以一个价值，可抵补所消费的柴的价值，否则仅仅燃烧行为不产生什么效用。在前者情况下，消费是生产性消费，而在后者情况下，消费是非生产性消费。

如果所烧的柴不产生暖气或只产生很少暖气，或不给予某一物质以什么价值或所给予的价值少于所消费的柴的价值，这消费便是欠斟酌的、不经济的消费。

② 毫无疑问，花费大的收入，使所有者得到好评，即满足个人欲望而不激起他人的私利心，使人感激而不使人丢脸，为着公共利益奔走而不妨害个人利益等等，就需要一种才能。但这种才能属于应用伦理学范畴，而它对于他人的影响却属于理论伦理学范畴。

劳力的利润外，还能完全地偿还出借人。诚然，所偿还的价值是由和出借的完全不相同的物品组成，因为借款的条件大体上是这样：对于出借的价值，不论总额多少，比方说一万法郎，在一定期间，要以等于同一数额的同重量和同质量银硬币的其他价值偿还。以原件偿还为条件出借的物品，不能用于再生产，因为按贷借条件，它是不容许消费。

有的时候，生产者是他自己产品的消费者，例如农民吃掉自己饲养的家禽或自己栽种的蔬菜，或如织布者穿自己织的布。但人所消费的物品在品种与数量上比每一个人各自生产的多得多，所以每一个人在消费之前，大都先进行交换。他先把组成他个人收入的价值化为货币，或以货币形式收到组成他个人收入的价值，然后把那货币变成他打算消费的物品。因此，按通常说法，花费与消费几乎是同义语。但所花费的价值并不仅仅由于购买而损失，因为所购买的物品同样具有价值，如果不是以过高价格买进来，又可按它的买价卖出去。价值要到实际消费以后才损失，因为价值要到实际消费以后才消灭。到那时候，价值不再存在，并不成为第二次消费的对象。正由于这个原因，主妇如果不善于料理家政，就会使中等资产很快花光，因为家庭的日常消费一般由主妇来决定，而日常消费是费用的主要出处并是定时的消费。

上述足以揭穿货币不损失财富不损失这一想法的谬误。许多人断然主张，花费的货币并没损失，还留在国内，所以国家不可能由于国内花费而沦于穷困。诚然，货币的价值还存在像从前那样，但以同一货币先后购买的许多物品却被消费掉，它们的价值已经消灭。

所以，为保存国家财富禁止国家货币外流的做法，是不必要的，我几乎要说是可笑的。货币绝不能阻止价值的消费，因而不能阻止财富的减少；相反地，货币使可消费的物品容易到达最后目的地，这是非常有利的动作，如果目的选择得宜，结果能令人满意的话。但认为在任何情况下输出硬币都是损失也不正确，尽管货币在国内不能阻止消费也不能阻止财富的减少。原因是，除非输出硬币不打算换回价值（这种情况很少发生），否则事实上等于生产性消费，因为它只是用一个价值以获得另一个价值。什么地方输出硬币不打算换回价值，什么地方的国民资本就要遭受这么多损失，但如果在这种情况下输出货物，不输出货币，损失也是同样的大。

第三章　生产性消费的结果

生产性消费的性质在上面第一篇业已说明过。生产性消费所消灭的价值就是所谓资本。商人、制造者和耕种者购买原材料[①]与生产力，并在制造新产品过程中消费它们。这种消费的直接结果和非生产性消费的直接结果并无二致，就是说，给他们所消费的物品创造了会影响它们的价格与生产的需求，并使这些物品的价

① 工业和商业的原材料乃是那些为着给予附加的价值而购买的产品。对白洋布印染者说，白洋布是原材料，而对目的在于转卖或输出的商人来说，即花白洋布是原材料。在商业，所有购买行为都是消费行为，所有转卖行为都是再生产行为。

值归于消灭。但最后结果却与非生产性消费不相同。这样的消费,除使冒险者由于拥有新产品而获得可抵补所消费的产品的价值并通常还给冒险者提供利润外,不满足人的需要,因而不产生愉快。

对于生产性消费不直接满足人的需要这个主张,粗率的观察者也许会提出异议说,劳力工资虽是生产性开支,但却用于满足工人衣食以及娱乐的需要。然而,这里有两道消费:其一,用于购买生产力的资本的生产性消费,它不满足人的欲望;其二,工人的日收入或周收入,即他的生产力的报酬的消费,这报酬由他自己及其家庭非生产性地消费,正如成为地主收入的工厂租金由地主非生产性地消费一样。这不意味着同一价值消费两次,先生产性地消费,然后非生产性地消费,因为所消费的价值是两个完全不相同的价值,即建立在完全不相同基础的价值。第一个是工人的生产力即他的体力与技巧的结果,这结果本身也是实际产品,产生价值像任何其他产品那样。第二个是冒险者用以交换那生产力所给付的一部分资本。在交换行为一经完成以后,两方所提供的价值的消费同时发生,但目的却不相同,一方的消费目的在于创造产品,而另一方的消费目的在于满足那生产力所有者及其家庭的需要。因此,冒险者所花费或消费的物品是他所收到的他的资本的等值物,而工人所非生产性地消费的物品是他所收到的他的收入的等值物。这两种价值的交换绝不会使它们成为同一的东西。

同样地,管理工作这个脑力劳动在公司行号里再生产地消费,而冒险者从执行管理职务所得作为报酬的利润,由他自己及其家庭非生产性地消费。

总之，这两道消费和行号所用的原材料的消费正相似。呢绒制造者在羊毛商面前出现，手里拿着一千克朗。在那个时刻，存在着两种价值：其一，一千克朗的价值，那是从前生产的结果，而现在成为呢绒制造者的一部分资本；其二，构成一家牧场的一部分年产品的羊毛的价值。这些产品互相交换，分别消费，资本化为羊毛，借以生产呢绒，而牧场产品化为克朗，借以满足农民或其地主的需要。

由于每一个消费去的东西都是这么多损失，所以再生产消费的利得，不论来自消费的减低，或来自生产的扩大，都相等。在中国，由于采用播种方法以替代撒播方法，节省了很多谷种。这种节省的结果，恰像中国土地比欧洲土地有更大生产力一样。[①]

在制造业，如果所使用的原材料不具有什么价值，就不看作行业所必需的消费的一部分，例如烧灰者所用的灰石和玻璃厂所用的沙，在这些材料不需要花钱购买的地方，不成为他们的消费的一部分。

生产力的节省，不论是劳动、土地或资本和原材料的节省，都是同样真实的节省，并具有同样实际的效用。实行这种节省有两个方法，就是使同一生产手段生更多的生产力，或以较少数量的生产手段取得同样的结果。

这种节省一般只在很短时间内对整个社会起有利作用。这种节省减低生产费用，而节省方法越被人们了解，越普遍地施行，生

① 按照麦卡尼勋爵一个随员的估计，中国使用这个方法所节省的五谷等于供应大不列颠全部人口的谷物量。

产者的竞争便越早地使产品价格降低到和生产费用相同的水平。但正由于这个原因，那些人不努力节省像他们的邻人那样，就会在别人赢利的同时亏本。许多制造商破产，因为他们设立开销过大、组织过于复杂的庞大机构，维持这种机构，当然需要非常大的资本。

侥幸得很，在大多数情况下，由于私利关系，人们对这种损失敏感地、迅速地作出反应，而行业对于必须注意或必须救治的损伤及时发出警告，正如人的躯体一部分有疼痛就对全身发出警告一样。如果产业界中莽撞的或无知的冒险者不是第一个吃到他自己错误或处置失当的苦头，必然就有更多人轻率投入冒险性事业，这对于社会繁荣是致命伤，正如挥霍浪费是致命伤一样。一个商人为获得三万法郎而花费五万法郎，给私人事业与社会总财富所带来的损害，正如一个讲派头趋时尚的人，花费二万法郎购买马匹、蓄妾纳宠、大吃大喝或铺张夸耀所招致的损害一样；不同的也许只是，后者得到更多的快乐和更大的满足。①

本书第一篇关于这方面已经说了很多，无须在生产性消费项目下再作补充。我因此将转入非生产性消费及其动机与后果。我在这里预先声明，本书下面所用消费这字眼是指非生产性消费，正如一般谈话中的用法一样。

---

① 几乎无法正确估计价值的消费与生产。个人除对他们的收入与支出经常记账外，没有其他方法知道他们的财产究竟是增加或减少。的确，所有谨慎的人都仔细记账，而就商人说，按法律他们必须记账。要不是这样，冒险者就无法知道他的事业是赢利或亏本，因而可能使他自己及其债权人弄得破产。除经常记账外，谨慎的经理也对行号所可能消费的价值及其所可能得到的收入，预先作出估计。这些估计，像房屋的设计那样，只能提供概数，而不能提供确数。

第四章　一般的非生产性消费的结果

我刚才说到消费的一般性质与结果，特别是生产性消费的一般结果。在这一章和以下几章所要说的，乃是目的仅在于满足欲望或享乐的那种消费。

凡透彻了解以上各页所说明的消费与生产的性质的人，必能相信，叫做非生产性的那种消费，除消灭现有价值以满足某种欲望外，没有任何间接结果。非生产性消费只是以现有财富的一部分换取个人欲望的满足。除这以外，还有什么可希求呢——再生产吗？同一的效用，怎能利用两次呢？葡萄酒不能同时用作饮料而又用以蒸制白兰地。消费掉的物品也不能促成新的需求，因而不能刺激将来生产努力。上面已经说过，只有掌握购买手段，即掌握可用作交换的东西，才能创造实际需求。这个东西如果不是一个产品，在交换与消费发生以前属于收入或资本的一个项目，究竟是什么呢？上述需求的存在与强度必定依存于收入总额和资本总额。只要收入与资本存在，就能刺激生产，其他东西都不能刺激生产。一个东西既已作为一种消费品就必然妨碍它成为另一种消费品，以绸缎形式消费的东西就不能再以亚麻布或呢绒形式消费，已经作为享乐或娱乐使用的东西，不能使它产生更实际或更真实的效用。

所以，关于非生产性消费，唯一的研究对象是消费行为本身所产生的满足的程度。本章其余部分将研究一般的非生产性消费，

而以下几章将进而分别讨论个人的非生产性消费和公众或一般社会的非生产性消费。唯一目的，在于对比消费者的消费对他所引起的损失和给他所提供的满足。所作的损益估算的正确程度将决定消费是否得宜。就家庭与国家的幸福说，它的影响的强度仅次于财富的实际生产。

从这观点看来，最得宜的消费似乎有以下几种：

1. 有助于满足实际需要的消费。我所说的实际需要，是指关系到人类生存、健康与满意的需要。这些需要和那些起因于好色、夸耀与任性的需要恰恰相反。因此，从全体来看，如果国家所消费的物品是便利生活，而不是徒求炫饰的物品，这种消费便是得宜的消费。越多的亚麻布制成品和越少的花边，越多的营养实惠食品和越少的山珍海味，越多的温暖衣服和越少的刺绣衣服，越好。消费有这种倾向的国家，它的公共建筑物，将以效用而不以壮观惹人注目；它的医院只求广大和有助健康，而不求华丽堂皇；它的公路线上都充分地设有旅馆，而不讲求毫无必要的广阔；它的市镇将有良好街道，虽然没有很多可以吸引外来游客的宏大建筑物。

是不是可以这样说，铺张的快乐所提供的满足比舒适的快乐所提供的满足少得多。此外，后者耗费较小，就是说，需要较少的消费，而前者却没有止境，从一个发展到另一个，从倾向发展到仿效，而且发展程度完全没有限制。[①] 富兰克林说："夸耀跟欲望完

① 仅仅个人炫耀所产生的祸害绝不是可怕的，因为它蔓延越广，所提供的愉快便越少，奇怪的是像萨伊那样敏锐的作家竟见不及此，殊觉可异。的确，就个人消费说，所有对于奢侈的攻击都是无的放矢，因为人总是用着和一件物品的需要程度相称的力量与劳动强度来搞那件物品的生产。只公共奢华的浪费才是可怕的。一般社会的利益在于把公共奢华与各种公共消费压缩到最小限度，而公务人员的利益在于把公共奢华与各种公共消费扩大到最大限度。——英译本注

全一样地好像叫闹闹的乞丐，但前者更不知足。”

从整个社会看来，实际需要的满足对社会的重要性大于虚假需要的满足。富人的需要也许只引起芳香的香料的生产与消费，而穷人的需要却引起温暖的冬斗篷的生产与消费。假定这两者价值相同，它们所招致的总财富的减少便相同，但所产生的满足却不相同，就前者说是微不足道的、短暂的和觉察不出的，而就后者说却是真实的，充分的和长时间的。[①]

2. 最耐久、好质量产品的消费。对国家或个人来说，以最耐用和最常用物品为主要消费对象，是明智的政策。坚固房屋和家具是明智选择的对象，因为很少东西像房屋那样耐用与常用。事实上，人生的最大部分是在那里过的。常常变更式样是不明智的办法，因为采用时新式样，势必在物品没有失去效用很久以前，有时甚至在物品还没失去新鲜以前，把它们扔丢，这样就大大增加消费，并把那些也许还有用、还很利便甚或还很优美的东西看作无用东西丢去。所以，式样日新月异，必然使国家陷于穷困，因为它既增加消费，又把还可使用的物质弃而不用。

消费上等物品，尽管价格较贵，但有好处，原因是，在各种制造业，不论产品好坏，一些费用总是相同。粗亚麻布在到达最后消费者以前，在纺织、打包、贮存、保管、零售、运输等等所花的劳动，和上等亚麻布所花的完全相同，所以在制造次等品时，所节省的只是原材料费用，其他费用不能节省丝毫并且必须按同一比率给付。

① 把本来也许会花在无聊用途的款项借出生息，就属于后者的一种，因为借款要不是生产性地使用就无法给付利息。在生产性地使用的假设下，一部分款项将用于维持劳工阶级生活。

可是，如果所购买的亚麻布是次等品，同一劳动的产品，却比上等品消费得快得多。

以上的话可无差别地适用于各种产品，因为就各产品说，不管质量好坏，一些生产力的代价总相同，用这些生产力制造好质量的产品比用它们制造坏质量的产品更加有利。所以一般地说，消费好质量产品对一个国家是更有利的。但如果这个国家人民不能鉴别好坏物品，也不知鉴赏好质量产品，这就做不到，因此为增进国家繁荣，知识[①]又显得必要。此外，如果这个国家的大多数人民是那样贫穷，以致不得不购买在最初看来是最低廉但对消费者来说归根到底是最昂贵的物品，这也做不到。

即使假定政府当局干涉工业，规定制造的烦琐事项，能使工业制出上等货物(这是很有疑问的)，也不能促进上等货物的消费，因为这种干涉既不能使消费者知道鉴赏上等货物，也不能增大他们的购买力。寻找生产者并不困难，困难在于寻找消费者。如果有愿意购买并能够购买优美货物的消费者，供给这些货物并不是难事。但只在比较富裕国家才存在着对优美货物的需求，因为能给人民提供购买上等货物资力与鉴赏上等货物能力的只有富裕。政府当局的干涉绝不是走向富裕的途径，因为富裕来自生产积极性与节约精神——各行业的人都养成勤奋与有助于累积资本节约的习惯。只在人民普遍具有这些品性的国家，人民对所消费的东西才能讲究或苛求。相反地，浪费与穷困是分不开的伴侣。如果饥寒交迫，那就饥不择食寒不择衣。

① 我所说的知识，总是指对事物真实状态的认识或对各部门真理的一般认识。

饮食、游戏和放烟火等等所提供的欢乐，应当看作极短暂的欢乐。我曾看到这样的乡村，尽管它们需要清洁用水，却毫不犹豫地把足够建造给它们供应这个生活必需品的水管的款项，或足够在乡村公有草地建造水塘的款项，虚掷在为期只一天的宴乐或节日庆祝，它们的居民宁愿痛饮一天，对乡绅或神明表示敬意，而日复一日非常不便地向一两里那么远的地方挑回泥水。乡村住宅所普遍存在的污秽与不舒适，一半由于贫穷，一半由于不明智的消费。

在大多数国家，不论在市镇或在乡村，如果把花在无聊或赌博性娱乐的一部分款项用来修饰住宅或给住宅提供便利，用来购买适当衣服，用来购置优雅与有用家具，或用来教育人民，整个社会不久就会呈现进步、文明与富裕面貌，更能满足它们人民的欲望，更能吸引外来游客。

3. 很多人的集体消费。有一些生产力，无须随消费的增加而成比例增加。一个厨子能够煮十个人的饭，正像他煮一个人的饭那么容易；同一炉格可烤一片肉，也可烤十二片肉。这就是大学、修道院、军队或大工厂的共同餐厅是那么经济的原因，也就是公锅或公灶供给多人食品和分配廉宜羹汤是非常经济的原因。

4. 最后，根据和上述完全不相同的理由，那些和道德标准相符合的消费是得宜的消费，而违反道德规律的消费，往往造成公众或个人的灾难。但如果我企图举例证明，那就离开本题太远。

值得注意的是，贫富的大不均，有碍那些必须看作最适宜消费的选择。不均程度越大，虚假需要越多，真实需要越难得到供给，迅速的消费越普遍并为害越大。古罗马挥金如土的贵族和皇族还认为钱花得不够痛快。此外，在存在着贫富悬殊现象的地方，不道德的消费更为普遍。在这种社会状态下，只有极少数人能够纵情行乐，而大多数人则羡慕他们并急于仿效他们。钻进特权阶级，成为大多数人的主要目的，不管所采取的手段是多么卑鄙。这些不顾一切唯利是图的人，往往也就是不顾一切挥霍的人。[①]

在所有国家，政府对全国消费的性质都起极大决定作用。这不但因为政府绝对控制国家本身的消费，而且因为大部分个人消费，也以政府的意旨与榜样为准绳。如果政府沉迷于豪华与铺张，豪华与铺张便将成为风气，大家竞相仿效，连判断力较强、思虑比较周到的人在一定程度上也将随波逐流。因为，在这种情况下，名望与褒誉，不是得自个人品德，而是依存于他们所不赞同的浪费，他们怎能不随波逐流呢？

在不明智的消费中，首先是不能像所预期那样满足欲望而却招人厌恶与令人不满的消费。属于这一类的消费，是个人的浪费与放纵，以及国家完全为报仇而进行的战争，例如路易十四为着报复荷兰报纸对他的攻击而进行的战争，或为着虚荣而进行的战争，虚荣一般招致自己的耻辱与别人的反感。但这种战争所造成的国家财富与资源的消耗，并不是最值得可惜，更可惜的是它所造成人才无可补偿的损失。当这损失是起因于公共利益的需要或残酷的贫穷的压力时，那就使许多家庭陷于很大的困苦，但当这损失是起因于国家统治者的任性、不义、愚蠢或放纵的情感时，那就更加可怕，更可悲痛。

---

① 在公共机构并不太多而且全是为公益而设立的健全社会状态下，上述急切的心理是有利而不是不利于社会福利的增进。的确，在富足与生产力强大的国家，个人财富必然悬殊。只有大利当前，才能激励人们动用体力脑力。根据记载，没有一个产业非常发达的国家不存在着个人财富不均现象。对牧师界的冒险者来说，一个德赫姆主教职位的诱力大于五百个一般圣职的诱力。一个阿克顿特或一个皮尔所树立的榜样，刺激工业科学和制造积极性的力量，大于曼彻斯特所有的一般纺织厂。——英译本注

第五章　个人消费——它的动机与它的结果

和公众消费或一般社会消费相反，个人消费以满足家庭需要与个人需要为目的。这些需要主要是衣食住与娱乐。这些需要，从各家庭或各个人的收入，以各方面所必需的消费品来满足，不论这收入来自个人劳动、资本或土地。家庭财富的增减或不增不减，看它的消费等于收入、多于收入或少于收入以为定。所有个人消费加上政府为公共目的而作的消费，构成国家消费的总和。

诚然，一个家庭、一个社会或一个国家可消费它的全部收入，而不因此弄得穷困，但这不是说，它必须这样消费，也不是说这样消费是明智的。为慎重起见，应当未雨绸缪。谁敢肯定地说，他的收入不会减低，或他的财产不受到侵害、欺诈或掠夺呢？土地可能被充公，船只可能失事，一个人可能由于涉讼而花费很多金钱或陷入不确定的境况。最富的商人往往由于一次不成功的投机，或由于他人失败的连累而破产。如果他花费他的全部收入，他的资本可能不断减少，甚或必定不断减少。

但假定资本不增不减，谁能感到心满意足呢？无论怎么大的财产，如果要分给若干子女，便显得不够大。即使无须分产，通过正当方法扩大财产有什么不好呢？驱使人们撙节开支累积资本，因而促进产业的进展并导致国家的富裕与文明的动机，除他们改善景况的愿望外，还有什么其他动机呢？如果前代没受这个愿望的驱使，现代势必还处于野蛮状态。我们很难说，文明能进一步发展到什么程度。没有一个人曾使我满意地证明，百分之九十的世界人口，必须处在穷困与半野蛮状态，像现今大多数欧洲国家那样。

遵守家庭经济规律，使家庭在合理限度内从事消费，就是在每一次要消费时先细心比较消费所牺牲的价值与消费所提供的满足。只个人自己才能公平地或正确地估量每一个消费行为所产生的损益，因为这种比较依存于他自己及其家庭的财产、社会地位与需要，也许在一定程度上也依存于个人的爱好与情感。把消费限定在过于狭窄的范围，就使一个人得不到他的资产所允许的满足；相反地，过于豪爽的消费则会侵蚀到不应该滥用的财富。①

个人消费和消费者的品性与感情有密切关系。它有时受最高尚癖性的影响，有时受最卑鄙癖性的影响，有时受肉欲的刺激，有时受虚荣、豪爽、报复的刺激，甚或受贪婪的刺激。阻止个

① 由于这个原因，禁止奢侈的法令都是不必要与不公平的。所禁止的行乐或是在个人资力所允许的范围，或是超出个人资力所允许的范围。就前者说，禁止对他人无损的行乐是个压制行为，和任何其他禁令同样不合理；就后者说，禁止不起什么作用，因为对于只经济状况才能作有效的禁止的事物，法律没有出面干涉的必要。每一个这种违反规则的行为都会自讨苦吃。据说，政府有责任阻止那些倾向于使人不量入为出的习惯，但我们发现，那些习惯只能由于政府官吏以身作则和鼓励而建立起来。在任何其他情况下，习惯和时尚都不能使社会各阶层作任何和他们各别资力不相适应的消费。

人消费的是：谨慎，预见，没有根据的恐惧，猜疑，或自私。由于这些不同的品质更迭地占压倒地位，可以这些品质支配人们使用财富的途径。在这个动作，正如在生活上其他动作一样，遵守真正明智方针极其困难。人总是偏向一边，或偏向另一边，很少不偏不倚。①

关于消费，阔绰与鄙吝是两个应当避免的过失。这两者把财富所能给予它的所有者的利益剥夺掉，因为阔绰用尽享乐手段，而鄙吝不使用享乐手段。诚然，在这两者中，阔绰比较不讨人厌，因为它跟和蔼与好客的品质很接近。它比较受欢迎，因为它把欢乐授予他人。但在这两者中，它对社会的危害更大，因为它浪费并毁灭应当成为劳动的支柱的资本，而由于它毁灭资本这一生产因素，所以它也毁灭劳动即最重要的生产因素。如果花费或消费仅仅意味那些提供快乐或享乐的消费，说货币除供消费外没有其他效用，以及创造产品全是为着消费，便是大错特错。货币可用于再生产，当它是这样使用时，它必定产生很大利益。如果一定数量的固定资本被浪费，那么在某一方面必定就有相应数量的劳动被毁灭。败家子在花光他的财产的同时，也耗尽劳动利润的来源。

诚然，害怕失去金钱而不敢使用金钱的守财奴，对于产业的进展没有什么贡献，但至少他没使生产手段减少。依照一般见解，他的积蓄是由削减个人满足而不牺牲别人利益一点一点地贮积起来的。它不是提自任何生产事业，如果没被他的承继人花光，或没被

① 女人由于智力较逊，在鄙吝与阔绰这两方面都更容易偏颇。

藏得那样秘密以至于无法找到，那么在他死后，无论如何总会重新出现，可供扩大生产之用。

败家子自夸阔绰，这是荒谬绝伦的，因为阔绰绝不配称为高尚人性，像卑鄙的啬吝不配称为高尚人性那样。得到什么就消费什么，只在得不到时才停止消费的做法不值得称赞，因为每一个动物都能这样做，一些动物还能作未雨绸缪的安排。人有天赋的理智与预见，在没有合理目的时绝不应当消费，至少就节约说不应当这样消费。

总之，节约只不过是经过深思熟虑的消费——晓得我们的收入是多少，并晓得使用收入的最好方法是什么。节约没有固定规则，应当参照消费者的财产、身份与需要来决定。一个中产的人，在最严格的节约范围内所作的花费，对一个富人来说也许是可怜又可笑，而对一个穷人来说却是完全浪费。一个人在害病时必定要作一些他在健康时所没想到的花费。牺牲本人享乐而作的施舍，值得钦佩，但如果这是出自克扣子女衣食之资，就该受最严厉的责备。

节约跟啬吝与浪费都不可同日而语。啬吝不为着消费或再生产而积蓄，只为着积蓄而积蓄。它是一种本能或是一种无意识的冲动，被发见有这种冲动的人不为人所齿。至于真正节约，它是深思熟虑与健全判断的产物，不为着奢侈品而牺牲必需品，不像守财奴那样为着随时可享用而始终没享用的奢侈品而牺牲现今的生活舒适品。最奢侈的娱乐，如以节约方式进行，不但不使它失色，反可使它增色，但啬吝一出现就使它失色。节约者把他的收入跟他的现今需要或将来需要以及他家庭与朋友的需要相比较，他不忘记人类的需要。守财奴则不关心家庭，不关心朋友，不大注意自己的需要，完全不理睬人类的需要。节约不作无目的的消费，而吝啬则不愿意消费。前者是适度与合理的努力，是唯一能够提供履行职责的手段，又正当又大方；后者是卑鄙地考虑自己而牺牲一切的劣根性。

节约列为美德是很有道理的，因为它像其他美德那样，意味着克己自制，并产生最愉快的结果。子女得到良好的体育与德育，老年人得到周到的照顾，中年人具有他们持身处己所最需要的冷静头脑，不受周围情况的影响，因而不受图利动机的支配，这一切都产生自节约美德。没有它，就不可能有豪爽，至少不可能有永久与健全的豪爽，因为当它演变为阔绰时，便成为不分青红皂白的慷慨，对应得与不应得的人一视同仁，或对有权利应得赒济的人反加限制，而对没有权利的人却无限制地给予赒济。败家子没落到向他从前施惠的人求乞，是常见的事，因为他现在所施的惠，将来必定要求报答。相反地，节约者所施的惠完全不要求报答，因为他所施与的只是他的多余物。节约者虽只有中等资产，但很富裕，而守财奴与阔绰者虽拥有最大财富却很穷困。

节约和没有缜密计划的花费绝不可同日而语。没计划花费的人，有时看不见最需要的东西，尽管它近在眼前，有时把最想保存的东西拿来用光，无时无刻不受当时发生事件的推动，既不能预知，也不能摆脱；总是不意识到自己的地位，完全不能选择将来的适当途径。一个不计划花费的家庭成为环境的牺牲品，尽管仆人诚实，甚或主人极度俭省，也不能使它最后免于败落。原因是，这家庭时时刻刻都有琐碎支出，这些支出虽然数目不大，但是疲于应付。[①]

在那些对个人消费起决定作用的动机中，最显著的是常常成为雄辩题目的奢侈。但是，如果我能够期望每一个人都来应用我所努力建立的原则，如果不是因为以说理替代雄辩总有利益，我也许不详细讨论奢侈。

关于奢侈，有人下定义说，奢侈是非必需品的使用。[②] 至于我，我不知道怎样区别非必需品与必需品，因为这两者的细微差异是那样不明显、那样混淆，好像虹的颜色那样。

爱好、教育、性情与身体健康状态使效用程度与需要程度显得非常无定，并使那些老是表达相对的意思的词语不能用于绝对的意义。

必需品与非必需品的差别，随着社会情况的变动而变动。严

① 我记得我曾在乡间看到不留心家务所产生的许许多多的小损失。养鸡场缺少一个不值钱的闩锁，门老是开着。人走出养鸡场时，门就左右转动，由于不能够从外面把门关掉，鸡因此损失很多。有一天在养鸡场养的一只小肥猪跑到树林里去了，一家人包括园丁、厨妇、挤奶女等全部出动寻找。园丁首先发现追逐物，为着截断它的去路，他跳过一个沟，脚被扭伤，躺在床上两个星期；厨妇回来发现，挂在火炉前烘干的亚麻布制品烧掉了；挤奶女在急忙走出时忘记把牛拴住，一头没拴住的牛把里面一匹小马的腿踩坏了。烧掉的亚麻布制品与园丁所损失的工资共计二十克朗，而小马大约值二十克朗。这样，由于缺少一个最多仅值几苏的闩锁，在几分钟内损失了四十克朗。即使不想到那个园丁所遭受的痛苦或忧虑与其他繁难事件，把门闩按最严格节约也是一个家庭所必须有的。诚然，祸害并不严重，而损失也不重大，但考虑到同样的不小心曾引起一连串同样的灾难，而且最终使一个很好家庭沦于败落，这种不小心便值得我们的注意。

② 见斯图亚特：《政治经济学原理之研究》，第 2 篇第 20 章。他在另一段里说，仅仅维持生存所不绝对需要的任何东西都是非必需品。

格地说，人吃植物根叶、穿羊皮衣服和住小屋子就可生存，但就欧洲社会现状说，我们不能把面包或家畜肉，呢绒衣服或石造房屋，看作奢侈品。由于同样原因，这个差别也随着个人财产情况的不同而不同；就大城市生活或就这一种类生活说，某一产品是必需品，而就另一种类生活或就乡村生活说，却完全是非必需品。所以，不能准确划清必需品与非必需品的界线。斯密所作的区分比斯图亚特稍胜一筹，他把天然需要及按正常标准下层社会所需要消费的物品列为必需品。但斯密企图把必然随时变动的东西固定下来是不对的。

奢侈大体上可以说是贵重物品的使用或消费，因为贵重一语含有相对意义，所以可适当地用于解释另一个有相对含义的词语。在法国，我们所用奢侈①一语，与其说耽于肉欲，毋宁说是指夸耀。应用到衣服时，它所表示的意义，与其说穿者感到更大的利便或舒适，毋宁说它给旁观者所造成的更大美感或更深刻印象；应用到食物时，它的含义，与其说独餔餟者的优美食品，毋宁说丰盛酒席的华美。按这个意义使用，奢侈的主要目的在于以所陈列的物品的稀罕、贵重与华美使人羡慕，而这些物品可取的地方，也许不在于效用、利便或愉快，而在于炫人的外观和对舆论的影响。奢侈含有炫耀的意思，但炫耀本身却含有广泛得多的意义，它包括所有为着夸耀而装作的样子。一个人可能装做道貌岸然的样子，但不能说他的道德过于奢侈，因为奢侈含有花费的意思。所

① 英语奢侈一词比法语此词含有更多的肉欲的意义，它似乎包括法语与拉丁语“豪侈”和“肉欲”这两个词的意义。

以,“才智的奢侈”是个隐喻,意味着过于夸耀智能,或过度消费智能(如果我们能够这样说),而通情达理之人在这方面总是庄重矜持。

虽然在法国我们叫做奢侈的,主要是指目的在于炫耀的纵恣,但过度地耽于肉欲和处心积虑地耽于肉欲,是同样不合理并产生完全相同的结果,就是说,大项的消费,本来可满足更迫切与更广大需要,现在只得到无聊的、不足取的欢乐或满足。但是,文明社会中有思虑与有见识的人,在无须讲排场的情况下,对衣食住所希望达到的丰富多彩,我不叫做奢侈。我应当把它看作适当的和情况相称的欢乐,而不看作奢侈。

对奢侈已经这样下定义以后,我们可进而研究奢侈对国家秩序或经济的影响。

非生产性消费这一项目包括许多实际与紧迫需要的满足,这个目的足够重大,抵得过消灭价值所必然产生的损害。但对目的不在于满足这些需要的消费,或对目的只在于花费货币的花费和目的只在于毁灭价值的消费,究竟有什么补偿那损害呢?

这种消费被认为对消费品生产者无论如何总是有利的。但应当考虑这一点,花费总要发生,但也许不是用于上述那么无聊的目的,因为不用于穷奢极侈地满足欲望的货币,绝不是丢在海里,而必定更适当地满足欲望或用于再生产。所有不是绝对地埋藏的收入,总是按这个方式或那个方式,由收受者自己消费或由别人替他消费。在一切情况下,消费对生产者的鼓励,都是和要花费的收入的总数相称。依此可做以下两个结论:

1. 在一种生产受到炫耀的奢侈的鼓励时,另一种生产必然受到挫折。

2. 除非消费者收入增加，否则这种消费对生产的鼓励不能增加。我们现在一定能够知道，收入只能通过生产性消费增加，绝不能通过奢侈性消费增加。

一些人看到生产老是等于消费这一明显事实（生产必然等于消费，因为物品只在生产之后才能消费），便倒果为因提出主张说，消费产生生产，因此节俭不利于国家繁荣，而花费最多的公民乃是最有用的公民。基于上述，他们的这个主张是多么错误啊。

上面提到的那两个不同主义的信徒即经济学派和排他性商业或贸易差额的拥护者，都把上述主张作为他们的主要教条。除自己产品销路外很少注意到其他事情或扩大销路可能起作用的原因很少进行研究的商人与制造者，热烈拥护这表面上和他们利益很符合的主张。容易受外观蛊惑并不自认应比政治家与实业家聪明的诗人，极口称赞奢侈。① 而富人也不甘落后地采用把他们的炫

① 各学科对诗的天才所提供的发挥的余地虽不相同，但谬见给诗家所提供的题材范围，并不见得比真理所提供的狭窄。伏尔泰对宇宙和对牛顿关于光的性质的发现所作的诗，都完全符合科学规律，并和柳克里希阿斯对享乐学派的空想教条所作的诗同样美丽。但如果伏尔泰更熟悉政治经济学原理，他就不会提出以下意见：

特别要知道，在大国征服小国以后，
奢侈怎样使大国富裕。
现世的这样豪华与这样壮丽，
确是盛世的标志。
富人生来就有很多钱花费……

科学的进步，使那些贪恋文艺界盛名的人，至少要熟悉一般原理。不严密遵守真理或道理，即在诗界也很难长享盛名。

耀捧为美德把自我满足捧为善行的主张。[①]

然而,上述偏见必然归于消灭,因为日益充实的政治经济学已经开始阐明财富的真正来源、生产的手段和消费的结果是什么。爱虚荣的人,对于无益的花费,也许感到自豪,但这种花费的有害影响,遭到明智的人的鄙视,正如这种花费的动机一向受到鄙视一样。

这些理论已经从实践得到证实。贫苦与奢侈是分不开的伴侣。有钱而喜欢夸耀的人,把一部分价值消耗在贵重的小装饰品、丰盛的食物、堂皇的大楼、声色犬马上,这一部分价值如果投在生产性事业,可使一大群乐意工作的工人能够给自己备办温暖衣服、有营养食品和家庭便利品。由于他的奢侈,他们弄得没有活干并陷于穷困。富人的金扣带,使得穷人没有鞋子穿。工人没有衬衫,而他的富裕邻人却穿着灿烂的天鹅绒与刺绣衣服。

违抗道理是枉然的。壮丽可能竭力避免与贫乏见面,但总会常常碰到它——后者常常出现,恰像故意出来谴责前者的奢侈一样。这个鲜明的对照,从前在凡尔赛、罗马、马德里和各个宫廷所在地都出现过。晚近在经历一系列穷奢极侈与铺张浪费的政府之后的法国,又以惊人的程度出现。但是,原理是那样明白,无须这

---

① 对于不花费的人,

共和国有很多要做的工作。

除那些给社会带来许多好处的阔绰花费之人外,我看不到花费的人。

——拉·芬胜:《知识的好处》

孟德斯鸠说,"如果富人不豪爽地花费他们的金钱,穷人就会饿死。"《法的精神》第7篇第4章。

样的例证。[①]

那些不惯于从事物表面看到事物本质的人，很容易受铺张豪侈的虚表与热闹所迷惑。他们把虚饰的消费看作国家繁荣的确证。如果他们能够睁开眼睛，他们就会看到，一个濒于衰落的国家在一个时间内能够继续保持一片繁荣的局面，正如一个快倾家荡产的浪子家庭一样。但这个虚假场面绝不能持久，因为支撑这个场面必定把再生产来源弄得枯竭，使政治体制陷入瘫痪与疲茶状态。要想改善这状态，绝非一朝一夕所能奏效，需要采用新制度，即和产生这状态的旧制度恰恰相反的制度。

看到自己出生、财产和亲戚朋友所在的国家的为害极大的习惯与风俗，连最聪明和最能了解其危险与看穿其悲惨后果的人，也不免沉溺其中，殊堪痛心。那些有足够气魄和有独立财产，敢于实

① 还有其他情况，使穷困气氛笼罩着皇宫所在地。在那里，个人劳务整批地消费掉。在一切物品中，个人劳务是消费得最快的东西，其实，它一生产出来就被消费掉。属于个人劳务的是，军队的服务，奴仆的服务，公务人员的服务（不论有用与无用），办事员、律师、法官、文官、牧师、演员、音乐师、弄臣及其他许多帮闲之人的服务。他们拥进这个权力和民政、司法、军事与宗教中心。在那里，物质产品似乎消费得更加放肆。最上等食品，最美丽与最奢侈毛织品，最稀罕美术品与时新式样物品等，似乎争先恐后地涌向这个无底深渊，但很少东西或没有什么东西从那里出来。

但这些夺自国家各角落以供应皇宫所在地消费的累积价值，如果平均分配，也许足使各阶层过着富足与舒适的生活。虽然这种剥夺总会造成灾难，因为它消灭价值，而不生利润，但无论如何皇宫所在地人民也许可因此过着很好的生活。可是，什么地方的财富都没像皇宫所在地分配得那样不平均。王公、宠臣、姬妾或趾高气扬的公款侵吞者，拿去绝大部分，只把极小部分留给帮闲的人，而这要凭他们的一时高兴或慷慨。

如果大地主把钱花费在有用物品，而不把它花费在华丽物品，那么在花园的周围，便充满着富足与愉快的气氛。在这个假设下，他可以说是农业冒险者，并是个具有改良物形式的资本的累积者。

行自己主张，挺身树立榜样的人，几如凤毛麟角。大多数人则随波逐流纸醉金迷，眼睁睁地走上灭亡道路，虽然只要冷静想一想就能看出这种举动是狂妄的，当一般天然欲望一经满足以后，快乐不在于浮华的无聊享受，而在于身心的怡适。

所以，那些滥用大权力或大才能传播奢侈习尚的人，是社会幸福的最大敌人。如果在君主国或共和国，在大国或小国，有一个特别值得鼓励的习惯，那就是节约习惯。但这种鼓励并不需要，只要不赞同或不崇尚奢侈习惯，保障所有储蓄与艺能使其不受侵害，让其自由投资与从事不违法的产业就够了。

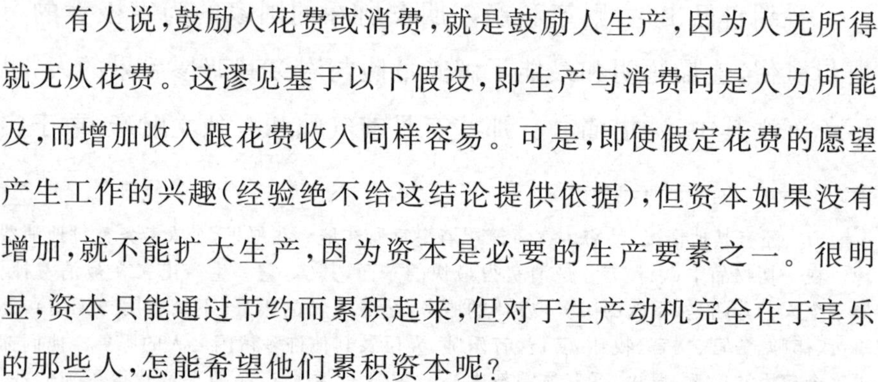

有人说，鼓励人花费或消费，就是鼓励人生产，因为人无所得就无从花费。这谬见基于以下假设，即生产与消费同是人力所能及，而增加收入跟花费收入同样容易。可是，即使假定花费的愿望产生工作的兴趣（经验绝不给这结论提供依据），但资本如果没有增加，就不能扩大生产，因为资本是必要的生产要素之一。很明显，资本只能通过节约而累积起来，但对于生产动机完全在于享乐的那些人，怎能希望他们累积资本呢？

不但如此，当人们是为着夸示而求得财富时，缓慢与进展有限的实际生产，怎能满足这个热烈愿望呢？难道人们不取捷径达到目的，从事投机或施展欺诈手段以获得迅速的与不名誉的利润吗？投机买卖与欺诈行为是对国家繁荣最有害的劳动，因为它本身不生产什么，只企图把别人的一部分产品占为己有。使无赖汉施展可鄙的狡猾伎俩，使讼棍利用隐晦的法律条文去枉法，使有权位的人不去履行职责赞助正直与有劳绩的人，而赞助愚蠢与邪恶的人的，正是这个动机。普林尼说："他曾看见波琳娜在一次晚餐会上穿着一件由珍珠与绿宝石制成可值四千万塞斯特斯的衣服，因为她随时以珠宝商账单证明这件衣服确值这么多。① 它是以她祖宗进行冒险事业所得的财富买来的。"这位古罗马作家接着说："为使孙女在宴会上戴着宝石，洛里阿斯竟那样忘其所以，劫掠几个省，成为他所统治的亚洲人的嫌恶对象，失去恺撒的欢宠，结果服毒自尽。"

以上所述是爱夸示所产生的那种劳动。

如果有人认为，鼓励奢侈的制度只对有钱的人起作用，因而会产生有利结果，因为它减少财富不均的不良现象，这想法的谬误不难证明，因为上等阶级的奢侈必定引起中等与下等阶级的奢侈，而在这三个阶级中，下等阶级必然最快弄得山穷水尽，因此普遍奢侈实际上不但不会减少贫富的不均，而且会增加贫富的不均。此外，就豪侈说，有钱阶级老是步政府后尘或给政府做开路先锋。政府的费用必定来自捐税，而捐税重负一定落在小收入者身上，不落在大收入者身上。②

奢侈的辩护者有时甚至极口称赞穷困的好处，他们所根据的

① 约十四万美元。一些英国女人戴着价值更大的宝石，但一些人认为普林尼在这一段所指的是四万万塞斯特斯而不是四千万塞斯特斯，这样就使波琳娜的宝石值一百四十万美元，那是更近似的金额。——原编者

② 有人提出以下荒谬论点，为奢侈作辩护：这有什么大不了呢？"由于奢侈只消费非必需品，所毁灭的只是没有多大实际效用的物品，所以它对社会仅仅造成很小损失。"对上面的话可即时作出回答，就是奢侈所消费的物品的价值，由于生产者的竞争，必定降低到和包括生产者利润的生产费用相同的水平。奢侈品像必需品那样，也是土地、资本与劳动的产品。如果所需要的是那些有实际效用的物品，那么土地、劳动与资本便用于生产这些物品，因为生产总是和消费者的爱好相适应。

理由是，没有穷困的刺激，下等阶级就不肯出力，结果上等阶级与一般社会都不能从他们的努力得到利益。

侥幸得很，这个主张在原则上是错误的，正如在实践上是残酷一样。如果裸体足够推动人出力，那么野蛮人便是最勤奋或最肯出力的人，因为在人类中他是最接近于裸体。但他的懒惰，不但众所周知，而且无可救药。野蛮人如果被逼工作，往往急得要死。在欧洲可以看得出来，最懒惰的民族最接近于野蛮人。伦敦或巴黎景况顺适的机匠，在一定时间内所完成的工作，一般比穷困地区的粗笨机匠多两倍。需要边满足边增多。有护衣的人想添购外衣，当购得外衣时，必定要购大衣。独自居住一个房子的技工，就想居住两个房子。如果他有两件衬衫，不久就想购买一打衬衫，以便更常换洗，较为舒适，但如果没有衬衫，根本不感到衬衫的需要。没有已经获得一个东西的人不想再得一个。

所以，和许多人的主张相反，下等阶级的舒适跟社会的生存绝不矛盾。住在温暖房间、穿着良好衣服并和家庭同享有营养食品的鞋匠，能够生产很好的鞋子，正如在露天摊子忍冻干活的鞋匠一样，前者并不因为有合理的生活便利品，就不像后者那么技巧，或不像后者那么愿意工作。在英国，人们舒舒畅畅地在屋内洗衣服，但和在附近河流洗涤的地方，洗得同样干净。

富人认为，增进穷人舒适，他们就得不到满足肉欲的物品，现在该是他们放弃这种无聊恐惧的时候了。和他们的想法恰恰相反，在财富最充裕和最普及的国家，物品最充足、最多样化、最优美。

第六章　公共消费

第一节　公共消费的性质与一般结果

除那些从私人消费得到满足的个人需要与家庭需要外，还有由于个人集合组成社会这种情况而产生的新的种类的需要，就是说，社会作为整体的需要，满足这种需要是公共消费的目的。社会购买并消费，管理它的事务的各部部长的个人劳务，保护它不受外国侵略的军人的个人劳务，以及保护它的各个成员的权益不受侵害的民刑推事的个人劳务。所有这些不同职业都有它们的用处，尽管它们往往增加到不必要的程度，或得到过多的报酬，但这是起因于不健全的政治组织，不属于本书研究范围。

我们不久就可看到，社会从什么地方得到价值，以购买它所任用的人员的劳务或它所需要的物品。我们在这一章所要讨论的，是社会消费的方式及其后果。

如果我在本篇开头所说的话足使读者明白，那么他们就不难了解，公共消费或为整个社会的一般福利而作的消费，跟为满足个人或家庭需要而作的消费完全相似。这两种消费，都有价值消灭，都有财富损失，尽管也许没有一块硬币离开国家。

为要证明这个主张的正确，让我们探讨一个供公共消费的产品从始至终所经历的情况。

政府以货币形式,从纳税者抽收一定捐税。为满足这个需要,纳税者把他所能处理的一部分产品交换硬币,缴交收税人员,[①]而另一班政府人员又把那硬币用于购买军队所需要的布匹与其他必需品。到这时候为止,没有什么价值损失或消费掉,所发生的只是无代价的价值的移转,和随之而来的交换行为,纳税者所缴交的价值,还以军需厂的贮存品或供应品形式存在着。但后来这个价值被消费掉。到那时候,从纳税者手里转到收税人员手里的价值就归于毁灭。

可是,所消灭的并不是货币金额,它只从一个手转到另一个手,或是得不到报酬,例如它从纳税者转到收税者,或是得到等值物,例如它从政府人员转到承包商,以交换衣服或供应品。在这整个交易发生之后,货币价值仍然存在,而且经过三四手或许多手,也不发生任何可觉察得出的变化,所消失的乃是衣服与必需品的价值,正如纳税者自己用同样的货币,购买供自己个人消费的衣服与其他必需品,所遭遇的结果一样。不同的只是,在后者情况下,个人享受消费所提供的满足;而在前者情况下,国家享受消费所提供的满足。

上述论证可很容易应用于一切其他种类消费。当纳税者所缴纳的货币用于给付公务员薪俸时,那公务员把他的时间、才能与劳动卖给社会,这一切都是为着公共目的而消费掉。另一方面,那公

① 虽然资本家与地主本来就以货币形式收到他们的利息与地租,因而没有必要通过事前的交换行为获得用以缴纳捐税的货币,但这个事前的交换,必定已由利用土地或资本的冒险者搞过。其结果完全相似于以实物即以土地或资本的直接产品缴纳地租或利息,而地主或资本家或直接让与那些产品的一部分以缴纳捐税,或出售那些产品以货款缴纳捐税。关于这一问题,读者可参阅本书第二篇第五章所述收入在社会分配的方式。

务员而不是纳税者消费他的劳务所换得的价值，正如纳税者个人雇用的办事员一样。

有一个在长时间流行的想法，认为社会对公务员所付给的价值，又以某种形式回到社会来，就是说，按一般说法，政府及其人员从人民所收到的，又通过政府的花费还给人民。这是大错，它曾产生无穷的祸害，因为它成为许许多多无耻的糟蹋与浪费的口实。纳税人交给政府的价值，得不到等值物或得不到报酬，因为它是由政府用以购买个人劳务或消费品，简单地说，用以购买实际上移转给政府的等值产品。购买或交换和偿还完全是两回事。[①]

这个动作尽管很复杂，但总可通过分析化为以下的简单说明：消费的产品总是损失的产品，不论谁是消费者，但对纳税者来说，他从公务员的服务所得的好处，或从为达到公共目的而作的消费所得的好处，却是实得的利益。

如果公共消费与私人消费同样影响社会财富，那么规定这两种消费的经济原则必定相同。没有两种经济，正如没有两种诚实或两种道德一样。如果政府或个人是这样消费，以至能生产比所消费的更大的产品，生产劳动的努力便有好结果。如果消费行为不产生产品，那么对国家或对个人便产生价值的损失，但损失的价值可能产生所预期的好处。军需品和用于有效地保卫国家的文武官员的时间与劳动，尽管消费掉或消灭掉，却是用得其宜，像私人

① 哈米敦在他的《大不列颠的国债》那篇有价值短篇论文，曾说明我们在上面所批驳的那个观点的谬误。他说，“这等于强盗闯进商人住宅，抢去他的钱，并说没有损害他，因为所拿去的全部或部分的钱，将用以购买他经售的货物，这样他将得利润。”公共花费对私人事业所提供的鼓励，和这个完全相似。

家庭所消费的货物与个人劳务那样。在后者情况下，唯一的利益是需要的满足，如果需要不存在，消费肯定是个祸害，因为它是无目的的消费。公共消费也是这样，为消费而消费，故意浪费，因人设事，只为娱乐而毁灭一件物品，对国家或对个人来说，对小国或对大国来说，对共和国或对君主国来说，都是浪费。不但如此，公共浪费和私人浪费比起来更是犯罪行为，因为个人所浪费的只那些属于他的东西，而政府所浪费的却不是它自己的东西，它事实上仅是公共财富的托管人。①

一些作家花很大精力对公共财富与私人财富作出本质上的区分，并证明节约是增加私人财产的方法，而公共财富却随着公共消费的增加而增加。他们根据这个错误的和危险性很大的结论推断说，管理私人财富与公共财富的规则，不但不相同，而且正相反。对于这些作家所定下的原则，我们该怎样看待呢？

如果这些原则只在书本出现，没付诸实施，我们可听任荒谬的出版物中增加这些书籍，无须注意或感觉遗憾，但如果我们听到有地位、有才能和有智慧的人也公然宣称相信这些原则，那就不能不引起我们的注意和愤怒，至于政府当局实行这些原则，那就更不能不引起我们的注意和愤怒，这些人能够用刺刀或大炮强制施行错误或荒谬的政策。②

---

① 政府自以为对私人财产有权利侵占，或采取好像拥有这种权利的行动，都等于侵占。侵占绝不能构成权利。要不是这样，一个通过暴力或欺诈占有别人财产的盗贼，便不能在逮捕后勒令其偿还赃物，因为他可借口合法所有权提出抗辩。

② 读者当可了解，作者是有所激而写这一节和以下各节，他那时候的军事专制政府对国家资源的使用一意孤行，不允许任何人对它的行动方针及其正确与否表示怀疑。——英译本注

曼特农夫人在她给诺艾红衣主教的一封信中说，有一天她劝告路易十四，要更豪爽地拯济贫人，他回答说：皇室通过豪爽的花费来济贫，这确是骇人听闻的信条，并证明法国的毁灭业经原则化。[①] 错误的原则，比故意的错误行为更为有害，因为伴随着这些错误原则而来的是错误的私利概念，而且这些原则在长时间内不懊悔地或直言不讳地奉行着。如果路易十四认为，他的过度的夸耀只满足他的个人虚荣，而他的征服只满足他的个人野心，他的良知也许会在短时间内使他感到内疚而停止浪费和黩武，或至少会使他为了自己利益而停止浪费和黩武，但他坚信他的豪侈不但对他自己有益，还对公众有益，这样除非他遭到不幸与耻辱，否则绝不会停止。[②]

直到十八世纪，连最伟大的科学家，对于政治经济学的真正原

① 芬朗、沃班和几个有大才能的作家，对于这个制度的毁灭性趋向有一些模糊认识，但由于他们对财富的生产与消费问题没有适当见解，不能提出令人感服的看法。例如，沃班在他的《国王什一税》中说，“法国现今的穷困，并不是由于气候的酷烈、人民的品性或土地的贫瘠，因为气候非常的好，人民不但众多并且活跃勤奋机敏，而是由于战争的持久与频繁和不懂节约与忽视节约。”芬朗在《蒂勒马克斯》一书的几个隽妙段节中也发表同样的意见，但这些意见只能看作高谈阔论，因为他不能证明它们的正确。

② 当伏尔泰说，路易十四的华美宫殿，对国家不是负累，而却帮助社会上货币的流通时，那就是那时候法国最知名作家完全不懂这些问题的确证。他只看到当时使用的货币，他的观点既局限于此，极度的豪侈就不显得是个损失，因为货币实际上不是收入项目，也不是年消费项目。但比较仔细的观察，就可使我们明白这个说法的谬误，因为它会导致这一荒谬推论，即硬币数量假定在年终没有减少，一年内便没有什么消费。在探索花费在凡尔赛离宫的九万万法郎的由来时，机警的历史家应当从法国各生产阶层所辛辛苦苦生产的原始产品开始，然后追溯这些产品第一次换成用以缴纳捐税的货币，第二次换成的建筑材料、油漆、金粉等，最后换成供皇帝满足个人虚荣而消费的宫殿。在上述整个交易过程中，货币只作为便利价值移转的手段。在决算时，一方面消灭的价值达九万万法郎，另一方面建成一座需要不断修理并具有华丽广大游步场的宫殿。

尽管土地不会消灭，也可按所收到的价值的形式消费掉。有人说，法国在革命后出售它的国家所有地，并没有遭受损失，因为这些土地都是卖给法国人民，并移转给他们。但是，以买价形式交付的资本，在离开购买者口袋时，究竟到哪里去呢？难道不是消费掉或损失了吗？

则也懂得很少。尽管普鲁士的腓特烈二世热切地寻求真理，非常聪明，并是个有大价值的人，却写信给达朗巴，为他的战争作辩解。他说，"我的大军促进货币的流通，因为他们把人民向国家缴纳的捐税，公平地分在各州花费。"我重复说一句，他所说的并非事实，人民缴给政府的捐税，并不由于政府的花费而归还人民。不论捐税是用货币或用实物缴纳，它们都化为粮食与供应品，并以那些形式由不能偿还价值的人消费或毁灭，这些人不能偿还价值，因为他们没有生产什么价值。[①] 腓特烈二世的行动和他的原则并不一致，这是普鲁士的大幸。他在内政方面节用惜物给普鲁士人民所带来的好处，不仅仅抵消了他的战争所造成的损害。

由于国家或代表国家的政府的消费，带来价值的损失，因而带来财富的损失，所以，只在牺牲的价值能给国家产生相当利益的条件下，消费才是适当的消费。因此，政府应当善于随时权衡所要作的花费与所预期的社会利益。我毫不犹豫地说，政府的得不偿失的举动，都是愚蠢行为或犯罪行为。

看到政府那么常地不满足于愚蠢地或荒谬地浪掷人民财产，[②]不想收回价值，而且那样花费人民财产，给国家带来说不清

---

① 在执行国家军事计划时，两个不同价值经过政府或其人员之手：1. 从一般人民所收到的捐税的价值；2. 从提供供应品与劳务的人所收到的价值。就前者说，政府没以什么东西为报酬；就后者说，政府以等值的工资或买价为报酬。因此，说政府一手收受一手归还，整个交易不过是价值的流通，对国民无损失，完全没有根据，因为政府收到两个价值，只偿还一个价值，这一半的损失落到整个社会。这样，相当于个人财富的总和的国家财富，减少了等于政府的总消费量减去公共机构的产品的数目。关于这一点，我们不久就可看到更详尽的说明。

② 第二篇最后一章曾经说过：由于人口总是和生产相称，阻碍产品逐渐的增加就是阻止人口进一步的增多；浪费资本，消灭劳动，耗尽生产来源，就等于在现有人口中十个抽杀一个。一个凶恶或愚蠢政府这样做所产生的祸害，比战争大得多，尽管战争带有许许多多暴行。

的祸害，横征暴敛以施行最奢侈与最不道德的计划，先掠夺人民财产然后驱使人民为它们捐躯，这是何等令人愤慨的事体。冒着被人指为高谈阔论的非难，一再说了这些逆耳的话，完全因为人类执拗成性而且怙恶不悛。

政府①的消费，在国家总消费中占那么大的部分，有时达到社会总消费的六分之一、五分之一甚或四分之一，②以至政府所施行的制度，必定对国家繁荣的增进或衰退有很大影响。如果个人认为，花费越多，所得便越多，或认为豪侈是个美德，如果他迷于声色或因感情用事而不计金钱，他必定弄得身败名裂，而他的榜样就对他的小圈子起作用。但是，政府如果犯同样错误，就给千百万人民带来穷困，甚或招致国家的灭亡或衰微。毫无疑问，私人对自己利益应当有正确认识，但政府对自己利益更应当有正确认识。节约与镇静是私人美德，但就国家说，这二者对国家幸福有那么大影响，以至我们对具有这两个美德的国事指导者或管理者不论怎样颂扬与尊崇都不为过。

---

① 我所说的政府，是指以任何形式组织包括一切部门的政权。把政府一词限于行政部门是错误的，制定法律和实施法律同是权力行为。

② 毫无疑问，一个国家的消费可超过它的年总收入，但我们不能设想大不列颠的年消费也超过年收入，因为直到现在，它的财富明显地还在增加，由此可见它的消费至多只等于它的收入。一般认为没有低估大不列颠财富的甘奇，把它的年收入估为二万万英镑，而比克博士把它的年收入估为二万万一千八百万镑，其中包括劳动收入一万万镑。假定它的财富在上述估计之后还有增加，并假定它在1813年的总收入增到二万万二千四百万镑，科康在他的《大不列颠帝国的财富、权力与资源》告诉我们，它在那一年的公共支出达一万万一千二百万镑。按照这个说法，它的公共支出似乎只达国家总收入的一半！此外，它的中央政府费用，不包括它的一切公共费用，应加上州与教区费用、贫民救济等等。即在大的帝国，以国民总收入的百分之一为费用，就可办理政府事务，但要达到这样圆满的程度，就得在施政部门作很大的改善。

个人对于他所消费的物品的价值懂得十分清楚，他也许费了不少麻烦、忍耐与节俭才获得这物品，他能够很容易比较他从这物品的消费所得的满足与这消费所招致的损失。但政府对于循规与节约却不这么直接感兴趣，政府也不会这么快地感到不循规与不节约的坏结果。此外，个人的节约，除私利外，还有其他动机，他关怀他所钟爱的人，他的节约可能裨益于他们，而统治者的节约所裨益的，却是他不大认识的人，甚至是他的奢侈的并与他抗衡的承继人。

采用世袭王位原则，也不能纠正这弊病。君主在这方面没有其他人所共有的感情。由于耳濡目染，他有这个想法，即他的子孙如果有承继王位的希望，他们就不愁无钱花。此外，绝大部分的公共消费，不是由国王亲自管理，契约不是由他签订，而是由他的将军或大臣缔订。经验告诉我们，寡头政治比君主政治或民主政治更加节约。

我们也不应当认为，勇于兴办大规模国家事业的精神，和循规与节约精神不相容。在名人传中，查理曼名列前茅，他征服了意大利、匈牙利和奥地利，击退了撒拉逊人的进攻，拆散了撒克逊联盟，最后登上皇帝宝座。但孟德斯鸠认为，说“做父亲的人可从查理曼的敕令得到治家教训”，并不损他的荣誉。“他花钱非常有计划，他对他的领地作了又仔细又精密的估价。从他的敕令集，我们可以看到他财富的纯正与合法来源的详细情况。总之，他是那样有规则，那样节俭，甚至下令把他养鸡场的鸡蛋和菜园的剩余蔬菜运往市场售卖。”[①]在谈判、行政与作战这些方面都表现有才能的大名

① 《法的精神》，第 31 篇第 18 章。

鼎鼎的尤金公爵，劝告查理士六世在财政问题上请教商人与实业家。[①] 靠近十八世纪末叶，当利奥波尔德是塔斯卡尼大公时，他树立了严格遵守私人经济原则管理小国从而开辟富源的良好榜样。在几年内，他把塔斯卡尼建成为欧洲最繁荣的一个国家。

法国最成功的财政家，如舒格、邓尼斯神父、安布兹红衣主教、舒利、科伯特和奈克，都根据这个原则行动。他们遵守私人经济规则，筹措成功的大规模军事行动的费用。邓尼斯神父装备了第二次十字军，这是个需要很多供应品的计划，但我很不赞同这计划。安布兹红衣主教给路易十二筹措了他征服米兰人的军费。舒利累积了后来用以挫败奥地利王室的资金。科伯特给路易十四的壮烈军事行动筹措费用。奈克给法国在十八世纪所进行的唯一胜利战争提供费用。[②]

相反地，那些永远缺少资金的政府，像个人那样，不得不使用了有最大毁灭性并有时招致最大耻辱的方法摆脱穷困。例如法国查理士一世把他的爵位与安全通行证出卖。又如，英国查理士二世把敦克卖给法国国王，并接受荷兰人八万英镑的贿赂，在1680年延缓派遣旨在保护英国东印度殖民地的远征军，结果英国殖民地落到荷兰人手里。[③] 又如，政府有时以硬币掺杂劣质方式，有时

① 《尤金公爵自传》第187页。关于这部著作及里希柳《政治遗言》的真伪，曾经发生争论。如果作者不是尤金与里希柳本人，必定是和他们有同样能力的人，但这个可能性更小。

② 他极力设法支付美洲战争费用，不抽征新税。诚然，他因为借很多款项而受到责难，但是只要他能够设法支付利息而不抽征新税，那些借款对国家就不成为重累。很明显，他必定通过撙节开支来支付利息。

③ 雷纳尔：《欧洲人在东印度群岛所设立的商号的历史》，第2卷，第36页。

以公开毁约方式，做了破产行为。

路易十四在位末期，于耗尽一个伟大国家的资源以后，不得不采用设置最可笑的职位的办法，他叫一个国务参议做柴把检察，另一个做假发检察，另一个做鲜奶油或咸奶油巡检，等等。这样卑鄙与有害的方法，绝不能长久地延缓灾难时刻的到来。豪侈与挥霍的政府迟早总会遇到这个时刻。富兰克林说，"如果一个人不听从道理，道理必定使他认识它。"

侥幸得很，节约的政府不久就弥补浪费的政府所造成的损伤。健康虽不可能一下子恢复，但可逐渐改善，病因一天天消失，新机能一天天开始起作用。在被浪费的政府弄成穷困的国家，一半资源可能由于恐惧与不安而失去效用，但在政府实行节约的国家，信用[①]能使它的资源增加一倍。法人似乎比自然人有更坚强的活力与回复力，这些力非遇到最猛烈的压迫不会消灭。我们翻阅历史，不能不感觉这原则作用的迅速。最显著的例子，是法国从革命开始以来所常常遭遇的隆替。普鲁士提供了在我们时代的另一个例子。大腓特烈的继承人，不但浪费大腓特烈所累积的据估计等于

① 一般人常说，信用减低，信用恢复，但他们大抵不懂信用的正确含义。信用并不单独意味着对政府的信任，因为就社会大多数人的私事说，他们和政府毫无关系。信用也不仅仅在于人与人之间的互信，因为一个名誉良好而且殷实的人，并不会突然弄得名誉扫地财产荡尽。即在一般困苦时期，个人名誉的损失也不会那么普遍，以致我们可适当地说，信用完结。信用似乎意味着对将来事件的信心。对于捐税、强征或暴力的一时的恐惧，会使许多人不敢露面，或不敢显露财产。在这个时候，本来是很有前途和很有计划的事业，都变得过于危险，新事业完全无人举办，旧事业利润减少，商人紧缩营养范围，一般消费由于个人收入减少与不可靠普遍降低。无论在大胆的、野心勃勃的或不公正的政府下，或在缺少力量、果断或组织的政府下，人们对将来情况都不能有信心。信用只能在静止状态下产生，像结晶那样。

二万万二千八百万法郎的财富，而且还欠一万万一千二百万法郎的债。在不及八年时间，腓特烈威廉三世不仅还清他父亲的债务，而实际上并开始了累积。节约的力量是如此强大，即一个面积有限和资源有限的国家也是这样。

第二节　国家消费的主要目的

在前一节，我们企图证明，所有公共消费本来都是价值的牺牲，而这种损害只能从满足任何社会需要所产生的利益得到补偿，所以贤明的政府，绝不可为用钱而用钱，而必须仔细研究，每一次满足社会需要所产生的利益，是否超过为获得该满足而牺牲的价值。

只有广泛观察文明社会的主要公共需要，才使我们能够相当准确地判断，社会为满足公共需要而作的牺牲是否值得。①

社会所消费的，几乎只是所谓无形产品，就是一创造出来便毁灭的产品，换句话说，就是人或其他有生物与无生物的劳务或生产力。②

社会消费它的一切公务人员包括民政、司法、军事与教会人员的个人劳务，它消费土地或资本的生产力。河海的航行，公用的道路与广场的效用，这些都是社会从土地所得到的这么多生

① 本书只能作纲领性叙述，如果详细论述政治问题，那就和在有必要附带说说制造方法时全面叙述技艺情况同样不适当。可是，这两者对学问来说都是有价值的贡献。

② 这规律须加一定限制否则不能照样接受。古罗马皇帝常赏给人民的五谷，就是社会消费的有形产品。救贫院和监狱所消费的各种粮食，以及节日所用以供一般人民娱乐的烟火，也是社会消费的有形物品。

产力，这土地或绝对属于社会或其利益拨归社会享受。如果有资本投在土地上，作为房屋、桥梁、人造港、堤道、堤防、运河，那么社会除消费土地的生产力或地租外，还加上这项资本的生产力或利息。

社会有时维持生产劳动场所，例如法国的塞佛尔磁器制造厂、壁饰花毯制造厂、洛林和朱拉盐厂等等。当这种公司的收入大于支出时（这种情况很少发生），它们提供一部分国家收入，因而不应该列为国家支出项目。

民政与司法费用

民政与司法费用，一半由行政司法长官及其他官员的特定津贴组成，一半由执行职务所必要的华饰与炫耀的费用组成。即使维持这华饰与炫耀的费用，全部或部分归公务人员自己负担，最终也必定落到公众身上，因为公务人员的薪俸，由于需要维持场面，势必比例增加。以上的话适用于各种公务人员，从国王到警官。因此，如果一国国民，只在国王遍身贵重服饰、羽林骁卫前簇后拥的情况下，才尊敬国王，他们就必须对这爱好付出很高代价。相反地，如果他们能够满足于朴素，不重视华丽，并能够遵守法律，不需要那些标志官职的华饰与仪式，以促使他们守法，那么政府支出就能相应地节省。这就是瑞士在革命以前许多州政府费用是那么少，以及北美殖民地在解放以前的政府费用是那么少的原因。大家知道，那些殖民地，虽在英国统治，但各有独立政府，各自支付费用，但是这些殖民地政府的年费用一共不超过六万九千镑。斯密说，“这提供了一个永远不会忘记的例子，花了那么少费用，不但能够管理三百万人民，而且管得很好。”①

① 但应当记住这些费用不包括防御外来袭击的费用，只包括防御内地蛮族袭击的费用。

从财政部部长加拉廷先生所作的美国 1806 年收支计算书，我们可以看到，总费用不到一千二百万元，在这一千二百万元中，八百万元用以给付公债利息，只剩四百万元(相当于二千一百万法郎强)作为政府费用，即一千二百万人口国家的民政、司法、军事及其他公务的费用，这费用全是由进口税支付。*

* 这计算书不包括各州的地方费用。北美合众国 1806 年人口从未估计超过八百万。自从那时期以来，它的公债与费用急剧增加，主要由于跟大不列颠进行第二次战争的缘故。1820 年计算书表明，收入为 22,326,244 元包括借款与上年度余额，支出为 25,064,413 元包括公债利息，呈现 2,638,169 元赤字。1821 年预算书表明，收入为 16,550,000 元，支出为 21,163,417 元，呈现 7,451,595 元赤字(包括 1820 年赤字)，这赤字由于撙节开支减到 4,658,483 元。为弥补赤字，又打算借款，因为不恢复征收国内税，唯一其他办法就是借款。如果美国坚持扩大海军主张，继续仿效英国寓禁税则这个错误制度，尤其是企图恢复金属货币，它的财政状况将每况愈下**。——英译本注

** 按照人口调查，美国人口

在 1790 年为	3,929,326 人
1800 年为	5,309,326 人
1810 年为	7,239,903 人

按照 1820 年人口调查，各州与准州地区的人口如下：

州　别	
1　缅因	298,335 人
2　新罕布什尔	244,161 人
3　马萨诸塞	523,287 人
4　罗得岛	83,859 人
5　康涅狄格	275,248 人
6　佛蒙特	235,764 人
7　纽约	1,372,812 人
8　新泽西	277,575 人
9　宾夕法尼亚	1,049,458 人
10　特拉华	72,749 人
11　马里兰	407,350 人
12　弗吉尼亚	1,065,366 人
13　北卡罗来纳	638,829 人

纯粹政治性原因，以及这些原因所帮助决定的政治组织，会影响民政与司法官员的薪俸、旨在维持外观的费用以及公共机关与国营企业的费用的分配。例如，在专制政府，人民仰君主鼻息持有财产，君主自己决定王室的费用，就是说，爱花多少生活与娱乐费用以及王室维持费，就花多少。按这样决定的王室费用，大抵要高于由国王代表与纳税人代表通过争论和磋商所决定的数目。

同样地，低级官员的薪俸，一半依存于这些官职的个别重要性，一半依存于政府的一般计划。对公众来说，这些官员服务代价的高低，不但和实际费用成比例，而且和他们劳务的好坏成比例。执行得不好的职务，尽管报酬很低，但人民所付的代价很高。如果职务是多余的或是不必要的，人民所付的代价也很高，正如不适合任

14　南卡罗来纳	502,741 人
15　佐治亚	340,989 人
16　俄亥俄	585,434 人
17　肯塔基	564,317 人
18　印第安纳	140,178 人
19　伊利诺伊	55,211 人
20　密苏里	66,586 人
21　田纳西	422,813 人
22　密西西比	75,448 人
23　阿拉巴马	103,816 人
24　路易斯安那	153,407 人
准州地区	
1　华盛顿特区	33,039 人
2　密歇根	8,896 人
3　阿肯色	14,273 人
4　佛罗里达	12,000 人
共　计	9,631,141 人

——原编者

何用途或不需要的家具是废料一样。在法国旧政权下，海军大臣、王室总管、宫廷司酒、掌狗官等等都属于这一类的官职，它们并不增加王威，只是借以颁赐恩典与俸禄的许多方法。

由于同一原因，当政府官职不必要地增多时，人民便负担维持公共秩序所不需要的费用。增多不必要官职，只给予那些如果确没因此变质或恶化也没因此有所增进或改善的利益或产品以不必要的形式。[①] 不维持一大群雇佣兵、随从、密探和无数监狱就不能恣行暴政的坏政府，使它的人民负担对公共福利没有贡献的监狱、密探与士兵的费用。

另一方面，一个公职的报酬虽非常优厚，但人民所付的代价可能很低。付给一个无能官吏的低微薪俸，完全是浪费，他的无知也许使公众付出比他的薪额多十倍的代价。但一个有能力官吏的知识与积极性，则和他所得到的报酬完全相称，他使公众所免受的损失和使公众从他劳动所得的利益，大大超过他的个人薪俸，尽管他的薪俸极其优厚。

实际上，使用任何最好东西总是上算，尽管价格高一些。低薪很少能够雇到有才能的人，因为有才能的人能做许多种工作。在政府里面，他能成为能干的部长，在其他职业，他能成为出色的律师、医生、农民或商人。他能在所有这些部门找到工作并获得薪俸。如果公家不能给他适当的报酬，他就选择其他更有出息的工作。

---

① 我想起一个法国城市的例子。这个城市，在 1789 年以前，一年只花一千克朗，管理得很有成效，做到政简人和，但当它归帝国政府管辖以后，虽然花费三万法郎，却不能对君主的任情任性与独断专行提供保障。

正直的人和有才能的人同样可贵。不出适当代价，也不能雇到正直人，因为正直人不屑用不正直人所凭借以增加收入的那些不名誉的手段与诡计。

通常伴随着执行公共职务而来的权力，是一种薪俸，它往往大大超过从执行公务所得的金钱报酬。诚然，在法律高于一切统治者不能随便行使权力的有秩序国家，作威作福和爱支配一切这些根深蒂固的人类愿望很难得逞，但法律对于执行法律的人，特别对政府各部门，所必须赋予的自由裁夺权力，以及国家较高职位所带有的荣誉，却有实际价值，使得这些职位，即在待遇微薄的国家，也成为热切追求的对象。

如果官吏无能所招致的损失，不大于取消他们薪俸所产生的利益，那么依照严格节约，在存在着其他吸引力足够使人们竞争职位的地方，取消所有金钱津贴，并只把官职给予有钱的人，也许是适当的。但柏拉图在他的《理想国》一书说得好，这样做将等于把船舵交给船上最有钱的人执掌。此外，还有一个危险，即一个给别人服务而没有报酬的人，无论多么有钱，也可能利用威权弋获利得。一个公务人员拥有巨财，并不见得就能见利而不忘义，因为拥有大财产的人通常也有大欲望，特别是兼财主与行政司法长官于一身，而必须讲究排场的人，欲望当然更大。不但如此，假定这不是完全不可能，就是说，假定我们能够遇到又有钱又廉洁并还具有执行公务所需要的积极性的人，他已经明显地拥有巨财，再赋予大权力以增加他的威望，难道是明智的做法吗？雇主哪有力量责备他所雇用的人员对政府和对人民都能采取慷慨的态度呢？但有一些方法，能够有利地使用富人的无代价服务，特别在给予荣誉而不给予权力的部门，例如在公共慈善机关与改造或惩罚机构，使用他们。

在法国旧政权下，当政府穷极无聊时，往往出卖官职。这是个非常坏的办法，它具有无代价服务的一切坏处，因为在这种情况下，薪俸只不过是购买官职所费的资本的利息。此外，还有这个坏处，即对国家来说，这种官职的费用，和有报酬官职的费用相同，因为政府必须继续支付业已消费或已消失的资本的利息。

有的时候，把某些民事职务，例如登记生死与结婚交给牧师们执行。由于牧师们已经得有薪俸，所以认为他们能够无报酬地执行这些职务。但是，把民事职务交给自以为听命于比国家更高的权力的那些人去执行，总是带有危险。[①]

尽管用尽预防办法，社会或国王总不能像个人那样付出那么小代价而得到那么好服务。上司不能像个人那样严密观察他的下属，上司也没有像个人那么大的利害关系来严密监督下属。此外，下属不难欺骗上司，因为后者要料理许多事务，有时也许离开前者相当的远，不能一一仔细注意。此外，由于虚荣关系，后者对前者的巴结奉承更加关心，而对公共利益所需要的真正服务或真正效

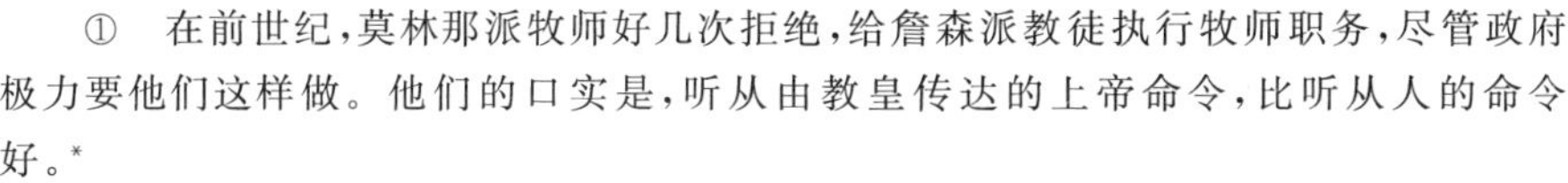

① 在前世纪，莫林那派牧师好几次拒绝，给詹森派教徒执行牧师职务，尽管政府极力要他们这样做。他们的口实是，听从由教皇传达的上帝命令，比听从人的命令好。*

* 这个困难，只产生在存在着唯我独尊的国教而且这国教在教义与教规上只听命于独立权力或国外权力的国家，例如在信奉罗马教的国家。但此外还有另一个困难，就是一个杰出的苏格兰教会牧师曾经详细说到的使牧师兼掌牧师职务与民事职务的困难。由于性质这样悬殊的两种职务混在一起，分工的利益荡然无存。——英译本注

用倒不这么关心。至于国王与国民，他们对于良好行政有最大的利害关系，因为良好行政一面巩固国王权力，一面增大国民幸福，但他们自己几乎没有可能实施永久的与有效的控制。在大多数情况下，这种控制必须交给他们的代理人执行，很多事例证明，这些人如果有利于己就会欺骗他们。斯密说，"当公务只在执行以后给予报酬，而报酬和勤奋相称时，公务就搞得最好。"因此，他建议，法官的薪俸，应当在每一个案件结束后给付，而各法官所分得的份儿，应当和他们对判决这案件所费的心力相称。这对各法官的勤奋大概会有一定的鼓励，对法院的结案大概也有鼓励。但把这个方法应用到各行政部门，却有一定困难，它也许会引起另一种大弊病。但它至少会产生一个好处，就是使官职不至于不必要地增多。此外，它还给予社会在它所需要的服务方面以竞争的利益，像个人所享受这利益那样。

一般地说，公务人员的时间与劳动，不但所得的报酬比他人高，并且往往由于自己处理失当，而又缺少有效检查，白白浪费掉。此外，常常还有另一种大浪费，即由于依从国中风俗与宫廷礼节所产生的浪费。如果可能，计算出浪费于化妆的时间，或前世纪中浪费在巴黎与凡尔赛道路上的许许多多钟点，将会使你吃了一惊。

所以，在亚洲政府，高级官员浪费在繁文缛节上的时间无法统计。国王浪费在惯常排驾与个人娱乐的时间很多，没剩下多少时间以料理自己的事务，这些事务不久就荒废掉。普鲁士的腓特烈二世采用与此相反的行动方针。他明智地分配他的时间，设法自己料理了许多政务。通过这种做法，他所过的日子实际上比比他老的人还长，而且成功地把他的王国建成一等强国。毫无疑问，还有其他优良品质帮助他的成功，但如果他没按一定方式安排他的时间，单单那些品质还不够使他成功。

陆海军费用

当一个国家在商业、工业和艺术有很大进步，而它的产品在数量与品种上增加很多的时候，如果每一个公民，都有可能从社会所需要的生产事业，被征入伍保卫国家，那将是莫大的不便。在这时候，土地耕种者不但为着他自己及其家庭的粮食而工作，还为着许多其他人的粮食而工作，这些人或是和他共分产品的土地所有者，或是供给他以不可缺少的物品的商人与制造者。他因此必须耕种更大土地，必须轮栽作物，必须豢养更多牲畜，必须采用更复杂的耕作方法，这样他在播种与收获这两个时间之间，没有片刻闲暇。[①]

商人与制造者更不能白费他们的时间与才能。为要获得生活之资，他们除休息时间外，需要把他们的全部时间与才能不断用在生产方面。

毫无疑问，出租耕地的地主可不受报酬地充当士兵，在君主国，贵族与绅士在一定程度上，确曾这样做，但大多数这些人，那样惯于养尊处优，那样不容易受需要的刺激去认识和成就伟大事业，那样不热衷于竞争，和那样缺少团体精神，以致他们宁愿牺牲金

① 第二次波斯战争以前的希腊人，和围攻维仪以前的罗马人，经常在农隙时间进行军事活动。不大注意技艺并完全不注意农业的畎牧民族，像鞑靼人与阿拉伯人那样，在时间上不受什么拘束，能在可得到战利品与牧草的任何地方进行军事冒险。以此之故，阿提拉、成吉思汗与帖木儿，以及摩尔人与土耳其人，都征服了广大地区。

钱，不愿牺牲舒适或生命。这些动机同样支配着资本家。

由于上述原因，大多数现代国家人民，都同意缴纳捐税使国王或共和国能招募雇佣兵或职业兵以防御外来袭击，但雇佣兵或职业兵容易成为他们领袖实现野心或施行暴政的工具。

当战争成为一种职业时，它也从劳动分工得到利益，像一切其他职业那样。人类科学的各个分部都拉来为战争服务。要做卓越或优秀的将军、工兵、副官甚或兵士，非经过长时间训练与不断实践不可。如果一个国家不根据这原则行动，就处于以不完全技术对抗完全技术的劣势。因此，除非举国鼎沸揭竿奋起，否则占优势的总是受过训练的职业军队。虽然土耳其人都说他们基督教邻国的技术毫无足取，但由于害怕灭亡，也不得不学习这些国家的战争技术。所有欧洲强国都被迫采用普鲁士战术。当法国在革命的激烈战斗中征用一切科学技术为战争服务时，法国的敌人也不得不仿照这榜样。

战争这样广泛应用科学，以及采用这么多新工具与动用更广大资源，使得战争的代价现在比从前大得多。现今需要预先给军队准备至少等于一个战役所消费的武器、弹药、粮秣、军械等。火药的发明导致更复杂与更昂贵武器的使用，这些武器特别是野战列炮与攻城列炮的运输费用非常可观。不但如此，海军战术的极大改善，以及不同种类与不同构造的船舰的使用，都要求人们发挥极度的才能与劳动。造船厂、船坞、机器、仓库等等，使好战国家在平时与战时几乎要花同样大的费用，并使它们不但要花费大部分收入，而且要把大量资本投在军事企业。此外，应该指出，现代殖民制度，就是在世界遥远地方对某些城市或省保持宗主权制度，使欧洲国家很容易在最遥远地区受到袭击。当主要强国是交战国时，整个世界就成为战场。[①]

因此，财富像勇敢那样，成为现代战争不可缺少的因素，而穷困国家将不能抵御富裕国家。因为财富只能得自勤俭，所以我们可这样说，由于不良政治或沉重赋税而农业、工业与商业弄得没落的国家，必定受它的节俭邻国的奴役。我们可进一步说，自今以后，国力和国家的科学与文明将成为分不开的伙伴，因为只有文明国家才能维持巨大常备军。我们有理由相信，历史上常常发生的文明帝国被野蛮民族突然推翻的事实，将来不会再发生。

一个国家为进行战争而花的费用，超过战争实际费用。此外，战争使这个国家失去它本来可获取的利得。

当路易十四在1672年，由于一时愤激，为着荷兰记者对他的不逊而决定惩罚荷兰人时，荷兰人使波里尔向路易十四提出备忘录说，法国通过荷兰每年卖给外国的法国产品达六千万法郎——这是按当时价格计算，如果按现今价格，便值一万万二千万法郎左右。但法国宫廷认为，波里尔大使所说只是空言恫吓。

最后一句话，如果我们不考虑战争所造成的破坏，我们就不能正确估计战争费用，因为交战国中，成为战场的那一个国家土地，无论如何总要遭到蹂躏。一个国家越勤奋，所遭受的损害越大。当战争进入一个充满农田、工厂和商店的地区时，好比火烧到充满可燃物的地方，火势越来越猛，破坏是非常巨大的。斯密把士兵称

① 据计算，当大不列颠前一次和美洲作战时，每一个士兵送往战场的费用，比在欧洲大陆费用多两倍。由于远距离，其他军费也必定按同一比例增加。

为非生产性工人。如果他只是如此，而不是破坏性工人，那多好啊！他不但没用自己产品[①]增加总财富，以报答他所消费的生活必需品，而且往往于己无益地破坏别人的劳动果实。

知识的缓慢但不可抗拒的进展，也许会使对外政治关系发生更进一步的变化，因而将大大节省旨在进行战争的费用。各个民族将了解，相互战争对他们实际上没有利益，他们必然要遭受战败所带来的灾难，而战胜的好处全是空中楼阁。按照现今国际惯例，战败国一定要接受战胜国的苛刻要求，而战胜国国民一定也要向政府缴纳重税，因为借款的利息必须从课税筹措。历史上没有由于战争大胜而国家费用减少的事例。而且，战争所带来的荣耀，只是代价非常高的没有实用的东西，绝不能使有理性的人在长时间感到高兴，这种荣耀算是什么呢？当人们普遍了解，陆海统治的好处全归统治者所有，而一般人民得不到什么利益时，陆海统治也将失去吸引力。就私人说，最大的利益，在于完全自由来往，而这个利益只在和平时期才享受得到。各民族按照天性，本来倾向于和睦相处。如果他们的政府，从中作梗并掀起战争，它们这样做，不但违反交战国人民利益，而且违反自己人民利益。如果它们的人民愚蠢地附和统治者这种破坏性很大的狂妄举动，这样的愚蠢与荒谬行为，和那些受过战斗训练的野兽的自相残杀，以博野蛮主子欢笑的愚蠢与荒谬行为，有什么区别呢？

但是，人类知识不会停滞不进，过去使它向前发展的推进力，

① 上面的话说得过于笼统。在只能使用职业兵防御外来攻击的地方，士兵是生产因素，因为他生产无形产品，即防御外来攻击。在某种情况下，什么都没比这产品更有价值。——英译本注

将继续使它更进一步发展。[①] 由于国家战争费用大大增加，今后的政府非得到国民同意——明白表示同意或默认——不能进行战争，而国民越普遍认识到他们的实际利益，这种同意就越难得到。国家军事设备将减到仅仅足够抵御外来攻击的程度，所需要的只是少数经过长期训练与实践的军队，如马兵和炮兵。此外，国家将依赖它们的民兵与优良政制，因为人民如果全体一致地忠诚于他们国家的典章制度，这样的人民就几乎无法征服，而他们忠诚的程度，总是和他们由于变更统治所可能遭受的损失的大小相称。[②]

公共教育费用

政治经济学曾经提出两个问题：1. 公众是否对一切科学的研究都有兴趣？2. 公众有兴趣研究的那些科学部门的教育费用，是否需要公众担负？

不论人在社会的地位是怎样，他总是不断依靠动物界、植物界和矿物界。他的粮食，他的衣服，他的医药，他在工作上或娱乐上所使用的每个物品，都受到固定规律的支配。这些规律懂得越清楚，社会就得到越多利益。每一个人，从一般木工或泥工，一直到

① 那些不承认人类理智的递进作用的人，必定没有很好地研究历史。战争中的不义与残酷行动，在欧洲特别在欧洲最文明国家之间，已大大减少，但在亚洲或美洲还没大大减少。晚近发生的一些战争激起了人民那么大的愤怒，以致这些战争的策划者自食恶果。

② 我在这里说到文明时代的唯一可靠的依赖。不会由于变更统治而遭受什么损失的人民，也可能非常英勇地保卫自己。回教徒将为不值得保卫的一个国王或一个信条，猝然参加破坏性战争。但政治或宗教偏见迟早总会消灭，人类将寻找一个更合理的专心致力的目标。

一气写成国家农业、畜牧、采矿与商业计划的内阁总理，越了解事物本质，越能分辨事物，工作就搞得越好。

由于这个原因，随着科学的每一个进展而来的，是社会幸福的增进。杠杆的新应用，水力或风力的新应用，甚或减少物体摩擦的方法的应用，可能对二十个不同技术产生影响。如果明智地采用基于数学原理的度量衡统一办法，整个商业界将受到裨益。天文学或地质学的一个重要发现，可能提供在海上精确确定经度的方法，这对全世界的航行有很大利益。新的植物种类在欧洲的移植，可能对千百万人民的舒适产生影响。①

公众的利益，在于增进或促进许多种类的理论科学与实践科学。侥幸得很，在这些种类中，很多是个人有兴趣研究的，因而无须由公众负担教育费用。私利强烈地驱使各产业部门的冒险者学习业务以及和业务有关的东西。工匠在学徒期间，除学得手艺外，还学懂非在厂坊不能学到的种种概念或观念，而他所学得的东西，只能从薪水得到报酬。

但每一种对个人有利益的知识，并不是都同样对公众有利益。我在上面论到②科学家利润时，曾经说明他的才能为什么没得到适当报酬的原因，但理论知识和实际知识对社会同样有用，因为理论家如果没有发现并保存科学，怎能应用科学给人类谋实际福利呢？科学将很快蜕化为仅仅机械习惯，这种习惯不久必然衰退，而

① 新西兰的亚麻，在纤维的长度与细度，以及在产量，比欧洲的亚麻好得多。如果在欧洲移植新西兰亚麻能获得成功，像所预期那样，就可按现今最粗亚麻布价格生产细亚麻布，大大促进下等阶级的清洁与健康。

② 参阅本书第二篇第七章第二节。

技艺的没落就使社会回到愚蠢与野蛮状态。

所有能够意识到扩大人类才能的利益的国家都认为，维持那些不仅作为科学与最有效教育方式的宝库，而且作为更进一步扩大科学的手段的学会与学术机关，以及有限数目的最高学府，并不是浪费行为。但必须善于管理这些机构，使它们不阻碍知识的发展，而促进知识的发展；不成为改良教育的障碍，而成为改良教育的途径。大家知道，早在法国革命发生以前，由于缺少良好管理，大多数法国大学办得和创办人的意旨背道而驰。所有重要发现，都是在大学以外的地方发生，而大多数这些发现还需对抗这些大学对年青一代的影响以及它们所得到的政府当局的信任。[①][②]

由此可见，把便宜行事的权力交给那些大学，是多么危险。如

① 在拿破仑时代，所谓大学是更有害的机构。事实上，它是最靡费而又最招人怨的机关，因为它用那些旨在使政治奴役永久化的主张替代正确的事物概念，以败坏年青一代的智能。

② 杜格耳德·斯图亚特说："人们主要是在解决他们所想起的问题或解决他们营业上的问题时，发生无定向的联想，因而走入歧途。在这些联想中，不知有多少是由虚妄的宗教制度、暴虐的政治组织和荒谬的教育计划而产生的啊！其结果，前代的物理学与数学的发现，像一块一块天然纯金似的出现在历史家面前，而我们所要探讨的真理却好比铁。虽然在所有金属中，铁是最需要并最广泛散布的一个，但通常需要有辨别力的人去发现它的存在，而从原矿炼铁是个既需要细致又需要时间的工作过程。"

"上述情况，也使伦理科学与政治科学的进展，不像数学家或化学家的发现那么有力地动人视听。根深蒂固的偏见和无定向的联想，像难兄难弟结合在一起，当根除后者而前者跟着消灭时，人类智能所受到的新刺激是多么有力啊！但是，获得这个结果的过程，却是多么缓慢和多么沉默啊！诚然，要不是由于某些有学问作家随时计量进展速度，我们几乎不相信，人类的理智是向前发展的。就这一点说，欧洲一些地方的宗教机构与学术机构，对于人类思想历史学家并不是无用。这些机构，由于锚链的牢固和镇锚的沉重，屹立不动地停泊在原停泊地，这样就使人类思想历史家能够衡量其余世界的思想潮流的速度。"参阅斯图亚特《论文集》序言，第 28 页，波士顿版。——美国原书编者

果审查一个候选人，就不应该向他的原来教师调查，因为这些教师是鉴定人，又是利害关系人，必然认为自己学生好，别人不好。成为决定因素的，应该只是候选人的真正价值，不应该是学习地方，也不应该是实习期间的长短。硬要一个念科学的学生，例如念医学的学生，在某一地方学习，可能使他失去在其他地方学得更好的机会；规定任何固定的学习程序，就使他不能自己选择更短捷的途径。此外，在这样植党营私的社会，决定相对价值，很难做到公正。

可以十分稳妥地鼓励一个有很大效果的教育方式。我所说的是指好的初级[①]书籍的编写。这种好书籍所得的名誉与利润，不能补偿编写这种书籍所需要的劳动、科学研究与技巧。[②] 在自然利润和公众所得利益那么不相称的条件下，愿意在这方面给社会服务的人，必定是个傻瓜。非到公众肯出高的代价，足够引诱第一流作家编写好的初级书籍，这种书籍的需要绝不能得到完全的满足。雇用某些人编写是不行的，因为有最大才能的人不一定做得最成功。授予特定奖金也不行，因为奖金往往授给很不完善的作品，而且奖金一经授给，鼓励便停止作用。但是这种书籍的报酬，应当和它的价值程度相称，并且应当从丰。这样，在一本好书刊行之后，必定有另一本更好的书问世，一直到每一类这种书籍最后达到尽善尽美为止。我应该顺便指出，丰厚地报酬有价值书籍，并不

① 我认为，这个项目应包括各部门知识的基础部分，适合于各种职业的一般学识，就是以低代价把各种技艺的一般原理传授给制帽工人、翻砂工人、陶工、染工等。这种书籍使实践知识与理论知识不断保持接触，并使它们能够互相利用彼此的经验。

② 只在这类书籍没有很大需要的地方，才有这个情况。在英国，对作家来说教育书籍也许是生最大利润的一种。——英译本注

会花很大费用，因为这种书籍必定极少，而且对个人来说是一笔大的款项，对国家说来却是微不足道。

以上是最能增进国家财富的教育，如果得不到公众的一定程度的支持，很可能倒退。此外，还有其他关于淳风正俗所不可缺少的教育，更需要公众的支持。

当手工达到高度的发展，劳动实行普遍与精细分工时，最下层劳工阶级的工作便简化为一两种操作，这些操作多半很平易，而且是不断重复。他们的思想与注意力集中在这些操作，很少有新的或意料不到的事件使他们的思想与注意力转向其他方面。他们既然很少运用智能，或从来没有运用智能，他们的智能必然退化，变得像禽兽一样。因此，他们不能说一两句与本行无关的有常识的话，他们完全没有广大思想或高尚概念。高尚思想产生自对人和对事物的广泛观察，不懂事物的一般联系的人，不可能有高尚思想。一个勤苦工匠，不会了解神圣财产权与社会繁荣的关系，不能设想他能比他的富裕邻人对社会繁荣有更大兴趣，而却把这些主要利益看作对他权利与幸福的侵害。要使他的头脑开通起来，了解这些概念，并成为更好的父亲、丈夫、兄弟或公民，就需要有一定程度的教育，阅读能力，一面工作一面思维的能力，以及跟他同伴的来往。

但在庞大的国家生产机构，体力劳动者由于所处的位置，除糊口之资外，很少有其他收入，甚至没有其他收入。他至多只能抚养子女，培养他们从事一种职业，我们不能希望他给子女以社会幸福所需要的教育。如果社会要从劳工阶级的更多知识与更多智慧得到利益，社会就必须负担教育费用。

要达到这个目的，可设立小学教人读书、写字和算术。读书、写字和算术是一切知识的基础，而就下层阶级的文化说，有此三者就很够了。事实上，除非一个国家的一般人民都受到这三方面的教育，否则这个国家不能称为文明国家，因而不能享有文明的利益。在还没达到这个程度之前，一个国家只能算是半开化国家。我们可这样说而不会错，单单借着这些利器的帮助，有卓越天才或有超越思想的人，就不会长久泯没无闻，不会无从表现他的天才，给社会带来无限大的利益。仅仅阅读能力就使一个人能以几苏代价，看到杰出人物对于他的才干所倾向的那一方面所说的话或所做的事。妇女也应该受初等教育，因为社会对她们的文化同样有兴趣。的确，她们是年青一代的最早教师，而且往往是年青一代的唯一教师。

如果自称为有教养和有文化的那些欧洲国家政府，忽视教育事业，把大多数人民的愚昧置若罔闻，那就更不可宽恕。因为，进步的相互教育方法已经试验完全成功，这个方法提供了在下层阶级中间普遍传授知识的一个现成和最经济方法。①

① 按照兰卡斯特所倡用而后来由其他教师弄成完备的新方法，一个教员只需为数不多的书籍纸笔，就能迅速地和有效地把读书、写字与一般算术同时授给五六百学生。这方法所以能产生真正经济效果，是因为它善于利用学生智慧高低和人类所固有的争胜动机。一个大的学校通常分为好几个班，每班由八个程度尽可能相同的儿童组成，并由一个略比其他优秀的儿童叫做小先生任教。这些班又分为八个级，最低级学习字母发音，并在铺沙的平板上用手指简陋地习写字母；最高级能够在纸上写字，并能演算算术四则问题。每一班儿童按他们的进度来分，一个不能答复问题的学生马上改编，由另一个较灵敏的学生补充。当一个学生修毕一级时，他就升到高一级。学生有时坐着有时站着受课，石板拴在壁上。这样，教育总是和儿童的年龄与能力相适应，必能引起儿童的注意、满足他的兴趣并给他机会来作儿童身体所必须有的个人活动。上述一切只在一个房子进行，往往只有一个男教员或女教员监督。这个方法的普遍采用，也许将在一个时间内受到风俗与偏见的反对，但它的效用和符合事理，势必使它风行。

因此，只初级科学与理论科学，即最低级知识与最高级知识，不这么自然而然地得到人的赞助，不这么受到需要的竞争的刺激，必须由目的在于照顾公共利益的政府当局给予支持。个人并不是对赞助与促进这些知识部门不像对其他知识部门那样有兴趣，而是对这些知识部门不像对其他知识部门那样有直接兴趣。这些知识部门的不存在并不引起即时的或明显的损失。一个繁荣帝国可能倒退到未开化边缘，而它的人民还不觉察造成它的衰退的原因。

读者不要认为，我对那些目的在于传授上面所提到的以外的知识的公共教育机构有所不满。我只企图说明，什么知识部门由国家以国库支付教育费用才是明智和符合它的利益。每一种基于事实与经验而不基于武断见解或武断说法的知识的传布，每一种能够增进鉴赏力与理解力的教导，都有其好处，因而旨在普及这种教育的机构，对社会都有裨益。然而必须注意，不应当促进一门知识，而使另一门知识受到阻抑，这就是社会给予奖励通常所产生的坏影响。当同样的教育可以免费获得时，它也许是从质量较差的教师得到。私人教师或私立学校因此得不到适当报酬，于是就有庸才替代天才和私人努力受到阻抑的危险，而私人努力正是国家资源所从以得到莫大利益的泉源。

在我看来，唯一不容许以公费传授的科学，乃是伦理科学，伦理科学或可看作纯凭观察的科学，或可看作属于道理的科学。前者是关于道德品质的知识，以及依存于人的意志的各事件的联系的知识。它是研究人的科学的一部分，而研究人，最好是通过人与人之间的交际与来往。后者是一系列格言与教训，对人的行动没有什么影响。在社会生活与私人生活的关系上，人的行动的最好指导乃是良好法律、良好教育与良好榜样。[①]

美德与良好品行的唯一有效鼓励乃是每一个人对于物色并雇用有良好品行的人都有利害关系。就是生活完全不依靠别人的人，也需要有一些其他东西使他们感觉愉快，即同类的普遍尊重与信仰。要取得这些，至少要装作具有值得尊重与信仰的品性。而自己取得这些品性，比鼓励人去取得这些品性容易得多。君主或统治者对国家习尚的影响非常的大，因为他雇用许多人；但他的影响不如个人的影响那么有益，因为他不像私人那么有兴趣只雇用有道德的人。如果这种冷淡态度再加上统治者往往给人民所树立的不道德、不正直与不节约榜样，国民道德的败坏过程便将大大加速。[②] 但一个国家道德上的堕落可通过相反原因的作用来拯救。殖民地多半不是由本国的最可敬佩的阶级组成，但当移居者放弃回国希望并决定在新居地过他们的余生时，他们就逐渐感到获得当地居民的尊重的必要，而殖民地人民的德行于是很快改善。我所说的德行是指一系列一般行动。

以上是对国家道德起积极作用的因素。除这些外，还必须加上一般教育的影响。一般教育使人们觉悟他们的真正利益所在，并对他们的性情起陶冶作用。

---

① 关于逻辑，我也想这样说。如果所教授的都是和真理与良知相符合的东西，条理自会随之而来。如果一个人的思想或概念是不正确或错误的，什么教育也不能使他成为好的推论家。要是他有正确概念作为基础，就不需要教他怎样才推论得好。要获得事物的正确概念，只能通过仔细的观察，考虑和事物有关的各方面，而不考虑和事物无关的方面。这是一切知识的目的，不仅仅是逻辑的目的。

② 一个不道德国王的坏榜样，为害最大。举世都知这个坏榜样，而政府当局却保护它并鼓励它。曲意奉承的廷臣，由于上有所好，必然盲从竞效。

严格地说,宗教教育应由各个宗教团体分担。每一个宗教团体以为其他宗教团体的意见是异端邪说,因此帮助宣传它认为如果不是邪恶也必定是谬误的东西,当然会引起它的反感。[①]

公共慈善机关费用

个人危难有否权利要求社会救济,是个众说纷纭莫衷一是的问题。我认为,除非个人危难是现有社会制度的不可避免的结果,否则没有权利要求社会救济。如果残废与穷困是社会制度的结果,那么在社会制度确不能提供预防或疗治方法的条件下,残废与穷困有权利要求社会救济。但在这里讨论权利问题就是扯到题外,我们所需要做的,只是讨论慈善机关的性质及其结果。

当社会以公费设立任何慈善机构时,它就成为一种储蓄银行,每一个成员把他的一部分收入贡献给它,以便遇有意外事故或不幸事故时,有权利向它要求救济。有钱的人普遍都有这个想法,以为他们不会需要社会的救济,但他们别过于自信吧。谁都不能确定会长久走红运,像能够确定将一生潦倒或一生残废那样。前者可能离开他,而后者却是永久的伴侣。只要知道好运不能持久,就会担忧有福去祸来的一天。我们只要看看我们的周围,就能找到许多事例来证明这个忧惧是有根据的。很多人遇到不幸事故,但

① 上面的说法会导致一个议论纷纭的问题,即国教是否适宜的问题。我们犯不着详述这问题,所需要说的只是,正如一个国家道德的增进使民政机构的职责逐渐变得不像从前那么繁杂和那么需要,知识的增进使说教坛的教训变得不像从前那么有效和那么必要。由于牧师们被解除了大部分工作,国家应当在其他方面使用他们,例如指派小学教员职务,使他们担任普及教育工作,或应当减少他们的数目与薪俸,以适应减低的效用。因为,从前已经说过,教会只不过是个民政机构。——英译本注

对于这些事故，他们从前连想也没想到。

由于疯人院、济贫院、养老院与育婴院部分减除穷困阶级对于必须依靠他们的那些人的生活维持费，因而使人口能够快一些增加，所以这些机构当然倾向于稍稍抑低劳工工资。如果这些机构增多能够容纳所有本来要由那些阶级照顾的病人、老年人与婴孩，那么他们将只养活自己，而他们的工资将进一步降低。如果这些机构完全废除，劳工工资就会稍稍增加，但不够维持那么大的劳工人口，像在这些机构的帮助下能够维持那样，因为劳力价格一经增加，劳力的需求就将减少。

从以上两个极端假设，我们能够估量所有国家对于救济穷困所作一定努力的结果，并能够看出危难与救济不断一同增加但不以完全相同比例增加的原因。

大多数国家采用折中办法，只对一部分由于年老、年幼或偶然得病而弄得无依无靠的人给予救济。对于其余，它们企图通过以下两个办法摆脱他们：(1)对申请者加以某种限制，即限定年龄，限定某种疾病，甚或完全取决于私人关系或情面；(2)严密限制救济的范围，对申请者提出苛刻条件，或使接受救济带有一定程度的不体面。①

上述弊病，没在残废士兵与水兵收容所发生过。收容条件是那么明显，凡具有条件的人不能拒而不纳。这种机构尽管设备舒

① 在巴黎，残废收容所、疯人院、圣路易、普济院和许多其他机构，施行第一种限制，而主要施诊医院、精神病院、养老院与妇女精神病院及弃儿教养院，则施行第二种限制。由于有资格申请上述第一种救济机构收容的人数，总是超过它们所能容纳的数目，最终只得凭私情或私人关系选定收容者。

适，但绝不会使申请人数有所增加。住在这种公共收容所的人所得到的照顾与舒适，和他们同阶级人在家里所得的照顾与舒适不相上下，他们安安静静地在那边休养，有的甚至还可满足老年人的爱好，因此毫无疑问，在这种情况下，费用必定稍稍增加，就是说，必定增加到和生命延长相称的程度——如果他们没被收容，可能由于穷困而不能享其天年。但这是费用的增加的最大限度，凡有爱国心与人道思想的人绝不会吝惜这项费用。[①]

在美国、荷兰、德国与法国迅速增长的工艺所，是极好的慈善机关。这些工艺所的目的，在于对所有健康的人，按照他们各别的能力，给予相当工作：一些工艺所收容任何失业工人，只要他们愿意申请，就加以容纳；另一些工艺所是一种感化院，拘留流浪者、乞丐与罪犯，要他们在一定期间做工。有的时候，罪人要在拘禁期间做他们职业的苦工，这样就可免负监狱的全部或部分经费，并可矫正罪人品行，使他们成为对社会有益的人，不成为害群之马。

的确，这些机构几乎不能列入公共支出项目，因为当它们的生产等于它们的消费时，它们就不再成为任何人的负担。在人口稠密的地方，这些机构所带来的利益非常大，因为在许许多多职业中，总有一些难免处于暂时休止状态。商业的不断变动，新方法的采用，资金从生产事业的撤出，失火或其他意外灾难，都可能使许多人失业。就是最有本领的人，也可能由于非他自己过失而陷于

① 但是，给予他们固定收入使在自己家里过活，或把他们寄膳在私人家庭，对国家及其所扶养的人是否更有利，这很值得考虑。按照一心一意为公益而积极筹划的圣皮耶神父的估计，在巴黎费用浩大的机构维持残废兵士生活费用，比在他们自己家庭维持生活费用多三倍。（《政治年鉴》，第 209 页）

极度穷困。在这些机构，他至少能获得生活之资，即使不能搞自己擅长的职业，也可搞类似的职业。

这些机构的最大阻碍，是需要支出大量资本。它们是冒险生产事业，因此必须备有各种工具、器械与机器以及各种原材料。在它们可以说能够维持自己以前，它们必须赚得足够的钱，支付所投入的资本的利息与经常费用。

这些机构无代价地受到政府供给资本与房屋，以及许多其他帮助，如果在另一方面没存在着某些特殊不利情况，它们就妨害私营企业。它们所生产的东西必须和被收容者的衰弱身体与低劣技能相适应，而不能生产有最大需要的物品。此外，大多数这些机构都有这个规定，要把工人工资或收入的三分之一或四分之一储蓄起来，于工人离开这些机构时给他作为经营资本，这不但是个很好的未雨绸缪办法，而且产生一个好结果，即无法利用这样廉宜的劳工从事经营，使竞争者在市场中不能立足。

虽然监督与管理公共慈善机关所附带的荣誉，一般能够吸引社会上有钱与有地位的人愿意无报酬地服务，但当职务变得繁重时，不受酬的管理人往往马虎了事。把巴黎所有医院统交一个人总管，大概不是明智办法。在伦敦，医院分开管理，结果办得更周到、更经济。由于分开管理，各医院管理人之间就掀起了可嘉尚的竞争，提供另一个证据，证明公务管理可应用竞争方法，并可从这方法得到利益。

公共大建筑物与土木工程费用

我不打算在这里列举公众所需要的各种公用土木建筑物，而只打算订立一些关于估算国家公共建筑费用的一般规则。要相当准确地估计公众从公用建筑物所得的利益，往往无法做到。一个城市居民从公共花园或散步场所得的利益或愉快，我们要怎样计算呢？在人口稠密城市的狭窄和拥挤街道的附近，在树荫之下或满目青翠的草场上，居民有个可以呼吸新鲜空气、休憩或运动的地方，学童也可在那里嬉戏，这确是利益，但不能精确估计这利益是多少。

可是，它的费用总额却能够确定或估计出来。每一个公共土木工程或建筑物的费用包括：

1. 土木工事或建筑物所占的土地的租金，这等于租户要给予地主的租金。

2. 所花费的建造资本的利息。

3. 每年维持费。

在这些项目中，有时可节减一两项。当建筑物所占的土地不能从购买者或租户得到什么东西时，公众就无须担负租金性质的费用，因为这地点如果没有兴建土木，也得不到租金。例如，桥梁的费用，除所花的建造资本的利息与每年维修费外，没有其他。如果听任桥梁朽烂，公众每年就消费所投入资本的作用（作用按所花费的款项的利息计算），另外还逐渐消费资本本身，因为桥梁不能通行，不但失去资本的作用或租金，而且也失去资本。

假定荷兰一个堰堤的最初费用是十万法郎，每年利息费用，按五厘计算，将是五千法郎。如果还需要维持费三千法郎，每年总费用将达到八千法郎。

同样的计算方法，可适用于公路与运河。如果公路的宽度超过需要，每年就损失它所占的多余土地的租金，此外还损失附加的额外维修费用。许多巴黎近郊公路宽一百八十尺,包括两边没有铺石部分。其实,六十尺宽的公路,完全足够使用,即作为通向大都会的公路也足够堂皇,多余部分只是没有用处的壮丽。我委实不知道它可否叫做壮丽,因为这些宽大道路的两边,一年的大部分时间不能通行,而道路中央的铺石路面又很狭窄,这不但给我们民族的慷慨大方留下污点,也给我们民族的判断力与鉴赏力留下污点。看到空间那么大的糟蹋,尤其是看到它保养得那么坏,不得不感到不愉快。这似乎是,有建造宏大公路的愿望,但没有保持整齐与平坦的方法,好像意大利贵族的宏大公馆从来没有打扫那样。

但是,在我所说的公路的两边,有一百二十尺的空间可复用于耕种,就是说每三英里有五十法亩可复用于耕种。如果你把多余土地的租金,花在最初费用与建造费用的款项的利息,以及每年所花的保养不必要的空间的相当可观费用(但保养得很不好)加在一起,你就可知道,法国每年要花多少钱来维持为着虚荣而建造的过于宽大的公路。这些公路比通常大一半,而它们所通向的道路,又过于狭窄,比通常窄四分之三。[①]

即在公路与运河办得很得宜、很经济的国家,公路与运河也是费用很大的公共土木工事。但它们所提供的利益大抵远远超过它们的费用。读者参阅上面所说关于单单由于甲乙两地之间的运输便利所产生的价值,[②]以及生产费用节省多少消费者利益便增加

① 虽然法国大公路浪费那么多空间,但它们没有四季可通行的铺石或铺石子人行道,也没有供行人休息的石椅、暂时躲避风雨的场所或止渴的蓄水器。增添这些设备,并不会花很大费用。

② 参阅本书第一篇第九章。

多少这个一般规律，就可相信以上的话。[①] 如果我们计算，一年中通过任何一条公路的一切物品在这公路不存在的假设下的运费，并把它和在现今情况下的最高运费相比较，那么这两者的差额，就是那些物品消费者所得的利益与社会所得的确实的、纯粹的净利润。[②]

运河裨益更大，因为运河所节省的运费更多。[③]

没有效用的公共建筑物，如宫殿、凯旋门、纪念柱等等，是国家的奢侈品，它们和私人为着炫耀而购买的奢侈品是同样难于辩护。它们对国王或人民的虚荣所提供的无意识的满足，绝对抵不过它们的费用，以及它们所常常引起的苦难。

第七章　对公共消费有实际贡献的人

在极少数场合下，有部分公共消费品，由私人供应。我们可偶

① 参阅本书第二篇第三章。

② 如果说公路若不存在，运输费用就不会像这里所说的那么巨大，因为运输要是没有发生，人民不用运输的物品也过得日子，这种说法将是奇怪的闪避争论的方法。由于缺少购买手段而这样克己自制，是贫穷的例证，而不是富裕的例证。无论哪一种物品，如果消费者由于上述原因不能购置，那么就这物品说，他的贫穷便达于极点。另一方面，无论哪一种物品的价格或价值越降低，就这物品说他变得越富裕。

③ 有一天，也许将在各市镇之间建造铁路来替代运河。铁路所节省的运输费用大抵会超过巨大建造费用的利息。除行驶快速外，还能减除旅客与货物在他种道路上所受到的猛烈震动。但只在资本充足而政府行动能使冒险者坚信定可获得冒险利润的国家，才能进行这个宏大事业。

尔看到，私人出资在自己土地上建造道路、医院或公园的豪爽行为。在古代，这种事例比现今多，但不这么值得称赞。古代人的私有财富，往往是在本国或本省掠夺与蛮干的结果，或是以同胞的血换来的敌国战利品。在现代，虽有时也发生过这种情况，但在大多数情况下，私人财富是勤俭的结果。在英国，在许多机构，由私人出资创办与维持，但这些创办人与维持人的大部分财产是从勤劳获得的。抛弃从长久的辛勤与克己而获得的财产，比抛弃从偶然的好运或从侥幸的蛮干行为而取得的财产，需要更大的豁达风度。

在古代罗马，有一部分公共消费品，直接由战败国供应。在那时候，战败国必须向战胜国进贡，供后者消费。

在大多数现代国家[①]，有一些归国家或归所属的市镇乡村所有的土地财产，这些财产有的出租给人，有的由国家直接占有。在法国，大多数耕牧公地及其附属物，都是租给私人，政府只保留国家森林，由它的人员直接管理。这些财产的全部产品成为国家资源清单中的一个重要项目。

但这些资源主要是由向人民征收的租税组成。这些租税，有时是全国性的，就是向全国征收，缴交中央金库，以支付全国公共费用，有时是地方性的，就是向各州各省居民征收，缴交地方金库，以支付地方费用。

国家的费用应当来自从它得到满足的人，这是公平的原则。因此，如果某些国家各阶层人民所缴纳的租税都和他们从国家费用所得的利益相称，这些国家必定是管理最好的国家。

① 和在多数古代国家。——英译本注

国家每一个人和每一个阶级，都受到中央行政机构，或者中央政府的利益。同样地，他们也受到国家军事机构所提供的保卫的利益，原因是，各省很难防御外来的攻击。如果敌人占据国都，他们就能威压并控制各省，把法律强加在他们军队没有进入的地区，并任意处置那些甚至没有看到敌人脸孔的人的生命与财产。由于同一原因，堡垒、军械厂和外交使节的费用，也应当由全国负担。

虽然司法行政所提供的安全与利益，在更大程度上，属于地方性质，但司法行政的经费，似乎应该列为全国费用项目。当波尔多行政司法长官公署逮捕并审判犯人时，整个法国的国内公安毫无疑问有所增进。有了行政司法长官公署费用，必然就有监狱与法院费用。斯密提出意见说，民事审判费用，应当由涉讼两方支付。如果法官是诉讼关系人遴选，而不由政府可能只从一些被认为有知识与有道德的人中选任，上述办法就比在目前情况下更可实施。那么，法官将成为仲裁人或一种公正陪审员，可按诉讼案件的性质给予相当报酬，不计诉讼期间长短。这样，法官明显地就有兴趣，简化诉讼手续，节省自己时间与烦劳，以及通过公正审判吸引生意。①

但地方行政与地方公用机关、教育机关、慈善机关或娱乐场

① 从上节所说，我们的作家似乎变为斯密关于民事审判意见的赞同者，而他在本书的前几个版本，却对这一点表示异议。虽然在诉讼两方都急于结案的情况下，仲裁是良好解决方法，而且是常常使用与应当提倡的方法，但很明显，对于顽强或倔强的人，必须由法庭作强制的裁判。并且，由于人身与财产的安全是社会制度的主要目标，所以由公家出费制止或阻止个别侵犯事件是完全正当的。就严格的公正说，应当责令侵犯者以讼费、罚款、赔偿金或其他形式赔偿所有损害。事实上他已经这样做，或应当这样做。但是，受害者除必须垫付证人与代理人费用，冒着即使最后胜诉而侵犯者可能无力偿还的危险外，还要负担司法机关的一部分开支，以致不敢提出权利要求，这是不公正的。——英译本注

所，似乎专给它们所在地带来利益，所以它们的费用，应当归当地人民负担，像大多数国家所做那样。不过，整个国家也从好的省政府或省机关得到好处。外人也可进入该地区的公共场所、图书馆、学校、散步场和医院，但毫无疑问，主要利益是归附近人民享受。

把地方收支留给地方当局管理，是很经济的方法。在官吏是由出钱人委派的地方，尤其如此。当钱款是在捐助并希望从其获得利益的人的监视下花费时，浪费情况势必大大减少。此外，所花的费用，也必定和所预期的利益更相称。当我们走过道路不平、环境龌龊的一个城市或乡镇，或看到处于颓圮状态的一个运河或港口时，我们十之八九会下结论说，拨作这些用途的款项的管理官员必定没住在这地方。

就这方面说，小的国家比大的国家有利。前者对公用事业与娱乐设备花较少费用得到较大享受，因为它们近在咫尺，能够细心察看拨作这些用途的款项是否使用得当。

第八章　课税

第一节　各种课税的一般影响

所谓课税，是指一部分国民产品从个人之手转到政府之手，以支付公共费用或供公共消费。不论它具有什么名称，赋税，捐献，租税，国产税，关税，援助，经国会允许抽征以供国王国务需要的特别税[①]，捐助或自由馈赠，它实际上都是政府在某一时候加在个人或团体上的负担，以应付政府认为应由人民出钱的消费。按字面的意思，它就是税。

研究课税权归什么人所有或应归什么人所有，不属本书范围。在政治经济科学，必须把课税看作事实问题，而不把它看作权利问题。这里，所研究的只是赋税的性质、赋税所吸收的价值的来源以及赋税对国家与个人利益的影响。这个科学的范围以这些为限。

课税的目的物，不是纳税人交给收税人的实际货物，而是这货物的价值。租税以银币、以货物或以个人劳务缴纳，只是一种偶然情况，或对人民有利，或对君主有利。重要之点，是这银币、这货物或这劳务的价值。价值一经离开纳税人，对他来说价值便损失。价值一被政府或其人员消费，对整个世界来说价值便损失，绝不能再回到社会或再存在于社会。我想当我讨论公共消费的一般结果时，已经论证了这一点。在那里，我曾说明，虽然课税所征收的货币可能归还国民，但它的价值始终没有归还，因为在政府归还该货币时，总要收取等值物作为交换。

上面提到的使非生产性消费不利于再生产的原因，也使课税

① 如果国家有权力通过它的行动使人民只好同意它所课的税，那么所谓课税由人民或其代表同意，究竟有什么用处呢？德洛姆在他的《关于英国宪法的论文》中说，当人民有权拒绝供应国王进行战争所需要的军需品时，国王的作战权便虚有其名。难道我们不可更正确地说，当国王能够造成那样状态使人民必须同意时，人民拒绝供应军需品的权力也是虚有其名吗？英国的各种自由的实际保障，完全依存于出版自由，而出版自由，与其说是基于法令或法院判决，毋宁说是基于国民的习惯与意见。当一国国民立意要获得自由时，他们必定能够自由。建立公民自由的最大障碍，在于缺少自由愿望。

不能促进再生产。课税使生产者失去一个产品，在没缴纳租税的假设下，如果他喜欢非生产性地消费这产品，它就给他带来个人满足，如果他喜欢有利地使用这产品，它就给他生利润。一个产品是生产另一个产品的手段，所以减除一个产品必然使生产力减少，绝不能使生产力增加。

有人说，租税的负担，使各生产阶级不得不加倍努力，因而有助于扩大国家生产。对这个说法，我回答如下：第一，努力非借资本的帮助不能生产，而资本只是租税从人民手里所拿去的累积的产品；第二，很明显，专为应付纳税需要而创造的价值，并不增加财富，因为这些价值都给租税所吞并。说课税对国家财富有贡献，因为它夺去一部分国家产品，或说课税使国家致富，因为它消费一部分国家财富，那是荒谬绝伦的。要不是因为大多数国家奉行这原则，而居心纯正和有学问的作家也企图拥护或证明这原则，那么在这里说到这个谬见就是白费读者时间。[①]

如果我们看到租税负担最重的国家却最富裕，例如大不列颠，于是根据这情况下结论说，这些国家极富，因为租税较重，那么我们就是倒果为因。一个人并不因为慷慨花钱而成为有钱的人，他之所以能够慷慨花钱，是因为他有钱。如果一个人看到富裕邻人

---

① 根据同一论点，有人企图证明，奢侈与非生产性消费刺激生产。可是，奢侈与非生产性消费，为害并不像课税那样的大，因为奢侈与非生产性消费还给个人带来满足，而使用课税作为刺激生产手段，只是要社会加倍努力，目的不在于增加享受，而在于增加痛苦。如果增加的捐税，用于维持错综复杂的、过于庞大的与装饰门面的内政机构，或用于维持多余的或不相称的军事机关，这机关可能耗尽个人财富，夺去优秀青年生命，并破坏和平幸福生活，这难道不是出很高代价换取大祸害，好像它是大利益吗？

手边阔绰，就认为手边阔绰可使他致富，那是滑天下之大稽。很明显，有钱的能够挥霍是因为他有钱，但挥霍绝不能使他致富。

当原因与结果依次相继发生时，它们容易识别，但当它们连在一起和同时发生时，往往混淆起来。

由此可见，虽然课税所征收的款项，如果用得其宜，可能带来好处，而且事实上往往带来好处，但征税行为在开始时总是有害的。好的国王或政府总极力设法，尽量减少课税所加于人民的损害，他们厉行节约，不竭泽而渔，只在绝对必要时向人民课税。严格节约所以成为国王最不常有的美德，是因为朝廷无时无刻都有这样的人，他们的利益在于不实行节约，他们老企图强词夺理地使人相信，华丽增进国家的繁荣，浩大的政府费用对国家有利。本书第三篇的目的，在于揭穿这些主张的荒谬。

另一些人不敢公开提出公共奢侈就是公共利益的主张，但企图通过算术推算证明，人民的负担并不重，能够缴纳更高租税。舒利在他的《回忆录》中说："国王的一系列顾问，为要巴结国王，不断提出筹款新方法。这些人多半是被解除职务的旧官吏，由于在职时惯于营私中饱，所建议的只是榨取民膏民脂的方法，他们企图博取国王称赞，借以取得权位。"①

还有一些人，提出财政计划与所谓增加国王财富而不剥夺人民财富的方法。但是，除非财政计划是纯粹冒险性产业计划，否则不取之于民，或不取之于政府本身，就不能有所获得。生财之道，绝不是像变把戏那样，按一下魔棍就可无中生有。不论工作可弄

① 《回忆录》，第 20 篇。

得那样神秘，不论价值可那样常地变换，只有两个取得价值的方法，即自己创造和向别人拿取。最好的财政计划是尽量少花费，最好的租税是最轻的租税。

如果我们承认这些前提，即课税是向私人提取他们的一部分财产[①]充作公用，课税所征的价值，一从社会成员取去就不归返他们，以及课税就它本身说并不是再生产方法，我们就不能否认这个结论，最好的租税，或更确切地说，为害最少的租税是：

1. 税率最适度的租税；

2. 在最少程度上造成只烦扰纳税人而不增加国库的苦况；

3. 各阶层人民负担公平；

4. 在最少程度上妨害再生产；

5. 有利于国民道德，就是有利于普及对社会有用和有益的习惯。

以上论旨几乎是自明的，但我将逐一简单解说并提出一些意见。

1. 税率最适度的租税。

由于课税事实上剥夺纳税者用以满足个人愿望或用以再生产的产品，所以课税越轻，剥夺必定越少。

横征暴敛产生可悲的结果，使私人陷于穷困而国家并不因此致富。如果我们回忆一下上面所说的话，即每一个纳税人的消费，

① 无须辩驳过去国王关于人民财产的意见。路易十四为教导他的儿子怎样管理政务，曾经写道："国王是专制君主，当然拥有完全地或无限制地处理属于教士或俗人的一切财产的权力。无论在什么时候，在适当考虑到节约与国家一般利益的情况下，都可行使这权力。"《路易十四文集，历史回忆录(1666 年)》。

不论是生产性消费或非生产性消费，总受到他的收入数目的限制，我们就不难了解它之所以然。因此，取去他的一部分收入，不能不按同一比例减少他的消费。这必然减低他不再消费的那些物品的需求，特别是受捐税影响的物品的需求。需求减少，产品的供给必然也减少，因此成为课税对象的物品的供给必然也减少。这样，纳税人的享受减少，生产者的利润减少，国库的收入也减少。①

这就是税率增加而税收并不成比例增加的原因，也就是在财政算术二加二不等于四这句话成为一种格言的原因。过高的税，不论课在必需品或课在奢侈品，都是一种自杀，但有这个区别，就后者说，所消灭的只是一部分产品和它们所提供的满足，而就前者说，所消灭的是生产与消费，以及纳税人本身。

① 在 1789 年以前，在法国实施盐税地区，每一个人的平均年消费量计九磅，而在没有实施盐税地区，消费量为十八磅。见芒西欧：《各种租税的影响》，第 141 页。因此，这种税使征税地区的盐产量减少一半，并使它所能提供的享受减少一半，至于其他害处，例如妨害耕作、畜牧与咸货腌制，人民对盐税征收员的怀恨，因此而发生的犯罪与定罪行为的增加，许多人被处罚做划船苦工，而这些人的劳动与敢作敢为精神本来可用于增加国家财富，这些害处不必细说。

在 1804 年，英国政府把糖税提高百分之二十。本来意料国库在这一方面的收入，将按同一比率增加，即自从前的二百七十七万八千镑增加到三百三十万镑，但事实上税率虽然增加，而税收只达二百五十三万三千镑，反比从前少。见国会议员普鲁安先生在 1817 年 3 月 13 日的演说。

英国人民，本可按比法国略高的价格，消费法国的酒，也许可按一瓶一先令价格，享用没有掺杂、适合卫生与爽心助兴的酒。但这个物品过高的税，把它的输入量与税额减到非常少的程度，所以英国人民从这个税所得的利益，只是他们被剥夺了廉宜与适合卫生的消费品。

李嘉图对本书这一段提出异议，我在上面注释所提到的最后两个例子，足够作为答复。他所提的理由是，课税对总生产没有损害，因为国家本身的消费替代租税所消灭的个人消费。但剥夺个人财富而不增加财富的租税，并没有以任何国家消费替代它所消灭的个人消费。

要不是因为这个原则几乎是自明的，我们得举许多例子，说明意识到真正利益的国家从适度税率所得到的利润。

当杜阁在1775年，把巴黎鲜海鱼营业税与入境税减低一半时，鲜海鱼的生产并没减低。因此，鲜海鱼的消费税必定增加一倍，而渔民和商人的业务与利润也必定增加一倍。由于人口总是随着产品增加而增加，所以消费者人数必定增加，而生产者人数也同样增加。利润的增加，即个人收入的增加，使储蓄增加，因而使资本与户数一同增加，而产量的增加，毫无疑问使其他方面的税收增加。至于政府由于减低国民负担而深得人心，更不必说了。

税务人员或承包商，往往滥用职权，对于解释财政法规的疑点，总是从自己利益出发，有时故意把解释弄得模棱两可，借以浑水摸鱼，结果等于提高税率。① 杜阁采用完全相反的方针，总是对纳税人有利。租税承包人攻击这个新办法，他们宣称，不能完缴认额，只能给政府代收，有什么损失由政府负担。但事实证明他们的预言不正确，因为税收反呈现增加。宽大的税收政策，对生产是那么有利，因而对消费也那么有利，以至从前绝不超过一千零五十五万利弗的收入增加到六千万利弗。如果没有确实证据证明这个增

① 关于这个，保罗在他的《关于立法与行政的各种意见》，曾举出一个显著例子。巴黎的一个大银行家在1817年死去，遗产税和继承税按他的财产总额而不按财产扣除负债后的余额征收，这是根据税收法规的一个但书，按死者的总财产课税，而不按未还债务清偿以后的净余课税。纳税人虚报账目的危险，并不成为充分理由，可逾份课税。

税收部门，一向不预先通知遗嘱执行人或他们的关系人，什么款项应该清还，要到法定时间届满以后，才通知他们，因为它希望他们缴交不按期清还债务的罚款。革命废除了这个苛刻财政办法，但帝国政府又把它恢复，直到现今，还在施行。税务人员除非在一切场合只顾国库利益而不计人民利益，否则没有提升机会。

加，我们几乎不能置信。①

我们从洪博德②得到许多有价值知识。他告诉我们说，1778年以后的十三年中，西班牙对它的美洲属地采取比较宽大政策，结果单单从墨西哥所得的收入，就增加到一亿元。此外，在同一期间，还从墨西哥得到值一千四百五十万元的银。当然，我们可设想，在那些繁荣年份，个人利润必定也相应增加，或说得确切些大大增加，因为个人利润是一切国家收入的来源。

相似行动方针，总会产生相似结果。③ 使自由主义的作家感到高兴的，是他能够用经验证明，中庸政策是最好的政策。④

根据同样的原则，我们可很容易论证，为害最少的租税是：

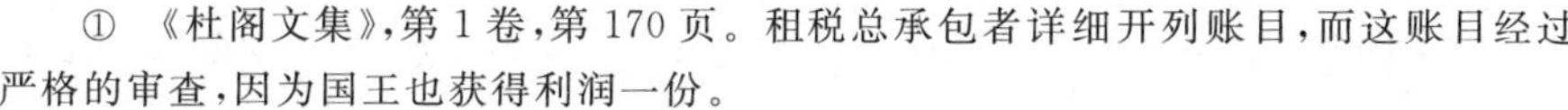

2. 在最少程度上造成只烦扰纳税人而不增加国库的苦况的

① 《杜阁文集》，第1卷，第170页。租税总承包者详细开列账目，而这账目经过严格的审查，因为国王也获得利润一份。

② 《关于新西班牙的政治性论文》，第5篇第12章。

③ 这从兰斯当侯爵1785年致莫里勒神父信中所说的情况得到进一步证实。兰斯当写道："减低茶税的好结果超出所有人的意料。虽然存在着许多不利情况，但销额从五百万镑增加到一千二百万镑。此外，走私大大减少，以至国家收入增到惊人的程度。"

④ 李嘉图在他的《政治经济学与赋税学原理》，反对这学说。他说，由于产业的效果或产品总是和投在产业的资本额相称，因此租税所消灭的一个产业部门的产品，必定有另一个产业部门的产品代替它，因为在一部门失掉使用的劳动与资本当然转向另一部门。对他的话，我回答说，当租税使资本从一个行业转向另一个行业时，它消灭一切由于这个变动而失业的人的收入，并减少社会其他人的收入，因为我们可假定产业先前所选择的途径乃是能生最大利润的途径。我要进一步说，强迫转换方向，将使产业的许多其他利润来源归于消灭。此外，这对公共繁荣有重大关系，不管消费者是个人或是国家。繁荣与多利的产业部门促进新资本的创造与累积，但在捐税压迫下，它就不再有厚利可图，资本将逐渐减少，财富与生产因此也将减少，繁荣将消失，所留下的将只是不断的捐税压迫。李嘉图企图采用几何学论证的不变原理，但在政治经济科学，这个方法最不值采用。

租税。

很多人认为，收税费用并不构成很大祸害，因为这些费用又以另一种形式归还社会。关于这一点，我要请读者参阅我在上面所说的话。[①] 这些费用并没归还社会，正如租税的实收款项没归还社会一样，因为费用与实收款项实际上不是由用以缴纳租税的货币组成，而是由纳税人所用以取得那货币的价值与政府使用那货币所取得的价值组成，这个价值完全被消灭或消费掉。

大多数欧洲国家的财政部门，在过去二百年时间内采用了比过去更好的制度与更节约的办法，这与其说由于国王注意公益，毋宁说由于国王需要这样做。一般地说，这些国家人民只缴纳他们能够负担得起的租税，因此每一项征收费的节省，都使国库收入有所增加。

舒利的《回忆录》[②]指出，在 1598 年，人民缴纳一亿五千万利弗的税，而缴到国库的只三千万利弗。他说，这似乎不可相信，但却是他花很大力量调查出来的千真万确事实。在奈克管理下，征收五亿五千七百五十万利弗税收的费用，只五千八百万利弗，但却有二十五万收税人员，不过其中大多数是兼职人员。所以费用只达百分之十又五分之四，但这费用比率比英国费用比率还高得多。[③]

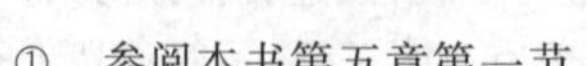

① 参阅本书第五章第一节。

② 第 20 篇。

③ 在拿破仑制度下（这方面以及许多其他方面都倒退），征收费用比上述多得多，因为它们必须包括剥夺费用与不能收回的余尾，但拿破仑制度所造成的全部损害，还未确定。

除征收费用外，还有其他费用，对人民是负担，而对国库却无所益。起诉、监禁与其他预防措施，增加费用而不增加收入。而且，这样增加的费用，必定落在最穷困阶级身上，因为其他阶级都缴得起租税，无须起诉或强迫。这些强迫缴税的可憎办法，完全等于向一个人要求交付十二法郎，因为他无力偿还十法郎。在轻税的地方，绝不需要使用强迫手段来收税，但在那些必须征收重税的国家，在扣押物品与拘禁人身这两种办法中，前者比后者略胜一筹。原因是，无论如何，通过查封与拍卖纳税人货物以取得所拖欠的税款，欠税者只被迫缴纳他应该缴纳之税，而且他所缴纳的全部都归入国库。

由于这个原因，征用民工建造公共工程像法国旧政权征用民工修造道路那样，总是一种为害很大的课税。民工也许要走三四利格[①]到工作地点，这样损失的时间，以及没有报酬与不愿工作的人所必然浪费的时间，对国家说来，完全是损失，得不到什么收入。即使假定工作搞得很好，由于农业工作经常受阻碍而产生的损失，往往大于强迫劳役所得的利益。杜阁命令各省测量员与工程师，估计每年保养旧路与建造平常数量的新路的平均费用，并指示他们从宽估计。按照他的命令所估计的全国每年平均费用，达一千万利弗，而依照杜阁的计算，旧的徭役制度，使国家每年损失四千万利弗。[②]

法律或风俗与习惯所规定的休息日，是另一种对国库毫无裨

① 一利格合三英里。——译者

② 奈克只计算为二千万利弗，但他也许只计算所征用的日工的价值，而没有考虑到用这个方法供给公共需要所产生的害处。

益的课税。

3. 对各阶层人民负担公平的租税。

课税是个负担，当大家一样负担时，每一个人的负担必然最轻。当租税不公平地归一个人或一个产业部门负担时，它不但是直接负担，而且是间接负担，因为它使那个人或那个部门不能按同等条件跟其他人或其他部门竞争。豁免一个制造业的税，往往使几个其他制造业破产。对一个人徇私就是对所有其他人不公正。

不公平课税，不但损及个人利益，而且损及国家收入。那些税得过轻的人，不会喊着要求增加，而那些税得过重的人，很少能够按期缴纳。这样，国家收入在两方面遭到损失。

有人曾经提出这样的问题，对花费在奢侈品的那部分收入课较高的税，而对花费在必需品的那部分收入课较低的税，是否公正。这样做似是合理，因为租税是一种牺牲，其目的在于保存社会与社会组织，但我们不应该以毁灭个人的代价来换得这个安全，而剥夺人们的绝对必需品就是消灭人们的生存。如果主张父母应该限制儿童的衣食，把这样节省的钱作为他们的一份捐献，以维持宫廷的浮华或公共建筑物所不需要有的壮丽，这个主张实是有点狂放。如果社会制度剥夺个人所实际拥有的必需品或确能使他快乐的物品，而对他提出的报酬只不过是在遥远将来也许会有的好处，这种社会制度对个人有什么利益呢?

但要怎样区分必需品与非必需品呢?区分这两者非常困难，因为必需品与非必需品这些名词不但不表达正确或绝对概念，而且总是和人的时间、地点、年龄与情况有关系。所以，如果定下一般规则，只对非必需品课税，那就很难下手与收手。我们所确切知道的只是，一个人或一个家庭的收入可能只是那么有限，只够维持生存，而这收入可能从最小限度，觉察不出地依次渐增，一直到能够满足感官上、享乐上或虚荣上的欲望。收入每增加一次，就距离仅能满足严格需要的限度越远，到最后能够满足极其无聊或任性的嗜欲。因此，要对接近于仅够维持生存的个人收入课较轻的税，那就不但需要公平摊分租税负担，而且需要按累进率课税。

事实上，即使假定租税完全和个人收入相称，例如对收入按百分之十课税，一个每年有三十万法郎收入的人，只缴纳三万法郎的税，还剩有整整二十七万法郎作为家庭费用，这家庭有这二十七万法郎花费，不但能够过着优裕生活，而且还能有许多不必要的满足；另一方面，一个每年有三百法郎收入而由于缴纳租税减到二百七十法郎的家庭，按我们的现今生活习惯和想法，就得对衣食有所节制，因此仅仅和个人收入相称的租税，还是不够公平的。这也许就是斯密所说，富人对公共费用的担负，不但应当和他的收入数目相称，而且要多一些。我毫不犹豫地进一步说，除非税率是累进的，不可能做到课税公平。①

4. 在最少程度上妨害再生产的捐税。

在租税从个人所剥夺的价值中，如果这价值是由个人自己支配，其大部分无疑将用于满足他们的愿望，但一部分总会储蓄起

① 见《国民财富的性质和原因的研究》，第5篇第2章。他反对累进税率，认为这税率对勤俭人累积资金起阻碍作用。但很明显，各种租税从个人增加的收入所取去的，只是一部分，而且往往是很小部分，因此累积资金的倾向大于不累积的倾向。如果一个人的收入，每增加一千法郎就得多缴二百法郎的税，他还能按比他的牺牲大得多的比率增加他的享受，参阅斯密在同书同章第4节关于英国土地税所说的话。

来，成为生产性资本进一步的累积。因此，所有租税都可以说有害再生产，因为它阻止生产性资本的累积。

如果纳税人为着完税必须把已经用为投资的资本抽出一部分，那么上述影响将是更直接与更重大的。西斯蒙第巧妙地把这个比作在播种时间而不在收成时间征收什一税。属于这一类的税是对遗产和继承所课的税。一个承继十万法郎财产并须按百分之五完税的人，不是从他已经课有普通租税的经常收入抽出一部分缴纳税款，而是从他所继承的财产抽出一部分缴纳税款，这样他所承继的财产就减到九万五千法郎。因此，所承继的十万法郎财产如果是已经投在产业上的资本，而由于纳税减到九万五千法郎，那么国民资本将减少五千法郎，因为这五千法郎转入国库。

对财产的移转课税，也是一样。如果购买者要纳百分之五的税，那么价值十万法郎的土地的所有人只得九万五千法郎。出售者卖出价值十万法郎的土地，只换来九万五千法郎可以处置的资本，而国民资本也损失五千法郎。如果购买者是个不善于计算的人，竟按土地的全部价值给付买价，而不扣减税额，他将以十万五千法郎购买只值十万法郎的土地。在两种情况下，国民资本都损失五千法郎，但在后者情况下，损失落在购买者身上，而不落在售卖者身上。

对财产的移转课税，除对资本课税外，还阻止财产流通。但是，财产自由流通，对公众有利害关系吗？如果物品存在，在一个人手里和在另一个人手里不是相同吗？绝不相同。财产的最自由流通，对公众有永远的利害关系，因为财产如果能够自由流通就最可能转到最懂得使用它的人手里。为什么一个人出售他的土地？只因为他认为他能在另一个生产事业更有利地使用那价值。为什么另一个人购买土地？只因为他要把闲着无用或不这么有利使用的资本投在土地，或因为他认为那土地可以改善。移转倾向于增加国民收入，因为它倾向于增加立约双方的收入。如果移转费用使他们不敢这样做，那就使国民收入得不到它所可能有的增加。

但是，这种损害社会生产性资本，因而减少社会对劳动的需求与产业利润的租税，却在很大程度上具有一个著名的政治经济学家杨格称为租税所不可缺少的要素，即征收手续简便、费用较省。[①] 由于课税只是两害相权取其轻的办法，人民负担很重的国家，最好对资本课轻微的税。

诉讼手续费以及向司法人员所缴交的一切费用，都是对资本的课税，[②]因为诉讼费不是和诉讼人的收入相称，而是和事件的严重性、家庭关系的复杂性与法律本身的完全性相称。

罚款也是对资本的课税。

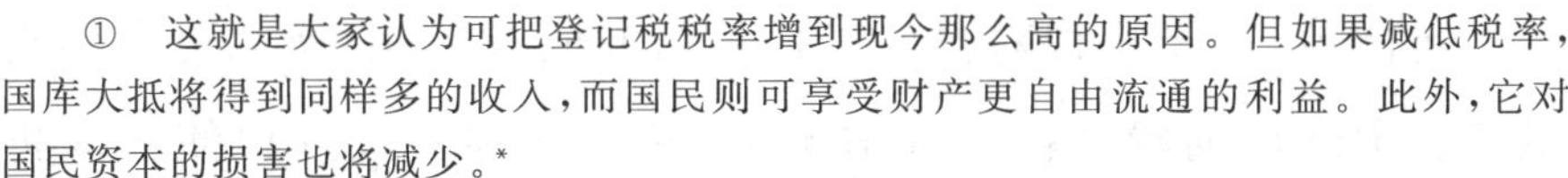

① 这就是大家认为可把登记税税率增到现今那么高的原因。但如果减低税率，国库大抵将得到同样多的收入，而国民则可享受财产更自由流通的利益。此外，它对国民资本的损害也将减少。*

* 它对国民资本的影响将完全一样。税率较轻的好处将给征税次数的增多所抵消。——英译本注

② 诉讼手续费是非常大的负担。从边沁关于法律税的著作刊行后，凡看过他著作的人，都认为征收这些手续费是失策。《爱丁堡评论》(第 27 卷，第 358 页)说："某天，罗斯在皮特面前把边沁拉到一边，并告诉他说，他们已经看过他的小册子，认为他的议论不可辩驳，并决定不再征收这些手续费。"评论者接着说，"可是，从那时以后的一个又一个的预算，都列有这些手续费，而皮特在 1804 年回任时，也赞同征收这些手续费。"所有赞同征收这个应该反对的手续费的议论都给边沁成功地驳倒了。《爱丁堡评论》说，"边沁议论的精辟，几乎无与伦比，而文辞的优美，无人能出其右。"——原编者

课税对生产的影响，不仅限于减少生产的一个来源即资本，它还对某些生产部门与消费起限制作用。专利证、某些职业特许证和一切与产业直接有关的租税，都有这种弊病，但当税率很轻时，产业能够设法克服这些障碍而没有大困难。

产业不仅仅受到和它直接有关的租税的影响，也受到和它所生产物品的消费有关的租税的间接影响。

再生产所消费的产品，大抵是原材料，阻碍原材料的生产的租税，必定有害再生产。只能在再生产过程中消费的那些工业原材料的生产，如果受到阻碍，为害更大。对粗棉花课征重税，就阻碍由它制成的一切物品的生产。①

如果巴西的情况允许腌制，就有很多可保存与输出的物品。它的渔场非常丰产，它的牲畜是那样的多，以至仅仅为着皮革的需要而宰杀许多牲畜。的确，欧洲的皮革厂，在很大程度上是巴西供给的。但它的盐税阻止鱼与肉的输出。这样，为着一百万法郎的税收，它使国民生产力及该生产力所能产生的公共收入受到难以估计的损害。

同样地，由于租税对再生产性消费起阻抑作用，所以可利用它阻抑非生产性消费。在这种情况下，它有两种好处：(1)使投入再生产用途的价值不至于减少；(2)使价值不用于非生产性消费，而

① 英国与法国都对某种原材料的输入给予奖金，其目的在于鼓励工业。这是和上述相反的错误。根据上述原则，不但不应该对土地产品课税，而且应该对所有愿意耕作的人给予奖励金。理由是，国内农业提供大多数工业的原材料，特别是五谷，五谷经过人的努力变为各种价值，这些价值超过在制造过程所消费的价值。对任何一种物品课关税或进口税，和对土地课直接税同样公平，但这两者都确有坏处，所课的税越轻，所造成的损害便越小。

用于对社会更有利的方面。这就是对所有奢侈品课税的利益。[①]

当政府不把对资本所征的税款消费掉，而把它投在生产事业时，或当私人设法以自己积蓄补充被政府所税去的资本时，租税的害处就给中和这害处的利益所抵消。当租税收入是用于改善国内交通、筑港或兴办其他公共工程时，那就是投入再生产。政府有时把它收到的税收的一部分用于冒险性企业。当科伯特把款项借给里昂工厂时，就是这样做的。汉堡及其他德国地方政府，习以为常地把它们的税收用于生产事业，据说伯尔尼政府每年把它的收入一部分用于生产事业，但这种情形是不常见的。

5. 有利于国民道德，就是有利于普及对社会有用或有益的习惯的租税。

课税对某些行为科以罚锾，它影响到国民习惯，正如它影响到国民生产与消费。此外，它具有使科罚发生效力的良好条件，因为它是适度的、无法规避的。[②] 因此，它在财政上和岁入上的作用，即使置诸不论，它也是政府的有力工具，可用以败坏国民道德，也可用以改善人民道德，可用以促进勤劳，也可用以促进懒惰，可用以鼓励奢侈，也可用以鼓励节俭。

法国在革命以前，对所有耕地课百分之五的税，而对游乐场却豁免租税，这当然等于奖励奢侈，科罚农作企业。

① 当必须对某种消费或某种产业课税，但不想完全消灭那种消费或那种产业时，就得最初只采用轻的税率，以后慎重地逐渐提高。但如果想制止或消灭一种有害的消费或产业，就应该立即课以重税。

② 贝卡里阿在他的《犯罪与刑罚》这一短篇论文说，处罚的这些特征无疑使它具有实效。

对清还地租按百分之一税率课税，实际上就是科罚一个有利于立约双方和一般社会的行为，也就是科罚谨慎的土地所有人清还债务这个可称赞的行为。

按拿破仑法律，每一个在私立学校念书的学生，必须向公立大学缴纳特定款项，这是对能够端正民风并充分发挥知能的唯一教育方式科罚。①

当政府从发给彩票或赌场许可证得到收入时，这难道不是对最有害家庭幸福与国家繁荣的罪恶给予奖励金吗？政府竟以空虚和骗人的希望引诱穷人与贪婪人，煽动他们追求不正当欲望的满足，并仿效别人要是这样做就要加以责罚的欺诈行为，真是多么可耻啊！②

① 考虑到以下原因，这种税更不公正：第一，它必然落在孤儿身上，或落在为教养子女成为有用公民而愿意忍受艰苦的父亲身上；第二，子女越多，父亲的负担越重，所遭受的艰苦越大；第三，这种税和个人资力不相称，贫富同样课税。有中等财富只有一个儿子的父亲，向公立大学缴交的款项，等于他所缴纳的其他租税的总和，如果他的儿子不止一个，他就更苦。这样，篡位者把这教育机关变成横征暴敛的工具，以灌输错误思想与奴隶习惯，仅仅这一点已够使社会倒退到野蛮状态。即使没被利用，所提出的要私立机关担负一部分强迫教育费用的理由，是完全不充分的。即使假定公立中学最能培养有用公民，并假定强迫父亲或教师把儿子或学生送到公立大学听钦命教授讲课是正当的，可是最不需要这种教育的人，就是那些已经安插在私立教育机关并由自己选择的教师教课的学生。无代价地传授某种学问，可能对整个社会是有利益的，但强迫个人去学习并要他出很高代价受学，这是最大的压迫。如果任何一个阶级应当担负无代价的普通教育的费用，那就是自己没有子女并不负担费用而受到社会生活的一切利益的阶级。

② 彩票和赌博不但把资本用于无益的途径，而且把许多有用时间浪费掉，这种消费绝不能增加国库的收入。它还有个坏处，使人不想凭自己才能或积极性获取收入，而只想侥幸获利，不想从财富的原始来源寻求个人利得，而想从别人的损失得到利益，因为积极努力的报酬，和中一个大彩的诱惑比起来，是微不足道的。此外，彩票的购买虽不加强迫，但它是一种几乎全部课在穷人身上的赋税，因为穷困最会逼人铤而走险，尽管明显地没有胜算把握。因此，买彩票的款项，多半是穷人的款项，或更坏的是从犯罪行为获得的款项。

另一方面，限制过分浮华或罪恶行为的税，不但给国家带来一笔收入，而且起着防止作用。洪博德说到斗鸡税，这个税给墨西哥政府每年生四万五千元收入，并有另一个好处，即限制残暴与野蛮的游戏。

过高或不公正的课税，助长欺诈、虚伪与伪证这些不正行为。好心的人只得在两者择一，或背信弃义，或牺牲自己利益把它让给不正直的同胞。当他们看到无罪行为，有时甚至是有益与可称赞行为，被加上犯罪的恶名并要受犯罪的一切后果时，他们怎能不痛心疾首呢。

以上所述是主要原则，从公共繁荣的观点看来，无论现在征收的税或将来征收的税，都必须依照这些原则，衡量其好坏。在提出这些可适用于各种租税的一般意见以后，进而研究各种课税方法，就是政府采用以向人民征收款项办法，以及负担主要落在什么阶级身上，也计是有益的。

第二节 各种课税方法与各阶级的负担

上面已经说过，课税是政府向人民征收他们的一部分产品或价值。政治经济学者的任务，在于阐明所征收产品的性质，分配负担方法所产生的后果，以及租税实际上归什么人负担，因为租税必须由这个人或那个人负担。把上述原则应用于一些特定租税，可说明这些原则可怎样应用于一切其他租税。

政府当局从课税所征收的价值，有时以货币形式征收，有时以实物征收，这是看政府的需要或纳税人的能力而定。不论纳税人以什么形式缴纳，他实际所缴纳的总是他所交付的物品的价值。

如果政府确实需要五谷、皮革或毛织品，或借口需要这些物品，向纳税人征收，并要求纳税人以实物缴纳，所缴纳的税，完全等于在政府没有征收这些物品的条件下纳税人为取得它们所花费的价值或售卖它们所能获得的价值。这是确定租税数额的唯一办法，不论政府以它最高权力所定的税率是怎样。

同样地，征收费用，无论具有什么形式，总是加重租税的负担，不管国家能否从这些费用得到利益。如果纳税人为着纳税需要耗费时间，或需要输运他的货物，那么所损失的时间，或所花的运输费用，都加重租税负担。

在政府向人民征收的捐税中，应当包括政府举动所可能给人民带来的一切费用。因此，在估计战争费用时，我们必须计算以下各项：士兵自己或其家庭给他们供给的装备费用与零用钱，国民兵所花费的时间的价值，为免役或请人代役而花费的款项，军营的全部费用，军队所可能掠夺或破坏的价值，士兵回来时他们朋友或同乡所馈赠礼品的费用或招待的费用。此外，还需加上人们面对着这种不良政治所造成的困苦，出于恻隐之心而捐助的救济品的价值。因为，如果政治制度良好，社会成员就无须付出上述的任何一种价值。虽然这一切价值并不归入国王金库，但国民曾给付了这些价值，而且这些价值全部归于消灭，恰像它们是为着人类幸福而花费掉那样。

国民所作的牺牲的程度，可从上述见其一斑。但这些牺牲的价值是从什么地方来的呢？毫无疑问，或是来自国民劳动、土地与资本的年产品，即来自国民收入，或是来自从前所储蓄与贮积的资本，即来自国民资本。

当所课的税是适度时，国民不但能够从他的收入抽出一部分来完税，而且还能把另一部分蓄积起来。诚然，可能有个别纳税人，为着完税需要动用他们的资本，但租税适度这个良好情况所促成的他人的积蓄，可抵消总资本因上述个别纳税人动用资本所受的损失而有余。

但当专制军政府或篡位者向人民横征暴敛时，情况就迥不相同。在这种情况下，大部分的税收来自已经用为投资的资本或来自累积的资本。如果国家在长时间中受这种政权统治，收入将逐年减少。除非统治者的愚蠢与过火举动加速他们的灭亡，否则国势的衰落与人口的锐减，将使统治者自食其果。

相反地，在公正与正常政府统治下，作为课税对象的利润与收入，每年逐渐增加，即使不变更税率，由于可课税产品的增多，税收也逐渐增加。

政府对于调整税率，也并不比公平一律地抽取每个个别收入阶级的税，也就是使各阶级承担同等压力的办法，感到更大的兴趣。事实上，当对各种类收入所课的税轻重不均时，某些阶级的人就得悉索敝赋以纳税，而其他阶级却几乎分文不纳，课税很快就达到纳税人能力的极限，换句话说，在还没实行可施行的最高税额时，租税已成为困恼的原因和贻害无穷的事物。负担所以难堪，并不是由于沉重难受，而是由于没有平均分摊。

对各别收入课税所用的各种方法，可分别为直接课税与间接课税。前者对个别实际收入或假定收入，征收其一定部分；后者对使用个人收入购买某些特定物品的消费行为，每次征收一定金额。

在上述任何一种情况下，课税的实际对象，不是成为估税根据与课税基础的那个货物，也不是国家必然收取其一部分的那个价值。课税的实际对象是个别收入。选择某种特定物品，只是作为发见并征课该收入的一个多少有效方法。如果每一个人在各个时候都诚实可信赖，事情就很简单，所需要的只是由每一个人报告他的年利润，即他的年收入。各人的税额将很容易确定，而且只需要一种的税，这种税同时可做到负担最公平和稽征费最低。这就是汉堡在不幸事变发生以前所采用的方法，但这方法只在国小税轻的条件下才能施行。

作为比照纳税人各别收入课征直接税的办法，政府有时强迫地主提出租约，或在没有租约的情况下，估定土地价值，向地主征收那价值的一部分，这种税在法国叫做土地税。政府有时根据住宅租金以及所雇用的人数与所维持马匹及马车的数目估定收入，从而估定税额，这在法国叫做动产税。政府有时根据地区的人口与面积，计算各人从专门职业所得的利润，这在法国叫做牌照税。所有这些课税方法都是直接课税的方法。

在间接课税，或对某种消费课税，只注意物品本身，而不注意纳税的人。有时在生产时候征收某一产品的一部分价值，例如法国的盐税。有时在物品进入一个国家时征税，例如进口税。有时在物品进入市镇时征税，例如入境税。有时在物品从最后生产者移转到消费者的那个时刻征税，例如英国的印花税[①]与法国的戏票税。政府有时要求在某些货品上打一定戳记从而收税，例如银行打上化验印记，或如报纸打上印记。政府有时不对货物课税，而

① 很难确定，这里所说是指哪一种英国印花税。——英译本注

对付出的货物价格课税，例如收据与商业票据印花税。上述一切是间接课税的各种方法，因为税不是向人课征，而是向征税的产品或物品课征。[①]

人们很容易怀着这样的想法，某种类收入即使能逃避上述租税的一种，也不能逃避另一种，课税方式的繁多使租税大大接近于公平分摊的情况，如果所有租税都不过重。

所有这些课税方法，除具有一切租税所共有的坏处即把社会的一部分产品用于对社会幸福与再生产无益的途径外，还各有它所特有的好处与坏处。例如，直接税征收费用比较低廉，但另一方面，自动缴纳这税的人寥寥无几，因此必须相当严厉地催迫缴纳。此外，各人的负担极不平均。一个富裕商人，每年也许可赚得十万法郎的利润，只需缴纳六百法郎牌照税；而一个零售商人，每年赚不到四千法郎利润，但要缴纳一百法郎，即起码的牌照税。地主的收入已经课有土地税，还须课动产税。而资本家的收入只课动产税。

间接课税有这个好处，就是征收比较容易，并且使人不大感到难受。任何捐税，没有人愿意缴纳，原因是，它所可能换来的等值物，即良好秩序与良好政府所提供的安全，是和个人没有直接关系的消极性利益，因为它的好处，只是防止祸害，而不是扩大福利。但就间接税说，尽管征税的物品由于课税关系业已涨价，但该物品的购买者，觉察不到他对政府的保护付了代价，他也许毫不关心这

① 并不是因为纳税人间接受到影响，许多直接税都有这情况，例如牌照税。由于消费者向领有牌照的商人购买，这个税的一部分归消费者负担。

种保护，他所关心的只是他所急切需要的物品。而消费的动机是那么强烈，以致他对政府征税满不在乎，不犹豫地割让价值，以换取即时的满足。

正由于这个原因，间接税似乎是自愿缴纳的税。的确，解放以前的美国，对间接税有这样的看法，以致它虽然否认英国会有权在不得它的同意的情况下对美洲课税，但却承认英国会有权对消费课税，即每一个人要是不买征税物品都可逃避的消费税。[①] 至于对个人所课的税，人们的看法就不同，这种税表面上具有更大的掠夺性。

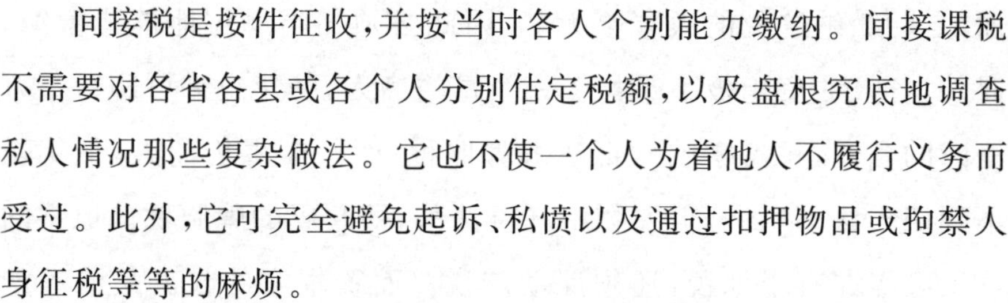

间接税是按件征收，并按当时各人个别能力缴纳。间接课税不需要对各省各县或各个人分别估定税额，以及盘根究底地调查私人情况那些复杂做法。它也不使一个人为着他人不履行义务而受过。此外，它可完全避免起诉、私愤以及通过扣押物品或拘禁人身征税等等的麻烦。

间接课税的另一个好处是，它使政府能够对不同种类的消费施加影响，促进那些对公共繁荣有利的消费，例如各种生产性消费，阻抑那些足以引起公众穷困的消费，例如各种非生产性消费，阻抑富人的没有意义的靡费享乐，鼓励贫穷而勤奋的人的比较简单而便宜的享乐。

---

① 参阅富兰克林在英下院惩罚法庭的审问，1766 年。《自传》，第 1 卷，附录 6 (a)。*

* 上述否认包括所谓国内税全部，而上述承认只限于旨在调节贸易的对外税。在美洲代表看来，这承认是为着和好而作的让步。但就是一些代表所作的这个让步，不久也被撤回。英国国会的课税权被完全否认。同上书，第 1 卷各处。——英译本注

有人反对间接课税，认为它需要很大的稽征费与管理费，并需要设立庞大机构，雇用大批办事员、税务员、税务行政长官以及各种下级人员。但应该指出，如果管理得好，这些费用可大大减少。英国在 1799 年征收国产税与印花税所花的征收费用，只占这两种税收的百分之三又四分之一。[①] 在法国，几乎找不到稽征费这样低廉的直接税。

还有这种反对间接税论调，即认为间接税收入不确定并常常变动，而政府所需要的却是经常的、确定的收入。但是，当这种税出包的时候，从来不乏出价承包的人，而且经验证明，除在极不常见的非常紧急时期外，每一种税收总可大约估定，并是相当可靠。此外，消费必然是各种各样的，因此一种消费税入的不足，可由另一种消费税的超额收入抵补。

然而，间接税往往诱人从事欺诈，因此政府不得不把某些在性质上是无罪的行为看作犯罪，并不得不实施令人痛心的严厉处罚。但是，除非所课的税成为横征暴敛，使人铤而走险作奸犯科，否则绝不会造成很大危害。所有过重的课税都带有这个坏处，就是不增加国库的收入而增加人民的痛苦。

值得指出的是，消费以及个人收入所受间接税与直接税的影响，并不一致，因为许多物品的个人消费的数量并不与消费者的收入成比例。一个每年有十万法郎收入的人，在一年内所消费的盐，并不比一个每年仅有一千法郎的人多一百倍。但是，消费税的多

① 见加尼埃译:《斯密的国民财富的性质和原因的研究》，第 4 卷，第 438 页。按照杨格，在他的时候，征收一百三十三万镑印花税，只花五千六百九十一镑费用，即不及千分之五。

样性是可以消除这种不公平的。此外，还应该注意，这样的税是课在已经征课土地税与动产税的收入。全部收入来自土地的人，首先要缴纳土地税，其次要缴纳动产税，再次要缴纳他所购买与所消费的每件征税物品之税。

虽然所有这些税，最初都是由税务机构所指定的纳税人缴纳，但如果认为税最后总是落在原始完税的人身上，那就错了，因为在许多情况下，他们不是实际课征的对象，而只是最初时刻的税款垫付者，以后设法从他们产品的消费者全部地或部分地取得补偿。但所取得的补偿的比率因他们的不同情况而不同。

如果我们考虑到以下一般事实，就能对上述的不同有一些概念。

当对某种货物生产者课税而这货物随着涨价时，这个税部分地归这货物消费者负担。如果这货物价格没有提高，这个税就全部落在生产者身上。如果货物没有涨价但质量降低，那么至少部分的税归消费者负担，因为以同样价格购买次等的货物，等于以较高价格购买同等的货物。

每次价格增加，必使有购买力的人数随之减少，或无论如何必使这项购买力减低。① 当盐价从一先令增至三先令时，所消费的盐就少得多。在这时候，由于需求和生产手段的比例降低，这个生产部门的生产手段所得报酬不如从前，就是说，制盐者和其所属的人员与工人，以及供给他资金的资本家和供给他营业场所的房东，

① 参阅本书第二篇第一章。

都必须满足于较低的利润，因为他们产品的需求减少。① 诚然，各个生产阶级自然极力设法捞回全部税额，但他们绝不能捞回全部，因为这货物的内在价值，即用以给付生产费用的价值，实际上减少了。因此，对一个物品所课的税，绝不使这个物品的价格按全部税额增高，因为要使它增高到这样程度，就得使这物品的总需求保持原状，然而这是无法做到的。所以，在这种情况下，这个税部分归这物品虽已涨价但仍继续使用它的消费者负担，部分归生产者负担。生产者所生产的产品比从前少，而他从销货所得的收入，由于需求减少，在扣除税款以后，实际上也减少。国家增加的收入，等于消费者所付的全部超额价格和生产者所被迫放弃的全部利润。这里的作用跟火药既推动子弹又使火器倒退的作用相似。

对毛织品消费课税，就使毛织品的消费减少，因而也使畜羊者的收入受到影响。诚然，他可转向其他畜牧方面，但我们简直可以想象到，就土壤与地势这些条件说，养羊对他最有利，要不然他不会选择养羊。因此，变更方向必定使他的收入有所损失。但呢绒商与资本家也遭受由于课税而引起的损失

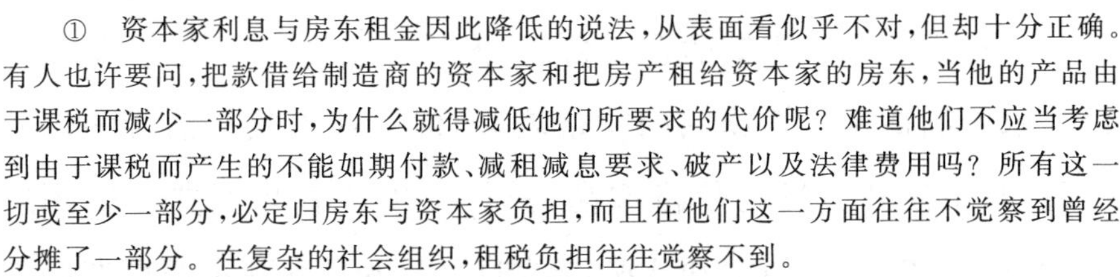

① 资本家利息与房东租金因此降低的说法，从表面看似乎不对，但却十分正确。有人也许要问，把款借给制造商的资本家和把房产租给资本家的房东，当他的产品由于课税而减少一部分时，为什么就得减低他们所要求的代价呢？难道他们不应当考虑到由于课税而产生的不能如期付款、减租减息要求、破产以及法律费用吗？所有这一切或至少一部分，必定归房东与资本家负担，而且在他们这一方面往往不觉察到曾经分摊了一部分。在复杂的社会组织，租税负担往往觉察不到。

这说明墨守一定的原则、放弃斯密的实验方法和效法前世纪经济学派创立理论演绎体系，像一些晚近英国作家所做那样，是多么危险。

的一部分。

各个协同生产者从消费品征税所受的影响，只与他对创造这产品所负担的份儿成比例。

就保持将近原始的形式进行消费的产品说，由创造这产品的大部分价值的土地所有人，负担归生产者负担的那一份税的大部分。葡萄酒的入境税大部分归葡萄园主人负担，但对花边所课的重税，只在极小程度上影响栽麻者，而所有其他生产者、商人和制造者将遭受非常大的损失，因为花边的绝大部分价值由他们创造。

当产品的价值一部分是在国外创造一部分是在国内创造时，几乎全部的税都归国内生产者负担。对法国棉织品征税，结果必使棉织品的需求减少，因而使棉织品制造者的收入也减少，由是部分的税便落在棉织品制造商身上。但美国棉农的生产力报酬将只受到极轻微的影响，除非其他情况同时发生。事实上，该税也许使法国所消费的棉花减少百分之十，如果法国向美国所购买的棉花只占美国棉花总需求量的十分之一，那么该税只使美国棉花的需求减少百分之一。

如果所征税的消费品是主要必需品，这个税就对几乎所有其他产品的价格产生影响，因而一切其他消费者都负担这个税的一部分。对进入一个市镇的食用兽肉、五谷与柴炭课入境税，就使这个市镇所制造的一切物品的价格增高，但对这市镇所消费的烟叶课税，却不使其他货物价格增高，只烟叶生产者与消费者受到影响，其原因非常明显，消费非必需品的生产者必须和不消费非必需品的生产者竞争，但如果他缴纳必需品的税，他就不怕竞争，因为

他的邻人的处境与他相同。

对生产阶级直接课税，必然对消费他们产品的人发生影响，但他们绝不能把那些产品价格提到那样的高，以至所增高的价格足够完全补偿所缴纳的税，因为我曾一再说过，价格的增高使需求减少，而需求的减少使从事于供给那些产品的生产力的利润减低。

在协同生产某一产品的生产者中，一些生产者能比另一些生产者更容易逃避税的影响。资本不是以绝对无法收回的方式投在某一事业的资本家，可从一个生息较低的事业，或从一个变为更危险的事业，收回资本改用于其他方面。在许多情况下，冒险者或制造商，可以清理账目，把他的劳动与智慧用在其他方面。土地所有人与固定资本所有人就不能这样做。[①] 不论税率怎样，一亩葡萄园或田地只生产一定数量的五谷或葡萄。所课的税可能占实际产品或地租的二分之一，甚或四分之三，但为了其余的二分之一或四分之一，土地还是继续种下去。[②] 地租即分给地主的份儿，自然因此减少，但只不过如此，没有别的。如果人们想一想下面所说，就可明了此中理由。在上述假定情况下，土地继续生产和从前数量相同的产品，并继续以同数量产品供应市场，但在另一方面，需求

① 参阅本书第一篇第四章关于土地所有者通过出租土地协同生产因此必须把他列入生产阶级。

② 非到所课的税超过可用于给付地租的全部剩余产品的时候，土地不会弃而不用。只到那时候，土地才不值得耕种，因为不但地主由于国家占有全部产品毫无所得，而且农民也得向国家缴纳超过他的能力的地租。

的动因仍旧不变。[①] 这样，尽管土地直接税税率增高或减低，而需求与供给却维持原有强度，那么产品自将仍旧不变，只有价格变更才会使消费者负担一部分的税。[②]

即使地主出售地产，也不能逃避租税，因为价格或买价是按扣除税款后留给土地所有者的收入计算的。购买者是根据扣除费用与赋税后的净收入来计算他愿意出什么价格的。如果这种资本投资的通常利息是五厘，那么从前可卖十万法郎的土地，如果现在每年要纳一千法郎的税，就只能卖八万法郎，因为这块土地给地主所生的实际收入不超过四千法郎。这样课税的结果，等于政府占有全国的五分之一的土地，但对土地产品的消费者毫无影响。[③]

但房产的情况就不是这样。对房子所有权课税，就使租金增高，因为一间房屋，或说得确切些，一间房屋给占有者所提供的满足，不是土地的产物，而是制造的产物。高昂的房租使房屋的生产与消费减少，正如高昂的价格使布或其他制造品的生产与消费减少一样。建造者鉴于利润减低，就不盖那么多房屋，而消费者鉴于

① 农产品带有这个特性，即它们的平均价格并不由于减产而增高，因为人类食物供给减少，人口必定随着减少，以致需求与供给必然同样减低。例如，在土地大部分荒芜的国家，麦价并不高于遍野禾稼的地方。西班牙现时麦价，不高于斐迪南与伊莎伯拉时期，但现今所生产的麦比那时期少得多，因为现在人口少得多。相反地，英国与法国在中世纪所耕种的土地比现今少，而那时候的谷类产品也比现今少，但和其他价值比较，那时候谷物并不比现在贵。那时候的产品与人口都比现今少得多，需求的清淡和供给的寡少恰恰相抵。

② 如果认为租税对地主和提供所需要的资本与劳动的农民必然产生相同的影响，那是错误的，因此租税不能减少可耕种土地的数量，也不能增多能够与愿意耕作的农民的人数。如果这生产部门的需求与供给都没有改变，地租比率必然也仍旧不变。

③ 经济学派认为土地税完全是对净产品课征，因而是对地主课征，他们的这个主张十分正确，但他们进而断言所有其他的税都是从同一款项给付，那就错了。

租金昂贵，满足于比较简陋的住宅。

由此可见，说租税专归社会某一阶级或某些阶级负担，并把这说法作为一般原则提出，实是武断之极。租税总是落在无法逃避的负担者身上，因为每个人都尽可能设法摆脱租税负担。但逃避租税能力，因不同课税方法和各个社会地位而不同。不但如此，即在同一生产系统，在各个时期，逃避租税能力也不相同。当一种货物有很大需求时，它的持有者如果得不到所有垫款的偿还，就不肯舍弃该货物，在他的垫款中，租税占一部分。他非得到足够补偿全部垫款的货款不肯割让。但如果意料不到的事故使他产品的需求减少，他为求迅速脱货，就很愿意自己负担租税。什么都没有像加于社会各阶级的租税负担的比例那样无定和那样容易变更。有一些著作家认为，租税归某一阶级或某些阶级负担，或按固定比例由某一阶级或某些阶级负担，这种看法和实践毫无共同之处。

并且，上述的符合于实践与道理的结果，在作用上是不变的，并和产生它的原因是相终始的。土地所有者绝不能把他的土地税的任何部分转嫁于他的产品的消费者，制造商也不能把租税转嫁于制造品消费者。假定一种制造品由于课税而涨价，但其他情况不变，这种制造品的消费必然减少，生产也不会像从前那么有利。无论政府对某种奢侈品课什么样的税，不是该奢侈品生产者或消费者的人绝不负担这个税的任何部分。这样说来，对于下列的主张（不幸得很，它竟受到了一个享有盛名但过分忽视这部分科学的学术团体[①]的赞许），我们该怎样想呢？这个主张是："一种税只要

① 对于肯纳德先生拥护这个学说的论文，法国学会给予奖金。

是长期的，不论它是课在这一种收入或那一种收入上，都没有什么关系，因为，最后，各种税都会影响各种收入，正如手臂流血终必使在全身循环的血液减少一样。”但是，拿来作比较的东西，和租税毫不相似。社会财富不像水那样趋于一致水平。社会财富更近似于植物，一枝树枝损失，并不使树干归于枯槁，而所损失的树枝，如果不是枯枝，而是有生产力的树枝，那就更加可惜。但这个树在枯槁或朽腐以前，经得起任何部分的砍伐。这更切合这里的情况，但不可据以推论。比较不是证明，而只是说明，有助于把不必借着比较的帮助也能证明的东西弄得容易了解。

我在上面说到产品税时，我有时把它叫做消费税，虽然这个税并不是在一切情况下全由消费者缴纳。在那时候，我没提到在某一特定生产阶级所征的税，或这个特殊情况的结果，但这些值得我们注意。

当产品经过各个协同生产者之手时，它的价值增加。连最简单的产品，在到达适于消费的状态以前，往往也经过各种各样的加工。所以，不在适当的时刻征税，即不在产品具有完全价值或在它经过所有加工以后征税，就不是按它的价值征税。如果在最初时对原材料课税，不按它的那时价值而按它在将来所可能有的价值征税，持有原材料的生产者就得垫付和价值不相称的税，这个垫付不但使他感到困难，并使在他之后的生产者感到偿付困难，一直到最后一个生产者，而最后一个也只能从消费者取得部分的补偿。此外，垫付税款还有坏处，它使要垫付这税款的那种产业，非备有比它的性质所需要的更大资本不能开办，而这样增加的利息开支，实际上就是这么多增加税额，但国库收入却毫无增加。这项利息费用，一半由消费者负担，一半由生产者负担。[①]

因此，从理论与实践所得的结论，和经济学派所做的结论恰恰相反。理论与实践证明，课在消费者收入那一部分的税，在生产过程中越早征收，负担越重。

使必需品价格增高的直接个人税，或直接课在必需品的税，有最大的上述弊病，因为它使每一个生产者必须垫付在他之前的一切生产者所缴纳的个人税，因此以同一数额资本只能经营规模较小的事业。纳税人除缴税外，还支付税款的复利息，但国库却得不到什么利益。

以上所述不仅仅是理论。不注意这些原则曾经在实践方面引起许多严重的错误，例如法国国民议会，受经济学派风行一时学说的迷惑，把直接课税法推行到极端，对土地尤其如此。这个学说认为，土地是一切财富的来源，农民是唯一的生产性工人，而法国不用说在本质上是农业国。

在我看来，就现阶段的政治经济学来说，更正确的课税原则如下：

课税取去社会总产品一部分，这一部分产品绝不回到社会来，供人民消费。

① 在1812年，法国对输入的粗棉花，每包课一千法郎的重税。当时有几个制造商，每个每天平均需要两包粗棉花。自购买原材料到卖掉制造品，大抵经过十二个月时间，在这时间中这些制造商每一个都必须多备有六十万法郎的资本，如果没课这样的税，它们就不需要这样做。对于多备的资本的利息，他们势必转嫁于消费者，或从自己利润支付。这个利息全部，对消费者来说是这么多增加价格和这么多增加租税负担，而对国库来说，连一法郎也没增加。在那时期，最重的国民负担，乃是预算上最不惹人注意的项目。在许多情况下，人民遭受损害，但不懂损害的性质。上面所引的例子，就有这种情况。

课税从社会所取去的，除国库实际收到的价值外，还有征收费用与所引起的个人烦劳以及课税所阻止创造的价值。

课税所引起的困难，无论是自愿忍受，或被迫忍受，当它对纳税人的利润即所得或收入起削减作用时，就影响作为生产者的纳税人，而当它使产品价格增高，从而使纳税人的费用增高时，就影响作为消费者的纳税人。

由于支出增加和收入减少并无二致，所以征收多少租税，可以说就是减少多少社会收入。

在大多数情况下，一个纳税人，以生产者资格受到租税的影响，又以消费者资格受到租税的影响。当他不能从个人收入缴纳租税以及支付个人消费时，他就必须动用他的资本。当一个人所动用的资本没有另一个人的积蓄为抵补时，社会财富必然逐渐降低。

向收税员缴税款的人，不一定是实际担负租税的人，至少不是担负全部租税的人。他往往只垫付税款的全部或一部分，这税款在后来按非常复杂方式或通过许许多多中间动作由社会其他阶级偿还给他。因此，许多人在不知不觉中完纳一部分，或出于偿付增高货款的方式，或出于遭受个人损失的方式。他们虽感觉到遭受损失，但不能说明理由。

税负最终落在什么人的收入上，什么人就是实际纳税人。他们所付出的价值大大超过国库所收税款与征收费用的总和。政府在税务措施上所犯的错误，和人民所缴纳的税款超过政府的实收数目成比例。

一个税负沉重的国家，好比一个在许多自然困难下从事生产的人。他花了很大生产费用，但所得的产品却很少。个人的努力、资本以及土地只得低微的报酬，换句话说，花很大代价，得很小报酬。

在这里值得回忆一下我在上面论到绝对昂贵与相对昂贵的区别是所说明的原则。[①] 赋税所产生的高价是绝对的昂贵，它表示以更多生产力只创造更少产品。此外，赋税通常使货物与硬币的比价增高，就是使货物的货币价格增高。这是因为硬币并不是再生的年产品，像租税所吞并的产品那样。除非政府为着支付它的军队费用或为着给付对外津贴输出硬币，否则它不是硬币消费者。政府在购买物品时，付还它从课税所收得的硬币，但绝不付还它所征收的价值。[②] 所以，由于过高的赋税，使一部分生产来源陷于瘫痪，并使另一部分生产来源的产品迅速趋于消灭，它必然使产品和硬币对比的数量逐渐减少，因为硬币的数量并不因课税而发生变动。它流通的货物少于助使货物流通的硬币时，货物和硬币的比价必然增高，以同数额货币只能买到较少数量的产品。

有人会料想，过剩的金银硬币，应当产生改善人民景况的作用。可是，过剩的硬币不可能产生这个结果，因为相对于其他货物金银硬币虽多得多，但个人只能以自己产品换得硬币，而产品的生产却变得更加困难，费用更大。

并且，当货物的货币价格增高，而硬币的相对价值因此降低时，硬币将逐渐外流，变得比较缺少，像其他货物那样。因此，在生产力负有租税重负的国家，首先货物枯竭，其次硬币枯竭，一直到国家极端穷困、人口锐减为止。

---

① 参阅本书第二篇第三章。

② 这是由于上面已经说到的原因，即以租税收入所作的购买，是交换行为，而不是偿付行为。

我们仔细研究一下这些原则，就能看出，现代政府的巨大常年经费，怎样使人民不得不习惯于更辛苦的劳作与努力。要不是这样，他们在按照时代与地方习惯供给自己与家庭的衣食、舒适及娱乐之后，就不能供应国家的巨大消费以及其所引起的浪费与破坏。各种浪费与破坏究竟是多少，很难确定，但在比较大的国家，必定很可观。

这种浪费虽证明政治制度和组织的腐败与缺陷，但无论如何却带来一个好处，它使人不得不更好利用自然力，因而使生产技术臻于完善。从这个观点看来，租税确能帮助发展或扩大人的技能；以此之故，当政治科学进展而政府所征的税只以供给国家实际需要为限时，生产技术的改善将大大增进人类的幸福。但如果不良与复杂政治制度使沉重和不平均赋税日益普遍、扩大、增加与巩固起来，现在具有最大生产力的国家，恐怕又将陷入野蛮状态，而占社会绝大部分的劳工阶级，可能要不断地、疲劳地做苦工，以致他们渴望着自由的野蛮生活。野蛮生活虽不能给他们提供舒适，但至少能使他们无须为着供应公共的浪费而不断努力。这种浪费不能给他们带来满足，甚或给他们带来损害。[①]

---

① 这个疑惧确有充分根据。许多政治理论家对完全豁免租税能否改善较低级生产者的情况有怀疑，因为他们认为现在缴入国库的一切款项，很快将给掌握有可独占的生产来源与生产手段的阶级占为己有，这样仅有个人动作力的阶级将得不到什么利益。但应该指出，私人对尽量利用他们财产有直接利害关系，在个人有平等权利的地方，他们定会采取可以增进自己利益也就是公众利益的行动。所以，最强烈的私人贪婪，也不会阻抑生产力与国民财富的进展，或不使生产力与国民财富向后倒退，但相反地却会使生产力与国民财富向前进展。日益增加的财富与更大的个人行动自由，虽然也许不能改善工人的目前情况，但将扩大他们改善自己情况的手段。私人为贪欲所驱使而勒索，在没有政府帮助的情况下，由于自己利害关系，必定考虑到被勒索对象的反抗能力，自行抑制，而政府的残忍勒索，不受个人直接利害关系的考虑的制止。此外，严厉私人工头所引起的个人痛苦，工会构成像政府是严厉工头时那么热烈地反抗政府的动机。——英译本注

第三节　实物税

实物税就是把总产品一部分明白地和直接地拨作公务之用。

实物税有这个好处，它只要求生产者以他所实际持有的物纳税，即以和原来形状完全相同的东西缴税。比利时在被法国征服以后，尽管丰收，有时人民却无法缴纳租税。战争与禁止输出阻碍了它的产品的售卖，而政府却要求人民以货币纳税，其实，如果比利时政府满足于征收实物，就能毫无困难地收到租税。

实物税还有个好处，它使政府和农民同样地关心于取得丰收和改善农业。中国所以征收实物税，也许就由于政府要对农业生产部门给予特殊的鼓励。但是，各个生产部门既然一起分担国家费用，自应同受保护，为什么只对一个生产部门给予特殊照顾呢？并且，为什么政府对支持其他生产部门没有同样的利益，而不惮烦地摧毁它们呢？

实物税也有这个好处，它能消除征收时所发生的一切勒索行为或不正当行为。个人在收成时懂得很清楚应该缴纳多少，政府也懂得应该收取多少。

这个税乍看起来似乎最公平，实际上却是最不公平的，因为它没考虑到生产过程中所作的垫付，对总产值而不对净产值课征。以两个从事于不同耕作的农民为例。一个在一块中等田地耕作，每年平均费用比方说是八千法郎，譬如说所收的总产值为一万二千法郎，因此这田地给他所生的净产值只不过四千法郎。另一个在一块牧畜地或森林地耕作，这块地给他所生的总产品也值一万二千法郎，而耕作费用也许只达二千法郎，因此他每年平均得到值一万法郎的净产值。假定对各种土地无差别地按产量的十二分之一课征实物税，那么前者必须以值一千法郎的五谷缴纳，后者以值一千法郎的牲畜或木材缴纳。结果怎么样呢？一个所缴纳的等于净收入四千法郎的四分之一，而另一个所缴纳的只等于净收入一万法郎的十分之一。

每一个人所得的收入，是扣除他所投的资本后的净余，不管这资本是多少。商人的年收益是不是他在一年内的销货总额呢？绝对不是。收入扣除垫付款后的余额才是商人的收益。只能针对这剩余课征，才不至于摧毁他的事业。

法国在旧制度下所征收的教会什一税，只部分地带有上述弊病。它不是以草地、林地、菜园地以及许多其他种类的耕地为课征对象。在一些地方，税率是总产值的十八分之一，在另一些地方是十五分之一或十分之一。因此，实际的不平等从表面的不平等得到矫正。

沃班陆军上将，在他的《国王什一税》一书中建议按土地产品的二十分之一抽税，但在极端紧急时可增至十分之一——这本书有许多正确见解，很值得理财人的研究。但他这个建议的目的在于替代一个更不公正制度，即把全部土地税负担加于平民土地，而贵族与教会土地则完全免税。这个爱国的著作家，由于充任军事工程师，对于法国各地方情况都很熟悉，他非常恳切地陈述那时候的土地税[①]给人民所带来的困苦。毫无疑问，如果当时采纳他的

---

① 关于这个税的说明，读者可参阅《国民财富的性质和原因的研究》，第 5 篇第 2 章第 2 项。——英译本注

计划，就可大大减轻人民困苦。可是，他的计划不被采用，原因是各廷臣为着自己利益，反对这计划，听任大好国家在困苦中挣扎。结果，饿死的人比西班牙王位继承战争中死于刀枪的人更多。

征收实物的困难与费用，以及所容易发生的流弊，是反对实物税的另一个理由。政府雇用那么多人员，这必然给侵吞公款造成机会。关于实收的数额，关于嗣后处置所收实物时所发生的损耗，关于贮存与运输费用，政府在这些方面都可能受这些人欺骗。如果税是出包，许多承包人的利润与费用，必定全部落在公众身上。政府必须时时留意这些承包人的行为。斯密说："住在国都的一个有大财产绅士，如果他所有在遥远省份的土地地租，都是交代办人或代理人代收，必定由于这些人的失职遭受很大的损失，并由于这些人的欺诈遭受更大的损失。至于国王由于他的收税人的舞弊与掠夺所遭受的损失，必然大得多。"

反对实物税的其他理由还很多，如果在这里一一枚举，不但无益，而且令人生厌。我只要说一说实物税对相对价格的猛烈作用。那些不善于做买卖的税务人员，把大量产品向市场抛售，这必然对相对价格起猛烈作用。由于必须清仓以贮放新收的农作物，由于国家费用总是迫不及待，这些人员往往不得不以低于投在农业上的土地的地租、劳动的工资和资本的利息自会促成的价格，售卖所征收的产品，而私商绝不能和他们竞争。这样的税不但从耕者取去一部分产品，而且使他们不能好好地利用剩余产品。

第四节　英国土地税

在 1692 年，即在使奥伦治公爵就英王位的大革命后四年，英国对所有土地收入进行一次普遍的评估,直到今日土地税还是按这评估征收。因此,对土地租金每镑课四先令的税,是 1692 年地租的五分之一,而不是现今实际地租的五分之一。

很容易想象,这个税对改善土地必定有很大的奖励作用。一块改善了的土地,租金增加一倍,而土地税仍旧征收,并不增加一倍。如果不留心管理这块土地,以致地力弄得瘠瘦,土地税也不减少,这样土地税对疏忽起着科罚的作用。

许多作家认为,英国土地耕种那么普遍是土地税固定的结果。因为毫无疑问,这个税对促进土地的改善可能起了很大作用,但我们对下面这样的政府该怎样设想呢?这个政府对一个小商人说:"你以小资本经营小生意,扩大你的经营,并尽量增加你的利润,我们不增加你的税。不但如此,当你的后嗣承继你的营业,进一步扩充规模时,我们将按同一税率课税,向他们征收和现今完全相同的税。"这一切也许对工商业是很大的奖励,但这样做公正吗?不这样做,难道工商业就不能进展吗?英国本身不是提供了工商业没有政府的这样不公正的关照而却迅速发展的例子吗?一个土地所有者,由于注意,由于实行节约和发挥智慧,年收入比方说增加五千法郎。如果国家对他的增加收入征取五分之一,他还有四千法郎的盈余,作为他的努力的鼓励与报酬。

不难举许多例子,说明这个税由于固定,可能变得和纳税人资力与土壤状况不相称,从而带来损害,正如在其他情况下带来利益一样,因为它可能使那些由于这种或那种原因无力按同一税率完税的土地变成荒芜。托斯卡纳就是这种例子。托斯卡纳在 1496 年举行清丈或编制地籍册,对平原与山谷征很低的税,因为常常发生的洪水使这些地方不能经常耕种，耕种起来也不一定有利可获；但对当时是唯一的耕种地点的山地征很高的税。自那时以后，由于疏水与筑堤，洪水不复为灾，平原成为沃地。因为平原产品所缴的税很低，在市场上它的售价比山地产品的售价廉宜。因此，在不公平课税的压力下，山地不能和平原竞争，逐渐荒废。[①] 其实，如果这个税按情况的变化加以调整，这两种土地可以同时耕种。

我在这里说英国所特有的税，不过使用它作为例子，以阐明一般或普遍原则。

第九章　国债

第一节　国家举债及其后果

个人借贷者与政府借贷者有这个大区别，即一般地说，前者为着有利用途而借资本，后者为着非生产性消费或开支而借资本。国家举债的目的，或是满足意料不到的需要，或是满足非常紧急的需要。就这两个目的说，借款可能是有实效的，也可能是无实效的，但在上述任何一种情况下，所借的款项都是全部消费掉或损失掉的价值，但国家却一直负担它的利息。

麦伦认为，国债只不过是右手欠左手的债，绝不会把国家弄得

① 弗邦奈:《原则与意见》，第 2 卷，第 247 页。

贫弱。但是，麦伦错了。国家确会弄得贫弱，因为借与政府的资本，由于被消费而归于消灭，不能再给任何人生利润，换句话说，不能再生它作为生产手段所能生的利息。那么，政府用什么支付它的借款的利息呢？当然用其他来源所生的一部分收入支付利息，由于支付利息，这部分收入必定从纳税人移给政府债权人。

在借贷行为发生之前，有两种产生收入或能够产生收入的生产性资本存在，这两种资本就是将要借与政府的资本和将来纳税人从以得到收入的资本，而这收入用于支付借与政府的资本的利息。在借贷行为发生之后，将只有一种资本存在，即后一种。它的收入自那时候起不能再由它的从前所有者即现在纳税人自由支配，因为政府为着准备对它的债权人给付利息，必须以这种或那种赋税形式取去这收入。出借人没损失任何部分的收入，只纳税人遭受损失。

人们往往认为，由于国债未必招致国币或硬币的减少，所以国债不引起国民财富的损失，而只引起国民财富的移转。为使读者更容易了解这个想法的谬误，我在书末添附一个纲领式的表，说明所借的款项到哪里去，以及政府债权人的利息用什么给付。[①]

当政府借债时，它有时承允有时不承允偿还本金。在后一种情况下，它给付所谓终身年金。可偿公债可有各种各样的条件。有时约定以抽签形式逐渐偿还本金，有时分期偿还本息，有时以增加的利息给付，并附有出借人死后就停止给付的条件，例如顿蒂式联合养老金与终身年金，后者在个别出借人死亡时停止给付，而就

① 参阅本书附录 I。

前者说，还继续付给全部利息，由未死人均分，一直到这些人都死去为止。

顿蒂式联合养老金与终身年金是很不经济的借贷方式，因为借贷人虽每年偿还一部分本金，但还一直按借款原额给付利息。此外，这些养老金与年金具有败坏道德性质，它们使出借人能够消费本金与利息而不愁陷入乞丐的境遇，因此起了奖励利己主义并鼓励浪费资本的作用。

最熟悉借贷业务的政府，至少在近年不约定偿还公债基金。这样，国家债权人除出售他们所持有的可转让债券外，没有改变投资的其他方法。出售债券对他们有利的程度是多还是少，要看购买人对给付终身年金的政府或债务人的信用的评价。[①] 专制政府从来不能顺利推销这种公债。在国王权力很大能够任意推翻契约的情况下，或在只跟当今国王缔订私人契约而继任者可能不承认这契约的情况下，如果不规定很短的确定还债期限，出借人就不愿贷出款项。

政府对按年交付款项或交付一笔款由政府给付利息的人出卖官职，这是以永久借贷方式强迫借款。这个毫无足取的办法一经采用以后，就很容易寻找表面上讲得通的理由，几乎把每一种职业，包括清道夫与搬运工人工作变成专利和可出售的公职。

另一个借贷方式，是预先挪用税收，就是说，政府让与某种尚未到期的税收，从出借人预先取得款项，扣除类似贴现的利息，出借人按他们所冒的政局会发生变动与有关收入收不到足额的风险

① 我在下一节将说明，按市价购买可偿债券，怎样可使债务趋于消灭。

的程度，索取相应的折扣。政府所负的这种债务，或是以所收到的那税收清偿，或是以发行新库券清偿，构成英国人所谓流动公债这种名称古怪的公债。至于统一公债，债权人只能要求利息，但不能要求本金。

各种公债都带有这个共同坏处，就是使资本从生产性用途退出，转向非生产性消费方面。在政府信用很低的国家，还有个特殊坏处，就是使资本的利息上涨。当人们能够很容易从政府得七厘或八厘利息时，谁愿意把款项以五厘息借给农民、工厂主或商人呢？叫做资本利润的那种收入，因此比率上增，使消费者吃亏。由于产品的实际价格上涨，消费于是下降。其他生产因素的生产力的需求减低，因而报酬减少。除资本家外，整个社会都遭受损失。

借贷能力给国家带来一个大好处，就是使它能够把意外紧急事变所需要的费用在若干年内分摊。就现在的政府职务和国际战争规模说，没有一个国家能够依靠经常岁入支付那么大的费用。比较大的国家所收的税，几乎已经达到纳税能力限度，因为它们习于奢侈，经常收入很少超出经常支出很多。如果国家为了挽救灭亡，必须把费用增加一倍，除非愿意抵赖一切现有债务，并冒掠夺自己人民与外国人的不韪，否则借贷常是唯一可采取的办法。借贷力甚至比火药火力更大，但如果一味滥用，它的功效不久可能趋于消灭。

供给公共消费是借贷制度与课税制度所固有的优点。有人费很大心机，想另找其他固有优点，但如果我们仔细研究，就可发见这个企图是枉然的。

例如，有人主张，构成公债的债券与有价证券，成为社会现有的实际或具体价值，而它们所体现或代表的资本，是那么多真实财富，必须看作国家总资产的一个项目。[①] 其实不然，书面契约或书面保证只证明这个东西或这个财产所有权的文件。因此，当书面保证不代表现有实际价值，而只作为政府给予它的债权人的一种委任状，使他每年能够收取政府将要向一般纳税人课征的税收的一部分时，书面保证甚至不是财富的证明，更不必说了。假定保证被撤销，例如在国家破产时可能有的状况，社会的财富有没有减少呢？绝对没有。唯一不同之点是，从前归国家债权人所有的收入，现在可由纳税人支配。这个收入本来向纳税人征取。

有些人认为，政府岁出使货物的年流通额增加，增加的数额相当于岁出总额。[②] 但是，他们忘记了，这些支出是以年产品构成的，并是从纳税人收受的岁入的一部分。即使没有公债，这些产品也会照常流通。所不同的只是，本来由纳税人花费的东西，现在由国家债权人花费。

债券或证券的买卖，不是生产性流通，而只是以一个国家债权人代替另一个国家债权人。当这种移转蜕化为证券投机买卖，即从证券价格的升降以牟利时，它就造成很大损害。首先，因为货币这个流通媒介被非生产性地用在证券上，货币是一个国民资本项目；其次，因为损人利己是一切赌博的特征。证券投机商既不生产

① 《论公债的利益》，第 8 页。

② 这些债券的可转让性，不使它们具有货币性质，因为它们并不作为货币使用。但作为货币使用的兑现纸币，却使国民总财富绝对增加。原因是，如果没有纸币充当移转一般价值的媒介，那就必须使用硬币或其他具体资本项目作为这种媒介。公债票的流通，需要货币来实现，公债票本身不作为货币使用。

新产品也不产生有用产品，因此，由于自己没有产品和别人交换，他没有可作为衣食之资的收入，只是千方百计地利用那些像他一样的赌徒的笨拙或坏运气从中牟利。[①]

有人说，公债把国家债权人和政府更紧密地联系起来，并使他们由于感觉和政府有共同利害关系成为政府的天然拥护者。的确，公债有这个作用，但由于国家债权人可能和良好政府保持这个共同利害关系，也可能和坏政府保持共同利害关系，所以公债可能对国家有利，也可能对国家有害。只要看一下英国，我们就可看到，许多心地纯正的人也受这个动机的驱使，竟为坏政府的弊端或失职声辩。

又有人说，公债是舆论对政府信用的评价的指标，并成为一种动因，促使政府努力行善，保持反映于公债所提供指标的舆论的好评。这个说法不能无条件地接受。在国家债权人看来，政府的善行在于按期给付他们利息，但在纳税人看来，政府的善行却在于尽量缩减费用。证券市价确是前一种善行的相当指标，但不是后一种善行的指标。说按期给付利息不是良好政治的标志，而在很多情况下是恶劣政治的假面具，也许并不为过。在一些国家，这是政府假仁假义，借以博得人民对其层出不穷的彰明较著苛政的宽容。

另一个赞同公债的论点是，公债对不能即时和有利运用的资本提供一个现成的投资机会，因而必有防止资本外流的作用。如果确是这样，那就更坏，因为它诱使资本走上灭亡道路，此外国家每年还须担负政府所必须给付的利息。如果资本真的流向国外，

① 证券投机商和证券经纪人的区别非常明显，无须说明。——英译本注

反而更好，因为它迟早会流回来，而且，利息暂时可以归外国人负担。如果公债数额不大，所收到的债款很好地或适当地花费在有益事业，它的确带有好处，就是给那些不懂得好好利用资本的少数人提供投资机会，要不是有这个投资便利，这些人也许把资本置于闲废或把它一点一点地花费掉。这也许是公债的唯一利益，但连这个也带有一定程度危险性，因为它使政府能够把国民储蓄浪费掉。除非资本花费在能永久产生利益的事物，例如花费在道路、运河或其他类似东西，否则对公众利益来说，宁可听任资本放着不用，因为即使他们得不到资本的使用，至少无须给付利息。

因此，仅仅拥有用益权的政府，在必须花费资本时可以借款，但我们不要以为，借款能够增进国家的繁荣。如果资本被消费掉，出借人不论是国王或私人，除失去全额资本外，还须按年从他的收入给付利息，而国家举债从来都是为着即时消费的目的。

第二节　公共信用和它的基础以及危及它的健全的情况

公共信用是人民对政府的信任，认为政府能够履行它的债务。当国家债权人所得利息不高于他从最好的私人抵押借款所得利息时，这个信用就达到最高点。这显然证明，出借人无须要求保险费以抵补他所冒的额外风险，而且在他看来，这种额外风险并不存在。除非政府是这样组织，以至它很难赖债，而且大家知道它的资力足够抵偿债务，否则公共信用绝不会达到那样高。由于后一种原因，如果国家财务账目不公开，公共信用绝不会很高。

当国家权力由一个人独揽时，要想有很高的公共信用几乎是不可能的，因为在这种情况下，除国王的意志与诚实外，没有别的保证。但当权力归人民或其代表所有时，就有更多的保证，即人民的利益。人民作为个人时是债权人，而作为集体时是债务人，因此他们作为前者的所得，必须由作为后者来偿付。即使不说其他，仅仅上述情况就使我们能够假定，现今大的事业，费用是那样的高，以致非通过借贷无法举办，所以在这时候，代议政体单单由于它的优越财力，必定取得压倒的权力。

从一个观点看来，由于政府具有更充实的财源，所以政府的负债比私人的负债能够得到人们更大的信任。最能负责的个人的财源也可能突然完全化为乌有，或损害到这样程度，以致不能履行债务。生意失败、天灾人祸、与人涉讼、遭受欺诈或强暴，都可能把他弄得倾家荡产。至于政府的资源，它来自那么多方面，以至人民所遭受的个别灾难，只对国家收入产生局部的影响。还有另一个情况使政府能够借到甚至超出它的信用所许可的数目，那就是公债券的易于转让。政府债权人通常相信，在政府发生财政困难或破产之前，能够卖出债券收回借款。即在他们计虑到这个风险的时候，他往往认为较高的利息乃是足够抵补损失的保险费。

此外，应该指出，出借人的意见，说得确切些，人类在各个时候的意见，受一时印象的影响，大于任何其他动因的影响。只有很近的经验和最近的将来的展望才会产生显著影响。法国政府在1721年在纸币方面和对密士士比股票持有者的严重背信行为，并不妨碍它在1759年发行二亿利弗公债。特赖神父在1772年所实行的破产措施，并不使法国不能在 1778 年和以后各年举借新债。

从其他观点看来，个人信用比政府信用有更好根据。不能控告赖债的政府，强迫它履行债务。政府也不像个人那样留心节用财富。此外，在发生从国内或从国外颠覆政府的时候，个人比政府有更大可能性在兵燹中把财产收回来。

公共信用容易导致公共浪费，因此许多政论家把公共信用看作国家繁荣的致命伤。他们说，当政府感到有很大举债能力时，它们对一切有关政治的问题都要过问并想出庞大计划，这些计划有时招致耻辱，有时招致光荣，但总会使它们陷入财政枯竭的状态。它们往往自己掀起战争或煽动其他政府掀起战争，往往资助唯利是图的各种人物来搞杀害人类与丧尽天良的勾当。应当是勤勉与道德的果实的资本却成为野心、骄傲和不道德的竞争目的物。

一个有举债能力但在政治上处于软弱地位的国家，很容易招惹它的强邻的强索。它必须给它们津贴以求保卫，必须付出代价取得和平，必须对它们承认它的独立给付代价（它最终总会失去独立），或必须在完全没有还款的希望下借给它们款项。

以上所述绝不是假设的情况，至于什么具体事例应用得着，可由读者自行抉择。

国务管理得很好的政府，通过还债基金的设置，就能够清偿它的不能赎回债务。什么都没比这个更能巩固公共信用。其办法只不过这样。

假定国家以五厘利息借到一亿法郎，它就必须从国民收入拨出五百万法郎给付利息。为达到这目的，国家通常课征旨在每年能提供这个收入的税。如果能使这个税的收入超出五百万，比方说是五百四十六万二千法郎，并把这超过额存入某项基金，每年在市场购买政府债券，而且除这个超过额本身外，每年还把这样清偿的债务的利息用于购买债券，那么这公债的全部本金，在五十年内就可还清。这是运用还债基金的方式。这个方法的有效程度依存于复利息的递增，就是说，一定基金的本金的利息，由于利上加利，逐渐增加。

很明显，由于每年只摊付公债本金本身的利息的百分之十，年生五厘利息的公债本金可在不及五十年时间内还清。但债券的售卖出于自愿，如果债券持有者不按票面价格出售，就是不以相当于二十年年收的价钱出售，那就需要长一些的清偿时间，不过这个市场情况乃是国家信用很高的确证。反之，如果信用减低，以致同一数额款项可买到更大数额债券，那么那公债可在更短时间内还清。因此，公共信用降得越低，还债基金所起的恢复信用的作用越大；这个基金的需要越少，它的功效越小。

大不列颠在长时间不断享有公共信用，虽然现今负有等于一百九十亿法郎的债，但还能继续借贷，这是起因于还债基金的设置。[①] 毫无疑问，就是这种情况使斯密说，目的在于减少公债的还债基金却成为增加公债的主要工具。如果政府不滥用财源，它不久就会变得过于富裕。

当政府所续借的公债等于所清偿的公债时，还债基金是个完

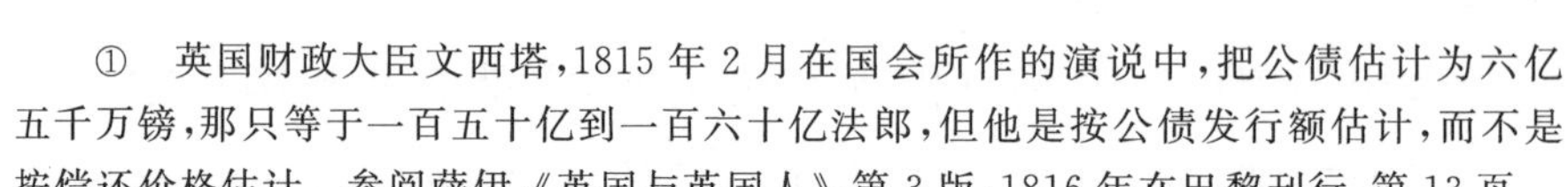

① 英国财政大臣文西塔，1815 年 2 月在国会所作的演说中，把公债估计为六亿五千万镑，那只等于一百五十亿到一百六十亿法郎，但他是按公债发行额估计，而不是按偿还价格估计。参阅萨伊：《英国与英国人》，第 3 版，1816 年在巴黎刊行，第 13 页。

全的欺骗，至于所续借多于所清偿，像英国从1793年以来所做那样，更不必说了。不论还债基金从哪儿来，或只是新税收，或是新税收加上已清偿公债的利息，如果政府清偿一百万公债，又续借一百万，那么它每年所产生的债务恰恰等于所清偿的债务。这种做法等于政府把用作清偿的一百万借给自己，而其实后一种办法还可节省管理的费用。哈米敦教授[①]在他的杰出著作中，充分证明这一点，他的论断是决定性论断。他说，英国人民的巨大负担、英国政府的滥用借贷权力和英国以纸币替代硬币，至少可产生一些利益，因为它们有助于解决许多对国家幸福有很大关系的问题，同时警告后代要提防类似的无节制行为。

很明显，有实效的还债基金所不可或缺的要素是，按时地和神圣不可侵犯地使用拨作还债用途的款项。但即在政府把言行一致和对债权人守信看作有关体面的英国，也不严格遵守这原则。因此，英国作家不相信还债基金能起消除债务的作用，斯密甚至毫不犹豫地说，除非国家破产，否则国债绝不会偿清。

国家破产对个人相对景况与国内经济的影响，有时成为探究的问题。在一般情况下，当政府做破产行为时，它使纳税人收入增加，其数目等于政府停止偿付国家债权人的总金额。不，还不只如此，因为收税费用和公债管理费用也节省了。如果一个国家每年要付一亿的公债利息，而上述费用达到这个数目的百分之三十[②]以上，那么通过破产行为，纳税人可免除一亿三千万的负担，而国

① 《大不列颠的国债》，八开本，1813年在爱丁堡出版。

② 在英国与美国，比率没有上述那样的高，但在一些暂且不说名字的国家，比率比上述更高。

家债权人只被剥夺一亿的收入。

就英国说，影响比上述更加复杂，因为英国不是完全从每年赋税收入支付公债利息（至少在我写这一章的时候不是如此），它每年经常借入和它的公债利息大约相同的款项。[①] 如果它做破产行为，每年借入的四千万镑左右的借款将从国家债权人的非生产消费方面撤出，而用于再生产消费方面。我们有理由可以料想，那些累积资本并把它借与国家的资本家必定寻找某些有利投资。从这个观点看来，上述行为大有助于增加国民资本收入，不过带有灾难性很大的直接后果，因为这四千万镑是从这样一种的消费者手中取去，这些人没有其他生计，并由于缺乏个人劳动力与资本，完全不能以其他方法弥补这个损失。

破产行为也许使得无须举借新债，但在公债利息习以为常地是用新借款支付而不是用租税收入支付的地方，破产行为丝毫不减轻从前所课的税。这样，人民的负担不会减轻，[②]生产费用不会减少，因此货物价格不会减低，英国产品在国内或在国外也不会比从前更容易销售。

有纳税义务的阶级，在人数上将减少所有业经宣告破产的股东。虽然税率没有减低，但税收却将减少。从国家债权人那边撤出的四千万镑收入，将只缴纳它作为生产性资本所可能产生的年

① 科康：《大英帝国的财富、威力与资源》，四开本，1814 年在伦敦出版；斯托克：《大不列颠的收入与支出》，1815 年在伦敦出版。如果持续的和平使英国能把它的收入与支出（包括公债利息）弄得相抵，这还不能减轻痛苦，只不过可阻止祸害进一步的恶化。

② 撙节国家开支是减轻英国人民租税负担的唯一方法，但如果它实行节约，要怎样维持那腐败制度呢？在这个制度下，当今阁员的利益总是高于人民的利益。

利润或年收入的税。[①] 国家债权人的破产将带来很多随着破产而产生的灾难：许许多多私人的破产和无力偿付，他们所雇用工人与用人的失业，以及他们的依赖者的极度穷困。

另一方面，如果英国坚持借款以支付从前借款利息的政策，那利息以及租税必然不断继续增加。一个人如果沿着死路走，势非走入绝境不可。[②]

亚洲统治者，和所有无法树立信用的国王，都采用累积财宝的办法。财宝是过去收入的保存，而公债是将来收入的预先挪用。两者都是紧急时期中可用的办法。

财宝对它所有者的政治安全不一定有所帮助，它反足招惹攻击。此外，财宝很少忠实地用于预定的用途。法国查理五世所累积的财宝，落入他的兄弟安茹公爵之手；教皇保罗二世所累积用以

① 就是说，几乎全额要纳税，因为全额必然由从前的出借人非生产地消费，或投在生产企业。在后者情况下，在可利用的自然力都已经完全利用的国家，它几乎全然成为劳动者的收入。这样，从财政观点看来，这全额或由国家借用，或由它的债权人借用，都没有什么直接关系，因为这全额必定几乎全部地成为私人可征税的收入的一部分。不但如此，这全额一交给债权人，也许将变为最不容易对其间接课税的对象，因为股东通常是社会中最节俭的成员，而政府在需要借债时，绝大部分要仰给于他们。在这里，理论与实践有抵触。英国由于缩减四千万镑支出而停止借债的举动，并不使间接税收入减低多少。但其长远的后果却大不相同。如果这全额被非生产地消费，它就不增加生产力，而却使那生产力担负它的将来利息。如果这全额被生产地消费，它就将增大生产力而不妨害它的将来发展。——英译本注

② 我们的作家对于国家破产这个值得详细阐明的问题，说得很不充分。他没告诉我们，在什么情况下它是适当，在什么情况下它是必要，以及用什么方法来实现，才能把由此而产生的个人痛苦和国家混乱与困难减到最小限度。很明显，它可是局部的或全部的，突然的或逐渐的。实行的方法也可有种种，例如取消还本或所谓强夺，只取消付息或减低利息，降低硬币重量或质量，通过大量发行贬低纸币价值，对公债本金或利息课税，等等，在这些方法中，一定有一些不比其他那么讨厌。我们不能在注释的有限篇幅讨论这些方法。——英译本注

反抗土耳其军队并把他们赶出欧洲的财富，却徒供西克塔斯四世及其侄儿的挥霍；亨利四世蓄积财宝，本来想用于压服奥地利王室，但却浪费在母后的宠臣上；在晚近，腓特烈二世蓄积财宝以巩固普鲁士政权为目的，但却使普鲁士政权因此弄得岌岌可危。

对政府来说，巨额财富的控制是个危险性很大的诱惑。虽然财富是在以人民为牺牲的情况下累积起来，但人民很少从累积的财富得到利益。可是，事实上所有价值，因而所有财宝，都是来自人民。

附　录 I

借给政府价值的结果表

收入从而产生的全体国民生产手段，包括国家所能支配的全部自然力、资本和劳动力，共分为四部分，每一个人都应该拥有和他财富相称的一份儿。可用以吸收公债的只那能够充当资本的可移转或流动部分。

1. 产　生	收入	可由所有者自己消费
2. 不产生	任何收入因为借给政府并由政府消费掉	收入
3. 产　生	收入	移转给第二部分生产手段出借人并可由他消费
4. 产　生	收入	可用于任何用途

附　录 II

1820 年来英国、法国和美国的人口、国债和税收比较表

	人　口	国　债	利　息	公共收入
英国	17,000,000①	836,294,000 镑	29,454,668 镑	53,939,926 镑②
法国	29,000,000	3,821,055,280 法郎	191,052,764 法郎	888,021,745 法郎③
美国	10,000,000	91,993,883 美元	4,599,690 美元	16,550,000 美元④

① 据1820年人口调查,超过二千万人。——原编者

② 不包括州税与地方税。英国生产阶级另外还负担八百万镑救贫税。

③ 不包括地方税。

④ 不包括各州的地方税,完全来自对外贸易税和售卖土地收入。

译名对照表

〔三画〕

马塞特　Marcet
马舍布　Malsherbes
马丁内斯-德-马塔　Mantinez-de-mata

〔四画〕

贝卡里阿　Beccaria
比克　Beeke
比德尔　Biddle, C. C.
戈都　Cottu
戈拉尼　Gorani
尤金　Eugene
尤西欧　Jussieu
方德纳尔　Fontenelle
巴斯葛　Pascal
瓦德　Ward
孔狄亚克　Condillac
韦伯尔　Weber
乌略亚　Ulloa
乌斯塔里奇　Ustaritz

〔五画〕

卡利　Carli
卡巴尼斯　Cabanis
卡斯托迪　Custodi
加尼埃　Garnier
加里安尼　Galiani
布朗-杜南　Brown-Duignan
司特拉博　Strabonis
皮特　Pitt
边沁　Bentham
弗邦奈　Forbonnois, F. V.
甘尼　Ganilh
甘奇　Gentz
圣毛尔　Saint Mour

〔六画〕

西塞罗　Cicero
西斯蒙第　Sismondi
伏尔泰　Voltaire
休谟　Hume
吉本　Gibbon
米拉波　Mirabeau, M. V. R.
多伦斯　Torrens
多伦米欧　Dolomieu
达哈麦　Duhamel
达文贾蒂　Davanzati
伦诺瓦　Renouard
芒格兹　Mongez
约维拉诺斯　Jovellanos

〔七画〕

坎纳　Canard
坎彼马内斯　Campomanes
克尔　Kehl
克雷格　Craig
克伯勒　Kepler
克劳斯　Kraus
克拉维尔　Claviere
李维　Livi
利未尔　Riviere, Mercier de la
利尼阿斯　Linnœus
里努西尼　Rinuccini
劳德戴尔　Lauderdale
伯罗尼　Belloni
苏伊托尼阿　Suetonius

沃班　Vauban
麦伦　Melon, J. F.
麦桑斯　Messance
麦卡洛克　McCulloch
劳氏　Law, J.
劳埃　Lowe
纳穆尔　Nemours
纳瓦雷特　Navarrette

〔八画〕

迪南　Dignan, Browne
奈克　Necker
波如　Beaujour
拉马尔　Lamare
拉瓦锡　Lavoisier
肯纳德　Conard, M.
图克　Tooke
罗斯　Rose
英蒂厄里　Intieri

〔九画〕

派克　Parker, M.
科康　Colquhoun
科伯特　Colbert
哈斯基逊　Huskisson
洪博德　Humboldt
查斯特洛　Chastellux
香迪　Shandy, Tristram
勃朗　Blanc

〔十画〕

爱丁堡　Edinburgh
莱德　Leider
莱布尼兹　Leibnitz
哲科布兹　Jacob, W.
桑顿　Thornton
班迪尼　Bandini
真诺维西　Genorvesi

〔十一画〕

部顿奈　Bourdonnais
勒布莱　Leblanc
曼特农夫人　Madame de Maintenon
康多塞　Condorcet
菲兰吉里　Filangieri
萨斯米奇　Sussmitch
萨托里阿斯　Sartorius
维里　Verri
维莱尼　Villani, M.

〔十二画〕

奥利夫　Olivier
奥索里奥　Osorio, A.
富兰克林　Franklin
葛德文　Godwin
舒利　Sully
斯托克　Stokes
斯托奇　Storch
斯图亚特　Steuart
普亚夫　Poivre
普林瑟　Prinsep, C. P.
普赖姆　Pyrme, G.
普利斯特利　Priestly
普鲁塔克　Plutarchi
揆波　Queypo
博蒂罗　Botero

〔十三画〕

塞拉　Serra, A.
蒙卡达　Moncada
魁奈　Quesnay
雷纳尔　Raynal

〔十四画〕

缪勒　Muller

〔十五画〕

德洛姆　De Lolme
德雷西　Destutt de Tracy
德骚苏　Desaussure
德斯塔-特雷西　Destutt-Tracy
摩斯塔　Morstadt

〔十六画〕

霍诺尔　Horner
穆勒　Mill

图书在版编目(CIP)数据

政治经济学概论:财富的生产、分配和消费/(法)萨伊著;陈福生,陈振骅译.—北京:商务印书馆,2017
(汉译世界学术名著丛书:120年纪念版:珍藏本)
ISBN 978-7-100-14120-8

Ⅰ.①政… Ⅱ.①萨… ②陈… ③陈… Ⅲ.①政治经济学—概论 Ⅳ.①F09

中国版本图书馆CIP数据核字(2017)第138771号

汉译世界学术名著丛书
(120年纪念版·珍藏本)
政治经济学概论
财富的生产、分配和消费
〔法〕萨伊 著
陈福生 陈振骅 译

商务印书馆出版
(北京王府井大街36号 邮政编码100710)
商务印书馆发行
南京爱德印刷有限公司印刷
ISBN 978-7-100-14120-8

2017年12月第1版 开本710×1000 1/16
2017年12月第1次印刷 印张39¾
定价:198.00元